# Kommunale Doppik Sachsen

## Textsammlung zum kommunalen Haushalts- und Rechnungswesen im Freistaat Sachsen

9. Auflage

SV SAXONIA VERLAG für Recht, Wirtschaft und Kultur GmbH

Redaktion: Ass. jur. Frank Unger, Dipl.-Jur. Insa Malberg

Redaktionsschluss: 13. Dezember 2024


SV SAXONIA VERLAG für Recht, Wirtschaft und Kultur GmbH
Ludwig-Hartmann-Straße 40, 01277 Dresden
Tel. (03 51) 48 52 60, Fax (03 51) 4 85 26 61
E-Mail: office@saxonia-verlag.de
Internet: www.laenderrecht.de

Druck: PRINT GROUP Sp. z o.o., ul. Księcia Witolda 7,
71-063 Szczecin (Polen)

ISBN: 978-3-949409-38-7
(Vorauflage: ISBN 978-3-949409-12-7)

# Inhaltsverzeichnis

# Gemeindeordnung
## für den Freistaat Sachsen
## (Sächsische Gemeindeordnung – SächsGemO)
### in der Fassung der Bekanntmachung vom 9. März 2018 (SächsGVBl. S. 62), die zuletzt durch Artikel 2 des Gesetzes vom 29. Mai 2024 (SächsGVBl. S. 500) geändert worden ist
### – Fassung ab 29. Juni 2024 –

### – Auszug –

**Inhaltsübersicht**

**Dritter Abschnitt**
**Unternehmen und Beteiligungen der Gemeinde**



**Vierter Abschnitt**
**Prüfungswesen**



**FÜNFTER TEIL**
**Aufsicht**



**SECHSTER TEIL**
**Sonstige Vorschriften**



# ERSTER TEIL
# Rechtsstellung, Aufgaben und Gebiet der Gemeinde

## Erster Abschnitt
## Rechtsstellung und Aufgaben

### § 1
### Wesen und Organe der Gemeinde

(1) Die Gemeinde ist Grundlage und Glied des demokratischen Rechtsstaates.
(2) Die Gemeinde erfüllt ihre Aufgaben in bürgerschaftlicher Selbstverwaltung zum gemeinsamen Wohl aller Einwohner durch ihre von den Bürgern gewählten Organe sowie im Rahmen der Gesetze durch die Einwohner und Bürger unmittelbar.
(3) Die Gemeinde ist rechtsfähige Gebietskörperschaft des öffentlichen Rechts.
(4) Organe der Gemeinde sind der Gemeinderat und der Bürgermeister.

### § 2
### Aufgaben der Gemeinde

(1) Die Gemeinden erfüllen in ihrem Gebiet im Rahmen ihrer Leistungsfähigkeit alle öffentlichen Aufgaben in eigener Verantwortung und schaffen die für das soziale, kulturelle, sportliche und wirtschaftliche Wohl ihrer Einwohner erforderlichen öffentlichen Einrichtungen, soweit die Gesetze nichts anderes bestimmen.
(2) [1]Die Gemeinden können durch Gesetz zur Erfüllung bestimmter öffentlicher Aufgaben verpflichtet werden (Pflichtaufgaben). [2]Werden den Gemeinden neue Pflichtaufgaben auferlegt, sind Bestimmungen über die Deckung der Kosten zu treffen. [3]Führen diese Aufgaben zu einer Mehrbelastung der Gemeinden, ist ein entsprechender finanzieller Ausgleich zu schaffen.
(3) [1]Pflichtaufgaben können den Gemeinden zur Erfüllung nach Weisung auferlegt werden (Weisungsaufgaben). [2]Das Gesetz bestimmt den Umfang des Weisungsrechts. [3]Die Weisungen sollen sich auf allgemeine Anordnungen beschränken und in der Regel nicht in die Einzelausführung eingreifen.
(4) In die Rechte der Gemeinden darf nur durch Gesetz oder auf Grund eines Gesetzes eingegriffen werden.

### § 3
### Gemeindearten

(1) [1]Gemeinden im Sinne dieses Gesetzes sind die kreisangehörigen Städte und Gemeinden sowie die Kreisfreien Städte. [2]Die Kreisfreiheit kann nur durch Gesetz verliehen oder aberkannt werden.
(2) [1]Die Großen Kreisstädte sind kreisangehörige Gemeinden. [2]Der Umfang der von ihnen zusätzlich wahrzunehmenden Aufgaben wird durch Gesetz oder auf Grund bundes- oder landesgesetzlicher Ermächtigung durch Rechtsverordnung bestimmt. [3]Ist eine Große Kreisstadt erfüllende Gemeinde einer Verwaltungsgemeinschaft, erstreckt sich die Zuständigkeit zur Erfüllung der Aufgaben nach Satz 2 auch auf die an der Verwaltungsgemeinschaft Beteiligten.
(3) [1]Gemeinden mit mehr als 17 500 Einwohnern werden auf Antrag der Gemeinde durch das Staatsministerium des Innern zu Großen Kreisstädten erklärt, wenn sie in drei aufeinanderfolgenden Jahren die erforderlichen Einwohnerzahlen überschreiten. [2]Die Änderung tritt mit Beginn des darauffolgenden Jahres ein. [3]Die Erklärung zur Großen Kreisstadt ist im Gesetz- und Verordnungsblatt bekanntzumachen. [4]Auf Antrag einer Großen Kreisstadt kann die Erklärung vom Staatsministerium des Innern widerrufen werden. [5]Der Widerruf ist im Gesetz- und Verordnungsblatt bekannt zu machen.
(4) Die Kreisfreien Städte sind, soweit nichts anderes bestimmt ist, untere Verwaltungsbehörden im Sinne bundes- und landesrechtlicher Vorschriften.

### § 4
### Satzungen

(1) [1]Die Gemeinden können die weisungsfreien Angelegenheiten durch Satzung regeln, soweit Gesetze oder Rechtsverordnungen keine

Vorschriften enthalten. [2]Insbesondere können die Gemeinden zur Einräumung und Ausgestaltung von Informations- und Beteiligungsrechten Bürgerbeteiligungssatzungen erlassen. [3]Satzungen werden vom Gemeinderat beschlossen. [4]Weisungsaufgaben können durch Satzung geregelt werden, wenn ein Gesetz hierzu ermächtigt.

(2) [1]Die Gemeinde hat eine Hauptsatzung zu erlassen. [2]Die Hauptsatzung und ihre Änderungen werden mit der Mehrheit der Stimmen aller Mitglieder des Gemeinderats beschlossen.

(3) [1]Satzungen sind durch den Bürgermeister auszufertigen und öffentlich bekanntzumachen. [2]Sie treten am Tage nach ihrer Bekanntmachung in Kraft, wenn sie keinen anderen Zeitpunkt bestimmen. [3]Satzungen sind der Rechtsaufsichtsbehörde unverzüglich nach ihrem Erlass in vollem Wortlaut anzuzeigen.

(4) [1]Satzungen, die unter Verletzung von Verfahrens- oder Formvorschriften zustande gekommen sind, gelten ein Jahr nach ihrer Bekanntmachung als von Anfang an gültig zustande gekommen. [2]Dies gilt nicht, wenn

1. die Ausfertigung der Satzung nicht oder fehlerhaft erfolgt ist,
2. Vorschriften über die Öffentlichkeit der Sitzungen, die Genehmigung oder die Bekanntmachung der Satzung verletzt worden sind,
3. der Bürgermeister dem Beschluss nach § 52 Absatz 2 wegen Gesetzwidrigkeit widersprochen hat,
4. vor Ablauf der in Satz 1 genannten Frist
   a) die Rechtsaufsichtsbehörde den Beschluss beanstandet hat oder
   b) die Verletzung der Verfahrens- oder Formvorschrift gegenüber der Gemeinde unter Bezeichnung des Sachverhalts, der die Verletzung begründen soll, schriftlich geltend gemacht worden ist.

[3]Ist eine Verletzung nach Satz 2 Nummer 3 oder 4 geltend gemacht worden, so kann auch nach Ablauf der in Satz 1 genannten Frist jedermann diese Verletzung geltend machen. [4]Sätze 1 bis 3 sind nur anzuwenden, wenn bei der Bekanntmachung der Satzung auf die Voraussetzungen für die Geltendmachung der Verletzung von Verfahrens- oder Formvorschriften und die Rechtsfolgen hingewiesen worden ist.

(5) Absatz 1 Satz 2, Absatz 3 Satz 1 und Absatz 4 gelten für anderes Ortsrecht und Flächennutzungspläne entsprechend.

...

# ZWEITER TEIL
# Einwohner und Bürger der Gemeinde

...

## § 19
## Pflichten ehrenamtlich Tätiger

(1) Wer eine ehrenamtliche Tätigkeit ausübt, muss die ihm übertragenen Aufgaben uneigennützig und verantwortungsbewusst erfüllen.

(2) [1]Der ehrenamtlich Tätige ist zur Verschwiegenheit über alle Angelegenheiten verpflichtet, deren Geheimhaltung gesetzlich vorgeschrieben, besonders angeordnet oder ihrer Natur nach erforderlich ist. [2]Er darf die Kenntnis von geheimzuhaltenden Angelegenheiten nicht unbefugt verwerten. [3]Diese Verpflichtungen bestehen auch nach Beendigung der ehrenamtlichen Tätigkeit fort. [4]Die Geheimhaltung kann nur aus Gründen des öffentlichen Wohls oder zum Schutz berechtigter Interessen Einzelner angeordnet werden. [5]Die Anordnung ist aufzuheben, sobald sie nicht mehr gerechtfertigt ist.

(3) [1]Ehrenbeamte dürfen Ansprüche Dritter gegen die Gemeinde nicht geltend machen; hiervon ausgenommen sind Fälle der gesetzlichen Vertretung. [2]Das Gleiche gilt für andere ehrenamtlich Tätige, wenn diese Ansprüche mit ihrer ehrenamtlichen Tätigkeit im Zusammenhang stehen. [3]Ob die Voraussetzungen dieses Verbots vorliegen, entscheidet im Zweifelsfall der Gemeinderat.

(4) Der Gemeinderat kann einem ehrenamtlich Tätigen der ohne wichtigen Grund eine ehrenamtliche Tätigkeit ablehnt oder aufgibt, seine Pflichten nach Absatz 1 gröblich verletzt, einer Verpflichtung nach Absatz 2 zuwiderhandelt oder eine Vertretung entgegen Absatz 3 ausübt, ein Ordnungsgeld bis zu 500 Euro auferlegen.

## § 20
## Ausschluss wegen Befangenheit

(1) Der ehrenamtlich Tätige darf weder beratend noch entscheidend mitwirken, wenn er in der Angelegenheit bereits in anderer Eigenschaft tätig geworden ist oder wenn die Entscheidung ihm selbst oder folgenden Personen einen unmittelbaren Vorteil oder Nachteil bringen kann:

1. seinem Ehegatten, Verlobten oder Lebenspartner nach § 1 des Lebenspartnerschaftsgesetzes,
2. einem in gerader Linie oder in Seitenlinie bis zum dritten Grade Verwandten,
3. einem in gerader Linie oder in Seitenlinie bis zum zweiten Grade Verschwägerten oder als verschwägert Geltenden, solange die die Schwägerschaft begründende Ehe oder Lebenspartnerschaft nach § 1 des Lebenspartnerschaftsgesetzes besteht,
4. einer von ihm kraft Gesetzes oder Vollmacht vertretenen Person,
5. einer Person oder Gesellschaft, bei der er beschäftigt ist, sofern nicht nach den tatsächlichen Umständen der Beschäftigung anzunehmen ist, dass kein Interessenwiderstreit besteht,
6. einer Gesellschaft, bei der ihm, einer in Nummer 1 genannten Person oder einem Verwandten ersten Grades allein oder gemeinsam mindestens 10 Prozent der Anteile gehören,
7. einer juristischen Person des privaten Rechts, in deren Vorstand, Aufsichtsrat, Verwaltungsrat oder vergleichbarem Organ er tätig ist, oder einer juristischen Person des öffentlichen Rechts, ausgenommen einer Gebietskörperschaft, in deren Organ er tätig ist, sofern er diese Tätigkeit nicht als Vertreter der Gemeinde oder auf deren Vorschlag hin ausübt.

(2) Absatz 1 gilt nicht

1. für Wahlen zu einer ehrenamtlichen Tätigkeit,
2. wenn die Entscheidung nur die gemeinsamen Interessen einer Berufs- oder Bevölkerungsgruppe berührt.

(3) [1]Der ehrenamtlich Tätige, bei dem ein Tatbestand vorliegt, der Befangenheit zur Folge haben kann, hat dies vor Beginn der Beratung dieser Angelegenheit dem Vorsitzenden, sonst dem Bürgermeister mitzuteilen. [2]Ob ein Ausschließungsgrund vorliegt, entscheidet im Zweifelsfall in Abwesenheit des Betroffenen bei Gemeinderäten der Gemeinderat, bei Ortschaftsräten der Ortschaftsrat, bei Mitgliedern von Ausschüssen der Ausschuss, sonst der Bürgermeister.

(4) [1]Wer an der Beratung und Entscheidung wegen Befangenheit nicht mitwirken darf, muss die Sitzung verlassen. [2]Ist die Sitzung öffentlich, darf er als Zuhörer anwesend bleiben.

(5) [1]Ein Beschluss ist rechtswidrig, wenn bei der Beratung oder Beschlussfassung die Bestimmungen der Absätze 1 oder 4 verletzt worden sind oder wenn jemand ohne einen der Gründe des Absatzes 1 ausgeschlossen worden ist. [2]Der Beschluss gilt jedoch ein Jahr nach der Beschlussfassung oder, wenn eine öffentliche Bekanntmachung erforderlich ist, ein Jahr nach dieser als von Anfang an gültig zustande gekommen. [3]§ 4 Absatz 4 Satz 2 Nummer 3 und 4 und Satz 3 gilt entsprechend.

## § 21
## Entschädigung für ehrenamtliche Tätigkeit

(1) [1]Ehrenamtlich Tätige haben Anspruch auf Ersatz ihrer notwendigen Auslagen und ihres Verdienstausfalls. [2]Durch Satzung können Höchstbeträge oder Durchschnittssätze festgesetzt werden. [3]Soweit kein Verdienstausfall entsteht, kann durch Satzung bestimmt werden, dass für den Zeitaufwand eine Entschädigung gewährt wird.

(2) Gemeinderäten, Ortschaftsräten, Mitgliedern von Stadtbezirksbeiräten und sonstigen Mitgliedern der Ausschüsse und Beiräte des Gemeinderats und Ortschaftsrats ist darüber hinaus eine angemessene Aufwandsentschädigung zu gewähren.

(3) Ehrenamtlich Tätigen wird Ersatz für Sachschäden in entsprechender Anwendung der für Beamte geltenden Bestimmungen gewährt.

(4) Ansprüche nach den Absätzen 1 bis 3 sind nicht übertragbar.

...

# DRITTER TEIL
# Verfassung und Verwaltung der Gemeinde

## Erster Abschnitt
## Gemeinderat

### § 27
### Rechtsstellung des Gemeinderats

(1) Der Gemeinderat ist die Vertretung der Bürger und das Hauptorgan der Gemeinde.
(2) In Städten führt der Gemeinderat die Bezeichnung Stadtrat.

### § 28
### Aufgaben des Gemeinderats

(1) Der Gemeinderat legt die Grundsätze für die Verwaltung der Gemeinde fest und entscheidet über alle Angelegenheiten der Gemeinde, soweit nicht der Bürgermeister kraft Gesetzes zuständig ist oder ihm der Gemeinderat bestimmte Angelegenheiten überträgt.
(2) Die Entscheidung über folgende Angelegenheiten kann der Gemeinderat nicht übertragen:
1. die Festlegung von Grundsätzen für die Verwaltung der Gemeinde,
2. die Bestellung der Mitglieder von Ausschüssen des Gemeinderats, der Stellvertreter des Bürgermeisters, der Beigeordneten sowie Angelegenheiten nach Absatz 4 Satz 1 bei leitenden Bediensteten,
3. die Übernahme freiwilliger Aufgaben,
4. Satzungen, anderes Ortsrecht und Flächennutzungspläne,
5. die Änderung des Gemeindegebietes,
6. die Entscheidung über die Durchführung eines Bürgerentscheides oder die Zulässigkeit eines Bürgerbegehrens,
7. die Verleihung und Aberkennung des Ehrenbürgerrechts,
8. die Regelung der allgemeinen Rechtsverhältnisse der Gemeindebediensteten,
9. die Übertragung von Aufgaben auf den Bürgermeister,
10. die Erteilung des Einvernehmens zur Abgrenzung der Geschäftskreise der Beigeordneten,
11. die Übertragung von Aufgaben auf das Rechnungsprüfungsamt,
12. der Entzug der Leitung des Rechnungsprüfungsamtes nach § 103 Absatz 4,
13. die Entscheidung der Auswahl des örtlichen Prüfers nach § 103 Absatz 1 Satz 1 und 2,
14. die Verfügung über Gemeindevermögen, das für die Gemeinde von erheblicher wirtschaftlicher Bedeutung ist,
15. die Errichtung, Übernahme, wesentliche Veränderung, vollständige oder teilweise Veräußerung und die Auflösung von Unternehmen und öffentlichen Einrichtungen sowie die unmittelbare und mittelbare Beteiligung an solchen,
16. ein Haushaltsstrukturkonzept,
17. die Bestellung von Sicherheiten, die Übernahme von Bürgschaften und von Verpflichtungen aus Gewährverträgen und den Abschluss der ihnen wirtschaftlich gleichkommenden Rechtsgeschäfte, soweit sie für die Gemeinden von erheblicher wirtschaftlicher Bedeutung sind,
18. Jahresabschlüsse und Gesamtabschlüsse, Wirtschaftspläne und Jahresabschlüsse der Sondervermögen und Treuhandvermögen,
19. die allgemeine Festsetzung von Abgaben,
20. den Verzicht auf Ansprüche der Gemeinde und die Niederschlagung solcher Ansprüche, die Führung von Rechtsstreitigkeiten und den Abschluss von Vergleichen, soweit sie für die Gemeinde von erheblicher wirtschaftlicher Bedeutung sind,
21. den Beitritt zu Zweckverbänden und den Austritt aus diesen sowie den Abschluss und die Aufhebung von Zweckvereinbarungen.

(3) Der Gemeinderat überwacht die Ausführung seiner Beschlüsse und sorgt beim Auftreten von Missständen in der Gemeindeverwaltung für deren Beseitigung durch den Bürgermeister.
(4) [1]Der Gemeinderat entscheidet im Einvernehmen mit dem Bürgermeister über die Ernennung, Einstellung, Höhergruppierung und Entlassung der Gemeindebediensteten sowie über die Festsetzung von Vergütungen, auf die kein Anspruch auf Grund eines Tarifvertrags besteht. [2]Kommt es zu keinem Einvernehmen, entscheidet der Gemeinderat mit einer Mehrheit von zwei Dritteln der anwesenden Stimmberechtigten. [3]Der Bürgermeister ist zuständig, soweit der Gemeinderat ihm die Entscheidung überträgt oder diese zur laufenden Verwaltung gehört.
(5) [1]Ein Zehntel der Gemeinderäte, mindestens jedoch zwei Personen, kann in allen Angelegenheiten der Gemeinde verlangen, dass der Bürgermeister den Gemeinderat informiert und diesem oder einem von ihm bestellten Ausschuss Akteneinsicht gewährt. [2]Das Recht, nach Satz 1 Akteneinsicht zu verlangen, steht auch einer Fraktion zu. [3]In dem Ausschuss müssen die Antragsteller vertreten sein. [4]Für den gemäß Satz 1 bestellten Ausschuss gilt § 43 entsprechend.
(6) [1]Jeder Gemeinderat kann an den Bürgermeister schriftliche oder in einer Sitzung des Gemeinderats mündliche Anfragen über einzelne Angelegenheiten der Gemeinde richten, die binnen angemessener Frist, die grundsätzlich vier Wochen beträgt, zu beantworten sind. [2]Das Nähere ist in der Geschäftsordnung zu regeln.
(7) Die Absätze 5 und 6 gelten nicht für die nach § 53 Absatz 3 Satz 3 geheimzuhaltenden Angelegenheiten.

### § 29
### Zusammensetzung des Gemeinderats

(1) [1]Der Gemeinderat besteht aus den Gemeinderäten und dem Bürgermeister als Vorsitzendem. [2]In Städten führen die Gemeinderäte die Bezeichnung Stadträte.
(2) Die Zahl der Gemeinderäte beträgt in Gemeinden

| | | |
|---|---|---|
| bis zu | 500 Einwohnern | 8, |
| bis zu | 1 000 Einwohnern | 10, |
| bis zu | 2 000 Einwohnern | 12, |
| bis zu | 3 000 Einwohnern | 14, |
| bis zu | 5 000 Einwohnern | 16, |
| bis zu | 10 000 Einwohnern | 18, |
| bis zu | 20 000 Einwohnern | 22, |
| bis zu | 30 000 Einwohnern | 26, |
| bis zu | 40 000 Einwohnern | 30, |
| bis zu | 50 000 Einwohnern | 34, |
| bis zu | 60 000 Einwohnern | 38, |
| bis zu | 80 000 Einwohnern | 42, |
| bis zu | 150 000 Einwohnern | 48, |
| bis zu | 400 000 Einwohnern | 54, |
| mit mehr als | 400 000 Einwohnern | 60. |

(3) Durch die Hauptsatzung kann bestimmt werden, dass die Zahl der Gemeinderäte sich nach der nächsthöheren oder der nächstniederen Größengruppe richtet; in der höchsten Größengruppe kann die Zahl um bis zu 10 erhöht werden.
(4) Änderungen der für die Zahl der Gemeinderäte maßgebenden Einwohnerzahl und Regelungen der Hauptsatzung nach Absatz 3 sind erst bei der nächsten regelmäßigen Wahl zu berücksichtigen.

### § 30
### Wahlgrundsätze

(1) Die Gemeinderäte werden von den Bürgern in allgemeiner, unmittelbarer, freier, gleicher und geheimer Wahl gewählt.
(2) [1]Gewählt wird auf Grund von Wahlvorschlägen unter Berücksichtigung der Grundsätze der Verhältniswahl. [2]Die Verbindung von Wahlvorschlägen ist unzulässig. [3]Der Wahlberechtigte kann Bewerber aus anderen Wahlvorschlägen übernehmen und einem Bewerber bis zu drei Stimmen geben.
(3) [1]Wird nur ein gültiger oder kein Wahlvorschlag eingereicht, findet Mehrheitswahl ohne Bindung an die vorgeschlagenen Bewerber und ohne das Recht der Stimmenhäufung auf einen Bewerber statt. [2]Dasselbe gilt, wenn mehrere Wahlvorschläge eingereicht werden, die zusammen weniger Bewerber als zwei Drittel der festgelegten Zahl der Mitglieder des Gemeinderates umfassen.

### § 31
### Wählbarkeit

(1) Wählbar in den Gemeinderat sind die Bürger der Gemeinde.
(2) Nicht wählbar ist, wer
1. vom Wahlrecht ausgeschlossen ist (§ 16 Satz 2),
2. infolge deutschen Richterspruchs die Wählbarkeit oder die Fähigkeit zur Bekleidung öffentlicher Ämter nicht besitzt oder

3. als Staatsangehöriger eines anderen Mitgliedstaates der Europäischen Union nach dem Recht dieses Mitgliedstaates infolge einer zivilrechtlichen Einzelfallentscheidung oder einer strafrechtlichen Entscheidung die Wählbarkeit verloren hat.

## § 32
## Hinderungsgründe

(1) Gemeinderäte können nicht sein
1. der Bürgermeister, die Beigeordneten und die übrigen Beamten der Gemeinde, ausgenommen die Ehrenbeamten und Ruhestandsbeamten, sowie die Arbeitnehmer der Gemeinde,
2. die Beamten und leitenden Arbeitnehmer einer juristischen Person des öffentlichen oder privaten Rechts, in der die Gemeinde einen maßgeblichen Einfluss ausübt,
3. die Beamten und Arbeitnehmer eines Verwaltungsverbandes nach den §§ 5 und 23 des Sächsischen Gesetzes über kommunale Zusammenarbeit in der Fassung der Bekanntmachung vom 15. April 2019 (SächsGVBl. S. 270), in der jeweils geltenden Fassung, dessen Mitglied die Gemeinde ist,
4. die Beamten und Arbeitnehmer der erfüllenden Gemeinde einer Verwaltungsgemeinschaft nach § 36 des Sächsischen Gesetzes über kommunale Zusammenarbeit, an der die Gemeinde beteiligt ist,
5. die mit Angelegenheiten der Rechtsaufsicht über die Gemeinde befassten Beamten und Arbeitnehmer der Rechtsaufsichtsbehörden,
6. die mit Angelegenheiten der überörtlichen Prüfung der Gemeinde befassten Beamten und Arbeitnehmer der staatlichen Rechnungsprüfungsämter und des Sächsischen Rechnungshofes.

(2) Absatz 1 gilt nicht für Arbeitnehmer, deren Wählbarkeit nicht nach Artikel 137 Absatz 1 des Grundgesetzes eingeschränkt werden kann.

(3) [1]Der Gemeinderat stellt fest, ob ein Hinderungsgrund nach Absatz 1 gegeben ist. [2]Bis zu dieser Feststellung bleibt die Rechtswirksamkeit der Tätigkeit des Gemeinderats in den Fällen des Absatzes 1 unberührt. [3]Die Feststellung eines Hinderungsgrundes ergeht durch Verwaltungsakt.

## § 33
## Wahlperiode

(1) Die regelmäßigen Gemeinderatswahlen finden alle fünf Jahre statt.

(2) [1]Die Wahlperiode endet mit Ablauf des Monats, in dem die regelmäßigen Wahlen der Gemeinderäte stattfinden. [2]Wenn die Wahl von der Wahlprüfungsbehörde nicht beanstandet wurde, ist die erste Sitzung des Gemeinderats unverzüglich nach der Zustellung des Wahlprüfungsbescheides oder nach ungenutztem Ablauf der Wahlprüfungsfrist, sonst nach rechtskräftiger Erledigung der Beanstandung anzuberaumen. [3]Bis zum Zusammentreten des neugebildeten Gemeinderats führt der bisherige Gemeinderat die Geschäfte weiter.

(3) [1]Wird die Wahl des Gemeinderats nach seinem Zusammentreten rechtskräftig für ungültig erklärt, so führt er die Geschäfte bis zum Zusammentreten des neugewählten Gemeinderats weiter. [2]Wird nach dem Zusammentreten des Gemeinderats die Neufeststellung des Wahlergebnisses rechtskräftig angeordnet, so führt er die Geschäfte bis zum Ablauf des Tages weiter, an dem das berichtigte Wahlergebnis öffentlich bekanntgemacht wird. [3]Die Rechtswirksamkeit der Tätigkeit des Gemeinderats bleibt in den Fällen der Sätze 1 und 2 unberührt.

## § 34
## Ausscheiden, Nachrücken, Ergänzungswahl

(1) [1]Aus dem Gemeinderat scheiden die Mitglieder aus, bei denen während der Wahlperiode der Verlust der Wählbarkeit (§ 31) oder ein Hinderungsgrund (§ 32) eintritt oder bekannt wird. [2]Der Gemeinderat ist verpflichtet, unverzüglich das Ausscheiden nach Satz 1 und den Absätzen 3 und 4 festzustellen. [3]Bis zu dieser Feststellung bleibt die Rechtswirksamkeit der Tätigkeit des Gemeinderats unberührt.

(2) Tritt ein Gewählter nicht in den Gemeinderat ein oder scheidet er im Laufe der Wahlperiode aus, rückt der als nächste Ersatzperson festgestellte Bewerber nach.

(3) [1]Wird eine Partei oder die Teilorganisation einer Partei durch das Bundesverfassungsgericht nach Artikel 21 Absatz 2 Satz 2 des Grundgesetzes für verfassungswidrig erklärt, verlieren die Gemeinderäte ihr Mandat, sofern sie dieser Partei oder Teilorganisation zu irgendeinem Zeitpunkt zwischen der Antragstellung (§ 43 des Bundesverfassungsgerichtsgesetzes in der Fassung der Bekanntmachung vom 11. August 1993 [BGBl. I S. 1473], das zuletzt durch Artikel 4 des Gesetzes vom 20. November 2019 [BGBl. I S. 1724] geändert worden ist, in der jeweils geltenden Fassung) und der Verkündung der Entscheidung (§ 46 des Bundesverfassungsgerichtsgesetzes) angehört haben. [2]Satz 1 gilt entsprechend für die Feststellung, dass eine Partei oder ein Teil einer Partei eine verbotene Ersatzorganisation ist.

(4) Wird ein Verein oder Teilverein gemäß § 3 des Vereinsgesetzes verboten, weil sein Zweck oder seine Tätigkeit gegen die verfassungsmäßige Ordnung oder gegen den Gedanken der Völkerverständigung gerichtet ist, oder wird nach § 8 Absatz 2 des Vereinsgesetzes festgestellt, dass ein Verein oder Teilverein eine Ersatzorganisation eines aus diesen Gründen verbotenen Vereins oder Teilvereins ist, verlieren die Gemeinderäte ihr Mandat zum Zeitpunkt der Unanfechtbarkeit der Entscheidung, sofern sie diesem Verein oder Teilverein zu irgendeinem Zeitpunkt zwischen der Bekanntgabe des Verwaltungsakts und dem Eintritt der Unanfechtbarkeit angehört haben.

(5) Nach den Absätzen 3 und 4 freigewordene Sitze des Gemeinderats bleiben unbesetzt, soweit auch auf die Ersatzpersonen die Voraussetzungen der Absätze 3 und 4 zutreffen.

(6) [1]Eine Neuverteilung der verbleibenden Sitze findet nicht statt. [2]Absatz 7 bleibt unberührt.

(7) Ist die Zahl der Gemeinderäte während der Wahlperiode auf weniger als zwei Drittel der festgelegten Mitgliederzahl gesunken, ist eine Ergänzungswahl nach den für die Hauptwahl geltenden Vorschriften für den Rest der Wahlperiode durchzuführen, sofern dieser mindestens sechs Monate beträgt.

## § 35
## Rechtsstellung der Gemeinderäte

(1) [1]Die Gemeinderäte üben ihr Mandat ehrenamtlich aus. [2]Der Bürgermeister verpflichtet die Gemeinderäte in der ersten Sitzung öffentlich auf die gewissenhafte Erfüllung ihrer Pflichten.

(2) [1]Niemand darf gehindert werden, sich um das Mandat eines Gemeinderats zu bewerben, es zu übernehmen und auszuüben. [2]Eine Kündigung oder Entlassung aus einem Dienst- oder Arbeitsverhältnis, eine Versetzung an einen anderen Beschäftigungsort sowie sonstige berufliche Benachteiligungen aus diesem Grunde sind unzulässig. [3]Steht der Gemeinderat in einem Dienst- oder Arbeitsverhältnis, ist ihm die für die Mandatsausübung erforderliche freie Zeit zu gewähren.

(3) [1]Die Gemeinderäte üben ihr Mandat nach dem Gesetz und ihrer freien, dem Gemeinwohl verpflichteten Überzeugung aus. [2]An Verpflichtungen und Aufträge, durch die diese Freiheit beschränkt wird, sind sie nicht gebunden.

(4) Die Gemeinderäte sind verpflichtet, an den Sitzungen teilzunehmen.

(5) Erleidet ein Gemeinderat einen Dienstunfall, hat er dieselben Rechte wie ein Ehrenbeamter.

(6) Auf Gemeinderäte, die als Vertreter der Gemeinde in Organen eines wirtschaftlichen Unternehmens (§ 94a) Vergütungen erhalten, finden die für den Bürgermeister der Gemeinde geltenden Vorschriften über die Ablieferungspflicht entsprechende Anwendung.

## § 35a
## Fraktionen

(1) [1]Gemeinderäte können sich zu Fraktionen zusammenschließen, sofern diese fünf Prozent der Gemeinderäte, mindestens jedoch zwei Personen, umfassen. [2]Diese sind Organteile des Gemeinderats. [3]Das Nähere über die Bildung der Fraktionen sowie ihre Rechte und Pflichten innerhalb des Gemeinderats regelt die Gemeinde durch Geschäftsordnung.

(2) Die Fraktionen wirken bei der Willensbildung und Entscheidungsfindung des Gemeinderats mit; sie können ihre Auffassungen öffentlich darstellen.

(3) [1]Die Gemeinden haben den Fraktionen durch Satzung Mittel für deren angemessene sächliche Mindestausstattung zu gewähren. [2]In Gemeinden bis zu 5 000 Einwohnern kann, in Gemeinden über 5 000 Einwohnern soll durch Satzung bestimmt werden, dass aus ihrem Haushalt den Fraktionen Mittel für deren angemessene personelle Mindestausstattung gewährt werden. [3]Die sächliche und personelle Mindestausstattung muss in einem angemessenen Verhältnis zur Einwohnergröße der Gemeinde und zur Größe der Fraktion stehen. [4]Diese Mittel sind in einer besonderen Anlage zum Haushaltsplan dar-

zustellen. [5]Über ihre Verwendung ist ein Nachweis in einfacher Form zu führen.
(4) [1]Für Bedienstete der Fraktionen gilt § 19 Absatz 2 entsprechend. [2]Die Geschäftsordnung kann vorsehen, dass Arbeitnehmer der Fraktionen zu nichtöffentlichen Sitzungen des Gemeinderats und seiner Ausschüsse Zutritt haben.

## § 36
## Vorsitz im Gemeinderat, Einberufung der Sitzungen

(1) Den Vorsitz im Gemeinderat führt der Bürgermeister.
(2) Der Gemeinderat beschließt über Ort und Zeit seiner regelmäßigen Sitzungen.
(3) [1]Der Bürgermeister beruft den Gemeinderat schriftlich oder in elektronischer Form mit angemessener Frist ein und teilt rechtzeitig die Verhandlungsgegenstände mit; dabei sind die für die Beratung erforderlichen Unterlagen beizufügen, soweit nicht das öffentliche Wohl oder berechtigte Interessen Einzelner entgegenstehen. [2]Das Nähere regelt die Geschäftsordnung. [3]Der Gemeinderat ist einzuberufen, wenn es die Geschäftslage erfordert. [4]Der Gemeinderat ist unverzüglich einzuberufen, wenn dies von einem Fünftel der Gemeinderäte unter Angabe des Verhandlungsgegenstandes beantragt wird und der Gemeinderat den gleichen Verhandlungsgegenstand nicht innerhalb der letzten sechs Monate bereits behandelt hat oder wenn sich seit der Behandlung die Sach- oder Rechtslage wesentlich geändert hat. [5]Der Verhandlungsgegenstand muss in die Zuständigkeit des Gemeinderates fallen. [6]In Eilfällen kann der Gemeinderat ohne Frist, formlos und nur unter Angabe der Verhandlungsgegenstände einberufen werden.
(4) [1]Zeit, Ort und Tagesordnung der öffentlichen Sitzungen sind rechtzeitig ortsüblich bekanntzugeben. [2]Dies gilt nicht bei der Einberufung des Gemeinderats in Eilfällen.
(5) Auf Antrag von mindestens einem Fünftel der Gemeinderäte oder einer Fraktion ist ein Verhandlungsgegenstand auf die Tagesordnung spätestens der übernächsten Sitzung des Gemeinderats zu setzen; Absatz 3 Satz 4 und 5 gilt entsprechend.

## § 36a
## Durchführung von Sitzungen ohne persönliche Anwesenheit im Sitzungsraum

(1) In Ausnahmefällen, die durch Naturkatastrophen, aus Gründen des Infektionsschutzes oder sonstigen außergewöhnlichen Notsituationen entstehen, können Sitzungen des Gemeinderats ohne persönliche Anwesenheit der Mitglieder im Sitzungsraum durchgeführt werden, sofern eine Beratung und Beschlussfassung durch zeitgleiche Übertragung von Bild und Ton mittels geeigneter technischer Hilfsmittel, insbesondere in Form einer Videokonferenz, möglich ist.
(2) [1]Bei öffentlichen Sitzungen nach Absatz 1 muss eine unmittelbare Übertragung von Bild und Ton an einen öffentlich zugänglichen Ort erfolgen. [2]§ 37 Absatz 3 Satz 2 bis 4 gilt entsprechend.
(3) [1]Die Gemeinde hat sicherzustellen, dass die technischen Anforderungen und die datenschutzrechtlichen Bestimmungen für eine ordnungsgemäße Durchführung der Sitzungen einschließlich Beratung und Beschlussfassung eingehalten werden. [2]In Sitzungen nach Absatz 1 dürfen Wahlen im Sinne von § 39 Absatz 7 nicht durchgeführt und keine Beschlüsse über die Haushaltssatzung im Sinne von § 76 Absatz 2 gefasst werden. [3]Im Übrigen gelten die Regelungen für Sitzungen gemäß § 36 entsprechend.
(4) Die beabsichtigte Durchführung von Sitzungen nach Absatz 1 ist der Rechtsaufsichtsbehörde sieben Tage vor der Sitzung anzuzeigen.

## § 36b
## Veröffentlichung von Informationen

[1]Die Gemeinde hat auf ihrer Internetseite oder in anderer geeigneter Form Zeit, Ort und Tagesordnung der öffentlichen Sitzungen des Gemeinderats und seiner Ausschüsse sowie die der Tagesordnung beigefügten Beratungsunterlagen zu veröffentlichen, sobald diese den Mitgliedern des Gemeinderats zur Verfügung gestellt wurden und sofern keine berechtigten Interessen Einzelner entgegenstehen. [2]Die in einer solchen Sitzung gefassten oder bekannt gegebenen Beschlüsse hat die Gemeinde im Wortlaut oder in Form eines zusammenfassenden Berichts nach Bestätigung der Niederschrift auf ihrer Internetseite oder in anderer geeigneter Form zu veröffentlichen. [3]Personenbezogene Daten oder Betriebs- und Geschäftsgeheimnisse dürfen nicht offenbart werden. [4]Sind Maßnahmen zur Wahrung des Datenschutzes oder von Betriebs- und Geschäftsgeheimnissen nicht ohne erheblichen Aufwand oder erhebliche Veränderung einer Beratungsunterlage möglich, kann die Gemeinde insoweit von der Veröffentlichung absehen. [5]Soweit von einer Veröffentlichung der Beratungsunterlagen abgesehen wird, ist dies zu Beginn der öffentlichen Sitzung zu begründen.

## § 37
## Öffentlichkeit der Sitzungen

(1) [1]Die Sitzungen des Gemeinderats sind öffentlich, sofern nicht das öffentliche Wohl oder berechtigte Interessen Einzelner eine nichtöffentliche Verhandlung erfordern. [2]Über Anträge aus der Mitte des Gemeinderats, einen Verhandlungsgegenstand entgegen der Tagesordnung in öffentlicher oder nichtöffentlicher Sitzung zu behandeln, wird in nichtöffentlicher Sitzung beraten und entschieden. [3]In nichtöffentlicher Sitzung gefasste Beschlüsse sind in öffentlicher Sitzung bekanntzugeben, sofern nicht das öffentliche Wohl oder berechtigte Interessen Einzelner entgegenstehen. [4]Beschließt der Gemeinderat, einen Verhandlungsgegenstand in öffentlicher Sitzung zu behandeln, so hat der Bürgermeister diesen auf die Tagesordnung der nächsten Sitzung des Gemeinderats zu setzen.
(2) Die Gemeinderäte und der Bürgermeister sind zur Verschwiegenheit über alle in nichtöffentlicher Sitzung behandelten Angelegenheiten so lange verpflichtet, bis der Gemeinderat im Einvernehmen mit dem Bürgermeister die Verschwiegenheit aufhebt; dies gilt nicht für den Wortlaut der in nichtöffentlicher Sitzung gefassten Beschlüsse, sofern nicht das öffentliche Wohl oder berechtigte Interessen Einzelner entgegenstehen.
(3) [1]Bei öffentlichen Sitzungen nach Absatz 1 kann eine unmittelbare Übertragung von Bild und Ton in einen öffentlich zugänglichen Ort erfolgen. [2]Unterhält die Gemeinde einen Internetauftritt, kann die Übertragung von Bild und Ton auch über einen Live-Stream erfolgen, wenn hierfür eine Einwilligung vorliegt. [3]Eine Aufzeichnung von Bild und Ton sowie eine entsprechende Abrufmöglichkeit sind nur zulässig, wenn diese von der Einwilligung ausdrücklich umfasst sind. [4]Im Fall der Sätze 2 und 3 ist bei fehlender Einwilligung oder nach Widerspruch eines Gemeinderatsmitglieds gegen die Übertragung oder gegen die Aufzeichnung oder den Abruf seines Bildes und Tons durch technische Mittel sicherzustellen, dass dessen Recht auf informationelle Selbstbestimmung ohne Beeinträchtigung der Übertragung, der Aufzeichnung oder des Abrufs der Sitzung im Übrigen gewahrt wird.

## § 38
## Verhandlungsleitung, Geschäftsgang

(1) [1]Der Bürgermeister eröffnet und schließt die Sitzungen und leitet die Verhandlung des Gemeinderats. [2]Er übt die Ordnungsgewalt und das Hausrecht aus. [3]Der Bürgermeister kann die Verhandlungsleitung an einen Gemeinderat abgeben.
(2) Der Gemeinderat regelt seine inneren Angelegenheiten, insbesondere den Gang seiner Verhandlungen, im Rahmen der gesetzlichen Vorschriften durch eine Geschäftsordnung.
(3) [1]Bei grobem Verstoß gegen die Ordnung kann ein Gemeinderat vom Vorsitzenden aus dem Beratungsraum verwiesen werden; damit ist der Verlust des Anspruchs auf die auf den Sitzungstag entfallende Entschädigung verbunden. [2]Bei wiederholten Verstößen nach Satz 1 kann der Gemeinderat ein Mitglied für mehrere, höchstens jedoch für drei Sitzungen ausschließen. [3]Die Sätze 1 und 2 gelten entsprechend für sachkundige Einwohner, die zu den Beratungen zugezogen sind.

## § 39
## Beschlussfassung

(1) [1]Der Gemeinderat kann nur in einer ordnungsgemäß einberufenen und geleiteten Sitzung beraten und beschließen. [2]Eine Verletzung von Form oder Frist der Ladung eines Gemeinderatsmitglieds gilt als geheilt, wenn das Mitglied zur Sitzung erscheint und den Mangel nicht spätestens bei Eintritt in die Tagesordnung der Sitzung geltend macht. [3]Die Mitglieder des Gemeinderats sind hierauf zu Beginn der Sitzung hinzuweisen. [4]Über Gegenstände einfacher Art und geringer Bedeutung kann im schriftlichen oder elektronischen Verfahren beschlossen werden; ein hierbei gestellter Antrag ist angenommen, wenn kein Mitglied widerspricht.

(2) [1]Der Gemeinderat ist beschlussfähig, wenn mindestens die Hälfte aller Mitglieder anwesend und stimmberechtigt ist. [2]Bei Befangenheit von mehr als der Hälfte aller Mitglieder ist der Gemeinderat beschlussfähig, wenn mindestens ein Viertel aller Mitglieder anwesend und stimmberechtigt ist.
(3) [1]Ist der Gemeinderat nicht beschlussfähig, muss eine zweite Sitzung stattfinden, in der er beschlussfähig ist, wenn mindestens drei Mitglieder anwesend und stimmberechtigt sind; bei der Einberufung der zweiten Sitzung ist hierauf hinzuweisen. [2]Die zweite Sitzung entfällt, wenn weniger als drei Mitglieder stimmberechtigt sind.
(4) [1]Ist der Gemeinderat auch in der zweiten Sitzung wegen Befangenheit von Mitgliedern nicht beschlussfähig, entscheidet der Bürgermeister an seiner Stelle nach Anhörung der nicht befangenen Gemeinderäte. [2]Sind auch der Bürgermeister und sein Stellvertreter befangen, gilt § 117 entsprechend, sofern nicht der Gemeinderat ein stimmberechtigtes Mitglied für die Entscheidung zum Stellvertreter des Bürgermeisters bestellt.
(5) [1]Der Gemeinderat beschließt durch Abstimmungen und, soweit gesetzlich oder in der Geschäftsordnung vorgeschrieben, durch Wahlen. [2]Der Bürgermeister ist stimmberechtigt.
(6) [1]Der Gemeinderat stimmt in der Regel offen ab; er kann aus wichtigem Grund geheime Abstimmung beschließen. [2]Die Beschlüsse werden mit Stimmenmehrheit gefasst. [3]Bei Stimmengleichheit ist der Antrag abgelehnt. [4]Stimmenthaltungen werden für die Ermittlung der Stimmenmehrheit nicht berücksichtigt.
(7) [1]Wahlen werden geheim mit Stimmzetteln vorgenommen; es kann offen gewählt werden, wenn kein Mitglied widerspricht. [2]Gewählt ist, wer die Mehrheit der Stimmen der anwesenden Stimmberechtigten erhalten hat. [3]Wird eine solche Mehrheit bei der Wahl nicht erreicht, findet zwischen den beiden Bewerbern mit den meisten Stimmen Stichwahl statt, bei der die einfache Mehrheit der abgegebenen Stimmen entscheidet; Absatz 6 Satz 4 gilt entsprechend. [4]Bei Stimmengleichheit entscheidet das Los. [5]Steht nur ein Bewerber zur Wahl, findet im Falle des Satzes 3 ein zweiter Wahlgang statt, bei dem die einfache Mehrheit der abgegebenen Stimmen ausreicht.

## § 40
## Niederschrift

(1) [1]Über den wesentlichen Inhalt der Verhandlungen des Gemeinderats ist eine Niederschrift zu fertigen; die elektronische Form ist ausgeschlossen. [2]Die Niederschrift muss insbesondere den Namen des Vorsitzenden, die Zahl der anwesenden und die Namen der abwesenden Gemeinderäte unter Angabe des Grundes der Abwesenheit, die Gegenstände der Verhandlung, die Anträge, die Abstimmungs- und Wahlergebnisse und den Wortlaut der Beschlüsse enthalten. [3]Der Vorsitzende und jedes Mitglied können verlangen, dass ihre Erklärung oder Abstimmung in der Niederschrift festgehalten wird.
(2) [1]Die Niederschrift ist vom Vorsitzenden, zwei Gemeinderäten, die an der Sitzung teilgenommen haben, und dem Schriftführer zu unterzeichnen. [2]Sie ist innerhalb eines Monats, in der Regel jedoch spätestens zur nächsten Sitzung dem Gemeinderat zur Kenntnis zu bringen. [3]Mehrfertigungen von Niederschriften über nichtöffentliche Sitzungen dürfen nicht ausgehändigt werden. [4]Über die gegen die Niederschrift vorgebrachten Einwendungen entscheidet der Gemeinderat. [5]Die Einsichtnahme in die Niederschriften über die öffentlichen Sitzungen ist den Einwohnern gestattet; darüber hinaus kann die Gemeinde auch die allgemeine Einsichtnahme in elektronischer Form ermöglichen.
(3) Das Nähere regelt die Geschäftsordnung.

## § 41
## Beschließende Ausschüsse

(1) [1]Durch die Hauptsatzung kann der Gemeinderat beschließende Ausschüsse bilden und ihnen bestimmte Aufgabengebiete zur dauernden Erledigung übertragen. [2]Durch Beschluss kann der Gemeinderat einzelne Angelegenheiten auf bestehende beschließende Ausschüsse übertragen oder zeitweilige beschließende Ausschüsse bilden.
(2) Auf beschließende Ausschüsse können die Aufgaben nicht übertragen werden, für die der Gemeinderat nach § 28 Absatz 2 ausschließlich zuständig ist.
(3) [1]Im Rahmen ihrer Zuständigkeit entscheiden die beschließenden Ausschüsse an Stelle des Gemeinderats. [2]Ergibt sich, dass eine Angelegenheit für die Gemeinde von besonderer Bedeutung ist, können die beschließenden Ausschüsse die Angelegenheit dem Gemeinderat zur Beschlussfassung unterbreiten. [3]Ein Fünftel aller Mitglieder eines beschließenden Ausschusses kann verlangen, dass eine Angelegenheit dem Gemeinderat zur Beschlussfassung unterbreitet wird, wenn sie für die Gemeinde von besonderer Bedeutung ist. [4]Lehnt der Gemeinderat eine Behandlung ab, entscheidet der zuständige beschließende Ausschuss. [5]Der Gemeinderat kann jede Angelegenheit an sich ziehen und Beschlüsse der beschließenden Ausschüsse, solange sie noch nicht vollzogen sind, ändern oder aufheben. [6]Der Gemeinderat kann den beschließenden Ausschüssen allgemein oder im Einzelfall Weisungen erteilen.
(4) [1]Angelegenheiten, deren Entscheidung dem Gemeinderat vorbehalten ist, sollen den beschließenden Ausschüssen innerhalb ihres Aufgabengebiets zur Vorberatung zugewiesen werden. [2]Durch die Hauptsatzung kann bestimmt werden, dass Anträge, die nicht vorberaten worden sind, auf Antrag des Vorsitzenden oder eines Fünftels aller Mitglieder des Gemeinderats den zuständigen beschließenden Ausschüssen zur Vorberatung überwiesen werden müssen.
(5) [1]Für die beschließenden Ausschüsse gelten die §§ 36 bis 40 entsprechend. [2]Sitzungen, die der Vorberatung nach Absatz 4 dienen, sind in der Regel nichtöffentlich. [3]Ist ein beschließender Ausschuss wegen Befangenheit von Mitgliedern nicht beschlussfähig, entscheidet der Gemeinderat in den Fällen des Absatzes 3 an seiner Stelle, in den Fällen des Absatzes 4 ohne Vorberatung.

## § 42
## Zusammensetzung der beschließenden Ausschüsse

(1) [1]Die beschließenden Ausschüsse bestehen aus dem Vorsitzenden und mindestens vier Mitgliedern. [2]Der Gemeinderat bestellt die Mitglieder und deren Stellvertreter widerruflich aus seiner Mitte. [3]Das Nähere regelt die Hauptsatzung. [4]Nach jeder Wahl der Gemeinderäte sind die beschließenden Ausschüsse neu zu bilden.
(2) [1]Die Zusammensetzung der Ausschüsse soll der Mandatsverteilung im Gemeinderat entsprechen. [2]Kommt eine Einigung über die Zusammensetzung eines beschließenden Ausschusses nicht zustande, werden die Mitglieder von den Gemeinderäten auf Grund von Wahlvorschlägen nach den Grundsätzen der Verhältniswahl unter Bindung an die Wahlvorschläge gewählt. [3]Wird nur ein gültiger oder kein Wahlvorschlag eingereicht, findet Mehrheitswahl ohne Bindung an die vorgeschlagenen Bewerber statt. [4]Anstelle der Wahl der Ausschussmitglieder kann der Gemeinderat beschließen, dass sich alle oder einzelne Ausschüsse nach dem Stärkeverhältnis der Fraktionen zusammensetzen. [5]In diesem Fall werden die Ausschussmitglieder dem Bürgermeister von den Fraktionen schriftlich benannt; dieser gibt dem Gemeinderat die Zusammensetzung der Ausschüsse schriftlich bekannt. [6]Die von einer Fraktion benannten Ausschussmitglieder können von dieser abberufen werden; die Abberufung ist gegenüber dem Bürgermeister schriftlich zu erklären. [7]Nachträgliche Änderungen des Stärkeverhältnisses der Fraktionen, die sich auf die Zusammensetzung der Ausschüsse auswirken, sind zu berücksichtigen; Satz 5 gilt entsprechend.
(3) [1]Der Bürgermeister kann einen Beigeordneten oder, wenn die Gemeinde keinen Beigeordneten hat oder alle Beigeordneten verhindert sind, ein Mitglied des Ausschusses, das Gemeinderat ist, im Vorsitz des beschließenden Ausschusses mit seiner Vertretung beauftragen. [2]Den nach Satz 1 beauftragten Vertretern stehen die Rechte aus § 52 Absatz 2 und 3 zu.
(4) Gemeinderäte, die nicht Mitglied des Ausschusses sind, können an allen Sitzungen des Ausschusses als Zuhörer teilnehmen, auch wenn diese nichtöffentlich sind.

## § 43
## Beratende Ausschüsse

(1) [1]Durch die Hauptsatzung kann der Gemeinderat zur Vorberatung auf bestimmten Gebieten beratende Ausschüsse bilden. [2]Durch Beschluss kann der Gemeinderat bestehende beratende Ausschüsse mit der Vorberatung einzelner Angelegenheiten beauftragen oder für ihre Vorberatung beratende Ausschüsse bilden. [3]Ist ein beratender Ausschuss wegen Befangenheit von Mitgliedern nicht beschlussfähig, entfällt die Vorberatung.
(2) Die Sitzungen der beratenden Ausschüsse sind nichtöffentlich.
(3) [1]Für die beratenden Ausschüsse gelten §§ 36, 36a, 37 Absatz 2 Halbsatz 1, §§ 38 bis 40, 41 Absatz 1 Satz 2 und § 42 entsprechend. [2]Die Hauptsatzung kann bestimmen, dass der Ausschuss den Vorsitzenden

aus seiner Mitte wählt, der insoweit die Aufgaben des Bürgermeisters wahrnimmt; der Bürgermeister hat das Recht, an den Sitzungen des Ausschusses teilzunehmen.

## § 44
## Mitwirkung im Gemeinderat und in den Ausschüssen

(1) Der Gemeinderat und seine Ausschüsse können sachkundige Einwohner und Sachverständige zur Beratung einzelner Angelegenheiten hinzuziehen.
(2) [1]Der Gemeinderat kann sachkundige Einwohner widerruflich als beratende Mitglieder in beratende und beschließende Ausschüsse berufen. [2]Ihre Zahl darf die der Gemeinderäte in den einzelnen Ausschüssen nicht erreichen. [3]Sie sind ehrenamtlich tätig. [4]Mitglieder des Gemeinderats und Bedienstete der Gemeinde können nicht als sachkundige Einwohner berufen werden.
(3) Der Gemeinderat und seine Ausschüsse können bei öffentlichen Sitzungen Einwohnern und den ihnen nach § 10 Absatz 3 gleichgestellten Personen sowie Vertretern von Bürgerinitiativen die Möglichkeit einräumen, Fragen zu Gemeindeangelegenheiten zu stellen oder Anregungen und Vorschläge zu unterbreiten (Fragestunde); zu den Fragen nimmt der Vorsitzende oder ein von ihm Beauftragter Stellung.
(4) Bei der Vorbereitung wichtiger Entscheidungen können der Gemeinderat und seine Ausschüsse betroffenen Personen und Personengruppen Gelegenheit geben, ihre Auffassung vorzutragen (Anhörung), soweit die Anhörung nicht gesetzlich vorgeschrieben ist.
(5) Die Beigeordneten nehmen an den Sitzungen des Gemeinderats und der für ihren Geschäftskreis zuständigen Ausschüsse mit beratender Stimme teil.
(6) Der Vorsitzende kann den Vortrag in den Sitzungen des Gemeinderats und seiner Ausschüsse einem Bediensteten der Gemeinde übertragen; auf Verlangen des Gemeinderats muss er einen solchen zu sachverständigen Auskünften hinzuziehen.
(7) Das Nähere regelt die Geschäftsordnung.

## § 45
## Ältestenrat

[1]Der Gemeinderat kann durch die Hauptsatzung einen Ältestenrat bilden, der den Bürgermeister in Fragen der Tagesordnung und des Gangs der Verhandlungen des Gemeinderats und seiner Ausschüsse berät. [2]Das Nähere über die Zusammensetzung und den Geschäftsgang regelt die Geschäftsordnung.

## § 46
## Beirat für geheimzuhaltende Angelegenheiten

(1) Durch die Hauptsatzung kann ein Beirat gebildet werden, der den Bürgermeister in geheimzuhaltenden Angelegenheiten (§ 53 Absatz 3 Satz 2) berät.
(2) [1]Der Beirat besteht aus höchstens fünf Mitgliedern, die vom Gemeinderat aus seiner Mitte bestellt werden. [2]Dem Beirat können nur Mitglieder des Gemeinderats angehören, die auf die für die Behörden des Freistaates Sachsen geltenden Geheimhaltungsvorschriften verpflichtet sind.
(3) [1]Vorsitzender des Beirats ist der Bürgermeister. [2]Er beruft den Beirat ein, wenn es die Geschäftslage erfordert. [3]Fällt die Angelegenheit in den Geschäftskreis eines Beigeordneten, nimmt dieser an der Sitzung teil. [4]Die Sitzungen des Beirats sind nichtöffentlich. [5]Im Übrigen gelten für den Beirat die Vorschriften über beratende Ausschüsse entsprechend.

## § 47
## Sonstige Beiräte

(1) [1]Durch die Hauptsatzung können sonstige Beiräte gebildet werden, denen Mitglieder des Gemeinderats und sachkundige Einwohner angehören. [2]Sonstige Beiräte im Sinne dieser Vorschrift können insbesondere Integrations- und Teilhabebeiräte, Seniorenbeiräte sowie Naturschutzbeiräte sein.
(2) Diese Beiräte unterstützen den Gemeinderat und die Gemeindeverwaltung bei der Erfüllung ihrer Aufgaben.

## § 47a
## Beteiligung von Kindern und Jugendlichen

[1]Die Gemeinde soll bei Planungen und Vorhaben, die die Interessen von Kindern und Jugendlichen berühren, diese in angemessener Weise beteiligen. [2]Hierzu soll die Gemeinde geeignete Verfahren entwickeln und durchführen.

# ZWEITER ABSCHNITT
# Bürgermeister

## § 48
## Wahlgrundsätze

[1]Der Bürgermeister wird von den Bürgern in allgemeiner, unmittelbarer, freier, gleicher und geheimer Wahl gewählt. [2]Die Wahl ist nach den Grundsätzen der Mehrheitswahl durchzuführen. [3]Das Nähere bestimmt das Kommunalwahlgesetz.

## § 49
## Wählbarkeit, Hinderungsgründe

(1) [1]Wählbar zum Bürgermeister sind Deutsche im Sinne des Artikels 116 des Grundgesetzes und Staatsangehörige anderer Mitgliedstaaten der Europäischen Union, die das 18. Lebensjahr vollendet haben und die allgemeinen persönlichen Voraussetzungen für die Berufung in das Beamtenverhältnis gemäß § 7 des Beamtenstatusgesetzes vom 17. Juni 2008 (BGBl. I S. 1010), das zuletzt durch Artikel 2 des Gesetzes vom 28. Juni 2021 (BGBl. I S. 2250) geändert worden ist, in der jeweils geltenden Fassung und gemäß § 4 des Sächsischen Beamtengesetzes vom 18. Dezember 2013 (SächsGVBl. S. 970, 971), das zuletzt durch Artikel 5 des Gesetzes vom 9. Februar 2022 (SächsGVBl. S. 134) geändert worden ist, in der jeweils geltenden Fassung erfüllen. [2]Nicht wählbar für das Amt eines hauptamtlichen Bürgermeisters ist, wer das 65. Lebensjahr vollendet hat.
(2) [1]Nicht wählbar ist, wer von der Wählbarkeit in den Gemeinderat gemäß § 31 Absatz 2 ausgeschlossen ist. [2]Nicht wählbar ist ferner,

1. wer aus dem Beamtenverhältnis entfernt, wem das Ruhegehalt aberkannt oder gegen wen in einem dem Disziplinarverfahren entsprechenden Verfahren durch die Europäische Union, in einem anderen Mitgliedstaat der Europäischen Union oder in einem anderen Vertragsstaat des Abkommens über den Europäischen Wirtschaftsraum eine entsprechende Maßnahme verhängt worden ist oder
2. wer wegen einer vorsätzlichen Tat durch ein deutsches Gericht oder durch die Recht sprechende Gewalt eines anderen Mitgliedstaats der Europäischen Union oder eines anderen Vertragsstaats des Abkommens über den Europäischen Wirtschaftsraum zu einer Freiheitsstrafe verurteilt worden ist, die bei einem Beamten den Verlust der Beamtenrechte zur Folge hätte, in den auf die Unanfechtbarkeit der Maßnahme oder Entscheidung folgenden fünf Jahren.

(3) [1]Bedienstete der Rechtsaufsichtsbehörden können nicht gleichzeitig Bürgermeister sein. [2]Für ehrenamtliche Bürgermeister findet Satz 1 nur Anwendung, wenn sie unmittelbar mit der Ausübung der Rechtsaufsicht befasst sind.
(4) Der Bürgermeister kann nicht gleichzeitig sonstiger Bediensteter der Gemeinde oder Bürgermeister einer anderen Gemeinde sein.

## § 50
## Zeitpunkt der Wahl

(1) [1]Wird die Wahl des Bürgermeisters wegen Ablaufs der Amtszeit oder wegen Eintritts in den Ruhestand oder Verabschiedung infolge Erreichens der Altersgrenze notwendig, ist sie frühestens drei Monate und spätestens einen Monat vor Freiwerden der Stelle, in anderen Fällen spätestens sechs Monate nach Freiwerden der Stelle durchzuführen. [2]Die Wahl kann mit Genehmigung der Rechtsaufsichtsbehörde bis zu einem Jahr nach Freiwerden der Stelle aufgeschoben werden, wenn die Auflösung der Gemeinde bevorsteht.
(2) Die Gemeinde kann den Bewerbern, deren Bewerbungen zugelassen worden sind, Gelegenheit geben, sich den Bürgern in öffentlichen Versammlungen vorzustellen.

## § 51
## Rechtsstellung des Bürgermeisters

(1) [1]Der Bürgermeister ist Vorsitzender des Gemeinderats und Leiter der Gemeindeverwaltung. [2]Er vertritt die Gemeinde.
(2) [1]Der Bürgermeister ist hauptamtlicher Beamter auf Zeit. [2]Abweichend von Satz 1 kann in Gemeinden unter 5 000 Einwohnern, die Mitglied eines Verwaltungsverbandes oder, ohne erfüllende Gemeinde zu sein, einer Verwaltungsgemeinschaft sind, die Hauptsatzung bestimmen, dass der Bürgermeister Ehrenbeamter auf Zeit ist. [3]Ein Bürgermeister behält seine Rechtsstellung bis zum Ende der laufenden Amtszeit.
(2a) Für haupt- und ehrenamtliche Bürgermeister gilt § 35 Absatz 2 Satz 1, für ehrenamtliche Bürgermeister darüber hinaus auch § 35 Absatz 2 Satz 2 und 3, entsprechend.
(3) [1]Die Amtszeit des Bürgermeisters beträgt sieben Jahre. [2]Die Amtszeit beginnt mit dem Amtsantritt, der der Rechtsaufsichtsbehörde unverzüglich anzuzeigen ist. [3]Im Falle der Wiederwahl schließt sich die neue Amtszeit an das Ende der vorangegangenen an.
(4) In Kreisfreien Städten und Großen Kreisstädten führt der Bürgermeister die Amtsbezeichnung Oberbürgermeister.
(5) [1]Der Bürgermeister führt nach Freiwerden seiner Stelle die Geschäfte bis zum Amtsantritt des neugewählten Bürgermeisters unter Fortdauer seines Dienstverhältnisses weiter. [2]Satz 1 gilt nicht, wenn

1. der Bürgermeister
   a) der Gemeinde schriftlich mitteilt, dass er die Weiterführung der Geschäfte ablehne,
   b) des Dienstes vorläufig enthoben ist oder wenn gegen ihn Anklage wegen eines Verbrechens erhoben ist,
   c) sich um eine Wiederwahl beworben hat, aber ohne Rücksicht auf Wahlprüfung und Wahlanfechtung nach Feststellung des Gemeindewahlausschusses nicht wiedergewählt worden ist; ist im ersten Wahlgang kein Bewerber gewählt worden, so ist das Ergebnis des zweiten Wahlgangs entscheidend,
   d) gemäß Absatz 10 sein Amt verloren hat oder
2. der Gemeinderat einen Amtsverweser nach § 54 Absatz 5 bestellt.

(6) Ein vom Gemeinderat gewähltes Mitglied vereidigt und verpflichtet den Bürgermeister in öffentlicher Sitzung.
(7) [1]Der Bürgermeister kann von den Bürgern der Gemeinde vorzeitig abgewählt werden. [2]Er ist abgewählt, wenn sich für die Abwahl eine Mehrheit der gültigen Stimmen ergibt, sofern diese Mehrheit mindestens 50 Prozent der Bürger beträgt. [3]Für die Durchführung der Abwahl gelten die Bestimmungen zur Durchführung von Bürgerentscheiden entsprechend. [4]Der Bürgermeister scheidet mit dem Ablauf des Tages, an dem der Gemeindewahlausschuss die Abwahl feststellt, aus seinem Amt; er behält bis zum Ablauf seiner Amtszeit die Bezüge wie ein in den einstweiligen Ruhestand versetzter Beamter.
(8) [1]Zur Einleitung des Abwahlverfahrens nach Absatz 7 bedarf es eines Bürgerbegehrens. [2]Das Bürgerbegehren muss von mindestens einem Drittel der Bürger der Gemeinde unterzeichnet sein; in Gemeinden mit mehr als 100 000 Einwohnern kann die Hauptsatzung ein geringeres Quorum, jedoch nicht weniger als ein Fünftel, festsetzen. [3]§ 25 Absatz 2 Satz 1, Absatz 3 Satz 1 und 2 sowie Absatz 4 findet Anwendung.
(9) [1]Das Abwahlverfahren nach Absatz 7 kann auch durch einen von mindestens drei Viertel der Stimmen aller Gemeinderäte zu fassenden Beschluss eingeleitet werden. [2]Eine Aussprache vor der Beschlussfassung findet nicht statt.
(10) § 34 Absatz 3 und 4 gilt entsprechend.

## § 52
## Stellung des Bürgermeisters im Gemeinderat

(1) Der Bürgermeister bereitet die Sitzungen des Gemeinderats und der Ausschüsse vor und vollzieht die Beschlüsse.
(2) [1]Der Bürgermeister muss Beschlüssen des Gemeinderats widersprechen, wenn er der Auffassung ist, dass sie rechtswidrig sind; er kann ihnen widersprechen, wenn er der Auffassung ist, dass sie für die Gemeinde nachteilig sind. [2]Der Widerspruch muss unverzüglich, spätestens jedoch binnen zwei Wochen nach Beschlussfassung gegenüber den Gemeinderäten ausgesprochen werden. [3]Der Widerspruch hat aufschiebende Wirkung. [4]Gleichzeitig ist unter Angabe der Widerspruchsgründe eine Sitzung einzuberufen, in der erneut über die Angelegenheit zu beschließen ist; diese Sitzung hat spätestens vier Wochen nach der ersten Sitzung stattzufinden. [5]Ist nach Ansicht des Bürgermeisters auch der neue Beschluss rechtswidrig, muss er ihm erneut widersprechen und unverzüglich die Entscheidung der Rechtsaufsichtsbehörde über die Rechtmäßigkeit herbeiführen.
(3) [1]Absatz 2 gilt entsprechend für Beschlüsse, die durch beschließende Ausschüsse gefasst werden. [2]In diesen Fällen hat der Gemeinderat über den Widerspruch zu entscheiden.
(4) [1]In dringenden Angelegenheiten, deren Erledigung auch nicht bis zu einer ohne Frist und formlos einberufenen Gemeinderatssitzung (§ 36 Absatz 3 Satz 6) aufgeschoben werden kann, entscheidet der Bürgermeister anstelle des Gemeinderats. [2]Die Gründe für die Eilentscheidung und die Art der Erledigung sind dem Gemeinderat unverzüglich mitzuteilen. [3]Das Gleiche gilt für Angelegenheiten, für deren Entscheidung ein beschließender Ausschuss zuständig ist.
(5) [1]Der Bürgermeister hat den Gemeinderat über alle wichtigen, die Gemeinde und ihre Verwaltung betreffenden Angelegenheiten zu informieren; bei wichtigen Planungen und Vorhaben ist der Gemeinderat möglichst frühzeitig über die Absichten und Vorstellungen der Gemeindeverwaltung und laufend über den Stand und den Inhalt der Planungsarbeiten zu informieren. [2]Über Angelegenheiten, die nach § 53 Absatz 3 Satz 3 geheim zu halten sind, ist anstelle des Gemeinderats der nach § 46 gebildete Beirat zu informieren.

## § 53
## Leitung der Gemeindeverwaltung

(1) Der Bürgermeister ist für die sachgemäße Erledigung der Aufgaben und den ordnungsmäßigen Gang der Gemeindeverwaltung verantwortlich und regelt die innere Organisation der Gemeindeverwaltung.
(2) [1]Der Bürgermeister erledigt in eigener Zuständigkeit die Geschäfte der laufenden Verwaltung und die ihm sonst durch Rechtsvorschrift oder vom Gemeinderat übertragenen Aufgaben. [2]Die dauernde Übertragung der Erledigung bestimmter Aufgaben auf den Bürgermeister ist durch die Hauptsatzung zu regeln. [3]Der Gemeinderat kann die Erledigung von Angelegenheiten, für die er ausschließlich zuständig ist (§ 28 Absatz 2), auch nicht auf den Bürgermeister übertragen.
(3) [1]Weisungsaufgaben erledigt der Bürgermeister in eigener Zuständigkeit, soweit gesetzlich nichts anderes bestimmt ist; dies gilt nicht für den Erlass von Rechtsverordnungen und Satzungen. [2]Satz 1 gilt auch, wenn die Gemeinde in einer Angelegenheit angehört wird, die auf Grund einer Anordnung der zuständigen Behörde geheim zu halten ist. [3]Bei der Erledigung von Weisungsaufgaben, die auf Grund einer Anordnung der zuständigen Behörde geheim zu halten sind, sowie in den Fällen des Satzes 2 hat die Gemeinde die für die Behörden des Freistaates Sachsen geltenden Geheimhaltungsvorschriften zu beachten.
(4) Der Bürgermeister ist Vorgesetzter, Dienstvorgesetzter und oberste Dienstbehörde der Gemeindebediensteten.

## § 54
## Stellvertretung des Bürgermeisters

(1) [1]In Gemeinden ohne Beigeordnete (§ 55) bestellt der Gemeinderat aus seiner Mitte einen oder mehrere Stellvertreter des Bürgermeisters. [2]Die Stellvertretung beschränkt sich auf die Fälle der Verhinderung. [3]Die Stellvertreter werden nach jeder Wahl des Gemeinderats neu bestellt. [4]Sie werden in der Reihenfolge der Stellvertretung je in einem besonderen Wahlgang gewählt. [5]Sind alle bestellten Stellvertreter vorzeitig ausgeschieden oder sind im Fall der Verhinderung des Bürgermeisters auch alle Stellvertreter verhindert, hat der Gemeinderat unverzüglich einen oder mehrere Stellvertreter neu oder auf die Dauer der Verhinderung zusätzlich zu bestellen. [6]Bis zu dieser Bestellung nimmt das an Lebensjahren älteste, nicht verhinderte Mitglied des Gemeinderats die Aufgaben des Stellvertreters des Bürgermeisters wahr.
(2) [1]Die Hauptsatzung kann bestimmen, dass sich die Stellvertretung nach Absatz 1 auf den Vorsitz im Gemeinderat und die Vorbereitung seiner Sitzungen (§ 36) und auf die Repräsentation der Gemeinde beschränkt. [2]In diesem Falle hat der Bürgermeister im Einvernehmen mit dem Gemeinderat einen oder mehrere geeignete Bedienstete zu bestellen, die ihn in den Fällen der Verhinderung im Übrigen vertreten; § 28 Absatz 4 Satz 2 gilt entsprechend. [3]Die Bestellung und die Bestimmung der Reihenfolge nimmt der Bürgermeister vor. [4]Die Bestellung kann widerrufen werden. [5]Im Übrigen gelten für die nach Satz 2 bestellten Vertreter § 44 Absatz 5, § 57 Absatz 2 und § 58 entsprechend.
(3) [1]Der Stellvertreter nach Absatz 1 Satz 1 kann vom Gemeinderat vorzeitig abgewählt werden. [2]Der Beschluss über die Abwahl bedarf der Mehrheit der Stimmen aller Mitglieder des Gemeinderats. [3]Zwischen

dem Antrag und dem Beschluss muss eine Frist von mindestens zwei und höchstens vier Wochen liegen. [4]Die Stellvertretung endet mit Ablauf des Tages, an dem die Abwahl beschlossen wird.
(4) [1]Ist die Stelle des Bürgermeisters voraussichtlich längere Zeit unbesetzt oder ist der Bürgermeister voraussichtlich längere Zeit an der Ausübung seines Amtes verhindert, kann der Gemeinderat mit der Mehrheit der Stimmen aller Mitglieder einen Amtsverweser bestellen. [2]Der Amtsverweser muss zum Bürgermeister wählbar sein. [3]Der Amtsverweser ist in Gemeinden mit hauptamtlichem Bürgermeister zum Beamten auf Widerruf, in Gemeinden mit ehrenamtlichem Bürgermeister zum Ehrenbeamten auf Widerruf zu bestellen, sofern er nicht bereits Beamter der Gemeinde ist.
(5) [1]Ein zum Bürgermeister der Gemeinde gewählter Bewerber kann im Falle der Anfechtung der Wahl vor der rechtskräftigen Entscheidung über deren Gültigkeit vom Gemeinderat mit der Mehrheit der Stimmen aller Mitglieder zum Amtsverweser bestellt werden, wenn die Wahlprüfungsbehörde die Gültigkeit der Wahl festgestellt hat oder die Wahlprüfungsfrist ungenutzt verstrichen ist. [2]Der Amtsverweser ist in Gemeinden mit hauptamtlichem Bürgermeister als Beamter auf Zeit, in Gemeinden mit ehrenamtlichem Bürgermeister als Ehrenbeamter auf Zeit zu bestellen. [3]Seine Amtszeit beträgt zwei Jahre; Wiederbestellung ist zulässig. [4]Die Amtszeit endet vorzeitig mit der Rechtskraft der Entscheidung über die Gültigkeit der Wahl zum Bürgermeister. [5]Der Amtsverweser führt die Bezeichnung Bürgermeister; § 51 Absatz 4 gilt entsprechend. [6]Die Amtszeit als Bürgermeister verkürzt sich um die Amtszeit als Amtsverweser.
(6) Der gemäß Absatz 5 bestellte Amtsverweser hat Stimmrecht im Gemeinderat und seinen Ausschüssen.

## § 55
## Beigeordnete

(1) [1]In Gemeinden mit mehr als 10 000 Einwohnern können, in Kreisfreien Städten müssen als Stellvertreter des Bürgermeisters ein hauptamtlicher Beigeordneter oder mehrere hauptamtliche Beigeordnete bestellt werden. [2]Die Zahl der Beigeordneten wird entsprechend den Erfordernissen der Gemeindeverwaltung durch die Hauptsatzung bestimmt. [3]Sie darf höchstens betragen in Gemeinden von

| | | |
|---|---|---|
| mehr als | 10 000 Einwohnern | |
| bis zu | 30 000 Einwohnern | 1, |
| bis zu | 60 000 Einwohnern | 2, |
| bis zu | 100 000 Einwohnern | 3, |
| bis zu | 200 000 Einwohnern | 4, |
| bis zu | 400 000 Einwohnern | 5, |
| bis zu | 500 000 Einwohnern | 7, |
| mit mehr als | 500 000 Einwohnern | 8. |

(2) Neben den Beigeordneten können Stellvertreter des Bürgermeisters nach § 54 Absatz 1 bestellt werden, die den Bürgermeister im Falle seiner Verhinderung vertreten, wenn auch alle Beigeordneten verhindert sind.
(3) [1]Die Beigeordneten vertreten den Bürgermeister neben dem Fall der Verhinderung nach § 54 Absatz 1 Satz 2 ständig in ihrem Geschäftskreis. [2]Die Geschäftskreise der Beigeordneten werden vom Bürgermeister im Einvernehmen mit dem Gemeinderat festgelegt. [3]Der Bürgermeister kann den Beigeordneten allgemein oder im Einzelfall Weisungen erteilen.
(4) [1]Der Gemeinderat bestimmt im Einvernehmen mit dem Bürgermeister, in welcher Reihenfolge die Beigeordneten den Bürgermeister im Falle seiner Verhinderung vertreten. [2]In Kreisfreien Städten und Großen Kreisstädten kann der Gemeinderat den Beigeordneten die Amtsbezeichnung Bürgermeister verleihen.
(5) Kommt es in den Fällen des Absatzes 3 Satz 2 oder des Absatzes 4 Satz 1 zu keinem Einvernehmen, entscheidet der Gemeinderat mit einer Mehrheit von zwei Dritteln der anwesenden Stimmberechtigten allein.

## § 56
## Rechtsstellung und Bestellung der Beigeordneten

(1) [1]Die Beigeordneten sind als hauptamtliche Beamte auf Zeit zu bestellen. [2]Ihre Amtszeit beträgt sieben Jahre. [3]Sie müssen die für das Amt erforderlichen fachlichen Voraussetzungen erfüllen.
(2) [1]Die Beigeordneten werden vom Gemeinderat je in einem besonderen Wahlgang gewählt; § 28 Absatz 4 ist anzuwenden. [2]Sieht die Hauptsatzung mehrere Beigeordnete vor, sollen die Vorschläge der Parteien und Wählervereinigungen nach dem Verhältnis ihrer Sitze im Gemeinderat berücksichtigt werden.
(3) [1]Für den Zeitpunkt der Bestellung gilt § 50 Absatz 1 entsprechend. [2]Die Stellen der Beigeordneten sind spätestens zwei Monate vor der Besetzung öffentlich auszuschreiben.
(4) [1]Beigeordnete können vom Gemeinderat vorzeitig abgewählt werden. [2]Der Antrag auf vorzeitige Abwahl muss von der Mehrheit aller Mitglieder des Gemeinderats gestellt werden. [3]Der Beschluss über die Abwahl bedarf einer Mehrheit von zwei Dritteln der Stimmen aller Mitglieder des Gemeinderats. [4]Über die Abwahl ist zweimal zu beschließen. [5]Eine Aussprache vor der Beschlussfassung findet nicht statt. [6]Die zweite Beratung darf frühestens vier Wochen und muss spätestens acht Wochen nach der ersten erfolgen. [7]Der Beigeordnete scheidet mit dem Ablauf des Tages, an dem die Abwahl zum zweiten Mal beschlossen wird, aus seinem Amt. [8]Er erhält bis zum Ablauf seiner Amtszeit die Bezüge wie ein in den einstweiligen Ruhestand versetzter Beamter.

## § 57
## Hinderungsgründe

(1) Für Beigeordnete gilt § 49 entsprechend.
(2) [1]Beigeordnete dürfen weder miteinander noch mit dem Bürgermeister oder dem Amtsverweser gemäß § 54 Absatz 5 in einem die Befangenheit begründenden Verhältnis nach § 20 Absatz 1 Nummer 1 bis 3 stehen. [2]Entsteht ein solches Verhältnis zwischen dem Bürgermeister oder dem Amtsverweser gemäß § 54 Absatz 5 und einem Beigeordneten, ist der Beigeordnete in den einstweiligen Ruhestand zu versetzen, entsteht ein solches Verhältnis zwischen Beigeordneten, ist der Beigeordnete mit der kürzeren Amtszeit in den einstweiligen Ruhestand zu versetzen.

## § 58
## Besondere Dienstpflichten

Für den Bürgermeister, den Amtsverweser und die Beigeordneten gelten § 19 Absatz 1 bis 3 und § 20 entsprechend.

## § 59
## Beauftragung, rechtsgeschäftliche Vollmacht

(1) [1]Der Bürgermeister kann Bedienstete der Gemeinde mit seiner Vertretung auf bestimmten Aufgabengebieten oder in einzelnen Angelegenheiten der Gemeindeverwaltung beauftragen. [2]Er kann diese Befugnis auf Beigeordnete für deren Geschäftskreis übertragen.
(2) [1]Der Bürgermeister kann in einzelnen Angelegenheiten rechtsgeschäftliche Vollmacht erteilen. [2]Absatz 1 Satz 2 gilt entsprechend.

## § 60
## Verpflichtungserklärungen

(1) [1]Erklärungen, durch welche die Gemeinde verpflichtet werden soll, bedürfen der Schriftform und sind vom Bürgermeister handschriftlich zu unterzeichnen. [2]Erklärungen nach Satz 1 sind auch in elektronischer Form zulässig, sofern sie mit einer dauerhaft überprüfbaren elektronischen Signatur des Bürgermeisters versehen sind.
(2) Im Falle der Vertretung des Bürgermeisters müssen Erklärungen durch dessen Stellvertreter, den vertretungsberechtigten Beigeordneten oder durch zwei vertretungsberechtigte Bedienstete unterzeichnet werden.
(3) Den Unterschriften soll die Amtsbezeichnung und im Falle des Absatzes 2 ein das Vertretungsverhältnis kennzeichnender Zusatz beigefügt werden.
(4) Die Formvorschriften der Absätze 1 bis 3 gelten nicht für Erklärungen in Geschäften der laufenden Verwaltung oder aufgrund einer in der Form der Absätze 1 bis 3 ausgestellten Vollmacht.

## DRITTER ABSCHNITT
## Bedienstete und Beauftragte der Gemeinde

### § 61
### Einstellung, Aus- und Fortbildung

(1) [1]Die Gemeinde muss die fachlich geeigneten Bediensteten einstellen, die erforderlich sind, um die ordnungsgemäße Erfüllung ihrer Aufgaben zu gewährleisten. [2]Die Bediensteten müssen die für ihren Aufgabenbereich jeweils erforderlichen fachlichen Voraussetzungen erfüllen.
(2) Unbeschadet der Verpflichtung nach § 62 muss jede Gemeinde über mindestens einen Bediensteten mit der Befähigung für die Laufbahngruppe 2 der Fachrichtung Allgemeine Verwaltung mit dem fachlichen Schwerpunkt allgemeiner Verwaltungsdienst verfügen; dies gilt nicht, wenn der hauptamtliche Bürgermeister diese Befähigung besitzt oder die Gemeinde Mitglied eines Verwaltungsverbandes oder, ohne erfüllende Gemeinde zu sein, einer Verwaltungsgemeinschaft ist.
(3) Die Gemeinde fördert die Aus- und Fortbildung ihrer Bediensteten.

### § 62
### Fachbediensteter für das Finanzwesen

(1) Die Aufstellung des Haushaltsplanes, des Finanzplanes und des Jahresabschlusses sowie des Gesamtabschlusses, die Haushaltsüberwachung sowie die Verwaltung des Vermögens und der Schulden der Gemeinde sind bei einem Bediensteten zusammenzufassen (Fachbediensteter für das Finanzwesen).
(2) [1]Zum Fachbediensteten für das Finanzwesen darf nur bestellt werden, wer über
1. eine abgeschlossene wirtschafts- oder finanzwissenschaftliche Ausbildung oder die Laufbahnbefähigung für die Laufbahngruppe 2 der Fachrichtung Allgemeine Verwaltung mit dem fachlichen Schwerpunkt allgemeiner Verwaltungsdienst und
2. eine mindestens einjährige Berufserfahrung im öffentlichen Rechnungs- und Haushaltswesen oder in entsprechenden Funktionen eines Unternehmens in einer Rechtsform des privaten Rechts

verfügt. [2]Mit Zustimmung der oberen Rechtsaufsichtsbehörde darf zudem zum Fachbediensteten für das Finanzwesen bestellt werden, wer über eine mindestens einjährige Berufserfahrung im öffentlichen Rechnungs- und Haushaltswesen verfügt und aufgrund seiner Ausbildung in der Lage ist, die Aufgaben des Fachbediensteten für das Finanzwesen vollumfänglich wahrzunehmen.
(3) Der Bürgermeister kann nicht zugleich Fachbediensteter für das Finanzwesen sein.

### § 63
### Stellenplan

[1]Die Gemeinde bestimmt im Stellenplan die Stellen ihrer Bediensteten, die für die Erfüllung der Aufgaben im Haushaltsjahr erforderlich sind. [2]Für Sondervermögen, für die Sonderrechnungen geführt werden, sind besondere Stellenpläne aufzustellen. [3]Bedienstete in Einrichtungen solcher Sondervermögen sind auch im Stellenplan nach Satz 1 aufzuführen und dort besonders zu kennzeichnen.

### § 64
### Beauftragte

(1) Die Gemeinden können für bestimmte Aufgabenbereiche besondere Beauftragte bestellen.
(2) [1]Zur Verwirklichung des Grundrechts der Gleichberechtigung von Frau und Mann in Familie, Beruf und Gesellschaft sowie zur Schaffung von Chancengerechtigkeit für alle Geschlechter im örtlichen Zuständigkeitsbereich haben die Gemeinden mit eigener Verwaltung Kommunale Gleichstellungsbeauftragte zu bestellen. [2]In Gemeinden mit mehr als 17 000 Einwohnern soll diese Aufgabe hauptamtlich erfüllt werden. [3]Näheres regelt die Hauptsatzung.
(3) Die Beauftragten sind in der Ausübung ihrer Tätigkeit unabhängig und können an den Sitzungen des Gemeinderats und der für ihren Aufgabenbereich zuständigen Ausschüsse mit beratender Stimme teilnehmen.

## VIERTER ABSCHNITT
## Ortschaftsverfassung

### § 65
### Einführung der Ortschaftsverfassung

(1) [1]Für nach dem 1. Mai 1993 im Rahmen einer Gebietsänderung entstandene Ortsteile einer Gemeinde kann durch die Hauptsatzung die Ortschaftsverfassung eingeführt werden. [2]Dabei können mehrere benachbarte Ortsteile zu einer Ortschaft zusammengefasst werden.
(2) [1]Bestehende Ortschaften einer Gemeinde können durch Beschluss des Gemeinderates und im Einvernehmen mit den Ortschaftsräten zu einer Ortschaft vereinigt werden. [2]Der Beschluss der Ortschaftsräte bedarf jeweils der Mehrheit der Stimmen aller Mitglieder.
(3) In den Ortschaften werden Ortschaftsräte gebildet und Ortsvorsteher bestellt.
(4) [1]In den Ortschaften können örtliche Verwaltungsstellen eingerichtet werden. [2]Diese können auch für mehrere benachbarte Ortschaften zuständig sein. [3]Auf den Leiter der örtlichen Verwaltung findet § 28 Absatz 2 Nummer 2 entsprechend Anwendung.

### § 66
### Ortschaftsrat

(1) [1]Die Ortschaftsräte werden in der Ortschaft nach den für die Wahl des Gemeinderats geltenden Vorschriften gewählt. [2]Wird die Ortschaftsverfassung während der Wahlperiode des Gemeinderats eingeführt, werden die Ortschaftsräte für die restliche Wahlperiode, im Übrigen gleichzeitig mit dem Gemeinderat für dieselbe Wahlperiode gewählt. [3]Wahlgebiet ist die Ortschaft; wahlberechtigt und wählbar sind die seit drei Monaten in der Ortschaft wohnenden Bürger der Gemeinde.
(2) Die Zahl der Ortschaftsräte wird durch die Hauptsatzung bestimmt.
(3) Vorsitzender des Ortschaftsrats ist der Ortsvorsteher.
(4) [1]Nimmt der Bürgermeister an einer Sitzung des Ortschaftsrats teil, ist ihm vom Vorsitzenden auf Verlangen jederzeit das Wort zu erteilen. [2]Gemeinderäte, die in der Ortschaft wohnen und nicht Ortschaftsräte sind, können an allen Sitzungen des Ortschaftsrats mit beratender Stimme teilnehmen.

### § 67
### Aufgaben des Ortschaftsrats

(1) [1]Soweit nicht nach den Vorschriften dieses Gesetzes der Gemeinderat ausschließlich zuständig ist und soweit es sich nicht um Aufgaben handelt, die dem Bürgermeister obliegen, entscheidet der Ortschaftsrat im Rahmen der ihm nach Absatz 4 zur Verfügung gestellten Haushaltsmittel in folgenden Angelegenheiten:
1. die Unterhaltung, Ausstattung und Benutzung der in der Ortschaft gelegenen öffentlichen Einrichtungen, deren Bedeutung über die Ortschaft nicht hinausgeht, mit Ausnahme von Schulen;
2. die Festlegung der Reihenfolge der Arbeiten zum Um- und Ausbau sowie zur Unterhaltung und Instandsetzung von Straßen, Wegen und Plätzen, deren Bedeutung über die Ortschaft nicht hinausgeht, einschließlich der Beleuchtungseinrichtungen;
3. die Pflege des Ortsbildes sowie die Unterhaltung und Ausgestaltung der öffentlichen Park- und Grünanlagen, deren Bedeutung nicht wesentlich über die Ortschaft hinausgeht;
4. die Förderung von Vereinen, Verbänden und sonstigen Vereinigungen in der Ortschaft;
5. die Förderung und Durchführung von Veranstaltungen der Heimatpflege und des Brauchtums in der Ortschaft;
6. die Pflege vorhandener Patenschaften und Partnerschaften;
7. die Information, Dokumentation und Repräsentation in Ortschaftsangelegenheiten.

[2]Der Gemeinderat kann allgemeine Richtlinien erlassen und im Benehmen mit dem Ortschaftsrat die Angelegenheiten im Einzelnen abgrenzen.
(2) Die Ernennung, Einstellung und Entlassung des Leiters der örtlichen Verwaltungsstelle erfolgt im Benehmen mit dem Ortschaftsrat.
(3) [1]Der Gemeinderat kann durch die Hauptsatzung dem Ortschaftsrat weitere Angelegenheiten, die die Ortschaft betreffen, zur dauernden Erledigung übertragen. [2]Dies gilt nicht für die in § 41 Absatz 2 genannten Angelegenheiten. [3]§ 41 Absatz 3 Satz 1 bis 5 gilt entsprechend.

(4) [1]Dem Ortschaftsrat werden zur Erfüllung der ihm zugewiesenen Aufgaben angemessene Haushaltsmittel zur Verfügung gestellt. [2]Die ortschaftsbezogenen Haushaltsansätze werden im Rahmen der Gesamtausgaben der Gemeinde unter Berücksichtigung des Umfanges der in der Ortschaft vorhandenen Einrichtungen und der durch sie wahrgenommenen Aufgaben festgesetzt.
(5) Soweit die dauernde Übertragung der Aufgabenerledigung auf den Bürgermeister nach § 53 Absatz 2 Satz 2 an eine Wertgrenze gebunden ist, sollen die Belange der Ortschaften angemessen berücksichtigt werden.
(6) [1]Der Ortschaftsrat ist zu wichtigen Angelegenheiten der Gemeinde, die die Ortschaft betreffen oder von unmittelbarer Bedeutung für die Ortschaft sind, zu hören, insbesondere bei der Aufstellung der ortschaftsbezogenen Haushaltsansätze, der Wahrnehmung der gemeindlichen Planungshoheit und der Vermietung, Verpachtung oder Veräußerung der in der Ortschaft gelegenen öffentlichen Grundstücke. [2]Er hat ein Vorschlagsrecht zu allen Angelegenheiten, die die Ortschaft betreffen.
(7) Auf Beschluss des Ortschaftsrats ist ein Verhandlungsgegenstand, der in die Zuständigkeit des Ortschaftsrats fällt, auf die Tagesordnung spätestens der übernächsten Sitzung des Gemeinderats zu setzen, wenn der Gemeinderat den gleichen Verhandlungsgegenstand nicht innerhalb der letzten sechs Monate bereits behandelt hat, oder wenn sich seit der Behandlung die Sach- oder Rechtslage wesentlich geändert hat.

## § 68
## Ortsvorsteher

(1) [1]Die Ortschaftsräte wählen den Ortsvorsteher und einen oder mehrere Stellvertreter für die Wahlperiode des Ortschaftsrates. [2]Ein Gemeinderat, der zum Stellvertreter des Bürgermeisters bestellt ist (§ 54 Absatz 1 und § 55 Absatz 2), sowie der Leiter des Rechnungsprüfungsamtes (§ 103 Absatz 3) können nicht gleichzeitig Ortsvorsteher sein. [3]Der Ortsvorsteher ist zum Ehrenbeamten auf Zeit zu ernennen.
(2) [1]Der Ortsvorsteher vertritt den Bürgermeister, in Gemeinden mit Beigeordneten auch die Beigeordneten ständig bei dem Vollzug der Beschlüsse des Ortschaftsrats. [2]Der Bürgermeister und die Beigeordneten können dem Ortsvorsteher allgemein oder im Einzelfall Weisungen erteilen, soweit er sie vertritt. [3]Der Bürgermeister kann dem Ortsvorsteher ferner in den Fällen des § 52 Absatz 2 und 4 Weisungen erteilen.
(3) [1]Ortsvorsteher können an den Verhandlungen des Gemeinderats und seiner Ausschüsse mit beratender Stimme teilnehmen. [2]Der Ortsvorsteher oder sein Stellvertreter kann durch ein von den Ortschaftsräten im Einvernehmen mit dem Ortsvorsteher bestimmtes Mitglied des Ortschaftsrates vertreten werden.
(4) [1]Die Amtszeit des Ortsvorstehers endet mit der Amtszeit der Ortschaftsräte. [2]Der Ortsvorsteher führt nach Freiwerden seiner Stelle die Geschäfte in entsprechender Anwendung des § 51 Absatz 5 bis zur Ernennung des neugewählten Ortsvorstehers weiter. [3]Für den Fall, dass er die Geschäfte nicht weiterführt, nimmt der an Lebensjahren älteste Ortschaftsrat die Aufgaben des Ortsvorstehers wahr.
(5) [1]Der Ortsvorsteher kann vom Ortschaftsrat vorzeitig abgewählt werden. [2]Der Antrag auf vorzeitige Abwahl muss von der Mehrheit aller Ortschaftsräte gestellt werden. [3]Der Beschluss über die Abwahl bedarf einer Mehrheit von zwei Dritteln der Stimmen aller Ortschaftsräte; eine vorherige Aussprache findet nicht statt. [4]Zwischen dem Antrag und dem Beschluss über die Abwahl muss eine Frist von mindestens vier und höchstens acht Wochen liegen. [5]Der Ortsvorsteher scheidet mit dem Ablauf des Tages, an dem die Abwahl beschlossen wird, aus seinem Amt.

## § 69
## Anwendung von Rechtsvorschriften

(1) [1]Für den Ortschaftsrat gelten die Vorschriften über den Gemeinderat, für den Ortsvorsteher die Vorschriften über den Bürgermeister entsprechend, soweit sich aus den Vorschriften dieses Abschnitts nichts anderes ergibt. [2]Über das Vorliegen der Voraussetzungen des § 19 Absatz 3 entscheidet der Gemeinderat auf Antrag des Ortschaftsrats. [3]Bedienstete der Gemeinde und Geschäftsführer eines Unternehmens der Gemeinde im Sinne des § 96 können zugleich Ortsvorsteher sein. [4]Die Entscheidung nach § 52 Absatz 2 Satz 4 im Falle des Widerspruchs des Ortsvorstehers trifft der Gemeinderat.
(2) [1]Für die Durchführung von Einwohnerversammlungen zur Erörterung von Angelegenheiten, die die Ortschaft betreffen, gilt § 22 entsprechend. [2]Soweit Angelegenheiten dem Ortschaftsrat zur Entscheidung übertragen sind, gilt für Einwohneranträge § 23 entsprechend. [3]Die Hauptsatzung kann bestimmen, dass Bürgerentscheide und Bürgerbegehren in entsprechender Anwendung der §§ 24 und 25 in den Ortschaften durchgeführt werden können.

## § 69a
## Aufhebung der Ortschaftsverfassung

(1) Die Ortschaftsverfassung kann durch Änderung der Hauptsatzung zur nächsten regelmäßigen Wahl der Gemeinderäte aufgehoben werden, frühestens jedoch zur übernächsten Wahl nach ihrer Einführung.
(2) [1]Wird die Ortschaftsverfassung auf Grund einer Vereinbarung nach § 9 auf unbestimmte Zeit eingeführt, kann sie nur mit Zustimmung des Ortschaftsrats aufgehoben werden. [2]Der Beschluss des Ortschaftsrats bedarf der Mehrheit der Stimmen aller Mitglieder. [3]Ist die Zahl der Ortschaftsräte während der Wahlperiode auf weniger als die Hälfte der festgelegten Mitgliederzahl gesunken, tritt an Stelle des Beschlusses des Ortschaftsrats nach Satz 2 die Entscheidung des Gemeinderats.
(3) [1]Wird die Ortschaftsverfassung auf Grund einer Vereinbarung nach § 9 befristet eingeführt, kann die Aufhebung nach Ablauf der Frist zur nächsten Wahl des Gemeinderates erfolgen. [2]Findet die nächste Gemeinderatswahl weniger als ein Jahr nach Auslaufen der Vereinbarung statt, kann die Aufhebung erst zur übernächsten regelmäßigen Wahl nach Fristablauf erfolgen.

# FÜNFTER ABSCHNITT
# Stadtbezirksverfassung

## § 70
## Stadtbezirksverfassung

(1) [1]Die Kreisfreien Städte können durch Hauptsatzung die Stadtbezirksverfassung einführen. [2]Bei der Einteilung der Stadtbezirke soll auf die Siedlungsstruktur, die Bevölkerungsverteilung und die Ziele der Stadtentwicklung Rücksicht genommen werden.
(2) In den Stadtbezirken werden Stadtbezirksbeiräte gebildet.
(3) [1]In den Stadtbezirken können örtliche Verwaltungsstellen eingerichtet werden. [2]Diese können auch für mehrere benachbarte Stadtbezirke zuständig sein. [3]Auf den Leiter der örtlichen Verwaltung findet § 28 Absatz 2 Nummer 2 entsprechend Anwendung.

## § 71
## Stadtbezirksbeirat

(1) [1]Die Mitglieder des Stadtbezirksbeirats werden vom Gemeinderat aus dem Kreise der im Stadtbezirk wohnenden wählbaren Bürger nach jeder regelmäßigen Wahl der Gemeinderäte bestellt. [2]Die Hauptsatzung kann abweichend von Satz 1 festlegen, dass die Stadtbezirksbeiräte in den Stadtbezirken nach den für die Wahl des Ortschaftsrats geltenden Vorschriften gewählt werden. [3]Die Festlegung kann zur nächsten regelmäßigen Wahl der Gemeinderäte geändert werden, jedoch frühestens zur übernächsten Wahl nach ihrer Einführung. [4]Die Zahl der Mitglieder des Stadtbezirksbeirats wird durch die Hauptsatzung bestimmt; sie darf höchstens halb so groß sein wie die Zahl der Gemeinderäte nach § 29 Absatz 2 in Gemeinden mit einer Einwohnerzahl, die der von der Kreisfreien Stadt zu ermittelnden Einwohnerzahl des Stadtbezirks entspricht. [5]Bei der Bestellung der Mitglieder des Stadtbezirksbeirats soll das von den im Gemeinderat vertretenen Parteien und Wählervereinigungen bei der letzten regelmäßigen Wahl der Gemeinderäte im Stadtbezirk erzielte Wahlergebnis berücksichtigt werden.
(2) [1]Der Stadtbezirksbeirat ist zu wichtigen Angelegenheiten, die den Stadtbezirk betreffen, zu hören. [2]Er hat die örtliche Verwaltungsstelle des Stadtbezirks in allen wichtigen Angelegenheiten zu beraten und wirkt mit dieser eng zusammen. [3]Durch Hauptsatzung können dem Stadtbezirksbeirat Aufgaben nach § 67 Absatz 1 Satz 1 Nummer 2 bis 5 und 7 übertragen werden. [4]Der Gemeinderat kann die Angelegenheiten im Einzelnen abgrenzen und allgemeine Richtlinien erlassen. [5]Der Stadtbezirksbeirat hat ein Vorschlagsrecht zu allen Angelegenheiten, die den Stadtbezirk betreffen.

(3) Dem Stadtbezirksbeirat werden zur Erfüllung der ihm zugewiesenen Aufgaben angemessene Haushaltsmittel zur Verfügung gestellt.
(4) [1]Vorsitzender des Stadtbezirksbeirats ist der Bürgermeister oder ein von ihm im Benehmen mit dem Stadtbezirksbeirat mit der regelmäßigen Aufgabenwahrnehmung Beauftragter. [2]Er lädt zu den Sitzungen, legt die Tagesordnung fest, leitet die Sitzungen und vertritt den Stadtbezirksbeirat nach außen.
(5) [1]Soweit der Bürgermeister nicht Vorsitzender des Stadtbezirksbeirates ist und an einer Sitzung des Stadtbezirksbeirates teilnimmt, ist ihm vom Vorsitzenden auf Verlangen jederzeit das Wort zu erteilen. [2]Gemeinderäte können an allen Sitzungen des Stadtbezirksbeirates mit beratender Stimme teilnehmen.
(6) Der Stadtbezirksbeirat bildet keine Ausschüsse.
(7) [1]Sofern in den Sitzungen des Gemeinderats oder seiner Ausschüsse wichtige Angelegenheiten, die den Stadtbezirk betreffen, auf der Tagesordnung stehen, kann der Stadtbezirksbeirat eines seiner Mitglieder zu den Sitzungen entsenden. [2]Das entsandte Mitglied nimmt an den Sitzungen mit beratender Stimme teil.
(8) Die Ernennung, Einstellung und Entlassung des Leiters der örtlichen Verwaltungsstelle erfolgt im Benehmen mit dem Stadtbezirksbeirat.
(9) Die Stadtbezirksverfassung kann durch Änderung der Hauptsatzung zur nächsten regelmäßigen Wahl der Gemeinderäte aufgehoben werden, frühestens jedoch zur übernächsten Wahl nach ihrer Einführung.

### § 71a
### Anwendung von Rechtsvorschriften

(1) [1]Für den Stadtbezirksbeirat gelten die §§ 34, 35 und 36 bis 40 entsprechend, soweit sich aus den Vorschriften dieses Abschnitts nichts anderes ergibt. [2]Die Hauptsatzung kann Weiteres bestimmen.
(2) [1]Für die Durchführung von Einwohnerversammlungen zur Erörterung von Angelegenheiten, die den Stadtbezirk betreffen, gilt § 22 entsprechend. [2]Soweit Angelegenheiten dem Stadtbezirk zur Entscheidung übertragen sind, gilt für Einwohneranträge § 23 entsprechend.

# VIERTER TEIL
# Gemeindewirtschaft

## Erster Abschnitt
## Haushaltswirtschaft

### § 72
### Allgemeine Haushaltsgrundsätze

(1) [1]Die Gemeinde hat ihre Haushaltswirtschaft so zu planen und zu führen, dass eine stetige Erfüllung ihrer Aufgaben gesichert ist. [2]Dabei ist den Erfordernissen des gesamtwirtschaftlichen Gleichgewichts grundsätzlich Rechnung zu tragen.
(2) [1]Die Haushaltswirtschaft ist sparsam und wirtschaftlich zu führen. [2]Spekulative Finanzgeschäfte sind verboten. [3]Die Gemeinde hat Bücher in der Form der doppelten Buchführung zu führen, in denen die Verwaltungsvorfälle und die Vermögens-, Ertrags- und Finanzlage nach den Grundsätzen ordnungsmäßiger Buchführung ersichtlich zu machen sind.
(3) [1]Der Ergebnishaushalt muss in jedem Jahr ausgeglichen sein. [2]Er ist ausgeglichen, wenn der Gesamtbetrag der Erträge den Gesamtbetrag der Aufwendungen unter Berücksichtigung der Rücklagen aus Überschüssen des ordentlichen Ergebnisses und des Sonderergebnisses erreicht oder übersteigt. [3]Die Verpflichtung des Satzes 1 ist auch erfüllt, wenn die Fehlbeträge, die im Haushaltsjahr aus den Abschreibungen auf das zum 31. Dezember 2017 festgestellte Anlagevermögen entstehen, durch Verrechnung mit dem Basiskapital ausgeglichen werden. [4]Bei der Verrechnung nach Satz 3 darf ein Drittel des zum 31. Dezember 2017 festgestellten Basiskapitals nicht unterschritten werden. [5]Wird der Ausgleich des Ergebnishaushalts nach den Sätzen 1 bis 4 nicht erreicht, ist ein Haushaltsstrukturkonzept aufzustellen, das den Ausgleich des Ergebnishaushalts bis zum vierten Folgejahr sicherstellt.
(4) [1]Für die Gesetzmäßigkeit des Haushalts ist es ferner erforderlich, dass im Finanzhaushalt des Haushaltsjahres ein Zahlungsmittelsaldo aus laufender Verwaltungstätigkeit gemäß § 74 Absatz 2 Satz 1 Nummer 1 Buchstabe b Doppelbuchstabe aa ausgewiesen ist, mit dem der Betrag der ordentlichen Kredittilgung und des Tilgungsanteils der Zahlungsverpflichtungen aus kreditähnlichen Rechtsgeschäften gedeckt werden kann. [2]Verfügbare Mittel
1. im Zahlungsmittelsaldo aus Investitionstätigkeit gemäß § 74 Absatz 2 Satz 1 Nummer 1 Buchstabe b Doppelbuchstabe bb,
2. im Saldo aus den Einzahlungen und Auszahlungen für die Gewährung von Darlehen oder
3. im Bestand an liquiden Mitteln

können zur Deckung gemäß Satz 1 verwendet werden. [3]Liegen die Voraussetzungen der Sätze 1 und 2 im laufenden Haushaltsjahr nicht vor, ist mit der Aufstellung eines Haushaltsstrukturkonzeptes sicherzustellen, dass diese im Finanzhaushalt bis zum vierten Folgejahr erfüllt werden. [4]In begründeten Einzelfällen kann die Rechtsaufsichtsbehörde Ausnahmen von der Pflicht zur Aufstellung eines Haushaltsstrukturkonzeptes zulassen.
(5) [1]Einen nicht durch die Kapitalposition gedeckten Fehlbetrag (Überschuldung) darf die Vermögensrechnung nicht ausweisen. [2]Ist die Überschuldung bereits eingetreten oder steht mit hinreichender Sicherheit fest, dass sie innerhalb des mittelfristigen Finanzplanungszeitraumes eintreten wird, ist ein Haushaltsstrukturkonzept aufzustellen, das die Überschuldung bis zum vierten Folgejahr beseitigt oder die Überschuldung abwendet.
(6) [1]Das Haushaltsstrukturkonzept bedarf der Genehmigung durch die Rechtsaufsichtsbehörde. [2]Im begründeten Einzelfall kann mit Genehmigung der Rechtsaufsichtsbehörde von den in Absatz 3 Satz 5, Absatz 4 Satz 3 und Absatz 5 Satz 2 genannten Konsolidierungszeiträumen abgewichen werden. [3]Die Genehmigung kann unter Bedingungen und Auflagen erteilt werden. [4]Das Haushaltsstrukturkonzept ist der Haushaltsentwicklung anzupassen.
(7) [1]Ergibt sich bei der Feststellung des Jahresabschlusses trotz eines ursprünglich ausgeglichenen Ergebnishaushalts ein Fehlbetrag oder ist der Fehlbetrag höher als der im Haushaltsstrukturkonzept ausgewiesene Fehlbetrag, hat die Gemeinde dies der Rechtsaufsichtsbehörde unverzüglich anzuzeigen. [2]Satz 1 gilt entsprechend, wenn sich bei der Feststellung des Jahresabschlusses ergibt, dass die dauerhafte Leistungsfähigkeit gemäß Absatz 4 in der Finanzrechnung nicht nachgewiesen oder mit den im Haushaltsstrukturkonzept beschlossenen Maßnahmen im Finanzhaushalt nicht erreicht wird.
(8) Über die Auswirkungen der Regelungen der Absätze 3 bis 7 berichtet das Staatsministerium des Innern dem Landtag im Jahr 2023.

### § 73
### Grundsätze der Einnahmenbeschaffung

(1) Die Gemeinde erhebt Abgaben nach den gesetzlichen Vorschriften.
(2) Die Gemeinde hat die zur Erfüllung ihrer Aufgaben erforderlichen Einnahmen
1. soweit vertretbar und geboten, aus selbst zu bestimmenden Entgelten für die von ihr erbrachten Leistungen,
2. im Übrigen aus Steuern

zu beschaffen.
(3) Die Gemeinde hat bei der Einnahmenbeschaffung auf die wirtschaftlichen Kräfte ihrer Abgabepflichtigen Rücksicht zu nehmen.
(4) Die Gemeinde darf Kredite nur aufnehmen, wenn eine andere Finanzierung nicht möglich ist oder wirtschaftlich unzweckmäßig wäre.
(5) [1]Die Gemeinde darf zur Erfüllung ihrer Aufgaben nach § 1 Absatz 2 Spenden, Schenkungen und ähnliche Zuwendungen einwerben und annehmen oder an Dritte vermitteln, die sich an der Erfüllung von Aufgaben nach § 1 Absatz 2 beteiligen. [2]Die Einwerbung und die Entgegennahme des Angebots einer Zuwendung obliegen ausschließlich dem Bürgermeister, den Beigeordneten oder den vom Bürgermeister damit beauftragten leitenden Bediensteten; die Entgegennahme des Angebots einer Zuwendung durch andere Bedienstete wird wirksam, wenn der Bürgermeister sie nachträglich genehmigt. [3]Über die Annahme oder Vermittlung entscheidet der Gemeinderat oder ein beschließender Ausschuss. [4]Für die Annahme oder Vermittlung von Spenden, Schenkungen und ähnlichen Zuwendungen zugunsten von Museen, Bibliotheken und Archiven, deren Träger die Gemeinde ist, sowie für die Annahme oder Vermittlung von Spenden, Schenkungen und ähnlichen Zuwendungen bis zu einem Wert von im Einzelfall 50 Euro kann die Hauptsatzung von Satz 3 abweichende Regelungen treffen. [5]Spenden, Schenkungen und ähnliche Zuwendungen bis zu einem Wert von im Einzelfall 1 000 Euro können listenmäßig erfasst werden, der Gemeinderat oder ein beschließender Ausschuss kann über deren Annahme oder Vermittlung in einer gemeinsamen Beschlussvorlage entscheiden.

## § 74
## Haushaltssatzung

(1) [1]Die Gemeinde hat für jedes Haushaltsjahr eine Haushaltssatzung zu erlassen. [2]Die Haushaltssatzung kann für zwei Haushaltsjahre, nach Jahren getrennt, erlassen werden.
(2) [1]Die Haushaltssatzung enthält die Festsetzung
1. des Haushaltsplanes
   a) im Ergebnishaushalt unter Angabe des Gesamtbetrages
      aa) der ordentlichen Erträge und Aufwendungen sowie deren Saldo als veranschlagtes ordentliches Ergebnis,
      bb) der außerordentlichen Erträge und Aufwendungen und deren Saldo als veranschlagtes Sonderergebnis,
      cc) des ordentlichen Ergebnisses und des Sonderergebnisses als veranschlagtes Gesamtergebnis,
   b) im Finanzhaushalt unter Angabe des Gesamtbetrages
      aa) der Einzahlungen und Auszahlungen aus laufender Verwaltungstätigkeit und deren Saldo als Zahlungsmittelüberschuss oder -bedarf aus laufender Verwaltungstätigkeit,
      bb) der Einzahlungen und Auszahlungen aus Investitionstätigkeit und deren Saldo,
      cc) aus den Salden nach den Doppelbuchstaben aa und bb als Finanzierungsmittelüberschuss oder -fehlbetrag,
      dd) der Einzahlungen und Auszahlungen aus Finanzierungstätigkeit und deren Saldo,
   c) unter Angabe des Gesamtbetrages
      aa) der vorgesehenen Kreditaufnahmen für Investitionen und Investitionsförderungsmaßnahmen (Kreditermächtigung) und
      bb) der vorgesehenen Ermächtigungen zum Eingehen von Verpflichtungen, die künftige Haushaltsjahre mit Auszahlungen für Investitionen und Investitionsförderungsmaßnahmen belasten (Verpflichtungsermächtigungen),
2. des Höchstbetrages der Kassenkredite,
3. der Steuersätze, die für jedes Haushaltsjahr neu festzusetzen sind.

[2]Sie kann weitere Vorschriften enthalten, die sich auf die Erträge, Aufwendungen, Einzahlungen und Auszahlungen sowie den Stellenplan für das Haushaltsjahr beziehen.
(3) Haushaltsjahr ist das Kalenderjahr.

## § 75
## Haushaltsplan

(1) [1]Der Haushaltsplan ist Teil der Haushaltssatzung. [2]Er enthält alle im Haushaltsjahr für die Erfüllung der Aufgaben der Gemeinden voraussichtlich
1. anfallenden Erträge und entstehenden Aufwendungen,
2. eingehenden ergebnis- und vermögenswirksamen Einzahlungen und zu leistenden ergebnis- und vermögenswirksamen Auszahlungen und
3. notwendigen Verpflichtungsermächtigungen.

(2) Der Haushaltsplan enthält den Stellenplan für die Bediensteten der Gemeinde nach § 63.
(3) Der Haushaltsplan ist in einen Ergebnishaushalt und einen Finanzhaushalt zu gliedern, die sich ihrerseits aus Teilhaushalten zusammensetzen.
(4) [1]Der Haushaltsplan ist nach Maßgabe dieses Gesetzes und der auf Grund dieses Gesetzes erlassenen Vorschriften für die Führung der Haushaltswirtschaft verbindlich. [2]Ansprüche und Verbindlichkeiten werden durch ihn weder begründet noch aufgehoben.
(5) [1]Der Bürgermeister unterrichtet den Gemeinderat und die Rechtsaufsichtsbehörde zum Stand 30. Juni des Haushaltsjahres schriftlich über wesentliche Abweichungen vom Haushaltsplan, insbesondere bei der Entwicklung der Erträge und Aufwendungen, der Einzahlungen und Auszahlungen, der Inanspruchnahme der Kreditermächtigungen, dem Schuldenstand der Gemeinde und über die von der Gemeinde übernommenen Bürgschaften, Verpflichtungen aus Gewährverträgen und kreditähnlichen Rechtsgeschäften sowie über den Vollzug des Haushaltsstrukturkonzeptes. [2]§ 76 Absatz 1 Satz 2 gilt entsprechend.

## § 76
## Erlass der Haushaltssatzung

(1) [1]Der Bürgermeister leitet den Entwurf der Haushaltssatzung dem Gemeinderat zu. [2]Der für das Finanzwesen verantwortliche Beigeordnete oder, falls ein solcher nicht bestellt ist, der Fachbedienstete für das Finanzwesen ist berechtigt, dem Gemeinderat eine schriftliche Stellungnahme zu dem Entwurf zuzuleiten. [3]Der Entwurf ist an sieben Arbeitstagen öffentlich auszulegen oder elektronisch zur Verfügung zu stellen; diese Frist ist ortsüblich bekannt zu geben. [4]Einwohner und Abgabepflichtige haben für die Dauer von 14 Arbeitstagen die Möglichkeit, Einwendungen zu erheben; diese Frist, auf die in der ortsüblichen Bekanntgabe hinzuweisen ist, beginnt mit dem ersten Tag, an dem der Entwurf öffentlich ausliegt oder elektronisch zur Verfügung steht. [5]Über die fristgemäß erhobenen Einwendungen beschließt der Gemeinderat in öffentlicher Sitzung.
(2) [1]Die Haushaltssatzung ist vom Gemeinderat in öffentlicher Sitzung zu beraten und zu beschließen. [2]Die vom Gemeinderat beschlossene Haushaltssatzung ist der Rechtsaufsichtsbehörde vorzulegen; sie soll ihr spätestens einen Monat vor Beginn des Haushaltsjahres vorliegen.
(3) [1]Die Haushaltssatzung tritt abweichend von § 4 Absatz 3 Satz 2 mit Beginn des Haushaltsjahres in Kraft und gilt für das Haushaltsjahr. [2]Der Haushaltsplan ist mit der öffentlichen Bekanntmachung der Haushaltssatzung für die Dauer von mindestens einer Woche an einer bestimmten Verwaltungsstelle zur kostenlosen Einsicht durch jedermann während der Sprechzeiten auszulegen oder elektronisch zur Verfügung zu stellen; in der Bekanntmachung ist hierauf hinzuweisen. [3]Die Bekanntmachung ist mit Ablauf der Niederlegungsfrist vollzogen. [4]Enthält die Haushaltssatzung genehmigungspflichtige Teile, darf sie erst nach Erteilung der Genehmigung öffentlich bekanntgemacht werden.

## § 77
## Nachtragssatzung

(1) [1]Die Haushaltssatzung kann nur bis zum Ablauf des Haushaltsjahres durch Nachtragssatzung geändert werden. [2]Für die Nachtragssatzung gelten die Vorschriften über die Haushaltssatzung entsprechend.
(2) Die Gemeinde hat unverzüglich eine Nachtragssatzung zu erlassen, wenn
1. sich zeigt, dass im Ergebnishaushalt beim Gesamtergebnis ein erheblicher Fehlbetrag entsteht oder ein veranschlagter Fehlbetrag sich erheblich vergrößert und sich dies nicht durch andere Maßnahmen vermeiden lässt,
2. im Finanzhaushalt zwischen dem Zahlungsmittelsaldo aus laufender Verwaltungstätigkeit gemäß § 74 Absatz 2 Satz 1 Nummer 1 Buchstabe b Doppelbuchstabe aa und dem Betrag der ordentlichen Kredittilgung und des Tilgungsanteils der Zahlungsverpflichtungen aus kreditähnlichen Rechtsgeschäften eine wesentliche Differenz besteht, die auch nicht durch verfügbare Mittel gemäß § 72 Absatz 4 Satz 2 gedeckt werden kann,
3. bisher nicht veranschlagte oder zusätzliche Aufwendungen und Auszahlungen in einem im Verhältnis zu den Gesamtaufwendungen und -auszahlungen des Haushaltsplanes erheblichen Umfang geleistet werden müssen,
4. Auszahlungen im Finanzhaushalt für bisher nicht veranschlagte Investitionen oder Investitionsförderungsmaßnahmen geleistet werden sollen, ausgenommen sind Auszahlungen auf übertragene Haushaltsermächtigungen,
5. Bedienstete eingestellt, angestellt, befördert oder höhergruppiert werden sollen und der Stellenplan die entsprechenden Stellen nicht enthält.

(3) Absatz 2 Nummer 3 bis 5 findet keine Anwendung auf
1. geringfügige Investitionen und Investitionsförderungsmaßnahmen sowie unabweisbare Aufwendungen,
2. die Verwendung im Finanzhaushalt bereits veranschlagter Auszahlungen für Investitionen oder Investitionsförderungsmaßnahmen für bisher nicht veranschlagte Investitionen oder Investitionsförderungsmaßnahmen, sofern der Gemeinderat dieser Verwendung zustimmt,
3. die Verwendung bereits veranschlagter Aufwendungen und Auszahlungen eines Budgets für bisher nicht veranschlagte Aufwendungen und Auszahlungen eines anderen Budgets, sofern der Gemeinderat dieser Verwendung zustimmt,
4. die Umschuldung von Krediten,

5. Geldanlagen mit einer Laufzeit von mehr als einem Jahr,
6. Abweichungen vom Stellenplan und die Leistung höherer Personalaufwendungen, die sich unmittelbar aus einer Änderung des Besoldungs- oder Tarifrechts ergeben,
7. eine Mehrung oder Hebung von Beamtenstellen der Besoldungsgruppen A 4 bis A 10 und für vergleichbare Beschäftigte, wenn dies im Verhältnis zur Gesamtzahl der Stellen unerheblich ist.

## § 78
## Vorläufige Haushaltsführung

(1) Ist die Haushaltssatzung zu Beginn des Haushaltsjahres noch nicht erlassen, darf die Gemeinde
1. nur Aufwendungen und Auszahlungen leisten, zu deren Leistung sie rechtlich verpflichtet ist oder die für die Weiterführung notwendiger Aufgaben unaufschiebbar sind; sie darf insbesondere Bauten, Beschaffungen und sonstige Auszahlungen des Finanzhaushalts, für die im Haushaltsplan des Vorjahres Beträge vorgesehen waren, fortsetzen,
2. Abgaben vorläufig nach den Sätzen des Vorjahres erheben,
3. Kredite umschulden.

(2) [1]Reichen die Finanzierungsmittel für die Fortsetzung von Bauten, Beschaffungen und sonstigen Auszahlungen des Finanzhaushalts nach Absatz 1 Nummer 1 nicht aus, darf die Gemeinde mit Genehmigung der Rechtsaufsichtsbehörde Kredite für Investitionen und Investitionsförderungsmaßnahmen bis zu einem Viertel des durchschnittlichen Betrages der Kreditermächtigungen für die beiden Vorjahre aufnehmen. [2]§ 82 Absatz 2 Satz 2 und 3 gilt entsprechend.

(3) Der Stellenplan des Vorjahres gilt weiter, bis die Haushaltssatzung für das neue Jahr erlassen ist.

## § 79
## Abweichungen vom Haushaltsplan

(1) [1]Überplanmäßige und außerplanmäßige Aufwendungen oder Auszahlungen sind nur zulässig, wenn
1. ein dringendes Bedürfnis besteht und sowohl die Finanzierung im Finanzhaushalt als auch die Deckung im Ergebnishaushalt gewährleistet ist oder
2. die Aufwendungen oder Auszahlungen unabweisbar sind und sowohl die Finanzierung im Finanzhaushalt gewährleistet ist als auch im Ergebnishaushalt kein erheblicher Fehlbetrag entsteht oder ein geplanter Fehlbetrag sich nur unerheblich erhöht.

[2]Sind die Aufwendungen oder Auszahlungen nach Umfang und Bedeutung erheblich, bedürfen sie der Zustimmung des Gemeinderats. [3]Nicht veranschlagte oder zusätzliche Aufwendungen, die erst bei der Aufstellung des Jahresabschlusses festgestellt werden können und nicht zu Auszahlungen führen, gelten nicht als überplanmäßige und außerplanmäßige Aufwendungen. [4]§ 77 Absatz 2 bleibt unberührt.

(2) Für Investitionen, die im folgenden Jahr fortgesetzt werden, sind überplanmäßige Auszahlungen auch dann zulässig, wenn ihre Finanzierung im folgenden Jahr gewährleistet ist; sie bedürfen der Zustimmung des Gemeinderats.

(3) Absätze 1 und 2 gelten entsprechend für Maßnahmen, durch die überplanmäßige oder außerplanmäßige Aufwendungen oder Auszahlungen entstehen können.

## § 80
## Finanzplanung

(1) [1]Die Gemeinde hat ihrer Haushaltswirtschaft eine fünfjährige Finanzplanung zugrunde zu legen. [2]Das erste Planungsjahr der Finanzplanung ist das laufende Haushaltsjahr.

(2) In der Finanzplanung sind Umfang und Zusammensetzung der voraussichtlichen Aufwendungen und Auszahlungen und die Finanzierungsmöglichkeiten darzustellen.

(3) Als Grundlage für die Finanzplanung ist ein Investitionsprogramm aufzustellen.

(4) Der Finanzplan mit dem Investitionsprogramm ist dem Gemeinderat spätestens mit dem Entwurf der Haushaltssatzung vorzulegen.

(5) Der Finanzplan und das Investitionsprogramm sind mit Beschluss der Haushaltssatzung der Entwicklung anzupassen und fortzuführen.

(6) Die Gemeinde soll rechtzeitig geeignete Maßnahmen treffen, die nach der Finanzplanung erforderlich sind, um eine geordnete Haushaltsentwicklung unter Berücksichtigung ihrer voraussichtlichen Leistungsfähigkeit in den einzelnen Planungsjahren zu sichern.

## § 81
## Verpflichtungsermächtigungen

(1) Verpflichtungen zur Leistung von Auszahlungen für Investitionen und Investitionsförderungsmaßnahmen in künftigen Jahren dürfen unbeschadet des Absatzes 5 nur eingegangen werden, wenn der Haushaltsplan hierzu ermächtigt.

(2) Die Verpflichtungsermächtigungen dürfen zu Lasten der dem Haushaltsjahr folgenden drei Jahre veranschlagt werden, erforderlichenfalls bis zum Abschluss einer Maßnahme; sie sind nur zulässig, wenn ihre Finanzierung in künftigen Haushalten möglich ist.

(3) Die Verpflichtungsermächtigungen gelten bis zum Erlass der folgenden Haushaltssatzung weiter.

(4) [1]Der Gesamtbetrag der Verpflichtungsermächtigungen bedarf im Rahmen der Haushaltssatzung insoweit der Genehmigung der Rechtsaufsichtsbehörde, als in den Jahren, zu deren Lasten sie veranschlagt sind, Kreditaufnahmen vorgesehen sind. [2]§ 82 Absatz 2 Satz 2 und 3 gilt entsprechend.

(5) Verpflichtungen im Sinne des Absatzes 1 dürfen überplanmäßig oder außerplanmäßig eingegangen werden, wenn ein dringender Bedarf besteht und der in der Haushaltssatzung festgesetzte Gesamtbetrag der Verpflichtungsermächtigungen nicht überschritten wird.

## § 82
## Kreditaufnahmen

(1) Kredite (§ 73 Absatz 4) dürfen nur im Finanzhaushalt und nur für Investitionen, Investitionsförderungsmaßnahmen und zur Umschuldung aufgenommen werden.

(2) [1]Der Gesamtbetrag der vorgesehenen Kreditaufnahmen für Investitionen und Investitionsförderungsmaßnahmen bedarf im Rahmen der Haushaltssatzung der Genehmigung der Rechtsaufsichtsbehörde (Gesamtgenehmigung). [2]Die Genehmigung soll unter dem Gesichtspunkt einer geordneten Haushaltswirtschaft erteilt oder versagt werden; sie kann unter Bedingungen erteilt oder mit Auflagen verbunden werden. [3]Sie ist in der Regel zu versagen, wenn die Kreditverpflichtungen die dauernde Leistungsfähigkeit der Gemeinde gefährden.

(3) Die Kreditermächtigung gilt weiter, bis die Haushaltssatzung für das übernächste Jahr in Kraft getreten ist.

(4) Die Aufnahme der einzelnen Kredite, deren Gesamtbetrag nach Absatz 2 genehmigt worden ist, bedarf der Genehmigung der Rechtsaufsichtsbehörde (Einzelgenehmigung), soweit kraft Gesetzes Kreditaufnahmen beschränkt sind.

(5) [1]Die Begründung einer Zahlungsverpflichtung, die wirtschaftlich einer Kreditaufnahme gleichkommt, bedarf der Genehmigung der Rechtsaufsichtsbehörde. [2]Absatz 2 Satz 2 und 3 gilt entsprechend. [3]Eine Genehmigung ist nicht erforderlich für die Begründung von Zahlungsverpflichtungen im Rahmen der laufenden Verwaltung.

(6) [1]Die Gemeinde darf zur Sicherung eines Kredits keine Sicherheiten bestellen. [2]Die Rechtsaufsichtsbehörde kann Ausnahmen zulassen, wenn die Bestellung von Sicherheiten der Verkehrsübung entspricht.

(7) Das Staatsministerium des Innern kann Ausnahmen nach Absatz 6 Satz 2 allgemein zulassen.

## § 83
## Sicherheiten und Gewährleistung für Dritte

(1) [1]Die Gemeinde darf keine Sicherheiten zugunsten Dritter bestellen. [2]Die Rechtsaufsichtsbehörde kann Ausnahmen zulassen.

(2) [1]Die Gemeinde darf Bürgschaften und Verpflichtungen aus Gewährverträgen nur zur Erfüllung ihrer Aufgaben übernehmen. [2]Die Rechtsgeschäfte bedürfen der Genehmigung der Rechtsaufsichtsbehörde, wenn sie nicht im Rahmen der laufenden Verwaltung abgeschlossen werden. [3]§ 82 Absatz 2 Satz 2 und 3 gilt entsprechend.

(3) Absatz 2 gilt entsprechend für Rechtsgeschäfte, die den dort genannten Rechtsgeschäften wirtschaftlich gleichkommen, insbesondere für die Zustimmung zu Rechtsgeschäften Dritter, aus denen der Gemeinde in künftigen Haushaltsjahren Verpflichtungen zur Leistung von Aufwendungen und Auszahlungen erwachsen können.

(4) Das Staatsministerium des Innern kann Ausnahmen nach Absatz 1 allgemein zulassen.

## § 84
## Kassenkredite

(1) Die Gemeinde hat die rechtzeitige Leistung der Auszahlungen sicherzustellen.
(2) [1]Zur rechtzeitigen Leistung der Auszahlungen kann die Gemeinde Kassenkredite bis zu dem in der Haushaltssatzung festgelegten Höchstbetrag aufnehmen, soweit für die Kasse keine anderen Mittel zur Verfügung stehen. [2]Die Ermächtigung gilt weiter, bis die Haushaltssatzung für das folgende Jahr erlassen ist.
(3) Der Höchstbetrag der Kassenkredite bedarf im Rahmen der Haushaltssatzung der Genehmigung der Rechtsaufsichtsbehörde, wenn er ein Fünftel der im Finanzhaushalt veranschlagten Auszahlungen für laufende Verwaltungstätigkeit übersteigt.

## § 85
## Rücklagen

[1]Überschüsse der Ergebnisrechnung sind den Rücklagen zuzuführen. [2]Rücklagen können auch aus zweckgebundenen Erträgen gebildet werden.

## § 85a
## Rückstellungen

(1) Für ungewisse Verbindlichkeiten und für hinsichtlich ihrer Höhe oder des Zeitpunktes ihres Eintritts unbestimmte Aufwendungen sind Rückstellungen in angemessener Höhe zu bilden.
(2) Rückstellungen dürfen nur aufgelöst werden, soweit der Grund für ihre Bildung entfallen ist.

## § 86
## Gemeindekasse

(1) [1]Die Gemeindekasse erledigt alle Kassengeschäfte der Gemeinde. [2]Für Sondervermögen und Treuhandvermögen, für die Sonderrechnungen geführt werden, sollen Sonderkassen gebildet werden; sie sollen mit der Gemeindekasse verbunden werden.
(2) Die Gemeinde hat, wenn sie ihre Kassengeschäfte nicht durch eine Stelle außerhalb der Gemeindeverwaltung besorgen lässt, einen Kassenverwalter und einen Stellvertreter zu bestellen.
(3) Die anordnungsbefugten Bediensteten der Gemeinde, Leiter und Prüfer des Rechnungsprüfungsamtes sowie Rechnungsprüfer dürfen nicht gleichzeitig zum Kassenverwalter oder dessen Stellvertreter bestellt werden.
(4) [1]Der Kassenverwalter, sein Stellvertreter und andere Bedienstete der Gemeindekasse dürfen untereinander, zum Bürgermeister, zu einem Beigeordneten, einem Stellvertreter des Bürgermeisters, zum Fachbediensteten für das Finanzwesen oder einem anordnungsbefugten Bediensteten, zum Leiter und zu den Prüfern des Rechnungsprüfungsamtes sowie zu einem Rechnungsprüfer nicht in einem die Befangenheit begründenden Verhältnis nach § 20 Absatz 1 Nummer 1 bis 3 stehen. [2]In Gemeinden mit nicht mehr als 1 000 Einwohnern kann der Gemeinderat bei Vorliegen besonderer Umstände Ausnahmen vom Verbot des Satzes 1 zulassen.

## § 87
## Übertragung von Kassengeschäften, Automation

(1) [1]Die Gemeinde kann die Kassengeschäfte ganz oder zum Teil von einer Stelle außerhalb der Gemeindeverwaltung besorgen lassen, wenn die ordnungsgemäße Erledigung und die Prüfung nach den für die Gemeinde geltenden Vorschriften gewährleistet sind. [2]Der Beschluss hierüber ist der Rechtsaufsichtsbehörde anzuzeigen.
(2) [1]Für die automatisierte Ausführung der Geschäfte der kommunalen Haushaltswirtschaft und der Kassengeschäfte dürfen nur Fachprogramme verwendet werden, die von der Sächsischen Anstalt für kommunale Datenverarbeitung zugelassen sind. [2]Gleiches gilt für die Verwendung dieser Fachprogramme nach wesentlichen Programmänderungen. [3]Die Gültigkeit der Zulassung soll befristet werden. [4]Bei Programmen, die für mehrere Gemeinden Anwendung finden sollen, genügt eine Zulassung. [5]Die technischen Standards, die erforderlich sind, um die gesetzlichen Voraussetzungen für die Programmzulassung zu erfüllen, werden von der Sächsischen Anstalt für kommunale Datenverarbeitung im Benehmen mit dem Sächsischen Rechnungshof in einer Verwaltungsvorschrift als Prüfhandbuch niedergelegt.

## § 88
## Jahresabschluss

(1) [1]Die Gemeinde hat zum Schluss eines jeden Haushaltsjahres einen Jahresabschluss aufzustellen. [2]Der Jahresabschluss muss klar und übersichtlich sein. [3]Der Jahresabschluss hat sämtliche Vermögensgegenstände, Schulden, Rechnungsabgrenzungsposten, Erträge, Aufwendungen, Einzahlungen und Auszahlungen zu enthalten, soweit nichts anderes bestimmt ist. [4]Er hat unter Beachtung der Grundsätze ordnungsmäßiger Buchführung ein den tatsächlichen Verhältnissen entsprechendes Bild der Vermögens-, Finanz- und Ertragslage der Gemeinde zu vermitteln.
(2) [1]Der Jahresabschluss besteht aus
1. der Ergebnisrechnung,
2. der Finanzrechnung und
3. der Vermögensrechnung.

[2]Der Jahresabschluss ist um einen Anhang zu erweitern, der mit den Rechnungen nach Satz 1 eine Einheit bildet, und durch einen Rechenschaftsbericht zu erläutern.
(3) Am Schluss des Rechenschaftsberichts sind für den Bürgermeister und den Fachbediensteten für das Finanzwesen sowie für die Ratsmitglieder, auch wenn die Personen im Haushaltsjahr ausgeschieden sind, anzugeben:
1. Familienname mit mindestens einem ausgeschriebenen Vornamen,
2. die Mitgliedschaft in Aufsichtsräten und anderen Kontrollgremien im Sinne des § 125 Absatz 1 Satz 5 des Aktiengesetzes vom 6. September 1965 (BGBl. I S. 1089), das zuletzt durch Artikel 1 des Gesetzes vom 12. Dezember 2019 (BGBl. I S. 2637) geändert worden ist, in der jeweils geltenden Fassung,
3. die Mitgliedschaft in Organen von verselbstständigten Organisationseinheiten und Vermögensmassen, die mit der Gemeinde eine Rechtseinheit bilden, und in Organen von Unternehmen nach § 96, an denen die Gemeinde eine Beteiligung hält, ausgenommen die Hauptversammlung, und
4. die Mitgliedschaft in Organen sonstiger privatrechtlicher Unternehmen, ausgenommen die Hauptversammlung.

(4) Dem Anhang sind als Anlagen beizufügen:
1. die Anlagenübersicht,
2. die Verbindlichkeitenübersicht,
3. die Forderungsübersicht und
4. eine Übersicht über die in das folgende Jahr übertragenen Haushaltsermächtigungen.

(5) Die Gemeinden dürfen nach Beschluss des Gemeinderats bei den Jahresabschlüssen der Haushaltsjahre bis einschließlich 2020 auf die Bestandteile gemäß Absatz 2 Satz 2 sowie Absatz 3 und 4 verzichten.

## § 88a
## Eröffnungsbilanz

(1) [1]Die Gemeinde hat zu Beginn des ersten Haushaltsjahres, in dem die Bücher in der Form der doppelten Buchführung geführt werden, eine Eröffnungsbilanz aufzustellen. [2]Auf die Eröffnungsbilanz sind die für den Jahresabschluss geltenden Vorschriften mit Ausnahme des § 88 Absatz 2 Satz 1 Nummer 1 und 2 entsprechend anzuwenden. [3]Die Pflicht zur Aufstellung einer Eröffnungsbilanz besteht auch bei einer Änderung des Gemeindegebiets gemäß § 8. [4]In diesen Fällen dürfen die jeweils im letzten Jahresabschluss der an der Gebietsänderung beteiligten Gemeinden ausgewiesenen Buchwerte übernommen werden. [5]Die Eröffnungsbilanz einschließlich des Anhangs mit allen Anlagen und des Rechenschaftsberichts unterliegt der örtlichen Prüfung gemäß den §§ 103 bis 106. [6]Die örtliche Prüfung ist abweichend von § 104 Absatz 2 innerhalb von vier Monaten nach Aufstellung der Eröffnungsbilanz durchzuführen.
(2) [1]Die Eröffnungsbilanz einschließlich des Anhangs mit allen Anlagen und des Rechenschaftsberichts unterliegt der überörtlichen Prüfung gemäß den §§ 108 und 109. [2]In den Fällen des Absatzes 1 Satz 1 soll die Eröffnungsbilanz abweichend von § 109 Absatz 3 innerhalb von sechs Monaten nach Feststellung überörtlich geprüft werden; zu diesem Zweck ist sie der überörtlichen Prüfungsbehörde unverzüglich nach Feststellung vorzulegen.

### § 88b
### Gesamtabschluss

(1) [1]Die Gemeinde kann einen Gesamtabschluss aufstellen. [2]Verzichtet sie hierauf, ist dies der Rechtsaufsichtsbehörde anzuzeigen. [3]Bei einem Gesamtabschluss sind mit dem Jahresabschluss der Gemeinde die Jahresabschlüsse

1. der verselbstständigten Organisationseinheiten und Vermögensmassen, die mit der Gemeinde eine Rechtseinheit bilden,
2. der Unternehmen nach § 96, an denen die Gemeinde eine Beteiligung hält, und
3. der Zweckverbände und Verwaltungsverbände

zu konsolidieren. [4]Für mittelbare Beteiligungen gilt § 290 Absatz 3 des Handelsgesetzbuches in der im Bundesgesetzblatt Teil III, Gliederungsnummer 4100-1, veröffentlichten bereinigten Fassung, das zuletzt durch Artikel 184 der Verordnung vom 19. Juni 2020 (BGBl. I S. 1328) geändert worden ist, in der jeweils geltenden Fassung, entsprechend. [5]Der Gesamtabschluss muss unter Beachtung der Grundsätze ordnungsmäßiger Buchführung ein den tatsächlichen Verhältnissen entsprechendes Bild der Vermögens-, Ertrags- und Finanzlage der Gemeinde vermitteln. [6]Dies gilt auch für ihre ausgegliederten Aufgabenträger nach Satz 3. [7]Die Aufgabenträger müssen in den Gesamtabschluss nicht einbezogen werden, wenn sie für die Verpflichtung nach Satz 5 von untergeordneter Bedeutung sind. [8]Die Anwendung des Satzes 7 ist im Konsolidierungsbericht anzugeben und zu begründen. [9]Aufgabenträger nach Satz 3 mit dem Zweck der unmittelbaren oder nach Übertragung mittelbaren Trägerschaft an Sparkassen sind nicht im Gesamtabschluss zu konsolidieren.

(2) [1]Aufgabenträger nach Absatz 1, auf die die Gemeinde entsprechend § 290 Absatz 1 und 2 des Handelsgesetzbuches unmittelbar und mittelbar beherrschenden Einfluss ausüben kann, sind entsprechend den §§ 300 bis 309 des Handelsgesetzbuches zu konsolidieren. [2]Abweichend von § 301 Absatz 1 Satz 2 des Handelsgesetzbuches kann das Eigenkapital der Aufgabenträger mit dem Betrag angesetzt werden, der dem Buchwert der in den Gesamtabschluss aufzunehmenden Vermögensgegenstände, Schulden, Rechnungsabgrenzungsposten, Bilanzierungshilfen und Sonderposten entspricht. [3]Für die Konsolidierung des Jahresabschlusses der Gemeinde und der Jahresabschlüsse der Aufgabenträger gilt § 308 des Handelsgesetzbuches mit der Maßgabe, dass eine einheitliche Bewertung nicht erforderlich ist. [4]Aufgabenträger nach Absatz 1, die entsprechend § 311 Absatz 1 des Handelsgesetzbuches unter maßgeblichem Einfluss der Gemeinde stehen, sind entsprechend § 312 des Handelsgesetzbuches zu konsolidieren. [5]Auf die Zuordnung des Unterschiedsbetrages gemäß § 312 Absatz 2 Satz 1 des Handelsgesetzbuches kann verzichtet werden.

(3) [1]Der Gesamtabschluss ist durch eine Kapitalflussrechnung zu ergänzen und durch einen Konsolidierungsbericht zu erläutern. [2]Dem Konsolidierungsbericht sind die Angaben aus dem Rechenschaftsbericht nach § 88 Absatz 3 und die Angaben zum nicht konsolidierten Beteiligungsbesitz nach § 99 Absatz 2 und 3 anzufügen. [3]Wird ein Gesamtabschluss nach den Sätzen 1 und 2 aufgestellt, kann der Beteiligungsbericht nach § 99 entfallen.

(4) [1]Die Gemeinde hat bei den nach Absatz 1 zu konsolidierenden Aufgabenträgern darauf hinzuwirken, dass ihr das Recht eingeräumt wird, von diesen alle Unterlagen und Auskünfte zu verlangen, die für die Aufstellung des Gesamtabschlusses erforderlich sind. [2]§ 96a Absatz 1 Nummer 10 bleibt unberührt.

### § 88c
### Aufstellung und ortsübliche Bekanntgabe des Abschlusses

(1) Jahresabschluss und Gesamtabschluss sind innerhalb von sechs Monaten nach Ende des Haushaltsjahres aufzustellen und vom Bürgermeister unter Angabe des Datums zu unterzeichnen.

(2) Der Gemeinderat stellt den Jahresabschluss und den Gesamtabschluss nach der örtlichen Prüfung durch das Rechnungsprüfungsamt spätestens bis 31. Dezember des dem Haushaltsjahr folgenden Jahres fest.

(3) [1]Der Beschluss über die Feststellung nach Absatz 2 ist der Rechtsaufsichtsbehörde unverzüglich anzuzeigen und ortsüblich bekannt zu geben. [2]Der Jahresabschluss mit Rechenschaftsbericht und Anhang sowie der Gesamtabschluss mit Konsolidierungsbericht sind mit der Bekanntgabe des Feststellungsbeschlusses öffentlich auszulegen oder elektronisch zur Verfügung zu stellen; in der Bekanntgabe ist darauf hinzuweisen.

## ZWEITER ABSCHNITT
## Vermögen der Gemeinde

### § 89
### Erwerb und Verwaltung von Vermögen, Wertansätze

(1) Das Vermögen der Gemeinde soll unter Berücksichtigung seiner Bedeutung für das Wohl der Allgemeinheit ungeschmälert erhalten bleiben.

(2) Die Gemeinde soll Vermögensgegenstände nur erwerben, wenn dies zur Erfüllung ihrer Aufgaben erforderlich ist.

(3) [1]Die Vermögensgegenstände sind pfleglich und wirtschaftlich zu verwalten und ordnungsgemäß nachzuweisen. [2]Bei Geldanlagen ist auf eine hinreichende Sicherheit zu achten; sie sollen einen angemessenen Ertrag bringen.

(4) Besondere Rechtsvorschriften für die Bewirtschaftung des Gemeindewaldes bleiben unberührt.

(5) [1]Vermögensgegenstände sind mit den Anschaffungs- oder Herstellungskosten, vermindert um Abschreibungen, anzusetzen. [2]Abweichend von Satz 1 dürfen Beteiligungen, Anteile an verbundenen Unternehmen und Zweckverbänden sowie Sondervermögen nach § 91 Absatz 1 Nummer 1 mit dem anteiligen Eigenkapital angesetzt werden. [3]Die an einem Unternehmen beteiligten Gemeinden und die Mitgliedsgemeinden eines Zweckverbandes haben das Bewertungswahlrecht gemäß Satz 2 einheitlich auszuüben und einen einheitlichen Aufteilungsmaßstab zu bestimmen. [4]Verbindlichkeiten und Rückstellungen sind mit dem Erfüllungsbetrag anzusetzen.

### § 90
### Veräußerung von Vermögen

(1) [1]Die Gemeinde darf Vermögensgegenstände veräußern, wenn sie sie zur Erfüllung ihrer Aufgaben nicht braucht und Gründe des Wohls der Allgemeinheit nicht entgegenstehen. [2]Vermögensgegenstände dürfen in der Regel nur zu ihrem vollen Wert veräußert werden. [3]Ausnahmen sind im besonderen öffentlichen Interesse zulässig. [4]Dies gilt insbesondere für Veräußerungen zur Förderung von sozialen Einrichtungen, des sozialen Wohnungsbaus, des Denkmalschutzes und der Bildung privaten Eigentums unter sozialen Gesichtspunkten. [5]Ein besonderes öffentliches Interesse liegt auch dann vor, wenn hierdurch die Umsiedlung aus Überschwemmungsgebieten gefördert wird. [6]Vor dem Unterwertverkauf eines Grundstücks an Unternehmen ist die Vereinbarkeit der Vergünstigung mit dem Binnenmarkt sicherzustellen.

(2) Für die Überlassung der Nutzung von Vermögensgegenständen gilt Absatz 1 entsprechend.

(3) [1]Der Genehmigung der Rechtsaufsichtsbehörde bedürfen Rechtsgeschäfte, in denen sich die Gemeinde verpflichtet,

1. Grundstücke oder grundstücksgleiche Rechte sowie andere Vermögensgegenstände unentgeltlich oder unter ihrem vollen Wert zu veräußern, sofern sie nicht geringwertig sind,
2. Vermögensgegenstände mit besonderem wissenschaftlichen, geschichtlichen, künstlerischen oder denkmalpflegerischen Wert zu veräußern.

[2]Die Genehmigung nach Satz 1 gilt als erteilt, wenn die Rechtsaufsichtsbehörde nicht innerhalb von sechs Wochen nach dem vollständigen Eingang der Antragsunterlagen die Genehmigung ablehnt oder dem Antragsteller schriftlich mitteilt, welche Gründe einer abschließenden Entscheidung über den Antrag entgegenstehen. [3]Die Rechtsaufsichtsbehörde hat dem Antragsteller innerhalb von zwei Wochen nach Eingang des Antrags mitzuteilen, ob die Antragsunterlagen vollständig sind; nach Verstreichen der Frist ohne eine Mitteilung ist von der Vollständigkeit der Antragsunterlagen auszugehen.

(4) Ein Beschluss der Gemeinde zur Veräußerung von Unternehmen darf erst nach Ablauf von drei Monaten vollzogen werden.

### § 91
### Sondervermögen

(1) Sondervermögen der Gemeinde sind

1. das Vermögen der Eigenbetriebe und der öffentlichen Einrichtungen, für die auf Grund gesetzlicher Vorschriften Sonderrechnungen geführt werden;
2. das Vermögen der rechtlich unselbstständigen örtlichen Stiftungen.

(2) [1]Sondervermögen nach Absatz 1 Nummer 2 unterliegen den Vorschriften über die Haushaltswirtschaft. [2]Sie sind im Haushalt der Gemeinde gesondert nachzuweisen.

### § 92
### Treuhandvermögen

(1) Für rechtlich selbstständige örtliche Stiftungen sowie für Vermögen, die die Gemeinde nach besonderen Rechtsvorschriften treuhänderisch zu verwalten hat, sind besondere Haushaltspläne aufzustellen und Sonderrechnungen zu führen.
(2) Geringfügiges Treuhandvermögen kann im Haushalt der Gemeinde gesondert nachgewiesen werden; es unterliegt den Vorschriften über die Haushaltswirtschaft.
(3) Für rechtlich selbstständige örtliche Stiftungen bleiben Bestimmungen des Stifters, für andere Treuhandvermögen besondere gesetzliche Vorschriften unberührt.

### § 93
### Freistellung von der Finanzplanung

Das Staatsministerium des Innern kann durch Rechtsverordnung Sondervermögen und Treuhandvermögen von den Verpflichtungen des § 80 freistellen, soweit die Finanzplanung weder für die Haushalts- oder Wirtschaftsführung noch für die Finanzstatistik benötigt wird.

### § 94
### Örtliche Stiftungen

(1) Die Gemeinde verwaltet die örtlichen Stiftungen nach den Vorschriften dieses Gesetzes, soweit durch Gesetz oder Stiftung nichts anderes bestimmt ist.
(2) Bei nichtrechtsfähigen Stiftungen kann die Gemeinde unter den Voraussetzungen des § 85 Absatz 1 des Bürgerlichen Gesetzbuches den Stiftungszweck ändern, unter den Voraussetzungen des § 86a des Bürgerlichen Gesetzbuches die Stiftung mit einer anderen nichtrechtsfähigen Stiftung zusammenlegen oder unter den Voraussetzungen des § 87 Absatz 1 des Bürgerlichen Gesetzbuches die Stiftung auflösen, wenn der Stifter oder die Stifterin nichts anderes bestimmt hat.
(3) [1]Enthält das Stiftungsgeschäft keine Bestimmung über den Vermögensanfall, fällt das Vermögen nichtrechtsfähiger Stiftungen an die Gemeinde. [2]Die Gemeinde hat bei der Verwendung des Vermögens den Stiftungszweck möglichst zu berücksichtigen.
(4) Gemeindevermögen darf nur im Rahmen der Aufgabenerfüllung der Gemeinde und nur dann in Stiftungsvermögen eingebracht werden, wenn der mit der Stiftung verfolgte Zweck auf andere Weise nicht erreicht werden kann.

## DRITTER ABSCHNITT
## Unternehmen und Beteiligungen der Gemeinde

### § 94a
### Wirtschaftliche Unternehmen

(1) [1]Die Gemeinde darf zur Erfüllung ihrer Aufgaben ein wirtschaftliches Unternehmen ungeachtet der Rechtsform nur errichten, übernehmen, unterhalten, wesentlich verändern oder sich daran unmittelbar oder mittelbar beteiligen, wenn
1. der öffentliche Zweck dies rechtfertigt,
2. das Unternehmen nach Art und Umfang in einem angemessenen Verhältnis zur Leistungsfähigkeit der Gemeinde und zum voraussichtlichen Bedarf steht und
3. der Zweck nicht besser und wirtschaftlicher durch einen privaten Dritten erfüllt wird oder erfüllt werden kann.

[2]Vor einer Entscheidung ist den jeweiligen wirtschafts- und berufsständischen Kammern der betroffenen Wirtschaftskreise Gelegenheit zur Stellungnahme zu geben.
(2) Im Bereich der Wohnungswirtschaft hat die Gemeinde darüber hinaus darauf hinzuwirken, dass die zur angemessenen Bewirtschaftung des Wohnungsbestandes erforderliche Kredit- und Investitionsfähigkeit gesichert ist und der von ihr unmittelbar oder mittelbar gehaltene Wohnungsbestand keine marktbeherrschende Stellung einnimmt.
(3) Wirtschaftliche Unternehmen im Sinne dieses Gesetzes sind nicht
1. Unternehmen, die Aufgaben wahrnehmen, zu denen die Gemeinde verpflichtet ist,
2. Einrichtungen des Unterrichts-, Erziehungs- und Bildungswesens, der Kunstpflege, der körperlichen Ertüchtigung, der Gesundheits- und Wohlfahrtspflege und
3. Hilfsbetriebe, die ausschließlich zur Deckung des Eigenbedarfs der Gemeinde dienen.

(4) Wirtschaftliche Unternehmen der Gemeinde sind so zu führen, dass der öffentliche Zweck erfüllt wird; sie sollen einen Ertrag für den Haushalt der Gemeinde abwerfen, soweit dadurch die Erfüllung des öffentlichen Zwecks nicht beeinträchtigt wird.
(5) (weggefallen)
(6) [1]Die Gemeinde darf keine Bankunternehmen betreiben oder Anteile an ihnen halten. [2]Für Sparkassen und eine Beteiligung an der Sachsen-Finanzgruppe gelten die Vorschriften des Gesetzes über die öffentlich-rechtlichen Kreditinstitute im Freistaat Sachsen und die Sachsen-Finanzgruppe vom 13. Dezember 2002 (SächsGVBl. S. 333), das zuletzt durch Artikel 16 des Gesetzes vom 18. Dezember 2013 (SächsGVBl. S. 970) geändert worden ist, in der jeweils geltenden Fassung. [3]Die §§ 94a bis 102 finden auf Sparkassen, eine Beteiligung an der Sachsen-Finanzgruppe und die sie tragenden Zweckverbände keine Anwendung.

### § 95
### Unternehmensformen

(1) Unternehmen der Gemeinde können geführt werden:
1. nach den Vorschriften dieses Gesetzes über die Haushaltswirtschaft,
2. als Eigenbetriebe,
3. in einer Rechtsform des privaten Rechts.

(2) [1]Vor der Errichtung, Übernahme und wesentlichen Veränderung eines Unternehmens sowie der unmittelbaren oder mittelbaren Beteiligung an einem solchen ist der Gemeinderat umfassend über die Chancen und Risiken der beabsichtigten unternehmerischen Betätigung sowie über deren Auswirkungen auf die private Wirtschaft zu unterrichten. [2]Vor dem Beschluss über die Rechtsform des Unternehmens hat der Gemeinderat die Vor- und Nachteile der in Betracht kommenden öffentlich-rechtlichen und privatrechtlichen Organisationsformen im konkreten Einzelfall abzuwägen.

### § 95a
### Eigenbetriebe

(1) [1]Die Gemeinde kann Unternehmen ohne eigene Rechtspersönlichkeit als Eigenbetrieb führen, wenn Art und Umfang der Tätigkeit eine selbstständige Wirtschaftsführung rechtfertigen. [2]Eigenbetriebe werden finanzwirtschaftlich als Sondervermögen der Gemeinde verwaltet und nachgewiesen.
(2) [1]Für den Eigenbetrieb ist eine Betriebsleitung zu bilden, die vom Gemeinderat gewählt wird. [2]Die Betriebsleitung führt die laufenden Geschäfte des Eigenbetriebs. [3]Ihr können weitere Aufgaben übertragen werden. [4]Die Betriebsleitung vertritt die Gemeinde im Rahmen ihrer Aufgaben. [5]Betriebsleiter können in ein Beamtenverhältnis auf Zeit berufen werden.
(3) [1]Der Gemeinderat regelt die Rechtsverhältnisse des Eigenbetriebs in einer Betriebssatzung. [2]Durch die Betriebssatzung soll ein beratender oder beschließender Ausschuss des Gemeinderats (Betriebsausschuss) für die Angelegenheiten des Eigenbetriebs gebildet werden.
(4) § 72 Absatz 1 und 2 Satz 1 und 2, §§ 73, 74 Absatz 1 Satz 2, § 76 Absatz 2 Satz 2, §§ 78, 80 bis 84, 86, 87 Absatz 1, § 89 Absatz 1 bis 4 und § 90 gelten entsprechend.

### § 96
### Unternehmen in Privatrechtsform

(1) Die Gemeinde darf zur Erfüllung ihrer Aufgaben ein Unternehmen in einer Rechtsform des privaten Rechts nur errichten, übernehmen, unterhalten, wesentlich verändern oder sich daran unmittelbar oder mittelbar beteiligen, wenn
1. durch die Ausgestaltung des Gesellschaftsvertrages oder der Satzung die Erfüllung der Aufgaben der Gemeinde sichergestellt ist,
2. die Gemeinde einen angemessenen Einfluss, insbesondere im Aufsichtsrat oder in einem entsprechenden Überwachungsorgan des Unternehmens erhält und

3. die Haftung der Gemeinde auf einen ihrer Leistungsfähigkeit angemessenen Betrag begrenzt wird.

(2) Ein Unternehmen in der Rechtsform einer Aktiengesellschaft darf die Gemeinde nur errichten, übernehmen, wesentlich verändern oder sich daran unmittelbar oder mittelbar beteiligen, wenn der öffentliche Zweck des Unternehmens nicht ebenso gut in einer anderen Rechtsform erfüllt wird oder erfüllt werden kann.

## § 96a
## Inhalt des Gesellschaftsvertrages

(1) Steht der Gemeinde allein oder zusammen mit anderen kommunalen Trägern der Selbstverwaltung, die der Aufsicht des Freistaates Sachsen unterstehen, eine zur Änderung des Gesellschaftsvertrages berechtigende Mehrheit der Anteile zu, ist im Gesellschaftsvertrag festzulegen, dass

1. der Zustimmung der Gemeinde die Errichtung, Übernahme und Beteiligung an anderen Unternehmen bedürfen,
2. der Zustimmung der Gesellschafterversammlung bedürfen
   a) wesentliche Veränderungen des Unternehmens,
   b) Verfügungen über Vermögen und die Aufnahme von Krediten, soweit die Rechtsgeschäfte von erheblicher wirtschaftlicher Bedeutung für das Unternehmen sind, wobei die hiervon erfassten Rechtsgeschäfte durch Beschluss der Gesellschafterversammlung festgelegt werden sollen, und
   c) die Bestellung und Abberufung von Mitgliedern der Geschäftsführung, wobei die Gesellschafterversammlung ihre Zuständigkeit auf den Aufsichtsrat übertragen kann,
3. die Gemeinde auch bei Rechtsgeschäften ihr selbst gegenüber in der Gesellschafterversammlung stimmberechtigt ist,
4. die §§ 394 und 395 des Aktiengesetzes entsprechend angewendet werden, soweit sie nicht unmittelbar Anwendung finden,
5. in entsprechender Anwendung der Vorschriften der Sächsischen Eigenbetriebsverordnung ein Wirtschaftsplan für jedes Wirtschaftsjahr aufgestellt und der Wirtschaftsführung eine fünfjährige Finanzplanung zugrunde gelegt wird,
6. die Gemeinde über den Wirtschaftsplan und die Finanzplanung sowie wesentliche Abweichungen hiervon unverzüglich unterrichtet wird,
7. die Abschlussprüfung im Umfang des § 53 Absatz 1 des Haushaltsgrundsätzegesetzes vom 19. August 1969 (BGBl. I S. 1273), das zuletzt durch Artikel 10 des Gesetzes vom 14. August 2017 (BGBl. I S. 3122) geändert worden ist, in der jeweils geltenden Fassung, durchzuführen ist,
8. der Jahresabschluss und der Lagebericht in entsprechender Anwendung der Vorschriften für große Kapitalgesellschaften im Dritten Buch des Handelsgesetzbuchs aufgestellt und geprüft wird, sofern nicht weitergehende gesetzliche Vorschriften gelten,
9. der Jahresabschluss, der Lagebericht und der Prüfungsbericht des Abschlussprüfers an die Gemeinde und die Rechtsaufsichtsbehörde unverzüglich übersandt werden; diese Verpflichtung bezieht sich gegenüber der Gemeinde auch auf die Angaben, die nach § 99 Absatz 2 und 3 für die Erstellung des Beteiligungsberichtes notwendig sind,
10. der Gemeinde zu dem von ihr bestimmten Zeitpunkt die für die Aufstellung des Gesamtabschlusses (§ 88b) erforderlichen Unterlagen übersandt und Auskünfte erteilt werden,
11. der örtlichen Prüfungseinrichtung und der überörtlichen Prüfungsbehörde die Befugnis zur Prüfung der Haushalts- und Wirtschaftsführung des Unternehmens eingeräumt wird,
12. der örtlichen Prüfungseinrichtung gemäß § 103 und der überörtlichen Prüfungsbehörde gemäß § 108 die in § 54 des Haushaltsgrundsätzegesetzes vorgesehenen Befugnisse eingeräumt werden,
13. die Gesellschaft ein anderes Unternehmen nur unterhalten, übernehmen oder sich daran beteiligen darf, wenn den Nummern 1 und 2 sowie 4 bis 13 entsprechende Regelungen im Gesellschaftsvertrag dieses Unternehmens enthalten sind, sofern sie allein oder zusammen mit anderen Gesellschaftern, für die ebenfalls diese Verpflichtung besteht, eine zur Änderung des Gesellschaftsvertrages berechtigende Mehrheit der Anteile hat; bei Beteiligungen ab der dritten Beteiligungsstufe (Enkelgesellschaften der Unternehmen der Gemeinde) kann die örtliche Prüfungseinrichtung von den in den Nummern 11 und 12 vorgesehenen Befugnissen nur Gebrauch machen, wenn die Gemeinde nicht innerhalb von vier Wochen widerspricht.

(2) Bei einer geringeren Beteiligung hat die Gemeinde darauf hinzuwirken, dass die im Absatz 1 genannten Regelungen getroffen werden.

(3) Die Absätze 1 und 2 gelten entsprechend für Unternehmen in anderen Rechtsformen des privaten Rechts.

## § 97
## Kommunale Versorgungsunternehmen

(1) Die Betätigung von kommunalen Unternehmen der Bereiche der Strom-, Gas-, Wärme- und Wasserversorgung sowie Telekommunikation (kommunale Versorgungsunternehmen) dient auch außerhalb des Gemeindegebiets in diesen Bereichen einem öffentlichen Zweck und ist zulässig, wenn sie nach Art und Umfang in einem angemessenen Verhältnis zur Leistungsfähigkeit der Gemeinde steht.

(2) [1]Für eine Gemeinde, die selbst ein kommunales Versorgungsunternehmen errichtet, unterhält oder sich unmittelbar an einem bestehenden Unternehmen beteiligt (unmittelbare Beteiligung), gelten die Vorschriften des dritten und vierten Abschnitts mit Ausnahme von § 96a Absatz 1 Nummer 1 und 13 und von weiteren Regelungen, soweit diese mittelbare Beteiligungen betreffen. [2]Satz 1 gilt auch, wenn eine Gemeinde, unabhängig davon, ob sie an dem Unternehmen bereits beteiligt ist, dieses ganz oder teilweise übernimmt, oder wenn sich ein solches Unternehmen, an dem die Gemeinde unmittelbar beteiligt ist, wesentlich verändert.

(3) Auf die Errichtung von, die Beteiligung an, die Übernahme von und die Unterhaltung von Unternehmen aus den Bereichen der Strom-, Gas-, Wärme- und Wasserversorgung sowie Telekommunikation durch bestehende kommunale Versorgungsunternehmen (mittelbare Beteiligung) finden die Vorschriften des dritten und vierten Abschnitts mit Ausnahme der §§ 98, 99 und 101 keine Anwendung.

(4) Eine Gemeinde, die selbst ein kommunales Versorgungsunternehmen errichtet, unterhält oder sich unmittelbar an einem bestehenden Unternehmen beteiligt, hat durch entsprechende gesellschaftsvertragliche Vereinbarungen sicherzustellen, dass

1. das kommunale Versorgungsunternehmen die Absicht einer mittelbaren Beteiligung spätestens vier Wochen, bevor diese vollzogen werden soll, den an ihm mittelbar beteiligten Gemeinden unter Vorlage der konkreten gesellschaftsrechtlichen Vereinbarungen anzeigt und der Abschluss dieser Vereinbarung nur unter der Bedingung erfolgen darf, dass die Rechtsaufsichtsbehörde gegenüber den beteiligten Gemeinden zuvor keinen Genehmigungsvorbehalt geltend gemacht hat, und
2. eine mittelbare Beteiligung im Fall der Geltendmachung eines Genehmigungsvorbehaltes erst dann erfolgen darf, wenn die beteiligten Gemeinden der mittelbaren Beteiligung zugestimmt haben und ihre Zustimmung durch die Rechtsaufsichtsbehörde genehmigt wurde.

(5) [1]Die Gemeinden, denen eine Anzeige nach Absatz 4 Nummer 1 vorliegt, haben diese unverzüglich der zuständigen Rechtsaufsichtsbehörde vorzulegen. [2]Die Rechtsaufsichtsbehörde kann innerhalb der Frist nach Absatz 4 Nummer 1 bestimmen, dass die beabsichtigte mittelbare Beteiligung der Zustimmung der Gemeinde und diese der Genehmigung der Rechtsaufsichtsbehörde bedarf. [3]Die Rechtsaufsichtsbehörde kann in der Zeit zwischen Anzeige und beabsichtigtem Vollzugszeitpunkt bei wesentlichen Veränderungen eines kommunalen Versorgungsunternehmens gegenüber der Gemeinde anordnen, dass die beabsichtigte mittelbare Beteiligung der Zustimmung der Gemeinde und diese der Genehmigung der Rechtsaufsichtsbehörde bedarf. [4]Sie soll sich in diesem Fall unverzüglich mit der Gemeinde ins Benehmen setzen.

(6) Die Absätze 2 bis 5 gelten nicht für eine Beteiligung an einem kommunalen Versorgungsunternehmen, das seinen Sitz außerhalb der Bundesrepublik Deutschland hat oder sich außerhalb der Bundesrepublik Deutschland betätigt.

(7) Über die Auswirkungen der Regelungen der Absätze 1 bis 6 berichtet das Staatsministerium des Innern dem Landtag im Jahr 2024.

## § 98
## Vertretung der Gemeinde in Unternehmen in Privatrechtsform

(1) [1]Die Gemeinde wird in der Gesellschafterversammlung oder dem entsprechenden Organ eines Unternehmens in einer Rechtsform des privaten Rechts durch den Bürgermeister vertreten. [2]Kann die Gemeinde weitere Vertreter entsenden, so werden diese vom Gemeinderat widerruflich bestellt. [3]Ist mehr als ein weiterer Vertreter zu entsenden,

gilt § 42 Absatz 2 entsprechend. [4]Ein durch den Bürgermeister mit seiner ständigen Vertretung beauftragter Vertreter sowie die durch den Gemeinderat zu bestellenden weiteren Vertreter der Gemeinde müssen über die für diese Aufgabe erforderliche betriebswirtschaftliche Erfahrung und Sachkunde verfügen. [5]In den in § 28 Absatz 2 Nummer 15 genannten Angelegenheiten üben die Vertreter der Gemeinde ihre Befugnisse aufgrund von Beschlüssen des Gemeinderats aus. [6]In anderen Angelegenheiten kann der Gemeinderat ihnen Weisungen erteilen. [7]Die Vertreter der Gemeinde haben den Gemeinderat oder einen beschließenden Ausschuss über alle Angelegenheiten des Unternehmens von besonderer Bedeutung frühzeitig zu unterrichten.

(2) [1]Hat die Gemeinde das Recht, Personen als Mitglied des Aufsichtsrates oder eines entsprechenden Überwachungsorgans zu entsenden oder der Gesellschafterversammlung zur Wahl vorzuschlagen, werden diese vom Gemeinderat bestimmt. [2]Ist mehr als ein Mitglied zu bestimmen, gilt § 42 Absatz 2 entsprechend. [3]Die Entsendung ist widerruflich. [4]Als Mitglieder nach Satz 1 dürfen nur Personen bestimmt werden, die über die für diese Aufgabe erforderliche betriebswirtschaftliche Erfahrung und Sachkunde verfügen. [5]Wenn diese Gemeinde mehr als ein Mitglied in den Aufsichtsrat entsenden oder der Gesellschafterversammlung zur Wahl vorschlagen kann, dann ist auch der Bürgermeister oder ein von ihm benannter Bediensteter der Verwaltung vom Gemeinderat zu bestimmen.

(3) Die von der Gemeinde entsandten oder zur Wahl vorgeschlagenen Mitglieder des Aufsichtsrates haben den Gemeinderat oder einen beschließenden Ausschuss und, sofern dieser nicht dem Organ angehört, auch den Bürgermeister frühzeitig über alle Angelegenheiten des Unternehmens von besonderer Bedeutung zu unterrichten.

(4) [1]Wird ein Vertreter der Gemeinde wegen seiner Tätigkeit im Organ eines Unternehmens haftbar gemacht, hat ihm die Gemeinde den Schaden zu ersetzen. [2]Dies gilt nicht, wenn der Vertreter vorsätzlich oder grob fahrlässig gehandelt hat; auch in diesem Fall ist der Schaden zu ersetzen, wenn er nach Weisung der Gemeinde gehandelt hat.

(5) [1]Die Gemeinde soll den von ihr in Organe eines Unternehmens nach Absatz 1 und 2 entsandten Personen Gelegenheit geben, regelmäßig an Fortbildungsveranstaltungen teilzunehmen, die der Wahrnehmung ihrer Aufgaben dienlich sind. [2]Die nach Satz 1 entsandten Personen haben sich regelmäßig zur Wahrnehmung ihrer Aufgaben fortzubilden.

## § 99
## Beteiligungsverwaltung

(1) Die Gemeinde schafft die Voraussetzungen, um die Unternehmen, an denen sie unmittelbar oder mittelbar beteiligt ist, zu steuern und zu überwachen sowie die auf ihre Veranlassung in diesen Unternehmen tätigen Aufsichtsratsmitglieder bei der Wahrnehmung ihrer Aufgabe zu unterstützen.

(2) [1]Dem Gemeinderat ist jeweils bis zum 31. Dezember des dem Berichtsjahr folgenden Jahres ein Bericht über die Eigenbetriebe und die Unternehmen in einer Rechtsform des privaten Rechts vorzulegen, an denen die Gemeinde unmittelbar oder mittelbar beteiligt ist. [2]In dem Beteiligungsbericht müssen mindestens enthalten sein:

1. eine Beteiligungsübersicht unter Angabe der Rechtsform, des Unternehmensgegenstandes, des Unternehmenszwecks und des Stamm- oder Grundkapitals sowie des prozentualen Anteils der Gemeinde an diesem,
2. die Finanzbeziehungen zwischen der Gemeinde und den Unternehmen, insbesondere unter Angabe der Summe aller Gewinnabführungen an den Gemeindehaushalt, der Summe aller Verlustabdeckungen und sonstigen Zuschüsse aus dem Gemeindehaushalt, der Summe aller gewährten sonstigen Vergünstigungen sowie der Summe aller von der Gemeinde übernommenen Bürgschaften und sonstigen Gewährleistungen,
3. ein Lagebericht, der den Geschäftsverlauf und die Lage aller Unternehmen so darstellt, dass ein den tatsächlichen Verhältnissen entsprechendes Gesamtbild vermittelt wird; der Lagebericht soll insbesondere auf Unternehmensvorgänge von besonderer Bedeutung, die während des letzten Geschäftsjahres eingetreten sind, und auf die voraussichtliche Entwicklung der Unternehmen im kommenden Geschäftsjahr eingehen.

[3]Dem Bericht sind als Anlage die Satz 2 entsprechenden Angaben für die Zweckverbände, deren Mitglied die Gemeinde ist, sowie deren Beteiligungsberichte beizufügen.

(3) Darüber hinaus soll der Bericht für jedes Unternehmen in einer Rechtsform des privaten Rechts, an dem die Gemeinde unmittelbar oder mittelbar mit mindestens 25 Prozent beteiligt ist, insbesondere Folgendes ausweisen:

1. die Organe des Unternehmens, die Zusammensetzung der Organe unter namentlicher Nennung von Geschäftsführung, Vorstands- und Aufsichtsratsmitgliedern, die Anzahl der Mitarbeiter sowie den Namen des bestellten Abschlussprüfers und, soweit möglich, die Namen und Beteiligungsanteile der anderen Anteilseigner,
2. die wichtigsten Bilanz- und Leistungskennzahlen für das Berichtsjahr und die beiden dem Berichtsjahr vorangegangenen Jahre; für das Berichtsjahr sind die Planwerte den aktuellen Ist-Werten gegenüberzustellen; die Kennzahlen sollen eine Beurteilung der Vermögenssituation, der Kapitalstruktur, der Liquidität, der Rentabilität und des Geschäftserfolgs des Unternehmens zulassen,
3. wesentliche Sachverhalte aus dem Lagebericht der Geschäftsführung zum Berichtsjahr und dem darauffolgenden Geschäftsjahr einschließlich einer Bewertung der Kennzahlen.

(4) [1]Der Beteiligungsbericht ist der Rechtsaufsichtsbehörde zuzuleiten. [2]Die Angaben des Beteiligungsberichts nach Absatz 2 sind von der Gemeinde zur Einsichtnahme verfügbar zu halten. [3]Dies ist ortsüblich bekannt zu geben.

## § 100
*(weggefallen)*

## § 101
## Konzessionsverträge

(1) [1]Die Gemeinde darf Konzessionsverträge, durch die sie einem Energieversorgungsunternehmen die Benutzung von Gemeindeeigentum einschließlich der öffentlichen Straßen, Wege und Plätze für Leitungen zur Versorgung der Einwohner gestattet, nur abschließen, wenn die Erfüllung der Aufgaben der Gemeinde nicht gefährdet wird und die berechtigten wirtschaftlichen Interessen der Gemeinde und ihrer Einwohner gewahrt sind. [2]Hierüber soll dem Gemeinderat vor der Beschlussfassung das Gutachten eines unabhängigen Sachverständigen vorgelegt werden.

(2) Dasselbe gilt für eine Verlängerung oder ihre Ablehnung sowie eine wichtige Änderung derartiger Verträge.

## § 102
## Anzeige-, Vorlage- und Genehmigungspflichten

(1) [1]Rechtsgeschäfte nach § 96 Absatz 1 und Beschlüsse des Gemeinderats im Fall einer wesentlichen Veränderung und der mittelbaren Beteiligung bedürfen der Genehmigung durch die Rechtsaufsichtsbehörde. [2]Über die Genehmigung ist binnen acht Wochen nach Eingang des vollständigen Antrages zu entscheiden. [3]Der Eingang des Antrages ist der Gemeinde unverzüglich zu bestätigen; dabei ist auf fehlende Unterlagen hinzuweisen. [4]Die Genehmigungsfrist kann durch die nächsthöhere Rechtsaufsichtsbehörde verlängert werden.

(2) Beschlüsse der Gemeinde über Maßnahmen und Rechtsgeschäfte nach § 94a Absatz 1 und § 101 sind der Rechtsaufsichtsbehörde unter Nachweis der gesetzlichen Voraussetzungen vorzulegen.

(3) Änderungen des Gesellschaftsvertrages oder der Satzung, die nicht genehmigungspflichtig nach Absatz 1 sind, sowie Rechtsgeschäfte im Sinne von § 96a Absatz 1 Nummer 2 Buchstabe b sind der Rechtsaufsichtsbehörde anzuzeigen.

# VIERTER ABSCHNITT
# Prüfungswesen

## § 103
## Örtliche Prüfungseinrichtungen

(1) [1]Die Gemeinden haben ein Rechnungsprüfungsamt als besonderes Amt einzurichten, sofern sie sich nicht eines anderen kommunalen Rechnungsprüfungsamtes bedienen. [2]Gemeinden mit weniger als 20 000 Einwohnern können stattdessen einen geeigneten Bediensteten als Rechnungsprüfer bestellen oder sich eines anderen kommunalen Rechnungsprüfers, eines Wirtschaftsprüfers oder einer Wirtschaftsprüfungsgesellschaft bedienen. [3]Für den Rechnungsprüfer gelten die Absätze 2, 4 und 5 sowie die §§ 104 bis 106, für den Wirtschaftsprüfer und die Wirtschaftsprüfungsgesellschaft die Absätze 2 und 5 sowie die §§ 104 bis 106 mit Ausnahme des § 106 Absatz 2 Satz 1 entsprechend.

(2) [1]Das Rechnungsprüfungsamt ist bei der Erfüllung der ihm zugewiesenen Prüfungsaufgaben unabhängig und an Weisungen nicht gebunden. [2]Es untersteht im Übrigen dem Bürgermeister unmittelbar.
(3) [1]Der Leiter des Rechnungsprüfungsamtes muss hauptamtlicher Bediensteter der Gemeinde sein. [2]Er muss die für sein Amt erforderliche Vorbildung, Erfahrung und Eignung besitzen.
(4) [1]Die Leitung des Rechnungsprüfungsamtes kann einem Bediensteten nur durch Beschluss des Gemeinderats und nur dann entzogen werden, wenn die ordnungsgemäße Erfüllung seiner Aufgaben nicht mehr gewährleistet ist. [2]Der Beschluss muss mit einer Mehrheit von zwei Dritteln der Stimmen aller Mitglieder des Gemeinderates gefasst werden und ist der Rechtsaufsichtsbehörde anzuzeigen.
(5) [1]Der Leiter und die Prüfer des Rechnungsprüfungsamtes dürfen zum Bürgermeister, zu einem Beigeordneten, einem Stellvertreter des Bürgermeisters, zum Fachbediensteten für das Finanzwesen sowie zum Kassenverwalter, zu dessen Stellvertreter und zu anderen Bediensteten der Gemeindekasse nicht in einem die Befangenheit begründenden Verhältnis nach § 20 Absatz 1 Nummer 1 bis 3 stehen. [2]Sie dürfen andere Aufgaben in der Gemeindeverwaltung wahrnehmen, wenn dies mit der Unabhängigkeit und den Aufgaben des Rechnungsprüfungsamtes vereinbar ist. [3]Sie dürfen Zahlungen für die Gemeinde weder anordnen noch ausführen.

## § 104
## Örtliche Prüfung des Jahresabschlusses und des Gesamtabschlusses

(1) [1]Das Rechnungsprüfungsamt hat den Jahresabschluss einschließlich des Anhangs mit allen Anlagen und des Rechenschaftsberichts vor der Feststellung durch den Gemeinderat daraufhin zu prüfen, ob
1. bei den Erträgen, Aufwendungen, Einzahlungen und Auszahlungen sowie bei der Vermögensverwaltung vorschriftsmäßig verfahren worden ist,
2. die einzelnen Rechnungsbeträge sachlich und rechnerisch vorschriftsmäßig begründet und belegt sind,
3. der Haushaltsplan eingehalten worden ist und
4. das Vermögen, die Kapitalposition, die Sonderposten, die Rechnungsabgrenzungsposten und die Schulden richtig nachgewiesen worden sind.

[2]Darüber hinaus hat es den Gesamtabschluss entsprechend Satz 1 Nummer 1 und 4 zu prüfen; vorhandene Ergebnisse der Prüfung nach § 105 und vorhandene Jahresabschlussprüfungen sind dabei zu berücksichtigen.
(2) [1]Das Rechnungsprüfungsamt hat die Prüfung innerhalb von drei Monaten nach Aufstellung des Jahresabschlusses und des Gesamtabschlusses durchzuführen. [2]Es legt dem Bürgermeister einen Bericht über das Prüfungsergebnis vor. [3]Dieser veranlasst die Aufklärung von Beanstandungen. [4]Das Rechnungsprüfungsamt fasst seine Bemerkungen in einem Schlussbericht zusammen, der dem Gemeinderat vorzulegen und auf dessen Verlangen vom Leiter des Rechnungsprüfungsamtes zu erläutern ist.

## § 105
## Örtliche Prüfung der Eigenbetriebe

Zur Vorbereitung der Beschlussfassung des Gemeinderats über den Jahresabschluss nach der Sächsischen Eigenbetriebsverordnung hat das Rechnungsprüfungsamt auf Grund der Unterlagen der Gemeinde und der Betriebe zu prüfen, ob
1. die für die Verwaltung der Gemeinde geltenden gesetzlichen Vorschriften und die Beschlüsse des Gemeinderats sowie die Anordnungen des Bürgermeisters eingehalten worden sind,
2. die Vergütung der Leistungen, Lieferungen und Leihgelder der Gemeinde für die Betriebe, der Betriebe für die Gemeinde und der Betriebe untereinander angemessen ist und
3. das von der Gemeinde zur Verfügung gestellte Eigenkapital angemessen verzinst wird.

## § 106
## Weitere Aufgaben der örtlichen Prüfung

(1) Weitere Aufgaben des Rechnungsprüfungsamtes sind
1. die laufende Prüfung der Kassenvorgänge bei der Gemeinde zur Vorbereitung der Prüfung des Jahresabschlusses,
2. die Kassenüberwachung, insbesondere die Vornahme der Kassenprüfungen bei der Gemeindekasse und den Sonderkassen,
3. die Prüfung des Nachweises der Vorräte und Vermögensbestände der Gemeinde und ihrer Sondervermögen.

(2) [1]Das Rechnungsprüfungsamt kann ferner folgende Aufgaben wahrnehmen:
1. die Prüfung der Organisation und Wirtschaftlichkeit der Verwaltung,
2. die Prüfung der Vergaben vor dem Abschluss von Lieferungs- und Leistungsverträgen,
3. die Prüfung der Wirtschaftsführung der Eigenbetriebe und anderer Einrichtungen der Gemeinde,
4. die laufende Prüfung der Kassenvorgänge bei den Sonderkassen,
5. die Prüfung der Betätigung der Gemeinde unmittelbar oder mittelbar in Unternehmen, an denen die Gemeinde beteiligt ist,
6. die Buch-, Betriebs- und Kassenprüfungen, die sich die Gemeinde bei einer Beteiligung, bei der Hergabe eines Darlehens oder sonst vorbehalten hat und
7. die Prüfung der Haushalts- und Wirtschaftsführung derjenigen Unternehmen, die ihm gemäß § 96a Absatz 1 Nummer 11 ein solches Prüfungsrecht eingeräumt haben.

[2]In Unternehmen, bei denen der Jahresabschluss und der Lagebericht in entsprechender Anwendung der Vorschriften für große Kapitalgesellschaften im Dritten Buch des Handelsgesetzbuches aufgestellt und geprüft werden, findet die Prüfung nach Satz 1 Nummer 7 nur statt, wenn der Gemeinderat nicht widersprochen hat. [3]Der Gemeinderat kann dem Rechnungsprüfungsamt weitere Aufgaben übertragen.

## § 107
*(weggefallen)*

## § 108
## Überörtliche Prüfungsbehörde

Überörtliche Prüfungsbehörde ist der Sächsische Rechnungshof.

## § 109
## Aufgaben und Gang der überörtlichen Prüfung

(1) [1]Die überörtliche Prüfung erstreckt sich darauf, ob
1. bei der Haushalts-, Kassen- und Rechnungsführung, der Wirtschaftsführung und dem Rechnungswesen, der Vermögensverwaltung der Gemeinde und ihrer Sonder- und Treuhandvermögen sowie der Betätigung der Gemeinde in Unternehmen, an denen die Gemeinde unmittelbar oder mittelbar beteiligt ist, die gesetzlichen Vorschriften eingehalten und
2. die staatlichen Zuwendungen bestimmungsgemäß verwendet worden sind.

[2]Die Prüfung schließt den Jahresabschluss, einschließlich des Anhangs mit allen Anlagen und des Rechnungsberichts, ein. [3]Bei der Prüfung sind vorhandene Ergebnisse der örtlichen Prüfung (§§ 104 bis 106) zu berücksichtigen.
(2) Die überörtliche Prüfung kann sich auch auf die Organisation und die Wirtschaftlichkeit der Verwaltung sowie auf die Haushalts- und Wirtschaftsführung derjenigen Unternehmen erstrecken, die der überörtlichen Prüfungsbehörde gemäß § 96a Absatz 1 Nummer 11 ein solches Prüfungsrecht eingeräumt haben.
(3) Die überörtliche Prüfung soll innerhalb von fünf Jahren nach Ende des Haushaltsjahres unter Einbeziehung sämtlicher vorliegender Jahresabschlüsse einschließlich der Anhänge mit allen Anlagen und der Rechenschaftsberichte und Gesamtabschlüsse sowie Jahresabschlüsse der Sondervermögen, Treuhandvermögen, Unternehmen und Beteiligungen vorgenommen werden.
(4) [1]Die Prüfungsbehörde teilt das Ergebnis der überörtlichen Prüfung in Form eines Prüfungsberichts der Gemeinde und der Rechtsaufsichtsbehörde mit. [2]Der Prüfungsbericht ist innerhalb von sechs Monaten nach Erhalt dem Gemeinderat vorzulegen.
(5) [1]Die Gemeinde hat zu den Feststellungen des Prüfungsberichts über wesentliche Beanstandungen gegenüber der Rechtsaufsichtsbehörde und gegenüber der Prüfungsbehörde innerhalb einer dafür bestimmten Frist Stellung zu nehmen; dabei ist mitzuteilen, ob den Feststellungen Rechnung getragen worden ist. [2]Hat die überörtliche Prüfung keine wesentlichen Beanstandungen ergeben oder sind diese erledigt, bestätigt die Rechtsaufsichtsbehörde der Gemeinde den Abschluss der Prüfung. [3]Soweit wesentliche Beanstandungen nicht erledigt sind,

schränkt die Rechtsaufsichtsbehörde die Bestätigung entsprechend ein; ist eine Erledigung noch möglich, veranlasst sie gleichzeitig die Gemeinde, die erforderlichen Maßnahmen durchzuführen.

### § 110
*(weggefallen)*

# FÜNFTER TEIL
# Aufsicht

### § 111
### Wesen und Inhalt der Aufsicht

(1) Die Aufsicht beschränkt sich darauf, die Gesetzmäßigkeit der Verwaltung sicherzustellen (Rechtsaufsicht), soweit gesetzlich nichts anderes bestimmt ist.
(2) Die Aufsicht über die Erfüllung von Weisungsaufgaben erstreckt sich auf die Gesetzmäßigkeit und Zweckmäßigkeit der Verwaltung (Fachaufsicht), soweit gesetzlich nichts anderes bestimmt ist.
(3) Die Aufsicht ist so auszuüben, dass die Rechte der Gemeinden geschützt und die Erfüllung ihrer Pflichten gesichert sowie die Entschlusskraft und Verantwortungsbereitschaft gefördert werden.

### § 112
### Rechtsaufsichtsbehörden

(1) [1]Rechtsaufsichtsbehörde für kreisangehörige Gemeinden ist das Landratsamt, für Kreisfreie Städte die Landesdirektion Sachsen. [2]Obere Rechtsaufsichtsbehörde ist für alle Gemeinden die Landesdirektion Sachsen. [3]Oberste Rechtsaufsichtsbehörde ist das Staatsministerium des Innern.
(2) [1]Die dem Landratsamt obliegenden Aufgaben sind Weisungsaufgaben. [2]Das Weisungsrecht ist nicht beschränkt. [3]Es wird durch die obere und die oberste Rechtsaufsichtsbehörde ausgeübt. [4]§ 2 Absatz 3 Satz 3 findet keine Anwendung.
(3) Leistet die Rechtsaufsichtsbehörde einer ihr erteilten Weisung keine Folge, so kann an ihrer Stelle die nächsthöhere Rechtsaufsichtsbehörde die erforderlichen Maßnahmen treffen.
(4) [1]Ist an einer Entscheidung des Landkreises dieser als Rechtsaufsichtsbehörde aufgrund eigener kreislicher Interessen beteiligt, entscheidet die obere Rechtsaufsichtsbehörde. [2]Diese entscheidet auch, ob die Voraussetzungen für ihre Zuständigkeit vorliegen.

### § 113
### Informationsrecht

Soweit es zur Erfüllung ihrer Aufgaben erforderlich ist, können sich die in § 112 Absatz 1 genannten Rechtsaufsichtsbehörden über einzelne Angelegenheiten der Gemeinden in geeigneter Weise informieren.

### § 114
### Beanstandungsrecht

(1) [1]Die Rechtsaufsichtsbehörde kann Beschlüsse und Anordnungen der Gemeinde, die das Gesetz verletzen, beanstanden und verlangen, dass sie von der Gemeinde binnen einer angemessenen Frist aufgehoben oder abgeändert werden. [2]Sie kann ferner verlangen, dass Maßnahmen, die auf Grund derartiger Beschlüsse oder Anordnungen getroffen wurden, rückgängig gemacht werden. [3]Die Beanstandung hat aufschiebende Wirkung.
(2) [1]Wenn Tatsachen die Annahme rechtfertigen, dass ein Beschluss oder eine Anordnung der Gemeinde das Gesetz verletzt, eine Entscheidung nach Absatz 1 Satz 1 aber noch nicht getroffen werden kann, kann die Rechtsaufsichtsbehörde die erforderlichen vorläufigen Maßnahmen treffen, insbesondere verlangen, dass der Vollzug vorläufig unterbleibt. [2]Maßnahmen nach Satz 1 treten spätestens nach einem Monat außer Kraft.

### § 115
### Anordnungsrecht

Erfüllt die Gemeinde die ihr obliegenden Pflichten nicht, kann die Rechtsaufsichtsbehörde anordnen, dass die Gemeinde innerhalb einer angemessenen Frist die notwendigen Maßnahmen durchführt.

### § 116
### Ersatzvornahme

(1) Kommt die Gemeinde einer Anordnung der Rechtsaufsichtsbehörde nach den §§ 113 bis 115 nicht innerhalb der bestimmten Frist nach, kann die Rechtsaufsichtsbehörde die Anordnung an Stelle und auf Kosten der Gemeinde selbst durchführen oder einen Dritten mit der Durchführung beauftragen.
(2) Die Rechtsaufsichtsbehörde kann von der Gemeinde die Vorauszahlung der voraussichtlichen Kosten der Ersatzvornahme verlangen.

### § 117
### Bestellung eines Beauftragten

(1) Entspricht die Verwaltung der Gemeinde in erheblichem Umfang nicht den Erfordernissen einer gesetzmäßigen Verwaltung und reichen die Befugnisse der Rechtsaufsichtsbehörde nicht aus, die Gesetzmäßigkeit der Verwaltung der Gemeinde zu sichern, kann die Rechtsaufsichtsbehörde einen Beauftragten bestellen, der alle oder einzelne Aufgaben der Gemeinde auf deren Kosten wahrnimmt.
(2) Der gemäß Absatz 1 bestellte Beauftragte hat kein Stimmrecht im Gemeinderat und seinen Ausschüssen.

### § 118
### Vorzeitige Beendigung der Amtszeit des Bürgermeisters

(1) Wird der Bürgermeister den Anforderungen seines Amtes nicht gerecht und treten dadurch so erhebliche Missstände in der Verwaltung der Gemeinde ein, dass eine Weiterführung des Amtes im öffentlichen Interesse nicht vertretbar ist, kann die Amtszeit des Bürgermeisters für beendet erklärt werden, wenn andere Maßnahmen nicht ausreichen.
(2) [1]Die Erklärung der vorzeitigen Beendigung der Amtszeit erfolgt in einem förmlichen Verfahren, das von der oberen Rechtsaufsichtsbehörde eingeleitet wird. [2]Auf dieses Verfahren finden die disziplinarrechtlichen Vorschriften entsprechende Anwendung. [3]Die dem Bürgermeister erwachsenen notwendigen Auslagen trägt die Gemeinde.
(3) Bei vorzeitiger Beendigung seiner Amtszeit wird der Bürgermeister besoldungs- und versorgungsrechtlich so gestellt, als wäre er abgewählt worden.

### § 119
### Vorlage- und Genehmigungspflicht

(1) Ein Beschluss der Gemeinde, der nach gesetzlicher Vorschrift der Rechtsaufsichtsbehörde vorzulegen ist, darf erst vollzogen werden, wenn die Rechtsaufsichtsbehörde die Gesetzmäßigkeit bestätigt oder den Beschluss nicht innerhalb eines Monats beanstandet hat.
(2) Ein Beschluss der Gemeinde, der nach gesetzlicher Vorschrift der Genehmigung der Rechtsaufsichtsbehörde bedarf, darf erst vollzogen werden, wenn die Genehmigung erteilt ist.

### § 120
### Unwirksame und nichtige Rechtsgeschäfte

(1) Rechtsgeschäfte sind bis zur Erteilung der nach gesetzlicher Vorschrift erforderlichen Genehmigung der Rechtsaufsichtsbehörde unwirksam; wird die Genehmigung unanfechtbar versagt, sind sie nichtig.
(2) Rechtsgeschäfte, die gegen das Verbot des § 72 Absatz 2 Satz 2, des § 82 Absatz 6 Satz 1 oder des § 83 Absatz 1 Satz 1 verstoßen, sind nichtig.

### § 121
### Geltendmachung von Ansprüchen, Verträge mit der Gemeinde

(1) [1]Ansprüche der Gemeinde gegen Gemeinderäte oder gegen den Bürgermeister werden von der Rechtsaufsichtsbehörde geltend gemacht. [2]Die Kosten der Rechtsverfolgung trägt die Gemeinde.
(2) [1]Beschlüsse über Verträge der Gemeinde mit einem Gemeinderat, dem Bürgermeister oder einem Beigeordneten sowie Beschlüsse über Verträge der Gemeinde mit einer juristischen Person, die von einem Gemeinderat, dem Bürgermeister oder einem Beigeordneten geführt werden oder an denen solche Personen maßgeblichen Einfluss haben, sind der Rechtsaufsichtsbehörde vorzulegen. [2]Dies gilt nicht für Be-

schlüsse über Verträge, die nach einem feststehenden Tarif oder einem ortsüblichen Entgelt abgeschlossen werden oder die für die Gemeinde nur von geringer wirtschaftlicher Bedeutung sind.

### § 122
### Zwangsvollstreckung

(1) Die Zwangsvollstreckung gegen die Gemeinde wegen einer Geldforderung bedarf der Zulassung durch die Rechtsaufsichtsbehörde, sofern es sich nicht um die Verfolgung dinglicher Rechte handelt.
(2) Die Zulassung hat zu erfolgen, soweit es sich nicht um Vermögensgegenstände handelt, die für die Erfüllung von Pflichtaufgaben der Gemeinde unentbehrlich sind oder deren Veräußerung ein überwiegendes öffentliches Interesse entgegensteht.
(3) In der Zulassungsverfügung sind der Zeitpunkt der Zwangsvollstreckung und die Vermögensgegenstände, in die vollstreckt werden darf, zu bestimmen.

### § 123
### Fachaufsicht

(1) [1]Die Zuständigkeit zur Ausübung der Fachaufsicht bestimmt sich nach den hierfür geltenden besonderen Rechtsvorschriften. [2]Soweit solche Rechtsvorschriften nicht bestehen, obliegt die Ausübung der Fachaufsicht den für die Rechtsaufsicht zuständigen Behörden mit der Maßgabe, dass oberste Fachaufsichtsbehörde das fachlich zuständige Staatsministerium ist.
(2) [1]Den Fachaufsichtsbehörden steht im Rahmen ihrer Zuständigkeit ein Informationsrecht nach § 113 zu. [2]Für Aufsichtsmaßnahmen nach §§ 114 bis 118, die erforderlich sind, um die ordnungsgemäße Durchführung der Weisungsaufgaben sicherzustellen, ist nur die Rechtsaufsichtsbehörde zuständig, soweit gesetzlich nichts anderes bestimmt ist.
(3) Leistet die Gemeinde einer ihr erteilten Weisung keine Folge und ermächtigt ein Gesetz die Fachaufsichtsbehörde, an Stelle der Gemeinde zu handeln, ist § 116 Absatz 2 entsprechend anzuwenden.
(4) Soweit einzelne Gemeinden Aufgaben erfüllen, die sonst von den Landkreisen wahrgenommen werden, richten sich die Fachaufsicht und im Rahmen des Absatzes 2 Satz 2 die Zuständigkeit der Rechtsaufsichtsbehörden nach den für die Kreisfreien Städte geltenden Vorschriften.
(5) [1]Sind die zu beaufsichtigenden Gebietskörperschaften in Angelegenheiten zuständig, die der Freistaat Sachsen im Auftrage des Bundes (Artikel 85 des Grundgesetzes) ausführt, obliegt ihnen die Erfüllung der Aufgabe als Weisungsaufgabe. [2]Das Weisungsrecht ist nicht beschränkt. [3]In den Fällen des Artikels 84 Absatz 5 des Grundgesetzes können die Fachaufsichtsbehörden auch Weisungen erteilen, soweit dies zum Vollzug von Einzelweisungen der Bundesregierung erforderlich ist; insoweit findet § 2 Absatz 3 Satz 3 keine Anwendung.
(6) Werden den Gemeinden auf Grund eines Bundesgesetzes durch Rechtsverordnung neue Aufgaben als Pflichtaufgaben übertragen, können durch diese Rechtsverordnung ein Weisungsrecht vorbehalten, die Zuständigkeit zur Ausübung der Fachaufsicht und der Umfang des Weisungsrechts geregelt werden.
(7) Kosten, die den Gemeinden bei der Wahrnehmung von Weisungsaufgaben infolge fehlerhafter Weisungen einer Fachaufsichtsbehörde entstehen, werden vom Freistaat Sachsen erstattet.
(8) [1]Die obersten Fachaufsichtsbehörden können den Gemeinden für die Erhebung und Verarbeitung von Daten landesweit einheitliche Maßgaben vorgeben und sie dazu verpflichten, Daten in elektronischer Form zu erfassen, zu verarbeiten, zu empfangen und in einem vorgegebenen Format auf einem vorgeschriebenen Weg an eine bestimmte Stelle weiterzugeben. [2]Sie können auch bestimmen, dass zwischen den Behörden einheitliche Verfahren zum elektronischen Austausch von Dokumenten und Daten sowie für die gemeinsame Nutzung von Datenbeständen eingerichtet und weiterentwickelt sowie einheitliche oder zentrale Datenverarbeitungsverfahren angewandt werden. [3]Vorgaben nach den Sätzen 1 und 2 dürfen nur getroffen werden, soweit
1. der Freistaat Sachsen hierzu durch Rechtsvorschriften der Europäischen Gemeinschaft oder des Bundes verpflichtet ist,
2. Aufgaben im Auftrag des Bundes ausgeführt werden (Artikel 85 des Grundgesetzes) oder
3. dies erforderlich ist
   a) zur Abwehr von oder zur Vorbeugung gegen Gefahren, die dem Gemeinwohl drohen,
   b) zur Durchführung der auf Rechtsvorschriften der Europäischen Gemeinschaft beruhenden Förder- und Ausgleichsmaßnahmen, soweit sie der Finanzkontrolle unterliegen, oder zur Bearbeitung von sachlich und verfahrenstechnisch damit zusammenhängenden Förder- und Ausgleichsmaßnahmen nach Rechtsvorschriften des Bundes und des Freistaates Sachsen,
   c) zur Erfüllung von Berichts- und Überwachungspflichten, die durch Rechtsvorschriften der Europäischen Gemeinschaft oder bundesrechtlich vorgegeben sind, oder
   d) zur Vereinfachung von Verwaltungsverfahren mit dem Ziel der Verbesserung der Verwaltungsleistungen oder der Verminderung der Ausgaben des Freistaates Sachsen und der kommunalen Körperschaften.

## SECHSTER TEIL
## Sonstige Vorschriften

### § 124
### Ordnungswidrigkeiten

(1) Ordnungswidrig handelt, wer vorsätzlich oder fahrlässig einer auf Grund von
1. § 4 Absatz 1 erlassenen Satzung über die Benutzung einer öffentlichen Einrichtung,
2. § 10 Absatz 4 erlassenen Satzung über die Mitwirkung bei der Erfüllung vordringlicher Aufgaben in Notfällen,
3. § 14 erlassenen Satzung über den Anschluss- und Benutzungszwang

zuwiderhandelt, soweit die Satzung für einen bestimmten Tatbestand auf diese Bußgeldvorschrift verweist.
(2) [1]Ordnungswidrig handelt ferner, wer als Gemeinderat oder Ortschaftsrat gemäß § 19 Absatz 3 Satz 1 Ansprüche und Interessen eines Dritten gegen die Gemeinde geltend macht. [2]Satz 1 gilt nicht, soweit er als gesetzlicher Vertreter handelt.
(3) Die Ordnungswidrigkeit kann mit einer Geldbuße geahndet werden.
(4) Verwaltungsbehörden im Sinne des § 36 Absatz 1 Nummer 1 des Gesetzes über Ordnungswidrigkeiten in der Fassung der Bekanntmachung vom 19. Februar 1987 (BGBl. I S. 602), das zuletzt durch Artikel 185 der Verordnung vom 19. Juni 2020 (BGBl. I S. 1328) geändert worden ist, in der jeweils geltenden Fassung, sind die Gemeinden.

### § 125
### Maßgebende Einwohnerzahl

[1]Kommt nach einer gesetzlichen Vorschrift der Einwohnerzahl einer Gemeinde rechtliche Bedeutung zu, ist die vom Statistischen Landesamt zum 30. Juni des Vorjahres auf der Grundlage der jeweils letzten Volkszählung fortgeschriebene Einwohnerzahl maßgebend, soweit nichts anderes bestimmt ist. [2]Abweichend von Satz 1 sind Gebietsänderungen vom Tage der Rechtswirksamkeit an zu berücksichtigen.

### § 126
*(weggefallen)*

### § 127
### Rechtsverordnungen

(1) Das Staatsministerium des Innern wird ermächtigt, durch Rechtsverordnung zu regeln:
1. die Übertragung von Aufgaben der Landkreise und Kreisfreien Städte auf die Großen Kreisstädte nach § 3 Absatz 2 Satz 2,
2. das Verfahren für die Anhörung der Einwohner bei Gebietsänderung, das Verfahren beim Antrag auf Anberaumung einer Einwohnerversammlung und bei einem Einwohnerantrag, das Verfahren bei einem Bürgerbegehren und die Durchführung eines Bürgerentscheids,
3. die Form und das Verfahren öffentlicher Bekanntmachungen,
4. das Verfahren für die Erteilung von Genehmigungen und die Freistellung von Genehmigungspflichten nach diesem Gesetz,
5. das Verfahren für die Verleihung von Bezeichnungen nach § 5 Absatz 2 und 3 und die Benennung der Gemeindeteile nach § 5 Absatz 4,

6. die Zuständigkeit der Rechtsaufsichtsbehörden bei Streitigkeiten nach § 7 Absatz 1 Satz 2 und bei Gebietsänderungen nach § 8,
7. die Verwaltung gemeindefreier Grundstücke,
8. Gebietsänderungen nach § 8 Absatz 1 Satz 2,
9. das Nähere über die angemessene Entschädigung für ehrenamtliche Tätigkeit nach § 21, insbesondere die Art der Entschädigung sowie die Festsetzung von Mindestbeträgen,
9a. das Nähere zur Fraktionsfinanzierung nach § 35a Absatz 3 Satz 1 bis 3,
10. den Inhalt, Ausgleich und die Gestaltung des Haushaltsplanes, des Finanzplanes und des Investitionsprogramms, die Haushaltsführung und Haushaltsüberwachung, die näheren Voraussetzungen, den Inhalt und die Gestaltung des Haushaltsstrukturkonzepts sowie nähere Bestimmungen zu Gegenstand und Umfang haushaltswirtschaftlicher Beschränkungen bis zur Genehmigung eines Haushaltsstrukturkonzepts, insbesondere zu
    a) personalwirtschaftlichen Beschränkungen,
    b) Beschränkungen bei der Leistung von Aufwendungen und Auszahlungen,
    c) dem Erfordernis der Einzelgenehmigung und anderen Beschränkungen bei der Kreditaufnahme,
11. die Bestimmung eines vom Haushaltsjahr abweichenden Wirtschaftszeitraums,
12. die Bildung und Verwendung von Rücklagen, Rückstellungen und Sonderposten,
13. die Freistellung von der Vorlagepflicht nach § 102,
14. die Erfassung, den Nachweis, die Bewertung und die Abschreibung von Vermögensgegenständen sowie den Nachweis und die Bewertung von Verbindlichkeiten,
15. Geldanlagen nach § 89 Absatz 3 Satz 2 sowie die nähere Bestimmung des Begriffs des spekulativen Finanzgeschäfts gemäß § 72 Absatz 2 Satz 2,
16. die Gewährung von Nachlässen nach § 90 Absatz 1 Satz 3 und 4,
17. die Ausschreibung von Lieferungen und Leistungen sowie die Vergabe von Aufträgen einschließlich des Abschlusses von Verträgen,
18. das Prüfungswesen und die Befreiung von der Prüfungspflicht,
19. die Stundung, die Niederschlagung und den Erlass von Ansprüchen sowie die Behandlung von Kleinbeträgen,
20. Aufgaben, Organisation, Buchführung und Beaufsichtigung der Gemeindekasse und der Sonderkassen, die Abwicklung des Zahlungsverkehrs, die Einrichtung von Gebühren- und Portokassen und die Gewährung von Handvorschüssen,
21. Inhalt und Gestaltung des Jahresabschlusses, des Gesamtabschlusses und der Sonderrechnungen sowie die Abdeckung der Fehlbeträge,
22. die Organisation, die Wirtschaftsführung, das Rechnungswesen und die Prüfung der Eigenbetriebe.

(2) Rechtsverordnungen nach Absatz 1 Nummer 10 ergehen im Benehmen mit dem Staatsministerium der Finanzen.

## § 128
## Muster für die Haushaltswirtschaft

[1]Soweit es für die Vergleichbarkeit der Haushalte erforderlich ist, gibt das Staatsministerium des Innern durch Verwaltungsvorschrift Muster insbesondere für
1. die Haushaltssatzung und ihre Bekanntmachung,
2. die Beschreibung und Gliederung der Produktbereiche und Produktgruppen sowie die Gestaltung des Haushaltsplanes und des Finanzplanes,
3. die Form des Haushaltsplans und seiner Anlagen, des Finanzplans und des Investitionsprogramms,
4. die Form der Anlagenübersicht, der Forderungsübersicht und der Verbindlichkeitenübersicht,
5. die Zahlungsanordnungen, Buchführung, den Kontenrahmen, den Jahresabschluss und den Gesamtabschluss und ihre Anlagen

im Sächsischen Amtsblatt bekannt. [2]Die Gemeinden sind verpflichtet, diese Muster zu verwenden. [3]Die Bekanntgabe von Mustern nach Satz 1 Nummer 2 und 3 erfolgt im Benehmen mit dem Staatsministerium der Finanzen.

## § 129
## Sonstige Verwaltungsvorschriften

(1) [1]Das Staatsministerium des Innern kann sonstige Verwaltungsvorschriften zur Durchführung dieses Gesetzes erlassen. [2]§ 127 Absatz 2 gilt entsprechend.

(2) Das Staatsministerium des Innern kann im Fall von Naturkatastrophen oder außergewöhnlichen Notsituationen, die bei den betroffenen Gemeinden zu unabweisbaren Auszahlungen oder Aufwendungen oder zu unerwarteten Minderungen der Einzahlungen oder Erträge führen, im Einvernehmen mit dem Staatsministerium der Finanzen durch Verwaltungsvorschrift Ausnahmen oder Befreiungen von den Vorschriften in § 72 Absatz 3 bis 7, § 73 Absatz 4, § 77 Absatz 2, § 78 Absatz 2 Satz 1, § 79 Absatz 1 Satz 1 Nummer 2, in § 81, § 82 Absatz 1, 2 und 4 sowie in § 84 Absatz 2 Satz 1 und Absatz 3 zulassen.

## § 130
## Übergangsvorschriften aus Anlass des Dritten Gesetzes zur Fortentwicklung des Kommunalrechts

[1]§ 51 Absatz 2 in der ab dem 20. Februar 2022 geltenden Fassung ist anzuwenden, wenn die Bekanntmachung der Bürgermeisterwahl gemäß der §§ 1 Absatz 4 und 38 des Kommunalwahlgesetzes nach dem 20. Februar 2022 erfolgt. [2]In Gemeinden unter 5 000 Einwohnern, die Mitglied eines Verwaltungsverbandes oder, ohne erfüllende Gemeinde zu sein, einer Verwaltungsgemeinschaft sind, kann die Bürgermeisterwahl durch Beschluss des Gemeinderats und mit Genehmigung der Rechtsaufsichtsbehörde um bis zu sechs Monate nach Freiwerden der Stelle, längstens jedoch bis zum Ablauf des 28. Februar 2023 aufgeschoben werden.

## § 130a
## Übergangsbestimmungen aus Anlass des Gesetzes zur Fortentwicklung des Kommunalrechts

[1]Die Vorschriften der §§ 94a bis 109 in der ab dem 1. Januar 2014 geltenden Fassung sind für bestehende Unternehmen und Beteiligungen spätestens bis zum 31. Dezember 2017 umzusetzen. [2]§ 102 Absatz 1 und 3 gilt entsprechend.

## § 130b
## Übergangsvorschrift aus Anlass des Zweiten Gesetzes zur Fortentwicklung des Kommunalrechts

(1) Abweichend von § 65 Absatz 1 kann in kreisangehörigen Gemeinden durch die Hauptsatzung auch für weitere Ortsteile die Ortschaftsverfassung eingeführt werden, sofern die erstmalige Ortschaftsratswahl vor dem 31. Dezember 2024 stattfindet.

(2) Abweichend von § 69a Absatz 1 kann die Ortschaftsverfassung, soweit sie vor dem 1. Januar 2018 auf unbestimmte Zeit eingeführt worden ist, zur nächsten regelmäßigen Wahl der Gemeinderäte 2019 aufgehoben werden.

(3) Abweichend von § 71 Absatz 9 kann die Stadtbezirksverfassung, soweit sie vor dem 1. Januar 2018 eingeführt worden ist, zur nächsten regelmäßigen Wahl der Gemeinderäte 2019 aufgehoben werden.

## § 131
*(weggefallen)*

## § 132
## (Inkrafttreten)

# Landkreisordnung
## für den Freistaat Sachsen
## (Sächsische Landkreisordnung – SächsLKrO)
### in der Fassung der Bekanntmachung vom 9. März 2018 (SächsGVBl. S. 99), die zuletzt durch Artikel 3 des Gesetzes vom 29. Mai 2024 (SächsGVBl. S. 500) geändert worden ist

**– Fassung ab 29. Juni 2024 –**

**– Auszug –**

**Inhaltsübersicht**



## ERSTER TEIL
## Rechtsstellung, Aufgaben und Gebiet des Landkreises

### Erster Abschnitt
### Rechtsstellung und Aufgaben

#### § 1
#### Wesen und Organe des Landkreises

(1) [1]Der Landkreis erfüllt seine Aufgaben in bürgerschaftlicher Selbstverwaltung zum gemeinsamen Wohl aller Einwohner. [2]Er unterstützt die kreisangehörigen Gemeinden in der Erfüllung ihrer Aufgaben und trägt zu einem gerechten Ausgleich ihrer Lasten bei.
(2) Der Landkreis ist rechtsfähige Gebietskörperschaft des öffentlichen Rechts.
(3) Organe des Landkreises sind der Kreistag und der Landrat.

(4) Behörde des Landkreises ist das Landratsamt.

### § 2
### Aufgaben

(1) [1]Die Landkreise erfüllen, soweit die Gesetze nichts anderes bestimmen, alle überörtlichen und alle die Leistungsfähigkeit der einzelnen kreisangehörigen Gemeinde übersteigenden Aufgaben in eigener Verantwortung. [2]Zur Erfüllung dieser Aufgaben schaffen die Landkreise die für das soziale, kulturelle, sportliche und wirtschaftliche Wohl ihrer Einwohner erforderlichen öffentlichen Einrichtungen.
(2) [1]Die Landkreise können durch Gesetz zur Erfüllung bestimmter öffentlicher Aufgaben verpflichtet werden (Pflichtaufgaben). [2]Werden den Landkreisen neue Pflichtaufgaben auferlegt, sind Bestimmungen über die Deckung der Kosten zu treffen. [3]Führen diese Aufgaben zu einer Mehrbelastung der Landkreise, ist ein entsprechender finanzieller Ausgleich zu schaffen.
(3) [1]Pflichtaufgaben können den Landkreisen zur Erfüllung nach Weisung auferlegt werden (Weisungsaufgaben). [2]Das Gesetz bestimmt den Umfang des Weisungsrechts. [3]Die Weisungen sollen sich auf allgemeine Anordnungen beschränken und in der Regel nicht in die Einzelausführung eingreifen.
(4) In die Rechte der Landkreise darf nur durch Gesetz oder aufgrund eines Gesetzes eingegriffen werden.
(5) Die Landratsämter sind, soweit nichts anderes bestimmt ist, untere Verwaltungsbehörden im Sinne bundes- und landesrechtlicher Vorschriften.

### § 3
### Satzungen

(1) [1]Die Landkreise können die weisungsfreien Angelegenheiten durch Satzung regeln, soweit Gesetze oder Rechtsverordnungen keine Vorschriften enthalten. [2]Insbesondere können die Landkreise zur Einräumung und Ausgestaltung von Informations- und Beteiligungsrechten Bürgerbeteiligungssatzungen erlassen. [3]Satzungen werden vom Kreistag beschlossen. [4]Weisungsaufgaben können durch Satzung geregelt werden, wenn ein Gesetz hierzu ermächtigt.
(2) [1]Der Landkreis hat eine Hauptsatzung zu erlassen. [2]Die Hauptsatzung und ihre Änderung werden mit der Mehrheit der Stimmen aller Mitglieder des Kreistages beschlossen.
(3) [1]Auf der Grundlage der Verfassung des Freistaates Sachsen gewährleisten die Landkreise die Rechte der Bürger sorbischer Volkszugehörigkeit. [2]Die Landkreise des sorbischen Siedlungsgebietes regeln die Förderung der sorbischen Kultur und Sprache durch Satzung. [3]Gleiches gilt für die zweisprachige Benennung der Landkreise sowie der öffentlichen Gebäude, Einrichtungen, Straßen, Plätze und Brücken im sorbischen Siedlungsgebiet, soweit dies nicht Aufgabe der Gemeinden ist.
(4) [1]Satzungen sind durch den Landrat auszufertigen und öffentlich bekanntzumachen. [2]Sie treten am Tage nach ihrer Bekanntmachung in Kraft, wenn sie keinen anderen Zeitpunkt bestimmen. [3]Satzungen sind der Rechtsaufsichtsbehörde unverzüglich nach ihrem Erlass in vollem Wortlaut anzuzeigen.
(5) [1]Satzungen, die unter Verletzung von Verfahrens- und Formvorschriften zustande gekommen sind, gelten ein Jahr nach ihrer Bekanntmachung als von Anfang an gültig zustande gekommen. [2]Dies gilt nicht, wenn

1. die Ausfertigung der Satzung nicht oder fehlerhaft erfolgt ist,
2. Vorschriften über die Öffentlichkeit der Sitzungen, die Genehmigung oder die Bekanntmachung der Satzung verletzt worden sind,
3. der Landrat dem Beschluss nach § 48 Absatz 2 wegen Gesetzwidrigkeit widersprochen hat,
4. vor Ablauf der in Satz 1 genannten Frist
   a) die Rechtsaufsichtsbehörde den Beschluss beanstandet hat oder
   b) die Verletzung der Verfahrens- oder Formvorschrift gegenüber dem Landkreis unter Bezeichnung des Sachverhalts, der die Verletzung begründen soll, schriftlich geltend gemacht worden ist.

[3]Ist eine Verletzung nach Satz 2 Nummer 3 oder 4 geltend gemacht worden, so kann auch nach Ablauf der in Satz 1 genannten Frist jedermann diese Verletzung geltend machen. [4]Die Sätze 1 bis 3 sind nur anzuwenden, wenn bei der Bekanntmachung der Satzung auf die Voraussetzungen für die Geltendmachung der Verletzung von Verfahrens- oder Formvorschriften und die Rechtsfolgen hingewiesen worden ist.
(6) Absatz 4 Satz 1 und Absatz 5 gelten für andere Rechtsvorschriften des Landkreises entsprechend.

...

## ZWEITER TEIL
## Einwohner und Bürger des Landkreises

...

### § 17
### Pflichten ehrenamtlich Tätiger

(1) Wer eine ehrenamtliche Tätigkeit ausübt, muss die ihm übertragenen Aufgaben uneigennützig und verantwortungsbewusst erfüllen.
(2) [1]Der ehrenamtlich Tätige ist zur Verschwiegenheit über alle Angelegenheiten verpflichtet, deren Geheimhaltung gesetzlich vorgeschrieben, besonders angeordnet oder ihrer Natur nach erforderlich ist. [2]Er darf die Kenntnis von geheimzuhaltenden Angelegenheiten nicht unbefugt verwerten. [3]Diese Verpflichtungen bestehen nach Beendigung der ehrenamtlichen Tätigkeit fort. [4]Die Geheimhaltung kann nur aus Gründen des öffentlichen Wohls oder zum Schutz berechtigter Interessen einzelner angeordnet werden. [5]Die Anordnung ist aufzuheben, sobald sie nicht mehr gerechtfertigt ist.
(3) [1]Kreisräte dürfen Ansprüche Dritter gegen den Landkreis nicht geltend machen; hiervon ausgenommen sind Fälle der gesetzlichen Vertretung. [2]Das Gleiche gilt für andere ehrenamtlich Tätige, wenn diese Ansprüche mit ihrer ehrenamtlichen Tätigkeit im Zusammenhang stehen. [3]Ob die Voraussetzungen dieses Verbots vorliegen, entscheidet im Zweifelsfall der Kreistag.
(4) Der Kreistag kann einem ehrenamtlich Tätigen, der ohne wichtigen Grund eine ehrenamtliche Tätigkeit ablehnt oder aus dieser ausscheidet, seine Pflichten nach Absatz 1 gröblich verletzt, einer Verpflichtung nach Absatz 2 zuwiderhandelt oder eine Vertretung entgegen Absatz 3 ausübt, ein Ordnungsgeld bis zu 500 Euro auferlegen.

### § 18
### Ausschluss wegen Befangenheit

(1) Der ehrenamtlich Tätige darf weder beratend noch entscheidend mitwirken, wenn er in der Angelegenheit bereits in anderer Eigenschaft tätig geworden ist oder wenn die Entscheidung ihm selbst oder folgenden Personen einen unmittelbaren Vorteil oder Nachteil bringen kann:

1. seinem Ehegatten, Verlobten oder Lebenspartner nach § 1 des Lebenspartnerschaftsgesetzes,
2. einem in gerader Linie oder in Seitenlinie bis zum dritten Grade Verwandten,
3. einem in gerader Linie oder in Seitenlinie bis zum zweiten Grade Verschwägerten oder als verschwägert Geltenden, solange die die Schwägerschaft begründende Ehe oder Lebenspartnerschaft nach § 1 des Lebenspartnerschaftsgesetzes besteht,
4. einer von ihm kraft Gesetzes oder Vollmacht vertretenen Person,
5. einer Person oder Gesellschaft, bei der er beschäftigt ist, sofern nicht nach den tatsächlichen Umständen der Beschäftigung anzunehmen ist, dass kein Interessenwiderstreit besteht,
6. einer Gesellschaft, bei der ihm, einer in Nummer 1 genannten Person oder einem Verwandten ersten Grades allein oder gemeinsam mindestens 10 Prozent der Anteile gehören,
7. einer juristischen Person des privaten Rechts, in deren Vorstand, Aufsichtsrat, Verwaltungsrat oder vergleichbarem Organ er tätig ist, oder einer juristischen Person des öffentlichen Rechts, ausgenommen einer Gebietskörperschaft, in deren Organ er tätig ist, sofern er diese Tätigkeit nicht als Vertreter des Landkreises oder auf dessen Vorschlag ausübt.

(2) Absatz 1 gilt nicht

1. für Wahlen zu einer ehrenamtlichen Tätigkeit,
2. wenn die Entscheidung nur die gemeinsamen Interessen einer Berufs- oder Bevölkerungsgruppe berührt.

(3) [1]Der ehrenamtlich Tätige, bei dem ein Tatbestand vorliegt, der Befangenheit zur Folge haben kann, hat dies vor Beginn der Beratung über diesen Gegenstand dem Vorsitzenden, sonst dem Landrat mit-

zuteilen. [2]Ob ein Ausschließungsgrund vorliegt, entscheidet im Zweifelsfall in Abwesenheit des Betroffenen bei Kreisräten der Kreistag, bei Mitgliedern von Ausschüssen der Ausschuss, sonst der Landrat.
(4) [1]Wer an der Beratung und Entscheidung wegen Befangenheit nicht mitwirken darf, muss die Sitzung verlassen. [2]Ist die Sitzung öffentlich, darf er als Zuhörer anwesend bleiben.
(5) [1]Ein Beschluss ist rechtswidrig, wenn bei der Beratung oder Beschlussfassung die Bestimmungen des Absatzes 1 oder 4 verletzt worden sind oder wenn jemand, ohne dass einer der Gründe des Absatzes 1 vorgelegen hätte, ausgeschlossen worden ist. [2]Der Beschluss gilt jedoch ein Jahr nach der Beschlussfassung oder, wenn eine öffentliche Bekanntmachung erforderlich ist, ein Jahr nach dieser als von Anfang an gültig zustande gekommen. [3]§ 3 Absatz 5 Satz 2 Nummer 3 und 4 und Satz 3 gilt entsprechend.

### § 19
### Entschädigung für ehrenamtliche Tätigkeit

(1) [1]Ehrenamtlich Tätige haben Anspruch auf Ersatz ihrer notwendigen Auslagen und ihres Verdienstausfalls. [2]Durch Satzung können Höchstbeträge und Durchschnittssätze festgesetzt werden. [3]Soweit kein Verdienstausfall entsteht, kann durch Satzung bestimmt werden, dass für den Zeitaufwand eine Entschädigung gewährt wird.
(2) Kreisräten und sonstigen Mitgliedern der Ausschüsse und Beiräte des Kreistages ist darüber hinaus eine angemessene Aufwandsentschädigung zu gewähren.
(3) Ehrenamtlich Tätigen wird Ersatz für Sachschäden in entsprechender Anwendung der für Beamte geltenden Bestimmungen gewährt.
(4) Ansprüche nach den Absätzen 1 bis 3 sind nicht übertragbar.

...

# DRITTER TEIL
# Verfassung und Verwaltung des Landkreises

## Erster Abschnitt
## Kreistag

### § 23
### Rechtsstellung des Kreistages

Der Kreistag ist die Vertretung der Bürger und das Hauptorgan des Landkreises.

### § 24
### Aufgaben des Kreistages

(1) Der Kreistag legt die Grundsätze für die Verwaltung des Landkreises fest und entscheidet über alle Angelegenheiten des Landkreises, soweit nicht der Landrat kraft Gesetzes zuständig ist oder ihm der Kreistag bestimmte Angelegenheiten überträgt.
(2) Die Entscheidung über folgende Angelegenheiten kann der Kreistag nicht übertragen:
1. die Festlegung von Grundsätzen für die Verwaltung des Landkreises,
2. die Bestellung der Mitglieder von Ausschüssen des Kreistages, der Stellvertreter des Landrats, der Beigeordneten sowie Angelegenheiten nach Absatz 4 Satz 1 bei leitenden Bediensteten,
3. die Übernahme freiwilliger Aufgaben,
4. Satzungen und anderes Kreisrecht,
5. die Änderung des Kreisgebiets,
6. die Entscheidung über die Durchführung eines Bürgerentscheids oder die Zulässigkeit eines Bürgerbegehrens,
7. die Regelung der allgemeinen Rechtsverhältnisse der Kreisbediensteten,
8. die Übertragung von Aufgaben auf den Landrat,
9. die Erteilung des Einvernehmens zur Abgrenzung der Geschäftskreise der Beigeordneten,
10. die Übertragung von Aufgaben auf das Rechnungsprüfungsamt,
11. der Entzug der Leitung des Rechnungsprüfungsamts nach § 103 Absatz 4 der Sächsischen Gemeindeordnung in der Fassung der Bekanntmachung vom 3. März 2014 (SächsGVBl. S. 146), die zuletzt durch Artikel 1 des Gesetzes vom 13. Dezember 2017 (SächsGVBl. S. 626) geändert worden ist, in der jeweils geltenden Fassung,
12. die Entscheidung der Auswahl des örtlichen Prüfers nach § 103 Absatz 1 Satz 1 und 2 der Sächsischen Gemeindeordnung,
13. die Verfügung über Kreisvermögen, das für den Landkreis von erheblicher wirtschaftlicher Bedeutung ist,
14. die Errichtung, Übernahme, wesentliche Veränderung, vollständige oder teilweise Veräußerung und die Auflösung von Unternehmen und öffentlichen Einrichtungen sowie die unmittelbare und mittelbare Beteiligung an solchen,
15. ein Haushaltsstrukturkonzept,
16. die Bestellung von Sicherheiten, die Übernahme von Bürgschaften und von Verpflichtungen aus Gewährverträgen und den Abschluss der ihnen wirtschaftlich gleichkommenden Rechtsgeschäfte, soweit sie für den Landkreis von erheblicher wirtschaftlicher Bedeutung sind,
17. Jahresabschlüsse und Gesamtabschlüsse, Wirtschaftspläne und Jahresabschlüsse der Sondervermögen und Treuhandvermögen,
18. die allgemeine Festsetzung von Abgaben,
19. den Verzicht auf Ansprüche des Landkreises und die Niederschlagung solcher Ansprüche, die Führung von Rechtsstreitigkeiten und den Abschluss von Vergleichen, soweit sie für den Landkreis von erheblicher wirtschaftlicher Bedeutung sind,
20. den Beitritt zu Zweckverbänden und den Austritt aus diesen sowie den Abschluss und die Aufhebung von Zweckvereinbarungen.

(3) Der Kreistag überwacht die Ausführung seiner Beschlüsse und sorgt beim Auftreten von Missständen in der Kreisverwaltung für deren Beseitigung durch den Landrat.
(4) [1]Der Kreistag entscheidet im Einvernehmen mit dem Landrat über die Ernennung, Einstellung, Höhergruppierung und Entlassung der Kreisbediensteten sowie über die Festsetzung von Vergütungen, auf die kein Anspruch aufgrund eines Tarifvertrags besteht. [2]Kommt es zu keinem Einvernehmen, entscheidet der Kreistag mit einer Mehrheit von zwei Dritteln der anwesenden Stimmberechtigten. [3]Der Landrat ist zuständig, soweit der Kreistag ihm die Entscheidung überträgt oder diese zur laufenden Verwaltung gehört.
(5) [1]Ein Zehntel der Kreisräte kann in allen Angelegenheiten des Landkreises verlangen, dass der Landrat den Kreistag unterrichtet und diesem oder einem von ihm bestellten Ausschuss Akteneinsicht gewährt. [2]Das Recht, nach Satz 1 Akteneinsicht zu verlangen, steht auch einer Fraktion zu. [3]In dem Ausschuss müssen die Antragsteller vertreten sein. [4]Für den gemäß Satz 1 bestellten Ausschuss gilt § 39 entsprechend.
(6) [1]Jeder Kreisrat kann an den Landrat schriftliche oder in einer Sitzung des Kreistages mündliche Anfragen über einzelne Angelegenheiten des Landkreises richten, die binnen angemessener Frist, die grundsätzlich vier Wochen beträgt zu beantworten sind. [2]Das Nähere ist in der Geschäftsordnung zu regeln.
(7) Die Absätze 5 und 6 gelten nicht für die nach § 49 Absatz 3 Satz 3 geheimzuhaltenden Angelegenheiten.

### § 25
### Zusammensetzung des Kreistages

(1) Der Kreistag besteht aus den Kreisräten und dem Landrat als Vorsitzendem.
(2) Die Zahl der Kreisräte beträgt in Landkreisen mit

| | | | |
|---|---|---|---|
| 1. | bis zu | 180 000 Einwohnern | 74, |
| 2. | bis zu | 220 000 Einwohnern | 80, |
| 3. | bis zu | 260 000 Einwohnern | 86, |
| 4. | bis zu | 300 000 Einwohnern | 92, |
| 5. | mehr als | 300 000 Einwohnern | 98. |

(3) Änderungen der für die Zahl der Kreisräte maßgebenden Einwohnerzahl sind erst bei der nächsten regelmäßigen Wahl zu berücksichtigen.

### § 26
### Wahlgrundsätze, Wahlgebiet, Wahlverfahren

(1) Die Kreisräte werden von den Bürgern in allgemeiner, unmittelbarer, freier, gleicher und geheimer Wahl gewählt.
(2) Wahlgebiet ist der Landkreis.
(3) [1]Gewählt wird aufgrund von Wahlvorschlägen unter Berücksichtigung der Grundsätze der Verhältniswahl. [2]Die Verbindung von Wahlvorschlägen ist unzulässig. [3]Der Wahlberechtigte kann Bewerber aus

anderen Wahlvorschlägen übernehmen und einem Bewerber bis zu drei Stimmen geben.
(4) Wird nur ein gültiger oder kein Wahlvorschlag eingereicht, findet Mehrheitswahl ohne Bindung an die vorgeschlagenen Bewerber und ohne das Recht der Stimmenhäufung auf einen Bewerber statt.

### § 27
### Wählbarkeit

(1) Wählbar in den Kreisrat ist, wer gemäß § 14 Absatz 1 wahlberechtigt zum Kreisrat ist.
(2) Nicht wählbar ist,
1. wer vom Wahlrecht ausgeschlossen ist (§ 14 Satz 2),
2. wer infolge deutschen Richterspruchs die Wählbarkeit oder die Fähigkeit zur Bekleidung öffentlicher Ämter nicht besitzt oder
3. wer als Staatsangehöriger eines anderen Mitgliedstaates der Europäischen Union nach dem Recht dieses Mitgliedstaates infolge einer zivilrechtlichen Einzelfallentscheidung oder einer strafrechtlichen Entscheidung die Wählbarkeit verloren hat.

### § 28
### Hinderungsgründe

(1) Kreisräte können nicht sein
1. der Landrat, die Beigeordneten und die übrigen Beamten des Landkreises, ausgenommen die Ehrenbeamten und Ruhestandsbeamten, sowie die Arbeitnehmer des Landkreises,
2. die Beamten und leitenden Arbeitnehmer einer juristischen Person des öffentlichen oder privaten Rechts, in der der Landkreis einen maßgeblichen Einfluss ausübt,
3. die leitenden Beamten und Arbeitnehmer sowie die mit Angelegenheiten der Rechtsaufsicht über den Landkreis befassten Beamten und Arbeitnehmer der Rechtsaufsichtsbehörden,
4. die mit Angelegenheiten der überörtlichen Prüfung des Landkreises befassten Beamten und Arbeitnehmer der staatlichen Rechnungsprüfungsämter und des Sächsischen Rechnungshofes.

(2) Absatz 1 gilt nicht für Arbeitnehmer, deren Wählbarkeit nicht nach Artikel 137 Absatz 1 des Grundgesetzes eingeschränkt werden kann.
(3) [1]Der Kreistag stellt fest, ob ein Hinderungsgrund nach Absatz 1 gegeben ist. [2]Bis zu dieser Feststellung bleibt die Rechtswirksamkeit der Tätigkeit des Kreisrates unberührt. [3]Die Feststellung eines Hinderungsgrundes ergeht durch Verwaltungsakt.

### § 29
### Wahlperiode

(1) Die regelmäßigen Kreistagswahlen finden alle fünf Jahre statt.
(2) [1]Die Wahlperiode endet mit Ablauf des Monats, in dem die regelmäßigen Wahlen zum Kreistag stattfinden. [2]Wenn die Wahl von der Wahlprüfungsbehörde nicht beanstandet wurde, ist die erste Sitzung des Kreistages unverzüglich nach der Zustellung des Wahlprüfungsbescheides oder nach ungenutztem Ablauf der Wahlprüfungsfrist, sonst nach rechtskräftiger Erledigung der Beanstandung anzuberaumen. [3]Bis zum Zusammentreten des neugebildeten Kreistages führt der bisherige Kreistag die Geschäfte weiter.
(3) [1]Wird die Wahl des Kreistages nach seinem Zusammentreten rechtskräftig für ungültig erklärt, so führt er die Geschäfte bis zum Zusammentreten des neugewählten Kreistages weiter. [2]Wird nach dem Zusammentreten des Kreistages die Neufeststellung des Wahlergebnisses rechtskräftig angeordnet, so führt er die Geschäfte bis zum Ablauf des Tages weiter, an dem das berichtigte Wahlergebnis öffentlich bekanntgemacht wird. [3]Die Rechtswirksamkeit der Tätigkeit des Kreistages bleibt in den Fällen der Sätze 1 und 2 unberührt.

### § 30
### Ausscheiden, Nachrücken, Ergänzungswahl

(1) [1]Aus dem Kreistag scheiden die Kreisräte aus, bei denen während der Wahlperiode der Verlust der Wählbarkeit (§ 27) oder ein Hinderungsgrund (§ 28) eintritt oder bekannt wird. [2]Der Kreistag ist verpflichtet, unverzüglich das Ausscheiden nach Satz 1 und den Absätzen 3 und 4 festzustellen. [3]Bis zu dieser Feststellung bleibt die Rechtswirksamkeit der Tätigkeit des Kreisrats unberührt.
(2) Tritt ein Gewählter nicht in den Kreistag ein oder scheidet er im Laufe der Wahlperiode aus, rückt der als nächste Ersatzperson festgestellte Bewerber nach.
(3) [1]Wird eine Partei oder die Teilorganisation einer Partei durch das Bundesverfassungsgericht nach Artikel 21 Absatz 2 Satz 2 des Grundgesetzes für verfassungswidrig erklärt, verlieren die Kreisräte ihr Mandat, sofern sie dieser Partei oder Teilorganisation zu irgendeinem Zeitpunkt zwischen der Antragstellung (§ 43 des Bundesverfassungsgerichtsgesetzes in der Fassung der Bekanntmachung vom 11. August 1993 [BGBl. I S. 1473], das zuletzt durch Artikel 2 des Gesetzes vom 8. Oktober 2017 [BGBl. I S. 3546] geändert worden ist, in der jeweils geltenden Fassung) und der Verkündung der Entscheidung (§ 46 des Bundesverfassungsgerichtsgesetzes) angehört haben. [2]Satz 1 gilt entsprechend für die Feststellung, dass eine Partei oder ein Teil einer Partei eine verbotene Ersatzorganisation ist.
(4) Wird ein Verein oder Teilverein gemäß § 3 des Vereinsgesetzes in der jeweils geltenden Fassung, verboten, weil sein Zweck oder seine Tätigkeit gegen die verfassungsmäßige Ordnung oder gegen den Gedanken der Völkerverständigung gerichtet ist, oder wird nach § 8 Absatz 2 des Vereinsgesetzes festgestellt, dass ein Verein oder Teilverein eine Ersatzorganisation eines aus diesen Gründen verbotenen Vereins oder Teilvereins ist, verlieren die Kreisräte ihr Mandat zum Zeitpunkt der Unanfechtbarkeit der Entscheidung, sofern sie diesem Verein oder Teilverein zu irgendeinem Zeitpunkt zwischen der Bekanntgabe des Verwaltungsakts und dem Eintritt der Unanfechtbarkeit angehört haben.
(5) Nach den Absätzen 3 und 4 freigewordene Sitze des Kreistages bleiben unbesetzt, soweit auch auf die Ersatzpersonen die Voraussetzungen der Absätze 3 und 4 zutreffen.
(6) [1]Eine Neuverteilung der verbleibenden Sitze findet nicht statt. [2]Absatz 7 bleibt unberührt.
(7) Ist die Zahl der Kreisräte während der Wahlperiode auf weniger als zwei Drittel der gesetzlichen Mitgliederzahl gesunken, ist eine Ergänzungswahl nach den für die Hauptwahl geltenden Vorschriften für den Rest der Wahlperiode durchzuführen, sofern dieser mindestens sechs Monate beträgt.

### § 31
### Rechtsstellung der Kreisräte

(1) [1]Die Kreisräte üben ihr Mandat ehrenamtlich aus. [2]Der Landrat verpflichtet die Kreisräte in der ersten Sitzung öffentlich auf die gewissenhafte Erfüllung ihrer Pflichten.
(2) [1]Niemand darf gehindert werden, sich um das Mandat eines Kreisrates zu bewerben, es zu übernehmen und auszuüben. [2]Eine Kündigung oder Entlassung aus einem Dienst- oder Arbeitsverhältnis, eine Versetzung an einen anderen Beschäftigungsort sowie sonstige berufliche Benachteiligungen aus diesem Grunde sind unzulässig. [3]Steht der Kreisrat in einem Dienst- oder Arbeitsverhältnis, ist ihm die für die Mandatsausübung erforderliche freie Zeit zu gewähren.
(3) [1]Die Kreisräte üben ihr Mandat nach dem Gesetz und ihrer freien, dem Gemeinwohl verpflichteten Überzeugung aus. [2]An Verpflichtungen und Aufträge, durch die diese Freiheit beschränkt wird, sind sie nicht gebunden.
(4) Die Kreisräte sind verpflichtet, an den Sitzungen teilzunehmen.
(5) Erleidet ein Kreisrat einen Dienstunfall, hat er dieselben Rechte wie ein Ehrenbeamter.
(6) Auf Kreisräte, die als Vertreter des Landkreises in Organen eines wirtschaftlichen Unternehmens (§ 94a der Sächsischen Gemeindeordnung) Vergütungen erhalten, finden die für Beamte geltenden Vorschriften über die Ablieferungspflicht entsprechende Anwendung.

### § 31a
### Fraktionen

(1) [1]Kreisräte können sich zu Fraktionen zusammenschließen, sofern diese fünf Prozent der Kreisräte, mindestens jedoch zwei Personen, umfassen. [2]Diese sind Organteile des Kreistages. [3]Das Nähere über die Bildung der Fraktionen sowie ihre Rechte und Pflichten innerhalb des Kreistages regelt der Landkreis durch Geschäftsordnung.
(2) Die Fraktionen wirken bei der Willensbildung und Entscheidungsfindung des Kreistages mit; sie können ihre Auffassungen öffentlich darstellen.
(3) [1]Der Landkreis gewährt den Fraktionen Mittel aus seinem Haushalt für deren angemessene sächliche und personelle Mindestausstattung.

[2]Diese Mittel sind in einer besonderen Anlage zum Haushaltsplan darzustellen. [3]Über ihre Verwendung ist ein Nachweis in einfacher Form zu führen.
(4) [1]Für Bedienstete der Fraktionen gilt § 17 Absatz 2 entsprechend. [2]Die Geschäftsordnung kann vorsehen, dass Arbeitnehmer der Fraktionen zu nichtöffentlichen Sitzungen des Kreistages und seiner Ausschüsse Zutritt haben.

## § 32
## Vorsitz im Kreistag, Einberufung der Sitzungen

(1) Den Vorsitz im Kreistag führt der Landrat.
(2) Der Kreistag beschließt über Ort und Zeit seiner regelmäßigen Sitzungen.
(3) [1]Der Landrat beruft den Kreistag schriftlich oder in elektronischer Form mit angemessener Frist ein und teilt rechtzeitig die Verhandlungsgegenstände mit; dabei sind die für die Beratung erforderlichen Unterlagen beizufügen, soweit nicht das öffentliche Wohl oder berechtigte Interessen einzelner entgegenstehen. [2]Das Nähere regelt die Geschäftsordnung. [3]Der Kreistag ist einzuberufen, wenn es die Geschäftslage erfordert. [4]Der Kreistag ist unverzüglich einzuberufen, wenn dies von einem Fünftel der Kreisräte unter Angabe des Verhandlungsgegenstandes beantragt wird und der Kreistag den gleichen Verhandlungsgegenstand nicht innerhalb der letzten sechs Monate bereits behandelt hat oder wenn sich seit der Behandlung die Sach- oder Rechtslage wesentlich geändert hat. [5]Der Verhandlungsgegenstand muss in die Zuständigkeit des Kreistages fallen. [6]In Eilfällen kann der Kreistag ohne Frist, formlos und nur unter Angabe der Verhandlungsgegenstände einberufen werden.
(4) [1]Zeit, Ort und Tagesordnung der öffentlichen Sitzungen sind rechtzeitig ortsüblich bekanntzugeben. [2]Dies gilt nicht bei der Einberufung des Kreistages in Eilfällen.
(5) Auf Antrag von mindestens einem Fünftel der Kreisräte oder einer Fraktion ist ein Verhandlungsgegenstand auf die Tagesordnung spätestens der übernächsten Sitzung des Kreistages zu setzen; Absatz 3 Satz 4 und 5 gilt entsprechend.

## § 32a
## Durchführung von Sitzungen ohne persönliche Anwesenheit im Sitzungsraum

(1) In Ausnahmefällen, die durch Naturkatastrophen, aus Gründen des Infektionsschutzes oder sonstigen außergewöhnlichen Notsituationen entstehen, können Sitzungen des Kreistages ohne persönliche Anwesenheit der Mitglieder im Sitzungsraum durchgeführt werden, sofern eine Beratung und Beschlussfassung durch zeitgleiche Übertragung von Bild und Ton mittels geeigneter technischer Hilfsmittel, insbesondere in Form einer Videokonferenz, möglich ist.
(2) [1]Bei öffentlichen Sitzungen nach Absatz 1 muss eine unmittelbare Übertragung von Bild und Ton an einen öffentlich zugänglichen Ort erfolgen. [2]§ 33 Absatz 3 Satz 2 bis 4 gilt entsprechend.
(3) [1]Der Landkreis hat sicherzustellen, dass die technischen Anforderungen und die datenschutzrechtlichen Bestimmungen für eine ordnungsgemäße Durchführung der Sitzungen einschließlich Beratung und Beschlussfassung eingehalten werden. [2]In Sitzungen nach Absatz 1 dürfen Wahlen im Sinne von § 35 Absatz 7 nicht durchgeführt und keine Beschlüsse über die Haushaltssatzung im Sinne von § 61 in Verbindung mit § 76 Absatz 2 der Sächsischen Gemeindeordnung gefasst werden. [3]Im Übrigen gelten die Regelungen für Sitzungen gemäß § 32 entsprechend.
(4) Die beabsichtigte Durchführung von Sitzungen nach Absatz 1 ist der Rechtsaufsichtsbehörde anzuzeigen.

## § 32b
## Veröffentlichung von Information

[1]Der Landkreis hat auf seiner Internetseite oder in anderer geeigneter Form Zeit, Ort und Tagesordnung der öffentlichen Sitzungen des Kreistags und seiner Ausschüsse sowie die der Tagesordnung beigefügten Beratungsunterlagen zu veröffentlichen, sobald sie den Mitgliedern des Kreistags zur Verfügung gestellt wurden und sofern keine berechtigten Interessen Einzelner entgegenstehen. [2]Die in einer solchen Sitzung gefassten oder bekannt gegebenen Beschlüsse hat der Landkreis im Wortlaut oder in Form eines zusammenfassenden Berichts nach Bestätigung der Niederschrift auf seiner Internetseite oder in anderer geeigneter Form zu veröffentlichen. [3]Personenbezogene Daten oder Betriebs- und Geschäftsgeheimnisse dürfen nicht offenbart werden. [4]Sind Maßnahmen zur Wahrung des Datenschutzes oder von Betriebs- und Geschäftsgeheimnissen nicht ohne erheblichen Aufwand oder erhebliche Veränderung einer Beratungsunterlage möglich, kann der Landkreis insoweit von der Veröffentlichung absehen. [5]Soweit von einer Veröffentlichung der Beratungsunterlagen abgesehen wird, ist dies zu Beginn der öffentlichen Sitzung zu begründen.

## § 33
## Öffentlichkeit der Sitzungen

(1) [1]Die Sitzungen des Kreistages sind öffentlich, sofern nicht das öffentliche Wohl oder berechtigte Interessen einzelner eine nichtöffentliche Verhandlung erfordern. [2]Über Anträge aus der Mitte des Kreistages, einen Verhandlungsgegenstand entgegen der Tagesordnung in öffentlicher oder nichtöffentlicher Sitzung zu behandeln, wird in nichtöffentlicher Sitzung beraten und entschieden. [3]In nichtöffentlicher Sitzung gefasste Beschlüsse sind in öffentlicher Sitzung bekanntzugeben, sofern nicht das öffentliche Wohl oder berechtigte Interessen einzelner entgegenstehen. [4]Beschließt der Kreistag, einen Verhandlungsgegenstand in öffentlicher Sitzung zu behandeln, so hat der Vorsitzende diesen auf die Tagesordnung der nächsten Sitzung des Kreistages zu setzen.
(2) Die Kreisräte und der Landrat sind zur Verschwiegenheit über alle in nichtöffentlicher Sitzung behandelten Angelegenheiten so lange verpflichtet, bis der Kreistag im Einvernehmen mit dem Landrat die Verschwiegenheit aufhebt; dies gilt nicht für den Wortlaut der in nichtöffentlicher Sitzung gefassten Beschlüsse, sofern nicht das öffentliche Wohl oder berechtigte Interessen Einzelner entgegenstehen.
(3) [1]Bei öffentlichen Sitzungen nach Absatz 1 kann eine unmittelbare Übertragung von Bild und Ton in einen öffentlich zugänglichen Ort erfolgen. [2]Unterhält der Landkreis einen Internetauftritt, kann die Übertragung von Bild und Ton auch über einen Live-Stream erfolgen, wenn hierfür eine Einwilligung vorliegt. [3]Eine Aufzeichnung von Bild und Ton sowie eine entsprechende Abrufmöglichkeit sind nur zulässig, wenn diese von der Einwilligung ausdrücklich umfasst sind. [4]Im Fall der Sätze 2 und 3 ist bei fehlender Einwilligung oder nach Widerspruch eines Kreistagsmitglieds gegen die Übertragung oder gegen die Aufzeichnung oder den Abruf seines Bildes und Tons durch technische Mittel sicherzustellen, dass dessen Recht auf informationelle Selbstbestimmung ohne Beeinträchtigung der Übertragung, der Aufzeichnung oder des Abrufs der Sitzung im Übrigen gewahrt wird.

## § 34
## Verhandlungsleitung, Geschäftsgang

(1) [1]Der Vorsitzende eröffnet und schließt die Sitzung und leitet die Verhandlungen des Kreistages. [2]Er übt die Ordnungsgewalt und das Hausrecht aus. [3]Der Vorsitzende kann die Verhandlungsleitung an einen Kreisrat abgeben.
(2) Der Kreistag regelt seine inneren Angelegenheiten, insbesondere den Gang seiner Verhandlungen, im Rahmen der gesetzlichen Vorschriften durch eine Geschäftsordnung.
(3) [1]Bei grobem Verstoß gegen die Ordnung kann ein Kreisrat vom Vorsitzenden aus dem Beratungsraum verwiesen werden; damit ist der Verlust des Anspruchs auf die auf den Sitzungstag entfallende Entschädigung verbunden. [2]Bei wiederholten Ordnungswidrigkeiten nach Satz 1 kann der Kreistag ein Mitglied für mehrere, höchstens jedoch für drei Sitzungen ausschließen.
(4) Absatz 3 gilt entsprechend für sachkundige Einwohner, die zu den Beratungen zugezogen sind.

## § 35
## Beschlussfassung

(1) [1]Der Kreistag kann nur in einer ordnungsgemäß einberufenen und geleiteten Sitzung beraten und beschließen. [2]Eine Verletzung von Form oder Frist der Ladung eines Kreistagsmitglieds gilt als geheilt, wenn das Mitglied zur Sitzung erscheint und den Mangel nicht spätestens bei Eintritt in die Tagesordnung der Sitzung geltend macht. [3]Die Mitglieder des Kreistags sind hierauf zu Beginn der Sitzung hinzuweisen. [4]Über Gegenstände einfacher Art und geringer Bedeutung kann im schriftlichen oder elektronischen Verfahren beschlossen werden; ein

hierbei gestellter Antrag ist angenommen, wenn kein Mitglied widerspricht.
(2) [1]Der Kreistag ist beschlussfähig, wenn mindestens die Hälfte aller Mitglieder anwesend und stimmberechtigt ist. [2]Bei Befangenheit von mehr als der Hälfte aller Mitglieder ist der Kreistag beschlussfähig, wenn mindestens ein Viertel aller Mitglieder anwesend und stimmberechtigt ist.
(3) [1]Ist der Kreistag wegen Abwesenheit oder Befangenheit von Mitgliedern nicht beschlussfähig, muss eine zweite Sitzung stattfinden, in der er beschlussfähig ist, wenn mindestens drei Mitglieder anwesend und stimmberechtigt sind; bei der Einberufung der zweiten Sitzung ist hierauf hinzuweisen. [2]Die zweite Sitzung entfällt, wenn weniger als drei Mitglieder stimmberechtigt sind.
(4) [1]Ist der Kreistag auch in der zweiten Sitzung wegen Befangenheit von Mitgliedern nicht beschlussfähig, entscheidet der Landrat an seiner Stelle nach Anhörung der nicht befangenen Kreisräte. [2]Sind auch der Landrat und sein Stellvertreter befangen, gilt § 51 entsprechend, sofern nicht der Kreistag ein stimmberechtigtes Mitglied für die Entscheidung zum Stellvertreter des Landrats bestellt.
(5) Der Kreistag beschließt durch Abstimmungen und Wahlen.
(6) [1]Der Kreistag stimmt in der Regel offen ab; er kann aus wichtigem Grund geheime Abstimmung beschließen. [2]Die Beschlüsse werden mit Stimmenmehrheit gefasst, soweit gesetzlich nichts anderes bestimmt ist. [3]Stimmenthaltungen werden für die Ermittlung der Stimmenmehrheit nicht berücksichtigt. [4]Bei Stimmengleichheit ist der Antrag abgelehnt.
(7) [1]Wahlen werden geheim mit Stimmzetteln vorgenommen; es kann offen gewählt werden, wenn kein Mitglied widerspricht. [2]Gewählt ist, wer die Mehrheit der Stimmen der anwesenden Stimmberechtigten erhalten hat. [3]Wird eine solche Mehrheit bei der Wahl nicht erreicht, findet zwischen den beiden Bewerbern mit den meisten Stimmen Stichwahl statt, bei der die einfache Mehrheit der abgegebenen Stimmen entscheidet; Absatz 6 Satz 3 gilt entsprechend. [4]Bei Stimmengleichheit entscheidet das Los. [5]Steht nur ein Bewerber zur Wahl, findet im Falle des Satzes 3 ein zweiter Wahlgang statt, bei dem die einfache Mehrheit der abgegebenen Stimmen ausreicht.

## § 36
## Niederschrift

(1) [1]Über den wesentlichen Inhalt der Verhandlungen des Kreistags ist eine Niederschrift zu fertigen; die elektronische Form ist ausgeschlossen. [2]Die Niederschrift muss insbesondere den Namen des Vorsitzenden, die Zahl der anwesenden und die Namen der abwesenden Kreisräte unter Angabe des Grundes der Abwesenheit, die Gegenstände der Verhandlung, die Anträge, die Abstimmungs- und Wahlergebnisse und den Wortlaut der Beschlüsse enthalten. [3]Der Vorsitzende und jedes Mitglied können verlangen, dass ihre Erklärung oder Abstimmung in der Niederschrift festgehalten wird.
(2) [1]Die Niederschrift ist vom Vorsitzenden, zwei Kreisräten, die an der Verhandlung teilgenommen haben, und dem Schriftführer zu unterzeichnen. [2]Innerhalb eines Monats, spätestens jedoch zur nächsten Sitzung, ist sie dem Kreistag zur Kenntnis zu bringen. [3]Mehrfertigungen von Niederschriften über nichtöffentliche Sitzungen dürfen nicht ausgehändigt werden. [4]Über die gegen die Niederschrift vorgebrachten Einwendungen entscheidet der Kreistag. [5]Die Einsichtnahme in die Niederschriften über die öffentlichen Sitzungen ist den Einwohnern gestattet; darüber hinaus kann der Landkreis auch die allgemeine Einsichtnahme in elektronischer Form ermöglichen.
(3) Das Nähere regelt die Geschäftsordnung.

## § 37
## Beschließende Ausschüsse

(1) [1]Durch die Hauptsatzung kann der Kreistag beschließende Ausschüsse bilden und ihnen bestimmte Aufgabengebiete zur dauernden Erledigung übertragen. [2]Durch Beschluss kann der Kreistag einzelne Angelegenheiten auf bestehende beschließende Ausschüsse übertragen oder zeitweilige beschließende Ausschüsse bilden.
(2) Auf beschließende Ausschüsse können nicht die Aufgaben übertragen werden, für die der Kreistag nach § 24 Absatz 2 ausschließlich zuständig ist.
(3) [1]Im Rahmen ihrer Zuständigkeit entscheiden die beschließenden Ausschüsse an Stelle des Kreistages. [2]Ergibt sich, dass eine Angelegenheit für den Landkreis von besonderer Bedeutung ist, können die beschließenden Ausschüsse die Angelegenheit dem Kreistag zur Beschlussfassung unterbreiten. [3]Ein Fünftel aller Mitglieder eines beschließenden Ausschusses kann verlangen, dass eine Angelegenheit dem Kreistag zur Beschlussfassung unterbreitet wird, wenn sie für den Landkreis von besonderer Bedeutung ist. [4]Lehnt der Kreistag eine Behandlung ab, entscheidet der zuständige beschließende Ausschuss. [5]Der Kreistag kann jede Angelegenheit an sich ziehen und Beschlüsse der beschließenden Ausschüsse, solange sie noch nicht vollzogen sind, ändern oder aufheben. [6]Der Kreistag kann den beschließenden Ausschüssen allgemein oder im Einzelfall Weisungen erteilen.
(4) [1]Angelegenheiten, deren Entscheidung dem Kreistag vorbehalten ist, sollen den beschließenden Ausschüssen innerhalb ihres Aufgabengebiets zur Vorberatung zugewiesen werden. [2]Durch die Hauptsatzung kann bestimmt werden, dass Anträge, die nicht vorberaten worden sind, auf Antrag des Vorsitzenden oder eines Fünftels aller Mitglieder des Kreistages den zuständigen beschließenden Ausschüssen zur Vorberatung überwiesen werden müssen.
(5) [1]Für die beschließenden Ausschüsse gelten die §§ 32 bis 36 entsprechend. [2]Sitzungen, die der Vorberatung nach Absatz 4 dienen, sind in der Regel nichtöffentlich. [3]Ist ein beschließender Ausschuss wegen Befangenheit von Mitgliedern nicht beschlussfähig, entscheidet der Kreistag in den Fällen des Absatzes 3 an seiner Stelle, in den Fällen des Absatzes 4 ohne Vorberatung.

## § 38
## Zusammensetzung der beschließenden Ausschüsse

(1) [1]Die beschließenden Ausschüsse bestehen aus dem Vorsitzenden und mindestens 10 Prozent der Mitglieder des Kreistages. [2]Der Kreistag bestellt die Mitglieder und deren Stellvertreter in gleicher Zahl widerruflich aus seiner Mitte. [3]Abweichend von Satz 2 kann der Kreistag festlegen, dass je Ausschussmitglied bis zu drei Stellvertreter bestellt werden können; diese sind keinem Ausschussmitglied persönlich zugeordnet. [4]Nach jeder Wahl der Kreisräte sind die beschließenden Ausschüsse neu zu bilden.
(2) [1]Die Zusammensetzung der Ausschüsse soll der Mandatsverteilung im Kreistag entsprechen. [2]Kommt eine Einigung über die Zusammensetzung eines beschließenden Ausschusses nicht zustande, werden die Mitglieder von den Kreisräten aufgrund von Wahlvorschlägen nach den Grundsätzen der Verhältniswahl unter Bindung an die Wahlvorschläge gewählt. [3]Wird nur ein gültiger oder kein Wahlvorschlag eingereicht, findet Mehrheitswahl ohne Bindung an die vorgeschlagenen Bewerber statt. [4]Anstelle der Wahl der Ausschussmitglieder kann der Kreistag beschließen, dass sich alle oder einzelne Ausschüsse nach dem Stärkeverhältnis der Fraktionen zusammensetzen. [5]In diesem Fall werden die Ausschussmitglieder dem Landrat von den Fraktionen schriftlich benannt; dieser gibt dem Kreistag die Zusammensetzung der Ausschüsse schriftlich bekannt. [6]Die von einer Fraktion benannten Ausschussmitglieder können von dieser abberufen werden; die Abberufung ist gegenüber dem Landrat schriftlich zu erklären. [7]Nachträgliche Änderungen des Stärkeverhältnisses der Fraktionen, die sich auf die Zusammensetzung der Ausschüsse auswirken, sind zu berücksichtigen; Satz 5 gilt entsprechend.
(3) [1]Der Landrat kann einen Beigeordneten oder, wenn alle Beigeordneten verhindert sind, ein Mitglied des Ausschusses, das Kreisrat ist, mit seiner Vertretung im Vorsitz des beschließenden Ausschusses beauftragen. [2]Den nach Satz 1 beauftragten Vertretern stehen die Rechte aus § 48 Absatz 2 und 3 zu.
(4) Kreisräte, die nicht Mitglied des Ausschusses sind, können an allen Sitzungen des Ausschusses als Zuhörer teilnehmen, auch wenn diese nichtöffentlich sind.

## § 39
## Beratende Ausschüsse

(1) [1]Durch die Hauptsatzung kann der Kreistag zur Vorberatung auf bestimmten Gebieten beratende Ausschüsse bilden. [2]Durch Beschluss kann der Kreistag bestehende beratende Ausschüsse mit der Vorberatung einzelner Angelegenheiten beauftragen oder für ihre Vorberatung beratende Ausschüsse bilden. [3]Ist ein beratender Ausschuss wegen Befangenheit von Mitgliedern nicht beschlussfähig, entfällt die Vorberatung.
(2) Die Sitzungen der beratenden Ausschüsse sind nichtöffentlich.
(3) [1]Für die beratenden Ausschüsse gelten §§ 32, 32a, 33 Absatz 2 Halbsatz 1, §§ 34 bis 36, 37 Absatz 1 Satz 2 und § 38 entsprechend. [2]Die

Hauptsatzung kann bestimmen, dass der Ausschuss den Vorsitzenden aus seiner Mitte wählt; der Landrat hat das Recht, an den Sitzungen des Ausschusses teilzunehmen.

### § 40
### Mitwirkung im Kreistag und in den Ausschüssen

(1) Der Kreistag und seine Ausschüsse können sachkundige Einwohner und Sachverständige zur Beratung einzelner Angelegenheiten hinzuziehen.
(2) [1]Der Kreistag kann sachkundige Einwohner widerruflich als beratende Mitglieder in beratende und beschließende Ausschüsse berufen. [2]Ihre Zahl darf die der Kreisräte in den einzelnen Ausschüssen nicht erreichen. [3]Sie sind ehrenamtlich tätig. [4]Mitglieder des Kreistages und Bedienstete des Landkreises können nicht als sachkundige Einwohner berufen werden.
(3) Der Kreistag und seine Ausschüsse können bei öffentlichen Sitzungen Einwohnern und den ihnen nach § 9 Absatz 3 gleichgestellten Personen sowie Vertretern von Bürgerinitiativen die Möglichkeit einräumen, Fragen zu Kreisangelegenheiten zu stellen oder Anregungen und Vorschläge zu unterbreiten (Fragestunde); zu den Fragen nimmt der Vorsitzende oder ein von ihm Beauftragter Stellung.
(4) Bei der Vorbereitung wichtiger Entscheidungen können der Kreistag und seine Ausschüsse betroffenen Personen und Personengruppen Gelegenheit geben, ihre Auffassung vorzutragen (Anhörung), soweit die Anhörung nicht gesetzlich vorgeschrieben ist.
(5) Die Beigeordneten nehmen an den Sitzungen des Kreistages und der für ihren Geschäftskreis zuständigen Ausschüsse mit beratender Stimme teil.
(6) Der Vorsitzende kann den Vortrag in den Sitzungen des Kreistages und seiner Ausschüsse einem Bediensteten des Landkreises übertragen; auf Verlangen des Kreistages muss er einen solchen zu sachverständigen Auskünften hinzuziehen.
(7) Das Nähere regelt die Geschäftsordnung.

### § 41
### Ältestenrat

[1]Der Kreistag kann durch Hauptsatzung einen Ältestenrat bilden, der den Landrat in Fragen der Tagesordnung und des Gangs der Verhandlungen des Kreistages und seiner Ausschüsse berät. [2]Das Nähere über die Zusammensetzung und den Geschäftsgang regelt die Geschäftsordnung.

### § 42
### Beirat für geheimzuhaltende Angelegenheiten

(1) Durch die Hauptsatzung kann ein Beirat gebildet werden, der den Landrat in geheimzuhaltenden Angelegenheiten (§ 49 Absatz 3 Satz 2) berät.
(2) [1]Der Beirat besteht aus höchstens fünf Mitgliedern, die vom Kreistag aus seiner Mitte bestellt werden. [2]Dem Beirat können nur Mitglieder des Kreistages angehören, die auf die für die Behörden des Freistaates Sachsen geltenden Geheimhaltungsvorschriften verpflichtet sind.
(3) [1]Vorsitzender des Beirats ist der Landrat. [2]Er beruft den Beirat ein, wenn es die Geschäftslage erfordert. [3]Fällt die Angelegenheit in den Geschäftskreis eines Beigeordneten, nimmt dieser an der Sitzung teil. [4]Die Sitzungen des Beirats sind nichtöffentlich. [5]Im Übrigen gelten für den Beirat die Vorschriften über beratende Ausschüsse entsprechend.

### § 43
### Sonstige Beiräte

(1) [1]Durch die Hauptsatzung können sonstige Beiräte gebildet werden, denen Mitglieder des Kreistages und sachkundige Einwohner angehören. [2]Sonstige Beiräte im Sinne dieser Vorschrift können insbesondere Integrations- und Teilhabebeiräte, Seniorenbeiräte sowie Naturschutzbeiräte sein.
(2) Diese Beiräte unterstützen den Kreistag und die Kreisverwaltung bei der Erfüllung ihrer Aufgaben.

### § 43a
### Beteiligung von Kindern und Jugendlichen

[1]Der Landkreis soll bei Planungen und Vorhaben, die die Interessen von Kindern und Jugendlichen berühren, diese in angemessener Weise beteiligen. [2]Hierzu soll der Landkreis geeignete Verfahren entwickeln und durchführen.

## ZWEITER ABSCHNITT
## Landrat

### § 44
### Wahlgrundsätze

[1]Der Landrat wird von den Bürgern des Landkreises in allgemeiner, unmittelbarer, freier, gleicher und geheimer Wahl gewählt. [2]Die Wahl ist nach den Grundsätzen der Mehrheitswahl durchzuführen. [3]Das Nähere bestimmt das Kommunalwahlgesetz.

### § 45
### Wählbarkeit, Hinderungsgründe

(1) Wählbar zum Landrat sind Deutsche im Sinne des Artikels 116 des Grundgesetzes und Staatsangehörige anderer Mitgliedstaaten der Europäischen Union, die das 27., aber noch nicht das 65. Lebensjahr vollendet haben und die allgemeinen persönlichen Voraussetzungen für die Berufung in das Beamtenverhältnis (§ 7 des Beamtenstatusgesetzes vom 17. Juni 2008 [BGBl. I S. 1010], das zuletzt durch Artikel 2 des Gesetzes vom 8. Juni 2017 [BGBl. I S. 1570] geändert worden ist, in der jeweils geltenden Fassung, und § 4 des Sächsischen Beamtengesetzes vom 18. Dezember 2013 [SächsGVBl. S. 970, 971], das durch das Gesetz vom 4. Juli 2017 [SächsGVBl. S. 347] geändert worden ist, in der jeweils geltenden Fassung) erfüllen.
(2) [1]Nicht wählbar ist, wer von der Wählbarkeit in den Kreistag gemäß § 27 Absatz 2 ausgeschlossen ist. [2]Nicht wählbar ist ferner,

1. wer aus dem Beamtenverhältnis entfernt, wem das Ruhegehalt aberkannt oder gegen wen in einem dem Disziplinarverfahren entsprechenden Verfahren durch die Europäische Union, in einem anderen Mitgliedstaat der Europäischen Union oder in einem anderen Vertragsstaat des Abkommens über den Europäischen Wirtschaftsraum eine entsprechende Maßnahme verhängt worden ist oder
2. wer wegen einer vorsätzlichen Tat durch ein deutsches Gericht oder durch die Recht sprechende Gewalt eines anderen Mitgliedstaats der Europäischen Union oder eines anderen Vertragsstaats des Abkommens über den Europäischen Wirtschaftsraum zu einer Freiheitsstrafe verurteilt worden ist, die bei einem Beamten den Verlust der Beamtenrechte zur Folge hätte, in den auf die Unanfechtbarkeit der Maßnahme oder Entscheidung folgenden fünf Jahren.

(3) Bedienstete des Landkreises sowie der oberen und obersten Rechtsaufsichtsbehörden können nicht Landrat sein.

### § 46
### Zeitpunkt der Wahl

(1) Wird die Wahl des Landrats wegen Ablaufs der Amtszeit oder wegen Eintritts in den Ruhestand notwendig, ist sie frühestens drei Monate und spätestens einen Monat vor Freiwerden der Stelle, in anderen Fällen spätestens sechs Monate nach Freiwerden der Stelle durchzuführen.
(2) Der Landkreis kann den Bewerbern, deren Bewerbungen zugelassen worden sind, Gelegenheit geben, sich den Bürgern in öffentlichen Versammlungen vorzustellen.

### § 47
### Rechtsstellung des Landrats

(1) [1]Der Landrat ist Vorsitzender des Kreistages und Leiter der Kreisverwaltung. [2]Er vertritt den Landkreis.
(2) Der Landrat ist hauptamtlicher Beamter auf Zeit.
(3) [1]Die Amtszeit des Landrats beträgt sieben Jahre. [2]Die Amtszeit beginnt mit dem Amtsantritt, der der Rechtsaufsichtsbehörde unverzüg-

lich anzuzeigen ist. [3]Im Falle der Wiederwahl schließt sich die neue Amtszeit an das Ende der vorangegangenen an.
(4) [1]Der Landrat führt nach Freiwerden seiner Stelle die Geschäfte bis zum Amtsantritt des neugewählten Landrats unter Fortdauer seines Dienstverhältnisses weiter. [2]Satz 1 gilt nicht, wenn
1. der Landrat
   a) dem Landkreis schriftlich mitteilt, dass er die Weiterführung der Geschäfte ablehne,
   b) des Dienstes vorläufig enthoben ist oder gegen ihn Anklage wegen eines Verbrechens erhoben ist,
   c) sich um seine Wiederwahl beworben hat, aber ohne Rücksicht auf Wahlprüfung und Wahlanfechtung nach Feststellung des Kreiswahlausschusses nicht wiedergewählt worden ist; ist im ersten Wahlgang kein Bewerber gewählt worden, so ist das Ergebnis des zweiten Wahlgangs entscheidend,
   d) gemäß Absatz 9 sein Amt verloren hat oder
2. der Kreistag einen Amtsverweser nach § 51 Absatz 3 bestellt.

(5) Ein vom Kreistag gewähltes Mitglied vereidigt und verpflichtet den Landrat in öffentlicher Sitzung.
(6) [1]Der Landrat kann von den Bürgern des Landkreises vorzeitig abgewählt werden. [2]Er ist abgewählt, wenn sich für die Abwahl eine Mehrheit der gültigen Stimmen ergibt, sofern diese Mehrheit mindestens 50 Prozent der Bürger beträgt. [3]Für die Durchführung der Abwahl gelten die Bestimmungen zur Durchführung von Bürgerentscheiden entsprechend. [4]Der Landrat scheidet mit dem Ablauf des Tages, an dem der Kreiswahlausschuss die Abwahl feststellt, aus seinem Amt; er behält bis zum Ablauf seiner Amtszeit die Bezüge wie ein in den einstweiligen Ruhestand versetzter Beamter.
(7) [1]Zur Einleitung des Abwahlverfahrens nach Absatz 6 bedarf es eines Bürgerbegehrens. [2]Das Bürgerbegehren muss von mindestens einem Drittel der Bürger des Landkreises unterzeichnet sein. [3]§ 21 Absatz 1 Satz 1 und Absatz 3 findet Anwendung.
(8) [1]Das Abwahlverfahren nach Absatz 6 kann auch durch einen von mindestens drei Viertel der Stimmen aller Kreisräte zu fassenden Beschluss eingeleitet werden. [2]Eine Aussprache vor der Beschlussfassung findet nicht statt.
(9) § 30 Absatz 3 und 4 gilt entsprechend.

## § 48
## Stellung des Landrats im Kreistag

(1) [1]Der Landrat ist stimmberechtigtes Mitglied des Kreistages. [2]Er bereitet die Sitzungen des Kreistages und der Ausschüsse vor und vollzieht die Beschlüsse.
(2) [1]Der Landrat muss Beschlüssen des Kreistages widersprechen, wenn er der Auffassung ist, dass sie rechtswidrig sind; er kann ihnen widersprechen, wenn er der Auffassung ist, dass sie für den Landkreis nachteilig sind. [2]Der Widerspruch muss unverzüglich, spätestens jedoch binnen zwei Wochen nach Beschlussfassung gegenüber den Kreisräten ausgesprochen werden. [3]Der Widerspruch hat aufschiebende Wirkung. [4]Gleichzeitig ist unter Angabe der Widerspruchsgründe eine Sitzung einzuberufen, in der erneut über die Angelegenheit zu beschließen ist; diese Sitzung hat spätestens vier Wochen nach der ersten Sitzung stattzufinden. [5]Ist nach Ansicht des Landrats auch der neue Beschluss rechtswidrig, muss er ihm erneut widersprechen und unverzüglich die Entscheidung der Rechtsaufsichtsbehörde über die Rechtmäßigkeit herbeizuführen.
(3) [1]Absatz 2 gilt entsprechend für Beschlüsse, die durch beschließende Ausschüsse gefasst werden. [2]In diesen Fällen hat der Kreistag über den Widerspruch zu entscheiden.
(4) [1]In dringenden Angelegenheiten, deren Erledigung auch nicht bis zu einer ohne Frist und formlos einberufenen Kreistagssitzung (§ 32 Absatz 3 Satz 6) aufgeschoben werden kann, entscheidet der Landrat anstelle des Kreistages. [2]Die Gründe für die Eilentscheidung und die Art der Erledigung sind dem Kreistag unverzüglich mitzuteilen. [3]Das Gleiche gilt für Angelegenheiten, für deren Entscheidung ein beschließender Ausschuss zuständig ist.
(5) [1]Der Landrat hat den Kreistag über alle wichtigen, den Landkreis und seine Verwaltung betreffenden Angelegenheiten zu unterrichten; bei wichtigen Planungen und Vorhaben ist der Kreistag möglichst frühzeitig über die Absichten und Vorstellungen der Kreisverwaltung und laufend über den Stand und den Inhalt der Planungsarbeiten zu unterrichten. [2]Über Angelegenheiten, die nach § 49 Absatz 3 Satz 3 geheim zu halten sind, ist anstelle des Kreistages der nach § 42 gebildete Beirat zu unterrichten.

## § 49
## Leitung der Kreisverwaltung

(1) Der Landrat ist für die sachgemäße Erledigung der Aufgaben und den ordnungsmäßigen Gang der Kreisverwaltung verantwortlich und regelt die innere Organisation der Kreisverwaltung.
(2) [1]Der Landrat erledigt in eigener Zuständigkeit die Geschäfte der laufenden Verwaltung und die ihm sonst durch Rechtsvorschrift oder vom Kreistag übertragenen Aufgaben. [2]Die dauernde Übertragung der Erledigung bestimmter Aufgaben auf den Landrat ist durch die Hauptsatzung zu regeln. [3]Der Kreistag kann die Erledigung von Angelegenheiten, für die er ausschließlich zuständig ist (§ 24 Absatz 2), nicht auf den Landrat übertragen.
(3) [1]Weisungsaufgaben erledigt der Landrat in eigener Zuständigkeit, soweit gesetzlich nichts anderes bestimmt ist; dies gilt nicht für den Erlass von Rechtsverordnungen und Satzungen. [2]Satz 1 gilt auch, wenn der Landkreis in einer Angelegenheit angehört wird, die aufgrund einer Anordnung der zuständigen Behörde geheim zu halten ist. [3]Bei der Erledigung von Weisungsaufgaben, die aufgrund einer Anordnung der zuständigen Behörde geheim zu halten sind, sowie in den Fällen des Satzes 2 hat der Landkreis die für die Behörden des Freistaates Sachsen geltenden Geheimhaltungsvorschriften zu beachten.
(4) Der Landrat ist Vorgesetzter, Dienstvorgesetzter und oberste Dienstbehörde der Kreisbediensteten.

## § 50
## Beigeordnete

(1) [1]In jedem Landkreis ist als Stellvertreter des Landrats ein hauptamtlicher Beigeordneter zu bestellen. [2]Die Hauptsatzung kann bestimmen, dass ein weiterer Beigeordneter bestellt wird. [3]In Landkreisen mit mehr als 250 000 Einwohnern können bis zu drei Beigeordnete bestellt werden.
(2) [1]Die Beigeordneten vertreten den Landrat ständig in ihrem Geschäftskreis. [2]Die Geschäftskreise der Beigeordneten werden vom Landrat im Einvernehmen mit dem Kreistag festgelegt. [3]Der Landrat kann den Beigeordneten allgemein oder im Einzelfall Weisungen erteilen.
(3) Im Falle des Absatzes 1 Satz 2 bestimmt der Kreistag im Einvernehmen mit dem Landrat, in welcher Reihenfolge die Beigeordneten den Landrat im Falle seiner Verhinderung vertreten.
(4) Kommt es in den Fällen des Absatzes 2 Satz 2 oder des Absatzes 3 zu keinem Einvernehmen, entscheidet der Kreistag mit einer Mehrheit von zwei Dritteln der anwesenden Stimmberechtigten allein.

## § 51
## Stellvertreter des Landrats, Amtsverweser

(1) [1]Neben den Beigeordneten können weitere Stellvertreter des Landrats bestellt werden, die den Landrat im Falle seiner Verhinderung vertreten, wenn auch alle Beigeordneten verhindert sind. [2]Die Stellvertretung beschränkt sich auf die Fälle der Verhinderung. [3]Die Stellvertreter werden nach jeder Wahl des Kreistages neu bestellt. [4]Sie werden in der Reihenfolge der Stellvertretung je in einem besonderen Wahlgang aus der Mitte des Kreistages gewählt. [5]Sind alle Stellvertreter des Landrats verhindert, nimmt das an Lebensjahren älteste, nicht verhinderte Mitglied des Kreistages die Aufgaben des Landrats wahr.
(2) [1]Ist die Stelle des Landrats voraussichtlich längere Zeit unbesetzt oder ist der Landrat voraussichtlich längere Zeit an der Ausübung seines Amtes verhindert, kann der Kreistag mit der Mehrheit der Stimmen aller Mitglieder einen Amtsverweser bestellen. [2]Der Amtsverweser muss zum Landrat wählbar sein. [3]Der Amtsverweser ist vom Landkreis zum Beamten auf Widerruf zu bestellen, sofern er nicht bereits Beamter des Landkreises ist.
(3) [1]Im Falle der Anfechtung einer Landratswahl kann vor der rechtskräftigen Entscheidung über deren Gültigkeit der zum Landrat gewählte Bewerber vom Kreistag mit der Mehrheit der Stimmen aller Mitglieder zum Amtsverweser bestellt werden, wenn die Wahlprüfungsbehörde die Gültigkeit der Wahl festgestellt hat oder die Wahlprüfungsfrist ungenutzt verstrichen ist. [2]Der Amtsverweser ist zum Beamten auf Zeit zu ernennen. [3]Seine Amtszeit beträgt zwei Jahre; Wiederbestellung ist zulässig. [4]Die Amtszeit endet vorzeitig mit der Rechtskraft der Entscheidung über die Gültigkeit der Wahl zum Landrat. [5]Der Amtsverweser führt die Bezeichnung Landrat. [6]Die Amtszeit als Landrat verkürzt sich um die Amtszeit als Amtsverweser.

(4) Der gemäß Absatz 3 bestellte Amtsverweser hat Stimmrecht im Kreistag und in seinen Ausschüssen.

### § 52
### Rechtsstellung und Bestellung der Beigeordneten

(1) [1]Die Beigeordneten sind zu hauptamtlichen Beamten auf Zeit zu ernennen. [2]Ihre Amtszeit beträgt sieben Jahre. [3]Sie müssen die für das Amt erforderlichen fachlichen Voraussetzungen erfüllen.
(2) Die Beigeordneten werden vom Kreistag je in einem besonderen Wahlgang gewählt; § 24 Absatz 4 ist anzuwenden.
(3) [1]Für den Zeitpunkt der Bestellung gilt § 46 Absatz 1 entsprechend. [2]Die Stellen der Beigeordneten sind spätestens zwei Monate vor der Besetzung öffentlich auszuschreiben.
(4) [1]Beigeordnete können vom Kreistag vorzeitig abberufen werden. [2]Der Antrag auf vorzeitige Abberufung muss von der Mehrheit aller Mitglieder des Kreistages gestellt werden. [3]Der Beschluss über die Abberufung bedarf einer Mehrheit von zwei Dritteln der Stimmen aller Mitglieder des Kreistages. [4]Über die Abberufung ist zweimal zu beschließen. [5]Eine Aussprache vor der Beschlussfassung findet nicht statt. [6]Die zweite Beratung darf frühestens vier Wochen und muss spätestens acht Wochen nach der ersten erfolgen. [7]Der Beigeordnete scheidet mit dem Ablauf des Tages, an dem die Abberufung zum zweiten Mal beschlossen wird, aus seinem Amt. [8]Er erhält bis zum Ablauf seiner Amtszeit die Bezüge wie ein in den einstweiligen Ruhestand versetzter Beamter.

### § 53
### Hinderungsgründe

(1) Für Beigeordnete gilt § 45 entsprechend.
(2) [1]Beigeordnete dürfen weder miteinander noch mit dem Landrat oder dem Amtsverweser gemäß § 51 Absatz 3 in einem die Befangenheit begründenden Verhältnis nach § 18 Absatz 1 Nummer 1 bis 3 stehen. [2]Entsteht ein solches Verhältnis zwischen dem Landrat oder dem Amtsverweser gemäß § 51 Absatz 3 und einem Beigeordneten, ist der Beigeordnete in den einstweiligen Ruhestand zu versetzen; entsteht ein solches Verhältnis zwischen Beigeordneten, ist der Beigeordnete mit der kürzeren Amtszeit in den einstweiligen Ruhestand zu versetzen.

### § 54
### Besondere Dienstpflichten

Für den Landrat, den Amtsverweser und die Beigeordneten gelten § 16 Absatz 1 Nummer 1 bis 3 und § 18 entsprechend.

### § 55
### Beauftragung, rechtsgeschäftliche Vollmacht

(1) [1]Der Landrat kann Bedienstete des Landkreises mit seiner Vertretung für bestimmte Aufgabengebiete oder in einzelnen Angelegenheiten der Kreisverwaltung beauftragen. [2]Er kann diese Befugnis auf Beigeordnete für deren Geschäftskreis übertragen.
(2) [1]Der Landrat kann in einzelnen Angelegenheiten rechtsgeschäftliche Vollmacht erteilen. [2]Absatz 1 Satz 2 gilt entsprechend.

### § 56
### Verpflichtungserklärungen

(1) [1]Erklärungen, durch welche der Landkreis verpflichtet werden soll, bedürfen der Schriftform. [2]Sie sind vom Landrat handschriftlich zu unterzeichnen.
(2) Im Falle der Vertretung des Landrats müssen Erklärungen durch dessen Stellvertreter, den vertretungsberechtigten Beigeordneten oder durch zwei vertretungsberechtigte Bedienstete handschriftlich unterzeichnet werden.
(3) Den Unterschriften soll die Amtsbezeichnung und im Falle des Absatzes 2 ein das Vertretungsverhältnis kennzeichnender Zusatz beigefügt werden.
(4) Die Formvorschriften der Absätze 1 bis 3 gelten nicht für Erklärungen in Geschäften der laufenden Verwaltung oder aufgrund einer in der Form der Absätze 1 bis 3 ausgestellten Vollmacht.

## DRITTER ABSCHNITT
## Bedienstete und Beauftragte des Landkreises

### § 57
### Einstellung, Aus- und Fortbildung

(1) [1]Der Landkreis muss die fachlich geeigneten Bediensteten einstellen, die erforderlich sind, um die ordnungsgemäße Erfüllung seiner Aufgaben zu gewährleisten. [2]Die Bediensteten müssen die für ihren Aufgabenbereich jeweils erforderlichen fachlichen Voraussetzungen erfüllen.
(2) Unbeschadet der Verpflichtung nach § 58 muss jeder Landkreis über mindestens einen Bediensteten mit der Befähigung für die zweite Einstiegsebene der Laufbahngruppe 2 der Fachrichtung Allgemeine Verwaltung mit dem fachlichen Schwerpunkt allgemeiner Verwaltungsdienst verfügen; dies gilt nicht, wenn ein Beigeordneter diese Befähigung besitzt.
(3) Der Landkreis fördert die Aus- und Fortbildung seiner Bediensteten.

### § 58
### Fachbediensteter für das Finanzwesen

(1) Die Aufstellung des Haushaltsplanes, des Finanzplanes und des Jahresabschlusses sowie des Gesamtabschlusses, die Haushaltsüberwachung sowie die Verwaltung des Vermögens und der Schulden des Landkreises sind bei einem Bediensteten zusammenzufassen (Fachbediensteter für das Finanzwesen).
(2) Zum Fachbediensteten für das Finanzwesen darf nur bestellt werden, wer über
1. eine abgeschlossene wirtschafts- oder finanzwissenschaftliche Ausbildung oder die Befähigung für eine Laufbahn der Laufbahngruppe 2 der Fachrichtung Allgemeine Verwaltung mit dem fachlichen Schwerpunkt allgemeiner Verwaltungsdienst,
2. eine mindestens einjährige Berufserfahrung im öffentlichen Rechnungs- und Haushaltswesen oder in entsprechenden Funktionen eines Unternehmens in einer Rechtsform des privaten Rechts verfügt.

(3) Der Landrat kann nicht zugleich Fachbediensteter für das Finanzwesen sein.

### § 59
### Stellenplan

[1]Der Landkreis bestimmt im Stellenplan die Stellen seiner Bediensteten, die für die Erfüllung der Aufgaben im Haushaltsjahr erforderlich sind. [2]Für Sondervermögen, für die Sonderrechnungen geführt werden, sind besondere Stellenpläne aufzustellen. [3]Bedienstete in Einrichtungen solcher Sondervermögen sind auch im Stellenplan nach Satz 1 aufzuführen und dort besonders zu kennzeichnen.

### § 60
### Beauftragte

(1) Die Landkreise können für bestimmte Aufgabenbereiche besondere Beauftragte bestellen.
(2) [1]Zur Verwirklichung des Grundrechts der Gleichberechtigung von Frau und Mann in Familie, Beruf und Gesellschaft sowie zur Schaffung von Chancengerechtigkeit für alle Geschlechter im örtlichen Zuständigkeitsbereich haben die Landkreise Kommunale Gleichstellungsbeauftragte zu bestellen. [2]Sie sollen hauptamtlich tätig sein. [3]Das Nähere regelt die Hauptsatzung.
(3) Die Beauftragten sind in der Ausübung ihrer Tätigkeit unabhängig und können an den Sitzungen des Kreistages und der für ihren Aufgabenbereich zuständigen Ausschüsse mit beratender Stimme teilnehmen.

# VIERTER TEIL
# Wirtschaft des Landkreises

## § 61
## Haushaltswirtschaft

Für die Haushaltswirtschaft gelten die §§ 72 bis 88c der Sächsischen Gemeindeordnung entsprechend.

## § 62
## Vermögen des Landkreises

Für das Vermögen des Landkreises gelten die §§ 89 bis 94 der Sächsischen Gemeindeordnung entsprechend.

## § 63
## Unternehmen und Beteiligungen des Landkreises

Für Unternehmen und Beteiligungen des Landkreises gelten die §§ 94a bis 99, 102 und 130a Absatz 2 der Sächsischen Gemeindeordnung mit Ausnahme von § 94a Absatz 2 der Sächsischen Gemeindeordnung entsprechend.

## § 64
## Prüfungswesen

[1]Der Landkreis hat ein Rechnungsprüfungsamt einzurichten. [2]Überörtliche Prüfungsbehörde ist der Sächsische Rechnungshof. [3]Im Übrigen gelten für das Prüfungswesen § 103 Absatz 2 bis 5, §§ 104 bis 106 und 109 der Sächsischen Gemeindeordnung entsprechend.

# FÜNFTER TEIL
# Aufsicht

## § 65
## Aufsicht, Rechtsaufsichtsbehörden

(1) [1]Rechtsaufsichtsbehörde und obere Rechtsaufsichtsbehörde ist die Landesdirektion Sachsen. [2]Oberste Rechtsaufsichtsbehörde ist das Staatsministerium des Innern.
(2) [1]Der Fünfte Teil der Sächsischen Gemeindeordnung über die Aufsicht findet auf den Landkreis entsprechende Anwendung. [2]§ 2 Absatz 3 Satz 3 findet keine Anwendung.

# SECHSTER TEIL
# Sonstige Vorschriften

## § 66
## Ordnungswidrigkeiten

(1) Ordnungswidrig handelt, wer vorsätzlich oder fahrlässig einer aufgrund von
1. § 3 Absatz 1 erlassenen Satzung über die Benutzung einer öffentlichen Einrichtung,
2. § 12 erlassenen Satzung über den Anschluss- und Benutzungszwang

zuwiderhandelt, soweit die Satzung für einen bestimmten Tatbestand auf diese Bußgeldvorschrift verweist.
(2) [1]Ordnungswidrig handelt ferner, wer als Kreisrat gemäß § 17 Absatz 3 Satz 1 Ansprüche und Interessen eines Dritten gegen den Landkreis geltend macht. [2]Satz 1 gilt nicht, soweit er als gesetzlicher Vertreter handelt.
(3) Die Ordnungswidrigkeit kann mit einer Geldbuße geahndet werden.
(4) Verwaltungsbehörden im Sinne des § 36 Absatz 1 Nummer 1 des Gesetzes über Ordnungswidrigkeiten in der Fassung der Bekanntmachung vom 19. Februar 1987 (BGBl. I S. 602), das zuletzt durch Artikel 5 des Gesetzes vom 27. August 2017 (BGBl. I S. 3295) geändert worden ist, in der jeweils geltenden Fassung, sind die Landkreise.

## § 67
## Maßgebende Einwohnerzahl

[1]Kommt nach einer gesetzlichen Vorschrift der Einwohnerzahl eines Landkreises rechtliche Bedeutung zu, ist die vom Statistischen Landesamt zum 30. Juni des Vorjahres auf der Grundlage der jeweils letzten Volkszählung fortgeschriebene Einwohnerzahl maßgebend, soweit nichts anderes bestimmt ist. [2]Abweichend von Satz 1 sind Gebietsänderungen vom Tage der Rechtswirksamkeit an zu berücksichtigen.

## § 68
## Rechtsverordnungen

(1) Das Staatsministerium des Innern wird ermächtigt, durch Rechtsverordnung zu regeln:
1. die Durchführung von Einwohneranträgen, Bürgerbegehren und Bürgerentscheiden,
2. die Form und das Verfahren öffentlicher Bekanntmachungen,
3. das Verfahren für die Erteilung von Genehmigungen und die Freistellung von Genehmigungspflichten nach diesem Gesetz,
4. das Verfahren für die Verleihung von Bezeichnungen nach § 4 Absatz 1,
5. die Zuständigkeit der Rechtsaufsichtsbehörden bei Streitigkeiten nach § 6 Absatz 1 Satz 2,
6. das Nähere über die angemessene Entschädigung für ehrenamtliche Tätigkeit nach § 19, insbesondere die Art der Entschädigung sowie die Festsetzung von Mindestbeträgen,

6a. das Nähere zur Fraktionsfinanzierung nach § 31a Absatz 3 Satz 1,

7. den Inhalt, Ausgleich und die Gestaltung des Haushaltsplans, des Finanzplans und des Investitionsprogramms, die Haushaltsführung und Haushaltsüberwachung, die näheren Voraussetzungen, den Inhalt und die Gestaltung des Haushaltsstrukturkonzepts sowie nähere Bestimmungen zu Gegenstand und Umfang haushaltswirtschaftlicher Beschränkungen bis zur Genehmigung eines Haushaltsstrukturkonzepts, insbesondere zu
   a) personalwirtschaftlichen Beschränkungen,
   b) Beschränkungen bei der Leistung von Aufwendungen und Auszahlungen,
   c) dem Erfordernis der Einzelgenehmigung und anderen Beschränkungen bei der Kreditaufnahme,
8. die Bestimmung eines vom Haushaltsjahr abweichenden Wirtschaftszeitraums,
9. die Bildung und Verwendung von Rücklagen, Rückstellungen und Sonderposten,
10. die Freistellung von der Vorlagepflicht nach § 63 dieses Gesetzes in Verbindung mit § 102 der Sächsischen Gemeindeordnung,
11. die Erfassung, den Nachweis, die Bewertung und die Abschreibung von Vermögensgegenständen sowie den Nachweis und die Bewertung von Verbindlichkeiten,
12. Bestimmungen über Geldanlagen nach § 62 dieses Gesetzes in Verbindung mit § 89 Absatz 3 Satz 2 der Sächsischen Gemeindeordnung sowie die nähere Bestimmung des Begriffs des spekulativen Finanzgeschäfts gemäß § 72 Absatz 2 Satz 2 der Sächsischen Gemeindeordnung,
13. die Gewährung von Nachlässen nach § 62 dieses Gesetzes in Verbindung mit § 90 Absatz 1 Satz 3 der Sächsischen Gemeindeordnung,
14. die Ausschreibung von Lieferungen und Leistungen sowie die Vergabe von Aufträgen einschließlich des Abschlusses von Verträgen,
15. das Prüfungswesen und die Befreiung von der Prüfungspflicht,
16. die Stundung, die Niederschlagung und den Erlass von Ansprüchen sowie die Behandlung von Kleinbeträgen,
17. Aufgaben, Organisation, Buchführung und Beaufsichtigung der Kasse des Landkreises und der Sonderkassen, die Abwicklung des Zahlungsverkehrs, die Einrichtung von Gebühren- und Portokassen und die Gewährung von Handvorschüssen,
18. Inhalt und Gestaltung des Jahresabschlusses, des Gesamtabschlusses und der Sonderrechnungen sowie die Abdeckung der Fehlbeträge,
19. die Organisation, die Wirtschaftsführung, das Rechnungswesen und die Prüfung der Eigenbetriebe.

(2) Rechtsverordnungen nach Absatz 1 Nummer 7 ergehen im Benehmen mit dem Staatsministerium der Finanzen.

## § 69
## Muster für die Haushaltswirtschaft

[1]Soweit es für die Vergleichbarkeit der Haushalte erforderlich ist, gibt das Staatsministerium des Innern durch Verwaltungsvorschrift Muster insbesondere für

1. die Haushaltssatzung und ihre Bekanntmachung,
2. die Beschreibung und Gliederung der Produktbereiche und Produktgruppen sowie die Gestaltung des Haushaltsplans und des Finanzplans,
3. die Form des Haushaltsplans und seiner Anlagen, des Finanzplans und des Investitionsprogramms,
4. die Form der Anlagenübersicht, der Forderungsübersicht und der Verbindlichkeitenübersicht,
5. die Zahlungsanordnungen, Buchführung, den Kontenrahmen, den Jahresabschluss und den Gesamtabschluss und ihre Anlagen

im Sächsischen Amtsblatt bekannt. [2]Die Landkreise sind verpflichtet, diese Muster zu verwenden. [3]Die Bekanntgabe von Mustern nach Satz 1 Nummer 2 und 3 erfolgt im Benehmen mit dem Staatsministerium der Finanzen.

## § 70
## Sonstige Verwaltungsvorschriften

(1) [1]Das Staatsministerium des Innern kann sonstige Verwaltungsvorschriften zur Durchführung dieses Gesetzes erlassen. [2]§ 68 Absatz 2 gilt entsprechend.

(2) Das Staatsministerium des Innern kann im Fall von Naturkatastrophen oder außergewöhnlichen Notsituationen, die bei den betroffenen Landkreisen zu unabweisbaren Auszahlungen oder Aufwendungen führen, im Einvernehmen mit dem Staatsministerium der Finanzen durch Verwaltungsvorschrift Ausnahmen oder Befreiungen von den Vorschriften in § 72 Absatz 3 bis 7, § 77 Absatz 2, § 78 Absatz 2 Satz 1, § 79 Absatz 1 Satz 1 Nummer 2, §§ 81, 82 Absatz 1 und § 84 Absatz 3 der Sächsischen Gemeindeordnung zulassen.

## §§ 71 und 72
*(weggefallen)*

## § 73
## Übergangsvorschriften

§ 3 Absatz 5 gilt auch für Satzungen und anderes Kreisrecht, die vor Inkrafttreten dieses Gesetzes zustande gekommen sind, wenn die zur Beschlussfassung zuständige Stelle innerhalb eines Jahres nach Inkrafttreten dieses Gesetzes auf die in der genannten Bestimmung bezeichneten Voraussetzungen für die Geltendmachung einer Verletzung von Verfahrens- oder Formvorschriften und die Rechtsfolgen sowie auf die dort bezeichnete Frist, die mit der Bekanntmachung beginnt, für die betreffende Satzung oder das andere Kreisrecht durch öffentliche Bekanntmachung hinweist.

## § 74
## (Inkrafttreten)

# Sächsisches Gesetz
## über kommunale Zusammenarbeit (SächsKomZG)

**in der Fassung der Bekanntmachung vom 15. April 2019 (SächsGVBl. S. 270), das durch Artikel 3 des Gesetzes vom 9. Februar 2022 (SächsGVBl. S. 134) geändert worden ist**

**– Fassung ab 20. Februar 2022 –**

**Inhaltsübersicht**

# ERSTER TEIL
# Allgemeine Vorschriften

### § 1
### Anwendungsbereich

Zur gemeinsamen Erfüllung ihrer Aufgaben können Gemeinden und Landkreise zusammenarbeiten, soweit gesetzlich nichts anderes bestimmt ist.

### § 2
### Formen der kommunalen Zusammenarbeit

(1) Formen der gemeinsamen Erfüllung von Aufgaben sind:
1. Zweckverband, Zweckvereinbarung und kommunale Arbeitsgemeinschaft,
2. Verwaltungsverband und Verwaltungsgemeinschaft, sofern diese bis zum 17. November 2012 wirksam entstanden sind.

(2) Die Zulässigkeit der kommunalen Zusammenarbeit in hierfür geeigneten Rechtsformen des Privatrechts wird durch dieses Gesetz nicht berührt.

# ZWEITER TEIL
# Verwaltungsverband

## Erster Abschnitt
## Grundlagen des Verwaltungsverbandes

### § 3
### Mitgliedsgemeinden

(1) Ein Verwaltungsverband besteht aus benachbarten Gemeinden desselben Landkreises, die sich hierzu zusammengeschlossen haben (Freiverband) oder zusammengeschlossen worden sind (Pflichtverband).

(2) Eine Gemeinde kann nur einem Verwaltungsverband angehören.

(3) [1]Der Verwaltungsverband dient der Stärkung der Leistungs- und Verwaltungskraft unter Aufrechterhaltung der rechtlichen Selbständigkeit der beteiligten Gemeinden. [2]Der Verwaltungsverband ist nach der Zahl der Gemeinden und ihrer Einwohner sowie nach der räumlichen Ausdehnung unter Berücksichtigung der örtlichen Verhältnisse so abzugrenzen, dass er seine Aufgaben zweckmäßig und wirtschaftlich erfüllen kann. [3]Eine sinnvolle strukturelle Entwicklung bei der Bildung größerer Verwaltungseinheiten soll berücksichtigt und gefördert werden. [4]Die Mitgliedsgemeinden sollen zusammen mindestens 5 000 Einwohner haben; in besonderen Fällen können Verwaltungsverbände weniger als 5 000 Einwohner haben.

### § 4
### Bürgermeister der Mitgliedsgemeinden

Ein ehrenamtlicher Bürgermeister einer Mitgliedsgemeinde kann gleichzeitig Bediensteter des Verwaltungsverbandes sein.

### § 5
### Rechtsnatur, Rechtsverhältnisse

(1) [1]Der Verwaltungsverband ist eine rechtsfähige Körperschaft des öffentlichen Rechts. [2]Er verwaltet seine Angelegenheiten im Rahmen der Gesetze unter eigener Verantwortung.

(2) Die Rechtsverhältnisse des Verwaltungsverbandes werden im Rahmen dieses Gesetzes durch die Verbandssatzung geregelt.

(3) [1]Soweit keine besonderen Rechtsvorschriften bestehen, finden auf den Verwaltungsverband die für Gemeinden geltenden Vorschriften entsprechende Anwendung. [2]Abweichende Regelungen kann die Verbandssatzung nur insoweit treffen, als dies ausdrücklich zugelassen ist.

(4) Auf Satzungen über die Benutzung öffentlicher Einrichtungen, über den Anschluss- und Benutzungszwang sowie über die Erhebung von Gebühren und Beiträgen finden die für die Gemeinden geltenden Vorschriften über das Recht der Einwohner, Grundbesitzer und Gewerbetreibenden zur Benutzung öffentlicher Einrichtungen der Gemeinde, über die Erhebung von Gebühren und Beiträgen sowie über die Verfolgung und Ahndung von Ordnungswidrigkeiten bei Zuwiderhandlungen gegen Satzungen entsprechende Anwendung.

### § 6
### Erlass von Satzungen und Rechtsverordnungen

(1) Der Verwaltungsverband kann nach den für die Mitgliedsgemeinden geltenden Vorschriften für sein Aufgabengebiet Satzungen und Rechtsverordnungen erlassen.

(2) [1]Der Verwaltungsverband ist Verwaltungsbehörde im Sinne von § 36 Absatz 1 Nummer 1 des Gesetzes über Ordnungswidrigkeiten in der Fassung der Bekanntmachung vom 19. Februar 1987 (BGBl. I S. 602), das zuletzt durch Artikel 5 des Gesetzes vom 27. August 2017 (BGBl. I S. 3295) geändert worden ist, in der jeweils geltenden Fassung, bei Zuwiderhandlungen gegen seine Satzungen. [2]§ 124 Absatz 1 bis 3 der Sächsischen Gemeindeordnung in der Fassung der Bekanntmachung vom 3. März 2014 (SächsGVBl. S. 146), die zuletzt durch Artikel 1 des Gesetzes vom 13. Dezember 2017 (SächsGVBl. S. 626) geändert worden ist, in der jeweils geltenden Fassung, gilt entsprechend.

## ZWEITER ABSCHNITT
## Aufgaben des Verwaltungsverbandes

### § 7
### Übergang von Aufgaben

(1) Auf den Verwaltungsverband gehen folgende Aufgaben der Mitgliedsgemeinden über:
1. die Weisungsaufgaben einschließlich des Erlasses von dazu erforderlichen Satzungen und Rechtsverordnungen,
2. die Aufgaben der vorbereitenden Bauleitplanung.

(2) [1]Mitgliedsgemeinden können dem Verwaltungsverband weitere Aufgaben einschließlich des Erlasses von Satzungen und Rechtsverordnungen durch öffentlich-rechtlichen Vertrag übertragen. [2]Der öffentlich-rechtliche Vertrag wird erst mit der Änderung der Verbandssatzung wirksam. [3]Einzelne Aufgaben sind auf Antrag einer oder mehrerer übertragender Mitgliedsgemeinden rückzuübertragen, wenn sich die Verhältnisse, die der Übertragung zugrunde lagen, so wesentlich geändert haben, dass den Mitgliedsgemeinden ein Festhalten an der Übertragung nicht weiter zugemutet werden kann und wenn die Verbandsversammlung mit der Mehrheit aller Stimmen der Vertreter in der Verbandsversammlung der Rückübertragung zustimmt. [4]Der Beschluss der Verbandsversammlung bedarf der Genehmigung der Rechtsaufsichtsbehörde. [5]Verweigert die Verbandsversammlung die Zustimmung zur Rückübertragung, entscheidet die Rechtsaufsichtsbehörde über die Zustimmung. [6]§ 12 Absatz 1 Satz 2 und Absatz 2 sowie § 13 gelten entsprechend.

(3) Die Mitgliedsgemeinden sind über die sie betreffenden Vorgänge zu unterrichten.

### § 8
### Erledigung von Aufgaben

(1) Der Verwaltungsverband erledigt folgende Aufgaben der Mitgliedsgemeinden nach deren Weisung:
1. Vorbereitung und Vollzug der Beschlüsse der Mitgliedsgemeinden,
2. Besorgung der Geschäfte, die für die Mitgliedsgemeinden keine grundsätzliche Bedeutung haben und keine erheblichen Verpflichtungen erwarten lassen (Geschäfte der laufenden Verwaltung),
3. Vertretung der Mitgliedsgemeinden in gerichtlichen Verfahren und förmlichen Verwaltungsverfahren, soweit der Verwaltungsverband nicht selbst Beteiligter ist.

(2) [1]Mitgliedsgemeinden können dem Verwaltungsverband durch öffentlich-rechtlichen Vertrag die Erledigung weiterer Aufgaben nach Weisung übertragen. [2]§ 7 Absatz 2 Satz 2 bis 6 gilt entsprechend.

(3) [1]Soweit Aufgaben nach § 7 auf den Verwaltungsverband übergehen, nach Absatz 1 von ihm erledigt werden oder ihm nach Absatz 2 übertragen sind, beschäftigen die Mitgliedsgemeinden kein eigenes Personal. [2]§ 61 Absatz 1 der Sächsischen Gemeindeordnung bleibt unberührt.

### § 9
### Beratung und Unterstützung

Der Verwaltungsverband berät und unterstützt die Mitgliedsgemeinden bei der Erfüllung ihrer Aufgaben.

### § 10
### Pflichten der Mitgliedsgemeinden

(1) Die Mitgliedsgemeinden sind verpflichtet, den Verwaltungsverband bei der Durchführung seiner Aufgaben zu unterstützen.

(2) In Angelegenheiten, die mehrere Mitgliedsgemeinden berühren, haben sich die Mitgliedsgemeinden untereinander und mit dem Verwaltungsverband abzustimmen.

## DRITTER ABSCHNITT
## Bildung des Verwaltungsverbandes

### § 11
### Verbandssatzung

(1) [1]Zur Bildung des Verwaltungsverbandes haben die Beteiligten eine Verbandssatzung vereinbart. [2]Die Verbandssatzung und deren Änderungen bedürfen der Schriftform.

(2) Die Verbandssatzung muss bestimmen:
1. die Mitgliedsgemeinden,
2. die Aufgaben des Verwaltungsverbandes,
3. den Namen und den Sitz,
4. die Verfassung und die Verwaltung des Verwaltungsverbandes, insbesondere die Zuständigkeit der Verbandsorgane und deren Geschäftsgang,
5. den Maßstab, nach dem die Mitgliedsgemeinden zur Deckung des Finanzbedarfs beizutragen haben,
6. die Form der öffentlichen Bekanntmachungen,
7. die Abwicklung im Falle der Auflösung des Verwaltungsverbandes.

(3) Die Verbandssatzung kann die sonstigen Rechtsverhältnisse des Verwaltungsverbandes im Rahmen dieses Gesetzes regeln.

### § 12
### Genehmigung

(1) [1]Die Verbandssatzung bedarf der Genehmigung der Rechtsaufsichtsbehörde. [2]Sie entscheidet nach pflichtgemäßem Ermessen. [3]Über die Genehmigung ist binnen acht Wochen nach Eingang des Antrags zu entscheiden. [4]Die Genehmigungsfrist kann durch die nächsthöhere Rechtsaufsichtsbehörde verlängert werden.

(2) Will die Rechtsaufsichtsbehörde die Genehmigung versagen, sind die Beteiligten vorher zu hören.

(3) Die Genehmigung der Verbandssatzung ersetzt die Ausfertigung.

### § 13
### Entstehung des Verwaltungsverbandes

(1) Die Genehmigung der Verbandssatzung ist mit der Verbandssatzung von der Rechtsaufsichtsbehörde im Sächsischen Amtsblatt bekanntzumachen.

(2) Der Verwaltungsverband entsteht durch die öffentliche Bekanntmachung der Genehmigung und der Verbandssatzung nach Absatz 1 am Tage nach dieser Bekanntmachung, sofern in der Verbandssatzung kein späterer Zeitpunkt bestimmt wird.

(3) [1]Ist die Bekanntmachung nach Absatz 1 ordnungsgemäß erfolgt, kann eine Verletzung von Rechtsvorschriften bei der Bildung des Verwaltungsverbandes nur mit Wirkung für die Zukunft geltend gemacht werden. [2]Die Geltendmachung kann nur binnen eines Jahres nach der Bekanntmachung erfolgen.

(4) [1]Ein Mangel, der eine Bestimmung des § 11 Absatz 2 über die Verbandssatzung betrifft, kann nach den Vorschriften dieses Gesetzes über Änderungen der Verbandssatzung (§ 26) geheilt werden. [2]Die Rechtsaufsichtsbehörde kann hierzu eine angemessene Frist setzen. [3]Ist die Änderung der Verbandssatzung bis zu diesem Zeitpunkt nicht beschlossen, verfügt die Rechtsaufsichtsbehörde die Änderung der Verbandssatzung. [4]Vor dieser Entscheidung sind die Beteiligten anzuhören. [5]Absätze 1 bis 3 gelten entsprechend.

### § 14
*(weggefallen)*

## VIERTER ABSCHNITT
## Verfassung und Verwaltung des Verwaltungsverbandes

### § 15
### Organe

Organe des Verwaltungsverbandes sind die Verbandsversammlung und der Verbandsvorsitzende.

## § 16
## Zusammensetzung der Verbandsversammlung

(1) [1]Die Verbandsversammlung des Verwaltungsverbandes besteht aus dem Verbandsvorsitzenden, den Bürgermeistern der Mitgliedsgemeinden und den weiteren Vertretern nach Absatz 3. [2]Die Vertreter einer Mitgliedsgemeinde können in der Verbandsversammlung nur einheitlich abstimmen.
(2) Ist ein ehrenamtlicher Bürgermeister einer Mitgliedsgemeinde gleichzeitig Bediensteter des Verwaltungsverbandes, wird die Mitgliedsgemeinde in der Verbandsversammlung durch den Stellvertreter des Bürgermeisters vertreten.
(3) [1]Gemeinden mit mehr als 500 Einwohnern entsenden weitere Vertreter in die Verbandsversammlung. [2]Die Zahl der weiteren Vertreter beträgt in Gemeinden mit

| | | |
|---|---|---|
| bis zu | 1 000 Einwohnern | 1, |
| bis zu | 2 000 Einwohnern | 2, |
| bis zu | 3 000 Einwohnern | 3, |
| bis zu | 5 000 Einwohnern | 4, |
| mit mehr als | 5 000 Einwohnern | 5. |

[3]Eine Mitgliedsgemeinde darf in einem Verwaltungsverband mit zwei Mitgliedsgemeinden nicht mehr als drei Fünftel der Vertreter in die Verbandsversammlung entsenden, in einem Verwaltungsverband mit mehr als zwei Mitgliedsgemeinden nicht mehr als zwei Fünftel.
(4) [1]Die weiteren Vertreter werden vom Gemeinderat für die Dauer seiner Wahlperiode aus seiner Mitte gewählt; nach Ablauf der Wahlperiode führen sie die Geschäfte bis zur Neuwahl der weiteren Vertreter fort. [2]Für jeden weiteren Vertreter ist ein Stellvertreter zu wählen, der diesen im Falle seiner Verhinderung vertritt; Satz 1 gilt entsprechend. [3]Sind mehrere weitere Vertreter oder Stellvertreter zu wählen, soll die Mandatsverteilung im Gemeinderat berücksichtigt werden. [4]Kommt eine Einigung nicht zustande, werden die weiteren Vertreter von den Gemeinderäten aufgrund von Wahlvorschlägen nach den Grundsätzen der Verhältniswahl unter Bindung an die Wahlvorschläge gewählt. [5]Wird nur ein gültiger oder kein Wahlvorschlag eingereicht, findet Mehrheitswahl ohne Bindung an die vorgeschlagenen Bewerber statt.
(5) [1]Die Mitgliedsgemeinden können ihren Vertretern in der Verbandsversammlung Weisungen erteilen. [2]Die Vertreter haben den Gemeinderat ihrer Mitgliedsgemeinden frühzeitig über alle Angelegenheiten des Verwaltungsverbandes von besonderer Bedeutung zu unterrichten.
(6) [1]Die Vertreter der Mitgliedsgemeinden in der Verbandsversammlung sind ehrenamtlich tätig. [2]Für ihre Rechtsverhältnisse gelten die für Gemeinderäte maßgebenden Vorschriften entsprechend.

## § 17
## Zuständigkeit der Verbandsversammlung

[1]Die Verbandsversammlung ist das Hauptorgan des Verwaltungsverbandes. [2]Sie nimmt die Aufgaben des Verwaltungsverbandes, insbesondere den Erlass von Satzungen und Rechtsverordnungen, wahr, soweit nicht der Verbandsvorsitzende zuständig ist.

## § 18
## Ausschüsse

(1) [1]Durch die Verbandssatzung können beschließende Ausschüsse der Verbandsversammlung gebildet werden; ihnen können bestimmte Aufgaben zur dauernden Erledigung übertragen werden. [2]Durch Beschluss kann die Verbandsversammlung einzelne Angelegenheiten auf bestehende beschließende Ausschüsse übertragen oder für ihre Erledigung beschließende Ausschüsse bilden. [3]Jede Mitgliedsgemeinde muss im beschließenden Ausschuss vertreten sein. [4]Die für beschließende Ausschüsse des Gemeinderats geltenden Vorschriften finden entsprechende Anwendung.
(2) [1]Die Verbandsversammlung kann zur Vorberatung auf bestimmten Gebieten beratende Ausschüsse bilden. [2]Jede Mitgliedsgemeinde soll im beratenden Ausschuss vertreten sein. [3]Die für beratende Ausschüsse des Gemeinderats geltenden Vorschriften finden entsprechende Anwendung.

## § 19
## Geschäftsgang

(1) [1]Die Sitzungen der Verbandsversammlung sind öffentlich, sofern nicht das öffentliche Wohl oder berechtigte Interessen einzelner eine nichtöffentliche Verhandlung erfordern. [2]Auf die Verbandsversammlung finden die Bestimmungen der Sächsischen Gemeindeordnung über den Gemeinderat entsprechende Anwendung, soweit dieses Gesetz keine Bestimmungen enthält.
(2) Die Verbandsversammlung wird, wenn noch kein Verbandsvorsitzender gewählt ist, durch den an Lebensjahren ältesten Bürgermeister der Mitgliedsgemeinden, sonst durch den Verbandsvorsitzenden schriftlich oder in elektronischer Form einberufen.
(3) [1]Die Beschlüsse der Verbandsversammlung werden mit Stimmenmehrheit gefasst; die Verbandssatzung kann eine größere Mehrheit bestimmen. [2]Gegen Beschlüsse der Verbandsversammlung, die für eine Mitgliedsgemeinde von besonderer Wichtigkeit oder erheblicher wirtschaftlicher Bedeutung sind, kann diese binnen drei Wochen nach der Beschlussfassung Einspruch einlegen. [3]Der Einspruch hat aufschiebende Wirkung. [4]Auf den Einspruch hat die Verbandsversammlung erneut zu beschließen. [5]Der Einspruch gegen Beschlüsse der Verbandsversammlung zu Aufgaben des Verbandes nach § 7 Absatz 1 Nummer 2 ist zurückgewiesen, wenn der neue Beschluss mit einer Mehrheit von mindestens zwei Dritteln der Stimmen der anwesenden Stimmberechtigten gefasst wird. [6]Soweit der Verwaltungsverband eine Aufgabe nur für einzelne Verbandsmitglieder erfüllt, kann die Verbandssatzung bestimmen, dass der Einspruch in diesen Angelegenheiten zurückgewiesen ist, wenn der neue Beschluss mit einer Mehrheit von mindestens zwei Dritteln der Stimmen der anwesenden Stimmberechtigten gefasst wird. [7]In den übrigen Fällen ist der Einspruch zurückgewiesen, wenn der neue Beschluss mindestens mit der Mehrheit gefasst wird, die für den ursprünglichen Beschluss erforderlich war.
(4) Für den Geschäftsgang von beschließenden Ausschüssen der Verbandsversammlung finden die für die Verbandsversammlung geltenden Vorschriften entsprechende Anwendung.
(5) [1]Die Vertreter eines Verbandsmitglieds haben in allen Angelegenheiten des Verwaltungsverbandes Stimmrecht, auch wenn einzelne Aufgaben nicht von allen Verbandsmitgliedern auf den Verwaltungsverband übertragen worden sind. [2]Die Verbandssatzung kann Abweichendes bestimmen.

## § 20
## Verbandsvorsitzender und Stellvertreter

(1) [1]Der Verbandsvorsitzende ist hauptamtlicher Beamter auf Zeit. [2]Seine Amtszeit beträgt sieben Jahre. [3]§ 49 sowie § 51 Absatz 3 Satz 2 und 3, Absatz 5 mit Ausnahme von Satz 2 Nummer 1 Buchstabe c sowie Absatz 6 der Sächsischen Gemeindeordnung gelten entsprechend. [4]Der hauptamtliche Bürgermeister einer Mitgliedsgemeinde kann nicht gleichzeitig Verbandsvorsitzender sein.
(2) [1]Wird die Wahl des Verbandsvorsitzenden wegen des Ablaufs der Amtszeit oder wegen des Eintritts in den Ruhestand oder Verabschiedung infolge Erreichens der Altersgrenze notwendig, ist sie frühestens drei Monate und spätestens einen Monat vor Freiwerden der Stelle durchzuführen. [2]Von der Wahl kann abgesehen werden, wenn innerhalb eines Jahres nach Freiwerden der Stelle der Verwaltungsverband aufgelöst oder in eine kreisangehörige Gemeinde umgewandelt wird.
(3) [1]Die Verbandsversammlung wählt den Verbandsvorsitzenden. [2]Die Stelle ist spätestens zwei Monate vor dem Wahltag öffentlich auszuschreiben. [3]Die Wahl bedarf der Mehrheit aller Vertreter in der Verbandsversammlung. [4]Wird diese Mehrheit nicht erreicht, findet ein zweiter Wahlgang statt. [5]Erhält auch dabei niemand die erforderliche Mehrheit, findet eine Stichwahl zwischen den zwei Bewerbern statt, die im zweiten Wahlgang die meisten Stimmen erhalten haben; gewählt ist, wer die meisten Stimmen erhält. [6]Bei Stimmengleichheit entscheidet das Los.
(4) [1]Die Verbandsversammlung wählt aus ihrer Mitte einen Stellvertreter des Verbandsvorsitzenden. [2]Die Wahl erfolgt nach jeder regelmäßigen Gemeinderatswahl. [3]Die Verbandssatzung kann bestimmen, dass mehrere Stellvertreter zu wählen sind. [4]Absatz 3 Satz 3 bis 6 gilt entsprechend.
(5) Der Verbandsvorsitzende kann entsprechend den für die Abwahl der Beigeordneten geltenden Vorschriften der Sächsischen Gemeindeordnung (§ 56 Absatz 4) vorzeitig abgewählt werden.

### § 21
### Stellung des Verbandsvorsitzenden in der Verbandsversammlung

(1) [1]Der Verbandsvorsitzende ist Vorsitzender der Verbandsversammlung. [2]Er bereitet die Sitzungen der Verbandsversammlung und der Ausschüsse vor und vollzieht die Beschlüsse.
(2) [1]In dringenden Angelegenheiten, deren Erledigung auch nicht bis zu einer ohne Frist und formlos einberufenen Sitzung der Verbandsversammlung aufgeschoben werden kann, entscheidet der Verbandsvorsitzende an Stelle der Verbandsversammlung. [2]Die Gründe für die Eilentscheidung und die Art der Erledigung sind der Verbandsversammlung unverzüglich mitzuteilen.
(3) [1]Der Verbandsvorsitzende muss Beschlüssen der Verbandsversammlung widersprechen, wenn er der Auffassung ist, dass sie rechtswidrig sind; er kann ihnen widersprechen, wenn er der Auffassung ist, dass sie für den Verwaltungsverband nachteilig sind. [2]§ 52 Absatz 2 Satz 2 bis 5 der Sächsischen Gemeindeordnung gilt entsprechend.
(4) [1]Der Verbandsvorsitzende hat die Verbandsversammlung über alle wichtigen, den Verwaltungsverband und seine Verwaltung betreffenden Angelegenheiten zu informieren; bei wichtigen Planungen und Vorhaben ist die Verbandsversammlung möglichst frühzeitig über die Absichten und Vorstellungen der Verbandsverwaltung und laufend über den Stand und den Inhalt der Planungsarbeiten zu informieren. [2]§ 52 Absatz 5 Satz 2 der Sächsischen Gemeindeordnung gilt entsprechend.

### § 22
### Leitung der Verbandsverwaltung

(1) Der Verbandsvorsitzende ist Leiter der Verbandsverwaltung und vertritt den Verwaltungsverband.
(2) Der Verbandsvorsitzende ist Vorgesetzter, Dienstvorgesetzter und oberste Dienstbehörde der Verbandsbediensteten.
(3) [1]Der Verbandsvorsitzende erledigt in eigener Zuständigkeit die Geschäfte der laufenden Verwaltung und die ihm sonst durch Rechtsvorschrift oder von der Verbandsversammlung übertragenen Aufgaben. [2]Die dauernde Übertragung der Erledigung bestimmter Aufgaben auf den Verbandsvorsitzenden ist in der Verbandssatzung zu regeln. [3]Die Verbandsversammlung kann die Erledigung von Angelegenheiten, die sie nicht auf beschließende Ausschüsse übertragen kann, auch nicht auf den Verbandsvorsitzenden übertragen.
(4) Weisungsaufgaben erledigt der Verbandsvorsitzende in eigener Zuständigkeit, soweit gesetzlich nichts anderes geregelt ist; dies gilt nicht für den Erlass von Rechtsverordnungen und Satzungen.

### § 23
### Bedienstete

(1) [1]Der Verwaltungsverband ist verpflichtet, die zur Erfüllung seiner Aufgaben erforderlichen geeigneten Bediensteten einzustellen. [2]Er fördert die Aus- und Fortbildung seiner Bediensteten.
(2) Bei der personellen Ausstattung der Verbandsverwaltung sollen Bedienstete der Mitgliedsgemeinden vorrangig berücksichtigt werden, wenn sie über ausreichende Fachkenntnisse verfügen und bereit sind, an Fortbildungsveranstaltungen teilzunehmen.
(3) Der Verwaltungsverband kann Dienstherr von Beamten sein.

## FÜNFTER ABSCHNITT
## Wirtschafts- und Finanzverfassung

### § 24
### Wirtschaftsführung

Für die Wirtschaftsführung des Verwaltungsverbandes gelten die Vorschriften über die Gemeindewirtschaft entsprechend.

### § 25
### Deckung des Finanzbedarfs

(1) [1]Der Verwaltungsverband kann, soweit seine sonstigen Erträge zur Deckung seines Finanzbedarfs nicht ausreichen, von den Mitgliedsgemeinden nach Maßgabe der Verbandssatzung eine Umlage erheben. [2]Die Umlage soll nach dem Verhältnis der Einwohnerzahl der Mitgliedsgemeinden bemessen werden. [3]Die Höhe der Umlage ist in der Haushaltssatzung für jedes Haushaltsjahr festzusetzen; sie soll getrennt für den Ergebnishaushalt und den Finanzhaushalt festgesetzt werden. [4]Der Verwaltungsverband kann für rückständige Beträge Verzugszinsen in Höhe von zwei Prozent über dem jeweiligen Basiszinssatz nach § 247 des Bürgerlichen Gesetzbuches verlangen.
(2) Der Kostenersatz für die Wahrnehmung der von einzelnen Mitgliedsgemeinden auf den Verwaltungsverband übertragenen Aufgaben bleibt der besonderen Regelung in einem öffentlich-rechtlichen Vertrag vorbehalten.
(3) [1]Soweit Aufgaben auf den Verwaltungsverband übergehen (§ 7 Absatz 1) oder ihm übertragen werden (§ 7 Absatz 2), geht das Recht, Entgelte von den Benutzern einer Einrichtung zu erheben, auf den Verwaltungsverband über. [2]Das Recht zur Erhebung von eigenen Steuern steht dem Verwaltungsverband nicht zu.

## SECHSTER ABSCHNITT
## Änderungen der Verbandssatzung und Auflösung des Verwaltungsverbandes

### § 26
### Änderungen der Verbandssatzung

(1) [1]Änderungen der Verbandssatzung werden von der Verbandsversammlung mit einer Mehrheit von mindestens zwei Dritteln der Stimmen aller Vertreter in der Verbandsversammlung beschlossen. [2]Die Verbandssatzung kann bestimmen, dass eine größere Mehrheit erforderlich ist oder dass der Beschluss der Verbandsversammlung der Zustimmung einzelner oder aller Mitgliedsgemeinden bedarf.
(2) Eine Änderung der Verbandssatzung, die die Aufnahme einer neuen Mitgliedsgemeinde zum Gegenstand hat, ist unzulässig.
(3) [1]Änderungen der Verbandssatzung bedürfen der Genehmigung der Rechtsaufsichtsbehörde. [2]§ 11 Absatz 2 und 3, § 12 Absatz 1 Satz 2 und Absatz 2 sowie § 13 gelten entsprechend. [3]Die Änderungssatzung wird durch den Verbandsvorsitzenden vor der Erteilung der Genehmigung ausgefertigt.

### § 27
### Auflösung des Verwaltungsverbandes und Ausscheiden von Mitgliedsgemeinden

(1) [1]Der Verwaltungsverband kann aus Gründen des öffentlichen Wohls mit Genehmigung der Rechtsaufsichtsbehörde im Einvernehmen mit der obersten Rechtsaufsichtsbehörde aufgelöst werden, wenn feststeht, dass jede Mitgliedsgemeinde mit Wirksamwerden der Auflösung in eine andere Gemeinde eingegliedert wird, sich mit einer anderen Gemeinde zu einer neuen Gemeinde vereinigt oder noch den Anforderungen des § 3 Absatz 3 entspricht. [2]Die Rechtsaufsichtsbehörde entscheidet nach pflichtgemäßem Ermessen. [3]Der Beschluss über die Auflösung des Verwaltungsverbandes bedarf einer Mehrheit von mindestens drei Viertel der Stimmen aller Vertreter in der Verbandsversammlung. [4]§ 12 Absatz 2 und § 13 gelten entsprechend.
(2) Absatz 1 gilt für das Ausscheiden einzelner Mitgliedsgemeinden entsprechend, wenn der Verwaltungsverband mit den verbleibenden Mitgliedsgemeinden noch den Anforderungen des § 3 Absatz 3 entspricht.
(3) [1]Aus Gründen des öffentlichen Wohls kann die Rechtsaufsichtsbehörde im Einvernehmen mit der obersten Rechtsaufsichtsbehörde und nach Anhörung der Betroffenen den Ausschluss einzelner Mitgliedsgemeinden oder die Auflösung des Verwaltungsverbandes anordnen. [2]Absatz 1 Satz 1 und 2, Absatz 2 und § 13 gelten entsprechend.
(4) [1]Aus dringenden Gründen des öffentlichen Wohls kann die Rechtsaufsichtsbehörde im Einvernehmen mit der obersten Rechtsaufsichtsbehörde nach Anhörung der Betroffenen auch ansonsten die Auflösung des Verwaltungsverbandes anordnen. [2]§ 13 gilt entsprechend.

### § 28
*(weggefallen)*

### § 29
### Abwicklung des Verwaltungsverbandes

(1) Der Verwaltungsverband gilt nach seiner Auflösung als fortbestehend, soweit der Zweck der Abwicklung es erfordert.
(2) Die Abwicklung ist Aufgabe des Verbandsvorsitzenden, wenn die Verbandsversammlung nicht etwas anderes beschließt.
(3) Das Verbandsvermögen ist nach dem Umlageschlüssel (§ 25 Absatz 1) im Zeitpunkt der Auflösung auf die Mitgliedsgemeinden zu verteilen, soweit die Mitgliedsgemeinden und der Verwaltungsverband nicht mit Genehmigung der Rechtsaufsichtsbehörde eine abweichende Vereinbarung treffen.

### § 30
### Haftung

(1) [1]Scheidet eine Mitgliedsgemeinde aus dem Verwaltungsverband aus, haftet sie dem Verwaltungsverband gegenüber für alle Verbindlichkeiten des Verbandes, die vor ihrem Ausscheiden entstanden sind, nach Maßgabe des Umlageschlüssels (§ 25 Absatz 1) im Zeitpunkt des Ausscheidens. [2]Die Dauer der Haftung kann durch die Verbandssatzung beschränkt werden.
(2) Wird ein Verwaltungsverband aufgelöst, haften die Mitgliedsgemeinden für die Verbindlichkeiten des Verwaltungsverbandes als Gesamtschuldner.

### § 31
*(weggefallen)*

## SIEBTER ABSCHNITT
## Umwandlung eines Verwaltungsverbandes in eine kreisangehörige Gemeinde

### § 32
### Umwandlung

(1) [1]Der Verwaltungsverband und die Mitgliedsgemeinden können vereinbaren, sich zu einer kreisangehörigen Gemeinde zu vereinigen (Umwandlung). [2]Die Umwandlung bedarf der Genehmigung der Rechtsaufsichtsbehörde. [3]Kommt eine Vereinbarung nicht zustande, kann die Umwandlung nur durch Gesetz erfolgen.
(2) [1]Der Beschluss der Verbandsversammlung über die Vereinbarung bedarf der Mehrheit von mindestens zwei Dritteln der Stimmen aller Vertreter in der Verbandsversammlung. [2]Die Beschlüsse der Gemeinderäte der Mitgliedsgemeinden über die Vereinbarung bedürfen jeweils mindestens der Mehrheit der Stimmen aller Mitglieder. [3]Vor der Beschlussfassung der Gemeinderäte sind die Einwohner der Mitgliedsgemeinden zu hören. [4]Dies gilt nicht, soweit über die Umwandlung ein Bürgerentscheid durchgeführt wird.
(3) Die Vereinbarung über die Umwandlung des Verwaltungsverbandes muss auch Bestimmungen über
1. den Namen der neuen Gemeinde,
2. das in dem künftigen Gemeindegebiet geltende Ortsrecht,
3. die vorläufigen Organe der neuen Gemeinde,
4. den Tag der Rechtswirksamkeit und
5. die befristete Vertretung der bisherigen Mitgliedsgemeinden bei Streitigkeiten über die Vereinbarung enthalten.

(4) [1]Wird auf Grund der Vereinbarung auf unbestimmte Zeit die Ortschaftsverfassung eingeführt, kann sie nur mit Zustimmung des Ortschaftsrats aufgehoben werden, frühestens jedoch zur übernächsten regelmäßigen Wahl der Gemeinderäte nach ihrer Einführung. [2]Der Beschluss des Ortschaftsrats bedarf der Mehrheit der Stimmen aller Mitglieder.

### § 33
### Entstehung der neuen Gemeinde

(1) Die Genehmigung nach § 32 Absatz 1 Satz 2 ist von der Rechtsaufsichtsbehörde öffentlich bekanntzumachen.
(2) Die neue Gemeinde entsteht am Tage nach der öffentlichen Bekanntmachung der Genehmigung nach § 32 Absatz 1 Satz 2, sofern die Vereinbarung keinen späteren Zeitpunkt bestimmt.

### § 34
### Rechtsnachfolge

Die neue Gemeinde ist Rechtsnachfolgerin des Verwaltungsverbandes und der Mitgliedsgemeinden.

### § 35
### Abgabenfreiheit

[1]Für Rechtshandlungen, die wegen der Umwandlung des Verwaltungsverbandes und der Mitgliedsgemeinden notwendig werden, werden Abgaben nicht erhoben. [2]Dies gilt insbesondere für Kosten, die nach dem Gerichtskostengesetz, dem Gerichts- und Notarkostengesetz sowie dem Justizverwaltungskostengesetz erhoben werden. [3]Auslagen werden nicht erstattet.

## DRITTER TEIL
## Verwaltungsgemeinschaft

### § 36
### Voraussetzungen einer Verwaltungsgemeinschaft

(1) In einer Verwaltungsgemeinschaft haben benachbarte Gemeinden desselben Landkreises die Vereinbarung geschlossen, dass eine Gemeinde (erfüllende Gemeinde) für die anderen beteiligten Gemeinden die Aufgaben eines Verwaltungsverbandes übernimmt.
(2) Eine Gemeinde kann nur einer Verwaltungsgemeinschaft angehören.
(3) [1]§ 3 Absatz 3, § 4 und §§ 7 bis 10 gelten entsprechend. [2]In den Fällen des § 7 wird die erfüllende Gemeinde im eigenen Namen, in den Fällen des § 8 im Namen der beteiligten Gemeinde tätig.

### § 37
### Rechtsverhältnisse

[1]Die Rechtsverhältnisse der Verwaltungsgemeinschaft sind durch die beteiligten Gemeinden in einer Gemeinschaftsvereinbarung zu regeln. [2]Die Vereinbarung ist schriftlich abzuschließen.

### § 38
### Genehmigung, Wirksamwerden der Gemeinschaftsvereinbarung

(1) [1]Die Gemeinschaftsvereinbarung sowie deren Änderung bedürfen der Genehmigung der Rechtsaufsichtsbehörde. [2]§ 12 Absatz 1 Satz 2 und Absatz 2 sowie § 13 gelten entsprechend.
(2) [1]Die Vereinbarung einer Verwaltungsgemeinschaft kann aus Gründen des öffentlichen Wohls auf Antrag aufgehoben werden. [2]§ 27 Absatz 1 Satz 1 und 2, § 12 Absatz 2 und § 13 gelten entsprechend.
(3) Absatz 2 gilt für das Ausscheiden einzelner beteiligter Gemeinden entsprechend, wenn die Verwaltungsgemeinschaft mit den verbleibenden beteiligten Gemeinden noch den Anforderungen des § 36 Absatz 3 Satz 1 in Verbindung mit § 3 Absatz 3 entspricht.
(4) § 27 Absatz 3 und 4 gilt entsprechend.

### § 39
### Vollzug von Rechtsvorschriften

Die erfüllende Gemeinde kann im Geltungsbereich der vom Gemeinschaftsausschuss für die beteiligten Gemeinden und der von den beteiligten Gemeinden erlassenen Satzungen und Rechtsverordnungen alle zur Durchführung erforderlichen Maßnahmen wie im eigenen Gebiet treffen.

### § 40
### Gemeinschaftsausschuss

(1) [1]Die beteiligten Gemeinden bilden einen Gemeinschaftsausschuss. [2]Die für die Verbandsversammlung des Verwaltungsverbandes geltenden Vorschriften finden entsprechende Anwendung.
(2) Den Vorsitz im Gemeinschaftsausschuss führt der Gemeinschaftsvorsitzende.
(3) [1]Gemeinschaftsvorsitzender ist der Bürgermeister der erfüllenden Gemeinde. [2]Stellvertretende Gemeinschaftsvorsitzende sollen Bürger-

meister der beteiligten Gemeinden sein; das Nähere bestimmt die Gemeinschaftsvereinbarung.
(4) § 16 Absatz 2 gilt entsprechend.

### § 41
### Zuständigkeit des Gemeinschaftsausschusses

(1) [1]Soweit die erfüllende Gemeinde Aufgaben im Rahmen der Verwaltungsgemeinschaft wahrnimmt, entscheidet anstelle des Gemeinderates der erfüllenden Gemeinde der Gemeinschaftsausschuss, es sei denn, dass der Bürgermeister der erfüllenden Gemeinde kraft Gesetzes zuständig ist oder dass ihm der Gemeinschaftsausschuss bestimmte Aufgaben übertragen hat. [2]Eine dauernde Übertragung ist in der Gemeinschaftsvereinbarung zu regeln. [3]§ 28 Absatz 2 der Sächsischen Gemeindeordnung gilt entsprechend.
(2) § 19 Absatz 3 gilt entsprechend.

### § 42
### Deckung des Finanzbedarfs

[1]Die erfüllende Gemeinde kann zur Deckung des ihr durch die Wahrnehmung der Aufgaben gemäß § 7 Absatz 1 und § 8 Absatz 1 in Verbindung mit § 36 Absatz 3 Satz 1 entstehenden Finanzbedarfs von den anderen beteiligten Gemeinden eine Umlage erheben. [2]Die Gemeinschaftsvereinbarung kann Bestimmungen zur Ermittlung des Finanzbedarfs der Verwaltungsgemeinschaft und nach Maßgabe des § 25 Absatz 1 Satz 2 zum Maßstab enthalten, nach dem die beteiligten Gemeinden zur Deckung des Finanzbedarfs beizutragen haben. [3]Im Übrigen gilt § 25 entsprechend.

### § 43
*(weggefallen)*

# VIERTER TEIL
# Zweckverband

## Erster Abschnitt
## Grundlagen des Zweckverbandes

### § 44
### Verbandsmitglieder

(1) [1]Gemeinden, Verwaltungsverbände, Landkreise und Zweckverbände können sich zu einem Zweckverband (Freiverband) zusammenschließen und ihm bestimmte Aufgaben, zu deren Erfüllung sie berechtigt oder verpflichtet sind, übertragen oder zur Erfüllung von Pflichtaufgaben zu einem Zweckverband zusammengeschlossen werden (Pflichtverband). [2]Der Zweckverband kann daneben auch Aufgaben für einzelne Verbandsmitglieder erfüllen. [3]Die Erfüllung der Aufgaben kann auf einen Teil des Verbandsgebiets eines Verbandsmitglieds beschränkt werden.
(2) [1]Neben einer der in Absatz 1 genannten Körperschaften können auch andere Körperschaften, Anstalten und Stiftungen des öffentlichen Rechts Mitglied eines Zweckverbandes sein, soweit nicht die für sie geltenden besonderen Vorschriften die Beteiligung ausschließen oder beschränken. [2]Natürliche Personen und juristische Personen des Privatrechts können Mitglied eines Zweckverbandes sein, wenn die Erfüllung der Verbandsaufgabe dadurch gefördert wird und Gründe des öffentlichen Wohls nicht entgegenstehen.
(3) Gemeinden, die demselben Verwaltungsverband angehören, können keinen Zweckverband bilden, wenn der Verwaltungsverband die zu übertragende Aufgabe ebenso gut wahrnehmen kann.

### § 45
### Rechtsnatur

(1) [1]Der Zweckverband ist eine Körperschaft des öffentlichen Rechts. [2]Er verwaltet seine Angelegenheiten im Rahmen der Gesetze unter eigener Verantwortung.
(2) Der Zweckverband führt weder Flagge noch Wappen.

### § 46
### Übergang von Aufgaben

Das Recht und die Pflicht der an einem Zweckverband beteiligten Gemeinden, Verwaltungsverbände, Landkreise und Zweckverbände, die diesem übertragenen Aufgaben wahrzunehmen und die dazu notwendigen Befugnisse auszuüben, gehen auf den Zweckverband über.

### § 47
### Rechtsverhältnisse

(1) Die Rechtsverhältnisse des Zweckverbandes werden im Rahmen dieses Gesetzes durch die Verbandssatzung geregelt.
(2) [1]Soweit keine besonderen Rechtsvorschriften bestehen, finden auf den Zweckverband die für Verwaltungsverbände geltenden Vorschriften entsprechende Anwendung. [2]Abweichende Regelungen kann die Verbandssatzung nur insoweit treffen, als dies ausdrücklich zugelassen ist.

## ZWEITER ABSCHNITT
## Bildung eines Zweckverbandes

### § 48
### Verbandssatzung

(1) [1]Zur Bildung des Zweckverbandes vereinbaren die Beteiligten eine Verbandssatzung. [2]Die Vereinbarung bedarf der Schriftform. [3]§ 11 Absatz 2 gilt entsprechend.
(2) [1]Die Verbandssatzung kann die Mitgliedschaft einzelner Verbandsmitglieder nur für eine bestimmte Zeit vorsehen. [2]Für diesen Fall hat die Verbandssatzung auch die Grundlagen für eine Auseinandersetzung mit dem ausscheidenden Verbandsmitglied zu regeln.

### § 49
### Genehmigung

(1) [1]Die Verbandssatzung bedarf der Genehmigung der Rechtsaufsichtsbehörde. [2]Die Genehmigung ist zu erteilen, wenn Gründe des öffentlichen Wohls nicht entgegenstehen, die Bildung des Zweckverbandes zulässig und die Verbandssatzung den gesetzlichen Vorschriften entsprechend vereinbart ist. [3]Soll der Zweckverband Weisungsaufgaben erfüllen oder ist für die Übernahme der Übertragung einer Aufgabe, für die der Zweckverband gebildet werden soll, eine besondere Genehmigung erforderlich, entscheidet die Rechtsaufsichtsbehörde im Einvernehmen mit der Fachaufsichtsbehörde über die Genehmigung nach pflichtgemäßem Ermessen. [4]§ 13 gilt entsprechend.
(2) Will die Rechtsaufsichtsbehörde die Genehmigung versagen, sind die Beteiligten vorher zu hören.

### § 50
### Pflichtverband

(1) Besteht für die Bildung eines Zweckverbandes zur Erfüllung bestimmter Pflichtaufgaben ein dringendes öffentliches Bedürfnis, insbesondere weil eine Gebietskörperschaft eine Pflichtaufgabe nicht erfüllen kann, weil das ihre Wirtschafts- oder Verwaltungskraft übersteigt, aber mehrere Gebietskörperschaften im Weg eines Zweckverbandes diese Aufgaben erfüllen können, so kann die Rechtsaufsichtsbehörde den beteiligten Gemeinden, Verwaltungsverbänden und Landkreisen eine angemessene Frist zur Bildung eines Zweckverbandes setzen.
(2) [1]Wird der Zweckverband innerhalb der gesetzten Frist nicht gebildet, verfügt die Rechtsaufsichtsbehörde die Bildung eines Zweckverbandes und erlässt gleichzeitig die Verbandssatzung. [2]Vor dieser Entscheidung sind die Beteiligten zu hören.
(3) Die Absätze 1 und 2 gelten entsprechend für die Übertragung bestimmter Pflichtaufgaben auf einen bestehenden Zweckverband und für den Anschluss von Gemeinden, Verwaltungsverbänden und Landkreisen zur Erfüllung bestimmter Pflichtaufgaben an einen bestehenden Zweckverband.
(4) [1]Die Vorschriften über den Inhalt der Verbandssatzung gelten entsprechend. [2]Die Verbandssatzung muss, soweit erforderlich, die Ausstattung des Zweckverbandes mit Dienstkräften regeln.
(5) Im Übrigen gelten § 49 Absatz 1 Satz 3 und § 13 entsprechend.

# DRITTER ABSCHNITT
# Verfassung und Verwaltung des Zweckverbandes

## § 51
## Organe

(1) Organe des Zweckverbandes sind die Verbandsversammlung und der Verbandsvorsitzende.
(2) [1]Die Verbandssatzung kann als weiteres Organ einen Verwaltungsrat vorsehen. [2]Für die Mitglieder des Verwaltungsrats gilt § 16 Absatz 6 entsprechend.

## § 52
## Zusammensetzung der Verbandsversammlung

(1) [1]Die Verbandsversammlung des Zweckverbandes besteht aus mindestens einem Vertreter eines jeden Verbandsmitgliedes. [2]Die Verbandssatzung kann bestimmen, dass einzelne oder alle Verbandsmitglieder mehrere Vertreter in die Verbandsversammlung entsenden. [3]Die Stimmenzahl eines Verbandsmitglieds kann unabhängig von der Zahl der von ihm entsandten Vertreter bestimmt werden. [4]Die Stimmen eines Verbandsmitglieds werden einheitlich durch dessen Vertreter nach Absatz 3 Satz 1 abgegeben.
(2) Die in § 44 Absatz 2 Satz 2 genannten Verbandsmitglieder dürfen zusammen nicht mehr als zwei Fünftel der satzungsmäßigen Stimmenzahl haben; dabei bleiben diejenigen Verbandsmitglieder außer Betracht, an denen ausschließlich Gemeinden oder Landkreise beteiligt sind.
(3) [1]Eine Gemeinde wird in der Verbandsversammlung durch den Bürgermeister, ein Landkreis durch den Landrat und ein Verwaltungs- oder Zweckverband durch den Verbandsvorsitzenden vertreten, sofern nicht auf dessen Vorschlag das Hauptorgan des Verbandsmitglieds einen anderen leitenden Bediensteten zum Vertreter wählt. [2]Sind mehrere Vertreter zu entsenden, werden diese vom Hauptorgan des Verbandsmitglieds gewählt. [3]§ 16 Absatz 4 gilt entsprechend.
(4) [1]Die Verbandsmitglieder können ihren Vertretern Weisungen erteilen. [2]Die Vertreter haben das Hauptorgan ihres Verbandsmitglieds im Sinne des § 44 Absatz 1 frühzeitig über alle Angelegenheiten des Zweckverbandes von besonderer Bedeutung zu unterrichten.
(5) § 39 Absatz 1 Satz 2 der Sächsischen Gemeindeordnung ist auf die Beschlussfassung der Verbandsversammlung entsprechend anzuwenden.
(6) [1]Die Vertreter der Verbandsmitglieder in der Verbandsversammlung sind ehrenamtlich tätig. [2]Für ihre Rechtsverhältnisse gelten die für Gemeinderäte maßgebenden Vorschriften entsprechend.

## § 53
## Zuständigkeit der Verbandsversammlung

[1]Die Verbandsversammlung ist das Hauptorgan des Zweckverbandes. [2]Sie nimmt die Aufgaben des Zweckverbandes, insbesondere den Erlass von Satzungen und Rechtsverordnungen, wahr, soweit nicht der Verbandsvorsitzende oder ein beschließender Ausschuss zuständig ist.

## § 54
## Ausschüsse

[1]Durch die Verbandssatzung können beschließende und beratende Ausschüsse gebildet werden. [2]§ 18 gilt entsprechend.

## § 55
## Geschäftsgang des Verwaltungsrats

Für den Geschäftsgang des Verwaltungsrats finden die für die Verbandsversammlung geltenden Vorschriften entsprechende Anwendung, soweit die Verbandssatzung nicht anderes bestimmt.

## § 56
## Verbandsvorsitzender und Stellvertreter

(1) [1]Der Verbandsvorsitzende und mindestens ein Stellvertreter werden von der Verbandsversammlung aus der Mitte ihrer gemäß § 52 Absatz 3 Satz 1 entsandten Vertreter gewählt. [2]Ist in der Verbandssatzung ein Verwaltungsrat vorgesehen, kann diese bestimmen, dass die Stellvertreter aus dessen Mitte gewählt werden; die Stellvertreter müssen dem Kreis der gemäß § 52 Absatz 3 Satz 1 entsandten Vertreter angehören.
(2) [1]Der Verbandsvorsitzende und seine Stellvertreter sind ehrenamtlich tätig. [2]Sie werden für die Dauer von fünf Jahren, sind sie Inhaber eines kommunalen Wahlamtes eines Verbandsmitgliedes, für die Dauer dieses Amtes gewählt. [3]Durch Satzung können angemessene Aufwandsentschädigungen festgesetzt werden. [4]Im Übrigen gelten für ihre Rechtsverhältnisse die für die Gemeinderäte maßgebenden Vorschriften entsprechend.
(3) [1]Der Verbandsvorsitzende ist Vorsitzender der Verbandsversammlung und des Verwaltungsrats sowie Leiter der Verbandsverwaltung. [2]§ 20 Absatz 1 Satz 3 und Absatz 5, §§ 21 und 22 gelten entsprechend.

## § 57
## Bedienstete

(1) [1]Die Verbandssatzung bestimmt, ob der Zweckverband hauptamtliche Bedienstete hat. [2]§ 61 Absatz 2 und § 62 der Sächsischen Gemeindeordnung sind anzuwenden, soweit die Größe des Zweckverbandes es rechtfertigt.
(2) [1]Einem Zweckverband kann das Recht, Dienstherr von Beamten zu sein, von der obersten Rechtsaufsichtsbehörde verliehen werden. [2]Die Verleihung darf nur erfolgen, wenn dies wegen der Wahrnehmung hoheitsrechtlicher Aufgaben zwingend geboten ist und wenn dem Zweckverband nur juristische Personen des öffentlichen Rechts mit Dienstherrenfähigkeit angehören.
(3) [1]Gehen Aufgaben eines Zweckverbandes wegen Auflösung oder aus anderen Gründen ganz oder teilweise auf andere juristische Personen des öffentlichen Rechts mit Dienstherrenfähigkeit über, so gelten für die Übernahme und die Rechtsstellung der Beamten und Versorgungsempfänger des Zweckverbandes §§ 33 bis 37 des Sächsischen Beamtengesetzes vom 18. Dezember 2013 (SächsGVBl. S. 970, 971), das durch das Gesetz vom 4. Juli 2017 (SächsGVBl. S. 347) geändert worden ist, in der jeweils geltenden Fassung. [2]Die Verbandssatzung eines Zweckverbandes, der Dienstherr von Beamten werden soll, muss Bestimmungen darüber enthalten, wer die Beamten und Versorgungsempfänger zu übernehmen hat, wenn der Zweckverband aufgelöst wird, ohne dass seine bisherigen Aufgaben auf andere juristische Personen des öffentlichen Rechts mit Dienstherrenfähigkeit übergehen.

# VIERTER ABSCHNITT
# Wirtschafts- und Finanzverfassung

## § 58
## Wirtschaftsführung

(1) [1]Für die Wirtschaftsführung des Zweckverbandes gelten die Vorschriften über die Gemeindewirtschaft entsprechend. [2]Die Rechtsaufsichtsbehörde kann Zweckverbände mit dem Zweck der unmittelbaren Trägerschaft an Sparkassen von den Verpflichtungen
1. nach § 72 Absatz 3 und 5,
2. zur Publizität des Entwurfs der Haushaltssatzung nach § 76 Absatz 1 Satz 3 und des Haushaltsplans nach § 76 Absatz 3 Satz 2 sowie
3. zur Publizität des Jahresabschlusses nach § 88c Absatz 3 Satz 2 der Sächsischen Gemeindeordnung freistellen.

(2) [1]Die Verbandssatzung eines Zweckverbandes, dessen Hauptzweck der Betrieb eines Unternehmens im Sinne des § 95a der Sächsischen Gemeindeordnung ist, kann bestimmen, dass für die Wirtschaftsführung, das Rechnungswesen und den Jahresabschluss des Zweckverbandes die für die Wirtschaftsführung, das Rechnungswesen und den Jahresabschluss der Eigenbetriebe geltenden Vorschriften entsprechend Anwendung finden mit der Maßgabe, dass
1. an die Stelle der Gemeinde der Zweckverband, an die Stelle der Betriebssatzung die Verbandssatzung, an die Stelle des Gemeinderats die Verbandsversammlung, an die Stelle des Bürgermeisters und an die Stelle der Betriebsleitung der Verbandsvorsitzende tritt,
2. an die Stelle des Betriebsausschusses der Verwaltungsrat treten kann,
3. neben dem Betriebsausschuss weitere beratende oder beschließende Ausschüsse gebildet werden können.

[2]Gleiches gilt für die Wirtschaftsführung, das Rechnungswesen und die Jahresabschlussprüfung des Zweckverbandes, der einen Eigenbetrieb führt.

### § 58a
### Haushaltsstrukturkonzept

(1) [1]Zweckverbände, die gemäß § 58 Absatz 2 die für die Wirtschaftsführung, das Rechnungswesen und die Jahresabschlussprüfung der Eigenbetriebe geltenden Vorschriften entsprechend anwenden, sind zur Aufstellung eines Haushaltsstrukturkonzepts verpflichtet, wenn
1. ein im Jahresabschluss festgestellter Verlust um mehr als drei Jahre vorgetragen werden soll und die Eigenkapitalausstattung einen Ausgleich des Verlustes aus dem Eigenkapital nicht zulässt,
2. der Finanzmittelbestand am Ende des Planungszeitraumes negativ ist oder die Zahlungsfähigkeit in sonstiger Weise gefährdet ist oder
3. in der Bilanz ein nicht durch Eigenkapital gedeckter Fehlbetrag (Überschuldung) ausgewiesen wird.

[2]In begründeten Einzelfällen kann die Rechtsaufsichtsbehörde Ausnahmen von der Pflicht zur Aufstellung eines Haushaltsstrukturkonzepts zulassen.

(2) Das Haushaltsstrukturkonzept soll sicherstellen, dass
1. in den Fällen des Absatzes 1 Satz 1 Nummer 1 die Verlustvorträge bis zum dritten Folgejahr ausgeglichen werden,
2. in den Fällen des Absatzes 1 Satz 1 Nummer 2 der Finanzmittelbestand am Ende des Planungszeitraumes positiv ist und die Zahlungsfähigkeit jederzeit gewährleistet ist,
3. in den Fällen des Absatzes 1 Satz 1 Nummer 3 eine Überschuldung bis zum dritten Folgejahr beseitigt wird.

(3) [1]Das Haushaltsstrukturkonzept bedarf der Genehmigung durch die Rechtsaufsichtsbehörde. [2]Im begründeten Einzelfall kann mit Genehmigung der Rechtsaufsichtsbehörde von den in Absatz 2 genannten Konsolidierungszeiträumen abgewichen werden. [3]Die Genehmigung kann unter Bedingungen und Auflagen erteilt werden. [4]Das Haushaltsstrukturkonzept ist der Entwicklung der Vermögens-, Ertrags- und Finanzlage anzupassen.

### § 59
### Prüfungswesen

(1) Die Verbandssatzung kann bestimmen, dass der Zweckverband
1. ein eigenes Rechnungsprüfungsamt einrichtet, wenn die Größe des Zweckverbandes dies rechtfertigt, oder
2. sich eines anderen kommunalen Rechnungsprüfungsamtes oder Rechnungsprüfers, eines Wirtschaftsprüfers oder einer Wirtschaftsprüfungsgesellschaft bedient.

(2) Trifft die Verbandssatzung keine Regelung nach Absatz 1, so ist ein geeigneter Bediensteter des Zweckverbandes oder eines Verbandsmitglieds im Sinne des § 44 Absatz 1 oder Absatz 2 Satz 1 zum Rechnungsprüfer zu bestellen.

(3) Im Übrigen gelten §§ 103 bis 109 der Sächsischen Gemeindeordnung entsprechend.

### § 60
### Deckung des Finanzbedarfs

(1) [1]Der Zweckverband kann, soweit seine sonstigen Erträge zur Deckung seines Finanzbedarfs nicht ausreichen, von den Verbandsmitgliedern eine Umlage erheben. [2]Die Maßstäbe für die Umlagen für die einzelne Aufgabe sollen so bestimmt werden, dass der Aufwand entsprechend dem Nutzen aus der Aufgabenerfüllung auf die einzelnen Verbandsmitglieder verteilt wird. [3]Die Höhe der Umlage ist in der Haushaltssatzung für jedes Haushaltsjahr festzusetzen; sie soll getrennt für den Ergebnishaushalt und den Finanzhaushalt festgesetzt werden. [4]Der Zweckverband kann für rückständige Beträge Verzugszinsen in Höhe von zwei Prozent über dem jeweiligen Basiszinssatz nach § 247 des Bürgerlichen Gesetzbuches verlangen.

(2) Für die Kostentragung bei einzelnen Aufgaben kann eine andere Regelung vereinbart werden.

(3) [1]Soweit Aufgaben auf den Zweckverband übergehen, steht das Recht, Abgaben und für die Benutzung einer Einrichtung Entgelte zu erheben, dem Zweckverband zu; die Verbandssatzung kann jedoch bestimmen, dass dieses Recht bei den Verbandsmitgliedern verbleibt. [2]Das Recht zur Erhebung von eigenen Steuern steht dem Zweckverband nicht zu.

## FÜNFTER ABSCHNITT
## Änderungen der Verbandssatzung und Auflösung des Zweckverbandes

### § 61
### Änderungen der Verbandssatzung

(1) Für Änderungen der Verbandssatzung gilt § 26 Absatz 1 und 3 mit der Maßgabe entsprechend, dass die Genehmigung zu erteilen ist, wenn Gründe des öffentlichen Wohls nicht entgegenstehen und die Änderung der Verbandssatzung den gesetzlichen Vorschriften entsprechend beschlossen worden ist.

(2) Für die Übertragung weiterer Aufgaben und die Rückübertragung einzelner Aufgaben gelten § 7 Absatz 2 und § 49 Absatz 1 Satz 3 entsprechend.

### § 62
### Auflösung des Zweckverbandes

(1) [1]Der Zweckverband kann mit einer Mehrheit von mindestens drei Vierteln der satzungsmäßigen Stimmenzahl der Verbandsmitglieder seine Auflösung beschließen. [2]Der Beschluss über die Auflösung bedarf der Genehmigung der Rechtsaufsichtsbehörde. [3]Die Genehmigung darf nur erteilt werden, wenn Gründe des öffentlichen Wohls der Auflösung nicht entgegenstehen, insbesondere die weitere Erfüllung der Pflichtaufgaben gesichert ist, keine unvertretbaren haushaltswirtschaftlichen Auswirkungen zu erwarten sind und sich die Verbandsmitglieder über die Auseinandersetzung geeinigt haben. [4]§ 13 und § 49 Absatz 1 Satz 3 und Absatz 2 gelten entsprechend.

(2) [1]Absatz 1 gilt für den Ausschluss und das Ausscheiden einzelner Verbandsmitglieder entsprechend. [2]Für den Beschluss über das Ausscheiden einzelner Verbandsmitglieder kann die Verbandssatzung eine von Absatz 1 Satz 1 abweichende Mehrheit der satzungsmäßigen Stimmenzahl festsetzen.

(3) [1]Aus dringenden Gründen des öffentlichen Wohls kann die obere Rechtsaufsichtsbehörde nach Anhörung der Beteiligten die Auflösung des Zweckverbandes oder den Ausschluss einzelner Verbandsmitglieder anordnen. [2]§ 13 gilt entsprechend.

(4) [1]Der Zweckverband ist aufgelöst, wenn seine Aufgaben vollständig auf eine andere Körperschaft des öffentlichen Rechts übergehen oder wenn er nur noch aus einem Mitglied besteht. [2]Im letzteren Fall tritt das Mitglied an die Stelle des Zweckverbandes. [3]Die Rechtsaufsichtsbehörde hat die Auflösung und den Übergang der Aufgaben öffentlich bekanntzumachen.

(5) Hinsichtlich der Abwicklung und der Haftung gelten die §§ 29 und 30 entsprechend.

### § 63
### Wegfall von Verbandsmitgliedern

(1) Fällt ein Verbandsmitglied weg, tritt dessen Rechtsnachfolger in die Rechtsstellung des weggefallenen Verbandsmitgliedes ein.

(2) [1]Wenn Gründe des öffentlichen Wohls nicht entgegenstehen, kann der Zweckverband binnen drei Monaten nach Wirksamwerden der Änderung den Ausschluss des Rechtsnachfolgers mit einer Mehrheit von zwei Dritteln der satzungsmäßigen Stimmenzahl beschließen; in gleicher Weise kann dieser sein Ausscheiden aus dem Zweckverband erklären. [2]Der Beschluss über den Ausschluss des Rechtsnachfolgers und die Erklärung über sein Ausscheiden bedürfen der Genehmigung der Rechtsaufsichtsbehörde. [3]Die Entscheidung ergeht nach pflichtgemäßem Ermessen. [4]§ 13 gilt entsprechend. [5]Falls der Rechtsnachfolger dem Ausschluss widerspricht oder der Zweckverband dessen Verlangen auf Ausscheiden nicht entspricht, entscheidet auf Antrag eines der Beteiligten die Rechtsaufsichtsbehörde. [6]In diesem Fall regelt die Rechtsaufsichtsbehörde auch die aus der Veränderung sich ergebenden Verhältnisse zwischen dem Zweckverband und dem ausscheidenden Mitglied.

### § 64
### Besondere Bestimmungen für Pflichtverbände

[1]Ist eine der Voraussetzungen für die Bildung eines Pflichtverbandes entfallen, hat die Rechtsaufsichtsbehörde den Zweckverband auf An-

trag eines Verbandsmitgliedes zu einem Freiverband zu erklären. [2]§ 13 gilt entsprechend.

# SECHSTER ABSCHNITT Vereinigung und Eingliederung von Zweckverbänden

## § 65 Voraussetzungen einer Vereinigung

(1) [1]Die Verbandsversammlungen zweier oder mehrerer Zweckverbände können vereinbaren, dass die Zweckverbände zu einem neuen Zweckverband vereinigt werden. [2]In den Beschlüssen ist festzulegen, wer die Rechte des Verbandsvorsitzenden des neuen Zweckverbandes bis zur erstmaligen, unverzüglich durchzuführenden Wahl eines Verbandsvorsitzenden durch die Verbandsversammlung wahrnimmt.
(2) [1]Die Vereinigung bedarf übereinstimmender Beschlüsse durch die Verbandsversammlung der betroffenen Zweckverbände. [2]Die Beschlüsse bedürfen jeweils der Mehrheit von mindestens zwei Dritteln der satzungsmäßigen Stimmenzahl.
(3) § 50 gilt entsprechend.

## § 66 Verbandssatzung

(1) [1]Zur Bildung des neuen Zweckverbandes muss von den Beteiligten eine Verbandssatzung vereinbart werden. [2]§ 11 Absatz 2 und 3 gilt entsprechend.
(2) [1]Die Verbandssatzung des neuen Zweckverbandes bedarf der Genehmigung der Rechtsaufsichtsbehörde. [2]§ 49 Absatz 1 Satz 2 und 3 und Absatz 2 sowie § 13 gelten entsprechend.

## § 67 Rechtsnachfolge

Der neue Zweckverband ist Rechtsnachfolger der bisherigen Zweckverbände.

## § 68 Abgabenfreiheit

[1]Für Rechtshandlungen, die wegen einer Vereinigung oder Eingliederung von Zweckverbänden notwendig werden, werden Abgaben nicht erhoben. [2]Dies gilt insbesondere für Kosten, die nach dem Gerichtskostengesetz, dem Gerichts- und Notarkostengesetz sowie dem Justizverwaltungskostengesetz erhoben werden. [3]Auslagen werden nicht erstattet.

## § 69 Ausscheiden eines Verbandsmitgliedes

[1]Aus wichtigem Grund kann ein Verbandsmitglied sein Ausscheiden aus dem neuen Zweckverband erklären. [2]§ 63 Absatz 2 Satz 2 bis 4 gilt entsprechend.

## § 70 Eingliederung von Zweckverbänden

Die §§ 65 bis 69 gelten für die Eingliederung eines Zweckverbandes in einen anderen entsprechend.

# FÜNFTER TEIL Zweckvereinbarung

## § 71 Voraussetzungen und Formen einer Zweckvereinbarung

(1) [1]Gemeinden, Verwaltungsverbände, Landkreise und Zweckverbände können vereinbaren, dass eine der beteiligten Körperschaften (beauftragte Körperschaft) bestimmte Aufgaben, zu deren Erfüllung jede der beteiligten Körperschaften berechtigt oder verpflichtet ist, für alle wahrnimmt, insbesondere den übrigen Beteiligten die Mitbenutzung einer von ihr betriebenen Einrichtung gestattet (Zweckvereinbarung). [2]§ 44 Absatz 2 gilt entsprechend. [3]Das Recht und die Pflicht der übrigen Beteiligten zur Wahrnehmung der Aufgaben und die dazu notwendigen Befugnisse gehen auf die beauftragte Körperschaft über; § 60 Absatz 3 gilt entsprechend.
(2) [1]Durch eine Zweckvereinbarung können auch die Durchführung bestimmter Aufgaben durch eine der beteiligten Körperschaften im Namen und nach Weisung der übrigen Beteiligten oder der Betrieb einer gemeinsamen Dienststelle vereinbart werden. [2]Die Zuständigkeit der Beteiligten als Träger der Aufgabe bleibt unberührt. [3]In einer Zweckvereinbarung nach Satz 1 kann auch geregelt werden, dass eine Gebietskörperschaft oder ein Zweckverband den beteiligten anderen Gebietskörperschaften oder Zweckverbänden Dienstkräfte zur Erfüllung ihrer Aufgaben zeitanteilig zur Verfügung stellt.
(3) [1]Beim Betrieb einer gemeinsamen Dienststelle üben die Bediensteten ihre Tätigkeiten nach der fachlichen Weisung der im Einzelfall zuständigen Körperschaft aus. [2]Ihre dienstrechtliche Stellung im Übrigen bleibt unberührt. [3]Verletzt ein Bediensteter in Ausübung seiner Tätigkeit in der gemeinsamen Dienststelle die ihm einem Dritten gegenüber obliegende Amtspflicht, haftet der Beteiligte, der für die Amtshandlung sachlich und örtlich zuständig ist.
(4) Im Falle des Betriebs einer gemeinsamen Dienststelle hat jede beteiligte Körperschaft zu gewährleisten, dass bei ihr eine Stelle mit ausreichend qualifiziertem Personal besteht, die im Tätigkeitsbereich der gemeinsamen Dienststelle die erforderlichen Auskünfte erteilt und Anträge oder sonstige Erklärungen von den Bürgern entgegennimmt.

## § 72 Rechtsverhältnisse

(1) [1]Die Rechtsverhältnisse sind durch die Beteiligten in einer Zweckvereinbarung schriftlich zu regeln. [2]Die Zweckvereinbarung kann auf bestimmte oder unbestimmte Zeit geschlossen werden. [3]Die Zweckvereinbarung sowie deren Änderung bedürfen der Genehmigung der Rechtsaufsichtsbehörde, sofern sie einen Aufgabenübergang oder den Betrieb einer gemeinsamen Dienststelle zum Gegenstand hat. [4]§ 49 Absatz 1 Satz 2 bis 4 und Absatz 2 gilt entsprechend.
(2) [1]In der Zweckvereinbarung kann den übrigen Beteiligten ein Mitwirkungsrecht bei der Wahrnehmung der Aufgaben eingeräumt werden. [2]Es kann insbesondere vereinbart werden, dass die Beteiligten einen gemeinsamen Ausschuss bilden. [3]Für den gemeinsamen Ausschuss gelten die Vorschriften über die Verbandsversammlung des Zweckverbandes entsprechend, soweit in der Zweckvereinbarung nichts anderes bestimmt ist.
(3) [1]Die Zweckvereinbarung kann aus Gründen des öffentlichen Wohls mit Genehmigung der Rechtsaufsichtsbehörde aufgehoben werden; die nicht genehmigungspflichtige Zweckvereinbarung bedarf auch zur Aufhebung keiner Genehmigung. [2]§ 12 Absatz 2 und § 13 gelten entsprechend. [3]Sätze 1 und 2 gelten für das Ausscheiden einzelner Beteiligter entsprechend.
(4) [1]Aus dringenden Gründen des öffentlichen Wohls kann die obere Rechtsaufsichtsbehörde nach Anhörung der Beteiligten die Aufhebung der Zweckvereinbarung oder das Ausscheiden einzelner Beteiligter anordnen. [2]§ 13 gilt entsprechend.

## § 73 Pflichtvereinbarung

(1) Besteht für den Abschluss einer Zweckvereinbarung zur Erfüllung bestimmter Pflichtaufgaben ein dringendes öffentliches Bedürfnis, kann die Rechtsaufsichtsbehörde den beteiligten Gemeinden, Verwaltungsverbänden, Landkreisen und Zweckverbänden eine angemessene Frist zum Abschluss einer Zweckvereinbarung setzen.
(2) [1]Wird die Zweckvereinbarung innerhalb der gesetzten Frist nicht abgeschlossen, legt die Rechtsaufsichtsbehörde die Zweckvereinbarung fest. [2]Vor dieser Entscheidung sind die Beteiligten zu hören.
(3) [1]Ist eine der Voraussetzungen für die Pflichtvereinbarung weggefallen, hat die Rechtsaufsichtsbehörde die Pflichtvereinbarung auf Antrag eines Beteiligten aufzuheben. [2]§ 13 gilt entsprechend.
(4) Die Absätze 1 und 2 gelten entsprechend für die Einbeziehung von Gemeinden, Landkreisen, Verwaltungsverbänden und Zweckverbänden in eine bestehende Zweckvereinbarung.

# SECHSTER TEIL
# Kommunale Arbeitsgemeinschaften

## § 73a
## Kommunale Arbeitsgemeinschaften

(1) [1]Gemeinden, Landkreise, Verwaltungsverbände und Zweckverbände können sich zu kommunalen Arbeitsgemeinschaften zusammenschließen. [2]In diese Arbeitsgemeinschaften können auch sonstige Körperschaften, Anstalten und Stiftungen des öffentlichen Rechts sowie natürliche Personen und juristische Personen des Privatrechts aufgenommen werden.
(2) Die Arbeitsgemeinschaften beraten entsprechend der getroffenen Vereinbarung ihre Mitglieder in den sie gemeinsam betreffenden Angelegenheiten, stimmen Planungen sowie Tätigkeiten von Einrichtungen ihrer Mitglieder aufeinander ab, um eine möglichst wirtschaftliche und zweckmäßige Erfüllung der Aufgaben in einem größeren nachbarlichen Gebiet sicherzustellen.
(3) [1]Die Arbeitsgemeinschaften fassen keine die Mitglieder bindenden Beschlüsse. [2]Die Zuständigkeit der Organe der einzelnen Mitglieder bleibt unberührt.

# SIEBTER TEIL
# Aufsicht

## § 74
## Rechtsaufsichtsbehörde

(1) [1]Rechtsaufsichtsbehörde ist
1. das Landratsamt, wenn nur Gemeinden oder Verwaltungsverbände beteiligt sind, die seiner Aufsicht unterstehen;
2. die Landesdirektion Sachsen, wenn ein Landkreis beteiligt ist, wenn Gemeinden oder Verwaltungsverbände mehrerer Landkreise beteiligt sind oder wenn ein Verwaltungsverband oder die erfüllende Gemeinde einer Verwaltungsgemeinschaft die Aufgaben der unteren Verwaltungsbehörde wahrnimmt;
3. das Staatsministerium des Innern, wenn sich der Kreis der beteiligten Gemeinden, Verwaltungsverbände oder Landkreise über den Freistaat Sachsen hinaus erstreckt oder wenn der Freistaat Sachsen oder der Bund beteiligt sind.

[2]Das Staatsministerium des Innern kann die Zuständigkeit nach Satz 1 Nummer 2 und 3 abweichend bestimmen.
(2) Obere Rechtsaufsichtsbehörde ist in den Fällen des Absatzes 1 Nummer 1 und 2 die Landesdirektion Sachsen, im Fall des Absatzes 1 Nummer 3 das Staatsministerium des Innern.
(3) Oberste Rechtsaufsichtsbehörde ist das Staatsministerium des Innern.

## § 75
## Aufsicht über Verwaltungsverbände und Zweckverbände

[1]Verwaltungsverbände und Zweckverbände unterstehen der Rechtsaufsicht, bei Erfüllung von Weisungsaufgaben der Fachaufsicht. [2]Die §§ 111, 112 Absatz 2 bis 4 und §§ 113 bis 123 der Sächsischen Gemeindeordnung gelten entsprechend.

# ACHTER TEIL
# Übergangs- und Schlussbestimmungen

## § 76
## Planungsverbände

(1) Auf Planungsverbände nach § 205 Absatz 1 bis 5 des Baugesetzbuches sind die Vorschriften dieses Gesetzes über Zweckverbände entsprechend anwendbar, soweit sich aus dem Baugesetzbuch nichts anderes ergibt.
(2) Auf Wasser- und Bodenverbände sind die Vorschriften dieses Gesetzes über Zweckverbände entsprechend anwendbar, soweit sich aus dem Wasserverbandsgesetz nichts anderes ergibt.

## § 77
*(weggefallen)*

## § 78
## Anwendung auf bestehende Zweckverbände, Verwaltungsgemeinschaften und gemeinsame Verwaltungsämter

(1) [1]Die zum Zeitpunkt des Inkrafttretens dieses Gesetzes bestehenden Verwaltungsgemeinschaften und gemeinsamen Verwaltungsämter haben spätestens bis zum 31. Dezember 1994 ihre Rechtsverhältnisse nach diesem Gesetz zu ordnen. [2]Insbesondere sind die Gemeinschaftsvereinbarungen den Vorschriften dieses Gesetzes anzupassen und zur Genehmigung nach Absatz 3 vorzulegen. [3]Bis dahin bleiben die Gemeinschaftsvereinbarungen in Kraft, auch soweit sie Vorschriften dieses Gesetzes widersprechen.
(2) Verbandssatzungen von Zweckverbänden sind bis zum 31. Dezember 1994 den Vorschriften dieses Gesetzes anzupassen.
(3) Verbandssatzungen, Gemeinschaftsvereinbarungen und Zweckvereinbarungen bedürfen nach Maßgabe dieses Gesetzes einer Genehmigung der zuständigen Rechtsaufsichtsbehörde, auch wenn und soweit eine Anpassung nicht erforderlich ist.
(4) Zweckverbände, die am 1. Februar 1998 die Dienstherrnfähigkeit besessen haben, bleiben dienstherrnfähig im Hinblick auf die zu diesem Zeitpunkt bestehenden Beamtenverhältnisse.

## § 78a
## Übergangsbestimmung aus Anlass des Gesetzes zur Erleichterung freiwilliger Gebietsänderungen

Nach § 52 Absatz 2 Satz 1 dieses Gesetzes in der Fassung vom 19. August 1993 (SächsGVBl. S. 827, 1103) bestehende satzungsmäßige Bestimmungen über Stimmrechtsbeschränkungen gelten fort.

## § 78b
## Übernahme der Angestellten, Arbeiter sowie der in einem Ausbildungsverhältnis stehenden Beschäftigten

[1]Die §§ 33 und 34 Absatz 2 bis 4 des Sächsischen Beamtengesetzes gelten bei der Bildung eines Verwaltungsverbandes oder einer Verwaltungsgemeinschaft für die Angestellten und Arbeiter sowie die in einem Ausbildungsverhältnis stehenden Beschäftigten entsprechend. [2]Treten diese danach in den Dienst des Verwaltungsverbandes oder der erfüllenden Gemeinde über, wird das Arbeitsverhältnis mit dem neuen Arbeitgeber fortgesetzt.

## § 78c
## Übergangsbestimmungen aus Anlass des Gesetzes zur Fortentwicklung des Kommunalrechts

(1) [1]Nach § 19 Absatz 3 Satz 5 dieses Gesetzes in der Fassung vom 19. August 1993 (SächsGVBl. S. 815, 1103) bestehende satzungsmäßige Bestimmungen sind an die Vorschriften dieses Gesetzes in der am 1. Januar 2014 geltenden Fassung bis zum 31. Dezember 2014 anzupassen und zur Genehmigung vorzulegen. [2]Bis dahin bleiben sie in Kraft, auch soweit sie den geänderten Vorschriften widersprechen.
(2) Geltende satzungsmäßige Bestimmungen zur Verteilung des Stimmrechts in der Verbandsversammlung gemäß den §§ 16 und 19 Absatz 3 Satz 1 dieses Gesetzes in der Fassung vom 19. August 1993 (SächsGVBl. S. 815, 1103) gelten fort.
(3) [1]Für am 1. Januar 2014 bestehende öffentlich-rechtliche Verträge nach § 1 des Gesetzes zur Übertragung von Aufgaben auf kreisangehörige Gemeinden vom 29. Januar 2008 (SächsGVBl. S. 138) gilt das Gesetz zur Übertragung von Aufgaben auf kreisangehörige Gemeinden in der bis zum 31. Dezember 2013 geltenden Fassung fort. [2]Eine Verlängerung der vertraglich vereinbarten Befristung ist ausgeschlossen.

## § 79
## Rechtsverordnungen

[1]Das Staatsministerium des Innern wird ermächtigt, durch Rechtsverordnung zu regeln
1. das Verfahren bei der Bildung von Verbandsversammlungen, Ausschüssen und gemeinsamen Ausschüssen,
2. die Anwendung der Bestimmungen des Gemeindewirtschaftsrechts auf Zweckverbände,
3. das Verfahren für die Erteilung von Genehmigungen nach diesem Gesetz.

[2]§ 5 Absatz 3 dieses Gesetzes in Verbindung mit § 127 der Sächsischen Gemeindeordnung bleibt unberührt.

### § 80
### Verwaltungsvorschriften

Das Staatsministerium des Innern kann Verwaltungsvorschriften zur Durchführung dieses Gesetzes erlassen.

### § 81
### Grenzüberschreitende Zweckverbände

[1]Die Mitgliedschaft einer Gemeinde, eines Verwaltungsverbandes, eines Landkreises, eines Zweckverbandes oder einer sonstigen der Aufsicht des Freistaates Sachsen unterstehenden Körperschaft, Anstalt oder Stiftung des öffentlichen Rechts in einem Zweckverband, der seinen Sitz außerhalb des Freistaates Sachsen hat, ist nur möglich, wenn ein Staatsvertrag dies zulässt. [2]Das gleiche gilt für die Mitgliedschaft einer Gemeinde, eines Landkreises oder einer sonstigen, nicht der Aufsicht des Freistaates Sachsen unterstehenden Körperschaft, Anstalt oder Stiftung des öffentlichen Rechts in einem Zweckverband, der seinen Sitz innerhalb des Freistaates Sachsen hat.

### §§ 82 bis 85
*(weggefallen)*

### § 86
### (Inkrafttreten)

# Verordnung
## des Sächsischen Staatsministeriums des Innern über die kommunale Haushaltswirtschaft (Sächsische Kommunalhaushaltsverordnung – SächsKomHVO)

**erlassen als Artikel 1 der Verordnung des Sächsischen Staatsministeriums des Innern zur Weiterentwicklung des neuen kommunalen Haushalts- und Rechnungswesens**

**Vom 10. Dezember 2013 (SächsGVBl. S. 910), die zuletzt durch die Verordnung vom 18. März 2022 (SächsGVBl. S. 259) geändert worden ist**

**– Fassung ab 12. April 2022 –**

**Inhaltsübersicht**

## ABSCHNITT 1
## Haushaltsplan, Finanzplanung

### § 1
### Bestandteile des Haushaltsplans, Gesamthaushalt, Anlagen

(1) Der Haushaltsplan besteht aus:
1. dem Gesamthaushalt;
2. den Teilhaushalten;
3. dem Stellenplan.

(2) Der Gesamthaushalt besteht aus:
1. dem Ergebnishaushalt;
2. dem Finanzhaushalt;
3. dem Haushaltsquerschnitt als je einer Übersicht über die Erträge, die Aufwendungen, die Veranschlagung des ordentlichen Ergebnisses und den Nettoressourcenbedarf der Teilhaushalte des Ergebnishaushalts sowie über den Zahlungsmittelsaldo aus laufender Verwaltungstätigkeit, die Einzahlungen, die Auszahlungen, den Zahlungsmittelsaldo aus Investitionstätigkeit, den Finanzierungsmittelüberschuss oder -fehlbetrag und die Verpflichtungsermächtigungen der Teilhaushalte des Finanzhaushalts;
4. einer zusammengefassten Übersicht, aufgegliedert nach Konten.

(3) Dem Haushaltsplan sind als Anlagen beizufügen:
1. der Vorbericht;
2. das Haushaltsstrukturkonzept, wenn ein solches erstellt wurde;
3. eine Übersicht zu der Entwicklung des Basiskapitals, der Rücklagen und der vorgetragenen Fehlbeträge sowie in Fällen des § 72 Absatz 3 Satz 3 der Sächsischen Gemeindeordnung eine Übersicht zu der Ermittlung der Fehlbeträge aus Abschreibungen und deren Verrechnung mit dem Basiskapital;
4. eine Übersicht über die aus Verpflichtungsermächtigungen in den einzelnen Jahren voraussichtlich fällig werdenden Auszahlungen; werden Auszahlungen in den Jahren fällig, auf die sich der Finanzplan noch nicht erstreckt, ist die voraussichtliche Deckung des Zahlungsmittelbedarfs dieser Jahre gesondert darzustellen;
5. eine Übersicht über den voraussichtlichen Stand der Verbindlichkeiten aus Krediten für Investitionen und der ihnen wirtschaftlich gleichkommenden Rechtsgeschäfte und der Verpflichtungen aus Bürgschaften, Gewährverträgen und der ihnen wirtschaftlich gleichkommenden Rechtsgeschäfte sowie eine Übersicht über den voraussichtlichen Stand der Rückstellungen und Rücklagen, jeweils bezogen auf den Beginn des Vorjahres sowie auf den Beginn und das Ende des Haushaltsjahres;
6. eine Übersicht über die im Ergebnishaushalt zu veranschlagenden Instandhaltungs- und Instandsetzungsmaßnahmen, soweit sie von erheblichem Umfang sind oder Zuwendungen dafür beantragt werden;
7. die Wirtschaftspläne und neuesten Jahresabschlüsse der Sondervermögen, für die Sonderrechnungen geführt werden;
8. die Wirtschaftspläne und neuesten geprüften Jahresabschlüsse der Unternehmen und Einrichtungen mit eigener Rechtspersönlichkeit, an denen die Gemeinde mit mehr als 20 Prozent beteiligt ist; an die Stelle der Wirtschaftspläne und Jahresabschlüsse kann eine kurz gefasste Übersicht über die Wirtschaftslage und die voraussichtliche Entwicklung der Unternehmen und Einrichtungen treten;
9. die Übersichten nach § 4 Absatz 5.

(4) [1]Den im Haushaltsplan für das Haushaltsjahr zu veranschlagenden Erträgen und Aufwendungen sowie Einzahlungen und Auszahlungen sind die Ergebnisse des Jahresabschlusses des Vorvorjahres und die Haushaltspositionen des Vorjahres voranzustellen. [2]Darüber hinaus sind die Positionen der Finanzplanung nach § 80 Absatz 1 der Sächsischen Gemeindeordnung für die dem Haushaltsjahr folgenden drei Jahre anzufügen. [3]Ergeben sich bei der Aufstellung des Haushaltsplans wesentliche Änderungen für die folgenden Jahre, ist der Finanzplan anzupassen.

(5) Die Frist gemäß § 119 Absatz 1 der Sächsischen Gemeindeordnung beginnt erst mit der Vorlage sämtlicher Bestandteile und Anlagen des Haushaltsplans.

### § 2
### Ergebnishaushalt

(1) Der Ergebnishaushalt enthält in Form des vorgegebenen Musters nach § 128 Satz 1 Nummer 3 der Sächsischen Gemeindeordnung:
1. Steuern und ähnliche Abgaben nach Arten;
2. Zuweisungen und Umlagen nach Arten sowie aufgelöste Sonderposten;
3. sonstige Transfererträge;
4. öffentlich-rechtliche Leistungsentgelte;
5. privatrechtliche Leistungsentgelte;
6. Kostenerstattungen und Kostenumlagen;
7. Zinsen und sonstige Finanzerträge;
8. aktivierte Eigenleistungen und Bestandsveränderungen;
9. sonstige ordentliche Erträge;
10. die ordentlichen Erträge, die Summe aus den Nummern 1 bis 9;
11. Personalaufwendungen;
12. Versorgungsaufwendungen;
13. Aufwendungen für Sach- und Dienstleistungen;
14. Abschreibungen im ordentlichen Ergebnis;
15. Zinsen und sonstige Finanzaufwendungen;
16. Transferaufwendungen und Abschreibungen auf Sonderposten für geleistete Investitionsförderungsmaßnahmen;
17. sonstige ordentliche Aufwendungen;
18. die ordentlichen Aufwendungen, die Summe aus den Nummern 11 bis 17;
19. das ordentliche Ergebnis, den Saldo aus den Nummern 10 und 18;
20. realisierbare außerordentliche Erträge;
21. realisierbare außerordentliche Aufwendungen;
22. das Sonderergebnis, der Saldo aus den Nummern 20 und 21;
23. das Gesamtergebnis als Überschuss oder Fehlbetrag, die Summe aus den Nummern 19 und 22;
24. die veranschlagte Abdeckung von Fehlbeträgen des ordentlichen Ergebnisses aus Vorjahren;
25. die veranschlagte Abdeckung von Fehlbeträgen des Sonderergebnisses aus Vorjahren;
26. die Verrechnung eines Fehlbetrages im ordentlichen Ergebnis mit dem Basiskapital gemäß § 72 Absatz 3 Satz 3 der Sächsischen Gemeindeordnung;
27. die Verrechnung eines Fehlbetrages im Sonderergebnis mit dem Basiskapital gemäß § 72 Absatz 3 Satz 3 der Sächsischen Gemeindeordnung;
28. das veranschlagte Gesamtergebnis unter Berücksichtigung der Fehlbeträge aus Vorjahren und der Verrechnung gemäß § 72 Absatz 3 Satz 3 der Sächsischen Gemeindeordnung als Überschuss oder Fehlbetrag, die Summe aus den Nummern 23 bis 27;

als Ergebnisabdeckung

29. die Entnahme aus der Rücklage aus Überschüssen des ordentlichen Ergebnisses;
30. die Entnahme aus der Rücklage aus Überschüssen des Sonderergebnisses;
31. den Vortrag eines Fehlbetrages des ordentlichen Ergebnisses auf Folgejahre;
32. den Vortrag eines Fehlbetrages des Sonderergebnisses auf Folgejahre;

(2) Unter den Positionen „außerordentliche Erträge" und „außerordentliche Aufwendungen" sind die außerhalb der gewöhnlichen Geschäfts- und Verwaltungstätigkeit anfallenden Erträge und Aufwendungen sowie Erträge und Aufwendungen aus Vermögensveräußerung und Vermögensübertragung auszuweisen.

### § 3
### Finanzhaushalt

(1) Der Finanzhaushalt enthält in Form des vorgegebenen Musters nach § 128 Satz 1 Nummer 3 der Sächsischen Gemeindeordnung:
1. Steuern und ähnliche Abgaben;
2. Zuweisungen und Umlagen für laufende Verwaltungstätigkeit;
3. sonstige Transfereinzahlungen;
4. öffentlich-rechtliche Leistungsentgelte, ausgenommen Investitionsbeiträge;
5. privatrechtliche Leistungsentgelte;
6. Kostenerstattungen und Kostenumlagen;
7. Zinsen und sonstige Finanzeinzahlungen;
8. sonstige haushaltswirksame Einzahlungen aus laufender Verwaltungstätigkeit;
9. die Einzahlungen aus laufender Verwaltungstätigkeit, die Summe aus den Nummern 1 bis 8;
10. Personalauszahlungen;
11. Versorgungsauszahlungen;

12. Auszahlungen für Sach- und Dienstleistungen;
13. Zinsen und sonstige Finanzauszahlungen;
14. Transferauszahlungen aus laufender Verwaltungstätigkeit;
15. sonstige haushaltswirksame Auszahlungen aus laufender Verwaltungstätigkeit;
16. die Auszahlungen aus laufender Verwaltungstätigkeit, die Summe aus den Nummern 10 bis 15;
17. den Zahlungsmittelsaldo aus laufender Verwaltungstätigkeit als Zahlungsmittelüberschuss oder Zahlungsmittelbedarf, der Saldo aus den Nummern 9 und 16;
18. Einzahlungen aus Investitionszuwendungen;
19. Einzahlungen aus Investitionsbeiträgen und ähnlichen Entgelten für Investitionstätigkeit;
20. Einzahlungen aus der Veräußerung von immateriellen Vermögensgegenständen;
21. Einzahlungen aus der Veräußerung von Grundstücken, Gebäuden und sonstigen unbeweglichen Vermögensgegenständen;
22. Einzahlungen aus der Veräußerung von übrigem Sachanlagevermögen;
23. Einzahlungen aus der Veräußerung von Finanzanlagevermögen und von Wertpapieren des Umlaufvermögens;
24. Einzahlungen für sonstige Investitionstätigkeit;
25. Einzahlungen für Investitionstätigkeit, die Summe aus den Nummern 18 bis 24;
26. Auszahlungen für den Erwerb von immateriellen Vermögensgegenständen;
27. Auszahlungen für den Erwerb von Grundstücken, Gebäuden und sonstigen unbeweglichen Vermögensgegenständen;
28. Auszahlungen für Baumaßnahmen;
29. Auszahlungen für den Erwerb von übrigem Sachanlagevermögen;
30. Auszahlungen für den Erwerb von Finanzanlagevermögen und von Wertpapieren des Umlaufvermögens;
31. Auszahlungen für Investitionsförderungsmaßnahmen;
32. Auszahlungen für sonstige Investitionstätigkeit;
33. Auszahlungen für Investitionstätigkeit, die Summe aus den Nummern 26 bis 32;
34. den Zahlungsmittelsaldo aus Investitionstätigkeit, den Saldo aus den Nummern 25 und 33;
35. den veranschlagten Finanzierungsmittelüberschuss oder Finanzierungsmittelfehlbetrag, die Summe aus den Nummern 17 und 34;
36. Einzahlungen aus der Aufnahme von Krediten und diesen wirtschaftlich gleichkommenden Rechtsgeschäften für Investitionen;
37. Einzahlungen aus sonstiger Wertpapierverschuldung;
38. Auszahlungen für die Tilgung von Krediten und diesen wirtschaftlich gleichkommenden Rechtsgeschäften für Investitionen;
39. Auszahlungen für die Tilgung sonstiger Wertpapierverschuldung;
40. den Zahlungsmittelsaldo aus der Finanzierungstätigkeit, den Saldo aus der Summe der Nummern 36 und 37 und der Summe der Nummern 38 und 39;
41. die Änderung des Finanzmittelbestands im Haushaltsjahr, die Summe aus den Nummern 35 und 40;
42. Einzahlungen aus Darlehensrückflüssen;
43. Auszahlungen für die Gewährung von Darlehen;
44. (nicht belegt);
45. (nicht belegt);
46. (nicht belegt);
47. den Überschuss oder Bedarf an Zahlungsmitteln aus Veranschlagungen des Haushaltsjahres, der Saldo aus der Summe der Nummern 41 und 42 sowie der Nummer 43;
48. Einzahlungen aus übertragenen Ermächtigungen der Vorjahre;
49. Auszahlungen aus übertragenen Ermächtigungen der Vorjahre;
50. den Überschuss oder Bedarf an Zahlungsmitteln im Haushaltsjahr, der Saldo aus der Summe der Nummern 47 und 48 sowie der Nummer 49;
51. Einzahlungen aus der Aufnahme von Kassenkrediten;
52. Auszahlungen für die Tilgung von Kassenkrediten;
53. Veränderung des Bestandes an Zahlungsmitteln im Haushaltsjahr, der Saldo aus der Summe der Nummern 50 und 51 sowie der Nummer 52;
54. voraussichtlicher Bestand an liquiden Mitteln zu Beginn des Haushaltsjahres (ohne Kassenkredite und Kontokorrentverbindlichkeiten);
55. voraussichtlicher Bestand an liquiden Mitteln am Ende des Haushaltsjahres, die Summe aus den Nummern 53 und 54.

(2) Nachrichtlich sind anzugeben der Saldo aus den Einzahlungen und Auszahlungen sowie der Bestand aus fremden Finanzmitteln (§ 15), der Betrag der Einzahlungen aus der Aufnahme von Krediten für Investitionen, der sich auf übertragene Kreditermächtigungen bezieht, der Betrag der Auszahlungen für die ordentliche Kredittilgung und den Tilgungsanteil der Zahlungsverpflichtungen aus kreditähnlichen Rechtsgeschäften einschließlich der als Investitionsauszahlungen veranschlagten Tilgungsanteile der Zahlungsverpflichtungen aus kreditähnlichen Rechtsgeschäften, der Betrag der verfügbaren Mittel gemäß § 72 Absatz 4 Satz 2 der Sächsischen Gemeindeordnung sowie die voraussichtlichen Ein- und Auszahlungen aus Investitionstätigkeit aus übertragenen Ermächtigungen.

## § 4
## Teilhaushalte, Budgets

(1) [1]Der Gesamthaushalt ist in Teilhaushalte zu gliedern. [2]Die Teilhaushalte sind produktorientiert zu bilden. [3]Sie können nach den vorgegebenen Produktbereichen oder nach der örtlichen Organisation gebildet werden. [4]Mehrere Produktbereiche können zu einem Teilhaushalt zusammengefasst werden. [5]Werden Teilhaushalte nach der örtlichen Organisation gebildet, können Produktbereiche nach vorgegebenen Produktgruppen oder Produkten auf mehrere Teilhaushalte aufgeteilt werden. [6]Die Teilhaushalte sind in einen Ergebnishaushalt und in einen Finanzhaushalt zu gliedern.

(2) [1]Jeder Teilhaushalt muss mindestens aus einer Bewirtschaftungseinheit (Budget) bestehen. [2]Für Aufgabenbereiche mit sachlichem Zusammenhang können durch Vermerk mehrere Teilhaushalte zu einem Budget verbunden werden oder Budgets über mehrere Teilhaushalte gebildet werden. [3]Die Budgets sind jeweils einem Verantwortungsbereich zuzuordnen. [4]In den Teilhaushalten sind die Produktgruppen zu benennen; zusätzlich soll mindestens ein Schlüsselprodukt mit den dazugehörigen Leistungszielen und Kennzahlen zur Messung der Zielerreichung dargestellt werden.

(3) Der Teilergebnishaushalt enthält in Form des vorgegebenen Musters nach § 128 Satz 1 Nummer 3 der Sächsischen Gemeindeordnung:
1. die anteiligen ordentlichen Erträge nach § 2 Absatz 1 Nummer 1 bis 9, soweit diese nicht ausschließlich im Gesamthaushalt oder zentral in einem Teilhaushalt veranschlagt sind;
2. die Summe der ordentlichen Erträge aus der Nummer 1;
3. die anteiligen ordentlichen Aufwendungen nach § 2 Absatz 1 Nummer 11 bis 17, soweit diese nicht ausschließlich im Gesamthaushalt oder zentral in einem Teilhaushalt veranschlagt sind;
4. die Summe der ordentlichen Aufwendungen aus der Nummer 3;
5. das anteilige veranschlagte ordentliche Ergebnis, den Saldo aus den Nummern 2 und 4;
6. Erträge aus interner Leistungsverrechnung;
7. Aufwendungen für interne Leistungsverrechnung;
8. kalkulatorische Kosten;
9. das veranschlagte kalkulatorische Ergebnis, den Saldo aus der Nummer 6 und der Summe aus den Nummern 7 und 8;
10. den veranschlagten Nettoressourcenbedarf oder Nettoressourcenüberschuss, die Summe aus den Nummern 5 und 9.

(4) [1]Der Teilfinanzhaushalt enthält in Form des vorgegebenen Musters nach § 128 Satz 1 Nummer 3 der Sächsischen Gemeindeordnung:
1. die anteiligen Einzahlungen aus laufender Verwaltungstätigkeit nach § 3 Absatz 1 Nummer 1 bis 8, soweit diese nicht ausschließlich im Gesamthaushalt oder zentral in einem Teilhaushalt veranschlagt sind;
2. die Summe der Einzahlungen aus laufender Verwaltungstätigkeit aus der Nummer 1;
3. die anteiligen Auszahlungen aus laufender Verwaltungstätigkeit nach § 3 Absatz 1 Nummer 10 bis 15, soweit diese nicht ausschließlich im Gesamthaushalt oder zentral in einem Teilhaushalt veranschlagt sind;
4. die Summe der Auszahlungen aus laufender Verwaltungstätigkeit aus der Nummer 3;
5. den anteiligen Zahlungsmittelsaldo aus laufender Verwaltungstätigkeit als Zahlungsmittelüberschuss oder Zahlungsmittelbedarf, den Saldo aus den Nummern 2 und 4;
6. die anteiligen Einzahlungen für Investitionstätigkeit nach § 3 Absatz 1 Nummer 18 bis 24;
7. die anteiligen Auszahlungen für Investitionstätigkeit nach § 3 Absatz 1 Nummer 26 bis 32;

8. den anteiligen veranschlagten Finanzierungsmittelüberschuss oder Finanzierungsmittelbedarf, die Summe aus der Nummer 5 und aus dem Saldo aus den Nummern 6 und 7.

²Abweichend von Satz 1 kann die Darstellung im Teilfinanzhaushalt auf Satz 1 Nummer 6 und 7 beschränkt werden. ³Die Investitionen sind einzeln unter Angabe der Gesamtinvestitionssumme, der Einzahlungen und Auszahlungen sowie der Verpflichtungsermächtigungen für die Folgejahre entsprechend § 9 Absatz 2 darzustellen. ⁴Maßnahmen von geringer finanzieller Bedeutung dürfen zusammengefasst werden.

(5) Dem Haushaltsplan sind je eine Übersicht über die Zuordnung der Produktbereiche und Produktgruppen zu den Teilhaushalten sowie Übersichten über die Zuordnung der Erträge und Aufwendungen des Ergebnishaushalts zu dem vorgegebenen Produktrahmen als Anlagen beizufügen.

## § 5
## Stellenplan

(1) ¹Der Stellenplan hat die im Haushaltsjahr erforderlichen Stellen der Beamten und der nicht nur vorübergehend Beschäftigten sowie der davon in der Kernverwaltung Beschäftigten auszuweisen. ²Soweit erforderlich, sind in ihm die Amtsbezeichnungen für Beamte festzusetzen. ³Stellen in Einrichtungen von Sondervermögen, für die Sonderrechnungen geführt werden, sind gesondert auszuweisen.

(2) ¹Im Stellenplan ist ferner für jede Besoldungs- und Entgeltgruppe die Gesamtzahl der Stellen für das Vorjahr und der am 30. Juni des Vorjahres besetzten Stellen anzugeben. ²Wesentliche Abweichungen vom Stellenplan des Vorjahres sind zu erläutern.

(3) Soweit ein dienstliches Bedürfnis besteht, dürfen im Stellenplan ausgewiesene

1. Planstellen vorübergehend mit Beamten einer niedrigeren Besoldungsgruppe derselben Laufbahn besetzt werden,
2. freigewordene Planstellen des Eingangsamtes einer Laufbahn der Laufbahngruppen 1 und 2 mit Beamten der nächstniedrigeren Laufbahn besetzt werden, deren Aufstieg in die nächsthöhere Laufbahn im folgenden Haushaltsjahr laufbahnrechtlich möglich und vom Dienstherrn beabsichtigt ist und
3. freigewordene Planstellen mit Beschäftigten einer vergleichbaren oder niedrigeren Entgeltgruppe besetzt werden, längstens jedoch bis zum Ende des Jahres, das auf das Jahr des Freiwerdens der Stelle folgt.

## § 6
## Vorbericht

¹Der Vorbericht gibt einen Überblick über die Entwicklung und den Stand der Haushaltswirtschaft unter dem Gesichtspunkt der stetigen Erfüllung der Aufgaben der Gemeinde. ²Er soll eine durch Kennzahlen gestützte, wertende Analyse der Haushaltslage und ihrer voraussichtlichen Entwicklung enthalten. ³Unter Einhaltung der folgenden Gliederung sollen insbesondere dargestellt werden:

1. welche wesentlichen Ziele und Strategien die Gemeinde verfolgt und welche Änderungen gegenüber dem Vorjahr eintreten werden;
2. wie sich die wichtigsten Erträge, Aufwendungen, Einzahlungen und Auszahlungen, das Vermögen, die Verbindlichkeiten ohne Kassenkredite und die Zinsbelastung sowie die Verpflichtungen aus Bürgschaften, Gewährverträgen und ihnen wirtschaftlich gleichkommenden Rechtsgeschäften in den beiden dem Haushaltsjahr vorangehenden Haushaltsjahren entwickelt haben und voraussichtlich im Finanzplanungszeitraum entwickeln werden; zusätzlich ist die durchschnittliche rechnerische Tilgungsdauer sowie die durchschnittliche Nutzungsdauer des gesamten abnutzbaren Anlagevermögens anzugeben;
3. wie sich das Gesamtergebnis, das Basiskapital, die Rücklagen und der zur Verrechnung mit dem Basiskapital veranschlagte Fehlbetrag gemäß § 72 Absatz 3 Satz 3 der Sächsischen Gemeindeordnung im Haushaltsjahr und in den dem Haushaltsjahr folgenden drei Jahren entwickeln werden und in welchem Verhältnis diese Entwicklung zum Deckungsbedarf des Finanzplans steht;
4. welche erheblichen Investitionen und Investitionsförderungsmaßnahmen im Haushaltsjahr geplant sind und welche Auswirkungen sich hieraus für die Haushalte der folgenden Jahre ergeben werden;
5. wie sich der Zahlungsmittelüberschuss oder Zahlungsmittelbedarf aus laufender Verwaltungstätigkeit, der Finanzierungsmittelüberschuss oder der Finanzierungsmittelfehlbetrag entwickeln werden; in welchem Umfang Kassenkredite in Anspruch genommen worden sind und in welchem Umfang liquide Mittel, welche für die Inanspruchnahme von langfristigen Rückstellungen notwendig sind, eingesetzt werden; ferner wie sich der Betrag der verfügbaren Mittel gemäß § 72 Absatz 4 Satz 2 der Sächsischen Gemeindeordnung im Haushaltsjahr und im Finanzplanungszeitraum entwickeln wird;
6. welcher Finanzierungsbedarf für die Inanspruchnahme von Rückstellungen entsteht und welche Auswirkungen auf die Haushalte sich daraus im Finanzplanungszeitraum ergeben werden;
7. wenn ein Haushaltsstrukturkonzept aufgestellt wurde, wie die für das Haushaltsjahr vorgesehenen Haushaltsstrukturmaßnahmen im Haushaltsplan verwirklicht werden und wie sich diese auf die künftige Entwicklung der Ertrags-, Finanz- und Vermögenslage auswirken;
8. welche Auswirkungen sich nach der Bevölkerungsstatistik auf die zu erwartende zukünftige Entwicklung der Gemeinde und ihrer Einrichtungen ergeben werden;
9. welche haushaltswirtschaftlichen Belastungen sich insbesondere aus der Eigenkapitalausstattung und der Verlustabdeckung für andere Organisationseinheiten und Vermögensmassen, aus Umlagen, Straßenentwässerungskostenanteilen, der Übernahme von Bürgschaften und anderen Sicherheiten sowie Gewährverträgen ergeben werden oder zu erwarten sind aus
   a) den Sondervermögen der Gemeinde, für die aufgrund gesetzlicher Vorschriften Sonderrechnungen geführt werden,
   b) den Formen kommunaler Zusammenarbeit, an denen die Gemeinde beteiligt ist, und
   c) den unmittelbaren und mittelbaren Beteiligungen der Gemeinde an Unternehmen in einer Rechtsform des öffentlichen und privaten Rechts.

## § 7
## Haushaltsplan für zwei Jahre

¹Wird eine Haushaltssatzung für zwei Jahre erlassen, sind im Haushaltsplan die Erträge und Aufwendungen, die Einzahlungen und Auszahlungen sowie die Verpflichtungsermächtigungen für jedes der beiden Haushaltsjahre getrennt zu veranschlagen. ²Von Vorschriften über die äußere Form des Haushaltsplans kann abgewichen werden, soweit dies unumgänglich ist.

## § 8
## Nachtragshaushaltsplan

(1) Der Nachtragshaushaltsplan muss alle erheblichen Änderungen der Erträge und Einzahlungen sowie Aufwendungen und Auszahlungen, die zum Zeitpunkt seiner Aufstellung übersehbar sind, einschließlich der bereits geleisteten oder angeordneten über- und außerplanmäßige Aufwendungen und Auszahlungen, sowie die damit zusammenhängenden Änderungen der Ziele und Kennzahlen enthalten.

(2) Enthält der Nachtragshaushaltsplan neue Verpflichtungsermächtigungen, sind deren Auswirkungen auf den Finanzplan anzugeben; die Übersicht nach § 1 Absatz 3 Nummer 4 ist zu ergänzen.

## § 9
## Finanzplan und Investitionsprogramm

(1) ¹Der Finanzplan besteht aus einer Übersicht über die Entwicklung der Erträge und Aufwendungen sowie des zu veranschlagenden Gesamtergebnisses des Ergebnishaushalts, ferner einer Übersicht über die Entwicklung der Einzahlungen und Auszahlungen des Finanzhaushalts. ²Er ist nach der für den Ergebnishaushalt und den Finanzhaushalt geltenden Systematik und nach Jahren gegliedert aufzustellen sowie nach § 1 Absatz 4 Satz 2 in den Haushaltsplan einzubeziehen. ³Für Investitionen und Investitionsförderungsmaßnahmen ist eine Gliederung nach Teilhaushalten vorzunehmen.

(2) ¹In das dem Finanzplan zugrunde zu legende Investitionsprogramm sind die im Planungszeitraum vorgesehenen Investitionen und Investitionsförderungsmaßnahmen nach Jahresabschnitten aufzunehmen. ²Jeder Jahresabschnitt soll die fortzuführenden und die neuen

Maßnahmen mit den auf das betreffende Jahr entfallenden Teilbeträgen wiedergeben.
(3) Bei der Aufstellung und Fortschreibung des Finanzplans nach § 80 Absatz 5 der Sächsischen Gemeindeordnung sollen die vom Staatsministerium der Finanzen bekannt gegebenen Orientierungsdaten berücksichtigt werden.
(4) [1]Der Finanzplan soll in den einzelnen Jahren im Gesamtergebnis nach § 2 Absatz 1 Nummer 23 unter Berücksichtigung der Rücklagen, der Verrechnung gemäß § 72 Absatz 3 Satz 3 der Sächsischen Gemeindeordnung und der Fehlbeträge aus Vorjahren ausgeglichen sein; das gilt entsprechend bei den Auszahlungen für die ordentliche Kredittilgung, den Tilgungsanteil der Zahlungsverpflichtungen aus kreditähnlichen Rechtsgeschäften und deren Deckungsmöglichkeiten. [2]Ferner soll der voraussichtliche Bestand an liquiden Mitteln gemäß § 3 Absatz 1 Nummer 55 in den einzelnen Jahren nicht negativ sein.

## ABSCHNITT 2
## Planungsgrundsätze

### § 10
### Allgemeine Planungsgrundsätze

(1) Die Erträge und Aufwendungen sind in ihrer voraussichtlich dem Haushaltsjahr zuzurechnenden Höhe, die Einzahlungen und Auszahlungen in Höhe der im Haushaltsjahr voraussichtlich eingehenden oder zu leistenden Beträge zu veranschlagen; sie sind sorgfältig zu schätzen, soweit sie nicht errechenbar sind.
(2) Die Erträge, Aufwendungen, Einzahlungen und Auszahlungen sind in voller Höhe und getrennt voneinander zu veranschlagen, soweit in dieser Verordnung nichts anderes bestimmt ist.
(3) [1]Im Gesamthaushalt und in den Teilhaushalten sind Erträge und Einzahlungen, Aufwendungen und Auszahlungen nach Arten (§§ 2 und 3) zu veranschlagen. [2]In den Teilhaushalten ist im Ergebnishaushalt der anteilige Nettoressourcenbedarf untergliedert in anteiliges ordentliches Ergebnis und kalkulatorisches Ergebnis zu veranschlagen (§ 4 Absatz 3).
(4) [1]Für denselben Zweck sollen Aufwendungen und Auszahlungen nicht an verschiedenen Stellen im Haushaltsplan veranschlagt werden. [2]Wird ausnahmsweise anders verfahren, ist auf die Ansätze gegenseitig zu verweisen.

### § 11
### Verpflichtungsermächtigungen

[1]Die Verpflichtungsermächtigungen sind in den Teilhaushalten maßnahmenbezogen zu veranschlagen. [2]Dabei ist anzugeben, wie sich die Belastungen voraussichtlich auf die künftigen Jahre verteilen werden.

### § 12
### Investitionen sowie Instandsetzungs- und Instandhaltungsmaßnahmen

(1) [1]Bei Investitionen und Investitionsförderungsmaßnahmen, die sich über mehrere Jahre erstrecken, sind neben dem veranschlagten Jahresbedarf die voraussichtlichen Auszahlungen für die gesamte Maßnahme anzugeben. [2]Die in den folgenden Jahren noch erforderlichen Auszahlungen sind bei der Finanzplanung zu berücksichtigen.
(2) [1]Bevor Investitionen von erheblicher finanzieller Bedeutung beschlossen werden, soll unter mehreren in Betracht kommenden Möglichkeiten durch Vergleich der Anschaffungs- oder Herstellungskosten und der Folgekosten die für die Gemeinde wirtschaftlichste Lösung ermittelt werden. [2]Dabei ist die künftige Bevölkerungsentwicklung zu berücksichtigen.
(3) [1]Auszahlungen und Verpflichtungsermächtigungen für Baumaßnahmen dürfen erst veranschlagt werden, wenn Pläne, Berechnungen und Erläuterungen vorliegen, aus denen die Art der Ausführung, die Kosten der Maßnahme sowie die voraussichtlichen Jahresraten unter Angabe der Kostenbeteiligung Dritter im Einzelnen ersichtlich sind. [2]Den Unterlagen sind eine Schätzung der jährlichen Auswirkungen auf den Haushalt nach Abschluss der Maßnahme und eine Übersicht, aus dem sich der zeitliche Ablauf der Maßnahme ergibt, beizufügen.
(4) [1]Ausnahmen von Absatz 3 sind bei Vorhaben von geringer finanzieller Bedeutung zulässig. [2]In diesen Fällen müssen aber mindestens eine nachvollziehbare Berechnung, aus der die Kosten der Maßnahme hervorgehen, und außerdem ein Bauzeitplan vorliegen.
(5) Die Absätze 2 bis 4 gelten für im Haushaltsjahr zu veranschlagende Instandhaltungs- und Instandsetzungsmaßnahmen entsprechend.

### § 13
### Verfügungsmittel

[1]Im Haushalt können in angemessener Höhe Verfügungsmittel des Bürgermeisters veranschlagt werden. [2]Die veranschlagten Mittel dürfen nicht überschritten werden. [3]Sie sind nicht übertragbar und nicht deckungsfähig.

### § 14
### Kosten- und Leistungsrechnungen

[1]Als Grundlage für die Verwaltungssteuerung sowie für die Beurteilung der Wirtschaftlichkeit und Leistungsfähigkeit der Verwaltung sind für alle Aufgabenbereiche nach den örtlichen Bedürfnissen Kosten- und Leistungsrechnungen zu führen. [2]Die Kosten sind aus der Buchführung nachprüfbar herzuleiten. [3]Die §§ 11 bis 16 des Sächsischen Kommunalabgabengesetzes in der Fassung der Bekanntmachung vom 9. März 2018 (SächsGVBl. S. 116), das durch Artikel 2 Absatz 17 des Gesetzes vom 5. April 2019 (SächsGVBl. S. 245) geändert worden ist, in der jeweils geltenden Fassung, bleiben unberührt.

### § 15
### Fremde Finanzmittel

Im Haushaltsplan der Gemeinde werden nicht veranschlagt:
1. durchlaufende Gelder;
2. Beträge, die die Gemeinde auf Grund einer Rechtsvorschrift unmittelbar für den Haushalt eines anderen öffentlichen Aufgabenträgers einnimmt oder ausgibt, einschließlich der ihr zur Selbstbewirtschaftung zugewiesenen Mittel;
3. Beträge, die die Kasse des endgültigen Kostenträgers oder eine andere Kasse, die unmittelbar mit dem endgültigen Kostenträger abrechnet, anstelle der Gemeindekasse vereinnahmt oder ausgibt.

### § 16
### Weitere Vorschriften für Erträge und Aufwendungen

(1) [1]Die Veranschlagung von Personalaufwendungen richtet sich nach den im Haushaltsjahr voraussichtlich besetzten Stellen. [2]Sie können abweichend von Satz 1 nach einem geeigneten Schlüssel auf die Teilhaushalte aufgeteilt werden. [3]Die Versorgungs- und Beihilfeaufwendungen sind nach geeignetem Schlüssel auf die Teilhaushalte aufzuteilen.
(2) [1]Interne Leistungen sind in der Regel in Höhe der Selbstkosten zwischen den Produkten zu verrechnen. [2]Dasselbe gilt für aktivierungsfähige interne Leistungen, die einzelnen Investitionsmaßnahmen zuzurechnen sind.

### § 17
### Erläuterungen

Die Ansätze sind soweit erforderlich zu erläutern. Insbesondere sind zu erläutern:
1. Ansätze von Erträgen und Aufwendungen, soweit sie erheblich sind und von den bisherigen Ansätzen erheblich abweichen;
2. neue Investitionen; erstrecken sie sich über mehrere Jahre, ist bei jeder folgenden Veranschlagung die bisherige Abwicklung darzulegen;
3. Notwendigkeit und Höhe der Verpflichtungsermächtigungen;
4. Ansätze für Aufwendungen und Auszahlungen zur Erfüllung von Verträgen, die die Gemeinde über ein Jahr hinaus zu erheblichen Zahlungen verpflichten;
5. Sperrvermerke nach § 74 Absatz 2 Satz 2 der Sächsischen Gemeindeordnung, Zweckbindungen und andere besondere Bestimmungen im Haushaltsplan;
6. von den Bediensteten aus Nebentätigkeiten abzuführende Beträge;
7. Abschreibungen, soweit sie erheblich von den Abschreibungen im ordentlichen Ergebnis oder von den im Vorjahr angewandten Abschreibungssätzen abweichen;
8. Ausnahmen nach § 12 Absatz 4.

# ABSCHNITT 3
# Deckungsgrundsätze

## § 18
## Grundsatz Gesamtdeckung

(1) Soweit in dieser Verordnung nichts anderes bestimmt ist, dienen
1. die Erträge des Ergebnishaushalts insgesamt zur Deckung der Aufwendungen des Ergebnishaushalts und
2. die Einzahlungen des Finanzhaushalts insgesamt zur Deckung der Auszahlungen des Finanzhaushalts.

(2) Die Inanspruchnahme von Deckungsfähigkeiten (§ 19 Absatz 2 und § 20) und die Übertragung (§ 21) sind nur zulässig, wenn das geplante Gesamtergebnis nicht gefährdet ist und die Vorschriften des § 82 der Sächsischen Gemeindeordnung beachtet werden.

## § 19
## Zweckbindung und unechte Deckungsfähigkeit

(1) [1]Erträge sind auf die Verwendung für bestimmte Aufwendungen zu beschränken, soweit sich dies aus rechtlicher Verpflichtung ergibt. [2]Sie können auf die Verwendung für bestimmte Aufwendungen beschränkt werden, wenn
1. die Beschränkung sich aus der Herkunft oder Natur der Erträge ergibt oder
2. ein sachlicher Zusammenhang dies erfordert und durch die Zweckbindung die Bewirtschaftung der Mittel erleichtert wird.

[3]Zweckgebundene Mehrerträge dürfen für entsprechende Mehraufwendungen verwendet werden.

(2) [1]Innerhalb eines Budgets können Mehrerträge die Ansätze für Aufwendungen im Ergebnishaushalt erhöhen, soweit im Haushaltsplan nichts anderes bestimmt ist. [2]Im Haushaltsplan kann ferner bestimmt werden, dass Mehrerträge bestimmte Aufwendungsansätze des Ergebnishaushalts erhöhen oder Mindererträge bestimmte Aufwendungsansätze vermindern, wenn sie sachlich zusammenhängen. [3]Von den Regelungen in den Sätzen 1 und 2 ausgenommen sind Erträge aus Steuern, allgemeinen Zuweisungen und Umlagen.

(3) Mehraufwendungen nach den Absätzen 1 und 2 gelten nicht als überplanmäßige Aufwendungen.

(4) Die Absätze 1 bis 3 gelten für die Einzahlungen und die Auszahlungen des Finanzhaushalts entsprechend.

## § 20
## Echte Deckungsfähigkeit

(1) [1]Aufwendungen im Ergebnishaushalt, die zu einem Budget gehören, sind gegenseitig deckungsfähig, wenn im Haushaltsplan nichts anderes bestimmt wird. [2]Zahlungsunwirksame Aufwendungen dürfen nicht zugunsten zahlungswirksamer Aufwendungen für deckungsfähig erklärt werden.

(2) Aufwendungen im Ergebnishaushalt, die nicht nach Absatz 1 deckungsfähig sind, können für gegenseitig oder einseitig deckungsfähig erklärt werden, wenn sie sachlich zusammenhängen.

(3) Die Absätze 1 und 2 gelten für Auszahlungen und Verpflichtungsermächtigungen für Investitionstätigkeit entsprechend.

(4) Zahlungswirksame Aufwendungen eines Budgets im Ergebnishaushalt können zu Gunsten von Auszahlungen eines Budgets im Finanzhaushalt für einseitig deckungsfähig erklärt werden.

(5) Bei Deckungsfähigkeit können die deckungsberechtigten Ansätze für Aufwendungen, Auszahlungen und Verpflichtungsermächtigungen zu Lasten der deckungspflichtigen Ansätze erhöht werden.

## § 21
## Übertragbarkeit und Verfügbarkeit

(1) [1]Die Ansätze für Auszahlungen und Einzahlungen für Investitionen und Investitionsförderungsmaßnahmen bleiben bei Übertragung in Folgejahre bis zur Fälligkeit der letzten Zahlung für ihren Zweck verfügbar, bei Baumaßnahmen und Beschaffungen längstens jedoch zwei Jahre nach Schluss des Haushaltsjahres, in dem der Vermögensgegenstand in seinen wesentlichen Teilen in Benutzung genommen werden kann. [2]Ansätze für Investitionen, die für Auszahlungen von Sicherheitseinbehalten und von Honoraren für Grundleistungen von Architekten und Ingenieuren in Folgejahre übertragen werden, bleiben längstens fünf Jahre nach Schluss des Haushaltsjahres, in dem der Vermögensgegenstand in seinen wesentlichen Teilen in Benutzung genommen werden kann, verfügbar.

(2) [1]Ansätze für Aufwendungen und Auszahlungen eines Budgets können ganz oder teilweise für übertragbar erklärt werden. [2]Sie bleiben zwei Jahre nach Schluss des Haushaltsjahres verfügbar; bei Baumaßnahmen bleiben sie bis zur Fälligkeit der letzten Zahlung, längstens jedoch zwei Jahre nach Schluss des Haushaltsjahres, in dem die Baumaßnahme in ihren wesentlichen Teilen abgeschlossen wurde, verfügbar. [3]Ansätze für Maßnahmen im Rahmen der laufenden Verwaltungstätigkeit, die für die Auszahlung von Sicherheitseinbehalten und von Honoraren für Grundleistungen von Architekten und Ingenieuren in Folgejahre übertragen werden, bleiben längstens fünf Jahre nach Schluss des Haushaltsjahres, in dem die Maßnahme in ihren wesentlichen Teilen abgeschlossen wurde, verfügbar.

(3) Sind Erträge oder Einzahlungen auf Grund rechtlicher Verpflichtungen zweckgebunden, bleiben die Ermächtigungen zur Leistung der entsprechenden Aufwendungen bis zur Erfüllung des Zwecks und die Ermächtigungen zur Leistung der entsprechenden Auszahlungen bis zur Fälligkeit der letzten Zahlung verfügbar.

(4) Die Absätze 1 bis 3 gelten entsprechend für überplanmäßige und außerplanmäßige Aufwendungen und Auszahlungen, wenn sie bis zum Ende des Haushaltsjahres in Anspruch genommen, jedoch noch nicht geleistet worden sind.

# ABSCHNITT 4
# Liquidität und Rücklagen

## § 22
## Liquidität

(1) Die liquiden Mittel sind, soweit sie nicht zur rechtzeitigen Leistung von Auszahlungen benötigt werden, sicher und ertragbringend anzulegen; sie müssen für ihren Zweck rechtzeitig verfügbar sein.

(2) Die vorübergehende Verwendung liquider Mittel, welche für die Inanspruchnahme von langfristigen Rückstellungen benötigt werden, ist im Anhang zum Jahresabschluss darzustellen.

## § 23
## Rücklagen

Die Überschüsse des ordentlichen und des Sonderergebnisses sind getrennten Rücklagen zuzuführen.

# ABSCHNITT 5
# Haushaltsausgleich und Haushaltsstrukturkonzept

## § 24
## Haushaltsausgleich

(1) [1]Fehlbeträge im ordentlichen Ergebnis und im Sonderergebnis sind durch Überschüsse im ordentlichen Ergebnis und durch Überschüsse im Sonderergebnis zu decken. [2]Nach Satz 1 verbleibende Fehlbeträge sind durch Entnahme aus den Rücklagen aus Überschüssen des ordentlichen Ergebnisses und den Rücklagen aus Überschüssen des Sonderergebnisses zu decken.

(2) [1]Ein Fehlbetrag gemäß § 72 Absatz 3 Satz 3 der Sächsischen Gemeindeordnung ist ein negativer Saldo aus den Abschreibungen, den Zuschreibungen, den Erträgen und Aufwendungen aus der Veräußerung und dem Abgang des zum 31. Dezember 2017 festgestellten Anlagevermögens sowie den Erträgen und Aufwendungen aus den diesem zugeordneten passiven Sonderposten. [2]Der Fehlbetrag gemäß Satz 1 ist getrennt nach Fehlbeträgen des ordentlichen Ergebnisses und des Sonderergebnisses zu ermitteln. [3]Er darf unabhängig von einer Deckung gemäß Absatz 1 im Haushaltsjahr seiner Entstehung bis zum vollen Betrag mit dem Basiskapital verrechnet werden, sofern durch die Verrechnung nicht ein Drittel des zum 31. Dezember 2017 festgestellten Basiskapitals unterschritten wird.

(3) [1]Verrechnungsfähig gemäß § 72 Absatz 3 Satz 3 der Sächsischen Gemeindeordnung sind die Fehlbeträge aus Abschreibungen der Vermögensgegenstände des Anlagevermögens, die bis zum 31. Dezember 2017 zugegangen sind; mit Zugängen auf diese Vermögensgegenstände nach dem 31. Dezember 2017 entfällt die Verrechnungsmöglichkeit. [2]In Fällen des Satzes 1 Halbsatz 2 darf ein im Zeitpunkt des Zugangs

bestehender Saldo aus dem Buchwert des Vermögensgegenstands und einem diesem zugeordneten passiven Sonderposten vom Basiskapital in die Rücklage aus Überschüssen des Sonderergebnisses übertragen werden, soweit dadurch nicht ein Drittel des zum 31. Dezember 2017 festgestellten Basiskapitals unterschritten wird. [3]Das laufende Jahresergebnis bleibt durch diese Übertragung unberührt.

(4) [1]Soweit ein Ausgleich des Ergebnishaushalts gemäß Absatz 1 und unter Berücksichtigung der Verrechnungsmöglichkeit gemäß den Absätzen 2 und 3 nicht erreichbar ist, sind Fehlbeträge des ordentlichen Ergebnisses und des Sonderergebnisses zu veranschlagen und zur Deckung in Folgejahren vorzutragen. [2]Gleichzeitig ist ein Haushaltsstrukturkonzept aufzustellen, das den Ausgleich des Ergebnishaushalts unter Berücksichtigung der vorgetragenen Fehlbeträge bis zum vierten Folgejahr sicherstellt. [3]§ 72 Absatz 6 Satz 2 der Sächsischen Gemeindeordnung bleibt unberührt.

(5) Verfügbare Mittel gemäß § 72 Absatz 4 Satz 2 der Sächsischen Gemeindeordnung sind

1. im Zahlungsmittelsaldo aus Investitionstätigkeit gemäß § 3 Absatz 1 Nummer 34,
2. im Saldo aus den Einzahlungen aus Darlehensrückflüssen gemäß § 3 Absatz 1 Nummer 42 und den Auszahlungen für die Gewährung von Darlehen gemäß § 3 Absatz 1 Nummer 43 oder
3. im voraussichtlichen Bestand an liquiden Mitteln zu Beginn des Haushaltsjahres gemäß § 3 Absatz 1 Nummer 54

veranschlagte Mittel, die nicht gesetzlich, vertraglich oder in sonstiger Weise gebunden sind und deren Auszahlung zulässig ist.

(6) Der im Haushaltsjahr veranschlagte Betrag der ordentlichen Kredittilgung und des Tilgungsanteils der Zahlungsverpflichtungen aus kreditähnlichen Rechtsgeschäften muss grundsätzlich sicherstellen, dass die durchschnittliche rechnerische Tilgungsdauer nicht höher ausfällt als die durchschnittliche Abschreibungsdauer des gesamten abnutzbaren Anlagevermögens, soweit aus Gründen der Wirtschaftlichkeit nichts anderes geboten ist.

(7) Im Finanzhaushalt sollen Mittel zur Deckung des Auszahlungsbedarfs künftiger Jahre angesammelt werden.

### § 25
*(weggefallen)*

### § 26
### Haushaltsstrukturkonzept

(1) [1]Das Haushaltsstrukturkonzept ist eine Darstellung von Maßnahmen zur Erhöhung von Erträgen und Einzahlungen sowie zur Reduzierung von Aufwendungen und Auszahlungen unter Angabe des jeweiligen Konsolidierungsbetrages und des Zeitpunktes der haushaltsmäßigen Wirksamkeit. [2]Die Maßnahmen sind unter Berücksichtigung der Ausgangslage und der Ursachen der entstandenen Fehlentwicklung zu beschreiben und tabellarisch zusammenzufassen; ihre Auswirkungen auf die Ertrags- und Aufwendungspositionen sowie die Einzahlungs- und Auszahlungspositionen des Haushalts- und des Finanzplans sind nachzuweisen. [3]Darüber hinaus ist die Gesamtwirkung der Maßnahmen durch Gegenüberstellung der Ansätze der Haushalts- und der Finanzplanung mit und ohne Maßnahmen in tabellarischer Form zusammengefasst darzustellen.

(2) Das Haushaltsstrukturkonzept ist für die Haushaltsplanung und den Haushaltsvollzug verbindlich.

(3) Die Gemeinde hat zusammen mit dem Haushaltsstrukturkonzept geeignete Instrumente zur Steuerung und Darstellung des jeweiligen Standes der Umsetzung der einzelnen Maßnahmen und deren Auswirkungen auf den laufenden Haushalt festzulegen.

(4) Hat die Gemeinde nach Bekanntmachung der Haushaltssatzung ein Haushaltsstrukturkonzept aufzustellen oder zu ändern, kann die Rechtsaufsichtsbehörde bestimmen, dass bis zur Genehmigung des Haushaltsstrukturkonzepts

1. die Leistung von anderen als den in § 78 Absatz 1 Nummer 1 der Sächsischen Gemeindeordnung genannten Aufwendungen und Auszahlungen in jeglicher oder ab einer bestimmten Höhe und
2. die Neueinstellung, Beförderung und Höhergruppierung von Beamten und Beschäftigten

nur mit Zustimmung vorgenommen werden dürfen.

## ABSCHNITT 6
## Weitere Vorschriften für die Haushaltswirtschaft

### § 27
### Überwachung der Forderungen

[1]Die der Gemeinde zustehenden Forderungen sind vollständig zu erfassen und rechtzeitig durchzusetzen. [2]Der Zahlungseingang ist zu überwachen.

### § 28
### Bewirtschaftung und Überwachung der Aufwendungen und Auszahlungen

(1) Die Haushaltsansätze sind so zu bewirtschaften, dass sie für die im Haushaltsjahr anfallenden Aufwendungen und Auszahlungen ausreichen; sie dürfen erst dann in Anspruch genommen werden, wenn die Erfüllung der Aufgaben es erfordert.

(2) [1]Im Finanzhaushalt darf über Ansätze für Auszahlungen nur verfügt werden, soweit Finanzierungsmittel rechtzeitig bereitgestellt werden können. [2]Dabei darf die Finanzierung anderer, bereits begonnener Maßnahmen nicht beeinträchtigt werden.

(3) [1]Die Inanspruchnahme von Ansätzen für Aufwendungen und Auszahlungen sowie der bewilligten über- und außerplanmäßigen Aufwendungen und Auszahlungen ist zu überwachen. [2]Die bei den einzelnen Teilhaushalten noch zur Verfügung stehenden Ansätze für Aufwendungen und Auszahlungen müssen stets erkennbar sein.

(4) Die Absätze 1 und 3 gelten für die Inanspruchnahme von Verpflichtungsermächtigungen entsprechend.

### § 29
### Berichtspflicht

Der Gemeinderat ist unverzüglich zu unterrichten, wenn sich abzeichnet, dass

1. sich das Planergebnis des Ergebnishaushalts oder Finanzhaushalts wesentlich verschlechtert,
2. sich die Gesamtauszahlungen einer Maßnahme des Finanzhaushalts wesentlich erhöhen werden oder
3. eine haushaltswirtschaftliche Sperre nach § 30 ausgesprochen wird.

### § 30
### Haushaltswirtschaftliche Sperre

[1]Soweit und solange die Entwicklung der Erträge und Einzahlungen oder Aufwendungen und Auszahlungen es erfordert, ist die Inanspruchnahme von Ansätzen für Aufwendungen und Auszahlungen und Verpflichtungsermächtigungen durch den Fachbediensteten für das Finanzwesen zu sperren. [2]Der Gemeinderat kann eine Sperre aufheben.

### § 31
### Vorläufige Rechnungsvorgänge

(1) Eine Auszahlung, die sich auf den Haushalt auswirkt, darf vorläufig als durchlaufende Auszahlung nur behandelt werden, wenn die Verpflichtung zur Leistung feststeht, die Deckung gewährleistet ist und die Zuordnung zu haushaltswirksamen Konten nicht oder noch nicht möglich ist.

(2) Eine Einzahlung, die sich auf den Haushalt auswirkt, darf vorläufig als durchlaufende Einzahlung nur behandelt werden, wenn eine Zuordnung zu haushaltswirksamen Konten nicht oder noch nicht möglich ist.

### § 32
### Stundung, Niederschlagung und Erlass

(1) [1]Ansprüche der Gemeinde dürfen ganz oder teilweise gestundet werden, wenn ihre Durchsetzung bei Fälligkeit eine erhebliche Härte für den Schuldner bedeuten würde und der Anspruch durch die Stundung nicht gefährdet erscheint. [2]Gestundete Beträge sind in der Regel angemessen zu verzinsen.

(2) Ansprüche der Gemeinde dürfen niedergeschlagen werden, wenn

1. feststeht, dass die Durchsetzung keinen Erfolg haben wird oder

2. die Kosten der Durchsetzung außer Verhältnis zur Höhe des Anspruchs stehen.

(3) [1]Ansprüche der Gemeinde dürfen ganz oder zum Teil erlassen werden, wenn ihre Durchsetzung bei Fälligkeit nach Lage des einzelnen Falles für den Schuldner eine besondere Härte bedeuten würde. [2]Sind Ansprüche der Gemeinde erlassen worden, dürfen die entsprechend geleisteten Beträge ganz oder teilweise zurückgezahlt oder auf Forderungen angerechnet werden.

(4) Ansprüche der Gemeinde, die diese als dauerhaft uneinbringlich einschätzt, und erlassene Ansprüche sind auszubuchen und dürfen nicht im Inventar geführt werden.

(5) Besondere gesetzliche Vorschriften über Stundung, Niederschlagung und Erlass von Ansprüchen der Gemeinde bleiben unberührt.

### § 33
### Kleinbeträge

(1) Die Gemeinde kann davon absehen, Ansprüche von weniger als 10 Euro geltend zu machen, es sei denn, dass die Durchsetzung aus grundsätzlichen Erwägungen geboten ist; letzteres gilt insbesondere für Gebühren.

(2) Wenn nicht die Einziehung des vollen Betrags aus grundsätzlichen Erwägungen geboten ist, können Ansprüche auf volle Euro abgerundet werden.

(3) Mit juristischen Personen des öffentlichen Rechts kann auf der Grundlage der Gegenseitigkeit etwas anderes vereinbart werden.

## ABSCHNITT 7
## Inventar

### § 34
### Inventar, Inventur

(1) [1]Die Gemeinde hat für den Stichtag der Eröffnungsbilanz gemäß § 88a der Sächsischen Gemeindeordnung und danach für den Schluss eines jeden Haushaltsjahres ihre Grundstücke und grundstücksgleichen Rechte, ihre Forderungen und Schulden, den Betrag des baren Geldes sowie ihre sonstigen Vermögensgegenstände genau zu verzeichnen und dabei den Wert der einzelnen Vermögensgegenstände und Schulden anzugeben (Inventar). [2]Körperliche Vermögensgegenstände sind durch eine körperliche Bestandsaufnahme zu erfassen, soweit in dieser Verordnung nichts anderes bestimmt ist. [3]Das Inventar ist innerhalb der einem ordnungsgemäßen Geschäftsgang entsprechenden Zeit aufzustellen.

(2) [1]Vermögensgegenstände des Sachanlagevermögens sowie Roh-, Hilfs- und Betriebsstoffe können, wenn sie regelmäßig ersetzt werden und ihr Gesamtwert für die Gemeinde von nachrangiger Bedeutung ist, mit einer gleich bleibenden Menge und einem gleich bleibenden Wert (Festwert) angesetzt werden, sofern ihr Bestand in seiner Größe, seinem Wert und seiner Zusammensetzung nur geringen Veränderungen unterliegt. [2]Jedoch ist in der Regel alle drei Jahre eine körperliche Bestandsaufnahme durchzuführen.

(3) Gleichartige Vermögensgegenstände des Vorratsvermögens sowie andere gleichartige oder annähernd gleichwertige bewegliche Vermögensgegenstände und Schulden können jeweils zu einer Gruppe zusammengefasst und mit dem gewogenen Durchschnittswert angesetzt werden.

### § 35
### Inventurvereinfachungsverfahren

(1) [1]Bei der Aufstellung des Inventars darf der Bestand der Vermögensgegenstände nach Art, Menge und Wert auch mit Hilfe anerkannter mathematisch-statistischer Methoden auf Grund von Stichproben ermittelt werden. [2]Das Verfahren muss den Grundsätzen ordnungsmäßiger Buchführung entsprechen. [3]Der Aussagewert des auf diese Weise aufgestellten Inventars muss dem Aussagewert eines auf Grund einer körperlichen Bestandsaufnahme aufgestellten Inventars gleichkommen.

(2) [1]Bei der Aufstellung des Inventars für den Schluss eines Haushaltsjahres bedarf es einer körperlichen Bestandsaufnahme der Vermögensgegenstände für diesen Zeitpunkt nicht, soweit durch Anwendung eines den Grundsätzen ordnungsmäßiger Buchführung entsprechenden anderen Verfahrens gesichert ist, dass der Bestand der Vermögensgegenstände nach Art, Menge und Wert auch ohne die körperliche Bestandsaufnahme für diesen Zeitpunkt festgestellt werden kann. [2]Bei Anwendung des Buchinventurverfahrens soll das Intervall für die körperliche Bestandsaufnahme bei körperlichen beweglichen Vermögensgegenständen des Anlagevermögens fünf Jahre und bei körperlichen unbeweglichen Vermögensgegenständen des Anlagevermögens zehn Jahre nicht überschreiten. [3]Für Folgeinventuren von körperlichen Vermögensgegenständen, deren Nutzung nicht zeitlich begrenzt ist, darf auf eine körperliche Bestandsaufnahme verzichtet werden.

(3) In dem Inventar für den Schluss eines Haushaltsjahres brauchen Vermögensgegenstände nicht verzeichnet zu werden, wenn

1. die Gemeinde ihren Bestand auf Grund einer körperlichen Bestandsaufnahme oder auf Grund eines nach Absatz 2 zulässigen anderen Verfahrens nach Art, Menge und Wert in einem besonderen Inventar verzeichnet hat, das für einen Tag innerhalb der letzten drei Monate vor oder der ersten beiden Monate nach dem Schluss des Haushaltsjahres aufgestellt ist, und
2. auf Grund des besonderen Inventars durch Anwendung eines den Grundsätzen ordnungsmäßiger Buchführung entsprechenden Fortschreibungs- oder Rückrechnungsverfahrens gesichert ist, dass der am Schluss des Haushaltsjahres vorhandene Bestand der Vermögensgegenstände für diesen Zeitpunkt ordnungsgemäß bewertet werden kann.

(4) Der Bürgermeister kann für bewegliche Gegenstände des Sachanlagevermögens, deren Anschaffungs- oder Herstellungskosten, vermindert um einen darin enthaltenen abzugsfähigen Vorsteuerbetrag, im Einzelnen den Betrag von 800 Euro nicht überschreiten, Befreiungen von § 34 Absatz 1 Satz 1 und 3 vorsehen.

(5) Sofern Vorratsbestände von Roh-, Hilfs- und Betriebsstoffen, Waren sowie unfertige und fertige Erzeugnisse bereits dem Lager entnommen sind, gelten sie als verbraucht und dürfen nicht erfasst und bewertet werden.

## ABSCHNITT 8
## Ansatz und Bewertung des Vermögens und der Schulden

### § 36
### Erfassungsgrundsätze, Verrechnungs- und Bilanzierungsverbote

(1) In der Vermögensrechnung sind unbeschadet § 90 Absatz 1 Satz 1 der Sächsischen Gemeindeordnung alle der Gemeinde wirtschaftlich zuzurechnenden Vermögensgegenstände und Schulden sowie das Basiskapital, die Sonderposten, Rücklagen, Rückstellungen und Rechnungsabgrenzungsposten vollständig auszuweisen.

(2) Posten der Aktivseite dürfen nicht mit Posten der Passivseite und Grundstücksrechte nicht mit Grundstückslasten verrechnet werden.

(3) [1]Vollständig abgeschriebene, aber noch genutzte Vermögensgegenstände des Anlagevermögens und diesen nach § 40 Absatz 2 zugeordnete Sonderposten sind weiterhin in der Buchhaltung nachzuweisen. [2]Ergibt sich aus dieser Verordnung kein anderer Wert, ist ein Erinnerungswert in Höhe von 1 Euro anzusetzen.

(4) [1]Treuhandvermögen, für das die Gemeinde Treuhänder ist, und die Sparkassen-Trägerschaft dürfen nicht aktiviert werden. [2]§ 92 Absatz 2 der Sächsischen Gemeindeordnung bleibt unberührt.

(5) Immaterielle Vermögensgegenstände des Anlagevermögens, die nicht entgeltlich erworben wurden, dürfen nicht aktiviert werden.

(6) [1]Empfangene Zuwendungen für Investitionen werden nicht vom damit finanzierten Vermögen abgesetzt. [2]Empfangene Zuwendungen, deren ertragswirksame Auflösung ausgeschlossen ist, sind als Rücklagen aus nicht ertragswirksam aufzulösenden Zuwendungen auszuweisen. [3]Die übrigen empfangenen Zuwendungen sind nach Maßgabe der Erfüllung der Verpflichtungen aus dem Zuwendungsverhältnis als Sonderposten zu passivieren und ertragswirksam entsprechend der Bilanzwertentwicklung des bezuschussten Vermögensgegenstands aufzulösen. [4]Die Sätze 1 bis 3 gelten entsprechend für Beiträge, Kostenerstattungen und ähnliche Entgelte, die aufgrund gesetzlicher oder satzungsrechtlicher Ermächtigung erhoben werden.

(7) [1]Kapitalzuschüsse im Sinne von § 13 Absatz 1 des Sächsischen Kommunalabgabengesetzes werden nicht ertragswirksam aufgelöst. [2]Kapitalzuschüsse nach § 13 Absatz 2 des Sächsischen Kommunalabgabengesetzes sind direkt dem Basiskapital zuzuführen. [3]Sonstige

Kapitalzuschüsse sind der Rücklage aus nicht ertragswirksam aufzulösenden Zuwendungen zuzuführen. [4]Sie sind in das Basiskapital zu übertragen, wenn die zweckentsprechende Verwendung nachgewiesen wurde.

(8) [1]Für Zuwendungen und Umlagen sowie für Kostenerstattungen, Beiträge und ähnliche Entgelte, die die Gemeinde im Rahmen der Erfüllung ihrer Aufgaben oder aufgrund gesetzlicher oder satzungsrechtlicher Verpflichtungen an Dritte für Investitionen geleistet hat und die keine Anschaffungs- oder Herstellungskosten für immaterielles, Sachanlage- oder Finanzanlagevermögen bei der Gemeinde begründen, dürfen Sonderposten für geleistete Investitionszuwendungen aktiviert werden. [2]Die Sonderposten sind aufwandswirksam über die Zweckbindungsfrist des bezuschussten Vermögensgegenstandes oder über zehn Jahre linear vollständig abzuschreiben. [3]Sie werden im Jahr der Aktivierung in gleichen Monatsraten abgeschrieben. [4]Die Abschreibung beginnt mit dem Monat der Aktivierung.

(9) [1]Die auf den vorhergehenden Jahresabschluss angewandten Ansatzmethoden sind beizubehalten. [2]§ 37 Absatz 2 gilt entsprechend.

## § 37
## Allgemeine Bewertungsgrundsätze

(1) [1]Die Bewertung des in der Vermögensrechnung auszuweisenden Vermögens, der Sonderposten, der Rückstellungen, der Verbindlichkeiten und der Rechnungsabgrenzungsposten richtet sich nach den Grundsätzen ordnungsmäßiger Buchführung. [2]Dabei gilt insbesondere:

1. Die Wertansätze der Anfangsbilanz des Haushaltsjahres müssen mit denen der Schlussbilanz des Vorjahres übereinstimmen.
2. Die Vermögensgegenstände, Sonderposten, Rückstellungen, Verbindlichkeiten und Rechnungsabgrenzungsposten sind zum Abschlussstichtag einzeln zu bewerten.
3. [1]Es ist wirklichkeitsgetreu zu bewerten. [2]Vorhersehbare Risiken und Verluste, die bis zum Abschlussstichtag entstanden sind, sind zu berücksichtigen, selbst wenn diese erst zwischen dem Abschlussstichtag und dem Tag der Aufstellung des Jahresabschlusses bekannt geworden sind. [3]Gewinne sind nur zu berücksichtigen, sofern sie am Abschlussstichtag realisiert sind.
4. Aufwendungen und Erträge des Haushaltsjahres sind unabhängig von den Zeitpunkten der entsprechenden Zahlungen im Jahresabschluss zu berücksichtigen.
5. Die auf den vorhergehenden Jahresabschluss angewandten Bewertungsmethoden sollen beibehalten werden.

(2) Von den Grundsätzen des Absatzes 1 darf nur in begründeten Ausnahmefällen abgewichen werden.

## § 38
## Wertansätze für Vermögensgegenstände

(1) [1]Anschaffungskosten sind die Aufwendungen, die geleistet werden, um einen Vermögensgegenstand zu erwerben und ihn in einen betriebsbereiten Zustand zu versetzen, soweit sie dem Vermögensgegenstand einzeln zugeordnet werden können. [2]Zu den Anschaffungskosten gehören auch die Nebenkosten und nachträgliche Anschaffungskosten. [3]Minderungen des Anschaffungspreises sind abzusetzen.

(2) [1]Herstellungskosten sind die Aufwendungen, die durch den Verbrauch von Gütern und die Inanspruchnahme von Diensten für die Herstellung eines Vermögensgegenstands, seine Erweiterung oder für eine über seinen ursprünglichen Zustand hinausgehende wesentliche Verbesserung entstehen. [2]Dazu gehören die Materialkosten, die Fertigungskosten und die Sonderkosten der Fertigung. [3]Bei der Berechnung der Herstellungskosten dürfen auch angemessene Teile der notwendigen Materialgemeinkosten, der notwendigen Fertigungsgemeinkosten und des Wertverzehrs des Anlagevermögens, soweit er durch die Fertigung veranlasst ist, eingerechnet werden. [4]Kosten der allgemeinen Verwaltung sowie Aufwendungen für soziale Einrichtungen der Verwaltung, für freiwillige soziale Leistungen und für betriebliche Altersversorgung brauchen nicht eingerechnet zu werden. [5]Aufwendungen im Sinne der Sätze 3 und 4 dürfen nur insoweit berücksichtigt werden, als sie auf den Zeitraum der Herstellung entfallen.

(3) [1]Zinsen für Fremdkapital gehören nicht zu den Herstellungskosten. [2]Zinsen für Fremdkapital, welches zur Finanzierung der Herstellung eines Vermögensgegenstands verwendet wird, dürfen als Herstellungskosten angesetzt werden, soweit sie auf den Zeitraum der Herstellung entfallen.

(4) [1]Forderungen sind mit dem Nominalbetrag anzusetzen. [2]Soweit ein Ausfallrisiko besteht, ist der Nominalbetrag entweder durch Einzel- oder durch Pauschalwertberichtigung zu vermindern.

(5) Stehen mehrere Wertansätze zur Auswahl, ist am Abschlussstichtag der niedrigste Wert anzusetzen.

## § 39
## Wertansätze für Rechnungsabgrenzungsposten

(1) Aktive Rechnungsabgrenzungsposten sind mit dem Nominalbetrag der vor dem Bilanzstichtag geleisteten Ausgaben, die einen Aufwand für einen bestimmten Zeitraum nach dem Bilanzstichtag betreffen, anzusetzen.

(2) Passive Rechnungsabgrenzungsposten sind mit dem Nominalbetrag der vor dem Bilanzstichtag erhaltenen Einnahmen, die einen Ertrag für einen bestimmten Zeitraum nach dem Bilanzstichtag betreffen, anzusetzen.

(3) [1]Ist der Erfüllungsbetrag einer Verbindlichkeit höher als der Auszahlungsbetrag, ist der Unterschiedsbetrag (Disagio) als aktiver Rechnungsabgrenzungsposten zu erfassen. [2]Der Unterschiedsbetrag ist durch planmäßige jährliche Abschreibungen zu tilgen, die auf die gesamte Laufzeit der Verbindlichkeit verteilt werden können.

## § 40
## Wertansätze für Sonderposten

(1) [1]Als Sonderposten sind insbesondere Zuwendungen, Zuweisungen nach § 15 des Sächsischen Finanzausgleichsgesetzes in der Fassung der Bekanntmachung vom 21. Januar 2013 (SächsGVBl. S. 95), das zuletzt durch Artikel 2 des Gesetzes vom 14. Dezember 2018 (SächsGVBl. S. 797) geändert worden ist, in der jeweils geltenden Fassung, Beiträge nach den §§ 26 bis 32 des Sächsischen Kommunalabgabengesetzes, Beiträge nach dem Baugesetzbuch in der Fassung der Bekanntmachung vom 3. November 2017 (BGBl. I S. 3634), in der jeweils geltenden Fassung, Kostenerstattungen und ähnliche Entgelte sowie zweckgebundene Geld- und Sachgeschenke für Investitionen auszuweisen. [2]Ferner sind Sonderposten für erhaltene investive Umlagen und für unentgeltliche Vermögensübertragungen auszuweisen. [3]Sonderposten sind mit den ursprünglichen Beträgen abzüglich der bis zum Bilanzstichtag vorzunehmenden Auflösungen anzusetzen. [4]Bei Zuwendungen für nicht abnutzbare Vermögensgegenstände unterbleibt eine Auflösung des Sonderpostens bis zum Abgang des Vermögensgegenstands. [5]Im Zusammenhang mit Vermögensveräußerungen oder außerhalb der gewöhnlichen Geschäfts- und Verwaltungstätigkeit anfallende Auflösungsbeträge sind im Sonderergebnis auszuweisen.

(2) [1]Sonderposten nach Absatz 1 sind den damit bezuschussten Vermögensgegenständen sachgerecht zuzuordnen. [2]Die Auflösung nach Absatz 1 Satz 3 bemisst sich nach der Bilanzwertentwicklung des bezuschussten Vermögensgegenstands. [3]Abweichend von Satz 1 und 2 dürfen für die empfangenen, für Investitionen verwendeten investiven Schlüsselzuweisungen eines Haushaltsjahres Sammel-Sonderposten gebildet werden, die beginnend mit dem Haushaltsjahr der Bildung in zwanzig gleichen Jahresraten aufzulösen sind.

(3) [1]Kostenüberdeckungen gemäß § 10 Absatz 2 Satz 2 des Sächsischen Kommunalabgabengesetzes sind spätestens am Ende des Bemessungszeitraums als Sonderposten für den Gebührenausgleich anzusetzen. [2]Dies gilt auch für gebührenersetzende privatrechtliche Entgelte.

## § 41
## Wertansätze für Rückstellungen

(1) [1]Rückstellungen gemäß § 85a Absatz 1 der Sächsischen Gemeindeordnung sind zu bilden für:

1. Entgeltzahlungen für Zeiten der Freistellung von der Arbeit im Rahmen von Altersteilzeit;
2. die Rekultivierung und Nachsorge von Deponien;
3. die Sanierung von Altlasten und sonstige Umweltschutzmaßnahmen;
4. ungewisse Verbindlichkeiten aus der steuerkraftabhängigen Umlage gemäß § 25a des Sächsischen Finanzausgleichsgesetzes;
5. ungewisse Verbindlichkeiten aufgrund von Steuerschuldverhältnissen;
6. drohende Verpflichtungen aus anhängigen Gerichts- und Verwaltungsverfahren;

7. drohende Inanspruchnahme aus Bürgschaften, Gewährverträgen und wirtschaftlich gleichkommenden Rechtsgeschäften;
8. unterlassene Aufwendungen für Instandhaltung im Haushaltsjahr, wenn die Nachholung der Instandhaltung innerhalb des kommenden Haushaltsjahres konkret beabsichtigt ist; die Maßnahmen müssen am Bilanzstichtag einzeln bestimmt und wertmäßig beziffert sein;
9. sonstige vertragliche oder gesetzliche Verpflichtungen zur Gegenleistung gegenüber Dritten, die im laufenden Haushaltsjahr wirtschaftlich begründet wurden und die der Höhe nach noch nicht genau bekannt sind, sofern sie erheblich sind.

[2]Für weitere ungewisse Verbindlichkeiten können Rückstellungen gebildet werden.

(2) Für drohende Verluste aus schwebenden Geschäften und aus laufenden Verfahren sind Rückstellungen anzusetzen, sofern der voraussichtliche Verlust nicht geringfügig sein wird.

(3) [1]Rückstellungen sind in der Höhe des auf der Grundlage einer sachgerechten und nachvollziehbaren Schätzung ermittelten notwendigen Erfüllungsbetrages anzusetzen. [2]Sie können abgezinst werden, soweit die ihnen zugrunde liegenden Verbindlichkeiten einen Zinsanteil enthalten.

## § 42
## Wertansätze für Verbindlichkeiten

(1) [1]Verbindlichkeiten sind zu ihrem Erfüllungsbetrag anzusetzen. [2]Rentenverpflichtungen, für die eine Gegenleistung nicht mehr zu erwarten ist, sind zu ihrem Barwert anzusetzen.

(2) [1]Die noch nicht zweckgerecht verwendeten Zuwendungen mit schwebender Rückzahlungsverpflichtung und bereits zurückgeforderten Zuwendungen sind als „sonstige Verbindlichkeiten" auszuweisen. [2]Satz 1 gilt entsprechend für Vorausleistungen nach den §§ 15 und 23 des Sächsischen Kommunalabgabengesetzes und nach § 133 Absatz 3 des Baugesetzbuchs sowie für ähnliche aufgrund gesetzlicher oder ortsrechtlicher Regelungen erhobene Vorleistungen.

(3) Zuwendungen, die an Dritte weiterzuleiten sind, sind als „sonstige Verbindlichkeiten" auszuweisen.

## § 43
## Bewertungsvereinfachungsverfahren

[1]Soweit es den Grundsätzen ordnungsmäßiger Buchführung entspricht, kann für den Wertansatz gleichartiger Vermögensgegenstände des Vorratsvermögens unterstellt werden, dass die zuerst oder die zuletzt angeschafften oder hergestellten Vermögensgegenstände zuerst verbraucht oder veräußert worden sind. [2]§ 34 Absatz 2 und 3 ist auch auf den Jahresabschluss anwendbar.

## § 44
## Abschreibungen

(1) [1]Bei Vermögensgegenständen des Anlagevermögens, deren Nutzung zeitlich begrenzt ist, sind die Anschaffungs- oder Herstellungskosten um planmäßige Abschreibungen zu vermindern. [2]Die planmäßige Abschreibung erfolgt grundsätzlich in gleichen Jahresraten über die Dauer, in der der Vermögensgegenstand voraussichtlich genutzt werden kann (lineare Abschreibung). [3]Ausnahmsweise ist eine Abschreibung nach Maßgabe der Leistungsabgabe (Leistungsabschreibung) zulässig, wenn dies dem Nutzungsverlauf wesentlich besser entspricht. [4]Maßgeblich ist die wirtschaftliche Nutzungsdauer.

(2) [1]Wird durch nachträgliche Anschaffungs- oder Herstellungskosten eine Verlängerung der Nutzungsdauer erreicht, ist die Nutzungsdauer neu zu bestimmen. [2]Sind die nachträglichen Anschaffungs- oder Herstellungskosten so umfassend, dass dadurch ein neuer Vermögensgegenstand geschaffen wird, ist die voraussichtliche Nutzungsdauer des neuen Vermögensgegenstands maßgebend.

(3) [1]Für die Bestimmung der wirtschaftlichen Nutzungsdauer von abnutzbaren Vermögensgegenständen ist die in der Anlage zu dieser Verordnung enthaltene Abschreibungstabelle zugrunde zu legen. [2]Innerhalb des dort vorgegebenen Rahmens sind die tatsächlichen örtlichen Verhältnisse zu berücksichtigen. [3]Abweichungen sind nur in begründeten Ausnahmefällen möglich und im Vorbericht sowie im Anhang zu erläutern. [4]Die wirtschaftliche Nutzungsdauer von Vermögensgegenständen, die nicht in der Abschreibungstabelle entsprechend der Anlage enthalten sind, ist entweder durch Bildung sachgerechter Analogien oder durch andere, insbesondere in der Steuerverwaltung angewendete Tabellen zu bestimmen.

(4) [1]Vermögensgegenstände nach Absatz 1 werden im Jahr der Anschaffung oder Herstellung in gleichen Monatsraten abgeschrieben. [2]Die Abschreibung beginnt mit dem Monat der Anschaffung oder Herstellung. [3]Im Jahr ihrer Veräußerung kann für diese Vermögensgegenstände nur der Teil der auf ein Jahr anfallenden Abschreibungen angesetzt werden, der auf die vollen Monate im Zeitraum zwischen dem Anfang des Jahres und ihrer Veräußerung entfällt.

(5) Die Anschaffungs- oder Herstellungskosten von abnutzbaren beweglichen Vermögensgegenständen des Anlagevermögens, die selbstständig genutzt werden können und deren Anschaffungs- oder Herstellungskosten, vermindert um einen darin enthaltenen abzugsfähigen Vorsteuerbetrag, für den einzelnen Vermögensgegenstand 800 Euro nicht übersteigen, stellen im Zeitpunkt der Anschaffung oder Herstellung in voller Höhe Aufwand dar.

(6) [1]Ohne Rücksicht darauf, ob ihre Nutzung zeitlich begrenzt ist, sind bei Vermögensgegenständen des Anlagevermögens im Falle einer voraussichtlich dauernden Wertminderung außerplanmäßige Abschreibungen vorzunehmen, um die Vermögensgegenstände mit dem niedrigeren Wert anzusetzen, der ihnen am Abschlussstichtag beizulegen ist. [2]Stellt sich in einem späteren Jahr heraus, dass die Gründe für eine außerplanmäßige Abschreibung nicht mehr bestehen, ist der Betrag dieser Abschreibung im Umfang der Werterhöhung unter Berücksichtigung der Abschreibungen, die inzwischen vorzunehmen gewesen wären, zuzuschreiben.

(7) [1]Bei Vermögensgegenständen des Umlaufvermögens sind Abschreibungen vorzunehmen, um diese mit einem niedrigeren Wert anzusetzen, der sich aus einem Börsen- oder Marktpreis am Abschlussstichtag ergibt. [2]Ist ein Börsen- oder Marktpreis nicht festzustellen und übersteigen die Anschaffungs- oder Herstellungskosten den Wert, der den Vermögensgegenständen beizulegen ist, ist auf diesen Wert abzuschreiben. [3]Absatz 6 Satz 2 gilt entsprechend.

(8) Abnutzbare, unbewegliche Vermögensgegenstände des Sachanlagevermögens dürfen für Zwecke der Abschreibung in wesentliche, abgrenzbare Komponenten aufgeteilt werden.

## § 45
## Währungsumrechnung

[1]Auf fremde Währung lautende Vermögensgegenstände und Verbindlichkeiten sind zum Devisenkassamittelkurs am Abschlussstichtag umzurechnen. [2]Bei einer Restlaufzeit von einem Jahr oder weniger ist § 37 Absatz 1 Satz 2 Nummer 3 Satz 3 nicht anzuwenden.

## § 46
## Vorbelastungen künftiger Haushaltsjahre

[1]Unter der Vermögensrechnung sind, sofern sie nicht auf der Passivseite auszuweisen sind, die Vorbelastungen künftiger Haushaltsjahre zu vermerken, insbesondere Verpflichtungen aus kreditähnlichen Rechtsgeschäften, Bürgschaften, Gewährverträge und in Anspruch genommene Verpflichtungsermächtigungen sowie übertragene Ansätze für Auszahlungen und Aufwendungen nach § 21. [2]Jede Art der Vorbelastung darf in einem Betrag angegeben werden. [3]Haftungsverhältnisse sind auch anzugeben, wenn ihnen gleichwertige Rückgriffsforderungen gegenüberstehen.

# ABSCHNITT 9
# Jahresabschluss

## § 47
## Allgemeine Grundsätze für die Gliederung

(1) [1]Die Form der Darstellung, insbesondere die Gliederung der aufeinander folgenden Ergebnis-, Vermögens- und Finanzrechnungen, ist beizubehalten, soweit nicht in Ausnahmefällen wegen besonderer Umstände Abweichungen erforderlich sind. [2]Die Abweichungen sind im Anhang anzugeben und zu begründen. [3]In der Ergebnis- und Finanzrechnung des Gesamthaushalts und der Teilhaushalte sind die Erträge und Einzahlungen nach ihrem Entstehungsgrund, die Aufwendungen und Auszahlungen nach Arten gegliedert auszuweisen.

(2) [1]In der Ergebnisrechnung, der Vermögensrechnung und der Finanzrechnung ist zu jedem Posten der entsprechende Betrag des vor-

hergehenden Haushaltsjahres anzugeben. [2]Sind die Beträge nicht vergleichbar, ist dies im Anhang anzugeben und zu erläutern. [3]Wird der Vorjahresbetrag angepasst, ist auch dies im Anhang anzugeben und zu erläutern.

(3) Fällt ein Vermögensgegenstand oder eine Schuld unter mehrere Posten der Vermögensrechnung, ist die Mitzugehörigkeit zu anderen Posten bei dem Posten, unter dem der Ausweis erfolgt ist, zu vermerken oder im Anhang anzugeben, wenn dies zur Aufstellung eines klaren und übersichtlichen Jahresabschlusses erforderlich ist.

(4) [1]Eine weitere Untergliederung der Posten ist zulässig; dabei ist jedoch die vorgeschriebene Gliederung zu beachten. [2]Neue Posten dürfen hinzugefügt werden, wenn ihr Inhalt nicht von einem vorgeschriebenen Posten gedeckt wird. [3]Die Ergänzung ist im Anhang anzugeben und zu begründen.

(5) Ein Posten der Ergebnisrechnung, Vermögensrechnung oder Finanzrechnung, der keinen Betrag ausweist, braucht nicht aufgeführt zu werden, es sei denn, dass im vorhergehenden Rechnungsjahr unter diesem Posten ein Betrag ausgewiesen wurde.

## § 48
## Ergebnisrechnung

(1) Die Ergebnisrechnung ist in Staffelform und mindestens in der Gliederung nach § 2 Absatz 1 Nummer 1 bis 19 in der Form des vorgegebenen Musters nach § 128 Satz 1 Nummer 5 der Sächsischen Gemeindeordnung sowie mit folgenden zusätzlichen Positionen aufzustellen:

20. außerordentliche Erträge;
21. außerordentliche Aufwendungen;
22. das Sonderergebnis, der Saldo aus den Nummern 20 und 21;
23. das Gesamtergebnis als Überschuss oder Fehlbetrag, die Summe aus den Nummern 19 und 22;
24. die Abdeckung von Fehlbeträgen des ordentlichen Ergebnisses aus Vorjahren;
25. die Abdeckung von Fehlbeträgen des Sonderergebnisses aus Vorjahren;
26. die Verrechnung eines Fehlbetrages im ordentlichen Ergebnis mit dem Basiskapital gemäß § 72 Absatz 3 Satz 3 der Sächsischen Gemeindeordnung;
27. die Verrechnung eines Fehlbetrages im Sonderergebnis mit dem Basiskapital gemäß § 72 Absatz 3 Satz 3 der Sächsischen Gemeindeordnung;
28. das verbleibende Gesamtergebnis, der Saldo aus den Nummern 23 bis 27.

(2) [1]In der Ergebnisrechnung sind die dem Haushaltsjahr zuzurechnenden Erträge und Aufwendungen gegenüberzustellen. [2]Aufwendungen und Erträge dürfen nicht miteinander verrechnet werden; § 29 der Sächsischen Kommunalen Kassen- und Buchführungsverordnung vom 26. Januar 2005 (SächsGVBl. S. 3), die zuletzt durch Artikel 2 der Verordnung vom 4. September 2017 (SächsGVBl. S. 504) geändert worden ist, in der jeweils geltenden Fassung, bleibt unberührt. [3]§ 2 Absatz 2 gilt entsprechend.

(3) [1]Zur Ermittlung des Jahresergebnisses der Ergebnisrechnung sind die Gesamterträge und Gesamtaufwendungen gegenüberzustellen. [2]Soweit das verbleibende Gesamtergebnis positiv ist, ist ein Überschuss beim ordentlichen Ergebnis der Rücklage aus Überschüssen des ordentlichen Ergebnisses, ein Überschuss beim Sonderergebnis der Rücklage aus Überschüssen des Sonderergebnisses zuzuführen.

(4) Außerordentliche Erträge und Aufwendungen sind hinsichtlich ihres Betrags und ihrer Art im Anhang zu erläutern, soweit sie für die Beurteilung der Ertragslage nicht von untergeordneter Bedeutung sind.

(5) [1]Unter der Ergebnisrechnung sind die vorgesehene Verwendung des Gesamtergebnisses und die Abdeckung von Fehlbeträgen in Form des vorgegebenen Musters nach § 128 Satz 1 Nummer 5 der Sächsischen Gemeindeordnung nachrichtlich wie folgt anzugeben:

1. Überschuss des ordentlichen Ergebnisses, der in die Rücklage aus Überschüssen des ordentlichen Ergebnisses eingestellt wird;
2. Überschuss des Sonderergebnisses, der in die Rücklage aus Überschüssen des Sonderergebnisses eingestellt wird;
3. Fehlbetrag des Gesamtergebnisses, der mit der Rücklage aus Überschüssen des ordentlichen Ergebnisses verrechnet wird;
4. Fehlbetrag des Gesamtergebnisses, der mit der Rücklage aus Überschüssen des Sonderergebnisses verrechnet wird;
5. Fehlbetrag des ordentlichen Ergebnisses, der auf die Folgejahre vorzutragen ist;
6. Fehlbetrag des Sonderergebnisses, der auf die Folgejahre vorzutragen ist.

[2]Rücklagenzuführungen aus Verrechnungen gemäß § 72 Absatz 3 Satz 3 der Sächsischen Gemeindeordnung sind nachrichtlich anzugeben.

(6) Soweit ein nicht durch Kapitalposition gedeckter Fehlbetrag besteht, sind Überschüsse des ordentlichen Ergebnisses und des Sonderergebnisses mit diesem Fehlbetrag bis zu dessen vollständigem Ausgleich zu verrechnen.

(7) Die Teilergebnisrechnung ist in der Gliederung nach § 4 Absatz 3 aufzustellen.

## § 49
## Finanzrechnung

(1) Die Finanzrechnung ist in Staffelform in der Form des vorgegebenen Musters nach § 128 Satz 1 Nummer 5 der Sächsischen Gemeindeordnung aufzustellen.

(2) [1]In der Finanzrechnung sind die im Haushaltsjahr eingegangenen Einzahlungen und geleisteten Auszahlungen mindestens wie folgt auszuweisen:

1. Steuern und ähnliche Abgaben;
2. Zuweisungen und Umlagen für laufende Verwaltungstätigkeit;
3. sonstige Transfereinzahlungen;
4. öffentlich-rechtliche Leistungsentgelte, ausgenommen Investitionsbeiträge;
5. privatrechtliche Leistungsentgelte;
6. Kostenerstattungen und Kostenumlagen;
7. Zinsen und sonstige Finanzeinzahlungen;
8. sonstige haushaltswirksame Einzahlungen aus laufender Verwaltungstätigkeit;
9. die Einzahlungen aus laufender Verwaltungstätigkeit, die Summe aus den Nummern 1 bis 8;
10. Personalauszahlungen;
11. Versorgungsauszahlungen;
12. Auszahlungen für Sach- und Dienstleistungen;
13. Zinsen und sonstige Finanzauszahlungen;
14. Transferauszahlungen aus laufender Verwaltungstätigkeit;
15. sonstige haushaltswirksame Auszahlungen aus laufender Verwaltungstätigkeit;
16. die Auszahlungen aus laufender Verwaltungstätigkeit, die Summe aus den Nummern 10 bis 15;
17. der Zahlungsmittelsaldo aus laufender Verwaltungstätigkeit als Zahlungsmittelüberschuss oder Zahlungsmittelbedarf der Ergebnisrechnung, der Saldo aus den Nummern 9 und 16;
18. Einzahlungen aus Investitionszuwendungen;
19. Einzahlungen aus Investitionsbeiträgen und ähnlichen Entgelten für Investitionstätigkeit;
20. Einzahlungen aus der Veräußerung von immateriellen Vermögensgegenständen;
21. Einzahlungen aus der Veräußerung von Grundstücken, Gebäuden und sonstigen unbeweglichen Vermögensgegenständen;
22. Einzahlungen aus der Veräußerung von übrigem Sachanlagevermögen;
23. Einzahlungen aus der Veräußerung von Finanzanlagevermögen und von Wertpapieren des Umlaufvermögens;
24. Einzahlungen für sonstige Investitionstätigkeit;
25. Einzahlungen für Investitionstätigkeit, die Summe aus den Nummern 18 bis 24;
26. Auszahlungen für den Erwerb von immateriellen Vermögensgegenständen;
27. Auszahlungen für den Erwerb von Grundstücken, Gebäuden und sonstigen unbeweglichen Vermögensgegenständen;
28. Auszahlungen für Baumaßnahmen;
29. Auszahlungen für den Erwerb von übrigem Sachanlagevermögen;
30. Auszahlungen für den Erwerb von Finanzanlagevermögen und von Wertpapieren des Umlaufvermögens;
31. Auszahlungen für Investitionsförderungsmaßnahmen;
32. Auszahlungen für sonstige Investitionstätigkeit;
33. Auszahlungen für Investitionstätigkeit, die Summe aus den Nummern 26 bis 32;
34. der Zahlungsmittelsaldo aus Investitionstätigkeit, der Saldo aus den Nummern 25 und 33;
35. der Finanzierungsmittelüberschuss oder Finanzierungsmittelfehlbetrag, die Summe aus den Nummern 17 und 34;

36. Einzahlungen aus der Aufnahme von Krediten und diesen wirtschaftlich gleichkommenden Rechtsgeschäften für Investitionen;
37. Einzahlungen aus sonstiger Wertpapierverschuldung;
38. Auszahlungen für die Tilgung von Krediten und diesen wirtschaftlich gleichkommenden Rechtsgeschäften für Investitionen;
39. Auszahlungen für die Tilgung sonstiger Wertpapierverschuldung;
40. den Zahlungsmittelsaldo aus der Finanzierungstätigkeit, den Saldo aus der Summe der Nummern 36 und 38 und der Summe der Nummern 37 und 39;
41. die Änderung des Finanzmittelbestands im Haushaltsjahr, die Summe aus den Nummern 35 und 40;
42. Einzahlungen aus Darlehensrückflüssen;
43. Auszahlungen für die Gewährung von Darlehen;
44. Einzahlungen aus durchlaufenden Geldern;
45. Auszahlungen aus durchlaufenden Geldern;
46. die haushaltsunwirksamen Vorgänge, der Saldo aus der Summe aus den Nummern 42 und 44 sowie der Summe aus den Nummern 43 und 45;
47. den Überschuss oder Bedarf an Zahlungsmitteln im Haushaltsjahr, die Summe aus den Nummern 41 und 46;
48. (nicht belegt);
49. (nicht belegt);
50. (nicht belegt);
51. Einzahlungen aus der Aufnahme von Kassenkrediten;
52. Auszahlungen für die Tilgung von Kassenkrediten;
53. Veränderung des Bestandes an Zahlungsmitteln im Haushaltsjahr, der Saldo aus der Summe der Nummern 47 und 51 sowie der Nummer 52;
54. der Bestand an liquiden Mitteln zu Beginn des Haushaltsjahres (ohne Kassenkredite und Kontokorrentverbindlichkeiten);
55. der Bestand an liquiden Mitteln am Ende des Haushaltsjahres, die Summe aus den Nummern 53 und 54.

[2]Einzahlungen und Auszahlungen dürfen nicht miteinander verrechnet werden; § 29 der Sächsischen Kommunalen Kassen- und Buchführungsverordnung bleibt unberührt. [3]Der Betrag der Auszahlungen für die ordentliche Kredittilgung und den Tilgungsanteil der Zahlungsverpflichtungen aus kreditähnlichen Rechtsgeschäften sowie der Betrag der verfügbaren Mittel gemäß § 72 Absatz 4 Satz 2 der Sächsischen Gemeindeordnung sind nachrichtlich anzugeben.

(3) Die Teilfinanzrechnung ist in der Gliederung nach § 4 Absatz 4 aufzustellen.

## § 50
## Planvergleich

(1) In der Ergebnis- und Finanzrechnung des Gesamthaushalts und der Teilhaushalte sind Erträge und Aufwendungen sowie Einzahlungen und Auszahlungen hinsichtlich der fortgeschriebenen Planansätze und des Ergebnisses gegenüberzustellen.

(2) In den Teilhaushalten sind Erträge und Aufwendungen gemäß § 4 Absatz 3 sowie Einzahlungen und Auszahlungen gemäß § 4 Absatz 4 hinsichtlich der fortgeschriebenen Planansätze und des Ergebnisses gegenüberzustellen.

## § 51
## Vermögensrechnung

(1) Die Vermögensrechnung (Bilanz) ist in Kontoform aufzustellen und mindestens entsprechend der Absätze 2 und 3 zu gliedern.

(2) Aktivseite:

1. Anlagevermögen
   a) immaterielle Vermögensgegenstände;
   b) Sonderposten für geleistete Investitionszuwendungen;
   c) Sachanlagevermögen
      aa) unbebaute Grundstücke und grundstücksgleiche Rechte an solchen,
      bb) bebaute Grundstücke und grundstücksgleiche Rechte an solchen,
      cc) Infrastrukturvermögen,
      dd) Bauten auf fremdem Grund und Boden,
      ee) Kunstgegenstände und Kulturdenkmäler,
      ff) Maschinen, technische Anlagen und Fahrzeuge,
      gg) Betriebs- und Geschäftsausstattung, Tiere,
      hh) geleistete Anzahlungen und Anlagen im Bau;
   d) Finanzanlagevermögen
      aa) Anteile an verbundenen Unternehmen,
      bb) Beteiligungen,
      cc) Sondervermögen,
      dd) Ausleihungen,
      ee) Wertpapiere;
2. Umlaufvermögen
   a) Vorräte;
   b) öffentlich-rechtliche Forderungen und Forderungen aus Transferleistungen;
   c) privatrechtliche Forderungen, Wertpapiere des Umlaufvermögens;
   d) liquide Mittel;
3. aktive Rechnungsabgrenzungsposten;
4. nicht durch Kapitalposition gedeckter Fehlbetrag.

(3) [1]Passivseite:

1. Kapitalposition
   a) Basiskapital;
   b) Rücklagen
      aa) aus Überschüssen des ordentlichen Ergebnisses,
      bb) aus Überschüssen des Sonderergebnisses,
      cc) aus nicht ertragswirksam aufzulösenden Zuwendungen,
      dd) zweckgebundene und sonstige Rücklagen;
   c) Fehlbeträge
      aa) Jahresfehlbetrag des ordentlichen Ergebnisses und Vortrag von Fehlbeträgen des ordentlichen Ergebnisses aus den Vorjahren,
      bb) Jahresfehlbetrag des Sonderergebnisses und Vortrag von Fehlbeträgen des Sonderergebnisses aus den Vorjahren;
2. Sonderposten
   a) für empfangene Investitionszuwendungen;
   b) für Investitionsbeiträge;
   c) für den Gebührenausgleich;
   d) sonstige Sonderposten;
3. Rückstellungen
   a) für Entgeltzahlungen für Zeiten der Freistellung von der Arbeit im Rahmen von Altersteilzeit;
   b) für die Rekultivierung und Nachsorge von Deponien;
   c) für die Sanierung von Altlasten und sonstige Umweltschutzmaßnahmen;
   d) für ungewisse Verbindlichkeiten aus der steuerkraftabhängigen Umlage gemäß § 25a des Sächsischen Finanzausgleichsgesetzes;
   e) für ungewisse Verbindlichkeiten aufgrund von Steuerschuldverhältnissen;
   f) für drohende Verpflichtungen aus anhängigen Gerichts- und Verwaltungsverfahren sowie aus Bürgschaften, Gewährverträgen und wirtschaftlich gleichkommenden Rechtsgeschäften;
   g) für unterlassene Aufwendungen für Instandhaltung im Haushaltsjahr;
   h) für sonstige vertragliche oder gesetzliche Verpflichtungen zur Gegenleistung gegenüber Dritten, die im laufenden Haushaltsjahr wirtschaftlich begründet wurden und die der Höhe nach noch nicht genau bekannt sind, sofern sie erheblich sind;
   i) für drohende Verluste aus schwebenden Geschäften und aus laufenden Verfahren;
   j) sonstige Rückstellungen;
4. Verbindlichkeiten
   a) in Form von Anleihen;
   b) aus Kreditaufnahmen;
   c) aus Kreditaufnahmen wirtschaftlich gleichkommenden Rechtsgeschäften;
   d) aus Lieferungen und Leistungen;
   e) aus Transferleistungen;
   f) sonstige Verbindlichkeiten;
5. passive Rechnungsabgrenzungsposten.

[2]Die Ergebnisrücklagen aus der Verrechnung gemäß § 72 Absatz 3 Satz 3 der Sächsischen Gemeindeordnung und der Betrag des Basiskapitals, der gemäß § 72 Absatz 3 Satz 4 der Sächsischen Gemeindeordnung nicht zur Verrechnung herangezogen werden darf, sind nachrichtlich anzugeben.

## § 52
## Anhang

(1) [1]In den Anhang sind diejenigen Angaben aufzunehmen, die zu den einzelnen Posten der Ergebnisrechnung, der Finanzrechnung und der Vermögensrechnung vorgeschrieben sind. [2]Insbesondere sind das Basiskapital, die Rücklagen, die Fehlbeträge gemäß § 72 Absatz 3 Satz 3 der Sächsischen Gemeindeordnung und der Betrag der verfügbaren Mittel gemäß § 72 Absatz 4 Satz 2 der Sächsischen Gemeindeordnung zu erläutern.

(2) Ferner sind anzugeben:

1. die auf die Posten der Ergebnisrechnung und der Vermögensrechnung angewandten Bilanzierungs- und Bewertungsmethoden;
2. Abweichungen von Bilanzierungs- und Bewertungsmethoden samt Begründung; deren Einfluss auf die Vermögens-, Finanz- und Ertragslage ist gesondert darzustellen;
3. ausgeübte Wahlrechte in Bezug auf die Erfassung und Bewertung und ihre Auswirkungen auf die Vermögens-, Finanz- und Ertragslage, soweit diese wesentlich sind;
4. wesentliche, über die kommunalrechtlichen Regelungen hinausgehende dingliche, gesetzliche oder vertragliche Einschränkungen der Verfügbarkeit oder Verwertung des in der Vermögensrechnung ausgewiesenen Grund und Bodens sowie der Gebäude und anderer Bauten; ferner sind diesbezüglich künftige Aufwendungen oder Auszahlungen im Anhang darzustellen und zu erläutern;
5. die Anwendung der Leistungsabschreibung einschließlich Begründung;
6. Angaben über die Einbeziehung von Zinsen für Fremdkapital in die Herstellungskosten;
7. Erläuterung der unter der Vermögensrechnung aufzuführenden Vorbelastungen künftiger Haushaltsjahre und der übertragenen Ermächtigungen;
8. die Sparkassenträgerschaft unter Angabe des Eigenkapitals der Sparkasse und der Quote der Trägerschaft sowie Angaben zu übertragenen Sparkassenträgerschaften entsprechend;
9. die rechtlich selbstständigen örtlichen Stiftungen und sonstiges Treuhandvermögen;
10. bei Fremdwährungen der Kurs der Währungsumrechnung;
11. Verpflichtungen gegenüber organisatorisch oder rechtlich verselbständigten Einheiten nach § 88b Absatz 1 Satz 3 der Sächsischen Gemeindeordnung;
12. sonstige Sachverhalte, aus denen sich finanzielle Verpflichtungen ergeben können, sofern diese Angaben für die Beurteilung der Vermögens-, Finanz- und Ertragslage von Bedeutung sind.

## § 53
## Rechenschaftsbericht

(1) [1]Im Rechenschaftsbericht sind der Verlauf der Haushaltswirtschaft und die Lage der Gemeinde unter dem Gesichtspunkt der Sicherung der stetigen Erfüllung der Aufgaben so darzustellen, dass ein den tatsächlichen Verhältnissen entsprechendes Bild vermittelt wird. [2]Dabei sind die wichtigsten Ergebnisse des Jahresabschlusses und erhebliche Abweichungen der Jahresergebnisse von den Haushaltsansätzen zu erläutern und eine Bewertung der Abschlussrechnungen vorzunehmen.

(2) Der Rechenschaftsbericht soll auch darstellen:

1. die Erreichung der wesentlichen Ziele;
2. Angaben über den Stand der kommunalen Aufgabenerfüllung;
3. Vorgänge von besonderer Bedeutung, die nach dem Schluss des Haushaltsjahres eingetreten sind;
4. zu erwartende positive Entwicklungen und mögliche Risiken von besonderer Bedeutung;
5. die Ausführung eines Haushaltsstrukturkonzepts;
6. die Auswertung der für die Schlüsselprodukte gesetzten Leistungsziele anhand der zur Messung der Zielerreichung gebildeten Kennzahlen.

## § 54
## Anlagenübersicht, Forderungsübersicht, Verbindlichkeitenübersicht

(1) In der Anlagenübersicht sind ausgehend von den gesamten Anschaffungs- oder Herstellungskosten der Stand des Anlagevermögens zu Beginn und zum Ende des Haushaltsjahres, die Zu- und Abgänge, die Umbuchungen sowie die Zuschreibungen und Abschreibungen des Haushaltsjahres sowie die gesamten Abschreibungen anzugeben.

(2) [1]In der Forderungsübersicht sind die Forderungen der Gemeinde anzugeben. [2]Anzugeben sind der Gesamtbetrag zu Beginn und zum Ende des Haushaltsjahres unterteilt nach der Restlaufzeit der Forderungen bis zu einem Jahr, von mehr als einem bis zu fünf Jahren und von mehr als fünf Jahren.

(3) [1]In der Verbindlichkeitenübersicht sind die Verbindlichkeiten der Gemeinde anzugeben. [2]Anzugeben sind der Gesamtbetrag zu Beginn und zum Ende des Haushaltsjahres und die Restlaufzeit unterteilt in Laufzeiten bis zu einem Jahr, von mehr als einem bis zu fünf Jahren und von mehr als fünf Jahren.

(4) Die Gliederung der Übersichten der Absätze 1 bis 3 richtet sich nach dem jeweiligen vorgegebenen Muster gemäß § 128 Satz 1 Nummer 4 der Sächsischen Gemeindeordnung.

# ABSCHNITT 10
# Gesamtabschluss

## § 55
## Gesamtabschluss

Der Gesamtabschluss besteht aus der konsolidierten Ergebnisrechnung und der konsolidierten Vermögensrechnung; die Vorschriften über die Aufstellung der Ergebnis- und Vermögensrechnung der Gemeinde sind entsprechend anzuwenden.

## § 56
## Kapitalflussrechnung

Auf die Kapitalflussrechnung findet der Deutsche Rechnungslegungs Standard Nr. 21 (DRS 21) Kapitalflussrechnung vom 4. Februar 2014 (BAnz AT 08.04.2014 B2), in der jeweils geltenden Fassung, entsprechende Anwendung.

## § 57
## Konsolidierungsbericht und Angaben zum nicht konsolidierten Beteiligungsbesitz

Im Konsolidierungsbericht sind darzustellen:

1. ein Gesamtüberblick, bestehend aus
   a) einer Darstellung der wirtschaftlichen und finanziellen Lage der Gemeinde,
   b) Angaben zu Name und Sitz der gemäß § 88b Absatz 1 Satz 3 der Sächsischen Gemeindeordnung konsolidierten Organisationseinheiten und Vermögensmassen, zur Höhe der Beteiligung der Gemeinde an privatrechtlichen juristischen Personen sowie zur Vertretungsquote in den Verbandsorganen und zu den Umlagepflichten bei Verwaltungs- und Zweckverbänden,
   c) Angaben über den Stand der Erfüllung des öffentlichen Zwecks der gemäß § 88b Absatz 1 Satz 3 der Sächsischen Gemeindeordnung konsolidierten Organisationseinheiten und Vermögensmassen,
   d) einer Bewertung des Gesamtabschlusses unter dem Gesichtspunkt der dauernden Leistungsfähigkeit und
   e) den in § 99 Absatz 2 Satz 2 Nummer 1 und 2 sowie Absatz 3 der Sächsischen Gemeindeordnung für den Beteiligungsbericht beschriebenen Angaben der gemäß § 88b Absatz 1 Satz 3 der Sächsischen Gemeindeordnung konsolidierten Organisationseinheiten und Vermögensmassen;
2. Erläuterungen des Gesamtabschlusses, bestehend aus
   a) Angaben zur Abgrenzung der in die Konsolidierung einzubeziehenden Organisationseinheiten und Vermögensmassen und zu den angewandten Konsolidierungsmethoden und
   b) Erläuterungen zu den einzelnen Positionen des Gesamtabschlusses;
3. ein Ausblick auf die künftige Entwicklung der Gemeinde und der gemäß § 88b Absatz 1 Satz 3 der Sächsischen Gemeindeordnung konsolidierten Organisationseinheiten und Vermögensmassen, insbesondere bestehend aus
   a) Angaben über Vorgänge von besonderer Bedeutung, die nach dem Schluss der Konsolidierungsperiode eingetreten sind,

b) Angaben über die erwartete Entwicklung wesentlicher Rahmenbedingungen, insbesondere über die finanziellen und wirtschaftlichen Perspektiven und Risiken, sowie
c) Angaben über die wesentlichen Ziele und Strategien.

# ABSCHNITT 11
# Sondervermögen, Treuhandvermögen, Begriffsbestimmungen

## § 58
## Sondervermögen, Treuhandvermögen

(1) Soweit auf Sondervermögen und Treuhandvermögen der Gemeinde die Vorschriften der Sächsischen Gemeindeordnung über die Haushaltswirtschaft Anwendung finden, gilt diese Verordnung sinngemäß.
(2) Sondervermögen und Treuhandvermögen nach Absatz 1 werden von der Pflicht zur Finanzplanung (§ 80 der Sächsischen Gemeindeordnung) freigestellt.

## § 59
## Begriffsbestimmungen

Bei der Anwendung dieser Verordnung sind die folgenden Begriffe zugrunde zu legen:

1. Abschreibungen: Aufwand, der durch die Wertminderung bei Vermögensgegenständen verursacht wird;
2. Aktivierung: wertmäßige Erfassung eines Vermögensgegenstands in der Vermögensrechnung;
3. Anlagevermögen: Vermögensgegenstände, die zur dauerhaften Nutzung bestimmt sind;
4. Anlagenabnutzungsgrad: Verhältnis der in der Anlagenübersicht für das gesamte abnutzbare Anlagevermögen ausgewiesenen kumulierten Abschreibungen zu den Anschaffungs- oder Herstellungskosten des Sachanlagevermögens;
5. Anschaffungskosten: alle Vermögensänderungen, die erforderlich sind, um einen Vermögensgegenstand zu erwerben und betriebsbereit zu machen;
6. anteiliges Eigenkapital: wird nach der Eigenkapitalspiegelmethode für Beteiligungen, Sondervermögen mit Sonderrechnung oder verbundene Unternehmen wie folgt ermittelt:
   Gezeichnetes Kapital (Grundkapital)/Kapitalanteile/Einlagen;
   plus Kapitalrücklagen;
   plus Gewinnrücklagen;
   plus oder minus Gewinnvortrag/Verlustvortrag;
   plus oder minus Jahresüberschuss/Jahresfehlbetrag;
7. Aufwand oder Aufwendungen: wertmäßiger, zahlungs- und nichtzahlungswirksamer Verbrauch von Gütern und Dienstleistungen als Ressourcenverbrauch des Haushaltsjahres;
8. Ausgaben: Verringerung des Geldvermögens durch Auszahlungen, den Abgang von Forderungen oder den Zugang von Verbindlichkeiten;
9. Auszahlungen: Abfluss liquider Mittel in Form von Barzahlungen und bargeldlosen Zahlungen;
10. außerplanmäßige Aufwendungen und Auszahlungen: Aufwendungen und Auszahlungen, für die im Haushaltsplan keine Ermächtigungen veranschlagt und keine aus den Vorjahren übertragenen Ansätze verfügbar sind;
11. Devisenkassamittelkurs: Nominaler Einheitskurs bei Währungsumrechnung;
12. durchlaufende Gelder: haushaltsunwirksame Beträge, die für einen Dritten lediglich eingenommen und ausgegeben werden;
13. Einnahmen: Erhöhung des Geldvermögens durch Einzahlungen, den Zugang von Forderungen oder den Abgang von Verbindlichkeiten;
14. Einzahlungen: Zufluss liquider Mittel in Form von Barzahlungen und bargeldlosen Zahlungen;
15. Erlass: Verzicht auf einen Anspruch;
16. Ertrag oder Erträge: zahlungswirksamer und nichtzahlungswirksamer Wertzuwachs als Ressourcenaufkommen des Haushaltsjahres;
17. Fehlbetrag: Unterschiedsbetrag, um den die Summe der ordentlichen und außerordentlichen Aufwendungen im Ergebnishaushalt oder in der Ergebnisrechnung höher ist als die Summe der ordentlichen und außerordentlichen Erträge;
18. fortgeschriebener Planansatz: fortgeschriebene Planansätze umfassen den Ansatz im Haushaltsplan, bei Erlass eines Nachtragshaushaltsplanes dessen Ansätze, die übertragenen Ermächtigungen, die Ansätze für über- und außerplanmäßige Erträge und Einzahlungen und bewilligte über- und außerplanmäßige Aufwendungen und Auszahlungen sowie Ansatzveränderungen aufgrund der Inanspruchnahme von Deckungsfähigkeiten nach den §§ 19 und 20;
19. immaterielle Vermögensgegenstände: nicht körperlich fassbare Vermögensgegenstände des Anlagevermögens;
20. Infrastrukturvermögen: die in der Abschreibungstabelle (Anlage) unter der laufenden Nummer 03 aufgeführten Gegenstände des Sachanlagevermögens;
21. interne Leistungsverrechnung: zwischen einzelnen Produkten erbrachte und abgerechnete Leistungen;
22. Inventur: Bestandsaufnahme aller Vermögensgegenstände und Schulden;
23. Investitionen: Auszahlungen für die Mehrung des Anlagevermögens gemäß § 51 Absatz 2;
24. Investitionsförderungsmaßnahmen: Zuweisungen, Zuschüsse und Darlehen für Investitionen Dritter und für Investitionen der Sondervermögen mit Sonderrechnung;
25. Kapitalflussrechnung: Bewegungsrechnung, in der für ein Haushaltsjahr Herkunft und Verwendung aller liquiditätswirksamen Mittel dargestellt werden;
26. Kassenkredite, auch Liquiditätskredite genannt: Kredite mit kurzen Laufzeiten zur Überbrückung des verzögerten oder späteren Eingangs von Deckungsmitteln, soweit keine anderen liquiden Mittel eingesetzt werden können;
27. Kernhaushalt: zum Kernhaushalt gehören alle im Stellenplan zum Haushaltsplan brutto geführten Ämter und Einrichtungen der Produktbereiche 11 bis 57 der durch das Staatsministerium des Innern im Produktrahmen verbindlich vorgegebenen Produktbereiche, für die Erträge und Aufwendungen veranschlagt werden, so genannter Beschäftigungsbereich 21;
28. Kernverwaltung: [1]Zur Kernverwaltung gehören nur folgende Produktbereiche:
   a) 11 Innere Verwaltung;
   b) 12 Sicherheit und Ordnung außer Produktgruppen 126 und 127;
   c) 21 bis 24 Schulträgeraufgaben, soweit es sich um allgemeine Schulverwaltungsangelegenheiten und die Schulnetzplanung handelt;
   d) 25 bis 29 Kultur und Wissenschaft, soweit es sich um die Verwaltung von kulturellen Angelegenheiten handelt;
   e) 31 bis 35 Soziale Hilfen, soweit es sich um die allgemeine Sozialverwaltung, die Wahrnehmung von Aufgaben der Betreuungsbehörden, die Verwaltung der Grundsicherung für Arbeitssuchende und die Durchführung des Asylbewerberleistungsgesetzes handelt;
   f) 36 Kinder-, Jugend- und Familienhilfe, soweit es sich um die allgemeine Verwaltung der Jugendhilfe handelt;
   g) 41 Gesundheitsdienste, soweit es sich um die Verwaltungsaufgaben des Gesundheitsschutzes, der Gesundheitspflege, der Gesundheitserziehung und der Gesundheitsberatung handelt;
   h) 51 Räumliche Planung und Entwicklung;
   i) 52 Bau- und Grundstücksordnung, Produktgruppe 523 nur insoweit, als es sich um Aufgaben der unteren Denkmalschutzbehörden handelt;
   j) 55 Naturschutz und Landschaftspflege, soweit es sich um die Verwaltungsaufgaben des Naturschutzes und der Landschaftspflege handelt;
   k) 56 Umweltschutz, soweit es sich um Verwaltungsaufgaben des Umweltschutzes einschließlich des Immissionsschutzes und Aufgaben der unteren Abfallbehörde handelt;
   l) 57 Wirtschaft und Tourismus, soweit es sich um Verwaltungsaufgaben der Wirtschaftsförderung und des Tourismus handelt.

[2]Darüber hinaus sind der Kernverwaltung die Stellen der Bauverwaltung (Allgemeine Verwaltung der eigenen Hoch- und Tiefbauten und der Bauten im Auftrag Dritter) zuzuordnen. [3]Die Stelle des Bürgermeisters bleibt bei der Ermittlung der Anzahl der Beschäftigten in der Kernverwaltung der Gemeinde unberücksichtigt. [4]Nicht zur Kernverwaltung gehören die den einzelnen Produktbereichen zugeordneten Einrichtungen wie zum Beispiel einzelne Schulen, Krankenhäuser, Jugendeinrichtungen und die Hilfsbetriebe der Verwaltung wie Baubetriebshöfe, Kantinen, Betriebskindergärten;

29. Konsolidierung: Zusammenfassung der Jahresabschlüsse der Gemeinde und der in § 88b der Sächsischen Gemeindeordnung genannten Aufgabenträger zu einem Gesamtabschluss;
30. Konsolidierungsbetrag: der im Rahmen eines Haushaltsstrukturkonzepts aus der Erhöhung der Erträge und Einzahlungen sowie der Verringerung der Aufwendungen und Auszahlungen zu erwirtschaftende Beitrag zur Haushaltssanierung;
31. Kosten: zahlungs- und nichtzahlungswirksamer bewertbarer Verzehr von Gütern und Dienstleistungen durch die Leistungserbringung der Gemeinde;
32. Kredite: unter der Verpflichtung zur Rückzahlung von Dritten oder von Sondervermögen mit Sonderrechnung aufgenommene Finanzierungsmittel mit Ausnahme der Kassenkredite;
33. Leistung: Wert aller im Rahmen der Verwaltungstätigkeit erbrachten Leistungen zur Aufgabenerfüllung im Haushaltsjahr;
34. Leistungsziele: angestrebter Stand an Leistungen am Ende eines bestimmten Zeitraums, der durch quantitative und qualitative Größen messbar beschrieben wird;
35. nicht durch Kapitalposition gedeckter Fehlbetrag: positive Differenz zwischen den Schulden und dem Gesamtbetrag der Aktivseite (= Vermögen) zum Ausgleich der Bilanz, wenn die Schulden das Vermögen überwiegen;
36. Niederschlagung: befristete oder unbefristete Zurückstellung der Weiterverfolgung eines fälligen Anspruchs der Gemeinde ohne Verzicht auf den Anspruch selbst;
37. Passivierung: wertmäßige Erfassung der Schulden, Sonderposten, Rückstellungen und Rechnungsabgrenzungsposten in der Bilanz auf der Passivseite;
38. Produkt: Leistung oder Gruppe von Leistungen, die für Stellen innerhalb oder außerhalb einer Verwaltungseinheit erbracht werden;
39. Produktbereich: Zusammenfassung von inhaltlich zusammengehörenden Produktgruppen innerhalb der Produkthierarchie;
40. Produktgruppe: Zusammenfassung von inhaltlich zusammengehörenden Produkten innerhalb der Produkthierarchie;
41. Rechnungsabgrenzungsposten: aktiver oder passiver Bilanzposten für streng zeitraumbezogene Einnahmen und Ausgaben, die vor dem Abschlussstichtag für einen genau bestimmten Zeitraum nach dem Abschlussstichtag geleistet oder empfangen wurden;
42. Rücklagen: variabler Teil der Kapitalposition, der aufgrund von gesetzlichen oder satzungsmäßigen Bestimmungen oder freiwillig gebildet wird;
43. Rückstellungen: Verbindlichkeiten oder Aufwendungen, die im Haushaltsjahr wirtschaftlich verursacht wurden und der Fälligkeit oder der Höhe nach ungewiss sind;
44. Schlüsselprodukte: Produkte, die örtlich von finanzieller oder kommunalpolitischer Bedeutung sind;
45. Sonderposten: gesondert auszuweisender Passivposten für Ertragszuschüsse, Kostenüberdeckungen bei der Gebührenkalkulation, Beiträge und Ähnliches sowie Aktivposten für Investitionsförderungsmaßnahmen;
46. Tilgung von Krediten:
    a) ordentliche Tilgung: Leistung des im Haushaltsjahr zurückzuzahlenden Betrags bis zu der in den Rückzahlungsbedingungen festgelegten Mindesthöhe;
    b) außerordentliche Tilgung: über die ordentliche Tilgung hinausgehende Rückzahlung;
47. Transfererträge und -aufwendungen: Erträge und Aufwendungen ohne unmittelbar damit zusammenhängende Gegenleistung;
48. überplanmäßige Aufwendungen und Auszahlungen: Aufwendungen oder Auszahlungen, die die im Haushaltsplan veranschlagten Beträge und die aus den Vorjahren übertragenen Ansätze für Aufwendungen und Auszahlungen übersteigen;
49. Überschuss: Unterschiedsbetrag, um den die Summe der ordentlichen und außerordentlichen Erträge im Ergebnishaushalt oder in der Ergebnisrechnung die Summe der ordentlichen und außerordentlichen Aufwendungen übersteigt;
50. Umlage, investive: Teil des gesamten Umlagebetrages, der ausschließlich im Finanzhaushalt zu veranschlagen ist;
51. Umlaufvermögen: Vermögensgegenstände, die nur zu einer vorübergehenden Nutzung bestimmt sind und keine Posten der Rechnungsabgrenzung darstellen;
52. Umschuldung: Tilgung eines Kredits mit gleichzeitiger Aufnahme eines neuen Kredits ohne Veränderung der Höhe der Verbindlichkeiten;
53. Verbindlichkeiten: Leistungsverpflichtungen der Kommune, die rechtlich erzwingbar sind und eine wirtschaftliche Belastung für sie darstellen;
54. Verbundene Unternehmen: Unternehmen, die der Kommune als Tochterunternehmen gegenüberstehen;
55. Verfügungsmittel: Beträge, die dem Bürgermeister für dienstliche Zwecke, für die keine Aufwendungen veranschlagt wurden, zur Verfügung stehen;
56. Vermögen: alle wirtschaftlichen Werte mit zukünftigem Nutzen, die selbstständig bewertbar und selbstständig verkehrsfähig, das heißt einzeln veräußerbar sind;
57. Vermögensübertragung: Transfer von Vermögensgegenständen zum Beispiel durch Schenkungen oder Umwidmung, ohne dass eine Gegenleistung erbracht wird oder bei der die Gegenleistung nicht dem vollen Wert des übertragenen Vermögensgegenstandes entspricht; die Übertragung kann zum Beispiel vom Land auf die kommunale Ebene oder von einer Kommune auf eine andere Kommune erfolgen; die bilanzielle Zusammenführung von Vermögensgegenständen im Rahmen von Änderungen des Gemeindegebiets gemäß § 8 der Sächsischen Gemeindeordnung stellt keine Vermögensübertragung im Sinne dieser Vorschrift dar;
58. Vorjahr: das dem Haushaltsjahr vorangehende Jahr;
59. wirtschaftliche Nutzungsdauer: in der Abschreibungstabelle angegebener Zeitraum, während dessen ein Gegenstand wirtschaftlich nutzbar ist; sie dient der Bemessung der Abschreibungsdauer.

### § 60
### Ersetzung von Begriffen

[1]Bei der Anwendung dieser Verordnung auf die Landkreise treten der Landkreis an die Stelle der Gemeinde, der Kreistag an die Stelle des Gemeinderats, der Landrat an die Stelle des Bürgermeisters und die Kreiskasse an die Stelle der Gemeindekasse. [2]Entsprechendes gilt für juristische Personen des öffentlichen Rechts, auf die die Vorschriften dieser Verordnung Anwendung finden.

## ABSCHNITT 12
## Sonstige Vorschriften, Übergangs- und Schlussvorschriften

### § 61
### Erstmalige Bewertung und weitere Angaben zur Eröffnungsbilanz

(1) [1]Für die Eröffnungsbilanz sind die für den Jahresabschluss geltenden Regelungen entsprechend anzuwenden mit Ausnahme von § 22 Absatz 2 und § 51 Absatz 3 Nummer 3 Buchstabe g. [2]Die Ausnahmen gemäß Satz 1 gelten nicht für Eröffnungsbilanzen bei Änderungen des Gemeindegebiets gemäß § 8 der Sächsischen Gemeindeordnung.
(2) [1]In der Eröffnungsbilanz sind die zum Stichtag der Aufstellung vorhandenen Vermögensgegenstände mit den Anschaffungs- oder Herstellungskosten, vermindert um Abschreibungen nach § 44 zwischen dem Zeitpunkt der Anschaffung oder Herstellung und dem Eröffnungsbilanzstichtag, anzusetzen. [2]Für bewegliche Vermögensgegenstände des Sachanlagevermögens, deren Anschaffungs- oder Herstellungskosten, vermindert um einen darin enthaltenen abzugsfähigen Vorsteuerbetrag, für den einzelnen Vermögensgegenstand 1 000 Euro nicht übersteigen, und diesen gemäß § 40 Absatz 2 zugeordnete Sonderposten ist die Anwendung der §§ 34 und 36 Absatz 3 freigestellt.
(3) [1]Für Vermögensgegenstände, deren Anschaffungs- oder Herstellungskosten nicht ermittelt werden können, sind als Ersatzwerte aktuelle Anschaffungs- oder Herstellungskosten rückgerechnet auf das Jahr der Anschaffung oder Herstellung des Vermögensgegenstands

vermindert um Abschreibungen nach § 44 anzusetzen, soweit nichts anderes geregelt ist. [2]Bei der Ermittlung der aktuellen Anschaffungs- oder Herstellungskosten für Zwecke der Ersatzbewertung dürfen Umsatzsteuerbeträge unberücksichtigt bleiben.

(4) Für Rückrechnungen nach Absatz 3 sind bei Gebäuden und sonstigen Bauten der entsprechende Baupreisindex, bei den übrigen Vermögensgegenständen ein geeigneter Preisindex des Statistischen Bundesamts anzuwenden.

(5) [1]Sofern für Betriebe gewerblicher Art oder kostenrechnende Einrichtungen Bestandsverzeichnisse geführt werden und die Bewertung des darin verzeichneten Vermögens handels- und steuerrechtlichen Grundsätzen entspricht, können diese Wertansätze für die Eröffnungsbilanz herangezogen werden. [2]Bereits bestehende Bewertungen von Vermögensgegenständen nach Wiederbeschaffungszeitwerten aus Gebührenbedarfsberechnungen und die noch bestehenden Restnutzungsdauern dürfen nicht unverändert in die Eröffnungsbilanz übernommen werden. [3]Der Wiederbeschaffungszeitwert kann übernommen werden, soweit fortgeführte Anschaffungs- oder Herstellungskosten gesondert ermittelt werden und der Wiederbeschaffungszeitwert durch Sonderabschreibungen oder -zuschreibungen angepasst wird.

(6) [1]Beteiligungen und Anteile an verbundenen Unternehmen und Zweckverbänden sowie Sondervermögen gemäß § 91 Absatz 1 Nummer 1 der Sächsischen Gemeindeordnung werden mit den Anschaffungskosten oder dem anteiligen Eigenkapital angesetzt. [2]Sollen die Anschaffungskosten angesetzt werden und sind diese nicht ermittelbar, darf der zum Zeitpunkt der Bewertung ermittelte Wert des anteiligen Eigenkapitals als Ersatzwert angesetzt werden. [3]Ist das anteilige Eigenkapital zum Zeitpunkt der Erstellung der Eröffnungsbilanz oder des Jahresabschlusses der Gemeinde verloren, muss ein Erinnerungswert in Höhe von 1 Euro angesetzt werden.

(7) Für Grund und Boden, Gebäude, Waldflächen, Verkehrsflächen und sonstige Bauten des Infrastrukturvermögens gilt für die erstmalige Bewertung mit Hilfe von Ersatzwerten nach Absatz 3 Folgendes:

1. [1]Für Grund und Boden ist der aktuelle Bodenrichtwert anzusetzen; hilfsweise kann der niedrigste Bodenrichtwert umliegender Grundstücke herangezogen werden. [2]Nutzungs-, Verfügungs- und Verwertungsbeschränkungen, die den Wert nach allgemeiner Verkehrsauffassung wesentlich mindern, sind zu berücksichtigen.
2. [1]Gebäude werden nach dem in den §§ 21 bis 23 der Immobilienwertermittlungsverordnung vom 19. Mai 2010 (BGBl. I S. 693), in der jeweils geltenden Fassung, normierten Sachwertverfahren auf der Grundlage von Normalherstellungskosten bewertet. [2]Der so ermittelte Herstellungswert ist unter Berücksichtigung von Absatz 4 auf den Zeitpunkt der Anschaffung oder Herstellung zurückzurechnen und sodann um Abschreibungen gemäß § 44 zu vermindern. [3]Soweit in Einzelfällen die Anwendung des Sachwertverfahrens unter kaufmännischen Gesichtspunkten nicht sachdienlich ist, kann das in den §§ 17 bis 20 der Immobilienwertermittlungsverordnung normierte Verfahren angewendet werden.
3. [1]Bewirtschaftete Waldflächen werden nach Grund und Boden sowie Aufwuchs getrennt erfasst, mit der Maßgabe, dass
   a) für Grund und Boden zwischen 0,10 Euro und 0,50 Euro pro Quadratmeter und
   b) für den Aufwuchs gestaffelte Werte nach Baumbestand und Bestandsalter in entsprechender Anwendung der Waldwertermittlungsrichtlinie (WaldwertR 2000) für den Freistaat Sachsen, zu beziehen über Staatsbetrieb Sachsenforst, Bonnewitzer Straße 34, 01796 Pirna OT Graupa anzusetzen sind. [2]Führt die Anwendung der Waldwertermittlungsrichtlinie zu einem unverhältnismäßig hohen Aufwand, so kann vereinfachend der Wert für den Aufwuchs zwischen 0,20 Euro und 0,30 Euro pro Quadratmeter angesetzt werden.

   [2]Unbewirtschaftete Waldflächen werden mit 0,10 EUR bis 0,50 EUR pro Quadratmeter für Grund und Boden sowie Aufwuchs bewertet.
4. Verkehrsflächen werden nach Grund und Boden und Verkehrsflächenkörper getrennt erfasst mit der Maßgabe, dass
   a) für Grund und Boden Werte nach § 5 Absatz 1 des Verkehrsflächenbereinigungsgesetzes vom 26. Oktober 2001 (BGBl. I S. 2716), das zuletzt durch Artikel 22 des Gesetzes vom 23. Juli 2013 (BGBl. I S. 2586, 2705) geändert worden ist, in der jeweils geltenden Fassung, und
   b) für den Verkehrsflächenkörper durchschnittliche Herstellungskosten pro Quadratmeter je nach Bauklasse nach der Richtlinie für die Standardisierung des Oberbaues von Verkehrsflächen, Ausgabe 2012 (RStO 12) in der Bekanntmachung mit Allgemeinem Rundschreiben Straßenbau Nr. 30/2012 vom 20. Dezember 2012 des Bundesministeriums für Verkehr, Bau- und Stadtentwicklung, beziehbar beim Verkehrsblatt-Verlag, Schleefstraße 14, 44287 Dortmund, Bestellnummer B 5060, in der jeweils geltenden Fassung, zu ermitteln sind; der ermittelte Wert ist um die auf der Grundlage einer Zustandsbestimmung errechneten Abschreibungen zu mindern.
5. [1]Bei sonstigen Bauten des Infrastrukturvermögens sind aktuelle Anschaffungs- oder Herstellungskosten von Objekten gleicher Art und Güte heranzuziehen. [2]Der ermittelte Wert ist auf den tatsächlichen Zeitpunkt der Anschaffung oder Herstellung zu indizieren und sodann um Abschreibungen gemäß § 44 zu vermindern.
6. Sind die Anschaffungs- oder Herstellungskosten von Betriebsvorrichtungen und Anlagen, die selbstständige Bestandteile eines Vermögensgegenstandes darstellen, nicht oder nur mit einem verhältnismäßig großen Aufwand ermittelbar, dürfen sie beim Vermögensgegenstand angesetzt werden.

(8) Für alle übrigen Vermögensgegenstände, die vor dem 1. Juli 1990 angeschafft wurden, sind als Ersatzwerte aktuelle Anschaffungs- oder Herstellungskosten rückgerechnet auf den Zeitpunkt der Anschaffung oder Herstellung oder hilfsweise auf das Jahr 1990 vermindert um Abschreibungen nach § 44 anzusetzen.

(9) [1]Empfangene Zuwendungen für die Beseitigung von Hochwasserschäden des Augusthochwassers 2002 gelten als Kapitalzuschüsse und sind dem Basiskapital zuzuordnen, soweit die jeweils erhaltene Zuwendung in ihrer Höhe die nach den Fachförderprogrammen im Jahr 2002 üblicherweise vorgesehenen Zuwendungen übersteigt. [2]Sind Zuwendungen für Anlagevermögen nicht oder nur mit unvertretbarem Aufwand einem Fachförderprogramm zuordenbar, sind pauschal 40 Prozent als Kapitalzuschuss zu behandeln. [3]Zweckgebundene Geld- und Sachgeschenke für Investitionen sind wie Zuwendungen zu behandeln. [4]Für unentgeltliche Vermögensübertragungen zwischen Gemeinden, Sondervermögen gemäß § 91 der Sächsischen Gemeindeordnung, Zweckverbänden oder anderen Körperschaften des öffentlichen Rechts, auf die die Vorschriften der Sächsischen Gemeindeordnung über die Haushaltswirtschaft Anwendung finden, sind in der Eröffnungsbilanz keine Sonderposten im Sinne des § 40 anzusetzen, sofern die übertragende Körperschaft zum Zeitpunkt der Übertragung die Bestimmungen des Vierten Teils der Sächsischen Gemeindeordnung in der seit 25. November 2007 jeweils geltenden Fassung noch nicht angewandt hat. [5]Für empfangene investive Schlüsselzuweisungen, die nicht gemäß § 40 Absatz 2 zugeordnet werden, ist ein pauschal um einen anhand des Anlagenabnutzungsgrades ermittelten Betrag geminderter Sammel-Sonderposten zu bilden, der pauschal in gleichen Jahresraten nach der zum Stichtag des ersten Jahresabschlusses ermittelten durchschnittlichen Restnutzungsdauer des gesamten abnutzbaren Anlagevermögens aufzulösen ist.

(10) [1]Die in der Eröffnungsbilanz nach den Absätzen 2 bis 9 angesetzten Werte für die Vermögensgegenstände sind für die künftigen Haushaltsjahre fortzuführen. [2]Für Vermögensgegenstände, die nach dem Eröffnungsbilanzstichtag unentgeltlich erworben werden oder deren Anschaffungs- oder Herstellungskosten nicht ermittelt werden können, gelten die Bewertungsgrundsätze der Absätze 3 bis 9 entsprechend.

(11) In der Anlagenübersicht ist die Entwicklung des Anlagevermögens bis zum Eröffnungsbilanzstichtag unter Angabe historischer Anschaffungs- oder Herstellungskosten oder hilfsweise deren Ersatzwerte, der kumulierten Abschreibungen und der Buchwerte zum Eröffnungsbilanzstichtag darzustellen.

(12) [1]Fehlbeträge aus Vorjahren sind um die Haushaltsreste zu bereinigen und in einem Betrag mit negativem Vorzeichen als kamerale Fehlbeträge aus Vorjahren auf der Passivseite der Eröffnungsbilanz unter der Position gemäß § 51 Absatz 3 Nummer 1 Buchstabe c Doppelbuchstabe aa auszuweisen. [2]Die Position „Basiskapital" ist um diesen Betrag zu erhöhen. [3]Haushaltsausgabereste aus Vorjahren sind unter der Eröffnungsbilanz auszuweisen.

(13) Der Eröffnungsbilanz sind die Namen der Bürgermeister, der Mitglieder des Gemeinderats und der Beigeordneten, auch wenn diese im vergangenen Haushaltsjahr bis zum Zeitpunkt des Eröffnungsbilanzstichtags ausgeschieden sind, mit dem Familiennamen und mindestens einem ausgeschriebenen Vornamen beizufügen.

## § 62
## Berichtigung der Eröffnungsbilanz, des Jahresabschlusses und des Gesamtabschlusses

(1) Ergibt sich bei der Aufstellung des Jahresabschlusses für ein späteres Haushaltsjahr, dass in der Eröffnungsbilanz Vermögensgegenstände, zweckgebundene und sonstige Rücklagen, Sonderposten, Rückstellungen, Verbindlichkeiten oder Rechnungsabgrenzungsposten
1. mit einem zu niedrigen Wert,
2. mit einem zu hohen Wert,
3. zu Unrecht oder
4. nicht angesetzt worden sind,

ist in dem letzten noch nicht festgestellten Jahresabschluss der Wertansatz zu berichtigen oder der unterlassene Wertansatz nachzuholen, wenn es sich um einen wesentlichen Betrag handelt.

(2) Maßgeblich für die Beurteilung der Fehlerhaftigkeit sind die zum Bilanzstichtag bestehenden objektiven Verhältnisse.

(3) [1]Die Berichtigung ist im Anhang des betroffenen Jahresabschlusses zu erläutern. [2]Auf Grund einer nachträglichen Ausübung von Wahlrechten oder Ermessensspielräumen ist eine Berichtigung nicht zulässig.

(4) [1]Die sich aus Berichtigungen ergebenden Wertveränderungen sind erstmals im letzten noch nicht festgestellten Jahresabschluss darzustellen. [2]Wertansätze in der Kapitalposition, die aus Vorjahren vorgetragen werden, bleiben durch die Berichtigungen unberührt.

(5) Die Absätze 1 bis 4 gelten für Jahresabschlüsse und Gesamtabschlüsse entsprechend.[46]

## § 63
## Anwendungsbereich, Übergangsvorschriften

(1) Die Vorschriften dieser Verordnung gelten für die Gemeinden, die Landkreise, die Verwaltungsverbände und die Zweckverbände mit einer Wirtschaftsführung nach den Vorschriften über die Gemeindewirtschaft.

(2) Im ersten Jahresabschluss und Gesamtabschluss müssen Vorjahreszahlen nur angegeben werden, soweit sie mit vertretbarem Aufwand ermittelbar sind.

(3) Für das erste Haushaltsjahr, in dem die Gemeinde diese Verordnung anwendet und für das erste Haushaltsjahr nach einer Gebietsänderung gemäß § 8 der Sächsischen Gemeindeordnung, sind der Rechtsaufsichtsbehörde mit dem Haushaltsplan der der Haushaltsplanung zugrunde liegende Entwurf der Eröffnungsbilanz oder andere geeignete Nachweise für die Haushaltsansätze vorzulegen.

(4) [1]Der Rechtsaufsichtsbehörde sind die Eröffnungsbilanz einschließlich des Anhangs mit allen Anlagen und des Rechenschaftsberichts sowie die ersten beiden Jahresabschlüsse einschließlich der Anhänge mit allen Anlagen und der Rechenschaftsberichte jeweils unverzüglich nach der Feststellung durch den Gemeinderat vorzulegen. [2]In Fällen des § 88a Absatz 1 Satz 1 der Sächsischen Gemeindeordnung ist der überörtlichen Prüfungsbehörde die Eröffnungsbilanz einschließlich des Anhangs mit allen Anlagen und des Rechenschaftsberichts unverzüglich nach Feststellung durch den Gemeinderat vorzulegen.

(5) Wertansätze für Gebäude, welche nach den §§ 13 bis 25 der Wertermittlungsverordnung vom 6. Dezember 1988 (BGBl. I S. 2209), die durch Artikel 3 des Gesetzes vom 18. August 1997 (BGBl. I S. 2081, 2110) geändert worden ist, ermittelt worden sind und Wertansätze für Verkehrsflächenkörper, welche nach der Richtlinie für die Standardisierung des Oberbaues von Verkehrsflächen, Ausgabe 2001 (RStO 01) in der Bekanntmachung mit Allgemeinem Rundschreiben Straßenbau Nr. 34/2001 vom 25. September 2001 des Bundesministeriums für Verkehr, Bau- und Wohnungswesen ermittelt worden sind, dürfen beibehalten werden.

(6) Änderungen in Wertansätzen, die sich aus der Änderung dieser Verordnung ergeben, berühren das Jahresergebnis nicht und sind mit dem Basiskapital zu verrechnen.

(7) Gemeinden, die die Bestimmungen des Vierten Teils der Sächsischen Gemeindeordnung in der seit dem 25. November 2007 jeweils geltenden Fassung erstmals für die Haushaltswirtschaft des Jahres 2013 anwenden, können für Zwecke der Eröffnungsbilanz die Regelung des § 41 Absatz 3 Satz 2 der Sächsischen Kommunalhaushaltsverordnung-Doppik in der am 30. Dezember 2013 geltenden Fassung unberücksichtigt lassen.

(8) [1]§ 40 Absatz 2 Satz 3 und § 61 Absatz 6 Satz 2 dürfen beginnend mit dem letzten noch nicht festgestellten Jahresabschluss angewendet werden. [2]Ersatzwert im Sinne von § 61 Absatz 6 Satz 2 ist der zum Stichtag des Jahresabschlusses der erstmaligen Anwendung ermittelte Wert des anteiligen Eigenkapitals.

(9) Die Gemeinden können beschließen, bei Aufstellung der Jahresabschlüsse der Haushaltsjahre bis einschließlich 2020 auf Folgendes zu verzichten:
1. Bildung und Auflösung von aktiven und passiven Rechnungsabgrenzungsposten, sofern die vollständige Auflösung des Rechnungsabgrenzungspostens spätestens mit dem Jahresabschluss für das Haushaltsjahr 2021 zu buchen ist;
2. Bildung, Zuführung, Auflösung und Inanspruchnahme von Rückstellungen, sofern Auflösung oder Inanspruchnahme der Rückstellung spätestens mit dem Jahresabschluss für das Haushaltsjahr 2021 zu buchen ist;
3. körperliche Bestandsaufnahme von Vermögensgegenständen, sofern deren Erfassung und Bewertung durch Anwendung des Buchinventurverfahrens sichergestellt ist;
4. außerplanmäßige Abschreibung und Zuschreibung von Vermögensgegenständen des Anlagevermögens im Zuge der körperlichen Bestandsaufnahme sowie Auflösung und Zuschreibung der ihnen zugeordneten passiven Sonderposten;
5. Abschreibung und Zuschreibung von Vermögensgegenständen des Umlaufvermögens sowie Auflösung und Zuschreibung der ihnen zugeordneten passiven Sonderposten;
6. ergebniswirksame Bereinigung von Anlagen im Bau;
7. Wertberichtigung von Forderungen;
8. Umbuchung von debitorischen Kreditoren und kreditorischen Debitoren, sofern der Verzicht nicht zum Ausweis negativer Bilanzpositionen führt;
9. interne Leistungsverrechnung;
10. Teilergebnisrechnung und Teilfinanzrechnung;
11. Angabe nicht bilanzierter Vorbelastungen künftiger Haushaltsjahre, die eine Belastung der Haushaltsjahre bis 2020 darstellen.

**Anlage**
(zu § 44 Abs. 3)

# Abschreibungstabelle

| Laufende Nummer | Bezeichnung | Unterteilung | Zuordnungsbeispiele | Nutzungsdauer von – bis in Jahren |
|---|---|---|---|---|
| 00 | Immaterielle Vermögensgegenstände | a) EDV-Software | Software, insbesondere Spezialsoftware, Softwarelizenzen | 3 – 5 |
| | | b) Konzessionen, Lizenzen, Rechte | mit Laufzeit | je nach Laufzeit |
| 01 | Bauliche und sonstige Anlagen | a) Geländer, Treppen | | 20 – 40 |
| | | b) Außenanlagen | auch Hof- und Wegebefestigungen, Umzäunungen, Fahrradständer | 8 – 40 |
| | | aa) Einfriedungen aus Mauerwerk und Beton | | 30 – 40 |
| | | bb) Einfriedungen aus Eisen mit Sockel | | 20 – 30 |
| | | cc) Einfriedungen aus Draht | | 10 – 15 |
| | | dd) Einfriedungen aus Holz | | 8 – 10 |
| | | ee) Abfallkörbe | | 10 – 15 |
| | | ff) Bänke aus Stein und Mauerwerk | | 30 – 40 |
| | | gg) Bänke aus Metall und Kunststoff | | 20 – 30 |
| | | hh) Bänke aus Holz | | 8 – 10 |
| | | ii) Fahrradständer offen | | 10 – 15 |
| | | jj) Fahrradständer geschlossen | | 15 – 20 |
| 02 | Gebäude[1] | a) Wohngebäude | auch Hotels | 60 – 80 |
| | | b) Kulturgebäude | Theater, Kinos, Bibliotheken, Veranstaltungszentren, Museen | 60 – 80 |
| | | c) Verwaltungsgebäude | Bürogebäude, Verwaltungsgebäude | 50 – 80 |
| | | d) Handelsgebäude | Dienstleistungsgebäude, Banken, sonstige Gewerbe | 30 – 60 |
| | | e) Altenheime | Senioren-, Alten- und Pflegeheime | 40 – 80 |
| | | f) Krankenhäuser | Krankenhäuser einschließlich Nebengebäuden | 40 – 60 |
| | | g) Kindergärten und Kindertagesstätten[2] | Kindergärten, -horte, sonstige Kinderbetreuungseinrichtungen | 50 – 70 |
| | | h) Vereins- und Jugendheime[2] | Jugendhäuser, -clubs, sonstige Jugendeinrichtungen | 40 – 80 |
| | | i) Schulgebäude[2] | Schulen, Berufsschulen, Hochschulen | 50 – 80 |
| | | j) Turn- und Sporthallen[2] | Stadien, Turnhallen, Schulturnhallen, Funktionsgebäude für Sportanlagen | 30 – 50 |
| | | k) Hallenbäder | Schwimmhallen, Spaßbäder, Thermen, Saunen, auch Becken von Freibädern | 40 – 70 |
| | | l) Betriebsgebäude | Industriegebäude, Werkstätten, Lagergebäude | 40 – 60 |
| | | m) Gebäude der Entsorgung | Gebäude zur Entsorgung von Abwasser und Abfall | 30 – 40 |

[1] Innerhalb der angegebenen Nutzungsdauer ist sachgerecht eine der Bauweise entsprechende Nutzungsdauer für einzelne Gebäude zu wählen.

[2] Typen-Bauten aus der DDR-Zeit wie Kindergärten, Schulen und ähnliche Gebäude, die in Einheitsbauweise erstellt wurden, sind mit einer Nutzungsdauer von 30 Jahren errichtet worden. Wenn an diesen Gebäuden keine umfassenden Sanierungsmaßnahmen vollzogen wurden, sind diese in der Regel heute abgeschrieben.

| Laufende Nummer | Bezeichnung | Unterteilung | Zuordnungsbeispiele | Nutzungsdauer von – bis in Jahren |
|---|---|---|---|---|
| | | n) Gebäude der Versorgung | Gebäude, die der Versorgung, insbesondere der Gewinnung, Speicherung, Verteilung von Strom, Öl, Gas, Wasser sowie dem Funk- und Fernmeldebetrieb dienen | 30 – 40 |
| | | o) Sonstige Gebäude | Sonderobjekte, Trauerhallen, Rettungswachen, Feuerwehrgerätehäuser, Parkhäuser, Scheunen, Ställe | 30 – 60 |
| | | p) Gebäude in Leichtbauweise (Hallen, Schuppen, Baracken, Garagen) | Gebäude in Teilmassivbauweise, Holzkonstruktionen | 20 – 30 |
| 03 | Infrastrukturvermögen | a) Sportplätze | | 20 – 25 |
| | | b) Spielplätze | | 10 – 15 |
| | | c) Straßen | | 20 – 40 |
| | | d) Wege, Plätze | | 15 – 40 |
| | | e) Schächte | Wasserschächte | 20 – 40 |
| | | f) Wertstoffstandplätze | Wertstoffstandplätze, Unterflurstandplätze | 20 – 40 |
| | | g) Ingenieurtechnische Anlagen, Brücken, Tunnel, Durchlässe | Holzkonstruktionen | 20 – 40 |
| | | | Stahl-, Mauer-, Betonkonstruktionen | 60 – 100 |
| | | h) Verkehrseinrichtung und -lenkungsanlagen | Orientierungssysteme, Parkleitsysteme | 5 – 15 |
| | | | Ampel- und Signalanlagen | 15 – 30 |
| | | | Lärmschutzwände | 30 – 50 |
| | | i) Stützmauern | Betonmauern, Natursteinmauern, Winkelstützmauern, Bohrpfahlmauern | 30 – 80 |
| | | j) Verrohrungen | nur solche, die nicht Teil von Abwasseranlagen sind, zum Beispiel Betonrohre, Steindecker, Gewölbe | 40 -100 |
| | | k) Talsperren und Hochwasserrückhaltebecken | | 60 – 100 |
| | | l) Entwässerungs- und Abwasserbeseitigungsanlagen (auch für Bäder und Saunen) | Abwasserhebeanlagen (maschineller Teil, sonstige Pumpen) | 8 – 10 |
| | | | Abwasserreinigungsanlagen (mechanische Stufe, maschineller Teil des Sandfangs) | 8 – 10 |
| | | | Maschinelle Einrichtungen der kommunalen Entwässerung, sonstige Pumpen | 8 – 12 |
| | | | Abwasserreinigungsanlagen (mechanische Stufe, maschineller Teil der Rechenanlage) | 10 – 12 |
| | | | Abwasserreinigungsanlagen (biologische Stufe, maschineller Teil der Belebungsanlage mit Oberflächenbelüfter) | 10 – 15 |
| | | | Abwasserreinigungsanlagen (Schaltwerte, elektrischer Teil) | 10 – 15 |
| | | | Schlammbehandlung (Faulräume, maschineller Teil) | 10 – 15 |
| | | | Schlammbehandlung (maschinelle Schlammentwässerung) | 10 – 15 |
| | | | Abwasserreinigungsanlagen (biologische Stufe, maschineller Teil des Nachklärbeckens) | 12 – 15 |
| | | | Abwasserreinigungsanlagen (mechanische Stufe, maschineller Teil des Absetzbeckens) | 12 – 15 |

| Laufende Nummer | Bezeichnung | Unterteilung | Zuordnungsbeispiele | Nutzungsdauer von – bis in Jahren |
|---|---|---|---|---|
| | | | Schlammbehandlung (Eindicker, maschineller Teil) | 12 – 15 |
| | | | Abwasserreinigungsanlagen (biologische Stufe, maschineller Teil der Belebungsanlage mit Druckbelüfter) | 12 – 16 |
| | | | Abwasserhebeanlagen (maschineller Teil, Schneckenpumpen) | 15 – 20 |
| | | | Druckrohrleitungen für Sickerwasser | 15 – 20 |
| | | | Maschinelle Einrichtungen der kommunalen Entwässerung, Dauer- und Schneckenpumpen | 15 – 20 |
| | | | Abwasserreinigungsanlagen (biologische Stufe, maschineller Teil der Tropfkörperanlage) | 20 – 25 |
| | | | Schlammbehandlung (Gasspeicherung und -verwertung, Gasmaschinenanlagen) | 20 – 25 |
| | | | Druckrohrleitungen für Abwässer | 30 – 40 |
| | | | Schlammbehandlung (natürliche Schlammentwässerung) | 30 – 40 |
| | | | Abwasserkanäle | 40 – 60 |
| | | m) Grün-, Sport- und Erholungsflächen | Grünanlagen, Kleingartenanlagen, Wochenendgrundstücke, Campingplätze, Wildgehege, Parks | 15 – 30 |
| 04 | Bauten auf fremdem Grund und Boden | a) Gebäude auf fremden Grundstücken | | entsprechend der lfd. Nr. 02 |
| 05 | Kunstgegenstände, Kulturdenkmäler, Musikinstrumente, künstlerische Gestaltungen[3] | a) Tasteninstrumente | | 16 – 20 |
| | | b) Streichinstrumente | | 12 – 14 |
| | | c) Zupfinstrumente | | 12 – 14 |
| | | d) Blasinstrumente | | 10 – 12 |
| | | e) Schlagwerke | | 12 – 14 |
| | | f) Sonstige Musikinstrumente (zum Beispiel Glockenspiel, Tamburin) | | 14 – 16 |
| | | g) Musikinstrumentenzubehör | Instrumentenkisten, -transportkoffer | 14 – 16 |
| | | h) Bilder (inklusive Bilderrahmen), Plastiken | | 14 – 16 |
| | | i) Wissenschaftliche Sammlungen, Bücher | | 5 – 10 |
| | | j) Schmuckgegenstände | | 1 – 10 |
| | | k) Künstlerische Gestaltungen | Figuren, Pyramiden | 14 – 16 |
| 06 | a) Maschinen und technische Anlagen | aa) Motoren und Kraftmaschinen | E-Motoren, Dieselmotoren, Kompressoren, Winden, Lastenaufzüge, Flaschen- und Seilzüge, Aufzugsvorrichtungen für Werbeträger | 8 – 12 |
| | | bb) Bohrmaschinen | Tisch-, Ständer-, Hand-, Schlagbohrmaschinen | |
| | | cc) Drehmaschinen | | |
| | | dd) Schleifmaschinen | Flächenschleifmaschinen, Schleifblöcke | |
| | | ee) Tischlereimaschinen | Abricht-, Dicktenhobelmaschine, Fräsmaschinen | |

[3] Hinweis zu Kunst- und Kulturgegenständen: Kunst- und Kulturgegenstände sowie Kulturgüter, Mahn- und Denkmäler werden in der Regel nicht abgeschrieben, sofern es sich nicht um Gebäude handelt oder die Kunst- und Kulturgegenstände regelmäßig einer Abnutzung unterliegen. Bei den unter der laufenden Nummer 05 genannten Kunst- und Kulturgegenständen handelt es sich um Schmuckelemente und Ähnliches.

| Laufende Nummer | Bezeichnung | Unterteilung | Zuordnungsbeispiele | Nutzungsdauer von – bis in Jahren |
|---|---|---|---|---|
| | | ff) Sonstige Maschinen | Ausputzmaschinen, Häcksler, Hubsteiger | |
| | | gg) Sägen | Bügel-, Handkreis-, Tischkreis-, Motorketten-, Stich-, Bandsägen | |
| | | hh) Pumpen | Niederdruck-, Fass- und Tauschpumpen, Tragkraftspritzen | |
| | | ii) Druck- und Buchbindemaschinen | Kupferdruckpressen, Prägepressen, Buchdruckpressen, Schneidemaschinen, Heft-, Perforiermaschinen | |
| | | jj) Sonstige Elektrogeräte | Benzin-Elektroaggregate, Ladegeräte, Notstromaggregate, Schaltschränke | |
| | b) Fahrzeuge und Transportmittel | aa) Lkw | | 8 – 10 |
| | | bb) Anhänger, Lkw-Wechselaufbauten | Container, Anhänger, Bootsanhänger, Abrollbehälter | 8 – 12 |
| | | cc) Baufahrzeuge, Zugmaschinen, Kipper | diverse Baufahrzeuge, Kleintraktoren | 8 – 10 |
| | | dd) Kran- und Bergefahrzeuge | Wechsellader | 8 – 10 |
| | | ee) Rettungsdienstfahrzeuge | Feuerwehrfahrzeuge, Feuerlöschfahrzeuge | 15 |
| | | | Rettungs-, Notarzt-, Krankentransportwagen, Notarzteinsatzfahrzeuge | 6 – 10 |
| | | ff) Kleintransporter | Einsatzleitwagen | 12 – 14 |
| | | gg) Kfz zur Personenbeförderung | Kleinbus, Reisebus, Mannschaftstransportwagen | 8 – 10 |
| | | hh) Pkw | Pkw, Pkw als Einsatzfahrzeuge | 6 – 8 |
| | | ii) Zweiradfahrzeuge | Motorräder, Motorroller, Fahrräder | 6 – 8 |
| | | jj) Transportmittel mit Antrieb | Eisbearbeitungsfahrzeuge, Gabel-, Hydraulikstapler, Elektrokarren | 8 – 12 |
| | | kk) Transportmittel mit Körperkraft (manuell) | Transportkarren, Palettenwagen, Sackkarre, Postwagen, Reinigungswagen, Schubkarre, Paketroller | 8 – 12 |
| | | ll) Wasserfahrzeuge | Fähren | 15 – 25 |
| | | | Fahrgastschiffe | 20 – 30 |
| | | | Schiffsanleger, Pontons | 25 – 35 |
| | c) Betriebsvorrichtungen | aa) Krafterzeugungsanlagen | Elektroturbinen, Transformatoren, Solaranlage, elektrische Anlagen | 15 – 25 |
| | | bb) Verteilungsanlagen | Anlagen: Heizungsanlagen und Ähnliches | 15 – 20 |
| | | | Leitungen, Kanäle: Heizkanäle, Kabelleitungen, Gasleitungen, Kabelnetz für Telekommunikationsanlagen, Wasserleitungen | 30 – 50 |
| | | cc) Mess- und Steuerungsanlagen | Lichtsignalanlagen, Feuermeldeanlagen, sicherheitstechnische Anlagen, Datennetz (Kupfer und Glasfaserkabel) | 10 – 20 |
| | | dd) Beleuchtungsanlagen | Außenbeleuchtungen, Flutlichter, Straßenbeleuchtungen | 15 – 25 |
| | | ee) Bühnentechnik und -anlagen | Aufzüge für Kulisse und Vorhang, Eiserne Vorhänge, Bühnenbeleuchtungen, Bühnen-Tonanlagen | 10 – 20 |
| | | ff) Funk- und Fernsprechanlagen | SAT-Anlagen, Rufanlagen, Funkanlagen, Fernsprechzentralen, Telekommunikationsanlagen | 8 – 12 |
| | | gg) Sonstige technische Anlagen | Belüftungs- und Klimaanlagen, Beregnungsanlagen, Aufzugsanlagen | 15 – 20 |
| 07 | a) Büro- und Geschäftsausstattung | aa) Büroschränke | Akten-, Kleider-, Bücher-, Kartei-, Grafik-, Restaurant-, Kantinen-, Spind-, Umkleideschränke, Vitrinen, Hängeregistraturen, Postverteiler-, Registraturschränke | 14 – 20 |

| Laufende Nummer | Bezeichnung | Unterteilung | Zuordnungsbeispiele | Nutzungsdauer von – bis in Jahren |
|---|---|---|---|---|
| | | bb) Bürotische | Schreibtische, Zeichentische, Konferenztische, Computertische, Druckertische, Restaurant- und Kantinentische | 14 – 20 |
| | | cc) Stühle | Bürodrehstühle, Besucherstühle, Konferenzstühle, Bürosessel, Restaurant- und Kantinenstühle, Bänke | 14 – 20 |
| | | dd) Kleinmöbel und Zubehör | Hängeschränke, Container, Aufsätze, Unterschränke, Regale, Leitern, Ordnerkarussellschränke, Schreibpulte, Computermöbel, Beistelltische, Kartenständer | 14 – 20 |
| | | ee) Sicherheitsschränke | Stahlblech-, Panzerschränke, Dokumentenschränke, Schließfachboxen | 14 – 20 |
| | | ff) Büromaschinen und -geräte | Schreibmaschinen, Diktiergeräte, Taschenrechner, Aktenvernichter, Registrierkassen, Tischrechner, Wiedergabegeräte | 6 – 10 |
| | | gg) Vervielfältigungsgeräte | Kopiergeräte, Lichtpausmaschinen | |
| | | hh) Telefon- und Faxgeräte (keine Anlagen!) | Telefone, Anrufbeantworter, Faxgeräte, Funktelefone, Handfunksprechgeräte | |
| | | ii) Sonstige Bürogeräte | Frankiermaschinen, Kuvertiermaschinen, Falzmaschinen, Druckmaschinen, Schneidemaschinen | |
| | | jj) Liegen, Polstermöbel, Betten | Kinderliegen, Kinderbetten, Couch, Betten | 8 – 12 |
| | | kk) Raumausstattungen | Dekorationselemente, Teppiche, Bilder (keine Kunstgegenstände!), Pinwände, Garderobenständer, Leinwände, Stellwände, Ausstellungsvitrinen | 8 – 14 |
| | | ll) Kücheneinrichtungen | Geschirrschränke, Spülen, Küchenschränke | 14 – 20 |
| | | mm) Großküchengeräte | Gefrier- und Kühlzellen, Blockherde, Wärmeschränke | 8 – 14 |
| | | nn) Werkstattausstattungen | Werkbänke, Werkzeugschränke, Werkzeugkästen, Gerätetische, Werkstattstühle, Schriftregale, Stapeltrockner, Laboreinrichtungen | 12 – 16 |
| | | oo) Einrichtungen für Museen und Theater | Ausstattungen Museen und Theater, Notenschränke, Dirigentenpulte | 14 – 20 |
| | | pp) Sonstige Ausstattungen | Wahlurnen, Wahlkabinen, Theken, Regalanlagen, Kassenhäuser, Regalsysteme, Prospektständer, transportable Absperrungen | 12 – 16 |
| | b) IT-Technik | aa) Computer | PC (inklusive OEM-Software), Bildschirme, Tastaturen, Laptops, Notebooks | 1 – 5 |
| | | bb) Mittlere Rechentechnik | Steuereinheiten, Terminals, PC-Arbeitsstationen, externe Datenspeichergeräte | |
| | | cc) Großrechner, Zentralrechner, Peripherie | Steuereinheiten, Terminals, externe Datenspeichergeräte, Server | 5 – 9 |
| | | dd) Datenausgabegeräte | Drucker, Plotter, Drucker für Großrechner | 3 – 5 |
| | | ee) Computer-Zubehör | Scanner, Mouse, Modems, externe Laufwerke, Weichen | |
| | | ff) Netztechnik | Arbeitsstationen, aktive Netzkomponenten | |
| | c) Betriebsgeräte, Werkzeuge, Zubehör | aa) Werkzeuge | Schneid- und Trennwerkzeuge, Elektrowerkzeuge, Hebewerkzeuge, Schraubstöcke, Schweiß- und Lötgeräte, Prägeapparate, Heiztische | 8 – 12 |
| | | bb) Mess- und Kontrollgeräte | Thermometer, Waagen, Vermessungstechnik, Luftmessgeräte, Erfassungsgeräte für Baumkataster, Prüfkoffer für Geräteprüfungen, Gasmessgeräte, Prüfgeräte | 8 – 12 |
| | | cc) Bauhilfsgeräte | Rüttelplatten, Nivelliergeräte, Betonmischer | 6 – 10 |

| Laufende Nummer | Bezeichnung | Unterteilung | Zuordnungsbeispiele | Nutzungsdauer von – bis in Jahren |
|---|---|---|---|---|
| | | dd) Rasenbearbeitungsgeräte | Mähtechnik, Rasenkantenschneider, Freischneider, Motorsensen | 6 – 10 |
| | | ee) Bodenbearbeitungsgeräte | Laubblasegeräte, Heuwender, Häcksler, Vertikutierer, Abflammgeräte, Motorhacken | 6 – 10 |
| | | ff) Pflege- und Reinigungsgeräte | Heckenscheren, Schneeräumtechnik, Spezialreinigungsgeräte, Kehrmaschinen, Hochdruckreiniger, Bohnergeräte, Dampfreiniger, Nass- und Trockenreiniger | 6 – 10 |
| | | gg) Geräte und Hilfsmittel für Brand- und Katastrophenschutz | Wasserentnahmegeräte und -einrichtungen, Schläuche, Körbe, Auswurfeinrichtungen, Feuerlöscher, Gefahrengutaufnahmegeräte, Schutzkleidungen, Zelte, Dekontaminationsgeräte | 6 – 10 |
| | | hh) Bergungsgeräte | Boote, Hebekissen, Tragen, Schwimmwesten, Sprungpolster, Leitern, Schlauch-, Motorschlauchboote | 6 – 10 |
| | | ii) Lichttechnik, Stromverteiler | Scheinwerfer, Halogenstrahler, Leitungstrommeln, Stromverteiler, diverse Beleuchtungen, Farbprüfleuchten, Lichtmischpulte | 8 – 12 |
| | | jj) Sicherheitstechnik | Schließanlagen, Atemschutzgeräte, Auffanggurte, Dreibäume | 8 – 12 |
| | | kk) Geräte zur künstlerischen Gestaltung | Keramikbrennofen, Töpferscheiben, Spinnräder, Staffeleien, Webstühle | 8 – 12 |
| | | ll) Reprografiegeräte, Fotolaborgeräte | Filmschneidegeräte, Entwicklungswaschanlagen, Entwicklerautomaten, Entwicklertische, -becken, Lichttische, Vergrößerungsautomaten, Reprokameras, Fotolaborgeräte | 6 – 10 |
| | | mm) Tontechnikgeräte | Professionelle Beschallungs- und Tontechnik inklusive Zubehör, Tonanlagen, Verstärker, Mischpulte | 6 – 10 |
| | | nn) Marktzubehör | Masten, Eingangstore, Aufsteller, diverse Platten, Ständer, Hütten, Wasserhäuser, Marktschirme | 6 – 10 |
| | | oo) Sonstiges Zubehör | Behälter, Container, Stahlflaschen, Stative, Lederwalzen, Anbaugeräte, Kleidertransportkoffer, Winterdienstsilos | 8 – 12 |
| | | pp) Sonstige Laborgeräte | Laborgeräte Restaurierungswerkstätten | 8 – 12 |
| | d) Elektrische Geräte | aa) Haushaltsgeräte | Kühlschränke, E-Herde, Gasherde, Geschirrspüler, Gefrierschränke, Mikrowellen, Kaffeemaschinen, Waschmaschinen, Staubsauger, Nähmaschinen, Küchenwaagen | 8 – 10 |
| | | bb) Geräte der Raumausstattung | Klimaschränke, Ölradiatoren, Durchlauferhitzer, Ventilatoren, Klimatruhen | 8 – 10 |
| | | cc) Großgeräte | Industriewaschmaschinen, -trockner, Trockenschränke | 8 – 10 |
| | | dd) Mediengeräte | Fernseher, Plattenspieler, Radios, CD- und DVD-Player, Videorecorder, Präsenter | 6 – 8 |
| | | ee) Optische Geräte | Fotoapparate, Kameras, Teleobjektive | 6 – 8 |
| | | ff) Visualisierungsgeräte | Diaprojektoren, Flipcharts, Beamer, Overheadprojektoren, Filmvorführgeräte | 6 – 8 |
| | | gg) Kassierungs- und Zähltechnik | Datenstationen, Steuereinrichtungen, Drehkreuze, Kassenschubladen | 6 – 8 |
| | | hh) Spezielle Technik Theater | Bühneneffektgeräte, Theaterbaukästen | 8 – 10 |
| | e) Medizinische Einrich- | aa) Medizinische Ausstattung | Instrumentenschränke, Arzneimittelschränke, Untersuchungsliegen, Krankentragen, Instrumententische, Krankenrollstühle, sonstige Ausstattungen | 8 – 12 |

| Laufende Nummer | Bezeichnung | Unterteilung | Zuordnungsbeispiele | Nutzungsdauer von – bis in Jahren |
|---|---|---|---|---|
| | tungs- und Gebrauchsgegenstände | bb) Chirurgische Gegenstände | Narkosegeräte, Beatmungsgeräte, Infusionsgeräte, OP-Leuchten, OP-Tische, Endoskopiegeräte | |
| | | cc) Röntgengeräte | | |
| | | dd) Untersuchungs- und Behandlungsgeräte | für Augenheilkunde, Dermatologie, Notfallkoffer, Anästhesie- und Kreislaufgeräte (EKG, Blutdruck- und Pulsmessgeräte, Defibrillatoren) | |
| | | ee) Laborgeräte und -gegenstände | Laborreinigungsgeräte, Kälteschränke, Mikroskope | |
| | | ff) Physiotherapeutische Geräte und Gegenstände | Kurzwellen-, Ultraschall-, Reizstrom-, Inhalations-, Bestrahlungsgeräte | |
| | | gg) Sonstige Geräte und Gegenstände | Behindertenlifte, Hörgeräte | |
| | f) Rettungsdienstgeräte | Untersuchungs- und Behandlungsgeräte Rettungsdienst | Defibrillatoren, EKG, Beatmungsgeräte, Infusionspumpen, Handpulsoximeter, Sekretabsaugpumpen, Zubehör | 6 – 8 |
| | g) Schulen und Kindertagesstätten | aa) Tische für Schulen und Kindertagesstätten | Schüler-, Erziehertische, Experimentiertische, Restaurant-, Kantinentische, Werkbänke und -tische | 14 – 18 |
| | | bb) Stühle und Bänke für Schulen und Kindertagesstätten | Lehrer-, Schülerstühle, Werkstattstühle, Schemel, Restaurant-, Kantinenstühle, Frisierstühle | 10 – 14 |
| | | cc) Schränke für Schulen und Kindertagesstätten | Chemikalienschränke, Lehrmittelschränke, Vitrinen, Restaurant-, Kantinenschränke, Umkleideschränke | 14 – 18 |
| | | dd) Sonstiges Schul- und Kindertagesstättenmobiliar | Wandtafeln, Projektionstafeln, Kartenständer, Regale, Garderoben, Gartenmöbel, Bautruhen (Kindertagesstätten), Wickelkommoden | 12 – 18 |
| | h) Schulbedarf, Spiel- und Sportgeräte, Spielzeug | aa) Lehr- und Lernmittel | naturwissenschaftlicher Schulbedarf, Mittel für Fremdsprachen, Technik, Musik, Wirtschaft, Hauswirtschaft, Medienträger, Modelle | 3 – 5 |
| | | bb) Spiel- und Sportgeräte inklusive Zubehör | Leichtathletikgeräte, Turngeräte, Kraftsportgeräte, Fitnessgeräte, Eissportgeräte, Ballspielgeräte, Fangnetze, Schwimmleinen, Begrenzungen, Wagen für Sportzubehör, Tore, Bälle | 8 – 14 |
| | | cc) Spielzeug | Puppen, Plüschtiere, Spiele, Puppenwagen, Dreiräder | 6 – 10 |
| | | dd) Maschinen und Werkzeuge für Ausbildung | Messgeräte, Werkzeuge, Laborgeräte, Maschinen für Ausbildungszwecke | 8 – 14 |

# Verordnung
## des Sächsischen Staatsministeriums des Innern über die Kassen- und Buchführung der Kommunen (Sächsische Kommunale Kassen- und Buchführungsverordnung – SächsKomKBVO)

**Vom 26. Januar 2005 (SächsGVBl. S. 3), die zuletzt durch Artikel 2 der Verordnung vom 4. September 2017 (SächsGVBl. S. 504) geändert worden ist**

**– Fassung ab 1. Januar 2018 –**

Es wird verordnet aufgrund von
1. § 127 Abs. 1 Nr. 19 der Gemeindeordnung für den Freistaat Sachsen (SächGemO) in der Fassung der Bekanntmachung vom 18. März 2003 (SächsGVBl. S. 55, 159), die durch Artikel 7 des Gesetzes vom 13. Dezember 2002 (SächsGVBl. S. 333, 351) geändert worden ist,
2. § 68 Abs. 1 Nr. 17 der Landkreisordnung für den Freistaat Sachsen (SächsLKrO) vom 19. Juli 1993 (SächsGVBl. S. 577), die zuletzt durch Artikel 9 des Gesetzes vom 5. Mai 2004 (SächsGVBl. S. 148, 153) geändert worden ist, und
3. § 79 Satz 2, § 5 Abs. 3 und § 47 Abs. 2 des Sächsischen Gesetzes über kommunale Zusammenarbeit (SächsKomZG) vom 19. August 1993 (SächsGVBl. S. 815, 1103), das zuletzt durch Artikel 26 des Gesetzes vom 5. Mai 2004 (SächsGVBl. S. 148, 159) geändert worden ist, in Verbindung mit § 127 Abs. 1 Nr. 19 Sächsischen Gemeindeordnung:

### Inhaltsübersicht



## ABSCHNITT 1
## Aufgaben und Organisation der Gemeindekasse

### § 1
### Aufgaben der Gemeindekasse

(1) [1]Zu den Kassengeschäften, die die Gemeindekasse nach § 86 Absatz 1 Satz 1 der Sächsischen Gemeindeordnung zu erledigen hat, gehören
1. die Annahme der Einzahlungen und die Leistung der Auszahlungen,
2. die Verwaltung der Kassenmittel,
3. die Verwahrung von Wertgegenständen und anderen Gegenständen und
4. die Buchführung einschließlich der Sammlung der Belege,

soweit nicht eine andere Stelle innerhalb der Gemeindeverwaltung damit beauftragt ist. [2]§ 87 Absatz 1 der Sächsischen Gemeindeordnung bleibt unberührt.

(2) Kassengeschäfte, die mit Schulangelegenheiten zusammenhängen, die den Gemeinden als Schulträger obliegen, können anstelle der Gemeindekassen auch von den an diesen Schulen im Dienst des Freistaates Sachsen stehenden Beschäftigten im Sinne des § 40 Absatz 1 Satz 1 Nummer 1 des Sächsischen Schulgesetzes in der Fassung der Bekanntmachung vom 16. Juli 2004 (SächsGVBl. S. 298), das zuletzt durch Artikel 1 des Gesetzes vom 26. April 2017 (SächsGVBl. S. 242) geändert worden ist, in der jeweils geltenden Fassung, erledigt werden, wenn die ordnungsgemäße Ausführung und die Prüfung nach den für die Gemeinden geltenden Vorschriften gewährleistet sind. [3]Die Entscheidung darüber obliegt dem Bürgermeister.

(3) Der Gemeindekasse obliegen außerdem die Mahnung, Beitreibung und Einleitung der Zwangsvollstreckung (zwangsweise Einziehung), die Festsetzung, Stundung, Niederschlagung und der Erlass von Mahngebühren, Vollstreckungskosten und Nebenforderungen wie Zinsen und Nebenleistungen, soweit in anderen Vorschriften nichts anderes bestimmt oder nicht eine andere Stelle damit beauftragt ist.

(4) Der Gemeindekasse können weitere Aufgaben übertragen werden, soweit Vorschriften der Gemeindeordnung für den Freistaat Sachsen

und dieser Verordnung nicht entgegenstehen und die Erledigung der Aufgaben nach Absatz 1 nicht beeinträchtigt wird.

### § 2
### Fremde Kassengeschäfte

(1) [1]Die Gemeindekasse darf Aufgaben nach § 1 Absatz 1 und 3 für andere (fremde Kassengeschäfte) nur erledigen, wenn dies durch Gesetz oder aufgrund eines Gesetzes bestimmt oder durch den Bürgermeister angeordnet ist. [2]Eine Anordnung ist nur zulässig, wenn dies im Interesse der Gemeinde liegt und gewährleistet ist, dass die fremden Kassengeschäfte bei der Prüfung der Gemeindekasse mitgeprüft werden können.
(2) Die Vorschriften dieser Verordnung gelten für die Erledigung fremder Kassengeschäfte entsprechend, soweit nicht durch Gesetz oder aufgrund eines Gesetzes etwas anderes bestimmt ist.

### § 3
### Zahlstellen

[1]Zur Erledigung von Kassengeschäften können Zahlstellen als Teile der Gemeindekasse eingerichtet werden; ihnen können auch Aufgaben nach § 1 Absatz 3 und 4 übertragen werden. [2]Der Bürgermeister regelt die Aufgaben der einzelnen Zahlstellen.

### § 4
### Handvorschüsse, Einzahlungskassen und Zahlungen mit Hilfe von Automaten

(1) [1]Zur Leistung von geringfügigen Zahlungen oder als Wechselgeld können einzelnen Dienststellen oder einzelnen Beschäftigten Handvorschüsse in bar, mittels Geldkarte oder bargeldlos über ein Girokonto gewährt werden. [2]Wenn kein anderer Zeitpunkt bestimmt wird, ist über die Handvorschüsse spätestens zum Jahresabschluss abzurechnen. [3]Der Bürgermeister hat die erforderlichen Maßnahmen für eine ordnungsgemäße Verwaltung der Handvorschüsse zu treffen.
(2) [1]Für die Annahme von Zahlungen können Einzahlungskassen (Geldannahmestellen) errichtet werden. [2]Für Einzahlungskassen gelten die Regelungen für Handvorschüsse sinngemäß.
(3) Wenn Zahlungen mit Hilfe von Automaten angenommen oder geleistet werden, gelten die Absätze 1 und 2 entsprechend.

### § 5
### Einrichtung und Geschäftsgang der Gemeindekasse

(1) Die Gemeindekasse ist so einzurichten, dass
1. sie ihre Aufgaben ordnungsmäßig und wirtschaftlich erledigen kann,
2. für die Sicherheit der Beschäftigten gegen Überfälle angemessen gesorgt ist,
3. Datenverarbeitungseinrichtungen oder -systeme, Automaten für den Zahlungsverkehr und andere technische Hilfsmittel nicht unbefugt benutzt werden können und
4. die Zahlungsmittel, die zu verwahrenden Gegenstände, die Bücher, das Inventar und die Belege sicher aufbewahrt werden können.

(2) Zahlungsverkehr und Buchführung sollen nicht von demselben Beschäftigten vorgenommen werden.
(3) [1]Ist die Gemeindekasse ständig mit mehr als einem Beschäftigten besetzt, sind Überweisungsaufträge, Abbuchungsaufträge und -vollmachten sowie Schecks von zwei Personen zu unterzeichnen. [2]Beim Einsatz automatisierter Verfahren können die Unterschriften durch elektronische Signaturen ersetzt werden.
(4) [1]Sendungen, die an die Gemeindekasse gerichtet sind, sind ihr ungeöffnet zuzuleiten. [2]Zahlungsmittel und Wertsendungen, die bei einer anderen Dienststelle der Gemeinde eingehen, sind unverzüglich an die Gemeindekasse weiterzuleiten.

### § 6
### Automatisierte Verfahren

(1) Werden für die Ermittlung von Ansprüchen und Zahlungsverpflichtungen, die Abwicklung des Zahlungsverkehrs, die Buchführung und die Aufbewahrung von Büchern, Inventar und Belegen automatisierte Verfahren eingesetzt, muss sichergestellt sein, dass
1. geeignete, gemäß § 87 Absatz 2 der Sächsischen Gemeindeordnung fachlich geprüfte und freigegebene Programme eingesetzt werden,
2. die Daten vollständig und richtig erfasst, eingegeben, verarbeitet und ausgegeben werden,
3. jeweils bis zum Ablauf der Aufbewahrungsfristen nachvollziehbar dokumentiert ist, wer zu welcher Zeit welche Daten eingegeben oder verändert hat,
4. in das automatisierte Verfahren nicht unbefugt eingegriffen werden kann,
5. die gespeicherten Daten nicht verloren gehen und nicht unbefugt verändert werden können,
6. die gespeicherten Daten bis zum Ablauf der Aufbewahrungsfristen auch nach Änderung oder Ablösung der eingesetzten Programme und Verfahren verfügbar sind und jederzeit in angemessener Frist lesbar gemacht werden können und bei beleglosen Verfahren verfügbar sind und maschinell auswertbar sind,
7. die Unterlagen, die für den Nachweis der richtigen und vollständigen Ermittlung der Ansprüche oder Zahlungsverpflichtungen sowie für die ordnungsgemäße Abwicklung der Buchführung und des Zahlungsverkehrs erforderlich sind, einschließlich eines Verzeichnisses über den Aufbau der Datensätze und die Dokumentation der eingesetzten Programme und Verfahren bis zum Ablauf der Aufbewahrungsfristen verfügbar bleiben,
8. Berichtigungen der Bücher protokolliert und die Protokolle wie Belege aufbewahrt werden,
9. elektronische Signaturen mindestens während der Dauer der Aufbewahrungsfristen nachprüfbar sind und
10. der Tätigkeitsbereich „Administration von Informationssystemen und automatisierten Verfahren", die fachliche Sachbearbeitung und die Erledigung von Kassenaufgaben gegeneinander abgegrenzt und die dafür Verantwortlichen bestimmt werden.

(2) Der Bürgermeister regelt das Nähere über den Einsatz automatisierter Verfahren sowie deren Sicherung und Kontrolle.

## ABSCHNITT 2
## Kassenanordnungen

### § 7
### Allgemeines

(1) [1]Die Gemeindekasse darf, wenn in dieser Verordnung nichts anderes bestimmt ist, nur aufgrund einer schriftlichen oder auf elektronischem Wege übermittelten Anordnung (Kassenanordnung)
1. Einzahlungen annehmen oder Auszahlungen leisten und die damit verbundenen Buchungen vornehmen (Zahlungsanordnung: Annahmeanordnung oder Auszahlungsanordnung),
2. Buchungen vornehmen, die das Ergebnis in den Büchern ändern und sich nicht in Verbindung mit einer Zahlung ergeben (Buchungsanordnung), sowie
3. Gegenstände zur Verwahrung annehmen oder verwahrte Gegenstände ausliefern und die damit verbundenen Buchungen vornehmen (Einlieferungs- oder Auslieferungsanordnung).

[2]Eine Kassenanordnung, die in der Form nicht den Vorschriften des Abschnitts 2 entspricht, darf erst ausgeführt werden, wenn die anordnende Stelle sie berichtigt hat. [3]Gibt der Inhalt einer Kassenanordnung zu Bedenken Anlass, darf diese nur ausgeführt werden, wenn die anordnende Stelle sie nach Beanstandung schriftlich aufrechterhält.
(2) [1]Der Bürgermeister regelt die Befugnis, Kassenanordnungen zu erteilen. [2]Die Namen der Beschäftigten, die Anordnungen erteilen dürfen, sowie Form – wie Unterschrift oder elektronische Signatur – und Umfang der Anordnungsbefugnis sind der Gemeindekasse mitzuteilen. [3]Wer nach § 11 die sachliche und rechnerische Feststellung trifft, soll nicht auch die Zahlungsanordnung erteilen.
(3) Beschäftigte der Gemeindekasse sollen Kassenanordnungen weder vorbereiten noch erteilen.

### § 8
### Zahlungsanordnung

(1) [1]Die Zahlungsanordnung muss enthalten:
1. den anzunehmenden oder auszuzahlenden Betrag;
2. den Grund der Zahlung;
3. den Zahlungspflichtigen oder Empfangsberechtigten;

4. den Fälligkeitstag;
5. den Buchungssatz, soweit erforderlich die Kostenstelle und das Haushaltsjahr;
6. die Bestätigung, dass die sachliche und rechnerische Feststellung nach § 11 vorliegt;
7. das Datum der Anordnung;
8. die Unterschrift des Anordnungsberechtigten.

[2]Die Bestätigung nach Satz 1 Nummer 6 entfällt, wenn die sachliche und rechnerische Feststellung mit der Zahlungsanordnung verbunden ist. [3]Bei automatisierten Verfahren kann anstelle der Unterschrift des Anordnungsberechtigten nach Satz 1 Nummer 8 die elektronische Signatur eingesetzt werden.

(2) Zahlungsanordnungen sind unverzüglich zu erteilen, sobald die Verpflichtung zur Leistung, der Zahlungspflichtige oder Empfangsberechtigte, der Betrag und die Fälligkeit feststehen.

(3) [1]Auszahlungsanordnungen zu Lasten des Haushaltes dürfen nur erteilt werden, wenn die haushaltsrechtlichen Voraussetzungen vorliegen. [2]Bei überplanmäßigen oder außerplanmäßigen Auszahlungen ist dies in der Auszahlungsanordnung zu vermerken.

### § 9
### Allgemeine Zahlungs- und Buchungsanordnung

(1) [1]Eine allgemeine Zahlungsanordnung kann sich auf die Angaben nach § 8 Absatz 1 Satz 1 Nummer 2, 5, 7 und 8 in Verbindung mit § 8 Absatz 1 Satz 3 beschränken. [2]Sie ist zulässig für:
1. Einzahlungen, die dem Grunde nach häufig anfallen, ohne dass die Zahlungspflichtigen oder die Höhe vorher feststehen;
2. regelmäßig wiederkehrende Auszahlungen, für die der Zahlungsgrund und die Empfangsberechtigten, nicht aber die Höhe für die einzelnen Fälligkeitstermine feststehen;
3. geringfügige Auszahlungen, für die sofortige Barzahlung üblich ist;
4. Auszahlungen für Gebühren, Zinsen und ähnliche Kosten, die bei der Erledigung der Aufgaben der Gemeindekasse anfallen.

(2) Der Bürgermeister kann für Einzahlungen, die nach Rechtsvorschriften oder nach allgemeinen Tarifen erhoben werden, eine allgemeine Zahlungsanordnung zulassen, wenn gewährleistet ist, dass die Gemeindekasse rechtzeitig vor den Fälligkeitstagen die Unterlagen über die anzunehmenden Beträge erhält.

(3) Absatz 1 Satz 1 Nummer 1 und 2 gilt für allgemeine Buchungsanordnungen über Erträge und Aufwendungen, die das Ergebnis verändern, entsprechend.

### § 10
### Ausnahmen vom Erfordernis der Zahlungsanordnung

(1) [1]Ist für die Gemeindekasse zu erkennen, dass sie empfangsberechtigt ist, hat sie Einzahlungen auch ohne Annahmeanordnung anzunehmen und zu buchen. [2]Die Annahmeanordnung ist unverzüglich einzuholen.

(2) Ohne Annahmeanordnung dürfen angenommen und gebucht werden:
1. Kassenmittel, die die Gemeindekasse von einer anderen Stelle für Auszahlungen für Rechnung dieser Stelle erhält;
2. Einzahlungen, die irrtümlich bei der Gemeindekasse eingezahlt und nach Absatz 3 Nummer 2 zurückgezahlt oder weitergeleitet werden;
3. Einzahlungen, die die Gemeindekasse nach § 1 Absatz 3 selbst festsetzt.

(3) Ohne Auszahlungsanordnungen dürfen ausgezahlt und gebucht werden:
1. die an eine andere Stelle abzuführenden Mittel, die für deren Rechnung angenommen wurden;
2. irrtümlich eingezahlte Beträge, die an den Einzahler zurückgezahlt oder an den Empfangsberechtigten weitergeleitet werden.

### § 11
### Sachliche und rechnerische Feststellung

(1) [1]Jeder Anspruch und jede Zahlungsverpflichtung sind auf ihren Grund und ihre Höhe zu prüfen. [2]Die Richtigkeit ist schriftlich oder in elektronischer Form zu bescheinigen (sachliche und rechnerische Feststellung). [3]In den Fällen des § 10 Absatz 2 Nummer 1 und 2 sowie Absatz 3 entfällt eine sachliche und rechnerische Feststellung.

(2) [1]Bedarf es einer Zahlungsanordnung im Sinne des § 8, ist die sachliche und rechnerische Feststellung vor Erteilung der Anordnung zu treffen. [2]Sonst ist die Feststellung nach Eingang oder Leistung der Zahlung unverzüglich nachzuholen; die anordnungsberechtigte Stelle hat in diesen Fällen der Gemeindekasse eine Bestätigung, dass die Feststellung vorliegt, als Beleg zu übermitteln.

(3) [1]Der Bürgermeister regelt die Befugnis für die sachliche und rechnerische Feststellung und deren Form. [2]Er kann bei automatisierten Verfahren in Ausnahmefällen andere als die in Absatz 1 Satz 2 genannten Formen zulassen, wenn durch geeignete Kontrollen die ordnungsgemäße Erledigung gesichert wird. [3]Beschäftigten der Gemeindekasse darf die Befugnis nur erteilt werden, wenn der Sachverhalt nur von ihnen beurteilt werden kann.

(4) Ausnahmen von Absatz 1 Satz 2 sind der Rechtsaufsichtsbehörde und der überörtlichen Prüfungsbehörde im Sinne des § 108 der Sächsischen Gemeindeordnung anzuzeigen.

## ABSCHNITT 3
## Zahlungsverkehr

### § 12
### Allgemeines

(1) Der Zahlungsverkehr ist nach Möglichkeit unbar abzuwickeln.

(2) [1]Zahlungsmittel dürfen nur in den Räumen der Gemeindekasse und nur von den damit beauftragten Beschäftigten angenommen oder ausgezahlt werden. [2]Außerhalb dieser Räume dürfen Zahlungsmittel nur von hierfür vom Bürgermeister ermächtigten Personen oder mit Hilfe von Automaten angenommen oder ausgezahlt werden.

(3) Die Gemeindekasse darf einem Beschäftigten der Gemeinde keine Zahlungsmittel zur Weitergabe an andere aushändigen, es sei denn, dass die Weitergabe der Zahlungsmittel zum Dienstauftrag des Beschäftigten gehört oder er die Zahlungsmittel als gesetzlicher Vertreter oder als Bevollmächtigter in Empfang nehmen kann.

### § 13
### Geldkarten, Debitkarten, Kreditkarten und Schecks

(1) [1]Neben den gesetzlichen Zahlungsmitteln dürfen Einzahlungen mittels Geldkarten, Debitkarten, Kreditkarten oder Schecks angenommen werden. [2]Der Bürgermeister regelt, welche Einzahlungen in Einzelfällen hiervon ausgenommen sind.

(2) [1]Auszahlungen sollen nicht mittels Debit- oder Kreditkarten geleistet werden. [2]Der Bürgermeister kann in Einzelfällen die Verwendung von Debit- oder Kreditkarten zulassen.

### § 14
### Einzahlungsquittung

(1) [1]Die Gemeindekasse hat über jede Einzahlung, die durch Übergabe von Zahlungsmitteln entrichtet wird und nicht den Gegenwert für verkaufte Wertzeichen, geldwerte Drucksachen und andere gegen Barzahlung zu festen Preisen abgegebene Gegenstände und Leistungen darstellt, dem Einzahler eine Quittung zu erteilen. [2]Im Übrigen hat die Gemeindekasse nur auf Verlangen Quittungen zu erteilen; dabei ist der Zahlungsweg anzugeben.

(2) [1]Wird die Einzahlung durch Übergabe eines Schecks bewirkt, ist das in der Quittung anzugeben. [2]In diesem Fall hat die Quittung den Vermerk „Eingang vorbehalten“ zu enthalten.

(3) [1]Der Bürgermeister regelt die Form der Quittung und die Befugnis zu ihrer Erteilung. [2]Die Regelung muss den Erfordernissen eines sicheren Zahlungsverkehrs entsprechen.

### § 15
### Verfahren bei Stundung und zwangsweiser Einziehung

(1) [1]Die zuständige Dienststelle soll, wenn die zwangsweise Einziehung eingeleitet ist, eine Stundung nur im Benehmen mit der Gemeindekasse erteilen. [2]Im Übrigen hat sie Stundungen der Gemeindekasse unverzüglich schriftlich oder auf elektronischem Weg mitzuteilen. [3]Die Gemeindekasse darf unbeschadet des § 1 Absatz 3 Stundungen nicht gewähren; der Bürgermeister kann sie ausnahmsweise damit beauftragen, wenn dies der Verwaltungsvereinfachung dient und eine ordnungsgemäße Erledigung gewährleistet ist.

(2) [1]Die Gemeindekasse hat Einzahlungen, die nicht rechtzeitig eingegangen sind, unverzüglich zwangsweise einzuziehen oder die zwangsweise Einziehung zu veranlassen. [2]Sie kann von der zwangsweisen Einziehung zunächst absehen, wenn zu erkennen ist, dass
1. die Vollziehung des der Annahmeanordnung zugrunde liegenden Bescheides ausgesetzt wird oder
2. eine Stundung, Niederschlagung oder ein Erlass in Betracht kommt.

[3]Sie hat in diesen Fällen unverzüglich die Entscheidung der zuständigen Dienststelle herbeizuführen.

### § 16
### Auszahlungen, Lastschrifteinzugsverfahren

(1) [1]Die Gemeindekasse hat die Auszahlungen zu den Fälligkeitstagen zu leisten. [2]Sie soll Forderungen des Empfangsberechtigten gegen Forderungen der Gemeinde aufrechnen.
(2) Auszahlungen für Rechnung einer anderen Stelle sollen nur insoweit geleistet werden, als Kassenmittel aus Einzahlungen für diese Stelle oder aus deren Beständen zur Verfügung stehen.
(3) [1]Die Gemeindekasse kann angewiesen werden, ein Kreditinstitut zu beauftragen oder einen Empfangsberechtigten zu ermächtigen, Forderungen bestimmter Art vom Konto der Gemeindekasse abzubuchen oder abbuchen zu lassen. [2]Eine solche Anweisung darf nur erteilt werden, wenn
1. zu erwarten ist, dass der Empfangsberechtigte ordnungsgemäß mit der Gemeindekasse abrechnet,
2. die Forderungen des Empfangsberechtigten zeitlich und der Höhe nach abzuschätzen sind und
3. gewährleistet ist, dass das Kreditinstitut den abgebuchten Betrag dem Konto der Gemeindekasse wieder gutschreibt, wenn die Gemeinde in angemessener Frist der Abbuchung widerspricht.

### § 17
### Auszahlungsnachweise

(1) [1]Die Gemeindekasse darf nur gegen Quittung bar auszahlen. [2]Der Bürgermeister kann einen anderen Nachweis zulassen, wenn dem Empfänger die Ausstellung einer Quittung nicht möglich ist oder nicht zugemutet werden kann.
(2) Bei unbaren Auszahlungen ist auf der Auszahlungsanordnung oder, falls eine solche nicht vorgeschrieben oder nach § 9 allgemein erteilt ist, auf der sachlichen und rechnerischen Feststellung nach § 11 oder auf einem besonderen Beleg anzugeben oder innerhalb des automatisierten Verfahrens zu dokumentieren, an welchem Tag und auf welchem Weg die Zahlung geleistet worden ist.

## ABSCHNITT 4
## Verwaltung der Kassenmittel und Wertgegenstände

### § 18
### Verwaltung der Kassenmittel

(1) [1]Die Gemeindekasse hat darauf zu achten, dass die für die Auszahlungen erforderlichen Kassenmittel rechtzeitig verfügbar sind. [2]Der Bestand an Bargeld und die Guthaben auf den für den Zahlungsverkehr bei Kreditinstituten errichteten Konten sind auf den für Zahlungen notwendigen Umfang zu beschränken. [3]Vorübergehend nicht benötigte Kassenmittel sind so anzulegen, dass sie bei Bedarf verfügbar sind.
(2) [1]Der Bürgermeister regelt die Errichtung von Konten bei Kreditinstituten und die Bewirtschaftung des Kassenbestandes. [2]Die anordnenden Stellen haben die Gemeindekasse unverzüglich zu unterrichten, wenn mit größeren Ein- oder Auszahlungen zu rechnen ist.
(3) Muss der Kassenbestand vorübergehend durch Kassenkredite erhöht werden, hat die Gemeindekasse unverzüglich die Weisung des Bürgermeisters einzuholen.

### § 19
### Aufbewahrung und Beförderung von Zahlungsmitteln

(1) [1]Zahlungsmittel und Vordrucke für Schecks sind sicher aufzubewahren und zu befördern. [2]Der Bürgermeister bestimmt, welche Sicherheitsvorkehrungen für die Aufbewahrung sowie für die Beförderung von Zahlungsmitteln zu treffen sind.
(2) Die Gemeindekasse darf Zahlungsmittel, die nicht zum Kassenbestand gehören, und Gegenstände, die ihr nicht zur Verwahrung zugewiesen sind, nicht im Kassenbehälter aufbewahren.

### § 20
### Verwahrung von Wertgegenständen

(1) [1]Wertpapiere sollen einem Kreditinstitut zur Verwahrung übergeben werden. [2]Im Übrigen sind Wertpapiere und andere Urkunden, die Vermögensrechte verbriefen oder nachweisen, von der Gemeindekasse zu verwahren. [3]Das Gleiche gilt für Wertzeichen mit Ausnahme von Postwertzeichen und für geldwerte Drucksachen, die nach § 14 Absatz 1 Satz 1 ohne Quittung abgegeben werden. [4]Der Bürgermeister kann eine andere Dienststelle mit der Verwahrung beauftragen.
(2) [1]Über die Annahme und Auslieferung der zu verwahrenden Wertgegenstände ist Buch zu führen. [2]Die Annahme und Auslieferung sind zu quittieren. [3]§ 12 Absatz 2 und 3 sowie § 19 Absatz 1 gelten entsprechend.
(3) Verwahrt die Gemeindekasse Wertpapiere, hat sie die Auslosung und Kündigung sowie die Zinstermine zu überwachen und die sonstigen Aufgaben des Verwahrers nach dem Depotgesetz in der Fassung der Bekanntmachung vom 11. Januar 1995 (BGBl. I S. 34), das zuletzt durch Artikel 12 des Gesetzes vom 30. Juni 2016 (BGBl. I S. 1514; 2017 I S. 559) geändert worden ist, in der jeweils geltenden Fassung, wahrzunehmen.

### § 21
### Verwahrung von anderen Gegenständen

[1]Andere Gegenstände, die der Gemeinde gehören oder von ihr zu verwahren sind, können in geeigneten Fällen der Gemeindekasse zur Verwahrung zugewiesen werden. [2]§ 12 Absatz 2 und 3, § 19 Absatz 1 sowie § 20 Absatz 2 Satz 1 und 2 gelten entsprechend.

## ABSCHNITT 5
## Buchführung, Belege und Aufbewahrung

### § 22
### Grundsätze für die Buchführung

(1) [1]Die Bücher sind so zu führen, dass
1. Das Vermögen und die Schulden der Gemeinde
2. alle Vorgänge, die zu einer Änderung der Höhe oder der Zusammensetzung des Vermögens und der Schulden der Gemeinde führen, insbesondere Erträge und Aufwendungen sowie Einzahlungen und Auszahlungen, und
3. die sonstigen, nicht das Vermögen der Gemeinde berührenden wirtschaftlichen Vorgänge, insbesondere durchlaufende Kassenmittel,

nach den Grundsätzen ordnungsmäßiger Buchführung aufgezeichnet werden. [2]Die Aufzeichnungen in den Büchern und die sonst erforderlichen Aufzeichnungen müssen vollständig, richtig, zeitgerecht, geordnet und nachprüfbar vorgenommen werden. [3]Werden Abkürzungen, Ziffern, Buchstaben oder Symbole verwendet, muss im Einzelfall deren Bedeutung eindeutig festliegen. [4]Die Buchführung muss so beschaffen sein, dass sie einem sachverständigen Dritten innerhalb angemessener Zeit einen Überblick über die Verwaltungsvorfälle und die wirtschaftliche Lage der Gemeinde vermitteln kann. [5]Die Verwaltungsvorfälle müssen sich in ihrer Entstehung und Abwicklung nachvollziehen lassen.
(2) [1]Die Bücher und die sonst erforderlichen Aufzeichnungen können im automatisierten Verfahren oder in visuell lesbarer Form geführt werden. [2]Der Bürgermeister bestimmt, in welcher Form die Bücher geführt werden.
(3) [1]Bei visuell lesbarer Buchführung sind die Eintragungen urkundenecht vorzunehmen. [2]Sie dürfen nur zur Berichtigung von Schreib- und Rechenfehlern und sonstigen offensichtlichen Unrichtigkeiten geändert werden. [3]Änderungen müssen so vorgenommen werden, dass die ursprüngliche Eintragung lesbar bleibt. [4]Bei Veränderungen muss erkennbar sein, wann sie vorgenommen wurden.
(4) Die Bücher sind durch geeignete Maßnahmen gegen Verlust, Wegnahme und Veränderungen zu schützen.

## § 23
## Kontenrahmen

[1]Der Buchführung ist der nach § 128 Satz 1 Nummer 5 der Sächsischen Gemeindeordnung bekannt gegebene Kontenrahmen zugrunde zu legen. [2]Der Kontenrahmen kann, soweit er nicht verbindlich vorgegeben ist, bei Bedarf ergänzt werden. [3]Die eingerichteten Konten sind in einem Verzeichnis (Kontenplan) aufzuführen.

## § 24
## Bücher

(1) Die Buchungen sind in zeitlicher Ordnung im Zeitbuch und in sachlicher Ordnung im Hauptbuch vorzunehmen.
(2) [1]Zum Nachweis des Bestandes und der Veränderungen auf den für den Zahlungsverkehr bei Kreditinstituten errichteten Konten der Gemeindekasse ist für jedes Bankkonto ein Kontogegenbuch zu führen. [2]Hiervon kann abgesehen werden, wenn durch das Zeitbuch oder auf andere Weise der Bestand und die Veränderungen der Bankkonten überwacht werden können.
(3) Zum Nachweis der Tagesabschlüsse ist ein Tagesabschlussbuch zu führen.
(4) Die in den Absätzen 2 und 3 genannten Bücher können für mehrere Jahre geführt werden.
(5) Der Bürgermeister bestimmt, welche weiteren Bücher geführt werden.

## § 25
## Zeitbuch

(1) Die Erträge und Aufwendungen, die Einzahlungen und Auszahlungen sowie alle Vorgänge, die sich nicht in Verbindung mit einer Zahlung ergeben, sind getrennt voneinander, einzeln oder nach Absatz 3 in Summen zusammengefasst im Zeitbuch zu buchen.
(2) [1]Zum Zeitbuch können Vorbücher geführt werden, aus denen die Ergebnisse in das Zeitbuch übernommen werden. [2]Für die Vorbücher gilt § 26 Absatz 1 entsprechend.
(3) [1]Im Zeitbuch können mehrere Beträge aufgrund von Zusammenstellungen von Belegen zusammengefasst gebucht werden. [2]Die Zusammenstellungen sind als Belege zur Zeitbuchung aufzubewahren.

## § 26
## Buchungen im Zeitbuch

(1) [1]Die Buchung umfasst mindestens:
1. die laufende Nummer;
2. den Buchungstag;
3. ein Identifikationsmerkmal, das die Verbindung mit der sachlichen Buchung herstellt;
4. den zu buchenden Betrag.

[2]Gebuchte Beträge dürfen nach dem Tagesabschluss nicht mehr geändert werden.
(2) Einzahlungen sind zeitlich zu buchen:
1. bei unbaren Zahlungen am Tag, an dem die Gemeindekasse von der Gutschrift Kenntnis erhält oder ein übersandter Scheck bei ihr eingeht, bei Einzügen im Lastschrifteinzugsverfahren der Tag der Erteilung des Lastschriftauftrages an das Kreditinstitut;
2. bei Barzahlungen am Tag des Eingangs der Zahlungsmittel;
3. bei Aufrechnungen am Tag, an dem die Aufrechnungserklärung der Gemeindekasse bekannt wird;
4. bei Einzahlungen, die bei den außerhalb der Räume der Gemeindekasse von mit der Annahme beauftragten Stellen angenommen werden, am Tag, an dem die mit der Annahme beauftragte Stelle mit der Gemeindekasse abrechnet.

(3) Auszahlungen sind zeitlich zu buchen:
1. bei unbaren Zahlungen vor der Hingabe des Auftrags an das Kreditinstitut oder der Übersendung eines Schecks, bei Abbuchungen im Lastschrifteinzugsverfahren am Tag, an dem die Gemeindekasse von der Abbuchung Kenntnis erhält;
2. bei Barzahlungen am Tag der Übergabe oder Übersendung der Zahlungsmittel;
3. bei Aufrechnungen am Tag, an dem die Einzahlungsbuchung vorgenommen wird.

(4) Vorgänge, die sich nicht in Verbindung mit einer Zahlung ergeben, sind am Tag, an dem die Gemeindekasse vom Vorgang Kenntnis erhält, zu buchen.
(5) Bei Verrechnungen zwischen verschiedenen Buchungskonten sind Einzahlungen und Auszahlungen am gleichen Tag zu buchen.
(6) [1]Wird im automatisierten Verfahren gebucht, können die Buchungen auch nach den in den Absätzen 2 bis 5 genannten Tagen vorgenommen werden. [2]Sie sind unverzüglich und stets unter dem Datum vorzunehmen, das sich aus den Absätzen 2 bis 5 ergibt.

## § 27
## Hauptbuch

(1) Das Hauptbuch enthält die für die Aufstellung der Ergebnisrechnung, der Finanzrechnung und der Vermögensrechnung sowie die für die sonstigen, nicht das Vermögen der Gemeinde berührenden wirtschaftlichen Vorgänge erforderlichen Sachkonten.
(2) [1]Zum Hauptbuch können Vorbücher geführt werden, aus denen die Ergebnisse in das Hauptbuch übernommen werden. [2]Für die Vorbücher gilt § 28 Absatz 1 Satz 1 entsprechend.

## § 28
## Buchungen im Hauptbuch

(1) [1]Die Buchung umfasst mindestens:
1. den zu buchenden Betrag;
2. den Buchungstag;
3. Identifikationsmerkmale, die die Verbindung mit der zeitlichen Buchung und dem Beleg herstellen;
4. den Buchungstext und den Buchungssatz.

[2]Wenn die Gemeinde zur Erlangung staatlicher Zuwendungen für eine Baumaßnahme verpflichtet ist, eine Baurechnung oder einen zahlenmäßigen Nachweis zu führen, und dabei das Bauausgabebuch durch einen Auszug aus dem Hauptbuch ersetzen will, muss die Buchung außerdem Angaben über den Empfänger der Auszahlung, das Datum der ihr zugrunde liegenden Rechnung und deren Gegenstand enthalten
(2) Erträge und Aufwendungen sowie die Einzahlungen und Auszahlungen sollen mit der Zeitbuchung gebucht werden.

## § 29
## Absetzungen von Einzahlungen und Auszahlungen sowie von Erträgen und Aufwendungen

(1) Die Rückzahlung zu viel eingegangener Beträge ist bei den Erträgen und Einzahlungen oder bei den Einzahlungen abzusetzen.
(2) Die Rückzahlung zu viel ausgezahlter Beträge ist bei den Aufwendungen und Auszahlungen oder bei den Auszahlungen abzusetzen.

## § 30
## Tagesabschluss

(1) [1]Die Gemeindekasse hat
1. an jedem Tag, an dem Zahlungen bewirkt worden sind, die sich auf den Kassenbestand auswirken, am Schluss des Buchungstages oder vor Beginn des folgenden Buchungstages den Kassenistbestand und
2. für jeden Buchungstag unmittelbar nach Abschluss der zeitlichen Buchung oder vor Beginn des folgenden Buchungstages den Kassensollbestand

zu ermitteln und jeweils sofort in das Tagesabschlussbuch zu übernehmen. [2]Die Eintragungen sind von den an den Ermittlungen beteiligten Beschäftigten und vom Kassenverwalter zu unterschreiben. [3]Beim Einsatz automatisierter Verfahren können die Unterschriften durch elektronische Signaturen ersetzt werden. [4]Erfolgen die Kontogegenbuchführung und die Zeitbuchung in einem automatisierten Verfahren, können anstelle des Tagesabschlusses nach Satz 1 der Barkassenbestand und der Bestand aus den Kontogegenbüchern ermittelt und dem Bestand an Zahlungsmitteln sowie dem Bestand auf den für den Zahlungsverkehr bei Kreditinstituten errichteten Konten gegenübergestellt werden.
(2) [1]Unstimmigkeiten, die sich bei der Gegenüberstellung des Kassenistbestandes und des Kassensollbestandes ergeben, sind unverzüglich aufzuklären. [2]Wird ein Kassenfehlbetrag nicht sofort ersetzt, ist er zunächst als durchlaufende Auszahlung zu buchen. [3]Ein Kassenfehl-

betrag ist bei der Aufstellung des Jahresabschlusses, wenn er länger als sechs Monate unaufgeklärt geblieben ist und Beschäftigte nicht haften, in der Ergebnisrechung zu buchen. [4]Ein Kassenüberschuss ist zunächst als durchlaufende Einzahlung zu buchen. [5]Bei der Aufstellung des Jahresabschlusses ist er, wenn er länger als sechs Monate unaufgeklärt geblieben ist, in der Ergebnisrechnung zu buchen.
(3) Bei Kassen mit geringem Zahlungsverkehr kann der Bürgermeister zulassen, dass wöchentlich nur ein Abschluss vorgenommen wird.

### § 31
### Zwischenabschluss

[1]In bestimmten Zeitabständen, mindestens vierteljährlich, ist durch einen Zwischenabschluss des Zeitbuches und des Hauptbuches festzustellen, ob die zeitliche und sachliche Buchung der Erträge und Aufwendungen, der Einzahlungen und Auszahlungen übereinstimmt. [2]Auf Anordnung des Bürgermeisters kann von Zwischenabschlüssen abgesehen werden, wenn die zeitlichen und sachlichen Buchungen in einem Arbeitsgang vorgenommen werden.

### § 32
### Jahresabschluss

[1]Das Zeitbuch und das Hauptbuch sind zum Ende des Haushaltsjahres abzuschließen. [2]Nach dem Abschlussstichtag dürfen nur noch nicht zahlungswirksame Buchungen zur Vorbereitung des Jahresabschlusses und Abschlussbuchungen vorgenommen werden.

### § 33
### Belege

[1]Die Buchungen müssen durch Kassenanordnungen und Zahlungsnachweise, ferner durch Unterlagen, aus denen sich der Grund der Erträge oder Aufwendungen, der Einzahlungen oder Auszahlungen ergibt (begründende Unterlagen), belegt sein. [2]Die Buchungsbelege müssen Hinweise enthalten, die eine Verbindung zu den Eintragungen in den Büchern ermöglichen. [3]In den Fällen der §§ 9 und 10 Absatz 2 Nummer 3 sowie § 16 Absatz 3 tritt an die Stelle der Kassenanordnung die Bestätigung, dass die sachliche und rechnerische Feststellung vorliegt (§ 11).

### § 34
### Aufbewahrung der Eröffnungsbilanz, Jahresabschlüsse, Bücher, Belege und des Inventars

(1) [1]Die Bücher, das Inventar und die Belege sind sicher und geordnet aufzubewahren. [2]Soweit begründende Unterlagen nicht den Kassenanordnungen beigefügt sind, obliegt ihre Aufbewahrung den anordnenden Stellen.
(2) [1]Die Eröffnungsbilanz, der Jahresabschluss und der konsolidierte Gesamtabschluss sind dauernd aufzubewahren, bei automatisierten Verfahren in ausgedruckter Form. [2]Die Bücher, das Inventar und die Belege sind zehn Jahre aufzubewahren. [3]Die Fristen beginnen am 1. Januar des der Feststellung des Jahresabschlusses und des konsolidierten Gesamtabschlusses folgenden Haushaltsjahres. [4]Gutschriften, Lastschriften und Kontoauszüge der Kreditinstitute sind wie Belege zu behandeln.
(3) [1]Belege können unmittelbar entweder auf unveränderbare elektromagnetische oder auf unveränderbare optische Speichermedien übernommen und in dieser Form anstelle der Originale aufbewahrt werden. [2]Dabei muss sichergestellt werden, dass während der Dauer der Aufbewahrungsfristen deren Wiedergabe möglich ist und die Daten verfügbar sind, jederzeit in angemessener Frist lesbar gemacht und ausgedruckt werden können sowie mit den Kassenbüchern und -belegen, den begründenden Unterlagen sowie den Buchungsbelegen bildlich und mit den anderen Unterlagen inhaltlich übereinstimmen, wenn sie lesbar gemacht werden.
(4) [1]Werden die Bücher und das Inventar in visuell lesbarer Form geführt, können diese nach Beschlussfassung des Gemeinderates über den Jahresabschluss entweder auf unveränderbare elektromagnetische oder auf unveränderbare optische Speichermedien übernommen und in dieser Form anstelle der Originale aufbewahrt werden. [2]Absatz 3 Satz 2 gilt entsprechend.

## ABSCHNITT 6
## Besorgung von Kassengeschäften durch Stellen außerhalb der Gemeindeverwaltung

### § 35
### Zahlungsverkehr durch Dritte

(1) [1]Lässt die Gemeinde nach § 87 Absatz 1 der Sächsischen Gemeindeordnung den Zahlungsverkehr ganz oder zum Teil durch eine Stelle außerhalb der Gemeindeverwaltung besorgen, muss insbesondere gewährleistet sein, dass
1. Zahlungsanordnungen vor Übersendung an die erledigende Stelle registriert werden,
2. die Zahlungsanordnungen an die erledigende Stelle nicht unbefugt geändert werden können und
3. die erledigende Stelle
   a) mindestens monatlich mit der Gemeindekasse abrechnet, wenn nicht eine unmittelbare Abrechnung mit einer anderen Stelle angeordnet ist;
   b) die Auszahlungsnachweise für die einzelnen Auszahlungen der Gemeinde als Belege überlässt oder ihr schriftlich bestätigt, dass die Zahlungen auftragsgemäß geleistet worden sind; im letzteren Fall müssen die Auszahlungsnachweise von der erledigenden Stelle nach den für die Gemeinde geltenden Vorschriften aufbewahrt und für Prüfungen bereitgestellt werden;
   c) Angelegenheiten, die ihr durch die Erledigung der Kassengeschäfte zur Kenntnis gelangen, nicht unbefugt verwertet oder weitergibt;
   d) im Falle eines Verschuldens für Schäden der Gemeinde oder Dritter eintritt;
   e) den für die Prüfungen bei der Gemeinde zuständigen Prüfungsstellen Gelegenheit gibt, die ordnungsmäßige Abwicklung des Zahlungsverkehrs an Ort und Stelle zu prüfen.

(2) [1]Die erledigende Stelle muss ihre Nachweise über die Ein- und Auszahlungen wie Vorbücher zum Zeitbuch der Gemeinde führen. [2]Die Gemeindekasse hat die von der erledigenden Stelle angenommenen Einzahlungen oder geleisteten Auszahlungen zusammengefasst in ihre Zeitbücher zu übernehmen und am Tag zu buchen, an dem die erledigende Stelle mit der Gemeindekasse abrechnet.

### § 36
### Buchführung durch Dritte

[1]Lässt die Gemeinde nach § 87 Absatz 1 der Sächsischen Gemeindeordnung die Buchführung ganz oder zum Teil durch eine Stelle außerhalb der Gemeindeverwaltung besorgen, muss insbesondere gewährleistet sein, dass
1. die Belege vor der Übersendung an die erledigende Stelle registriert werden,
2. die Gemeinde sich durch Stichproben von der ordnungsmäßigen Erledigung der Buchungen vergewissert und
3. der Gemeinde rechtzeitig der Tagesabschluss (§ 30), der Zwischenabschluss (§ 31) und der Jahresabschluss (§ 32) übermittelt werden.

[2]Im Übrigen gilt § 35 Absatz 1 Nummer 2 und 3 Buchstabe c bis e entsprechend.

### § 37
### Gewährleistung der ordnungsgemäßen Besorgung durch andere Maßnahmen

[1]Von den Anforderungen der §§ 35 und 36 kann der Bürgermeister Ausnahmen zulassen, wenn die ordnungsgemäße Besorgung der Kassengeschäfte und die Prüfung nach den für die Gemeinde geltenden Vorschriften durch andere geeignete Maßnahmen gewährleistet sind. [2]Der Bürgermeister regelt das Nähere zur Sicherung und Kontrolle der Geschäftsbesorgung.

# ABSCHNITT 7
# Sonderkassen und Begriffsbestimmungen

## § 38
## Sonderkassen

Die Vorschriften dieser Verordnung gelten für Sonderkassen entsprechend, soweit in den folgenden Vorschriften oder in anderen gesetzlichen Vorschriften nichts anderes bestimmt ist.

## § 39
## Schriftform

Regelungen des Bürgermeisters nach dieser Verordnung bedürfen der Schriftform.

## § 40
## Begriffsbestimmungen

Bei der Anwendung dieser Verordnung sind die folgenden Begriffe zugrunde zu legen:

1. Abschlussbuchungen: die für den kassenmäßigen Abschluss und den Jahresabschluss des abgelaufenen Haushaltsjahres noch erforderlichen Buchungen, wie die Buchung der Bestandskonten gegen das Schlussbilanzkonto und die Buchung der Erfolgskonten gegen das Abschlusskonto der Ergebnisrechnung sowie die Buchung des Abschlusskontos der Ergebnisrechnung gegen die Kapitalposition, hiervon zu unterscheiden sind vorbereitende Abschlussbuchungen, wie zum Beispiel die Buchung der Abschreibungen, die Auflösung der Sonderposten, die Buchung von Wertberichtigungen auf Forderungen und die Bildung und Auflösung von Rückstellungen;
2. Auszahlungen: die aus der Gemeindekasse oder Sonderkasse hinausgehenden Beträge einschließlich der Verrechnungen (Nummer 8.3);
3. Bargeld: Münzen und Banknoten, die als gesetzliche Zahlungsmittel anerkannt sind;
4. Einzahlungen: die bei der Gemeindekasse oder Sonderkasse eingehenden Beträge einschließlich der Verrechnungen (Nummer 8.3);
5. Elektronische Signaturen: elektronische Signaturen im Sinne von § 2 Nummer 1 bis 3 des Signaturgesetzes vom 16. Mai 2001 (BGBl. I S. 876), das zuletzt durch Artikel 4 Absatz 106 des Gesetzes vom 18. Juli 2016 (BGBl. I S. 1666) geändert worden ist, in der jeweils geltenden Fassung;
6. Kassenmittel: die Zahlungsmittel im Sinne der Nummer 7 und die Bestände auf Bankkonten der Gemeindekasse oder Sonderkasse mit Ausnahme der angelegten Kassenmittel;
7. Zahlungsmittel:
   7.1 Bargeld, Schecks;
   7.2 Geldkarte: Kartensysteme, bei denen der Karteninhaber dem Kartenherausgeber im Voraus den Gegenwert der auf der Karte gespeicherten Werteinheiten bezahlt, in Form eines auf einer Karte der Banken oder Sparkassen installierten Mikrochips, der das Auf- und Abbuchen sowie die Speicherung von elektronischen Geldeinheiten als Guthaben ermöglicht;
   7.3 Debitkarte: Kartensysteme, die dem Karteninhaber die Möglichkeit der bargeldlosen Zahlung eröffnen, wobei das Konto des Karteninhabers belastet wird, in Form eines auf einer Karte der Banken oder Sparkassen installierten Mikrochips oder Magnetstreifens;
   7.4 Kreditkarte: Kartensysteme der Kreditkartenunternehmen, die Zahlungen über das Kreditkartenunternehmen ermöglichen, bei denen der verfügte Wert erst verzögert mit einem individuell vereinbarten Zahlungsziel vom Konto des Karteninhabers eingezogen wird, in Form eines auf einer Karte eines Kreditkartenunternehmens installierten Magnetstreifens;
8. Zahlungsverkehr:
   8.1 Unbare Zahlungen: die, auch mittels Geldkarten, Debitkarten, Kreditkarten oder Lastschriftverfahren bewirkten, Überweisungen oder Einzahlungen auf ein Konto der Gemeindekasse oder Sonderkasse bei einem Kreditinstitut und entsprechende Überweisungen und Auszahlungen von einem solchen Konto sowie die Übersendung von Schecks;
   8.2 Barzahlungen: die Übergabe oder Übersendung von Bargeld, als Barzahlung gilt auch die Übergabe von Schecks;
   8.3 Verrechnungen: Zahlungen, die durch buchmäßigen Ausgleich zwischen Einzahlungen und Auszahlungen bewirkt werden, ohne dass die Höhe des Kassensollbestandes verändert wird wie die Aufrechnung oder die Verrechnung zwischen verschiedenen Buchungsstellen.

## § 41
## Ersetzung von Begriffen

[1]Bei der Anwendung dieser Verordnung auf die Landkreise treten der Landkreis an die Stelle der Gemeinde, der Landrat an die Stelle des Bürgermeisters, der Kreistag an die Stelle des Gemeinderats, die Kreisverwaltung an die Stelle der Gemeindeverwaltung und die Kreiskasse an die Stelle der Gemeindekasse. [2]Entsprechendes gilt für andere juristische Personen des öffentlichen Rechts, auf die die Vorschriften dieser Verordnung Anwendung finden.

# Verordnung
## des Sächsischen Staatsministeriums des Innern über das kommunale Prüfungswesen (Sächsische Kommunalprüfungsverordnung – SächsKomPrüfVO)

**Vom 25. Oktober 2011 (SächsGVBl. S. 604), die durch Artikel 1 der Verordnung vom 28. März 2017 (SächsGVBl. S. 194) geändert worden ist**

**– Fassung ab 1. Januar 2018 –**

Es wird verordnet aufgrund von
1. § 127 Abs. 1 Nr. 17 der Gemeindeordnung für den Freistaat Sachsen (SächsGemO) in der Fassung der Bekanntmachung vom 18. März 2003 (SächsGVBl. S. 55, 159), die zuletzt durch Artikel 2 des Gesetzes vom 26. Juni 2009 (SächsGVBl. S. 323, 325) geändert worden ist,
2. § 68 Abs. 1 Nr. 15 der für den Freistaat Sachsen (SächsLKrO) vom 19. Juli 1993 (SächsGVBl. S. 577), die zuletzt durch Artikel 3 des Gesetzes vom 26. Juni 2009 (SächsGVBl. S. 323, 325) geändert worden ist:

### Inhaltsübersicht



## ABSCHNITT 1
## Allgemeine Vorschriften

### § 1
### Anwendungsbereich

[1]Diese Verordnung gilt für die Prüfung der Gemeinden, ihrer Eigenbetriebe und sonstigen Unternehmen, deren Haushaltswirtschaft sich nach den Bestimmungen des Vierten Teils der Sächsischen Gemeindeordnung in der seit dem 25. November 2007 jeweils geltenden Fassung richtet. [2]Sie gilt für die Prüfung der Landkreise, ihrer Eigenbetriebe und sonstigen Unternehmen, der Verwaltungsverbände oder Zweckverbände mit der Maßgabe, dass an die Stelle der Gemeinde der Landkreis, der Verwaltungsverband oder der Zweckverband, an die Stelle des Bürgermeisters der Landrat oder der Verbandsvorsitzende und an die Stelle des Gemeinderats der Kreistag oder die Verbandsversammlung tritt.

### § 2
### Rechnungsprüfungsamt

(1) Zum Leiter eines Rechnungsprüfungsamtes darf nur bestellt werden, wer
1. die Voraussetzungen des § 62 Absatz 2 Nummer 1 der Sächsischen Gemeindeordnung erfüllt oder
2. einen nach Artikel 37 Absatz1 des Einigungsvertrages anerkannten und gegenüber Nummer 1 gleichwertigen Bildungsabschluss nachweist und

über eine mindestens dreijährige Berufserfahrung im öffentlichen Haushalts-, Rechnungs- oder Prüfungswesen verfügt.

(2) [1]Das Rechnungsprüfungsamt ist mit dem zur Erledigung seiner Aufgaben erforderlichen Personal und den erforderlichen Sachmitteln auszustatten. [2]Dies gilt insbesondere für Unternehmensprüfungen nach § 96a Absatz 1 Nummer 11 und 13 der Sächsischen Gemeindeordnung und für die Aufgaben nach § 106 Absatz 2 Satz 1 der Sächsischen Gemeindeordnung.

(3) [1]Leitende Mitarbeiter und Prüfer eines Rechnungsprüfungsamtes sollen ebenfalls die Voraussetzungen des Absatzes 1 erfüllen. [2]Für technische Prüfgebiete genügen hinsichtlich der Voraussetzungen des § 62 Absatz 2 Nummer 1 der Sächsischen Gemeindeordnung auch gleichwertige Abschlüsse in technischen Bereichen.

### § 3
### Rechnungsprüfer

[1]Zum Rechnungsprüfer nach § 103 Absatz 1 Satz 2 der Sächsischen Gemeindeordnung darf vom Gemeinderat nur bestellt werden, wer die Voraussetzungen des § 2 Absatz 1 erfüllt. [2]Dem Rechnungsprüfer sind die zur Erledigung seiner Aufgaben erforderlichen Sachmittel zur Verfügung zu stellen.

### § 4
### Weisungsbefugnisse

(1) [1]Der Leiter des Rechnungsprüfungsamtes ist bei der Erfüllung der ihm zugewiesenen Prüfungsaufgaben unabhängig und an Weisungen nicht gebunden. [2]Er ist im Übrigen dem Bürgermeister unmittelbar unterstellt. [3]Der Bürgermeister kann diese Zuständigkeit nicht übertragen.

(2) [1]Die Mitarbeiter des Rechnungsprüfungsamtes sind bei der Ausübung ihrer Tätigkeit dem Leiter des Rechnungsprüfungsamtes unterstellt. [2]Absatz 1 Satz 1 gilt entsprechend.

(3) Der Bürgermeister darf gegenüber dem Leiter des Rechnungsprüfungsamtes Maßnahmen nur treffen und Weisungen nur erteilen, soweit eine ordnungsgemäße Erfüllung der Aufgaben des Rechnungsprüfungsamtes gefährdet erscheint.
(4) [1]Auf Gegenstand, Art, Umfang, Ort, Zeit, Inhalt und Ergebnis von Prüfungen darf der Bürgermeister keinen Einfluss nehmen. [2]Er ist insbesondere nicht berechtigt, weitere Prüfaufträge zu erteilen.
(5) Der Leiter des Rechnungsprüfungsamtes ist befugt, sich in Ausübung seiner Tätigkeit und Aufgaben mit den Rechtsaufsichtsbehörden und der überörtlichen Prüfungsbehörde unmittelbar in Verbindung zu setzen.
(6) Die Absätze 1 und 3 bis 5 gelten für Rechnungsprüfer nach § 3 entsprechend.

## § 5
## Pflichten und Rechte des Prüfers

(1) [1]Der Prüfer ist für eine sachgemäße Prüfung verantwortlich. [2]Er hat auf die Klärung von Unregelmäßigkeiten zu achten. [3]Unwesentliche Beanstandungen soll er im Verlauf der Prüfung bereinigen lassen.
(2) [1]Der Prüfer hat zum Nachweis, dass die Prüfung ordnungsgemäß durchgeführt wurde, eine Prüfungsakte zu führen. [2]Aus der Prüfungsakte müssen insbesondere der Gegenstand, die Art, der Umfang, der Ort, der Zeitpunkt und die durchgeführten Prüfungshandlungen erkennbar sein.
(3) [1]Die Gemeinde hat den Prüfer bei seinen Aufgaben zu unterstützen. [2]Der Prüfer kann alle Auskünfte und Unterlagen verlangen sowie eigene Erhebungen vornehmen, die zur Erfüllung seiner Aufgaben erforderlich sind.

## § 6
## Prüfungsansatz und Schwerpunkte

(1) [1]Der Prüfungsansatz richtet sich nach dem jeweiligen Prüfungsgegenstand. [2]Mit Ausnahme der Kassenbestandsaufnahme kann sich die Prüfung auf Stichproben beschränken. [3]Die Stichproben sollen so ausgewählt werden, dass sie sich zeitlich und sachlich über den gesamten Prüfungszeitraum und Prüfungsstoff verteilen und den größten Prüfungserfolg versprechen. [4]Der Prüfer hat durch Art und Umfang der Stichproben festzustellen, ob die den Prüfungsinhalten zugrunde liegenden Vorschriften im Wesentlichen eingehalten sind. [5]Ergeben sich wesentliche Beanstandungen, ist die Prüfung entsprechend zu erweitern. [6]Erforderlichenfalls ist eine vollständige Prüfung durchzuführen.
(2) [1]Bei der Prüfung können Schwerpunkte gebildet werden. [2]Ihre Auswahl soll so getroffen werden, dass jedes Prüfungsgebiet je nach Schwierigkeit und wirtschaftlicher Bedeutung in angemessenen Zeitabständen eingehend geprüft wird.
(3) [1]Sowohl die Prüfung des Jahresabschlusses als auch des Gesamtabschlusses nach § 104 der Sächsischen Gemeindeordnung ist nach dem risikoorientierten Prüfungsansatz vorzunehmen. [2]Hierbei sind die Prüfungen so auszurichten, dass wesentliche Unstimmigkeiten und Verstöße gegen gesetzliche Vorschriften erkannt werden.

## § 7
## Prüfungsvermerk, Kennzeichnung

(1) [1]Der Prüfer hat den Tag und die Art der Prüfung auf dem ersten Blatt des Hauptbuches, bei einer Prüfung der Gemeindekasse außerdem im Zeitbuch und in den Vorbüchern neben der letzten Eintragung zu vermerken. [2]Bei Führung der Bücher im automatisierten Verfahren (§ 22 Absatz 2 Satz 1 der Sächsischen Kommunalen Kassen- und Buchführungsverordnung vom 26. Januar 2005 [SächsGVBl. S. 3], die zuletzt durch Artikel 2 der Verordnung vom 10. Dezember 2013 [SächsGVBl. S. 910] geändert worden ist, in der jeweils geltenden Fassung) sind die Vermerke auf den entsprechenden Ausdrucken anzubringen.
(2) Der Prüfer hat die geprüften Buchungen, Belege, Zahlenangaben und Unterlagen dauerhaft zu kennzeichnen, soweit eine Kennzeichnung möglich ist.
(3) Prüfungszeichen nach Absatz 1 und 2 sind unverwechselbar anzubringen.

## § 8
## Prüfungsbericht

(1) [1]Über jede Prüfung ist ein Prüfungsbericht zu fertigen. [2]Er muss Gegenstand, Art und Umfang der Prüfung bezeichnen, den Namen des Prüfers enthalten und darstellen, welcher Prüfungsansatz gewählt wurde.
(2) [1]Der Prüfungsbericht soll sich auf wesentliche Feststellungen im Rahmen des Prüfungszwecks einschließlich der dazu erforderlichen Darstellung der finanziellen und wirtschaftlichen Verhältnisse der Gemeinde und ihrer Sonder- und Treuhandvermögen beschränken. [2]Feststellungen über Beanstandungen sind nur aufzunehmen, wenn diese wesentlich sind und nicht im Prüfungsverfahren ausgeräumt wurden. [3]Der Prüfungsbericht soll eine Zusammenfassung der wesentlichen Ergebnisse der Prüfung enthalten.
(3) Werden aufgrund der Prüfung Vorschläge und Anregungen über den Prüfungszweck hinaus gemacht, sind sie der Gemeinde gesondert mitzuteilen.
(4) [1]Feststellungen des Prüfungsberichts über fremde Kassengeschäfte nach § 2 der Sächsischen Kommunalen Kassen- und Buchführungsverordnung gemäß § 10 Absatz 1 Satz 2 sowie über die bestimmungsgemäße Verwendung staatlicher Zuwendungen sind auch den hierfür zuständigen Stellen mitzuteilen. [2]Zuständig für diese Mitteilungen ist bei der örtlichen Prüfung der Bürgermeister.

## § 9
## Aufbewahrung der Berichte und Prüfungsakten

(1) Die Berichte und die Prüfungsakten sind sicher und geordnet aufzubewahren.
(2) [1]Der Bericht über die Prüfung des Jahresabschlusses und des Gesamtabschlusses nach § 104 Absatz 2 Satz 2 der Sächsischen Gemeindeordnung, der Schlussbericht über die Prüfung des Jahresabschlusses und des Gesamtabschlusses nach § 104 Absatz 2 Satz 4 der Sächsischen Gemeindeordnung, die Prüfungsberichte über die örtliche Prüfung der Eigenbetriebe nach § 105 der Sächsischen Gemeindeordnung und die Prüfungsberichte nach den §§ 32 und 33 der Sächsischen Eigenbetriebsverordnung vom 16. Dezember 2013 (SächsGVBl. S. 941), in der jeweils geltenden Fassung, sind dauernd aufzubewahren, bei automatisierten Verfahren in ausgedruckter Form. [2]Alle übrigen Prüfungsberichte sind zehn Jahre, die Prüfungsakten sechs Jahre aufzubewahren. [3]Die Fristen beginnen am 1. Januar des der Erstellung der Prüfungsberichte folgenden Haushaltsjahres.

# ABSCHNITT 2
# Örtliche Prüfung

## Unterabschnitt 1
## Prüfung des Jahresabschlusses

## § 10
## Gegenstand, Verfahren und Zweck der Prüfung; Prüfungsbericht

(1) [1]Prüfungsgegenstand sind der Jahresabschluss, der Anhang einschließlich seiner Anlagen und der Rechenschaftsbericht (§ 88 Absatz 2 und 4 der Sächsischen Gemeindeordnung). [2]Vorgänge, in denen die Gemeinde für einen anderen kommunalen Aufgabenträger unmittelbar für dessen Haushalt Erträge und Aufwendungen verbucht oder Einzahlungen oder Auszahlungen gegenüber dessen Kasse anordnet, unterliegen insoweit der Prüfung, als die Gemeinde die sachliche und rechnerische Feststellung trifft.
(2) [1]Der Umfang der Prüfung richtet sich nach § 104 Absatz 1 der Sächsischen Gemeindeordnung. [2]Die Prüfung soll feststellen, ob der Jahresabschluss unter Beachtung der Grundsätze ordnungsmäßiger Buchführung ein den tatsächlichen Verhältnissen entsprechendes Bild der Vermögens-, Ertrags- und Finanzlage der Gemeinde vermittelt.
(3) Die Prüfungshandlungen sind so zu dokumentieren, dass nachvollziehbar ist, welche Wertgrenzen dem Prüfungsansatz zugrunde gelegt wurden.
(4) [1]Der Bericht zur Prüfung des Jahresabschlusses enthält eine Zusammenfassung der wesentlichen Aussagen und Feststellungen. [2]Der Prüfungsbericht hat einen Prüfungsvermerk zu enthalten, der wiedergibt, ob der Jahresabschluss den in Absatz 2 Satz 2 genannten Anforderungen genügt. [3]Der Prüfungsvermerk kann dies uneingeschränkt, eingeschränkt oder versagend feststellen. [4]Er darf insbesondere dann nicht uneingeschränkt erteilt werden, wenn in der Vermögensrechnung einzelne Abweichungen von mehr als 0,7 Prozent der Bilanzsumme oder wesentliche Verstöße gegen gesetzliche Bestimmungen festgestellt werden.

(5) Nach Ende der Berichterstellung hat der Bürgermeister schriftlich gegenüber der örtlichen Prüfungseinrichtung zu erklären, dass alle im Rahmen der Prüfung erteilten Auskünfte und Nachweise vollständig und richtig sind.
(6) Die Absätze 1 bis 5 gelten entsprechend für die Prüfung des Gesamtabschlusses.

### § 11
### Förmliche Prüfung

(1) Die förmliche Prüfung erstreckt sich darauf, ob
1. der Jahresabschluss einschließlich des Anhangs, der Rechenschaftsbericht, die Anlagenübersicht, die Forderungsübersicht, die Verbindlichkeitenübersicht und die Übersicht über die in das folgende Jahr zu übertragenden Haushaltsermächtigungen (§ 88 der Sächsischen Gemeindeordnung in der jeweils geltenden Fassung) vollständig sind und den Formvorschriften entsprechen und
2. die Kassen- und Rechnungsgeschäfte vorschriftsmäßig erledigt worden sind.

(2) Insbesondere ist festzustellen, ob
1. die Bücher ordnungsgemäß angelegt, geführt und abgeschlossen sind,
2. die Anlagenübersicht, die Forderungsübersicht, die Verbindlichkeitenübersicht und die Übersicht über die in das folgende Jahr zu übertragenden Haushaltsermächtigungen ordnungsgemäß geführt worden sind,
3. für die Kassengeschäfte die vorgeschriebenen Kassenanordnungen und die übrigen Belege vorliegen und diese danach ordnungsgemäß ausgeführt worden sind und
4. die einzelnen Erträge und Aufwendungen sowie die einzelnen Einzahlungen und Auszahlungen in der richtigen zeitlichen und sachlichen Ordnung gebucht sind.

### § 12
### Rechnerische Prüfung

(1) Die rechnerische Prüfung erstreckt sich auf alle Merkmale, die Gegenstand der rechnerischen Feststellung sind, insbesondere darauf, ob die Beträge in den Büchern und Belegen richtig errechnet und übertragen sind.
(2) Von einer rechnerischen Prüfung kann abgesehen werden, soweit in automatisierten Verfahren unter Beachtung von § 6 Absatz 1 der Sächsischen Kommunalen Kassen- und Buchführungsverordnung Ansprüche und Zahlungsverpflichtungen ermittelt und Bücher geführt werden.

### § 13
### Sachliche Prüfung

(1) [1]Die sachliche Prüfung hat Vorrang. [2]Sie umfasst alle Merkmale, die Inhalt der sachlichen Feststellung sind, und erstreckt sich darauf, ob
1. die einzelnen Maßnahmen der Haushalts-, Kassen- und Rechnungsführung und der Vermögensverwaltung den von der Gemeinde zu beachtenden Rechts- und Verwaltungsvorschriften, den Verträgen und Dienstanweisungen der Gemeinde sowie bei zweckgebundenen staatlichen Zuwendungen den Bewilligungsbescheiden entsprechen und
2. der Inhalt der Verträge sich im Rahmen der Rechtsvorschriften hält.

(2) Insbesondere ist festzustellen, ob
1. die Bestimmungen der Sächsischen Kommunalen Kassen- und Buchführungsverordnung eingehalten sind,
2. die Erträge und Aufwendungen sowie die Einzahlungen und Auszahlungen dem Grunde und der Höhe nach den Rechtsvorschriften und Verträgen entsprechen,
3. erforderliche Genehmigungen erteilt, Zustimmungen eingeholt sowie Vorlagepflichten beachtet worden sind,
4. die Erträge und Aufwendungen sowie die Einzahlungen und Auszahlungen rechtzeitig und vollständig erhoben oder geleistet worden sind,
5. Abweichungen von den Ansätzen des Haushaltsplanes zulässig waren,
6. die Vorschriften über Erfassung, Bewertung und Ausweis von Vermögen und über die Bestellung von Sicherheiten und Gewährleistungen für Dritte beachtet worden sind,
7. die Voraussetzungen für die Stundung, die Niederschlagung oder den Erlass von Forderungen oder die Aussetzung der Vollziehung vorlagen,
8. Vorschüsse und Verwahrgelder, durchlaufende Gelder und fremde Mittel, Kassenkredite, Überschüsse sowie der Haushaltsausgleich ordnungsgemäß abgewickelt worden sind,
9. die übertragenen Ansätze aus Vorjahren ordnungsgemäß verwendet worden sind und die Übertragung von Ansätzen in das Folgejahr zulässig ist,
10. bei der Vergabe von Aufträgen die jeweils geltenden Vorschriften des nationalen und europäischen Vergaberechts beachtet worden sind,
11. bei Auszahlungen und Verpflichtungsermächtigungen für Investitionen die nach § 12 Absatz 2 bis 4 der Sächsischen Kommunalhaushaltsverordnung- Doppik erforderlichen Berechnungen und sonstigen Unterlagen vorliegen,
12. im Bereich des Finanzwesens nach § 87 Absatz 2 der Sächsischen Gemeindeordnung insbesondere die Maßgaben des § 6 Absatz 1 Nummer 1, 4 und 10 der Sächsischen Kommunalen Kassen- und Buchführungsverordnung eingehalten werden,
13. die Entgeltkalkulationen ordnungsgemäß geführt werden,
14. Feststellungen früherer Prüfungsberichte noch unerledigt sind und
15. die Haushaltswirtschaft im Übrigen nach den geltenden Haushaltsgrundsätzen geführt worden ist.

(3) [1]Die Prüfung der Erträge erstreckt sich auch auf die Meldungen der Gemeinde über die Berechnungsgrundlagen der Steuerkraftmesszahl und der Gewerbesteuerumlage. [2]Werden dabei Abweichungen zwischen den Berechnungsgrundlagen und den Meldungen festgestellt, sind die Abweichungen vorab dem Bürgermeister und durch diesen den Stellen mitzuteilen, denen die Meldungen zu machen sind.

## UNTERABSCHNITT 2
## Prüfung der Eigenbetriebe, Zweckverbände nach § 58 Absatz 2 des Sächsischen Gesetzes über kommunale Zusammenarbeit, Sondervermögen und Treuhandvermögen

### § 14
### Gegenstand, Art und Zeitpunkt der Prüfung

(1) [1]Die Jahresabschlüsse der Eigenbetriebe sind unter Einbeziehung der Unterlagen der Wirtschaftsführung, des Rechnungswesens, der Vermögensverwaltung und erforderlichenfalls anderer Akten nach Maßgabe des § 105 der Sächsischen Gemeindeordnung sachlich zu prüfen; § 13 Absatz 1 und 2 gilt entsprechend. [2]Zu den Unterlagen gehören insbesondere Dienstanweisungen, Betriebsabrechnungen, Kostenrechnungen, Unterlagen über die Bewertung des Vermögens sowie die Berechnung der Abschreibungen und Konzessionsabgaben, Konzessionsverträge und andere Energieverträge sowie das Ergebnis der Jahresabschlussprüfung nach § 32 der Sächsischen Eigenbetriebsverordnung.
(2) Absatz 1 gilt entsprechend für die Prüfung der Jahresabschlüsse der anderen Sondervermögen nach § 91 der Sächsischen Gemeindeordnung, der Treuhandvermögen nach § 92 Absatz 1 der Sächsischen Gemeindeordnung und der Zweckverbände nach § 58 Absatz 2 des Sächsischen Gesetzes über kommunale Zusammenarbeit in der Fassung der Bekanntmachung vom 3. März 2014 (SächsGVBl. S. 196), in der jeweils geltenden Fassung, auf die die für die Wirtschaftsführung und das Rechnungswesen der Eigenbetriebe geltenden Vorschriften entsprechend angewendet werden.
(3) [1]Soweit einzelne Vorgänge nicht bereits in die laufende Prüfung nach § 106 Absatz 2 Nummer 3 und 4 der Sächsischen Gemeindeordnung einbezogen sind, ist die Prüfung spätestens nach Beendigung der Jahresabschlussprüfung nach § 32 der Sächsischen Eigenbetriebsverordnung vorzunehmen. [2]Die Ergebnisse der Jahresabschlussprüfung nach § 32 der Sächsischen Eigenbetriebsverordnung sollen so rechtzeitig zur Verfügung gestellt werden, dass diese vor Beginn der Prüfung nach § 105 der Sächsischen Gemeindeordnung für deren Schwerpunktsetzung berücksichtigt werden können. [3]Teile des Rechnungswesens können im Benehmen mit der Betriebsleitung schon vor der Aufstellung des Jahresabschlusses geprüft werden.

## UNTERABSCHNITT 3
## Weitere Prüfbefugnisse

### § 15
### Kassenprüfung

(1) [1]Bei der Gemeindekasse und den Sonderkassen ist jährlich, bei Zahlstellen alle zwei Jahre mindestens eine unvermutete Kassenprüfung vorzunehmen. [2]Außerdem ist vor der Bestellung eines neuen Kassenverwalters eine Kassenprüfung vorzunehmen.
(2) Von einer unvermuteten Kassenprüfung kann abgesehen werden, wenn in demselben Jahr eine überörtliche Kassenprüfung oder eine Kassenprüfung nach Absatz 1 Satz 2 vorgenommen wurde.
(3) Bei Stellen, die durchschnittlich Bareinnahmen oder -ausgaben von mehr als 1 500 Euro im Monat tätigen, ist mindestens alle drei Jahre eine unvermutete Prüfung vorzunehmen; die übrigen Zahlungsvorgänge sind stichprobenartig zu prüfen.
(4) Vor Beginn der Prüfung sind die jeweils letzten Eintragungen in den zu prüfenden Büchern durch den Prüfer zu kennzeichnen.

### § 16
### Umfang der Kassenprüfung

(1) [1]Die Kassenvorgänge sind darauf zu überprüfen, ob sie mit den Grundsätzen der Sächsischen Kommunalen Kassen- und Buchführungsverordnung übereinstimmen. [2]Die Kassenprüfung umfasst eine Kassenbestandsaufnahme, durch die zu ermitteln ist, ob der Kassenistbestand mit dem Kassensollbestand übereinstimmt. [3]Außerdem ist festzustellen, ob
1. der Zahlungsverkehr ordnungsgemäß abgewickelt wird, insbesondere die Einzahlungen und Auszahlungen rechtzeitig und vollständig eingegangen oder geleistet und Verwahrgelder sowie Vorschüsse unverzüglich abgewickelt worden sind,
2. die erforderlichen Belege vorhanden sind und nach Form und Inhalt den Vorschriften entsprechen,
3. die Kassenmittel ordnungsgemäß bewirtschaftet werden, insbesondere die Zahlungsbereitschaft der Kasse ständig gewährleistet ist und der tägliche Bestand an Bargeld und der Bestand auf den für den Zahlungsverkehr bei Kreditinstituten errichteten Konten den notwendigen Umfang nicht überschreiten,
4. die Bestimmungen über die Entgegennahme von Schecks beachtet worden sind,
5. bei Forderungen die nötigen Sicherungs-, Überwachungs- und Beitreibungsmaßnahmen getroffen worden sind,
6. verwahrte Wertgegenstände und andere von der Kasse verwahrte oder verwaltete Gegenstände vorhanden sind und ordnungsgemäß aufbewahrt werden,
7. die Kassensicherheit gewährleistet ist und
8. die Kassengeschäfte im Übrigen ordnungsgemäß erledigt werden.

(2) [1]Die Kassenprüfung umfasst den Zeitraum seit der letzten Kassenprüfung. [2]Die Bücher und Belege eines abgeschlossenen Jahresabschlusses können von der Prüfung ausgenommen werden.

### § 17
### Prüfung der Vermögensbestände und Vorräte

(1) [1]Regelmäßig ist zu prüfen, ob die Inventur ordnungsgemäß durchgeführt und das Inventar über das bewegliche und unbewegliche Vermögen ordnungsgemäß geführt wird und die verzeichneten beweglichen Sachen vorhanden sind. [2]Die Vermögensverwaltung nach § 89 der Sächsischen Gemeindeordnung ist mit einzubeziehen.
(2) Es ist festzustellen, ob die Inventurvereinfachungsverfahren nach § 35 der Sächsischen Kommunalhaushaltsverordnung-Doppik ordnungsgemäß durchgeführt werden.

### § 18
### Zuständigkeit und Prüfungsbericht

(1) Über die Ergebnisse der Prüfung nach den §§ 15 bis 17 ist der Bürgermeister zu informieren.
(2) Dem Prüfungsbericht über die Prüfung nach den §§ 15 und 16 ist ein Kassenbestandsausweis beizufügen, der vom Kassenverwalter und dem mit dem Zahlungsverkehr beauftragten Bediensteten zu unterzeichnen ist.

### § 19
### Sonstige Aufgaben

(1) Prüfungen nach § 96a Absatz 1 Nummer 11 und nach § 106 Absatz 2 Satz 1 der Sächsischen Gemeindeordnung können ohne besonderen Auftrag des Gemeinderats durchgeführt werden.
(2) Ist die Gemeinde an Unternehmen in einer Rechtsform des privaten Rechts beteiligt, sollen die Betätigungsprüfung nach § 106 Absatz 2 Nummer 5 der Sächsischen Gemeindeordnung und die Unternehmensprüfung nach § 96a Absatz 1 Nummer 11 der Sächsischen Gemeindeordnung nach § 6 durchgeführt werden.

## ABSCHNITT 3
## Prüfung Programmeinsatz

### § 20
### Umfang der Prüfung

(1) Es ist zu prüfen, ob die Zulassung nach § 87 Absatz 2 der Sächsischen Gemeindeordnung vorliegt und darüber hinaus die Programme unter Berücksichtigung der besonderen Einsatzbedingungen vor Ort hinsichtlich der Programmdokumentation, der Erfassung, Eingabe, Verarbeitung, Speicherung und Ausgabe der Daten sowie der Sicherung der Programme und der gespeicherten Daten den Anforderungen des § 6 Absatz 1 der Sächsischen Kommunalen Kassen- und Buchführungsverordnung entsprechen.
(2) [1]Die Prüfung der Programme ist in der Regel mit den dafür geeigneten besonderen Verfahren so zu vertiefen, dass mit hinreichender Sicherheit festgestellt werden kann, ob sie den Anforderungen nach Absatz 1 entsprechen. [2]Eine Prüfung allein anhand der Ergebnisse der Programmanwendung in laufenden Fällen genügt nur, wenn diese Feststellung auch schon dabei möglich ist.

## ABSCHNITT 4
## Kosten

### § 21
### Kosten der Prüfung

[1]Die Kosten der örtlichen Prüfung nach den §§ 104 und 106 der Sächsischen Gemeindeordnung tragen die Gemeinden, die geprüft worden sind. [2]Die Kosten der örtlichen Prüfung der Eigenbetriebe, Sonder- und Treuhandvermögen und bei Dritten nach den §§ 105 und 106 der Sächsischen Gemeindeordnung trägt die Gemeinde, die die Prüfung veranlasst hat oder in deren Interesse die Prüfung vorgenommen worden ist. [3]Werden auf einen Zweckverband nach § 58 Absatz 2 des Sächsischen Gesetzes über kommunale Zusammenarbeit die für die Wirtschaftsführung und das Rechnungswesen der Eigenbetriebe geltenden Vorschriften entsprechend angewendet, trägt der Zweckverband die Kosten der örtlichen Prüfung nach den §§ 105 und 106 der Sächsischen Gemeindeordnung sowie der Jahresabschlussprüfung nach § 32 der Sächsischen Eigenbetriebsverordnung. [4]Die Kosten der Jahresabschlussprüfung nach § 32 der Sächsischen Eigenbetriebsverordnung trägt der geprüfte Eigenbetrieb.

## ABSCHNITT 5
## Übergangs- und Schlussvorschriften

### § 22
### Prüfung der Eröffnungsbilanz

Für die Prüfung der Eröffnungsbilanz gelten die Bestimmungen über die Prüfung des Jahresabschlusses sinngemäß.

### § 23
### (Inkrafttreten)

# Verwaltungsvorschrift
## des Sächsischen Staatsministeriums des Innern über die Zuordnungsvorschriften zum Produktrahmen und Kontenrahmen sowie Muster für das kommunale Haushalts- und Rechnungswesen im Freistaat Sachsen (VwV Kommunale Haushaltssystematik – VwV KomHSys)

**Vom 11. Dezember 2019 (SächsABl. SDr. 2020 S. S 82), die durch die Verwaltungsvorschrift vom 7. Dezember 2020 (SächsABl. S. 1451) geändert worden ist, zuletzt enthalten in der Verwaltungsvorschrift vom 24. November 2023 (SächsABl. SDr. S. S 243)**

**– Fassung ab 1. Januar 2021 –**

Auf Grund von
- § 128 Satz 1 und 3, § 129 Absatz 1 in Verbindung mit § 127 Absatz 2 der Sächsischen Gemeindeordnung in der Fassung der Bekanntmachung vom 9. März 2018 (SächsGVBl. S. 62),
- § 69 Satz 1 und 3, § 70 Absatz 1 in Verbindung mit § 68 Absatz 2 der Sächsischen Landkreisordnung in der Fassung der Bekanntmachung vom 9. März 2018 (SächsGVBl. S. 99) und
- § 5 Absatz 3 Satz 1 und § 47 Absatz 2 Satz 1 des Sächsischen Gesetzes über kommunale Zusammenarbeit in der Fassung der Bekanntmachung vom 15. April 2019 (SächsGVBl. S. 270) in Verbindung mit § 128 Satz 1 und § 129 Absatz 1 Satz 1 der Sächsischen Gemeindeordnung

erlässt das Staatsministerium des Innern im Benehmen mit dem Staatsministerium der Finanzen folgende Verwaltungsvorschrift:

### Inhaltsübersicht:



**Anlagen:**



### I.
### Kommunale Haushaltssystematik

1. Die kommunale Haushaltssystematik umfasst den kommunalen Produktrahmen (Anlage 1), den kommunalen Kontenrahmen (Anlage 2), den kommunalen Kontenrahmen mit den finanzstatistischen Merkmalen (Anlage 3), die Bereichsabgrenzungen (Anlage 4) sowie die verbindlich anzuwendenden Muster für die Haushaltswirtschaft (Anlage 5).
2. Finanzstatistische Merkmale umfassen die verbindliche Gliederung des Kontenrahmens sowie die Zuordnung von Sachverhalten und Geschäftsvorfällen zu den Gliederungseinheiten.
3. Die kommunale Haushaltssystematik ist im Interesse einer Vergleichbarkeit der öffentlichen Haushalte mit der Haushaltssystematik des Bundes und der Länder abgestimmt. Dadurch werden auch die Auswertung der Finanzstatistik und die Koordinierung der Finanzplanungen im öffentlichen Bereich gewährleistet. Produktrahmen und Kontenrahmen stellen jeweils Rahmenpläne für alle kommunalen Gebietskörperschaften dar. Diese können je nach örtlichen Bedürfnissen weiter unterteilt werden. Die Einheitlichkeit des Systems ermöglicht außerdem die automatisierte Verarbeitung der Finanzdaten nach einheitlichen Programmen.

### II.
### Verbindlichkeit von Produktrahmen und Kontenrahmen

1. Produktrahmen
   a) Der Produktrahmen nach Anlage 1 enthält die verbindliche Untergliederung in Produktbereiche (PB), Produktgruppen (PG) sowie einzelne Produktuntergruppen (PUG). Zusätzliche Produktbereiche und Produktgruppen dürfen nicht gebildet werden. Soweit Produktuntergruppen verbindlich vorgeschrieben sind, dürfen innerhalb der zugehörigen Produktgruppen keine weiteren Produktuntergruppen gebildet werden.
   b) Der Produktbereich 61 ist mit den entsprechenden Produktgruppen ausschließlich der allgemeinen Finanzwirtschaft vorbehalten.
   c) Die Produktbereiche 71 bis 76 mit den entsprechenden Produktgruppen sind ausschließlich außergewöhnlichen Schadensereignissen vorbehalten. Diese Produktbereiche dürfen nur auf der Grundlage eines Erlasses des Staatsministeriums des Innern verwendet werden.
   d) Vom Wortlaut der einzelnen Produktbereiche, Produktgruppen und der verbindlichen Produktuntergruppen kann abgewichen werden, wenn dadurch der Inhalt präziser beschrieben werden kann.
   e) Für eine tiefere Untergliederung des kommunalen Produktplans durch nicht verbindliche Produktuntergruppen oder Produkte kann der auf der Internetseite des Staatsministeriums des Innern unter http://www.kommunale-verwaltung.sachsen.de als Arbeitshilfe veröffentlichte Produktrahmen mit finanzstatistischen Merkmalen verwendet werden. Mit der in diesem erweiterten Produktrahmen enthaltenen Gliederung können die statistischen Anforderungen der Statistiken der Sozialhilfe, der Asylbewerberleistungsstatistik, der Statistik der Kriegsopferfürsorge und der Statistik der Jugendhilfe direkt aus dem Produktplan heraus erfüllt werden.
2. Kontenrahmen
   a) Der Kontenrahmen für den Freistaat Sachsen entspricht dem von der Innenministerkonferenz am 21. November 2003 beschlossenen Kontenrahmen II/2, der eine Spaltung der Ergebnisrechnung in ein ordentliches und ein außerordentliches Ergebnis vorsieht.
   b) Die im Kontenrahmen nach Anlage 2 geregelte Gliederung ist verbindlich vorgeschrieben und stellt damit die Mindestgliederungstiefe dar. Soweit nach Anlage 2 Bereichsabgrenzungen oder innerhalb der Kontenklassen 0 bis 2 Konten sowie innerhalb der Kontenklassen 3 bis 7 Konten und Unterkonten vorgeschrieben sind, dürfen innerhalb dieser Gliederungsebenen keine weiteren Untergliederungen vorgenommen werden.
   c) Die statistischen Berichtspflichten sind auf der Grundlage des Kontenrahmens nach Anlage 2 zu erfüllen. Bei der Integration der finanzstatistischen Merkmale in den Kontenrahmen (Anlage 3) wurden die Regelungen des Finanz- und Personalstatistikgesetzes in der Fassung der Bekanntmachung vom 22. Februar 2006 (BGBl. I S. 438), das zuletzt durch Artikel 2 des Gesetzes vom 2. März 2016 (BGBl. I S. 342) geändert worden ist, beachtet. Zudem folgt die verbindliche Festsetzung in den Kontenklassen der Bilanz den Anforderungen aus der Verordnung (EG) Nr. 501/2004 des Europäischen Parlaments und des Rates vom 10. März 2004 über die vierteljährlichen Finanz-

konten des Staates (ABl. L 81 vom 19.3.2004, S. 1), die zuletzt durch Verordnung (EU) Nr. 517/2013 des Rates vom 13. Mai 2013 (ABl. L 158 vom 10.6.2013, S. 1) geändert worden ist.

d) Zu den Bereichsabgrenzungen (Anlage 4) sind folgende Hinweise zu beachten:
   aa) Zahlungsbereiche werden durch die Bereichsabgrenzung A erfasst.
   bb) Die Schuldenstatistik ist durch die Bereichsabgrenzung B für bestimmte Positionen in die Kontensystematik eingeordnet.
   cc) Die Abgrenzung nach Laufzeiten wird durch die Bereichsabgrenzung C ausgewiesen.

   Die Abgrenzungspositionen der einzelnen Bereiche und die finanzstatistischen Zuordnungen sind unter Ziffer IV sowie in der Anlage 4 dargestellt.
e) Die Finanzrechnung darf nicht rückwirkend und aus den Salden der Ergebnisrechnung ermittelt werden, sondern ist alternativ nach einer der drei folgenden Methoden zu führen:
   aa) Die Finanzrechnung wird originär bebucht. Die Zahlungskonten werden in den doppischen Verbund integriert und im Kontenplan anstelle des Kontos „Bank" oder „Kasse" geführt.
   bb) Die Finanzrechnung wird statistisch mitbebucht. Die Zahlungen werden gegen die Bank oder Kasse gebucht. Die Information über die Finanzposition wird dem Buchungssatz datenverarbeitungstechnisch durch ein statistisches Zusatzmerkmal entsprechend den relevanten Zahlungskonten mitgegeben.
   cc) Die Einzahlungen und Auszahlungen werden zahlungsartenscharf direkt aus den Buchungen der Ergebnis- und Bilanzkonten abgeleitet. Dazu werden aus den entsprechenden betroffenen Konten die zahlungswirksamen Vorgänge hergeleitet und die exakten Werte berechnet.

   Die Kontenklassen der Finanzrechnung dürfen nur dann direkt bebucht werden, wenn für die Finanzrechnung die Methode nach Doppelbuchstabe aa gewählt wird. Ansonsten dienen die in den Kontenklassen 6 und 7 angegebenen Kontengruppen und -arten sowie Konten als statistische Zusatzmerkmale im Buchungssatz nach der Methode gemäß Doppelbuchstabe bb oder der direkten derivativen Ermittlung nach der Methode gemäß Doppelbuchstabe cc.

## III.
## Anwendung der Systematik

1. Die Erträge und Aufwendungen sowie die Ein- und Auszahlungen sind sowohl nach dem Produktrahmen als auch nach dem Kontenrahmen zu ordnen. Ist eine Zuordnung nicht eindeutig möglich, so ist sie nach dem Schwerpunkt vorzunehmen.
2. Das Anlagevermögen, das Umlaufvermögen, die Kapitalpositionen, die Sonderposten, die Rückstellungen, die Verbindlichkeiten und die Rechnungsabgrenzungsposten sind nach dem Kontenrahmen zu ordnen. Ist eine Zuordnung nicht eindeutig möglich, so ist sie nach dem Schwerpunkt vorzunehmen.
3. Die verwaltungsinternen Produktgruppen, Produktuntergruppen und Kontenarten müssen der Übersicht gemäß § 4 Absatz 5 der Sächsischen Kommunalhaushaltsverordnung vom 10. Dezember 2013 (SächsGVBl. S. 910), die zuletzt durch Verordnung vom 30. Juli 2019 (SächsGVBl. S. 598) geändert worden ist, in der jeweils geltenden Fassung, zugeordnet werden können.

## IV.
## Abgrenzung von Zahlungen nach Bereichen

1. Für den Nachweis des Zahlungsverkehrs sind bei bestimmten Konten und Unterkonten Bereiche nach der Bereichsabgrenzung zu bilden, die die Herkunft, den Empfänger oder die Laufzeit kennzeichnen. Die Bereichsabgrenzungen werden nach den Bereichen A bis C unterschieden und sind verbindlich gemäß Anlage 4 anzuwenden.
2. Beteiligen sich Bund und Land gemeinsam an der Finanzierung kommunaler Aufgaben (Mischfinanzierung), so fließen die Bundesmittel über den Landeshaushalt. Diese Mittel werden im Landeshaushalt vereinnahmt und als Zahlungen an Gemeinden zusammen mit den Landesmitteln weitergeleitet. Im Gemeindehaushalt sind diese Zuwendungen, auch wenn in den zahlungsbegründenden Unterlagen eine Differenzierung zwischen Bundes- und Landesmitteln vorgenommen wird, als Zahlungen vom Land nachzuweisen. Gleiches gilt für Zuwendungen des Landes, die finanztechnisch über die Sächsische Aufbaubank – Förderbank – abgewickelt werden.
3. Für die Bereichsabgrenzung C sind folgende zusätzliche Hinweise zu beachten:
   a) Für die Gliederung nach der Frist für finanzstatistische Zwecke in der Vermögensrechnung und in der Finanzrechnung ist die ursprünglich vereinbarte Laufzeit oder Kündigungsfrist maßgebend, nicht die Restlaufzeit am Meldestichtag. Als Beginn der vereinbarten Laufzeit gilt die erste Inanspruchnahme, nicht die Zusage.
   b) Für die Gliederung von in Wertpapieren verbrieften Forderungen und Verbindlichkeiten ist die längste Laufzeit laut Emissionsbedingungen maßgebend, jedoch nur insoweit, als Gläubigerkündigungsrechte dem nicht entgegenstehen. Als Beginn der Laufzeit gilt der Beginn des in den Emissionsbedingungen festgelegten Zinslaufs. Dies ist der Beginn der laufenden Verzinsung, gegebenenfalls der Beginn der Laufzeit des ersten Zinsscheins. Diese Zuordnung nach der Frist gilt auch für den Zweiterwerb von Forderungen und Wertpapieren. Vorzeitige Rücknahmen von Schuldverschreibungen eigener Emissionen im Rahmen der Kurs- oder Marktpflege sind befristungsunschädlich.
   c) Als Kündigungsfrist ist der Zeitraum vom Tag der Kündigung bis zur Fälligkeit anzusehen. Sofern neben der Kündigungsfrist noch eine Kündigungssperrfrist vereinbart wird, ist diese bei der Einordnung zu berücksichtigen.
   d) Bei Forderungen und Verbindlichkeiten, die regelmäßig in Teilbeträgen, in etwa gleichen Teilbeträgen und Zeitabständen, zu tilgen sind, ist die Zuordnung nicht nach der Befristung der einzelnen Teilbeträge, sondern nach dem Zeitraum zwischen der Entstehung der Forderung oder der Verbindlichkeit und der Fälligkeit des letzten Teilbetrages vorzunehmen; bei unregelmäßiger Tilgung ist für die Zuordnung die Durchschnittslaufzeit aller Raten maßgebend.
   e) Forderungen und Verbindlichkeiten, die durch Zahlung regelmäßiger Raten entstehen, sind nach der Durchschnittslaufzeit aller Raten einzuordnen.
   f) Bei Forderungen und Verbindlichkeiten, die auf Grund einer Rahmenvereinbarung begründet wurden, gilt als Befristung nicht die der Rahmenvereinbarung, sondern die für die einzelnen in Anspruch genommenen Beträge jeweils gesondert vereinbarte Laufzeit oder Kündigungsfrist.
   g) Als täglich fällig sind nur solche Forderungen und Verbindlichkeiten auszuweisen, über die jederzeit verfügt werden kann; hierzu zählen auch die sogenannten Tagesgelder und Gelder mit täglicher Kündigung einschließlich der über geschäftsfreie Tage angelegten Gelder mit Fälligkeit oder Kündigungsmöglichkeit am nächsten Geschäftstag.
   h) Forderungen sind in der ihrer ursprünglichen Laufzeit entsprechenden Fristenkategorie so lange zu belassen, bis sie entweder getilgt oder aber abgeschrieben sind. So sind fällige, vom Kreditnehmer jedoch noch nicht entrichtete Tilgungsraten nicht aus dem lang- oder mittelfristigen in den kurzfristigen Bereich umzubuchen. Zu berücksichtigen sind aber vertragliche Umbuchungsvereinbarungen. Die betreffenden Forderungen sind dann ganz oder teilweise aus der Meldung herauszunehmen oder in andere Positionen umzusetzen.
   i) Nach Ablauf der vereinbarten Laufzeit oder Kündigungsfrist weitergeführte Verbindlichkeiten sind, sofern nichts anderes vereinbart wurde, den täglich fälligen Verbindlichkeiten zuzuordnen.
   j) Bei Prolongationen ist bei der Fristzuordnung generell auf den Zeitraum zwischen dem Tag der Prolongationsabrede und dem darin vereinbarten neuen Fälligkeitstermin abzustellen.
   k) Bei Wertpapieren eigener Emissionen wie auch bei Verbindlichkeiten können vorzeitige Rückzahlungen in Form sowohl des Gläubigerkündigungsrechts als auch des Schuldnerkündigungsrechts vereinbart werden. Für die fristenmäßige Zuordnung von Verbindlichkeiten ist aber schon im Hinblick auf das generelle Vorsichtsprinzip allein das Gläubigerkündigungsrecht maßgebend. Ein Schuldnerkündigungsrecht ist dabei un-

beachtlich. Im Zweifel ist bei den Forderungen eher auf eine längere und bei den Verbindlichkeiten eher auf eine kürzere Laufzeit abzustellen.

## V.
## Verbindlichkeit von Mustern

1. Folgende Muster für die kommunale Haushalts- und Rechnungsführung werden verbindlich bekannt gemacht (Anlage 5):

| | | |
|---|---|---|
| a) | Haushaltssatzung (zu § 74 Absatz 2 der Sächsischen Gemeindeordnung) | Muster 1 |
| b) | Nachtragssatzung (zu § 77 Absatz 1 Satz 2 in Verbindung mit § 74 Absatz 2 der Sächsischen Gemeindeordnung) | Muster 2 |
| c) | Haushaltsquerschnitt – Ergebnishaushalt (zu § 1 Absatz 2 Nummer 3 der Sächsischen Kommunalhaushaltsverordnung) | Muster 3 |
| d) | Haushaltsquerschnitt – Finanzhaushalt (zu § 1 Absatz 2 Nummer 3 der Sächsischen Kommunalhaushaltsverordnung) | Muster 4 |
| e) | Ergebnishaushalt (zu §§ 2 und 9 Absatz 1 der Sächsischen Kommunalhaushaltsverordnung) | Muster 5 |
| f) | Produktbezogene Finanzdaten des Ergebnishaushalts (zu § 1 Absatz 3 Nummer 9 in Verbindung mit § 4 Absatz 5 der Sächsischen Kommunalhaushaltsverordnung) | Muster 6 |
| g) | Finanzhaushalt (zu §§ 3 und 9 Absatz 1 der Sächsischen Kommunalhaushaltsverordnung) | Muster 7 |
| h) | Teilergebnishaushalt (zu § 4 Absatz 3 der Sächsischen Kommunalhaushaltsverordnung) | Muster 8 |
| i) | Übersicht über die im Ergebnishaushalt zu veranschlagenden Instandhaltungs- und Instandsetzungsmaßnahmen (zu § 1 Absatz 3 Nummer 6 der Sächsischen Kommunal-haushaltsverordnung) | Muster 9 |
| j) | Teilfinanzhaushalt (zu § 4 Absatz 4 und § 9 Absatz 1 und 2 der Sächsischen Kommunalhaushaltsverordnung) | Muster 10 |
| k) | Ergebnisrechnung (zu § 48 der Sächsischen Kommunalhaushaltsverordnung) | Muster 11 |
| l) | Finanzrechnung (zu § 49 der Sächsischen Kommunalhaushaltsverordnung) | Muster 12 |
| m) | Vermögensrechnung (zu § 51 der Sächsischen Kommunalhaushaltsverordnung) | Muster 13 |
| n) | Anlagenübersicht (zu § 54 Absatz 1 der Sächsischen Kommunalhaushaltsverordnung) | Muster 14 |
| o) | Forderungsübersicht (zu § 54 Absatz 2 der Sächsischen Kommunalhaushaltsverordnung) | Muster 15 |
| p) | Verbindlichkeitenübersicht (zu § 54 Absatz 3 der Sächsischen Kommunalhaushaltsverordnung) | Muster 16 |
| q) | Übersicht über die aus Verpflichtungsermächtigungen voraussichtlich fällig werdenden Auszahlungen (zu § 1 Absatz 3 Nummer 4 der Sächsischen Kommunalhaushaltsverordnung) | Muster 17 |
| r) | Übersicht über den voraussichtlichen Stand der Verbindlichkeiten aus Krediten für Investitionen und der ihnen wirtschaftlich gleichkommenden Rechtsgeschäfte sowie der Verpflichtungen aus Bürgschaften, Gewährverträgen und der ihnen wirtschaftlich gleichkommenden Rechtsgeschäfte (zu § 1 Absatz 3 Nummer 5 der Sächsischen Kommunalhaushaltsverordnung) | Muster 18 |
| s) | Übersicht über den voraussichtlichen Stand der Rücklagen (zu § 1 Absatz 3 Nummer 5 der Sächsischen Kommunalhaushaltsverordnung) | Muster 19 |
| t) | Übersicht über den voraussichtlichen Stand der Rückstellungen (zu § 1 Absatz 3 Nummer 5 der Sächsischen Kommunalhaushaltsverordnung) | Muster 20 |
| u) | Übersicht zu der Ermittlung der Fehlbeträge aus Abschreibungen und deren Verrechnung mit dem Basiskapital sowie zu der Entwicklung des Basiskapitals, der Rücklagen und der vorgetragenen Fehlbeträge (zu § 1 Absatz 3 Nummer 3 der Sächsischen Kommunalhaushaltsverordnung) | Muster 21 |
| v) | Stellenplan (zu § 5 der Sächsischen Kommunalhaushaltsverordnung) | Muster 22 |
| w) | Übersicht über die Fraktionszuwendungen (zu § 35a Absatz 3 der Sächsischen Gemeindeordnung) | Muster 23 |

2. Von den verbindlich bekanntgemachten Mustern für die kommunale Haushalts- und Rechnungsführung darf abgewichen werden, soweit der Einsatz von automatisierten Verfahren dies erfordert. Die geänderten Vorlagen müssen jedoch mindestens die in den Mustern vorgeschriebenen Angaben enthalten. Die Überschriften der einzelnen Übersichten sollen mit Ausnahme der Jahresangaben nicht verändert werden.

## VI.
## Inkrafttreten und Außerkrafttreten

Diese Verwaltungsvorschrift tritt mit Wirkung vom 1. Januar 2020 in Kraft. Gleichzeitig tritt die VwV Kommunale Haushaltssystematik vom 29. November 2017 (SächsABl. SDr. S. S 154), zuletzt enthalten in der Verwaltungsvorschrift vom 27. November 2019 (SächsABl. SDr. S. S 339), außer Kraft.

**Anlage 1**
(zu Ziffer II Nummer 1 Buchstabe a)

# Kommunaler Produktrahmen

**Fundstellenverzeichnis:**

Soweit nachfolgend Gesetze oder Verordnungen zitiert werden, werden diese wie folgt abgekürzt:

BKGG Bundeskindergeldgesetz in der Fassung der Bekanntmachung vom 28. Januar 2009 (BGBl. I S. 142, 3177), das zuletzt durch Artikel 15 des Gesetzes vom 11. Juli 2019 (BGBl. I S. 1066) geändert worden ist

BVG Bundesversorgungsgesetz in der Fassung der Bekanntmachung vom 22. Januar 1982 (BGBl. I S. 21), das zuletzt durch Artikel 1 der Verordnung vom 13. Juni 2019 (BGBl. I S. 793) geändert worden ist

SGB II Das Zweite Buch Sozialgesetzbuch – Grundsicherung für Arbeitsuchende – in der Fassung der Bekanntmachung vom 13. Mai 2011 (BGBl. I S. 850, 2094), das zuletzt durch Artikel 120 des Gesetzes vom 20. November 2019 (BGBl. I S. 1626) geändert worden ist

SGB VIII Das Achte Buch Sozialgesetzbuch – Kinder und Jugendhilfe – in der Fassung der Bekanntmachung vom 11. September 2012 (BGBl. I S. 2022), das zuletzt durch Artikel 129 des Gesetzes vom 20. November 2019 (BGBl. I S. 1626) geändert worden ist

SGB IX Neuntes Buch Sozialgesetzbuch vom 23. Dezember 2016 (BGBl. I S. 3234), das zuletzt durch Artikel 130 des Gesetzes vom 20. November 2019 (BGBl. I S. 1626) geändert worden ist

SGB XII Das Zwölfte Buch Sozialgesetzbuch – Sozialhilfe – (Artikel 1 des Gesetzes vom 27. Dezember 2003, BGBl. I S. 3022, 3023), das zuletzt durch Artikel 133 des Gesetzes vom 20. November 2019 (BGBl. I S. 1626) geändert worden ist

| Produkt-bereich | Produkt-gruppe | Produkt-untergruppe | Bezeichnung | Alte Gliederung |
|---|---|---|---|---|
| 11 | | | Innere Verwaltung | 0, 88 |
| | 111 | | Verwaltungssteuerung und -service | |
| 12 | | | Sicherheit und Ordnung | |
| | 121 | | Statistik und Wahlen | 0 |
| | 122 | | Ordnungsangelegenheiten | 1, 13, 14, 16 |
| | 125 | | Leitstellen für Brandschutz, Katastrophenschutz und Rettungswesen | 13, 14, 541 |
| | 126 | | Brandschutz | 13 |
| | 127 | | Rettungsdienst | 541 |
| | 128 | | Katastrophenschutz | 14 |
| 21-24 | | | Schulträgeraufgaben | |
| | 211 | | Grundschulen | 211 |
| | | 2111 | Grundschulen in öffentlicher Trägerschaft | |
| | | 2112 | Grundschulen in freier Trägerschaft | |
| | 215 | | Oberschulen | 22 |
| | | 2151 | Oberschulen in öffentlicher Trägerschaft | |
| | | 2152 | Oberschulen in freier Trägerschaft | |
| | | 2153 | Abendoberschulen | |
| | 217 | | Gymnasien, Kollegs | 23 |
| | | 2171 | Gymnasien, Kollegs ohne berufliche Gymnasien in öffentlicher Trägerschaft | |
| | | 2172 | Gymnasien in freier Trägerschaft | |
| | | 2173 | Abendgymnasien | |
| | | 2174 | Sonstige | |
| | 219 | | Gemeinschaftsschulen | |
| | | 2191 | Gemeinschaftsschulen in öffentlicher Trägerschaft | |
| | | 2192 | Gemeinschaftsschulen in freier Trägerschaft | |
| | 221 | | Förderschulen | 27 |
| | | 2211 | Förderschulen für Blinde und Sehbehinderte | |
| | | 2212 | Förderschulen für Hörgeschädigte | |
| | | 2213 | Förderschulen für geistig Behinderte | |
| | | 2214 | Förderschulen für Körperbehinderte | |
| | | 2215 | Förderschulen für Lernförderung | |
| | | 2216 | Sprachheilschulen | |
| | | 2217 | Förderschulen für Erziehungshilfe | |
| | | 2218 | Klinik- und Krankenhausschulen | |
| | | 2219 | Förderschulen in freier Trägerschaft | |
| | 231 | | Berufliche Schulen | 24 |
| | | 2311 | Berufsschulen, Fachschulen, Berufsfachschulen, berufliche Gymnasien, Fachoberschulen einschließlich Berufkollegs, Vorbereitungs- und Berufsgrundbildungsjahr in öffentlicher Trägerschaft | |
| | | 2312 | Berufsschulen, Fachschulen, Berufsfachschulen, berufliche Gymnasien, Fachoberschulen einschließlich Berufkollegs, Vorbereitungs- und Berufsgrundbildungsjahr in freier Trägerschaft | |
| | | 2313 | Berufsbildende Förderschulen in öffentlicher Trägerschaft | |
| | | 2314 | Berufsbildende Förderschulen in freier Trägerschaft | |
| | | 2315 | Einjährige Fachschulen im Bereich Agrarwirtschaft | |
| | 241 | | Schülerbeförderung | 290 |
| | 242 | | Fördermaßnahmen für Schüler | 293 |
| | 243 | | Sonstige schulische Aufgaben | 295 |
| 25-29 | | | Kultur und Wissenschaft | |
| | 251 | | Wissenschaft und Forschung | 31 |
| | 252 | | Nichtwissenschaftliche Museen, Sammlungen | 321 |
| | 253 | | Zoologische und Botanische Gärten | 323 |
| | 254 | | Sonstige Sparten- und regionsübergreifende Förderung | |
| | 261 | | Theater | 331 |
| | 262 | | Musikpflege | 332 |
| | 263 | | Musikschulen | |
| | 271 | | Volkshochschulen | 350 |
| | 272 | | Bibliotheken | 352 |
| | 273 | | Sonstige Volksbildung | 355 |
| | 281 | | Heimat- und sonstige Kulturpflege | 34 |
| | 291 | | Förderung von Kirchengemeinden und sonstigen Religionsgemeinschaften | 37 |
| 31-35 | | | Soziale Hilfen | |

| Produkt-bereich | Produkt-gruppe | Produkt-untergruppe | Bezeichnung | Alte Gliederung |
|---|---|---|---|---|
| | 311 | | Grundversorgung und Hilfen nach SGB XII | 41 |
| | | 3111 | Hilfen zum Lebensunterhalt | 410 |
| | | 3112 | Hilfe zur Pflege | 411 |
| | | 3114 | Hilfen zur Gesundheit | 413 |
| | | 3115 | Hilfe zur Überwindung besonderer sozialer Schwierigkeiten | 414 |
| | | 3116 | Hilfe in anderen Lebenslagen | |
| | | 3117 | Grundsicherung im Alter und bei Erwerbsminderung | 485 |
| | | 3118 | Leistungen für Bildung und Teilhabe nach SGB XII | |
| | 312 | | Grundsicherung für Arbeitsuchende nach SGB II | 4820, 4830 |
| | | 3121 | Leistungen für Unterkunft und Heizung | |
| | | 3122 | Eingliederungsleistungen | |
| | | 3123 | Einmalige Leistungen | |
| | | 3124 | Arbeitslosengeld II ohne Kosten der Unterkunft/Optionskommunen | |
| | | 3125 | Eingliederungsleistungen/Optionskommunen | |
| | | 3126 | Leistungen für Bildung und Teilhabe nach § 28 SGB II | |
| | | 3127 | SGB II-Verwaltungskosten in Jobcentern | |
| | 313 | | Hilfen für Asylbewerber | 42 |
| | 314 | | Eingliederungshilfe nach SGB IX | 412 |
| | 315 | | Soziale Einrichtungen ohne Einrichtungen der Jugendhilfe | 43 |
| | | 3151 | Soziale Einrichtungen für Ältere (ohne Pflegeeinrichtungen) | |
| | | 3152 | Soziale Einrichtungen für pflegebedürftige ältere Menschen | |
| | | 3153 | Soziale Einrichtungen für Menschen mit Behinderung | |
| | | 3154 | Soziale Einrichtungen für Wohnungslose | |
| | | 3155 | Soziale Einrichtungen für Aussiedler und Ausländer | |
| | | 3156 | Andere soziale Einrichtungen | |
| | 321 | | Leistungen nach BVG | 44 |
| | 331 | | Förderung von Trägern der Wohlfahrtspflege | 47 |
| | 341 | | Unterhaltsvorschussleistungen | 4810 |
| | 343 | | Betreuungsleistungen | 4860 |
| | 344 | | Hilfen für Heimkehrer und politische Häftlinge | 4870 |
| | 345 | | Bildung und Teilhabe nach § 6b BKGG | |
| | | 3451 | Bildung und Teilhabe für Kinder von Kinderzuschlagsempfängern | |
| | | 3452 | Bildung und Teilhabe für Kinder von Wohngeldempfängern | |
| | 351 | | Sonstige soziale Hilfen und Leistungen | |
| 36 | | | Kinder-, Jugend- und Familienhilfe (SGB VIII) | 45 |
| | 361 | | Förderung von Kindern in Tageseinrichtungen und in Tagespflege und Übernahme des Elternanteils durch die Kommune | 4540 |
| | 362 | | Jugendarbeit | 4510 |
| | 363 | | Sonstige Leistungen der Kinder-, Jugend- und Familienhilfe | 4520, 4530, 4550, 4560, 4570, 4580 |
| | 364 | | Hilfen für unbegleitete minderjährige Ausländer | |
| | 365 | | Tageseinrichtungen für Kinder | 4640 |
| | 366 | | Einrichtungen der Jugendarbeit | 4600 |
| | 367 | | Sonstige Einrichtungen der Kinder-, Jugend- und Familienhilfe | 4610, 4620, 4630, 4650, 4660, 4670, 4680 |
| 41 | | | Gesundheitsdienste | |
| | 411 | | Krankenhäuser | 51 |
| | 412 | | Gesundheitseinrichtungen | 54 |
| | 414 | | Gesundheitspflege | 50, 54 |
| | 418 | | Kur- und Badeeinrichtungen | 86 |
| 42 | | | Sportförderung | |
| | 421 | | Förderung des Sports | 55 |
| | 424 | | Sportstätten und Bäder | 56, 57 |
| 51 | | | Räumliche Planung und Entwicklung | |
| | 511 | | Räumliche Planungs- und Entwicklungsmaßnahmen und Flurneuordnung | 610, 612, 615 |
| | 512 | | Flächen- und grundstücksbezogene Daten und Grundlagen | |
| 52 | | | Bau- und Grundstücksordnung | |
| | 521 | | Bau- und Grundstücksordnung | 61 |

| Produkt-bereich | Produkt-gruppe | Produkt-untergruppe | Bezeichnung | Alte Gliederung |
|---|---|---|---|---|
| | 522 | | Wohnungsbauförderung | 62, teilweise 88 |
| | 523 | | Denkmalschutz und -pflege | 365 |
| 53 | | | Ver- und Entsorgung | |
| | 531 | | Elektrizitätsversorgung | 810 |
| | 532 | | Gasversorgung | 813 |
| | 533 | | Wasserversorgung | 815 |
| | 534 | | Fernwärmeversorgung | 816 |
| | 535 | | Kombinierte Versorgung | 83 |
| | 536 | | Versorgung mit technischer Informations- und Telekommunikationsinfrastruktur | |
| | 537 | | Abfallwirtschaft | 72 |
| | 538 | | Abwasserbeseitigung | 70 |
| 54 | | | Verkehrsflächen und -anlagen, Öffentlicher Personennahverkehr | |
| | 541 | | Gemeindestraßen | 63 |
| | 542 | | Kreisstraßen | 65 |
| | 543 | | Staatsstraßen | 665 |
| | 544 | | Bundesstraßen | 660 |
| | 545 | | Straßenreinigung und Winterdienst | 675 |
| | | 5451 | Straßenreinigung | |
| | | 5452 | Winterdienst an Gemeindestraßen, Wegen und Plätzen | |
| | | 5453 | Winterdienst an Kreisstraßen | |
| | | 5454 | Winterdienst an Staatsstraßen | |
| | | 5455 | Winterdienst an Bundesstraßen | |
| | 546 | | Parkeinrichtungen | 68 |
| | 547 | | Öffentlicher Personennahverkehr | 82, 797 |
| | 548 | | Sonstiger Personen- und Güterverkehr | 82 |
| | 549 | | Sonstige Leistungen der Straßenbaulastträger | 82 |
| 55 | | | Naturschutz und Landschaftspflege | |
| | 551 | | Öffentliches Grün, Landschaftsbau | 58, 59 |
| | 552 | | Öffentliche Gewässer und Wasserbauliche Anlagen | 69, teilweise 82 |
| | 553 | | Friedhofs- und Bestattungswesen | 75 |
| | 554 | | Naturschutz und Landschaftspflege | 360 |
| | 555 | | Land- und Forstwirtschaft | 78, 85 |
| 56 | | | Umweltschutz | |
| | 561 | | Umweltschutzmaßnahmen | 11 und andere |
| 57 | | | Wirtschaft und Tourismus | |
| | 571 | | Wirtschaftsförderung | 791 |
| | 573 | | Allgemeine Einrichtungen und Unternehmen | 73, 74, 76, 84, 87 |
| | 575 | | Tourismus | 790 |
| 61 | | | Allgemeine Finanzwirtschaft | |
| | 611 | | Steuern, allgemeine Zuweisungen, allgemeine Umlagen | 90 |
| | 612 | | Sonstige allgemeine Finanzwirtschaft | 91 |
| 71[1] | | | Besondere Schadensereignisse im Bereich „Zentrale Verwaltung“ | |
| | 711 | | Innere Verwaltung | |
| | 712 | | Sicherheit und Ordnung | |
| 72[1] | | | Besondere Schadensereignisse im Bereich „Schule und Kultur“ | |
| | 721 | | Schulen | |
| | 725 | | Kultur und Wissenschaft | |
| 73[1] | | | Besondere Schadensereignisse im Bereich „Soziales und Jugend“ | |
| | 731 | | Soziale Hilfen | |
| | 736 | | Kinder-, Jugend- und Familienhilfe | |
| 74[1] | | | Besondere Schadensereignisse im Bereich „Gesundheit und Sport“ | |
| | 741 | | Gesundheitsdienste | |
| | 742 | | Sportförderung | |
| 75[1] | | | Besondere Schadensereignisse im Bereich „Gestaltung der Umwelt“ | |
| | 751 | | Räumliche Planung und Entwicklung | |
| | 752 | | Bau- und Grundstücksordnung | |
| | 753 | | Ver- und Entsorgung | |

| Produkt-bereich | Produkt-gruppe | Produkt-untergruppe | Bezeichnung | Alte Gliederung |
|---|---|---|---|---|
| | 754 | | Verkehrsflächen und -anlagen, Öffentlicher Personennahverkehr | |
| | 755 | | Naturschutz und Landschaftspflege | |
| | 756 | | Umweltschutz | |
| | 757 | | Wirtschaft und Tourismus | |
| 76[1] | | | Besondere Schadensereignisse im Bereich „Zentrale Finanzleistungen" | |
| | 761 | | Allgemeine Finanzwirtschaft | |

1 Die Produktbereiche 71 bis 76 mit den entsprechenden Produktgruppen sind ausschließlich außergewöhnlichen Schadensereignissen vorbehalten. Diese Produktbereiche dürfen nur auf der Grundlage eines Erlasses des Staatsministeriums des Innern verwendet werden.

**Anlage 2**
(zu Ziffer II Nummer 2 Buchstabe b)

# Kommunaler Kontenrahmen

**Fundstellenverzeichnis:**

Soweit nachfolgend Gesetze oder Verordnungen zitiert werden, werden diese wie folgt abgekürzt:

| | |
|---|---|
| AsylbLG | Asylbewerberleistungsgesetz in der Fassung der Bekanntmachung vom 5. August 1997 (BGBl. I S. 2022), das zuletzt durch Artikel 38 des Gesetzes vom 20. November 2019 (BGBl. I S. 1626) geändert worden ist |
| ESVG | Verordnung (EU) Nr. 549/2013 des Europäischen Parlaments und des Rates vom 21. Mai 2013 zum Europäischen System Volkswirtschaftlicher Gesamtrechnungen auf nationaler und regionaler Ebene in der Europäischen Union (ABl. L 174 vom 26.6.2013, S. 1) |
| FAG | Finanzausgleichsgesetz vom 20. Dezember 2001 (BGBl. I S. 3955, 3956), das zuletzt durch Artikel 4 des Gesetzes vom 19. Dezember 2018 (BGBl. I S. 2696) geändert worden ist |
| SächsFAG | Sächsisches Finanzausgleichsgesetz in der Fassung der Bekanntmachung vom 21. Januar 2013 (SächsGVBl. S. 95), das zuletzt durch Artikel 2 des Gesetzes vom 14. Dezember 2018 (SächsGVBl. S. 797) geändert worden ist |
| SächsGemO | Sächsische Gemeindeordnung in der Fassung der Bekanntmachung vom 9. März 2018 (SächsGVBl. S. 62), die zuletzt durch Artikel 5 des Gesetzes vom 2. Juli 2019 (SächsGVBl. S. 542) geändert worden ist |
| SächsKAG | Sächsisches Kommunalabgabengesetz in der Fassung der Bekanntmachung vom 9. März 2018 (SächsGVBl. S. 116), das durch Artikel 2 Absatz 17 des Gesetzes vom 5. April 2019 (SächsGVBl. S. 245) geändert worden ist |
| SächsKomSozVG | Gesetz über den Kommunalen Sozialverband Sachsen vom 14. Juli 2005 (SächsGVBl. S. 167, 171), das zuletzt durch Artikel 3 des Gesetzes vom 28. Juni 2018 (SächsGVBl. S. 472) geändert worden ist |
| SächsKRG | Sächsisches Kulturraumgesetz in der Fassung der Bekanntmachung vom 4. Dezember 2018 (SächsGVBl. S. 811) |
| SGB II | Das Zweite Buch Sozialgesetzbuch – Grundsicherung für Arbeitsuchende – in der Fassung der Bekanntmachung vom 13. Mai 2011 (BGBl. I S. 850, 2094), das zuletzt durch Artikel 120 des Gesetzes vom 20. November 2019 (BGBl. I S. 1626) geändert worden ist |

## Aktiva

### Kontenklasse 0
### Immaterielle Vermögensgegenstände, Sachanlagevermögen und Vorratsvermögen

| | |
|---|---|
| **00** | **Immaterielle Vermögensgegenstände und Sonderposten für geleistete Investitionszuwendungen** |
| 001 | Gewerbliche Schutzrechte und ähnliche Rechte und Werte sowie Lizenzen an solchen Rechten und Werten |
| 002 | Anzahlungen auf immaterielles Vermögen |
| 003 | Sonderposten für geleistete Investitionszuwendungen |
| **01** | **Unbebaute Grundstücke und grundstücksgleiche Rechte** |
| 011 | Grünflächen |
| 012 | Ackerland |
| 013 | Wald und Forsten |
| 014 | Schutz- und Ausgleichsflächen |
| 015 | Gewässer |
| 019 | Sonstige unbebaute Grundstücke |
| **02** | **Bebaute Grundstücke und grundstücksgleiche Rechte** |
| 021 | mit Wohnbauten |
| 022 | mit sozialen Einrichtungen |
| 023 | mit Schulen |
| 024 | mit Kulturanlagen |
| 025 | mit Sportanlagen |
| 026 | mit Gartenanlagen |
| 027 | mit Verwaltungsgebäuden |
| 029 | mit sonstigen Gebäuden |
| **03** | **Infrastrukturvermögen einschließlich Grundstücke und grundstücksgleiche Rechte** |
| 031 | Brücken, Tunnel und ingenieurbauliche Anlagen |
| 032 | Gleisanlagen mit Streckenausrüstung und Sicherheitsanlagen |
| 033 | Stromversorgungsanlagen |
| 034 | Gasversorgungsanlagen |
| 035 | Wasserversorgungsanlagen |
| 036 | Abfallbeseitigungsanlagen |
| 037 | Entwässerungs- und Abwasserbeseitigungsanlagen |
| 038 | Straßen, Wege und Plätze |
| 039 | Sonstiges Infrastrukturvermögen |
| **04** | **Bauten auf fremdem Grund und Boden** |
| 041 | Wohnbauten |
| 042 | Soziale Einrichtungen |
| 043 | Schulen |
| 044 | Kulturanlagen |
| 045 | Sportanlagen |
| 046 | Gartenanlagen |
| 047 | Verwaltungsgebäude |
| 048 | Grundstückseinrichtungen |
| 049 | Sonstige Bebauung |
| **05** | **Kunstgegenstände und Denkmäler** |
| 051 | Kunstgegenstände |
| 055 | Baudenkmäler |
| 056 | Bodendenkmäler |
| 059 | Sonstige Denkmäler |
| **06** | **Maschinen, technische Anlagen, Fahrzeuge** |
| 061 | Fahrzeuge |
| 062 | Maschinen, technische Anlagen und Betriebsvorrichtungen |
| 064 | Technische Ausgleichsmaßnahmen |
| **07** | **Betriebs- und Geschäftsausstattung, Tiere** |
| 071 | Schulausstattung |
| 072 | Ausstattung der Kinderkrippen und Kindertagesstätten |
| 073 | Ausstattung sonstiger sozialer Einrichtungen |
| 074 | Sonstige Betriebs- und Geschäftsausstattung |
| 075 | Tiere |
| **08** | **Vorräte** |
| 081 | Rohstoffe und Fertigungsmaterial |
| 082 | Hilfsstoffe |
| 083 | Betriebsstoffe |
| 084 | Waren und sonstige zur Veräußerung bestimmte Vermögensgegenstände |
| 085 | Fertige/unfertige Erzeugnisse |
| 086 | Unfertige Leistungen |
| 087 | Geleistete Anzahlungen auf Vorräte |
| **09** | **Geleistete Anzahlungen, Anlagen im Bau** |
| 091 | Geleistete Anzahlungen auf Sachanlagen |
| 096 | Anlagen im Bau |

### Kontenklasse 1
### Finanzvermögen und aktive Rechnungsabgrenzung

| | |
|---|---|
| **10** | **Anteile an verbundenen Unternehmen** |
| 101 | Anteile an verbundenen Unternehmen |
| 1012 | Börsennotierte Aktien |
| 1013 | Nichtbörsennotierte Aktien |
| 1014 | Sonstige Anteilsrechte |
| **11** | **Beteiligungen** |
| 111 | Beteiligungen |
| 1112 | Börsennotierte Aktien |
| 1113 | Nichtbörsennotierte Aktien |
| 1114 | Sonstige Anteilsrechte |
| **12** | **Sondervermögen** |
| 121 | Sondervermögen |
| **13** | **Ausleihungen** |
| 131 | Ausleihungen |
| 131-B | Ausleihungen |
| 13101 | Ausleihungen – Bund – Laufzeit bis einschließlich einem Jahr |
| 13102 | Ausleihungen – Bund – Laufzeit von mehr als einem Jahr |
| 13111 | Ausleihungen – Land – Laufzeit bis einschließlich einem Jahr |
| 13112 | Ausleihungen – Land – Laufzeit von mehr als einem Jahr |
| 13121 | Ausleihungen – Gemeinden- und Gemeindeverbände – Laufzeit bis einschließlich einem Jahr |
| 13122 | Ausleihungen – Gemeinden- und Gemeindeverbände – Laufzeit von mehr als einem Jahr |
| 13131 | Ausleihungen – Zweckverbände und dergleichen – Laufzeit bis einschließlich einem Jahr |
| 13132 | Ausleihungen – Zweckverbände und dergleichen – Laufzeit von mehr als einem Jahr |
| 13141 | Ausleihungen – gesetzliche Sozialversicherung – Laufzeit bis einschließlich einem Jahr |
| 13142 | Ausleihungen – gesetzliche Sozialversicherung – Laufzeit von mehr als einem Jahr |
| 13151 | Ausleihungen – verbundene Unternehmen, Beteiligungen und Sondervermögen – Laufzeit bis einschließlich einem Jahr |
| 13152 | Ausleihungen – verbundene Unternehmen, Beteiligungen und Sondervermögen – Laufzeit von mehr als einem Jahr |
| 13161 | Ausleihungen – sonstige öffentliche Sonderrechnungen – Laufzeit bis einschließlich einem Jahr |
| 13162 | Ausleihungen – sonstige öffentliche Sonderrechnungen – Laufzeit von mehr als einem Jahr |
| 13171 | Ausleihungen – Kreditinstitute – Laufzeit bis einschließlich einem Jahr |
| 13172 | Ausleihungen – Kreditinstitute – Laufzeit von mehr als einem Jahr |
| 13181 | Ausleihungen – sonstiger inländischer Bereich – Laufzeit bis einschließlich einem Jahr |
| 13182 | Ausleihungen – sonstiger inländischer Bereich – Laufzeit von mehr als einem Jahr |
| 13191 | Ausleihungen – sonstiger ausländischer Bereich – Laufzeit bis einschließlich einem Jahr |
| 13192 | Ausleihungen – sonstiger ausländischer Bereich – Laufzeit von mehr als einem Jahr |
| **14** | **Wertpapiere** |
| 141 | Investmentzertifikate |
| 1411 | Investmentzertifikate |
| 142 | Kapitalmarktpapiere und langfristige Geldanlagen |
| 142-B | Kapitalmarktpapiere und langfristige Geldanlagen |
| 143 | Geldmarktpapiere |
| 143-B | Geldmarktpapiere |
| 144 | Finanzderivate |
| 1441 | Finanzderivate |
| **15** | **Öffentlich-rechtliche Forderungen und Forderungen aus Transferleistungen** |
| 151 | Öffentlich-rechtliche Forderungen aus Dienstleistungen |
| 1511 | Öffentlich-rechtliche Forderungen aus Dienstleistungen |
| 153 | Steuerforderungen |
| 154 | Forderungen aus Transferleistungen |

159 Sonstige öffentlich-rechtliche Forderungen
1591 Sonstige öffentlich-rechtliche Forderungen
**16 Privatrechtliche Forderungen, sonstiges Finanzvermögen**
161 Privatrechtliche Forderungen aus Lieferungen und Leistungen
1611 Privatrechtliche Forderungen aus Lieferungen und Leistungen
168 Vorsteuer
169 Sonstige privatrechtliche Forderungen
1691 Sonstige privatrechtliche Forderungen
**17 Liquide Mittel**
171 Sichteinlagen bei Banken und Versicherungen
1711 Sichteinlagen bei Banken und Versicherungen
172 Sonstige Einlagen
1721 Sonstige Einlagen
173 Bargeld und Postwertzeichen
1731 Bargeld
1732 Postwertzeichen
**18 Aktive Rechnungsabgrenzungsposten**
181 Aktive Rechnungsabgrenzungsposten
182 Disagio
183 Zölle und Verbrauchssteuern
184 Umsatzsteuer auf erhaltene Anzahlungen und Vorsteuer auf geleistete Anzahlungen
189 Ausgleichsposten für latente Steuern
**19 Nicht durch die Kapitalposition gedeckter Fehlbetrag**

## Passiva

### Kontenklasse 2
### Kapitalposition, Sonderposten, Verbindlichkeiten, Rückstellungen und Passive Rechnungsabgrenzungsposten

**20 Kapitalposition**
201 Basiskapital
202 Rücklagen
2021 Rücklagen aus Überschüssen des ordentlichen Ergebnisses
20211 Rücklagen aus Überschüssen des ordentlichen Ergebnisses
20212 Rücklagen aus Überschüssen des ordentlichen Ergebnisses aufgrund der Verrechnung gemäß § 72 Absatz 3 Satz 3 SächsGemO
2022 Rücklagen aus Überschüssen des Sonderergebnisses
20221 Rücklagen aus Überschüssen des Sonderergebnisses
20222 Rücklagen aus Überschüssen des Sonderergebnisses aufgrund der Verrechnung gemäß § 72 Absatz 3 Satz 3 SächsGemO
2023 Rücklagen aus nicht ertragswirksam aufzulösenden Zuwendungen
2024 Zweckgebundene und sonstige Rücklagen
205 Fehlbetragsvorträge
2051 Vortrag von Fehlbeträgen des ordentlichen Ergebnisses aus den Vorjahren
2052 Vortrag von Fehlbeträgen des Sonderergebnisses aus den Vorjahren
206 Jahresfehlbeträge
2061 Jahresfehlbetrag des ordentlichen Ergebnisses
2062 Jahresfehlbetrag des Sonderergebnisses
**21 Sonderposten**
211 Sonderposten für empfangene Investitionszuwendungen
212 Sonderposten für Investitionsbeiträge
213 Sonderposten für den Gebührenausgleich
214 Sonstige Sonderposten
2141 Sonderposten für das kommunale Vorsorgevermögen
2149 Weitere sonstige Sonderposten
**22 Anleihen**
221 Anleihen
221-C Anleihen
**23 Verbindlichkeiten aus Kreditaufnahmen**
231 Verbindlichkeiten aus Kreditaufnahmen für Investitionen
231-B+C Verbindlichkeiten aus Kreditaufnahmen für Investitionen
239 Verbindlichkeiten aus Kreditaufnahmen zur Liquiditätssicherung
239-B+C Verbindlichkeiten aus Kreditaufnahmen zur Liquiditätssicherung
**24 Verbindlichkeiten aus kreditähnlichen Rechtsgeschäften und Vorgängen, die Kreditaufnahmen wirtschaftlich gleichkommen**
241 Hypotheken, Grund- und Rentenschulden
2411 Hypothekenschulden
2412 Grundschulden
2413 Rentenschulden
242 Restkaufgelder
243 Leasinggeschäfte
2431 Finanzierungsleasing
2439 sonstige Leasingverträge
244 ÖPP-Projekte
2441 ÖPP-Projekte nach ESVG
2449 Sonstige ÖPP-Projekte
249 Sonstige Verbindlichkeiten aus kreditähnlichen Rechtsgeschäften
**25 Verbindlichkeiten aus Lieferungen und Leistungen**
251 Verbindlichkeiten aus Lieferungen und Leistungen
2511 Verbindlichkeiten aus Lieferungen und Leistungen
252 Erhaltene Anzahlungen
**26 Verbindlichkeiten aus Transferleistungen**
261 Verbindlichkeiten aus Transferleistungen
2611 Verbindlichkeiten aus Transferleistungen
**27 Sonstige Verbindlichkeiten**
271 Sonstige Wertpapierschulden
271-C Sonstige Wertpapierschulden
272 Sonstige Verbindlichkeiten gegenüber verbundenen Unternehmen
273 Sonstige Verbindlichkeiten gegenüber Unternehmen, mit denen ein Beteiligungsverhältnis besteht
274 Sonstige Verbindlichkeiten gegenüber Sondervermögen
275 Sonstige Verbindlichkeiten gegenüber dem öffentlichen Bereich
276 Sonstige Verbindlichkeiten gegenüber Organmitgliedern und Mitarbeitern
277 Sonstige Verbindlichkeiten gegenüber Finanzbehörden
2771 Umsatzsteuer
2772 Abzuführende Lohn- und Kirchensteuer
2773 Weitere sonstige Verbindlichkeiten gegenüber Finanzbehörden
278 Sonstige Verbindlichkeiten gegenüber Sozialversicherungsträgern
279 Weitere sonstige Verbindlichkeiten
2791 Weitere sonstige Verbindlichkeiten
**28 Rückstellungen**
282 Rückstellungen für Entgeltzahlungen für Zeiten der Freistellung von der Arbeit im Rahmen von Altersteilzeit
283 Rückstellungen für unterlassene Aufwendungen für Instandhaltungen im Haushaltsjahr
284 Rückstellungen für die Rekultivierung und Nachsorge kommunaler Deponien
285 Rückstellungen für die Sanierung von Altlasten und sonstige Umweltschutzmaßnahmen
286 Rückstellungen für ungewisse Verbindlichkeiten aus der steuerkraftabhängigen Umlage nach § 25a SächsFAG
287 Rückstellungen für ungewisse Verbindlichkeiten aufgrund von Steuerschuldverhältnissen
288 Rückstellungen für drohende Verpflichtungen aus anhängigen Gerichts- und Verwaltungsverfahren sowie aus Bürgschaften, Gewährleistungen und wirtschaftlich gleichkommenden Rechtsgeschäften
289 Sonstige Rückstellungen
2891 Rückstellungen für sonstige vertragliche oder gesetzliche Verpflichtungen zur Gegenleistung gegenüber Dritten, die im laufenden Haushaltsjahr wirtschaftlich begründet wurden und die der Höhe nach noch nicht genau bekannt sind, sofern sie erheblich sind
2892 Rückstellungen für drohende Verluste aus schwebenden Geschäften und aus laufenden Verfahren
2893 Weitere sonstige Rückstellungen
**29 Passive Rechnungsabgrenzungsposten**
291 Passive Rechnungsabgrenzungsposten
2911 Passive Rechnungsabgrenzungsposten

## Ergebnisrechnung

### Kontenklasse 3
### Ordentliche Erträge

| | |
|---|---|
| **30** | **Steuern und ähnliche Abgaben** |
| 301 | Realsteuern |
| 3011 | Grundsteuer A |
| 3012 | Grundsteuer B |
| 3013 | Gewerbesteuer |
| 3014 | Grundsteuer C |
| 3015 | Grundsteuer D |
| 302 | Gemeindeanteile an den Gemeinschaftssteuern |
| 3021 | Gemeindeanteil an der Einkommenssteuer |
| 3022 | Gemeindeanteil an der Umsatzsteuer |
| 303 | Sonstige Gemeindesteuern |
| 3031 | Vergnügungssteuer |
| 3032 | Hundesteuer |
| 3033 | Jagdsteuer |
| 3034 | Zweitwohnungssteuer |
| 3039 | Sonstige örtliche Steuern |
| 304 | Steuerähnliche Erträge |
| 3041 | Tourismusabgabe |
| 3042 | Abgabe von Spielbanken |
| 3049 | Sonstige steuerähnliche Erträge |
| 305 | Ausgleichsleistungen |
| 3051 | Leistungen nach dem Familienleistungsausgleich |
| 3052 | Leistungen des Landes aus der Umsetzung des Vierten Gesetzes für moderne Dienstleistungen am Arbeitsmarkt |
| 3053 | Leistungen des Landes aus dem Ausgleich von Sonderlasten bei der Zusammenführung von Arbeitslosen- und Sozialhilfe nach § 11 Abs. 3a FAG |
| **31** | **Zuweisungen, allgemeine Umlagen und aufgelöste Sonderposten** |
| 311 | Schlüsselzuweisungen |
| 3111 | Allgemeine Schlüsselzuweisungen |
| 3112 | Investive Schlüsselzuweisungen zur Verwendung für Instandsetzungen |
| 312 | Bedarfszuweisungen |
| 3121 | Bedarfszuweisungen |
| 313 | Sonstige allgemeine Zuweisungen |
| 313-A | Sonstige allgemeine Zuweisungen |
| 314 | Zuweisungen und Zuschüsse für laufende Zwecke |
| 314-A | Zuweisungen und Zuschüsse für laufende Zwecke |
| 316 | Auflösung von Sonderposten aus Zuwendungen, Zuweisungen, Beiträgen, Kostenerstattungen und ähnlichen Entgelten, Spenden, investiven Umlagen sowie unentgeltlichen Vermögensübertragungen |
| 3161 | Auflösung von Sonderposten aus Zuwendungen, Zuweisungen, Beiträgen, Kostenerstattungen und ähnlichen Entgelten, Spenden, investiven Umlagen sowie unentgeltlichen Vermögensübertragungen |
| 318 | Allgemeine Umlagen |
| 318-A | Allgemeine Umlagen |
| 31821 | Kreisumlage |
| 31822 | Finanzausgleichsumlage nach § 25a SächsFAG |
| 31823 | Sozialumlage nach § 22 Abs. 2 SächsKomSozVG |
| 31824 | Kulturumlage nach § 6 Abs. 3 SächsKRG |
| 31829 | Sonstige allgemeine Umlagen – Gemeinden und Gemeindeverbände |
| 319 | Aufgabenbezogene Leistungsbeteiligungen |
| 3191 | Aufgabenbezogene Leistungsbeteiligungen des Bundes |
| **32** | **Sonstige Transfererträge** |
| 321 | Ersatz von sozialen Leistungen außerhalb von Einrichtungen und von Eingliederungshilfen für Menschen mit Behinderung |
| 3211 | Kostenbeiträge und Aufwendungsersatz, Kostenersatz |
| 3212 | Übergeleitete Unterhaltsansprüche gegen bürgerlich-rechtlich Unterhaltsverpflichtete |
| 3213 | Leistungen von Sozialleistungsträgern |
| 3214 | Sonstige Ersatzleistungen |
| 3215 | Rückzahlungen gewährter Hilfen (Tilgung und Zinsen von Darlehen) |
| 322 | Ersatz von sozialen Leistungen in Einrichtungen |
| 3221 | Kostenbeiträge und Aufwendungsersatz, Kostenersatz |
| 3222 | Übergeleitete Unterhaltsansprüche gegen bürgerlich-rechtlich Unterhaltsverpflichtete |
| 3223 | Leistungen von Sozialleistungsträgern |
| 3224 | Sonstige Ersatzleistungen |
| 3225 | Rückzahlungen gewährter Hilfen (Tilgung und Zinsen von Darlehen) |
| 323 | Schuldendiensthilfen |
| 323-A | Schuldendiensthilfen |
| 329 | Weitere sonstige Transfererträge |
| 3291 | Weitere sonstige Transfererträge |
| 32911 | Erträge aus Grundsteuerausgleich |
| 32912 | Erträge aus Gewerbesteuerausgleich |
| 32919 | Weitere sonstige Transfererträge |
| **33** | **Öffentlich-rechtliche Leistungsentgelte** |
| 331 | Verwaltungsgebühren |
| 3311 | Verwaltungsgebühren |
| 332 | Benutzungsgebühren und ähnliche Entgelte |
| 3321 | Benutzungsgebühren und ähnliche Entgelte |
| 334 | Schülerbeförderungsentgelt |
| 336 | Sonstige zweckgebundene Abgaben |
| 3361 | Sonstige zweckgebundene Abgaben |
| 338 | Auflösung von Sonderposten für den Gebührenausgleich |
| **34** | **Privatrechtliche Leistungsentgelte, Kostenerstattungen und Kostenumlagen** |
| 341 | Mieten und Pachten |
| 3411 | Mieten und Pachten |
| 342 | Verkauf |
| 3421 | Verkauf |
| 343 | Privatrechtliche Entgelte für die Benutzung öffentlicher Einrichtungen |
| 3431 | Privatrechtliche Entgelte für die Benutzung öffentlicher Einrichtungen |
| 346 | Sonstige privatrechtliche Leistungsentgelte |
| 3461 | Sonstige privatrechtliche Leistungsentgelte |
| 348 | Kostenerstattungen und Kostenumlagen |
| 348-A | Kostenerstattungen und Kostenumlagen |
| **35** | **Sonstige ordentliche Erträge aus laufender Verwaltungstätigkeit** |
| 351 | Konzessionsabgaben |
| 3511 | Konzessionsabgaben |
| 352 | Erstattung von Steuern |
| 3521 | Erstattung von Steuern |
| 356 | Besondere Erträge |
| 3561 | Bußgelder |
| 3562 | Säumniszuschläge |
| 3563 | Inanspruchnahme von Gewährverträgen und Bürgschaften |
| 357 | Auflösung von sonstigen Sonderposten |
| 358 | Nicht zahlungswirksame ordentliche Erträge |
| 3581 | Zuschreibungen |
| 3582 | Auflösung von Rückstellungen |
| 3583 | Sonstige nicht zahlungswirksame ordentliche Erträge |
| 35831 | Auflösung oder Herabsetzung von Einzelwertberichtigungen auf Forderungen |
| 35832 | Auflösung oder Herabsetzung von Pauschalwertberichtigungen auf Forderungen |
| 35839 | Sonstige nicht zahlungswirksame ordentliche Erträge |
| 359 | Weitere sonstige ordentliche Erträge aus laufender Verwaltungstätigkeit |
| 3591 | Weitere sonstige ordentliche Erträge aus laufender Verwaltungstätigkeit |
| **36** | **Zinsen und sonstige Finanzerträge** |
| 361 | Zinserträge |
| 361-B | Zinserträge |
| 365 | Erträge aus Gewinnanteilen aus verbundenen Unternehmen, Beteiligungen und Sondervermögen |
| 3651 | Erträge aus Gewinnanteilen aus verbundenen Unternehmen, Beteiligungen und Sondervermögen |
| 369 | Sonstige Finanzerträge |
| 3691 | Sonstige Finanzerträge |
| **37** | **Aktivierte Eigenleistungen und Bestandsveränderungen** |
| 371 | Aktivierte Eigenleistungen |
| 372 | Bestandsveränderungen |
| **38** | **Interne Leistungsbeziehungen** |
| 381 | Interne Leistungsbeziehungen |

## Kontenklasse 4
## Ordentliche Aufwendungen

| | |
|---|---|
| **40** | **Personalaufwendungen** |
| 401 | Dienstaufwendungen |
| 4011 | Dienstaufwendungen für Beamte |
| 4012 | Dienstaufwendungen für Arbeitnehmer |
| 4017 | Dienstaufwendungen für Beschäftigte mit Förderung nach § 16i SGB II |
| 4018 | Dienstaufwendungen für Kommunal-Kombi-Beschäftigte |
| 4019 | Dienstaufwendungen für sonstige Beschäftigte |
| 402 | Beiträge zu Versorgungskassen |
| 4021 | Beiträge zu Versorgungskassen für Beamte |
| 4022 | Beiträge zu Versorgungskassen für Arbeitnehmer |
| 4027 | Beiträge zu Versorgungskassen für Beschäftigte mit Förderung nach § 16i SGB II |
| 4028 | Beiträge zu Versorgungskassen für Kommunal-Kombi-Beschäftigte |
| 4029 | Beiträge zu Versorgungskassen für sonstige Beschäftigte |
| 403 | Beiträge zur gesetzlichen Sozialversicherung |
| 4031 | Beiträge zur gesetzlichen Sozialversicherung für Beamte |
| 4032 | Beiträge zur gesetzlichen Sozialversicherung für Arbeitnehmer |
| 4037 | Beiträge zur gesetzlichen Sozialversicherung für Beschäftigte mit Förderung nach § 16i SGB II |
| 4038 | Beiträge zur gesetzlichen Sozialversicherung für Kommunal-Kombi-Beschäftigte |
| 4039 | Beiträge zur gesetzlichen Sozialversicherung für sonstige Beschäftigte |
| 404 | Beihilfen und Unterstützungsleistungen für Beschäftigte |
| 4041 | Beihilfen und Unterstützungsleistungen für Beschäftigte |
| 407 | Zuführungen zu Rückstellungen im Personalbereich |
| 4071 | Zuführungen zu Rückstellungen für Entgeltzahlungen für Zeiten der Freistellung von der Arbeit im Rahmen von Altersteilzeit |
| 4079 | Sonstige Zuführungen zu Rückstellungen im Personalbereich |
| **41** | **Versorgungsaufwendungen** |
| 411 | Versorgungsaufwendungen |
| 4111 | Versorgungsaufwendungen für Beamte |
| 4112 | Versorgungsaufwendungen für Arbeitnehmer |
| 4119 | Versorgungsaufwendungen für sonstige Beschäftigte |
| 413 | Beiträge zur gesetzlichen Sozialversicherung für Versorgungsempfänger |
| 4131 | Beiträge zur gesetzlichen Sozialversicherung für Versorgungsempfänger für Beamte |
| 4132 | Beiträge zur gesetzlichen Sozialversicherung für Versorgungsempfänger für Arbeitnehmer |
| 4139 | Beiträge zur gesetzlichen Sozialversicherung für Versorgungsempfänger für sonstige Beschäftigte |
| 414 | Beihilfen und Unterstützungsleistungen für Versorgungsempfänger |
| 4141 | Beihilfen und Unterstützungsleistungen für Versorgungsempfänger |
| **42** | **Sach- und Dienstleistungen** |
| 421 | Unterhaltung der Grundstücke und baulichen Anlagen |
| 4211 | Unterhaltung der Grundstücke und baulichen Anlagen |
| 422 | Unterhaltung des sonstigen unbeweglichen Vermögens |
| 4221 | Unterhaltung des sonstigen unbeweglichen Vermögens |
| 423 | Mieten und Pachten |
| 4231 | Mieten und Pachten |
| 4232 | Leasing |
| 424 | Bewirtschaftung des unbeweglichen Vermögens |
| 4241 | Bewirtschaftung des unbeweglichen Vermögens |
| 425 | Unterhaltung, Bewirtschaftung und Erwerb des beweglichen und immateriellen Vermögens |
| 4251 | Haltung von Fahrzeugen |
| 4253 | Erwerb von beweglichen Gegenständen, deren Anschaffungs- oder Herstellungskosten, vermindert um einen darin enthaltenen abzugsfähigen Vorsteuerbetrag, den Betrag von 800 Euro nicht überschreiten |
| 4254 | Unterhaltung des immateriellen Vermögens |
| 4255 | Unterhaltung des sonstigen beweglichen Vermögens |
| 426 | Besondere Aufwendungen für Beschäftigte |
| 4261 | Besondere Aufwendungen für Beschäftigte |
| 427 | Besondere Verwaltungs- und Betriebsaufwendungen sowie Schülerbeförderung |
| 4271 | Besondere Verwaltungs- und Betriebsaufwendungen |
| 4272 | Schülerbeförderung |
| 4273 | Unterrichtswegekosten |
| 4274 | Schülerbeförderung für den Träger der Schülerbeförderung |
| 4275 | Lernmittel, die für die Hand des Schülers bestimmt sind und die der Ausstattungspflicht des Schulträgers unterliegen |
| 4276 | Lehrmittel, die im oder zur Vorbereitung auf den Unterricht verwendet werden |
| 428 | Verbrauch von Vorräten |
| 4281 | Verbrauch von Vorräten |
| 429 | Sonstige Dienstleistungen |
| 4291 | Sonstige Dienstleistungen |
| **43** | **Transferaufwendungen** |
| 431 | Zuweisungen und Zuschüsse für laufende Zwecke |
| 431-A | Zuweisungen und Zuschüsse für laufende Zwecke |
| 432 | Schuldendiensthilfen |
| 432-A | Schuldendiensthilfen |
| 433 | Sozialtransferaufwendungen |
| 4331 | Soziale Leistungen an natürliche Personen außerhalb von Einrichtungen |
| 4332 | Soziale Leistungen an natürliche Personen in Einrichtungen |
| 4333 | Leistungen für Unterkunft und Heizung an Leistungsberechtigte (nach § 22 SGB II) |
| 43331 | Revisionsrelevante Leistungen für Unterkunft und Heizung nach § 22 SGB II |
| 43332 | Nicht revisionsrelevante Leistungen für Unterkunft und Heizung nach § 22 SGB II |
| 4334 | Leistungen zur Eingliederung von erwerbsfähigen Leistungsberechtigten (nach § 16a SGB II) |
| 4335 | Einmalige Leistungen an Leistungsberechtigte (nach § 24 Abs. 3 SGB II) |
| 4336 | Arbeitslosengeld II ohne Leistungen für Unterkunft und Heizung (nach §§ 19 ff. SGB II) einschließlich Sozialgeld/Optionskommunen |
| 4337 | Leistungen zur Eingliederung von erwerbsfähigen Leistungsberechtigten (nach § 16 Abs. 1 und 3, §§ 16b bis 16f SGB II)/Optionskommunen |
| 4338 | Bildungs- und Teilhabepaket |
| 43381 | Soziale Leistungen außerhalb von Einrichtungen – in Verbindung mit PUG 3118 |
| 433811 | Schul- und Kita-Ausflüge |
| 433812 | Mehrtägige Klassenfahrten und mehrtägige Kita-Fahrten |
| 433813 | Schulbedarf |
| 433814 | Schülerbeförderung |
| 433815 | Lernförderung |
| 433816 | Mittagsverpflegung in Schule und Kita |
| 433817 | Mittagsverpflegung im Hort |
| 433818 | Soziale/kulturelle Teilhabe |
| 433819 | Sonstige soziale Leistungen |
| 43382 | Soziale Leistungen innerhalb von Einrichtungen – in Verbindung mit PUG 3118 |
| 433821 | Schul- und Kita-Ausflüge |
| 433822 | Mehrtägige Klassenfahrten und mehrtägige Kita-Fahrten |
| 433823 | Schulbedarf |
| 433824 | Schülerbeförderung |
| 433825 | Lernförderung |
| 433826 | Mittagsverpflegung in Schule und Kita |
| 433827 | Mittagsverpflegung im Hort |
| 433828 | Soziale/kulturelle Teilhabe |
| 433829 | Sonstige soziale Leistungen |
| 43383 | Weitere soziale Leistungen in Verbindung mit PG 313; PUG 3126 (nur bei direkt von den Kommunen erbrachten Leistungen), 3451 und 3452 |
| 433831 | Schul- und Kita-Ausflüge |
| 433832 | Mehrtägige Klassenfahrten und mehrtägige Kita-Fahrten |
| 433833 | Schulbedarf |
| 433834 | Schülerbeförderung |
| 433835 | Lernförderung |
| 433836 | Mittagsverpflegung in Schule und Kita |
| 433837 | Mittagsverpflegung im Hort |
| 433838 | Soziale/kulturelle Teilhabe |
| 433839 | Sonstige weitere soziale Leistungen |
| 4339 | Sonstige soziale Leistungen |

43391 Sonstige soziale Leistungen nach dem AsylbLG an natürliche Personen außerhalb von Einrichtungen
43392 Sonstige soziale Leistungen nach dem AsylbLG an natürliche Personen in Einrichtungen
43399 Sonstige soziale Leistungen
434 Steuerbeteiligungen
4341 Gewerbesteuerumlage
435 Allgemeine Zuweisungen
435-A Allgemeine Zuweisungen
437 Allgemeine Umlagen
437-A Allgemeine Umlagen
43721 Kreisumlage
43722 Finanzausgleichsumlage nach § 25a SächsFAG
43723 Sozialumlage nach § 22 Abs. 2 SächsKomSozVG
43729 Sonstige allgemeine Umlagen – Gemeinden und Gemeindeverbände
43731 Kulturumlage nach § 6 Abs. 3 SächsKRG
43739 Sonstige allgemeine Umlagen – Zweckverbände und dergleichen
439 Sonstige Transferaufwendungen
4391 Sonstige Transferaufwendungen
43911 Aufwendungen aus Grundsteuerausgleich
43912 Aufwendungen aus Gewerbesteuerausgleich
43919 Sonstige Transferaufwendungen
**44 Sonstige ordentliche Aufwendungen aus laufender Verwaltungstätigkeit**
441 Sonstige Personal- und Versorgungsaufwendungen
4411 Sonstige Personal- und Versorgungsaufwendungen
442 Inanspruchnahme von Rechten und Diensten
4421 Ehrenamtliche und sonstige Tätigkeit
4422 Leiharbeitskräfte
4423 Datenverarbeitung
4429 Sonstige Aufwendungen für die Inanspruchnahme von Rechten und Diensten
443 Geschäftsaufwendungen
4431 Geschäftsaufwendungen
444 Steuern, Versicherungen, Schadensfälle
4441 Steuern, Versicherungen, Schadensfälle
445 Erstattungen für Aufwendungen von Dritten aus laufender Verwaltungstätigkeit
445-A Erstattungen für Aufwendungen von Dritten aus laufender Verwaltungstätigkeit
446 Aufgabenbezogene Leistungsbeteiligungen
4461 Aufgabenbezogene Leistungsbeteiligungen an Dritte (gemeinsame Einrichtung)
44611 Revisionsrelevante Leistungen für Unterkunft und Heizung nach § 22 SGB II
44612 Nicht revisionsrelevante Leistungen für Unterkunft und Heizung nach § 22 SGB II
44619 Sonstige aufgabenbezogene Leistungsbeteiligungen
4462 Aufgabenbezogene Leistungsbeteiligungen an Dritte (gemeinsame Einrichtung) im Rahmen des Bildungs- und Teilhabepakets, in Verbindung mit PUG 3126
44621 Schul- und Kita-Ausflüge
44622 Mehrtägige Klassenfahrten und mehrtägige Kita-Fahrten
44623 Schulbedarf
44624 Schülerbeförderung
44625 Lernförderung
44626 Mittagsverpflegung in Schule und Kita
44627 Mittagsverpflegung im Hort
44628 Soziale/kulturelle Teilhabe
44629 Sonstige soziale Leistungen
447 Wertveränderungen bei Vermögensgegenständen
4471 Wertveränderungen bei immateriellem Vermögen und Sachvermögen
4472 Wertveränderungen bei Finanzvermögen
448 Besondere Aufwendungen
4481 Bußgelder
4482 Säumniszuschläge
4483 Inanspruchnahme von Gewährverträgen und Bürgschaften
449 Weitere sonstige Aufwendungen aus laufender Verwaltungstätigkeit
4491 Weitere sonstige Aufwendungen aus laufender Verwaltungstätigkeit
**45 Zinsen und sonstige Finanzaufwendungen**
451 Zinsaufwendungen
451-B Zinsaufwendungen
459 Weitere sonstige Finanzaufwendungen
4591 Kreditbeschaffungskosten
4592 Verzinsung von Steuernachzahlungen
4599 Sonstige Finanzaufwendungen
**46 Zuschreibung von Sonderposten**
461 Abführung von Gebührenüberschüssen an den Sonderposten für den Gebührenausgleich
462 Zuschreibung des Sonderpostens für das Vorsorgevermögen
469 Sonstige Zuschreibung von Sonderposten
**47 Abschreibungen und Abschreibungen auf Sonderposten für geleistete Investitionszuwendungen im ordentlichen Ergebnis**
471 Abschreibungen auf immaterielles Vermögen, Sachvermögen und Sonderposten für geleistete Investitionszuwendungen
4711 Abschreibungen auf immaterielles Vermögen und Sachvermögen
4712 Abschreibungen auf Sonderposten für geleistete Investitionszuwendungen
472 Abschreibungen auf Finanzvermögen
4721 Einzelwertberichtigung von Forderungen
4722 Pauschalwertberichtigung von Forderungen
4729 Abschreibungen auf sonstiges Finanzvermögen
**48 Interne Leistungsbeziehungen**
481 Interne Leistungsbeziehungen

## Kontenklasse 5
## Außerordentliche Erträge oder Aufwendungen

**50 Realisierte außerordentliche Erträge**
501 Außergewöhnliche Erträge
5011 Spenden
5012 Empfangene Schadensersatzleistungen und Ähnliches
5013 Außerplanmäßige Auflösung von Sonderposten
5019 Sonstige außergewöhnliche Erträge
503 Wertaufholungen
506 Erträge aus der Veräußerung von immateriellem Vermögen und Sachvermögen
5061 Erträge aus der Veräußerung von unbeweglichen Vermögensgegenständen
5062 Erträge aus der Veräußerung von beweglichen Vermögensgegenständen
5063 Erträge aus der Veräußerung von immateriellen Vermögensgegenständen
507 Erträge aus der Veräußerung von Finanzanlagen
5072 Börsennotierte Aktien
5073 Nichtbörsennotierte Aktien
5074 Sonstige Anteilsrechte
5075 Investmentzertifikate
5076 Kapitalmarktpapiere und langfristige Geldanlagen
5077 Geldmarktpapiere
5078 Finanzderivate
**51 Realisierte außerordentliche Aufwendungen**
511 Außergewöhnliche Aufwendungen
5111 Aufwendungen im Zusammenhang mit Katastrophen und ähnlichen Ereignissen
5112 Spenden
5113 Geleisteter Schadensersatz und Ähnliches
5114 Inanspruchnahme von Gewährleistungen
5115 Verlustübernahme
5116 Zuschreibung von Sonderposten
5119 Sonstige außergewöhnliche Aufwendungen
513 Abschreibungen im Sonderergebnis
5131 Außerplanmäßige Abschreibungen durch erhöhte Inanspruchnahme
5132 Außerplanmäßige Abschreibungen aufgrund dauerhaft unterlassener Instandhaltung
5139 Sonstige außerplanmäßige Abschreibungen aufgrund dauerhafter Wertminderungen sowie aufgrund von Vermögensabgang
516 Aufwendungen aus der Veräußerung von immateriellem Vermögen und Sachvermögen

5161 Aufwendungen aus der Veräußerung von unbeweglichen Vermögensgegenständen
5162 Aufwendungen aus der Veräußerung von beweglichen Vermögensgegenständen
5163 Aufwendungen aus der Veräußerung von immateriellen Vermögensgegenständen
517 Aufwendungen aus der Veräußerung von Finanzanlagen
5172 Börsennotierte Aktien
5173 Nichtbörsennotierte Aktien
5174 Sonstige Anteilsrechte
5175 Investmentzertifikate
5176 Kapitalmarktpapiere und langfristige Geldanlagen
5177 Geldmarktpapiere
5178 Finanzderivate

## Finanzrechnung

### Kontenklasse 6
### Einzahlungen

**60 Steuern und ähnliche Abgaben**
601 Realsteuern
6011 Grundsteuer A
6012 Grundsteuer B
6013 Gewerbesteuer
6014 Grundsteuer C
6015 Grundsteuer D
602 Gemeindeanteile an den Gemeinschaftssteuern
6021 Gemeindeanteil an der Einkommenssteuer
6022 Gemeindeanteil an der Umsatzsteuer
603 Sonstige Gemeindesteuern
6031 Vergnügungssteuer
6032 Hundesteuer
6033 Jagdsteuer
6034 Zweitwohnungssteuer
6039 Sonstige örtliche Steuern
604 Steuerähnliche Einzahlungen
6041 Tourismusabgabe
6042 Abgabe von Spielbanken
6049 Sonstige steuerähnliche Einzahlungen
605 Ausgleichsleistungen
6051 Leistungen nach dem Familienleistungsausgleich
6052 Leistungen des Landes aus der Umsetzung des Vierten Gesetzes für moderne Dienstleistungen am Arbeitsmarkt
6053 Leistungen des Landes aus dem Ausgleich von Sonderlasten bei der Zusammenführung von Arbeitslosen- und Sozialhilfe nach § 11 Abs. 3a FAG
**61 Zuweisungen und allgemeine Umlagen**
611 Schlüsselzuweisungen
6111 Allgemeine Schlüsselzuweisungen
6112 Investive Schlüsselzuweisungen zur Verwendung für Instandsetzungen
612 Bedarfszuweisungen
6121 Bedarfszuweisungen
613 Sonstige allgemeine Zuweisungen
613-A Sonstige allgemeine Zuweisungen
61311 Zuweisungen zur Bildung des Sonderpostens für das Vorsorgevermögen
61319 Sonstige allgemeine Zuweisungen – Land
614 Zuweisungen und Zuschüsse für laufende Zwecke
614-A Zuweisungen und Zuschüsse für laufende Zwecke
618 Allgemeine Umlagen
618-A Allgemeine Umlagen
61821 Kreisumlage
61822 Finanzausgleichsumlage nach § 25a SächsFAG
61823 Sozialumlage nach § 22 Abs. 2 SächsKomSozVG
61824 Kulturumlage nach § 6 Abs. 3 SächsKRG
61829 Sonstige allgemeine Umlagen – Gemeinden und Gemeindeverbände
619 Aufgabenbezogene Leistungsbeteiligungen
6191 Aufgabenbezogene Leistungsbeteiligungen des Bundes
**62 Sonstige Transfereinzahlungen**
621 Ersatz von sozialen Leistungen außerhalb von Einrichtungen und von Eingliederungshilfen für Menschen mit Behinderung
6211 Kostenbeiträge und Aufwendungsersatz, Kostenersatz
6212 Übergeleitete Unterhaltsansprüche gegen bürgerlich-rechtlich Unterhaltsverpflichtete
6213 Leistungen von Sozialleistungsträgern
6214 Sonstige Ersatzleistungen
6215 Rückzahlung gewährter Hilfen (Tilgung und Zinsen von Darlehen)
622 Ersatz von sozialen Leistungen in Einrichtungen
6221 Kostenbeiträge und Aufwendungsersatz, Kostenersatz
6222 Übergeleitete Unterhaltsansprüche gegen bürgerlich-rechtlich Unterhaltsverpflichtete
6223 Leistungen von Sozialleistungsträgern
6224 Sonstige Ersatzleistungen
6225 Rückzahlung gewährter Hilfen (Tilgung und Zinsen von Darlehen)
623 Schuldendiensthilfen
623-A Schuldendiensthilfen
629 Weitere sonstige Transfereinzahlungen
6291 Weitere sonstige Transfereinzahlungen
62911 Einzahlungen aus Grundsteuerausgleich
62912 Einzahlungen aus Gewerbesteuerausgleich
62919 Weitere sonstige Transfereinzahlungen
**63 Öffentlich-rechtliche Leistungsentgelte**
631 Verwaltungsgebühren
6311 Verwaltungsgebühren
632 Benutzungsgebühren und ähnliche Entgelte
6321 Benutzungsgebühren und ähnliche Entgelte
634 Schülerbeförderungsentgelt
636 Sonstige zweckgebundene Abgaben
6361 Sonstige zweckgebundene Abgaben
**64 Privatrechtliche Leistungsentgelte, Kostenerstattungen und Kostenumlagen**
641 Mieten und Pachten
6411 Mieten und Pachten
642 Verkauf
6421 Verkauf
643 Privatrechtliche Entgelte für die Benutzung öffentlicher Einrichtungen
6431 Privatrechtliche Entgelte für die Benutzung öffentlicher Einrichtungen
646 Sonstige privatrechtliche Leistungsentgelte
6461 Sonstige privatrechtliche Leistungsentgelte
648 Kostenerstattungen und Kostenumlagen
648-A Kostenerstattungen und Kostenumlagen
**65 Sonstige Einzahlungen aus laufender Verwaltungstätigkeit**
651 Konzessionsabgaben
6511 Konzessionsabgaben
652 Erstattung von Steuern
6521 Erstattung von Steuern
656 Besondere Einzahlungen
6561 Bußgelder
6562 Säumniszuschläge
6563 Inanspruchnahme von Gewährverträgen und Bürgschaften
659 Weitere sonstige Einzahlungen aus laufender Verwaltungstätigkeit
6591 Weitere sonstige Einzahlungen aus laufender Verwaltungstätigkeit
**66 Zinsen und sonstige Finanzeinzahlungen**
661 Zinseinzahlungen
661-B Zinseinzahlungen
665 Gewinnanteile aus verbundenen Unternehmen, Beteiligungen und Sondervermögen
6651 Gewinnanteile aus verbundenen Unternehmen, Beteiligungen und Sondervermögen
669 Sonstige Finanzeinzahlungen
6691 Sonstige Finanzeinzahlungen
**67 Haushaltsunwirksame Einzahlungen**
671 Haushaltsunwirksame Einzahlungen
**68 Investitionstätigkeit**
681 Investitionszuwendungen
681-A Investitionszuwendungen
68111 Investive Schlüsselzuweisungen
68119 Sonstige Investitionszuwendungen – Land
682 Veräußerung von unbeweglichen Vermögensgegenständen
6821 Veräußerung von unbeweglichen Vermögensgegenständen

683 Veräußerung von aktivierten immateriellen und beweglichen Vermögensgegenständen
6831 Veräußerung von aktivierten immateriellen Vermögensgegenständen
6832 Veräußerung von aktivierten beweglichen Vermögensgegenständen
684 Veräußerung von Finanzanlagen
6842 Börsennotierte Aktien
6843 Nichtbörsennotierte Aktien
6844 Sonstige Anteilsrechte
6845 Investmentzertifikate
6846 Kapitalmarktpapiere und langfristige Geldanlagen
6846-B Kapitalmarktpapiere und langfristige Geldanlagen
6847 Geldmarktpapiere
6847-B Geldmarktpapiere
6848 Finanzderivate
685 Abwicklung von Baumaßnahmen
6851 Abwicklung von Baumaßnahmen
686 Rückflüsse von Ausleihungen
686-B Rückflüsse von Ausleihungen
688 Beiträge und ähnliche Entgelte
6881 Beiträge für öffentliche Einrichtungen gemäß §§ 17 bis 25 SächsKAG
6889 Sonstige Beiträge und ähnliche Entgelte
**69 Finanzierungstätigkeit**
691 Anleihen
6917 Anleihen
6917-C Anleihen
692 Kreditaufnahmen für Investitionen
692-B+C Kreditaufnahmen für Investitionen
693 Kreditaufnahmen zur Liquiditätssicherung
6937 Kreditaufnahmen zur Liquiditätssicherung
694 Sonstige Wertpapierverschuldung
6947 Sonstige Wertpapierverschuldung
6947-C Sonstige Wertpapierverschuldung
695 Rückflüsse von Darlehen (ohne Ausleihungen)
695-B Rückflüsse von Darlehen (ohne Ausleihungen)

## Kontenklasse 7
## Auszahlungen

**70 Personalauszahlungen**
701 Dienstauszahlungen
7011 Dienstauszahlungen für Beamte
7012 Dienstauszahlungen für Arbeitnehmer
7017 Dienstauszahlungen für Beschäftigte mit Förderung nach § 16i SGB II
7018 Dienstauszahlungen für Kommunal-Kombi-Beschäftigte
7019 Dienstauszahlungen für sonstige Beschäftigte
702 Beiträge zu Versorgungskassen
7021 Beiträge zu Versorgungskassen für Beamte
7022 Beiträge zu Versorgungskassen für Arbeitnehmer
7027 Beiträge zu Versorgungskassen für Beschäftigte mit Förderung nach § 16i SGB II
7028 Beiträge zu Versorgungskassen für Kommunal-Kombi-Beschäftigte
7029 Beiträge zu Versorgungskassen für sonstige Beschäftigte
703 Beiträge zur gesetzlichen Sozialversicherung
7031 Beiträge zur gesetzlichen Sozialversicherung für Beamte
7032 Beiträge zur gesetzlichen Sozialversicherung für Arbeitnehmer
7037 Beiträge zur gesetzlichen Sozialversicherung für Beschäftigte mit Förderung nach § 16i SGB II
7038 Beiträge zur gesetzlichen Sozialversicherung für Kommunal-Kombi-Beschäftigte
7039 Beiträge zur gesetzlichen Sozialversicherung für sonstige Beschäftigte
704 Beihilfen und Unterstützungsleistungen für Beschäftigte
7041 Beihilfen und Unterstützungsleistungen für Beschäftigte
**71 Versorgungsauszahlungen**
711 Versorgungsauszahlungen
7111 Versorgungsauszahlungen für Beamte
7112 Versorgungsauszahlungen für Arbeitnehmer
7119 Versorgungsauszahlungen für sonstige Beschäftigte
713 Beiträge zur gesetzlichen Sozialversicherung für Versorgungsempfänger
7131 Beiträge zur gesetzlichen Sozialversicherung für Versorgungsempfänger für Beamte
7132 Beiträge zur gesetzlichen Sozialversicherung für Versorgungsempfänger für Arbeitnehmer
7139 Beiträge zur gesetzlichen Sozialversicherung für Versorgungsempfänger für sonstige Beschäftigte
714 Beihilfen und Unterstützungsleistungen für Versorgungsempfänger
7141 Beihilfen und Unterstützungsleistungen für Versorgungsempfänger
**72 Sach- und Dienstleistungen**
721 Unterhaltung der Grundstücke und baulichen Anlagen
7211 Unterhaltung der Grundstücke und baulichen Anlagen
722 Unterhaltung des sonstigen unbeweglichen Vermögens
7221 Unterhaltung des sonstigen unbeweglichen Vermögens
723 Mieten und Pachten
7231 Mieten und Pachten
7232 Leasing
724 Bewirtschaftung des unbeweglichen Vermögens
7241 Bewirtschaftung des unbeweglichen Vermögens
725 Unterhaltung, Bewirtschaftung und Erwerb des beweglichen und immateriellen Vermögens
7251 Haltung von Fahrzeugen
7253 Erwerb von beweglichen Gegenständen, deren Anschaffungs- oder Herstellungskosten, vermindert um einen darin enthaltenen abzugsfähigen Vorsteuerbetrag, den Betrag von 800 Euro nicht überschreiten
7254 Unterhaltung des immateriellen Vermögens
7255 Unterhaltung des sonstigen beweglichen Vermögens
726 Besondere Auszahlungen für Beschäftigte
7261 Besondere Auszahlungen für Beschäftigte
727 Besondere Verwaltungs- und Betriebsauszahlungen sowie Schülerbeförderung
7271 Besondere Verwaltungs- und Betriebsauszahlungen
7272 Schülerbeförderung
7273 Unterrichtswegekosten
7274 Schülerbeförderung für den Träger der Schülerbeförderung
7275 Lernmittel, die für die Hand des Schülers bestimmt sind und die der Ausstattungspflicht des Schulträgers unterliegen
7276 Lehrmittel, die im oder zur Vorbereitung auf den Unterricht verwendet werden
728 Erwerb von Vorräten
7281 Erwerb von Vorräten
729 Sonstige Dienstleistungen
7291 Sonstige Dienstleistungen
**73 Transferauszahlungen**
731 Zuweisungen und Zuschüsse für laufende Zwecke
731-A Zuweisungen und Zuschüsse für laufende Zwecke
732 Schuldendiensthilfen
732-A Schuldendiensthilfen
733 Sozialtransferauszahlungen
7331 Soziale Leistungen an natürliche Personen außerhalb von Einrichtungen
7332 Soziale Leistungen an natürliche Personen in Einrichtungen
7333 Leistungen für Unterkunft und Heizung an Leistungsberechtigte (nach § 22 SGB II)
73331 Revisionsrelevante Leistungen für Unterkunft und Heizung nach § 22 SGB II
73332 Nicht revisionsrelevante Leistungen für Unterkunft und Heizung nach § 22 SGB II
7334 Leistungen zur Eingliederung von erwerbsfähigen Leistungsberechtigten (nach § 16a SGB II)
7335 Einmalige Leistungen an Leistungsberechtigte (nach § 24 Abs. 3 SGB II)
7336 Arbeitslosengeld II ohne Leistungen für Unterkunft und Heizung (nach §§ 19 ff. SGB II) einschließlich Sozialgeld/Optionskommunen
7337 Leistungen zur Eingliederung von erwerbsfähigen Leistungsberechtigten (nach § 16 Abs. 1 und 3, §§ 16b bis 16f SGB II)/Optionskommunen
7338 Bildungs- und Teilhabepaket
73381 Soziale Leistungen außerhalb von Einrichtungen – in Verbindung mit PUG 3118

733811 Schul- und Kita-Ausflüge
733812 Mehrtägige Klassenfahrten und mehrtägige Kita-Fahrten
733813 Schulbedarf
733814 Schülerbeförderung
733815 Lernförderung
733816 Mittagsverpflegung in Schule und Kita
733817 Mittagsverpflegung im Hort
733818 Soziale/kulturelle Teilhabe
733819 Sonstige soziale Leistungen
73382 Soziale Leistungen in Einrichtungen – in Verbindung mit PUG 3118
733821 Schul- und Kita-Ausflüge
733822 Mehrtägige Klassenfahrten und mehrtägige Kita-Fahrten
733823 Schulbedarf
733824 Schülerbeförderung
733825 Lernförderung
733826 Mittagsverpflegung in Schule und Kita
733827 Mittagsverpflegung im Hort
733828 Soziale/kulturelle Teilhabe
733829 Sonstige soziale Leistungen
73383 Weitere soziale Leistungen – in Verbindung mit PG 313, PUG 3126 (nur bei direkt von den Kommunen erbrachten Leistungen), 3451 und 3452
733831 Schul- und Kita-Ausflüge
733832 Mehrtägige Klassenfahrten und mehrtägige Kita-Fahrten
733833 Schulbedarf
733834 Schülerbeförderung
733835 Lernförderung
733836 Mittagsverpflegung in Schule und Kita
733837 Mittagsverpflegung im Hort
733838 Soziale/kulturelle Teilhabe
733839 Sonstige weitere soziale Leistungen
7339 Sonstige soziale Leistungen
73391 Sonstige soziale Leistungen nach dem AsylbLG an natürliche Personen außerhalb von Einrichtungen
73392 Sonstige soziale Leistungen nach dem AsylbLG an natürliche Personen in Einrichtungen
73399 Sonstige soziale Leistungen
734 Steuerbeteiligungen
7341 Gewerbesteuerumlage
735 Allgemeine Zuweisungen
735-A Allgemeine Zuweisungen
737 Allgemeine Umlagen
737-A Allgemeine Umlagen
73721 Kreisumlage
73722 Finanzausgleichsumlage nach § 25a SächsFAG
73723 Sozialumlage nach § 22 Abs. 2 SächsKomSozVG
73729 Sonstige allgemeine Umlagen – Gemeinden und Gemeindeverbände
73731 Kulturumlage nach § 6 Abs. 3 SächsKRG
73739 Sonstige allgemeine Umlagen – Zweckverbände und dergleichen
739 Sonstige Transferauszahlungen
7391 Sonstige Transferauszahlungen
73911 Auszahlungen aus Grundsteuerausgleich
73912 Auszahlungen aus Gewerbesteuerausgleich
73919 Sonstige Transferauszahlungen
**74 Sonstige Auszahlungen aus laufender Verwaltungstätigkeit**
741 Sonstige Personal- und Versorgungsauszahlungen
7411 Sonstige Personal- und Versorgungsauszahlungen
742 Inanspruchnahme von Rechten und Diensten
7421 Ehrenamtliche und sonstige Tätigkeit
7422 Leiharbeitskräfte
7423 Datenverarbeitung
7429 Sonstige Auszahlungen für die Inanspruchnahme von Rechten und Diensten
743 Geschäftsauszahlungen
7431 Geschäftsauszahlungen
744 Steuern, Versicherungen, Schadensfälle
7441 Steuern, Versicherungen, Schadensfälle
745 Erstattungen für die Auszahlungen von Dritten aus laufender Verwaltungstätigkeit
745-A Erstattungen für die Auszahlungen von Dritten aus laufender Verwaltungstätigkeit
746 Aufgabenbezogene Leistungsbeteiligungen
7461 Aufgabenbezogene Leistungsbeteiligungen an Dritte (gemeinsame Einrichtung)
74611 Revisionsrelevante Leistungen für Unterkunft und Heizung nach § 22 SGB II
74612 Nicht revisionsrelevante Leistungen für Unterkunft und Heizung nach § 22 SGB II
74619 Sonstige aufgabenbezogene Leistungsbeteiligungen
7462 Aufgabenbezogene Leistungsbeteiligungen an Dritte (gemeinsame Einrichtung) im Rahmen des Bildungs- und Teilhabepakets, in Verbindung mit PUG 3126
74621 Schul- und Kita-Ausflüge
74622 Mehrtägige Klassenfahrten und mehrtägige Kita-Fahrten
74623 Schulbedarf
74624 Schülerbeförderung
74625 Lernförderung
74626 Mittagsverpflegung in Schule und Kita
74627 Mittagsverpflegung im Hort
74628 Soziale/kulturelle Teilhabe
74629 Sonstige soziale Leistungen
748 Besondere Auszahlungen
7481 Bußgelder
7482 Säumniszuschläge
7483 Inanspruchnahme von Gewährverträgen und Bürgschaften
749 Weitere sonstige Auszahlungen aus laufender Verwaltungstätigkeit
7491 Weitere sonstige Auszahlungen aus laufender Verwaltungstätigkeit
**75 Zinsen und sonstige Finanzauszahlungen**
751 Zinsauszahlungen
751-B Zinsauszahlungen
759 Sonstige Finanzauszahlungen
7591 Kreditbeschaffungskosten
7592 Verzinsung von Steuernachzahlungen
7593 Ablösung von Dauerlasten
7599 Sonstige Finanzauszahlungen
**77 Haushaltsunwirksame Auszahlungen**
771 Haushaltsunwirksame Auszahlungen
**78 Investitionstätigkeit**
781 Zuweisungen und Zuschüsse für Investitionen
781-A Zuweisungen und Zuschüsse für Investitionen
782 Erwerb von unbeweglichen Vermögensgegenständen
7821 Erwerb von unbeweglichen Vermögensgegenständen
783 Erwerb von zu aktivierenden immateriellen und beweglichen Vermögensgegenständen
7831 Erwerb von zu aktivierenden immateriellen Vermögensgegenständen
7832 Erwerb von zu aktivierenden beweglichen Vermögensgegenständen
784 Erwerb von Finanzanlagen
7842 Börsennotierte Aktien
7843 Nichtbörsennotierte Aktien
7844 Sonstige Anteilsrechte
7845 Investmentzertifikate
7846 Kapitalmarktpapiere und langfristige Geldanlagen
7846-B Kapitalmarktpapiere und langfristige Geldanlagen
7847 Geldmarktpapiere
7847-B Geldmarktpapiere
7848 Finanzderivate
785 Baumaßnahmen
7851 Baumaßnahmen
78511 Hochbaumaßnahmen
78512 Tiefbaumaßnahmen
78513 Sonstige Baumaßnahmen
786 Gewährung von Ausleihungen
786-B Gewährung von Ausleihungen
789 Sonstige Investitionstätigkeit
**79 Finanzierungstätigkeit**
791 Anleihen
7917 Anleihen
7917-C Anleihen
792 Tilgung von Krediten für Investitionen
792-B+C Tilgung von Krediten für Investitionen
793 Tilgung von Krediten zur Liquiditätssicherung
7937 Tilgung von Krediten zur Liquiditätssicherung

794 Tilgung von sonstigen Wertpapierschulden
7947 Tilgung von sonstigen Wertpapierschulden
7947-C Tilgung von sonstigen Wertpapierschulden
795 Gewährung von Darlehen (ohne Ausleihungen)
795-B Gewährung von Darlehen (ohne Ausleihungen)

## Abschluss

### Kontenklasse 8
### Abschlusskonten

**80 Eröffnungskonten/Abschlusskonten**
**81 Korrekturkonten**
**82 Kurzfristige Erfolgsrechnung**

## KLR

### Kontenklasse 9
### Kosten- und Leistungsrechnung

Die Ausgestaltung der Kosten- und Leistungsrechnung ist von jeder Kommune selbst festzulegen.

**Anlage 3**
(zu Ziffer II Nummer 2 Buchstabe c)

# Kommunaler Kontenrahmen mit den finanzstatistischen Merkmalen

**Fundstellenverzeichnis:**

Soweit nachfolgend Gesetze oder Verordnungen zitiert werden, werden diese wie folgt abgekürzt:

| | |
|---|---|
| AbwAG | Abwasserabgabengesetz in der Fassung der Bekanntmachung vom 18. Januar 2005 (BGBl. I S. 114), das zuletzt durch Artikel 2 der Verordnung vom 22. August 2018 (BGBl. I S. 1327) geändert worden ist |
| AO | Abgabenordnung in der Fassung der Bekanntmachung vom 1. Oktober 2002 (BGBl. I S. 3866; 2003 I S. 61), die zuletzt durch Artikel 3 des Gesetzes vom 22. November 2019 (BGBl. I S. 1746) geändert worden ist |
| AsylbLG | Asylbewerberleistungsgesetz in der Fassung der Bekanntmachung vom 5. August 1997 (BGBl. I S. 2022), das zuletzt durch Artikel 38 des Gesetzes vom 20. November 2019 (BGBl. I S. 1626) geändert worden ist |
| BauGB | Baugesetzbuch in der Fassung der Bekanntmachung vom 3. November 2017 (BGBl. I S. 3634) |
| BeamtVG | Beamtenversorgungsgesetz in der Fassung der Bekanntmachung vom 24. Februar 2010 (BGBl. I S. 150), das zuletzt durch Artikel 2 des Gesetzes vom 4. August 2019 (BGBl. I S. 1147) geändert worden ist |
| EALG | Entschädigungs- und Ausgleichsleistungsgesetz vom 27. September 1994 (BGBl. I S. 2624; 1995 I S. 110), das zuletzt durch Artikel 4 Absatz 38 des Gesetzes vom 22. September 2005 (BGBl. I S. 2809) geändert worden ist |
| ESVG | Verordnung (EU) Nr. 549/2013 des Europäischen Parlaments und des Rates vom 21. Mai 2013 zum Europäischen System Volkswirtschaftlicher Gesamtrechnungen auf nationaler und regionaler Ebene in der Europäischen Union (ABl. L 174 vom 26.6.2013, S. 1) |
| FAG | Finanzausgleichsgesetz vom 20. Dezember 2001 (BGBl. I S. 3955, 3956), das zuletzt durch Artikel 4 des Gesetzes vom 19. Dezember 2018 (BGBl. I S. 2696) geändert worden ist |
| GemFinRefG | Gemeindefinanzreformgesetz in der Fassung der Bekanntmachung vom 10. März 2009 (BGBl. I S. 502), das zuletzt durch Artikel 6 des Gesetzes vom 17. Dezember 2018 (BGBl. I S. 2522) geändert worden ist |
| GG | Grundgesetz für die Bundesrepublik Deutschland in der im Bundesgesetzblatt Teil III, Gliederungsnummer 100-1, veröffentlichten bereinigten Fassung, das zuletzt durch Artikel 1 des Gesetzes vom 15. November 2019 (BGBl. I S. 1546) geändert worden ist |
| HGB | Handelsgesetzbuch in der im Bundesgesetzblatt Teil III, Gliederungsnummer 4100-1, veröffentlichten bereinigten Fassung, das zuletzt durch Artikel 8 Absatz 4 des Gesetzes vom 8. Juli 2019 (BGBl. I S. 1002) geändert worden ist |
| KFürsV | Verordnung zur Kriegsopferfürsorge vom 16. Januar 1979 (BGBl. I S. 80), die zuletzt durch Artikel 2 des Gesetzes vom 17. Juli 2017 (BGBl. I S. 2541) geändert worden ist |
| LAG | Lastenausgleichsgesetz in der Fassung der Bekanntmachung vom 2. Juni 1993 (BGBl. I S. 845; 1995 I S. 248), das zuletzt durch Artikel 7 des Gesetzes vom 8. Dezember 2016 (BGBl. I S. 2835) geändert worden ist |
| SächsFAG | Sächsisches Finanzausgleichsgesetz in der Fassung der Bekanntmachung vom 21. Januar 2013 (SächsGVBl. S. 95), das zuletzt durch Artikel 2 des Gesetzes vom 14. Dezember 2018 (SächsGVBl. S. 797) geändert worden ist |
| SächsGemO | Sächsische Gemeindeordnung in der Fassung der Bekanntmachung vom 9. März 2018 (SächsGVBl. S. 62), die zuletzt durch Artikel 5 des Gesetzes vom 2. Juli 2019 (SächsGVBl. S. 542) geändert worden ist |
| SächsKAG | Sächsisches Kommunalabgabengesetz in der Fassung der Bekanntmachung vom 9. März 2018 (SächsGVBl. S. 116), das durch Artikel 2 Absatz 17 des Gesetzes vom 5. April 2019 (SächsGVBl. S. 245) geändert worden ist |
| SächsKomHVO | Sächsische Kommunalhaushaltsverordnung vom 10. Dezember 2013 (SächsGVBl. S. 910), die zuletzt durch die Verordnung vom 30. Juli 2019 (SächsGVBl. S. 598) geändert worden ist |
| SächsKomSozVG | Gesetz über den Kommunalen Sozialverband vom 14. Juli 2005 (SächsGVBl. S. 167, 171), das zuletzt durch Artikel 3 des Gesetzes vom 28. Juni 2018 (SächsGVBl. S. 472) geändert worden ist |
| SächsKRG | Sächsisches Kulturraumgesetz in der Fassung der Bekanntmachung vom 4. Dezember 2018 (SächsGVBl. S. 811) |
| SächsPersVG | Sächsisches Personalvertretungsgesetz in der Fassung der Bekanntmachung vom 29. August 2018 (SächsGVBl. S. 570) |
| SGB II | Das Zweite Buch Sozialgesetzbuch – Grundsicherung für Arbeitsuchende – in der Fassung der Bekanntmachung vom 13. Mai 2011 (BGBl. I S. 850, 2094), das zuletzt durch Artikel 120 des Gesetzes vom 20. November 2019 (BGBl. I S. 1626) geändert worden ist |
| SGB VIII | Das Achte Buch Sozialgesetzbuch – Kinder und Jugendhilfe – in der Fassung der Bekanntmachung vom 11. September 2012 (BGBl. I S. 2022), das zuletzt durch Artikel 129 des Gesetzes vom 20. November 2019 (BGBl. I S. 1626) geändert worden ist |
| SGB IX | Neuntes Buch Sozialgesetzbuch vom 23. Dezember 2016 (BGBl. I S. 3234), das zuletzt durch Artikel 130 des Gesetzes vom 20. November 2019 (BGBl. I S. 1626) geändert worden ist |
| SGB XII | Das Zwölfte Buch Sozialgesetzbuch – Sozialhilfe – (Artikel 1 des Gesetzes vom 27. Dezember 2003, BGBl. I S. 3022, 3023), das zuletzt durch Artikel 133 des Gesetzes vom 20. November 2019 (BGBl. I S. 1626) geändert worden ist |
| – | Viertes Gesetz für moderne Dienstleistungen am Arbeitsmarkt vom 24. Dezember 2003 (BGBl. I S. 2954) |

| Kontenklasse | Kontengruppe | Kontenart | Konto | Unterkonto 1 | Unterkonto 2 | Bereichsabgrenzung | Bezeichnung und Zuordnung | Alte Gruppierung | Position in Bilanz, Ergebnishaushalt (EH) oder Ergebnisrechnung (ER), Finanzhaushalt (FH) oder Finanzrechnung (FR) |
|---|---|---|---|---|---|---|---|---|---|
| 0 | | | | | | | Immaterielle Vermögensgegenstände, Sachanlagevermögen und Vorratsvermögen | | Aktivseite (A) § 51 Abs. 2 SächsKomHVO |
| | 00 | | | | | | Immaterielle Vermögensgegenstände und Sonderposten für geleistete Investitionszuwendungen | | A 1a) A 1b) |
| | | 001 | | | | | Gewerbliche Schutzrechte und ähnliche Rechte und Werte sowie Lizenzen an solchen Rechten und Werten | | A 1a) |
| | | 002 | | | | | Anzahlungen auf immaterielles Vermögen | | A 1a) |
| | | 003 | | | | | Sonderposten für geleistete Investitionszuwendungen | | A 1b) |
| | | | | | | | Hierunter zu erfassen sind Sonderposten für Zuwendungen, Umlagen, Kostenerstattungen, Beiträge und ähnliche Entgelte, die die Gemeinde im Rahmen der Erfüllung ihrer Aufgaben oder aufgrund gesetzlicher oder satzungsrechtlicher Verpflichtungen an Dritte für Investitionen geleistet hat, sofern die Gemeinde vom Wahlrecht zur Bildung derartiger Sonderposten Gebrauch macht. | | |
| | 01 | | | | | | Unbebaute Grundstücke und grundstücksgleiche Rechte | | A 1c) aa) |
| | | | | | | | Im Eigentum befindliche unbebaute Bodenflächen einschließlich zugehöriger Oberflächengewässer. Dazu gehören Bodenverbesserungen, die physisch nicht von dem Grund und Boden getrennt werden können. Nicht dazu gehören auf dem Boden befindliche Gebäude und andere Bauwerke oder Anbaukulturen, Baum- und Viehbestände, die zu den produzierten Vermögensgütern gehören. Auch Bodenschätze, nichtkultivierte biologische Ressourcen sowie unterirdische Wasservorkommen zählen nicht dazu. Der Grund und Boden umfasst Bauland, land- und forstwirtschaftliche Nutzflächen, Erholungsflächen und sonstige Flächen. | | |
| | | 011 | | | | | Grünflächen | | A 1c) aa) |
| | | | | | | | In kommunalem Besitz befindlicher Grund und Boden, der als Parkanlagen oder als sonstige Freizeit- und Erholungsflächen genutzt wird einschließlich der zugehörigen Oberflächengewässer und des Aufwuchses, ferner die Aufbauten und die Ausstattung, soweit diese dem Grundvermögen zuzuordnen sind. | | |
| | | 012 | | | | | Ackerland | | A 1c) aa) |
| | | 013 | | | | | Wald und Forsten | | A 1c) aa) |
| | | | | | | | Grund und Boden, der forstwirtschaftlich kommerziell oder für eigene Zwecke genutzt wird, sowie der Aufwuchs | | |
| | | 014 | | | | | Schutz- und Ausgleichsflächen | | A 1c) aa) |
| | | 015 | | | | | Gewässer | | A 1c) aa) |
| | | 019 | | | | | Sonstige unbebaute Grundstücke | | A 1c) aa) |
| | | | | | | | Anderweitig nicht genannter Grund und Boden. Hierzu gehören Gemeinschaftsweiden, nicht landwirtschaftlich genutzte Wiesen, Grund und Boden, der Wohnbauten umgibt, soweit er nicht den Gebäuden zugeordnet ist, sowie die zugehörigen Oberflächengewässer, soweit sie keine wasserbaulichen Anlagen umfassen. | | |
| | 02 | | | | | | Bebaute Grundstücke und grundstücksgleiche Rechte | | A 1c) bb) |
| | | 021 | | | | | mit Wohnbauten | | A 1c) bb) |
| | | 022 | | | | | mit sozialen Einrichtungen | | A 1c) bb) |
| | | 023 | | | | | mit Schulen | | A 1c) bb) |
| | | 024 | | | | | mit Kulturanlagen | | A 1c) bb) |
| | | 025 | | | | | mit Sportanlagen | | A 1c) bb) |
| | | 026 | | | | | mit Gartenanlagen | | A 1c) bb) |
| | | 027 | | | | | mit Verwaltungsgebäuden | | A 1c) bb) |
| | | 029 | | | | | mit sonstigen Gebäuden | | A 1c) bb) |

| Kontenklasse | Kontengruppe | Kontenart | Konto | Unterkonto 1 | Unterkonto 2 | Bereichsabgrenzung | Bezeichnung und Zuordnung | Alte Gruppierung | Position in Bilanz, Ergebnishaushalt (EH) oder Ergebnisrechnung (ER), Finanzhaushalt (FH) oder Finanzrechnung (FR) |
|---|---|---|---|---|---|---|---|---|---|
| | 03 | | | | | | Infrastrukturvermögen einschließlich Grundstücke und grundstücksgleiche Rechte | | A 1c) cc) |
| | | | | | | | Eingeschlossen sind Kosten für Straßen, Kanalisation und die Erschließung, soweit diese nicht den Wohn- und Nichtwohngebäuden zuzurechnen sind. Zu den sonstigen Bauten gehören Brücken, Hochstraßen und Tunnel, Schienenstrecken, Rollbahnen und U-Bahn-Bauten, städtische Entwässerungs- und Abwasserbeseitigungsanlagen, Straßen und Wege, Kabelnetze, Energieübertragungsleitungen, Fernrohrleitungen, Wasserleitungen, Wasserstraßen, Häfen, Dämme und sonstige Wasserbauten. | | |
| | | 031 | | | | | Brücken, Tunnel und ingenieurbauliche Anlagen | | A 1c) cc) |
| | | 032 | | | | | Gleisanlagen mit Streckenausrüstung und Sicherheitsanlagen | | A 1c) cc) |
| | | 033 | | | | | Stromversorgungsanlagen | | A 1c) cc) |
| | | 034 | | | | | Gasversorgungsanlagen | | A 1c) cc) |
| | | 035 | | | | | Wasserversorgungsanlagen | | A 1c) cc) |
| | | 036 | | | | | Abfallbeseitigungsanlagen | | A 1c) cc) |
| | | 037 | | | | | Entwässerungs- und Abwasserbeseitigungsanlagen | | A 1c) cc) |
| | | 038 | | | | | Straßen, Wege und Plätze | | A 1c) cc) |
| | | 039 | | | | | Sonstiges Infrastrukturvermögen | | A 1c) cc) |
| | | | | | | | Zum Beispiel Fernmeldenetze, Spielplätze, soweit nicht unter 011 oder als Teil eines bebauten Grundstückes unter 02 zu erfassen | | |
| | 04 | | | | | | Bauten auf fremdem Grund und Boden | | A 1c) dd) |
| | | 041 | | | | | Wohnbauten | | A 1c) dd) |
| | | 042 | | | | | Soziale Einrichtungen | | A 1c) dd) |
| | | 043 | | | | | Schulen | | A 1c) dd) |
| | | 044 | | | | | Kulturanlagen | | A 1c) dd) |
| | | 045 | | | | | Sportanlagen | | A 1c) dd) |
| | | 046 | | | | | Gartenanlagen | | A 1c) dd) |
| | | 047 | | | | | Verwaltungsgebäude | | A 1c) dd) |
| | | 048 | | | | | Grundstückseinrichtungen | | A 1c) dd) |
| | | 049 | | | | | Sonstige Bebauung | | A 1c) dd) |
| | 05 | | | | | | Kunstgegenstände und Denkmäler | | A 1c) ee) |
| | | 051 | | | | | Kunstgegenstände | | A 1c) ee) |
| | | 055 | | | | | Baudenkmäler | | A 1c) ee) |
| | | | | | | | Hierzu gehören Baudenkmäler, die weder den Wohnbauten noch anderen Gebäuden zugeordnet werden, insbesondere bauliche Anlagen wie zum Beispiel Kriegsdenkmäler. | | |
| | | 056 | | | | | Bodendenkmäler | | A 1c) ee) |
| | | | | | | | Denkmäler, die Bodendenkmäler nach landesrechtlicher Definition darstellen, sofern es sich nicht um Baudenkmäler handelt. | | |
| | | 059 | | | | | Sonstige Denkmäler | | A 1c) ee) |
| | 06 | | | | | | Maschinen, technische Anlagen, Fahrzeuge | | A 1c) ff) |
| | | 061 | | | | | Fahrzeuge | | A 1c) ff) |
| | | 062 | | | | | Maschinen, technische Anlagen und Betriebsvorrichtungen | | A 1c) ff) |
| | | 064 | | | | | Technische Ausgleichsmaßnahmen | | A 1c) ff) |
| | 07 | | | | | | Betriebs- und Geschäftsausstattung, Tiere | | A 1c) gg) |
| | | | | | | | Einrichtungsgegenstände von Büros und Werkstätten, Werkzeuge der kommunalen Grünpflege, Spielsachen in Kindertagesstätten, Geschirr und Ähnliches. | | |
| | | 071 | | | | | Schulausstattung | | A 1c) gg) |
| | | 072 | | | | | Ausstattung der Kinderkrippen und Kindertagesstätten | | A 1c) gg) |
| | | 073 | | | | | Ausstattung sonstiger sozialer Einrichtungen | | A 1c) gg) |
| | | 074 | | | | | Sonstige Betriebs- und Geschäftsausstattung | | A 1c) gg) |
| | | 075 | | | | | Tiere | | A 1c) gg) |

| Kontenklasse | Kontengruppe | Kontenart | Konto | Unterkonto 1 | Unterkonto 2 | Bereichsabgrenzung | Bezeichnung und Zuordnung | Alte Gruppierung | Position in Bilanz, Ergebnishaushalt (EH) oder Ergebnisrechnung (ER), Finanzhaushalt (FH) oder Finanzrechnung (FR) |
|---|---|---|---|---|---|---|---|---|---|
| | 08 | | | | | | Vorräte | | A 2a) |
| | | | | | | | Vorräte sind Waren und Güter, die nicht zum Geschäftsbedarf der Verwaltung, der Bewirtschaftung der Grundstücke oder der Haltung von Fahrzeugen gehören, sondern zum Verzehr und Verbrauch oder zur Verarbeitung in Betriebszweigen der Verwaltung, in Anstalten und Einrichtungen einschließlich ihrer Nebenbetriebe, sowie in Wirtschaftsunternehmen bestimmt sind und zum späteren Verbrauch gelagert werden. Dies sind zum Beispiel:<br>1. Lebensmittel;<br>2. Arzneimittel, Verbandstoffe, sonstiges Sanitätsverbrauchsmaterial;<br>3. Werkstättenbedarf;<br>4. Material für elektronische Datenverarbeitungsanlagen,<br>5. Baumaterial als Vorrat;<br>6. Futtermittel;<br>7. Saat- und Pflanzgut;<br>8. Düngemittel;<br>9. Streugut für den Straßenwinterdienst;<br>10. Laborbedarf.<br>Zu den Vorräten zählen ferner sonstige Vermögensgegenstände, für die eine konkrete Veräußerungsabsicht besteht und die daher dem Umlaufvermögen zuzuordnen sind. | | |
| | | 081 | | | | | Rohstoffe und Fertigungsmaterial | | A 2a) |
| | | 082 | | | | | Hilfsstoffe | | A 2a) |
| | | 083 | | | | | Betriebsstoffe | | A 2a) |
| | | 084 | | | | | Waren und sonstige zur Veräußerung bestimmte Vermögensgegenstände | | A 2a) |
| | | 085 | | | | | Fertige/unfertige Erzeugnisse | | A 2a) |
| | | 086 | | | | | Unfertige Leistungen | | A 2a) |
| | | 087 | | | | | Geleistete Anzahlungen auf Vorräte | | A 2a) |
| | 09 | | | | | | Geleistete Anzahlungen, Anlagen im Bau | | A 1c) hh) |
| | | 091 | | | | | Geleistete Anzahlungen auf Sachanlagen | | A 1c) hh) |
| | | 096 | | | | | Anlagen im Bau | | A 1c) hh) |
| 1 | | | | | | | Finanzvermögen und aktive Rechnungsabgrenzung | | Aktivseite (A) § 51 Abs. 2 SächsKomHVO A 1d) |
| | 10 | | | | | | Anteile an verbundenen Unternehmen | | A 1d) aa) |
| | | 101 | | | | | Anteile an verbundenen Unternehmen | | A 1d) aa) |
| | | | | | | | Verbundene Unternehmen sind solche, an denen die Kommune beteiligt ist und die im Gesamtabschluss voll zu konsolidieren sind. Nicht zu erfassen ist die Sparkassenträgerschaft. | | |
| | | | 1012 | | | | Börsennotierte Aktien | | |
| | | | | | | | Hierunter sind börsennotierte Aktien zu erfassen. Börsennotierte Aktien sind Aktien, deren Kurs an einer amtlichen Börse oder einem Sekundärmarkt notiert wird. Dies sind:<br>1. von Aktiengesellschaften ausgegebene Aktien;<br>2. von Aktiengesellschaften ausgegebene Genussscheine;<br>3. von Aktiengesellschaften begebene Dividendenaktien als Gründeranteile, Gewinnanteile, Gewinnschuldverschreibungen, die nicht Bestandteile des im Handelsregister eingetragenen Kapitals sind, ihren Inhabern nicht die Rechte von eigentlichen Teilhabern gewähren und Anspruch auf einen Teil des nach Bedienung des Aktienkapitals verbleibenden ausschüttungsfähigen Gewinns und auf einen Anteil am Liquidationsüberschuss geben;<br>4. Vorzugsaktien, deren Inhaber am Liquidationserlös der betreffenden Kapitalgesellschaft beteiligt werden, unabhängig davon, ob diese Aktien an einer amtlichen Börse notiert werden oder nicht. | | |

| Kontenklasse | Kontengruppe | Kontenart | Konto | Unterkonto 1 | Unterkonto 2 | Bereichsabgrenzung | Bezeichnung und Zuordnung | Alte Gruppierung | Position in Bilanz, Ergebnishaushalt (EH) oder Ergebnisrechnung (ER), Finanzhaushalt (FH) oder Finanzrechnung (FR) |
|---|---|---|---|---|---|---|---|---|---|
| | | | | | | | Zu den Aktien zählen nicht Aktien, die bei der Emission nicht platziert werden konnten, und in Aktien konvertierbare Wandelschuldverschreibungen. Börsennotierte Aktien umfassen nicht Bonusaktien, die durch Umwandlung von Rücklagen an die Aktionäre nach Maßgabe ihres bisherigen Beteiligungsverhältnisses ausgegeben werden. Das gleiche gilt für den Aktiensplit. | | |
| | | | 1013 | | | | Nichtbörsennotierte Aktien | | |
| | | | | | | | Aktien, deren Kurs nicht notiert wird. Zur Abgrenzung vergleiche Konto 1012. | | |
| | | | 1014 | | | | Sonstige Anteilsrechte | | |
| | | | | | | | Zuzuordnen sind alle Arten von Anteilsrechten an Unternehmen und Einrichtungen, ohne börsennotierte oder nichtbörsennotierte Aktien und ohne Investmentzertifikate. Hierzu zählen Beteiligungen an Unternehmen, die nicht in Form von Aktien bestehen als Geschäftsanteile an Unternehmen, bei denen für die Gemeinde eine beschränkte Haftung besteht, oder Beteiligungen an Genossenschaften mit eigener Rechtspersönlichkeit und Kapitaleinlagen in Einrichtungen. | | |
| | 11 | | | | | | Beteiligungen | | A 1d) bb) |
| | | 111 | | | | | Beteiligungen | | A 1d) bb) |
| | | | | | | | Beteiligungen sind Anteile an Unternehmen, die in der Absicht gehalten werden, eine dauernde Verbindung zu diesem Unternehmen herzustellen. Hierunter sind auch Zweckverbände, an denen die Gemeinde beteiligt ist, zu erfassen. Nicht zu erfassen sind Anteile an der Sachsen-Finanzgruppe. | | |
| | | | 1112 | | | | Börsennotierte Aktien | | |
| | | | | | | | Vergleiche Konto 1012. | | |
| | | | 1113 | | | | Nichtbörsennotierte Aktien | | |
| | | | | | | | Vergleiche Konto 1013. | | |
| | | | 1114 | | | | Sonstige Anteilsrechte | | |
| | | | | | | | Vergleiche Konto 1014. | | |
| | 12 | | | | | | Sondervermögen | | A 1d) cc) |
| | | 121 | | | | | Sondervermögen | | A 1d) cc) |
| | | | | | | | Sondervermögen sind wirtschaftliche Unternehmungen ohne eigene Rechtspersönlichkeit und öffentliche Einrichtungen, für die aufgrund gesetzlicher Vorschriften Sonderrechnungen geführt werden. Das Vermögen unselbständiger Stiftungen ist nicht zusammengefasst als Sondervermögen, sondern gesondert unter der jeweiligen Vermögensart der kommunalen Bilanz auszuweisen. Rechtlich selbständige örtliche Stiftungen unterliegenden dem Aktivierungsverbot des § 36 Abs. 4 SächsKomHVO. | | |
| | 13 | | | | | | Ausleihungen | | A 1d) dd) |
| | | 131 | | | | | Ausleihungen | | A 1d) dd) |
| | | | | | | | Ausleihungen sind Finanzforderungen der Kommune, die durch Hingabe von Kapital erworben werden. Zu den Ausleihungen zählen vor allem Darlehen. Die Bedingungen einer Ausleihung werden zwischen der Kommune als Kreditgeber und dem Kreditnehmer oder unter Zwischenschaltung eines Vermittlers ausgehandelt. Eine Ausleihung ist eine unbedingte Verbindlichkeit gegenüber der Kommune, die bei Fälligkeit zurückgezahlt werden muss und verzinslich ist.<br>Forderungen aus Lieferungen und Leistungen gehören nicht zu den Ausleihungen. | | |
| | | | 131- | | | B | Ausleihungen | | |
| | | | | 13101 | | | Ausleihungen – Bund – Laufzeit bis einschließlich einem Jahr | | |
| | | | | 13102 | | | Ausleihungen – Bund – Laufzeit von mehr als einem Jahr | | |
| | | | | 13111 | | | Ausleihungen – Land – Laufzeit bis einschließlich einem Jahr | | |
| | | | | 13112 | | | Ausleihungen – Land – Laufzeit von mehr als einem Jahr | | |

| Kontenklasse | Kontengruppe | Kontenart | Konto | Unterkonto 1 | Unterkonto 2 | Bereichsabgrenzung | Bezeichnung und Zuordnung | Alte Gruppierung | Position in Bilanz, Ergebnishaushalt (EH) oder Ergebnisrechnung (ER), Finanzhaushalt (FH) oder Finanzrechnung (FR) |
|---|---|---|---|---|---|---|---|---|---|
| | | | | 13121 | | | Ausleihungen – Gemeinden und Gemeindeverbände – Laufzeit bis einschließlich einem Jahr | | |
| | | | | 13122 | | | Ausleihungen – Gemeinden und Gemeindeverbände – Laufzeit von mehr als einem Jahr | | |
| | | | | 13131 | | | Ausleihungen – Zweckverbände und dergleichen – Laufzeit bis einschließlich einem Jahr | | |
| | | | | 13132 | | | Ausleihungen – Zweckverbände und dergleichen – Laufzeit von mehr als einem Jahr | | |
| | | | | 13141 | | | Ausleihungen – gesetzliche Sozialversicherung – Laufzeit bis einschließlich einem Jahr | | |
| | | | | 13142 | | | Ausleihungen – gesetzliche Sozialversicherung – Laufzeit von mehr als einem Jahr | | |
| | | | | 13151 | | | Ausleihungen – verbundene Unternehmen, Beteiligungen und Sondervermögen – Laufzeit bis einschließlich einem Jahr | | |
| | | | | 13152 | | | Ausleihungen – verbundene Unternehmen, Beteiligungen und Sondervermögen – Laufzeit von mehr als einem Jahr | | |
| | | | | 13161 | | | Ausleihungen – sonstige öffentliche Sonderrechnungen – Laufzeit bis einschließlich einem Jahr | | |
| | | | | 13162 | | | Ausleihungen – sonstige öffentliche Sonderrechnungen – Laufzeit von mehr als einem Jahr | | |
| | | | | 13171 | | | Ausleihungen – Kreditinstitute – Laufzeit bis einschließlich einem Jahr | | |
| | | | | 13172 | | | Ausleihungen – Kreditinstitute – Laufzeit von mehr als einem Jahr | | |
| | | | | 13181 | | | Ausleihungen – sonstiger inländischer Bereich – Laufzeit bis einschließlich einem Jahr | | |
| | | | | 13182 | | | Ausleihungen – sonstiger inländischer Bereich – Laufzeit von mehr als einem Jahr | | |
| | | | | 13191 | | | Ausleihungen – sonstiger ausländischer Bereich – Laufzeit bis einschließlich einem Jahr | | |
| | | | | 13192 | | | Ausleihungen – sonstiger ausländischer Bereich – Laufzeit von mehr als einem Jahr | | |
| | 14 | | | | | | Wertpapiere | | A 1d) ee) |
| | | 141 | | | | | Investmentzertifikate | | A 1d) ee) |
| | | | 1411 | | | | Investmentzertifikate | | |
| | | | | | | | Investmentzertifikate sind die Kapitalanteile, die von finanziellen Kapitalgesellschaften ausgegeben werden, die je nach Land als Investmentfonds, Investmenttrusts oder als Kapitalanlagegesellschaft bezeichnet werden, unabhängig davon, ob es sich um offene, halboffene oder geschlossene Fonds handelt. Die Anteile können börsennotiert oder nicht börsennotiert sein. Im letztgenannten Fall sind sie in der Regel jederzeit rückzahlbar und zwar zu einem Wert, der ihrem Anteil an den Eigenmitteln der finanziellen Kapitalgesellschaft entspricht. Diese Eigenmittel werden anhand der Marktpreise ihrer verschiedenen Geldanlagen regelmäßig neu bewertet. | | |
| | | 142 | | | | | Kapitalmarktpapiere und langfristige Geldanlagen | | |
| | | | | | | | Kapitalmarktpapiere in diesem Sinne sind langfristige Wertpapiere ohne Anteilsrechte, deren ursprüngliche Laufzeit in der Regel mehr als ein Jahr beträgt. Hierzu zählen:<br>1. Inhaberschuldverschreibungen;<br>2. Anleihen;<br>3. durch die Umwandlung von Krediten entstandene Wertpapiere.<br>Zu den Kapitalmarktpapieren zählen ferner Forderungen, die im Rahmen der Verbriefung von Krediten, Hypotheken, Kreditkartenverbindlichkeiten, Forderungen aus Lieferungen und Leistungen und von sonstigen Forderungen gegeben werden. Langfristige Geldanlagen sind | | |

| Kontenklasse | Kontengruppe | Kontenart | Konto | Unterkonto 1 | Unterkonto 2 | Bereichsabgrenzung | Bezeichnung und Zuordnung | Alte Gruppierung | Position in Bilanz, Ergebnishaushalt (EH) oder Ergebnisrechnung (ER), Finanzhaushalt (FH) oder Finanzrechnung (FR) |
|---|---|---|---|---|---|---|---|---|---|
| | | | | | | | Geldanlagen mit einer ursprünglichen vertraglichen Laufzeit und einer zumindest beabsichtigten Mittelbindung von mehr als einem Jahr. Geldanlagen mit kürzerer Laufzeit und/oder Mittelbindung sind den liquiden Mitteln zuzuordnen. | | |
| | | | 142- | | | B | Kapitalmarktpapiere und langfristige Geldanlagen | | |
| | | 143 | | | | | Geldmarktpapiere | | A 2 c) |
| | | | | | | | Kurzfristige Wertpapiere, deren ursprüngliche Laufzeit in der Regel bis zu einem Jahr beträgt, sofern die in derartigen Wertpapieren angelegten Mittel länger als ein Jahr angelegt werden sollen (sonst Zuordnung zu den liquiden Mitteln). Dies können zum Beispiel Staatspapiere, Bundesschatzbriefe oder Wertpapiere sein. | | |
| | | | 143- | | | B | Geldmarktpapiere | | |
| | | 144 | | | | | Finanzderivate | | A 1d) ee) |
| | | | 1441 | | | | Finanzderivate | | |
| | | | | | | | Finanzierungsinstrumente wie Zinsswaps oder Forward Rate Agreements als Zinsswaps, die auf einer Kreditvereinbarung basieren. Der dem Geschäft zugrunde liegende Kredit zählt nicht zu den Finanzderivaten. | | |
| | 15 | | | | | | Öffentlich-rechtliche Forderungen und Forderungen aus Transferleistungen | | A 2b) |
| | | | | | | | Öffentlich-rechtliche Forderungen resultieren aus der Festsetzung von Verwaltungs- oder Benutzungsgebühren, Beiträgen und Steuern. | | |
| | | 151 | | | | | Öffentlich-rechtliche Forderungen aus Dienstleistungen | | A 2b) |
| | | | 1511 | | | | Öffentlich-rechtliche Forderungen aus Dienstleistungen | | |
| | | | | | | | Zu erfassen sind öffentlich-rechtliche Forderungen, die durch die Gewährung von Zahlungsfristen auf Dienstleistungen der Kommune entstehen wie zum Beispiel Forderungen aus Verwaltungsgebühren, Benutzungsgebühren und Beiträgen. | | |
| | | 153 | | | | | Steuerforderungen | | A 2b) |
| | | 154 | | | | | Forderungen aus Transferleistungen | | A 2b) |
| | | | | | | | Zu den Transferleistungen gehören Zuweisungen und Zuschüsse für laufende Zwecke und Schuldendiensthilfen. | | |
| | | 159 | | | | | Sonstige öffentlich-rechtliche Forderungen | | A 2b) |
| | | | 1591 | | | | Sonstige öffentlich-rechtliche Forderungen | | |
| | | | | | | | Sonstige öffentlich-rechtliche Forderungen, die durch einen zeitlichen Abstand zwischen Verteilungstransaktionen und den entsprechenden Zahlungen entstehen. | | |
| | 16 | | | | | | Privatrechtliche Forderungen, sonstiges Finanzvermögen | | A 2c) |
| | | | | | | | Eine privatrechtliche Forderung ist das Recht, von einem anderen aufgrund eines Schuldverhältnisses eine Leistung zu fordern. Das Schuldverhältnis ergibt sich aus einem Vertrag oder durch die Erfüllung der Tatbestandsvoraussetzungen einer Gesetzesvorschrift. | | |
| | | 161 | | | | | Privatrechtliche Forderungen aus Lieferungen und Leistungen | | A 2c) |
| | | | 1611 | | | | Privatrechtliche Forderungen aus Lieferungen und Leistungen | | |
| | | | | | | | Sonstige privatrechtliche Forderungen, die durch die Gewährung von Zahlungsfristen auf Dienstleistungen der Kommunen entstehen. Dazu zählen:<br>1. Forderungen im Zusammenhang mit der Lieferung von Waren oder Dienstleistungen, die noch nicht oder nur zum Teil bezahlt wurden;<br>2. aufgelaufene Gebäudemieten;<br>3. Zahlungsrückstände auf Waren oder Dienstleistungen, sofern ihnen keine Kredite zugrunde liegen. | | |
| | | 168 | | | | | Vorsteuer | | A 2c) |

| Kontenklasse | Kontengruppe | Kontenart | Konto | Unterkonto 1 | Unterkonto 2 | Bereichsabgrenzung | Bezeichnung und Zuordnung | Alte Gruppierung | Position in Bilanz, Ergebnishaushalt (EH) oder Ergebnisrechnung (ER), Finanzhaushalt (FH) oder Finanzrechnung (FR) |
|---|---|---|---|---|---|---|---|---|---|
| | | 169 | | | | | Sonstige privatrechtliche Forderungen | | A 2c) |
| | | | 1691 | | | | Sonstige privatrechtliche Forderungen | | |
| | | | | | | | Sonstige privatrechtliche Forderungen, die durch einen zeitlichen Abstand zwischen Verteilungstransaktionen und den entsprechenden Zahlungen entstehen. Dazu zählen:<br>1. Pachten auf Land und Bodenschätze;<br>2. Dividenden;<br>3. Zinsen. | | |
| | 17 | | | | | | Liquide Mittel | | A 2d) |
| | | 171 | | | | | Sichteinlagen bei Banken und Versicherungen | | A 2d) |
| | | | 1711 | | | | Sichteinlagen bei Banken und Versicherungen | | |
| | | | | | | | Einlagen (in Landeswährung) bei Banken, deren sofortige Umwandlung in Bargeld verlangt werden kann oder die durch Scheck, Überweisung, Lastschrift oder ähnliche Verfügungen übertragbar sind und zwar beides ohne nennenswerte Beschränkung oder Gebühr. Hierunter fallen:<br>1. Einlagen auf Konten bei deutschen und ausländischen Kreditinstituten;<br>2. Einlagen auf Konten bei der Bundesbank und/oder bei der Europäischen Zentralbank. | | |
| | | 172 | | | | | Sonstige Einlagen | | A 2d) |
| | | | 1721 | | | | Sonstige Einlagen | | |
| | | | | | | | Einlagen (in Landeswährung), bei denen es sich nicht um übertragbare Sichteinlagen handelt. Sonstige Einlagen können nicht jederzeit als Zahlungsmittel verwendet werden und es ist nicht ohne nennenswerte Beschränkung oder Gebühren möglich, ihre Umwandlung in Bargeld zu verlangen oder sie auf Dritte zu übertragen. Hierunter fallen:<br>1. Termineinlagen, Termingelder;<br>2. Spareinlagen, Sparbücher, Sparbriefe oder Einlagenzertifikate;<br>3. Einlagen, die auf besonderem Sparvertrag oder Ratensparvertrag beruhen;<br>4. von Bausparkassen, Kreditgenossenschaften und Ähnlichem ausgegebene Einlagenpapiere, die rechtlich oder faktisch jederzeit oder relativ kurzfristig kündbar sind;<br>5. kurzfristige Rückkaufvereinbarungen, bei denen es sich um Verbindlichkeiten von Kreditinstituten handelt;<br>6. sonstige kurzfristige Wertpapiere, deren Laufzeit bis zu einem Jahr beträgt, sofern die Mittel nicht länger als ein Jahr angelegt werden sollen (sonst bei Kontenart 143). | | |
| | | 173 | | | | | Bargeld und Postwertzeichen | | A 2d) |
| | | | 1731 | | | | Bargeld | | |
| | | | | | | | Im Besitz von Kommunen befindliche Noten und Münzen, die üblicherweise als Zahlungsmittel verwendet werden. | | |
| | | | 1732 | | | | Postwertzeichen | | |
| | 18 | | | | | | Aktive Rechnungsabgrenzungsposten | | A 3 |
| | | | | | | | Aktive Rechnungsabgrenzungsposten sind Ausgaben vor dem Abschlussstichtag, soweit sie Aufwand für eine bestimmte Zeit nach diesem Tag darstellen. | | |
| | | 181 | | | | | Aktive Rechnungsabgrenzungsposten | | A 3 |
| | | 182 | | | | | Disagio | | A 3 |
| | | 183 | | | | | Zölle und Verbrauchssteuern | | A 3 |
| | | 184 | | | | | Umsatzsteuer auf erhaltene Anzahlungen und Vorsteuer auf geleistete Anzahlungen | | A 3 |
| | | 189 | | | | | Ausgleichsposten für latente Steuern | | A 3 |
| | 19 | | | | | | Nicht durch Kapitalposition gedeckter Fehlbetrag | | A 4 |

| Kontenklasse | Kontengruppe | Kontenart | Konto | Unterkonto 1 | Unterkonto 2 | Bereichsabgrenzung | Bezeichnung und Zuordnung | Alte Gruppierung | Position in Bilanz, Ergebnishaushalt (EH) oder Ergebnisrechnung (ER), Finanzhaushalt (FH) oder Finanzrechnung (FR) |
|---|---|---|---|---|---|---|---|---|---|
| 2 | | | | | | | Kapitalposition, Sonderposten, Verbindlichkeiten, Rückstellungen und Passive Rechnungsabgrenzungsposten | | Passivseite (P) § 51 Abs. 3 SächsKomHVO |
| | 20 | | | | | | Kapitalposition | | P 1 |
| | | 201 | | | | | Basiskapital | | P 1a) |
| | | 202 | | | | | Rücklagen | | P 1b) |
| | | | 2021 | | | | Rücklagen aus Überschüssen des ordentlichen Ergebnisses | | P 1b) aa) |
| | | | | 20211 | | | Rücklagen aus Überschüssen des ordentlichen Ergebnisses | | P 1b) aa) |
| | | | | 20212 | | | Rücklagen aus Überschüssen des ordentlichen Ergebnisses aufgrund der Verrechnung gemäß § 72 Abs. 3 Satz 3 SächsGemO. | | P 1b) aa) |
| | | | 2022 | | | | Rücklagen aus Überschüssen des Sonderergebnisses | | P 1b) bb) |
| | | | | 20221 | | | Rücklagen aus Überschüssen des Sonderergebnisses | | P 1b) bb) |
| | | | | 20222 | | | Rücklagen aus Überschüssen des Sonderergebnisses aufgrund der Verrechnung gemäß § 72 Abs. 3 Satz 3 SächsGemO | | P 1b) bb) |
| | | | | | | | Hierunter sind auch die Rücklagebeträge zu erfassen, die durch Übertragung gemäß § 24 Abs. 3 Satz 2 SächsKomHVO entstanden sind. | | |
| | | | 2023 | | | | Rücklagen aus nicht ertragswirksam aufzulösenden Zuwendungen | | P 1b) cc) |
| | | | 2024 | | | | Zweckgebundene und sonstige Rücklagen | | P 1b) dd) |
| | | 205 | | | | | Fehlbetragsvorträge | | P 1c) aa)<br>P 1c) bb) |
| | | | 2051 | | | | Vortrag von Fehlbeträgen des ordentlichen Ergebnisses aus den Vorjahren | | P 1c) aa) |
| | | | 2052 | | | | Vortrag von Fehlbeträgen des Sonderergebnisses aus den Vorjahren | | P 1c) bb) |
| | | 206 | | | | | Jahresfehlbeträge | | P 1c) aa)<br>P 1c) bb) |
| | | | 2061 | | | | Jahresfehlbetrag des ordentlichen Ergebnisses | | P 1c) aa) |
| | | | 2062 | | | | Jahresfehlbetrag des Sonderergebnisses | | P 1c) bb) |
| | 21 | | | | | | Sonderposten | | P 2 |
| | | 211 | | | | | Sonderposten für empfangene Investitionszuwendungen | | P 2a) |
| | | 212 | | | | | Sonderposten für Investitionsbeiträge | | P 2b) |
| | | | | | | | Hierunter fallen Sonderposten für Investitionsbeiträge im Sinne der § 36 Abs. 6, § 40 Abs. 1 SächsKomHVO. Für Beiträge nach §§ 17 ff. SächsKAG ist die Bildung von Sonderposten ausgeschlossen (§ 36 Abs. 7 Satz 2 SächsKomHVO). | | |
| | | 213 | | | | | Sonderposten für den Gebührenausgleich | | P 2c) |
| | | 214 | | | | | Sonstige Sonderposten | | P 2d) |
| | | | 2141 | | | | Sonderposten für das kommunale Vorsorgevermögen | | |
| | | | 2149 | | | | Weitere sonstige Sonderposten | | |
| | 22 | | | | | | Anleihen | | P 4a) |
| | | 221 | | | | | Anleihen | | |
| | | | 221- | | | C | Anleihen | | P 4a) |
| | | | | | | | Anleihen stellen für die Kommunen eine Finanzierungsform dar, bei der das benötigte Kapital von einer unbestimmten Zahl von Geldgebern durch den Kauf von Wertpapieren aufgebracht wird. Dabei werden die von der Kommune ausgebrachten Wertpapiere an der Börse gehandelt und unterliegen damit auch den üblichen Kursschwankungen. Beispiele für Anleihen sind:<br>1. Schuldverschreibungen (Obligationen);<br>2. Gewinnschuldverschreibungen;<br>3. Genussscheine, sofern das Genussrechtskapital Fremdkapital darstellt.<br>Die Anleihe ist bei erstmaliger Bewertung mit dem Rückzahlungsbetrag zu passivieren, unabhängig davon, wie hoch der tatsächlich zur Verfügung gestellte Betrag (Einzahlungsbetrag) ist. Im Sinne des Europäischen Systems | | |

| Kontenklasse | Kontengruppe | Kontenart | Konto | Unterkonto 1 | Unterkonto 2 | Bereichsabgrenzung | Bezeichnung und Zuordnung | Alte Gruppierung | Position in Bilanz, Ergebnishaushalt (EH) oder Ergebnisrechnung (ER), Finanzhaushalt (FH) oder Finanzrechnung (FR) |
|---|---|---|---|---|---|---|---|---|---|
| | | | | | | | Volkswirtschaftlicher Gesamtrechnungen ESVG handelt es sich bei diesen Papieren um Wertpapiere, die keine Anteilsrechte sind und mit denen für ihre Inhaber der unbedingte Anspruch auf ein festes oder vertraglich vereinbartes variables regelmäßiges Geldeinkommen in Form von Zahlungen auf Kupons (Zinsen) oder auf Zahlung eines bestimmten Festbetrags zu einem oder mehreren festgelegten Zeitpunkten oder ab einem bei der Emission festgelegten Zeitpunkt verbunden ist. Die ursprüngliche Laufzeit beträgt in der Regel mehr als ein Jahr.<br>Bereits aufwandswirksam zu erfassende Zinsbeträge, deren Auszahlungen noch nicht erfolgt sind, sind separat unter Kontenart 279 als „Sonstige Verbindlichkeiten" auszuweisen | | |
| | 23 | | | | | | Verbindlichkeiten aus Kreditaufnahmen | | P 4b) |
| | | | | | | | Verbindlichkeiten aus Krediten bezeichnen die der Kommune von einem Dritten zur Verfügung gestellten Geldbeträge mit der Verpflichtung, das aufgenommene Kapital mit Zinsen zurückzuzahlen. Die rechtliche Ausgestaltung der Kredite erfolgt bei den Kommunen häufig in Form eines Schuldscheindarlehens. Dabei werden in einem Schuldschein bzw. einer Schuldurkunde die Kreditbedingungen festgelegt.<br>Als Kreditmarktschulden werden alle Schulden bezeichnet, die die kommunalen Haushalte zum Zweck der Haushaltsfinanzierung mittels Schuldscheindarlehen bei Kreditinstituten oder sonstigen inländischen und ausländischen Stellen aufgenommen haben. Hierzu zählen auch Schulden bei Institutionen, an deren Nennkapital Bund, Länder, Gemeinden, Gemeindeverbände oder Zweckverbände beteiligt sind, da sich diese in der Regel selbst am Kreditmarkt refinanzieren wie zum Beispiel Kreditanstalt für Wiederaufbau. Das gilt auch dann, wenn die Zinslasten von öffentlichen Haushalten ganz oder teilweise übernommen werden. Mittel, die zuvor von diesen Institutionen ausgezahlt, letztlich aber aus öffentlichen Haushalten bereitgestellt werden, sind als Schulden bei öffentlichen Haushalten nachzuweisen.<br>Bereits aufwandswirksam zu erfassende Zinsbeträge, deren Auszahlungen noch nicht erfolgt sind, sind separat unter Kontenart 279 als „Sonstige Verbindlichkeiten" auszuweisen. | | |
| | | 231 | | | | | Verbindlichkeiten aus Kreditaufnahmen für Investitionen | | P 4b) |
| | | | 231- | | | B + C | Verbindlichkeiten aus Kreditaufnahmen für Investitionen | | |
| | | | | | | | In Kontengruppe 231 dürfen nur Kredite erfasst werden, die der Finanzierung von Investitionen dienen. | | |
| | | 239 | | | | | Verbindlichkeiten aus Kreditaufnahmen zur Liquiditätssicherung | | P 4b) |
| | | | 239- | | | B + C | Verbindlichkeiten aus Kreditaufnahmen zur Liquiditätssicherung | | |
| | | | | | | | In Kontengruppe 239 dürfen nur Kredite erfasst werden, die der Sicherung der Zahlungsfähigkeit der Gemeinde dienen. Als Kassenverstärkungskredite werden die kurzfristigen Verbindlichkeiten erfasst, die die Schuldner zur Überbrückung vorübergehender Kassenanspannungen eingehen (z. B. Kontokorrentkredite). Zur Vorfinanzierung von langfristigen Darlehen aufgenommene Zwischenkredite sind dagegen als echte Kreditmarktschulden bei den jeweiligen Schuldarten auszuweisen. | | |
| | 24 | | | | | | Verbindlichkeiten aus kreditähnlichen Rechtsgeschäften und Vorgängen, die Kreditaufnahmen wirtschaftlich gleichkommen | | P 4c) |

| Kontenklasse | Kontengruppe | Kontenart | Konto | Unterkonto 1 | Unterkonto 2 | Bereichsabgrenzung | Bezeichnung und Zuordnung | Alte Gruppierung | Position in Bilanz, Ergebnishaushalt (EH) oder Ergebnisrechnung (ER), Finanzhaushalt (FH) oder Finanzrechnung (FR) |
|---|---|---|---|---|---|---|---|---|---|
| | | 241 | | | | | Hypotheken, Grund- und Rentenschulden | | P 4c) |
| | | | | | | | Hier sind nur die Verbindlichkeiten aufzuführen, die beim Erwerb bereits belasteter Grundstücke übernommen wurden und aus der Sicherung von Darlehensgeschäften Dritter entstanden sind. Ein Mittelfluss findet hierbei nicht statt. Diese Rechtsgeschäfte sind nicht mit den Darlehensschulden zu verwechseln, die mit einer Hypothek, Grundschuld und Ähnliches gesichert sind.<br>Bereits aufwandswirksam zu erfassende Zinsbeträge, deren Auszahlungen noch nicht erfolgt sind, sind separat unter Kontenart 279 als „Sonstige Verbindlichkeiten" auszuweisen. | | |
| | | | 2411 | | | | Hypothekenschulden | | |
| | | | 2412 | | | | Grundschulden | | |
| | | | 2413 | | | | Rentenschulden | | |
| | | 242 | | | | | Restkaufgelder | | P 4c) |
| | | | | | | | Restkaufgelder mit oder ohne hypothekarische Sicherung sind unabhängig von der Art des Gläubigers gesondert auszuweisen und nicht in eine andere Schuldart einzubeziehen. | | |
| | | 243 | | | | | Leasinggeschäfte | | P 4c) |
| | | | | | | | Hier ist die insgesamt eingegangene Verpflichtung (Leistungssumme) aus Leasingverträgen abzüglich der bis zum Ende des Berichtszeitraums geleisteten Tilgungen nachzuweisen, wenn die Kommune wirtschaftlicher Eigentümer des Leasinggegenstandes ist. | | |
| | | | 2431 | | | | Finanzierungsleasing | | |
| | | | 2439 | | | | Sonstige Leasingverträge | | |
| | | 244 | | | | | ÖPP-Projekte | | P 4c) |
| | | | 2441 | | | | ÖPP-Projekte nach ESVG | | |
| | | | 2449 | | | | Sonstige ÖPP-Projekte | | |
| | | 249 | | | | | Sonstige Verbindlichkeiten aus kreditähnlichen Rechtsgeschäften | | P 4c) |
| | 25 | | | | | | Verbindlichkeiten aus Lieferungen und Leistungen | | P 4d) |
| | | 251 | | | | | Verbindlichkeiten aus Lieferungen und Leistungen | | P 4d) |
| | | | 2511 | | | | Verbindlichkeiten aus Lieferungen und Leistungen | | |
| | | 252 | | | | | Erhaltene Anzahlungen | | P 4d) |
| | 26 | | | | | | Verbindlichkeiten aus Transferleistungen | | P 4e) |
| | | 261 | | | | | Verbindlichkeiten aus Transferleistungen | | P 4e) |
| | | | 2611 | | | | Verbindlichkeiten aus Transferleistungen | | |
| | 27 | | | | | | Sonstige Verbindlichkeiten | | P 4f) |
| | | 271 | | | | | Sonstige Wertpapierschulden | | P 4f) |
| | | | 271- | | | C | Sonstige Wertpapierschulden | | |
| | | | | | | | Hierzu zählen:<br>1. Inhaberschuldverschreibungen;<br>2. durch die Umwandlung von Krediten entstandene Wertpapiere;<br>3. Staatspapiere wie zum Beispiel Bundesschatzbriefe;<br>4. Wertpapiere;<br>5. Finanzderivate.<br>Zu den sonstigen Wertpapieren zählen ferner Forderungen, die im Rahmen der Verbriefung von Krediten, Hypotheken, Kreditkartenverbindlichkeiten, Forderungen aus Lieferungen und Leistungen und von sonstigen Forderungen gegeben werden. | | |
| | | 272 | | | | | Sonstige Verbindlichkeiten gegenüber verbundenen Unternehmen | | P 4f) |
| | | 273 | | | | | Sonstige Verbindlichkeiten gegenüber Unternehmen, mit denen ein Beteiligungsverhältnis besteht | | P 4f) |
| | | 274 | | | | | Sonstige Verbindlichkeiten gegenüber Sondervermögen | | P 4f) |
| | | 275 | | | | | Sonstige Verbindlichkeiten gegenüber dem öffentlichen Bereich | | P 4f) |
| | | 276 | | | | | Sonstige Verbindlichkeiten gegenüber Organmitgliedern und Mitarbeitern | | P 4f) |

| Kontenklasse | Kontengruppe | Kontenart | Konto | Unterkonto 1 | Unterkonto 2 | Bereichsabgrenzung | Bezeichnung und Zuordnung | Alte Gruppierung | Position in Bilanz, Ergebnishaushalt (EH) oder Ergebnisrechnung (ER), Finanzhaushalt (FH) oder Finanzrechnung (FR) |
|---|---|---|---|---|---|---|---|---|---|
| | | 277 | | | | | Sonstige Verbindlichkeiten gegenüber Finanzbehörden | | P 4f) |
| | | | 2771 | | | | Umsatzsteuer | | |
| | | | 2772 | | | | Abzuführende Lohn- und Kirchensteuer | | |
| | | | 2773 | | | | Weitere sonstige Verbindlichkeiten gegenüber Finanzbehörden | | |
| | | 278 | | | | | Sonstige Verbindlichkeiten gegenüber Sozialversicherungsträgern | | P 4f) |
| | | 279 | | | | | Weitere sonstige Verbindlichkeiten | | P 4f) |
| | | | 2791 | | | | Weitere sonstige Verbindlichkeiten | | |
| | 28 | | | | | | Rückstellungen | | P 3 |
| | | | | | | | Rückstellungen sind für Verpflichtungen zu bilden, die dem Grunde nach zu erwarten sind, deren Höhe oder Fälligkeit noch ungewiss sind. | | |
| | | 282 | | | | | Rückstellungen für Entgeltzahlungen für Zeiten der Freistellung von der Arbeit im Rahmen von Altersteilzeit | | P 3a) |
| | | 283 | | | | | Rückstellungen für unterlassene Aufwendungen für Instandhaltung im Haushaltsjahr | | P 3g) |
| | | 284 | | | | | Rückstellungen für die Rekultivierung und Nachsorge kommunaler Deponien | | P 3b) |
| | | 285 | | | | | Rückstellungen für die Sanierung von Altlasten und sonstige Umweltschutzmaßnahmen | | P 3c) |
| | | 286 | | | | | Rückstellungen für ungewisse Verbindlichkeiten aus der steuerkraftabhängigen Umlage nach § 25a SächsFAG | | P 3d) |
| | | 287 | | | | | Rückstellungen für ungewisse Verbindlichkeiten aufgrund von Steuerschuldverhältnissen | | P 3e) |
| | | 288 | | | | | Rückstellungen für drohende Verpflichtungen aus anhängigen Gerichts- und Verwaltungsverfahren sowie aus Bürgschaften, Gewährleistungen und wirtschaftlich gleichkommenden Rechtsgeschäften | | P 3f) |
| | | 289 | | | | | Sonstige Rückstellungen | | |
| | | | 2891 | | | | Rückstellungen für sonstige vertragliche oder gesetzliche Verpflichtungen zur Gegenleistung gegenüber Dritten, die im laufenden Haushaltsjahr wirtschaftlich begründet wurden und die der Höhe nach noch nicht genau bekannt sind, sofern sie erheblich sind | | P 3h) |
| | | | 2892 | | | | Rückstellungen für drohende Verluste aus schwebenden Geschäften und aus laufenden Verfahren | | P 3i) |
| | | | 2893 | | | | Weitere sonstige Rückstellungen | | P 3j) |
| | 29 | | | | | | Passive Rechnungsabgrenzungsposten | | P 5 |
| | | | | | | | Passive Rechnungsabgrenzungsposten sind Einnahmen vor dem Abschlussstichtag, soweit sie Ertrag für eine bestimmte Zeit nach diesem Tag darstellen. | | |
| | | 291 | | | | | Passive Rechnungsabgrenzungsposten | | P 5 |
| | | | 2911 | | | | Passive Rechnungsabgrenzungsposten | | |
| | | | | | | | Passive Rechnungsabgrenzungsposten aus Dienstleistungen oder Lieferungen | | |
| 3 | | | | | | | Ordentliche Erträge | | Ergebnishaushalt (EH) § 2 Abs. 1 SächsKomHVO, Ergebnisrechnung (ER) § 48 Abs. 1 SächsKomHVO |
| | 30 | | | | | | Steuern und ähnliche Abgaben | | EH/ER 1 |
| | | 301 | | | | | Realsteuern | 00 | EH/ER 1 |
| | | | 3011 | | | | Grundsteuer A | 000 | |
| | | | | | | | Land- und forstwirtschaftliche Betriebe | | |
| | | | 3012 | | | | Grundsteuer B | 001 | |
| | | | | | | | Sonstige Grundstücke | | |
| | | | 3013 | | | | Gewerbesteuer | 003 | |
| | | | 3014 | | | | Grundsteuer C | | |
| | | | | | | | Baureife Grundstücke | | |
| | | | 3015 | | | | Grundsteuer D | | |
| | | | | | | | Gebiete für Windenergieanlagen | | |

| Kontenklasse | Kontengruppe | Kontenart | Konto | Unterkonto 1 | Unterkonto 2 | Bereichsabgrenzung | Bezeichnung und Zuordnung | Alte Gruppierung | Position in Bilanz, Ergebnishaushalt (EH) oder Ergebnisrechnung (ER), Finanzhaushalt (FH) oder Finanzrechnung (FR) |
|---|---|---|---|---|---|---|---|---|---|
| | | 302 | | | | | Gemeindeanteile an den Gemeinschaftssteuern | 01 | EH/ER 1 |
| | | | 3021 | | | | Gemeindeanteil an der Einkommensteuer | 010 | |
| | | | | | | | Gemeindeanteil an der Lohn- und veranlagten Einkommensteuer nach dem Gemeindefinanzreformgesetz | | |
| | | | 3022 | | | | Gemeindeanteil an der Umsatzsteuer | 012 | |
| | | 303 | | | | | Sonstige Gemeindesteuern | 02 | EH/ER 1 |
| | | | 3031 | | | | Vergnügungssteuer | 020, 021 | |
| | | | 3032 | | | | Hundesteuer | 022 | |
| | | | 3033 | | | | Jagdsteuer | 026 | |
| | | | | | | | Jagd- und Fischereiabgabe, Jagdkartenabgabe als eigene Steuer | | |
| | | | 3034 | | | | Zweitwohnungsteuer | 027 | |
| | | | 3039 | | | | Sonstige örtliche Steuern | 029, 023 | |
| | | | | | | | Zum Beispiel Verpackungsteuer, Getränkesteuer | | |
| | | 304 | | | | | Steuerähnliche Erträge | 03 | EH/ER 1 |
| | | | | | | | Soweit nicht zweckgebunden | | |
| | | | 3041 | | | | Tourismusabgabe | 030 | |
| | | | | | | | Von Personen und Unternehmen, denen aus dem Fremdenverkehr oder aus dem Kurbetrieb Vorteile erwachsen. Gäste- bzw. Kurtaxe, Tourismusabgabe, soweit zweckgebunden, und dergleichen in 3361. | | |
| | | | 3042 | | | | Abgabe von Spielbanken | 031 | |
| | | | | | | | Zuweisung des Gemeindeanteils in 313 | | |
| | | | 3049 | | | | Sonstige steuerähnliche Erträge | 032 | |
| | | | | | | | Geldwerte der von den Steuerpflichtigen geleisteten Naturaldienste wie Hand- und Spanndienste, Ablösung der Naturaldienste durch Bezahlung, Erträge aus der Befreiung vom Feuerlöschdienst bei allgemeiner Befreiung von Hand- und Spanndiensten, nicht verteilte Erträge aus Jagdpacht, Fischereipacht und dergleichen | | |
| | | 305 | | | | | Ausgleichsleistungen | 09 | EH/ER 1 |
| | | | 3051 | | | | Leistungen nach dem Familienleistungsausgleich | 091 | |
| | | | 3052 | | | | Leistungen des Landes aus der Umsetzung des Vierten Gesetzes für moderne Dienstleistungen am Arbeitsmarkt | 092 | |
| | | | | | | | Die durch das Land an die Kommunen weiterzuleitenden Zahlungsleistungen aus der Umsetzung des Vierten Gesetzes für moderne Dienstleistungen am Arbeitsmarkt sind hier nachzuweisen. | | |
| | | | 3053 | | | | Leistungen des Landes aus dem Ausgleich von Sonderlasten bei der Zusammenführung von Arbeitslosen- und Sozialhilfe nach § 11 Abs. 3a FAG | 093 | |
| | 31 | | | | | | Zuweisungen, allgemeine Umlagen und aufgelöste Sonderposten | | EH/ER 2 |
| | | 311 | | | | | Schlüsselzuweisungen | 04 | EH/ER 2 |
| | | | 3111 | | | | Allgemeine Schlüsselzuweisungen | 041 | |
| | | | 3112 | | | | Investive Schlüsselzuweisungen zur Verwendung für Instandsetzungen | | |
| | | 312 | | | | | Bedarfszuweisungen | 05 | EH/ER 2 |
| | | | 3121 | | | | Bedarfszuweisungen | | |
| | | | | | | | Bedarfszuweisungen nach Landesrecht | | |
| | | 313 | | | | | Sonstige allgemeine Zuweisungen | 06 | EH/ER 2 |
| | | | 313- | | | A | Sonstige allgemeine Zuweisungen | | |
| | | | | | | | Hier sind zu erfassen:<br>1. Zuweisungen ohne Zweckbindung, insbesondere Zuweisungen im Rahmen des Finanzausgleichs;<br>2. Ausgleichsleistungen gemäß Art. 106 Abs. 8 GG;<br>3. Zuweisungen als pauschalierte Entgelte für die Wahrnehmung bestimmter Weisungsaufgaben;<br>4. Zuweisung des Landes aus dem Aufkommen an der Grunderwerbsteuer;<br>5. Zuweisung für kommunale Zusammenschlüsse;<br>6. Zuweisungen des Aufkommens an der Spielbankabgabe.<br>Zuweisungen des Landes dürfen nur mit dem Finanzrechnungsunterkonto 61319 verknüpft werden. | | |

| Kontenklasse | Kontengruppe | Kontenart | Konto | Unterkonto 1 | Unterkonto 2 | Bereichsabgrenzung | Bezeichnung und Zuordnung | Alte Gruppierung | Position in Bilanz, Ergebnishaushalt (EH) oder Ergebnisrechnung (ER), Finanzhaushalt (FH) oder Finanzrechnung (FR) |
|---|---|---|---|---|---|---|---|---|---|
| | | 314 | | | | | Zuweisungen und Zuschüsse für laufende Zwecke | 17 | EH/ER 2 |
| | | | 314- | | | A | Zuweisungen und Zuschüsse für laufende Zwecke | | |
| | | | | | | | Hierin werden auch Rückzahlungen, soweit sie nicht vom Aufwand abgesetzt werden, und darüber hinaus insbesondere folgende Erträge aus Zuweisungen erfasst:<br>1. zur Förderung des Verkehrs, für Aufgaben der Jugendhilfe, für kulturelle Einrichtungen, zu den Kosten der Untersuchung zur Stadterneuerung und -entwicklung;<br>2. für Schulen und andere Bildungseinrichtungen;<br>3. zu den Kosten der Schülerbeförderung;<br>4. für Kindergärten;<br>5. für Krankenhäuser;<br>6. für den Betrieb von Theatern und anderen kulturellen Einrichtungen;<br>7. für Einrichtungen der Sozial- und Jugendhilfe;<br>8. für soziale Maßnahmen, zum Beispiel Maßnahmen der Erholungsfürsorge für Mütter, Kinder und Jugendliche und alte Menschen;<br>9. für Maßnahmen des Jugendschutzes;<br>10. für laufende Zwecke aus der Abwasserabgabe;<br>11. für die Straßenunterhaltung, für den öffentlichen Personennahverkehr, soweit nicht an Verkehrsunternehmen;<br>12. Personalkostenzuschüsse;<br>13. Betriebskostenzuschüsse;<br>14. Kindergartenzuschüsse an die Gemeinden;<br>15. für kulturelle Einrichtungen, soziale Leistungen, auch nach dem SGB IX, für Einrichtungen des Gesundheitswesens und dergleichen;<br>16. Verwaltungs- und Betriebskostenumlagen auch für erfüllende Gemeinden bei Verwaltungsgemeinschaften;<br>17. Zuweisungen der Bundesagentur für Arbeit für die Beschäftigung von Arbeitslosen;<br>18. Förderungszuschüsse von Sparkassen;<br>19. Förderungszuschüsse;<br>20. von Kirchen für Kindergärten;<br>21. von Jagdgenossenschaften für die Unterhaltung von Feldwegen;<br>22. von rechtsfähigen Vereinen oder Berufsorganisationen für Schulen;<br>23. Spenden, soweit die Spende gemäß einer Zweckbindung des Spendengebers zur Finanzierung ordentlicher Aufwendungen verwendet wird und mit den Spenden regelmäßig gerechnet werden kann;<br>24. Schenkungen, Erbschaften;<br>25. Erträge rechtlich selbständiger Stiftungen;<br>26. für Bundesfreiwilligendienst. | | |
| | | 316 | | | | | Auflösung von Sonderposten aus Zuwendungen, Zuweisungen, Beiträgen, Kostenerstattungen und ähnlichen Entgelten, Spenden, investiven Umlagen sowie unentgeltlichen Vermögensübertragungen | | EH/ER 2 |
| | | | 3161 | | | | Auflösung von Sonderposten aus Zuwendungen, Zuweisungen, Beiträgen, Kostenerstattungen und ähnliche Entgelten, Spenden, investive Umlagen sowie unentgeltliche Vermögensübertragungen | | |
| | | | | | | | Hier ist nur die Auflösung von Sonderposten für Beiträge zu erfassen, für die gemäß § 40 Abs. 1 SächsKomHVO Sonderposten zu bilden sind. Für Beiträge nach § 17 ff. SächsKAG ist eine Sonderpostenbildung gemäß § 36 Abs. 8 SächsKomHVO ausgeschlossen. | | |
| | | 318 | | | | | Allgemeine Umlagen | 07 | EH/ER 2 |

| Kontenklasse | Kontengruppe | Kontenart | Konto | Unterkonto 1 | Unterkonto 2 | Bereichsabgrenzung | Bezeichnung und Zuordnung | Alte Gruppierung | Position in Bilanz, Ergebnishaushalt (EH) oder Ergebnisrechnung (ER), Finanzhaushalt (FH) oder Finanzrechnung (FR) |
|---|---|---|---|---|---|---|---|---|---|
| | | | 318- | | | A | Allgemeine Umlagen | | |
| | | | | | | | Umlagen an Gemeindeverbände zur Deckung ihres allgemeinen Finanzbedarfs wie zum Beispiel Umlage an Verwaltungsverbände und Zusatzumlagen; Umlagen, die unaufgeteilt der Deckung von Aufwendungen in mehreren Aufgabenbereichen dienen wie zum Beispiel Zinsumlagen. Umlagen an die erfüllende Gemeinde einer Verwaltungsgemeinschaft in 3142. | | |
| | | | | 31821 | | | Kreisumlage | 0721 | |
| | | | | 31822 | | | Finanzausgleichsumlage nach § 25a SächsFAG | 0722 | |
| | | | | | | | Erträge des Landkreises aus der Finanzausgleichsumlage nach § 25a SächsFAG von den Gemeinden | | |
| | | | | 31823 | | | Sozialumlage nach § 22 Abs. 2 SächsKomSozVG | 0723 | |
| | | | | 31824 | | | Kulturumlage nach § 6 Abs. 3 SächsKRG | 0724 | |
| | | | | 31829 | | | Sonstige allgemeine Umlagen – Gemeinden und Gemeindeverbände | 0725 | |
| | | 319 | | | | | Aufgabenbezogene Leistungsbeteiligungen | 19 | EH/ER 2 |
| | | | 3191 | | | | Aufgabenbezogene Leistungsbeteiligungen des Bundes | | |
| | | | | | | | Hier sind zu erfassen:<br>1. Erträge aus Ausgleichsleistungen des Bundes nach § 46 Abs. 5 bis 7 SGB II. Dabei sind zweckgebundene Leistungen zu den Kosten für Unterkunft und Heizung, welche über die Länder den Kommunen zugewiesen werden, als „Leistungsbeteiligungen bei Leistungen für Unterkunft und Heizung an Leistungsberechtigte" nachzuweisen. Statistisch wird dieser Sachverhalt in Kombination mit der Produktuntergruppe 3121 erhoben;<br>2. Leistungen des Bundes nach § 6b Abs. 2 SGB II zu den von Optionskommunen übernommenen Leistungen für die „Leistungsbeteiligung beim Arbeitslosengeld II nach §§ 19 ff. SGB II ohne Leistungen für Unterkunft und Heizung"/Optionskommunen. Statistisch wird dieser Sachverhalt in Kombination mit der Produktuntergruppe 3124 erhoben;<br>3. Leistungen des Bundes nach § 6b Abs. 2 SGB II zu den von Optionskommunen übernommenen Leistungen für die „Leistungsbeteiligungen bei der Eingliederung von erwerbsfähigen Leistungsberechtigten nach § 16 Abs. 1 und Abs. 3, §§ 16b bis 16f SGB II"/ Optionskommunen. Statistisch wird dieser Sachverhalt in Kombination mit der Produktuntergruppe 3125 erhoben. | | |
| | 32 | | | | | | Sonstige Transfererträge | | EH/ER 3 |
| | | | | | | | Zu erfassen ist sämtlicher Kostenersatz einschließlich Kostenbeitrag, Aufwendungsersatz, Ersatzleistung, der in den Sozialleistungsgesetzen vorgesehen ist, soweit er den vollen oder teilweisen Ersatz einer sozialen Leistung darstellt und von privaten Personen stammt, also vom Hilfeempfänger selbst, von dessen unterhaltspflichtigen Angehörigen oder sonstigen Verpflichteten. Hierher gehört auch Kostenersatz von Sozialleistungsträgern, der rechtlich dem Versicherten zusteht, auch in solchen Fällen, in denen dieser Ersatz lediglich aus Zweckmäßigkeitsgründen als Kostenbeiträge direkt an den Sozialhilfeträger überwiesen wird, zum Beispiel als Renten von Heimbewohnern, Zuschüsse der Krankenkassen zu Erholungsmaßnahmen, Wohngeld. Darüber hinaus wird der Ersatz rückzahlbarer Hilfen (Darlehen), die im Rahmen der Sozialhilfe und Kriegsopferfürsorge gewährt wurden, hier erfasst. | | |
| | | 321 | | | | | Ersatz von sozialen Leistungen außerhalb von Einrichtungen und von Eingliederungshilfen für Menschen mit Behinderung | 24 | EH/ER 3 |
| | | | 3211 | | | | Kostenbeiträge und Aufwendungsersatz, Kostenersatz | 241 | |

| Kontenklasse | Kontengruppe | Kontenart | Konto | Unterkonto 1 | Unterkonto 2 | Bereichsabgrenzung | Bezeichnung und Zuordnung | Alte Gruppierung | Position in Bilanz, Ergebnishaushalt (EH) oder Ergebnisrechnung (ER), Finanzhaushalt (FH) oder Finanzrechnung (FR) |
|---|---|---|---|---|---|---|---|---|---|
| | | | 3212 | | | | Übergeleitete Unterhaltsansprüche gegen bürgerlich-rechtlich Unterhaltsverpflichtete | 243 | |
| | | | 3213 | | | | Leistungen von Sozialleistungsträgern | 245 | |
| | | | 3214 | | | | Sonstige Ersatzleistungen | 247 | |
| | | | 3215 | | | | Rückzahlung gewährter Hilfen (Tilgung und Zinsen von Darlehen) | 249 | |
| | | 322 | | | | | Ersatz von sozialen Leistungen in Einrichtungen | 25 | EH/ER 3 |
| | | | 3221 | | | | Kostenbeiträge und Aufwendungsersatz, Kostenersatz | 251 | |
| | | | 3222 | | | | Übergeleitete Unterhaltsansprüche gegen bürgerlich-rechtlich Unterhaltsverpflichtete | 253 | |
| | | | 3223 | | | | Leistungen von Sozialleistungsträgern | 255 | |
| | | | 3224 | | | | Sonstige Ersatzleistungen | 257 | |
| | | | 3225 | | | | Rückzahlung gewährter Hilfen (Tilgung und Zinsen von Darlehen) | 259 | |
| | | 323 | | | | | Schuldendiensthilfen | 23 | EH/ER 3 |
| | | | 323- | | | A | Schuldendiensthilfen | | |
| | | 329 | | | | | Weitere sonstige Transfererträge | | EH/ER 3 |
| | | | 3291 | | | | Weitere sonstige Transfererträge | | |
| | | | | 32911 | | | Erträge aus Grundsteuerausgleich | | |
| | | | | | | | Hier sind Erträge aus Grundsteuerausgleichsleistungen im Sinne von § 8 Abs. 5 SächsFAG zu erfassen. | | |
| | | | | 32912 | | | Erträge aus Gewerbesteuerausgleich | | |
| | | | | | | | Hier sind Erträge aus Gewerbesteuerausgleichsleistungen im Sinne von § 8 Abs. 5 SächsFAG zu erfassen. | | |
| | | | | 32919 | | | Weitere sonstige Transfererträge | | |
| | 33 | | | | | | Öffentlich-rechtliche Leistungsentgelte | | EH/ER 4, EH/ER 9 |
| | | 331 | | | | | Verwaltungsgebühren | 10 | EH/ER 4 |
| | | | 3311 | | | | Verwaltungsgebühren | | |
| | | | | | | | Zu erfassen sind insbesondere öffentlich-rechtliche Entgelte für die Inanspruchnahme von Verwaltungsleistungen im engeren Sinne (Amtshandlungen). Dies können insbesondere Passgebühren, Genehmigungsgebühren, Gebühren für die Bauüberwachung, Baugenehmigung, Brandverhütungsschau, Gebühren für Beglaubigungen, für Erlaubnisscheine, Ersatzvornahmen, Vermessungs- und Abmarkungsgebühren, Fischereigebühren sein. Der Ersatz von besonderen Auslagen kann hier ausgewiesen werden. | | |
| | | 332 | | | | | Benutzungsgebühren und ähnliche Entgelte | 11 | EH/ER 4 |
| | | | 3321 | | | | Benutzungsgebühren und ähnliche Entgelte | | |
| | | | | | | | Zu erfassen sind insbesondere Entgelte für:<br>1. die Benutzung von öffentlichen Einrichtungen und die Inanspruchnahme wirtschaftlicher Dienstleistungen, insbesondere:<br>a) die Lieferung von Gas, Wasser, Fernwärme, Strom, einschließlich Grundgebühren;<br>b) die Zählermiete;<br>2. die Benutzung von Verkehrsunternehmen;<br>3. EDV-Leistungen;<br>4. die Inanspruchnahme von Einrichtungen der Feuerwehr, des Fuhrparks, der Müllabfuhr, der Tierkörperbeseitigung, der Fleischbeschau, der Einrichtungen des Schlacht- und Viehhofs, der Straßenreinigung, des Bestattungswesens;<br>5. die Sondernutzung von Straßen;<br>6. die Abwasserbeseitigung einschließlich Erträge aus der Abwälzung der anstelle von Einleitern zu entrichtenden Abwasserabgabe;<br>7. die Arbeiten zur Unterhaltung von Straßen, Anlagen und dergleichen;<br>8. die Pflege von Gräbern;<br>9. die Herstellung und Unterhaltung der Hausanschlüsse für Strom, Gas, Wasser, Abwasser;<br>10. bakteriologische Untersuchungen. | | |

| Kontenklasse | Kontengruppe | Kontenart | Konto | Unterkonto 1 | Unterkonto 2 | Bereichsabgrenzung | Bezeichnung und Zuordnung | Alte Gruppierung | Position in Bilanz, Ergebnishaushalt (EH) oder Ergebnisrechnung (ER), Finanzhaushalt (FH) oder Finanzrechnung (FR) |
|---|---|---|---|---|---|---|---|---|---|
| | | | | | | | Darüber hinaus fallen hierunter:<br>11. Parkgebühren;<br>12. Wiegegebühren;<br>13. Zuchttierumlagen;<br>14. Pflegegelder der Krankenhäuser ohne Sonderrechnungen, der Alten- und Pflegeheime und sonstiger Einrichtungen der Sozial- und Jugendhilfe, auch Einkaufsgelder;<br>15. Entgelte von Asylberechtigten und Kontingentflüchtlingen für die Gewährung von Leistungen in Gemeinschaftseinrichtungen;<br>16. Eintrittsgelder zu kulturellen oder sportlichen Veranstaltungen;<br>17. Kindergartenbeiträge.<br>Entgelte für Veranstaltungsprogramme und dergleichen können zusammen mit den Benutzungsgebühren oder ähnlichen Entgelten ausgewiesen werden. | | |
| | | 334 | | | | | Schülerbeförderungsentgelt | | EH/ER 4 |
| | | 336 | | | | | Sonstige zweckgebundene Abgaben | 12 | EH/ER 4 |
| | | | 3361 | | | | Sonstige zweckgebundene Abgaben | | |
| | | | | | | | Hier sind insbesondere Gäste- bzw. Kurtaxe, Kurbeiträge oder ähnliche Entgelte zur Finanzierung öffentlicher Anlagen, Tourismusabgabe, soweit zweckgebunden, zu erfassen. | | |
| | | 338 | | | | | Auflösung von Sonderposten für den Gebührenausgleich | | EH/ER 9 |
| | 34 | | | | | | Privatrechtliche Leistungsentgelte, Kostenerstattungen und Kostenumlagen | | EH/ER 5, EH/ER 6 |
| | | 341 | | | | | Mieten und Pachten | 14 | EH/ER 5 |
| | | | 3411 | | | | Mieten und Pachten | | |
| | | | | | | | Zu erfassen sind hierunter insbesondere Erträge aus Vermietung und Verpachtung von Grundstücken, Wohn- und Geschäftsräumen, Schulräumen, Dienst- und Werkswohnungen, Altenwohnungen, von Betriebsanlagen, Garagen, Standplätzen auf Märkten und Messen, Reklameflächen. Darüber hinaus fallen hierunter Entgelte für die Überlassung von Inventar in vermieteten Räumen, besonderer Ersatz für Nebenleistungen im Rahmen von Miet- und Pachtverträgen, die Erträge aus Erbbaurecht, Erbpacht und der Jagd- und Fischereipacht aus eigenen Grundstücken und der Mietwert der freien Wohnung des Anstalts- und Pflegepersonals sowie der auf die Dienstbezüge angerechneten Dienstwohnung. | | |
| | | 342 | | | | | Verkauf | 13 | EH/ER 5 |
| | | | 3421 | | | | Verkauf | | |
| | | | | | | | Hierunter fallen insbesondere Erträge:<br>1. aus dem Verkauf beweglicher Sachen, die als Vorräte erfasst waren;<br>2. aus dem Verkauf von Drucksachen aller Art, wobei Entgelte für Veranstaltungsprogramme und dergleichen auch zusammen mit den anderen Entgelten für die Veranstaltung bei 3321 nachgewiesen werden können;<br>3. aus Erlösen für landwirtschaftliche, forstwirtschaftliche und gärtnerische Erzeugnisse sowie für Tiere;<br>4. aus Erlösen für Erzeugnisse und Leistungen von Werkstätten;<br>5. aus Erlösen für die Abgabe von Gegenständen von Materialbeschaffungsstellen wie Bauhof oder Zentralapotheke in Krankenhäusern;<br>6. aus Erlösen für Altmaterial;<br>7. aus Erlösen für die Abgabe von Verpflegung an Bedienstete und Gäste. | | |

| Kontenklasse | Kontengruppe | Kontenart | Konto | Unterkonto 1 | Unterkonto 2 | Bereichsabgrenzung | Bezeichnung und Zuordnung | Alte Gruppierung | Position in Bilanz, Ergebnishaushalt (EH) oder Ergebnisrechnung (ER), Finanzhaushalt (FH) oder Finanzrechnung (FR) |
|---|---|---|---|---|---|---|---|---|---|
| | | 343 | | | | | Privatrechtliche Entgelte für die Benutzung öffentlicher Einrichtungen | | EH/ER 5 |
| | | | 3431 | | | | Privatrechtliche Entgelte für die Benutzung öffentlicher Einrichtungen | | |
| | | | | | | | Hierunter sind privatrechtliche Entgelte für die Benutzung öffentlicher Einrichtungen zu erfassen, soweit diese aufgrund einer privatrechtlichen Ausgestaltung des Benutzungsverhältnisses mit der betroffenen öffentlichen Einrichtung anstelle öffentlich-rechtlicher Entgelte erhoben werden. | | |
| | | 346 | | | | | Sonstige privatrechtliche Leistungsentgelte | 150/157 | EH/ER 5 |
| | | | 3461 | | | | Sonstige privatrechtliche Leistungsentgelte | | |
| | | | | | | | Hierunter sind insbesondere folgende Erträge zu erfassen:<br>1. für Ersatzleistungen auf Schadensfälle;<br>2. für Beratungen;<br>3. aus Werkverträgen;<br>4. aus Regressansprüchen;<br>5. aus der Ablieferung aus Nebentätigkeiten;<br>6. aus Tantiemen aus der Ausübung einer Aufsichtsratstätigkeit;<br>7. aus Ersatz für die private Nutzung öffentlicher Fernsprecheinrichtungen. | | |
| | | 348 | | | | | Kostenerstattungen und Kostenumlagen | 16 | EH/ER 6 |
| | | | 348- | | | A | Kostenerstattungen und Kostenumlagen | | |
| | | | | | | | Erstattungen sind Ersatz für Aufwendungen der laufenden Verwaltungstätigkeit, die eine Stelle für eine andere erbracht hat. Hierunter werden auch Rückzahlungen erfasst, soweit diese nicht vom Aufwand abgesetzt werden. Hierunter fallen insbesondere Erträge aus Kostenerstattungen:<br>1. für den Anteil des Bundes an den Kosten bzw. Erstattungen von Kosten der Krankenversorgung nach § 276 LAG und anderer abrechnungsfähiger Leistungen;<br>2. der Sozialhilfeträger;<br>3. der Kriegsfolgenhilfe;<br>4. für rückzahlbare Hilfen;<br>5. der Sozialhilfe für Deutsche im Ausland;<br>6. für Aufwand im Rahmen des Katastrophenschutzes;<br>7. für Aufwand für den Unterhalt von Ortsdurchfahrten im Zuge von Bundesstraßen in der Baulast des Bundes, soweit nicht für Rechnung des Bundes, und des Landes;<br>8. für Versorgungslasten;<br>9. für Wahlen, Zählungen, Volksentscheide und Ähnliches;<br>10. für Dienstbezüge;<br>11. Schülerbeförderungskosten;<br>12. Verwaltungsaufwand im Zusammenhang mit der Durchführung des AbwAG und der Erhebung der Fehlbelegungsabgabe;<br>13. von sozialen Leistungen, wie Erstattungen nach §§ 103 ff. SGB XII, Erstattungen für Kosten der Grundsicherung im Alter und bei Erwerbsminderung nach § 46a SGB XII, Erstattungen für die von den Fürsorgestellen im Auftrag der Hauptfürsorgestellen erbrachten Leistungen der Kriegsopferfürsorge (Erholungs- und Wohnungshilfe);<br>14. für Schulkosten aufgrund öffentlich-rechtlicher Vereinbarung oder Gesetze;<br>15. für die Pauschale für die Gräber der Opfer von Krieg und Gewaltherrschaft;<br>16. für Kosten für gemeinsame Verwaltungseinrichtungen und bei gemeinsamer Aufgabenerfüllung; | | |

| Kontenklasse | Kontengruppe | Kontenart | Konto | Unterkonto 1 | Unterkonto 2 | Bereichsabgrenzung | Bezeichnung und Zuordnung | Alte Gruppierung | Position in Bilanz, Ergebnishaushalt (EH) oder Ergebnisrechnung (ER), Finanzhaushalt (FH) oder Finanzrechnung (FR) |
|---|---|---|---|---|---|---|---|---|---|
| | | | | | | | 17. für Kosten von Feuerwehreinsätzen im Rahmen der Hilfeleistung;<br>18. zwischen den Trägern sozialer Leistungen;<br>19. für gemeinsame Unterhaltung und Mitbenutzung von Sportstätten, Kläranlagen, Friedhöfen und anderen Einrichtungen;<br>20. für Verwaltungskosten;<br>21. für Verwaltungskosten von Trägern der gesetzlichen Sozialversicherung und der öffentlichen Zusatzversorgung; 22. für Verwaltungsleistungen durch Eigenbetriebe, Eigengesellschaften, Krankenhäuser und Kliniken mit kaufmännischem Rechnungswesen;<br>23. für Verwaltungsleistungen von Sparkassen und Sparkassenzweckverbänden;<br>24. von Brandversicherungsanstalten, Genossenschaften, Versicherungen und dergleichen;<br>25. für die Einziehung von Beiträgen von Dritten;<br>26. für Verwaltungsleistungen durch Berufsvertretungen, Innungen, Industrie-, Handels- und Handwerkskammern, Stiftungen und Verbänden. | | |
| | 35 | | | | | | Sonstige ordentliche Erträge aus laufender Verwaltungstätigkeit | | EH/ER 9 |
| | | 351 | | | | | Konzessionsabgaben | 22 | EH/ER 9 |
| | | | 3511 | | | | Konzessionsabgaben | | |
| | | | | | | | Konzessionsabgaben von wirtschaftlichen Unternehmen | | |
| | | 352 | | | | | Erstattung von Steuern | | EH/ER 9 |
| | | | 3521 | | | | Erstattung von Steuern | | |
| | | | | | | | Soweit die Kommune steuerpflichtig ist | | |
| | | 356 | | | | | Besondere Erträge | 26 | EH/ER 9 |
| | | | 3561 | | | | Bußgelder | 260 | |
| | | | | | | | Hierunter fallen Verwarn- und Bußgelder, Zwangsgelder, Sühnegelder aus Schiedsverfahren, Disziplinarstrafen und Ordnungsstrafen. | 261 | |
| | | | 3562 | | | | Säumniszuschläge | | |
| | | | | | | | Hierunter fallen Säumniszuschläge, Stundungs-, Verzugs- und Prozesszinsen, Beitreibungsgebühren und Nebenforderungen, soweit diese Erträge nicht ausnahmsweise mit der Hauptforderung gebucht werden, sowie Nachzahlungszinsen (Nachzahlungszinsen auf Steuerforderungen unter Kto. 3691). | | |
| | | | 3563 | | | | Inanspruchnahme von Gewährverträgen und Bürgschaften | 262 | |
| | | 357 | | | | | Auflösung von sonstigen Sonderposten | | EH/ER 9 |
| | | 358 | | | | | Nicht zahlungswirksame ordentliche Erträge | | EH/ER 9 |
| | | | 3581 | | | | Zuschreibungen | | |
| | | | | | | | Hierunter fallen insbesondere Wertzuschreibungen beim Sachanlagevermögen (zum Beispiel Festwertanpassungen) sowie beim Finanzvermögen im Zuge der Anpassung von Beteiligungsansätzen. Wertaufholungen gemäß § 44 Abs. 6 Satz 2 SächsKomHVO sind im Sonderergebnis zu erfassen. | | |
| | | | 3582 | | | | Auflösung von Rückstellungen | | |
| | | | | | | | Erträge aus der Herabsetzung von Rückstellungen, wenn die ursprüngliche Rückstellung zu hoch bemessen war, sind hier zu erfassen, soweit die Auflösung im Rahmen der gewöhnlichen Geschäfts- und Verwaltungstätigkeit erfolgt. | | |
| | | | 3583 | | | | Sonstige nicht zahlungswirksame ordentliche Erträge | | |
| | | | | | | | Hierunter sind unter anderem Erträge aus der Auflösung oder Herabsetzung von Wertberichtigungen auf Forderungen in Form von Einzelwertberichtigungen oder Pauschalwertberichtigungen zu erfassen. | | |
| | | | | 35831 | | | Auflösung oder Herabsetzung von Einzelwertberichtigungen auf Forderungen | | |
| | | | | 35832 | | | Auflösung oder Herabsetzung von Pauschalwertberichtigungen auf Forderungen | | |

| Kontenklasse | Kontengruppe | Kontenart | Konto | Unterkonto 1 | Unterkonto 2 | Bereichsabgrenzung | Bezeichnung und Zuordnung | Alte Gruppierung | Position in Bilanz, Ergebnishaushalt (EH) oder Ergebnisrechnung (ER), Finanzhaushalt (FH) oder Finanzrechnung (FR) |
|---|---|---|---|---|---|---|---|---|---|
| | | | | 35839 | | | Sonstige nicht zahlungswirksame ordentliche Erträge | | |
| | | 359 | | | | | Weitere sonstige ordentliche Erträge aus laufender Verwaltungstätigkeit | 263 | EH/ER 9 |
| | | | 3591 | | | | Weitere sonstige ordentliche Erträge aus laufender Verwaltungstätigkeit | | |
| | | | | | | | Hierunter fallen Konventionalstrafen, Ausgleichsabgabe nach dem SGB IX, einbehaltenes Disagio bei Hingabe von Darlehen und Abfindungen im Zusammenhang mit Gebietsänderungen. | | |
| | 36 | | | | | | Zinsen und sonstige Finanzerträge | | EH/ER 7 |
| | | 361 | | | | | Zinserträge | 20 | EH/ER 7 |
| | | | 361- | | | B | Zinserträge | | |
| | | | | | | | Hierunter fallen insbesondere Erträge für Zinsen:<br>1. aus Darlehen;<br>2. aus Geldanlagen;<br>3. aus Einlagen bei Kreditinstituten;<br>4. aus festverzinslichen Wertpapieren;<br>5. aus Bausparverträgen;<br>6. aus dem Giro- und Kontokorrentverkehr;<br>7. aus Restkaufgeldern und Kaufpreisresten;<br>8. aus Forderungen aus Umlegungsgeschäften wie zum Beispiel Ausgleichsabgabe bei Stadtsanierungsmaßnahmen;<br>9. aus Rentenzahlungen auf Erschließungsbeiträge;<br>10. aus der Anlage des Vermögens rechtlich unselbständiger Stiftungen. | | |
| | | 365 | | | | | Erträge aus Gewinnanteilen aus verbundenen Unternehmen, Beteiligungen und Sondervermögen | 21 | EH/ER 7 |
| | | | 3651 | | | | Erträge aus Gewinnanteilen aus verbundenen Unternehmen, Beteiligungen und Sondervermögen | | |
| | | | | | | | Hierunter fallen insbesondere Gewinnablieferungen, Dividenden und Ausschüttungen der eigenen wirtschaftlichen Unternehmen, Beteiligungen und Sondervermögen ohne Rücksicht auf deren Rechtsform, sowie Entnahmen. | | |
| | | 369 | | | | | Sonstige Finanzerträge | | EH/ER 7 |
| | | | 3691 | | | | Sonstige Finanzerträge | | |
| | | | | | | | Hierunter fallen insbesondere Erträge aus der Verzinsung von Steuernachforderungen und Erstattungen, aus Rückvergütungen und aus Anteilen am Bilanzgewinn der Sparkassen. | | |
| | 37 | | | | | | Aktivierte Eigenleistungen und Bestandsveränderungen | | EH/ER 8 |
| | | 371 | | | | | Aktivierte Eigenleistungen | | EH/ER 8 |
| | | 372 | | | | | Bestandsveränderungen | | EH/ER 8 |
| | 38 | | | | | | Interne Leistungsbeziehungen | | |
| | | 381 | | | | | Interne Leistungsbeziehungen | | |
| | | | | | | | Erstattung von Kosten zwischen den Produkten. Diese Erträge müssen mit den Aufwendungen in 481 übereinstimmen. | | |
| 4 | | | | | | | Ordentliche Aufwendungen | | Ergebnishaushalt (EH) § 2 Abs. 1 SächsKomHVO, Ergebnisrechnung (ER) § 48 Abs. 1 SächsKomHVO |
| | 40 | | | | | | Personalaufwendungen | 4 | EH/ER 11 |
| | | | | | | | Nicht zu den Personalaufwendungen zählen Aufwendungen für die Inanspruchnahme von Dienstleistungen aufgrund von Werkverträgen oder ähnlichen Vertragsformen. Auszahlungen für Vertragsarchitekten, Vertragsingenieure und Ähnliches werden als Nebenkosten dem Unterhaltungsaufwand oder den Bauausgaben zugeordnet. | | |

| Kontenklasse | Kontengruppe | Kontenart | Konto | Unterkonto 1 | Unterkonto 2 | Bereichsabgrenzung | Bezeichnung und Zuordnung | Alte Gruppierung | Position in Bilanz, Ergebnishaushalt (EH) oder Ergebnisrechnung (ER), Finanzhaushalt (FH) oder Finanzrechnung (FR) |
|---|---|---|---|---|---|---|---|---|---|
| | | 401 | | | | | Dienstaufwendungen | 401 | EH/ER 11 |
| | | | | | | | Zu erfassen sind:<br>1. Dienstbezüge;<br>2. Stellenzulagen;<br>3. Amtszulagen;<br>4. Ausgleichszulagen;<br>5. Leistungen zur Vermögensbildung der Beschäftigten;<br>6. Urlaubsgeld;<br>7. andere Zulagen und Zuschläge;<br>8. Abgeltung für Überstunden;<br>9. Abfindungen;<br>10. Übergangsgelder ohne Übergangsgelder nach BeamtVG;<br>11. Aufwandsentschädigungen als besondere Zulagen für einen allgemeinen, mit der Stelle zusammenhängenden Aufwand (funktionsbedingte Aufwandsentschädigungen bei 4411);<br>12. Vergütungen und Löhne für Stellvertretung und Aushilfe;<br>13. Architektenleistungen, Ingenieurleistungen und Ähnliches für Baumaßnahmen, soweit es sich um Aufwendungen für eigenes Personal handelt;<br>14. Sachbezüge, die unter Berücksichtigung ihres wirtschaftlichen Werts auf die Dienstbezüge angerechnet werden wie zum Beispiel Holz, Dienstwohnung, Dienstgrundstücke;<br>15. Jubiläumszuwendungen;<br>16. Leistungen zur Vermögensbildung der Arbeitnehmer. | | |
| | | | 4011 | | | | Dienstaufwendungen für Beamte | 410 | |
| | | | | | | | Zu erfassen sind:<br>1. Bezüge der Beamten;<br>2. Grundgehälter einschließlich Zulagen und Zuschläge zum Grundgehalt;<br>3. Ortszuschlag;<br>4. Anwärterbezüge;<br>5. Unterhaltsbeihilfen für Dienstanfänger;<br>6. Unterhaltszuschüsse. | | |
| | | | 4012 | | | | Dienstaufwendungen für Arbeitnehmer | 414 | |
| | | | | | | | Tarifliche und frei vereinbarte Entgelte | | |
| | | | 4017 | | | | Dienstaufwendungen für Beschäftigte mit Förderung nach § 16i SGB II | | |
| | | | 4018 | | | | Dienstaufwendungen für Kommunal-Kombi-Beschäftigte | | |
| | | | 4019 | | | | Dienstaufwendungen für sonstige Beschäftigte | 416 | |
| | | | | | | | Zu erfassen sind:<br>1. Entgelte für nebenamtlich oder nebenberuflich tätige Personen, die ihren Hauptberuf in einer anderen Verwaltung oder einem anderen Betrieb ausüben wie beispielsweise Kreisbildstellenleiter, Geistliche als Religionslehrer, nebenamtliche gemeinsame Fachbeamte; Aufwendungen für ehrenamtliche Tätigkeit sind bei 4421 zu erfassen;<br>2. Entgelte an Ruhestandsbeamte, die weiterbeschäftigt werden;<br>3. Entgelte für Stellvertretung und Aushilfen, soweit nicht auf 4011 oder 4012 aufteilbar;<br>4. Entgelte und Vergütungen an Praktikanten und Auszubildende, soweit nicht auf 4011 oder 4012 aufteilbar;<br>5. Entgelte für Dozenten, Lehrer und Prüfungskräfte, soweit nicht den sächlichen Geschäftsaufwendungen zuzuordnen;<br>6. Honorare für freie Mitarbeiter und Sachverständige;<br>7. Entgelte an nicht ständig oder nebenberuflich Beschäftigte in kulturellen Einrichtungen;<br>8. pauschalierte Lohnsteuer. | | |

| Kontenklasse | Kontengruppe | Kontenart | Konto | Unterkonto 1 | Unterkonto 2 | Bereichsabgrenzung | Bezeichnung und Zuordnung | Alte Gruppierung | Position in Bilanz, Ergebnishaushalt (EH) oder Ergebnisrechnung (ER), Finanzhaushalt (FH) oder Finanzrechnung (FR) |
|---|---|---|---|---|---|---|---|---|---|
| | | 402 | | | | | Beiträge zu Versorgungskassen | 43 | EH/ER 11 |
| | | | | | | | Zu erfassen sind:<br>1. Umlagen und Beiträge zu fremden Pensions-, Versorgungs- und Zusatzversorgungskassen sowie zu eigenen Pensions-, Versorgungs- und Zusatzversorgungskassen, für die eine Sonderrechnung geführt wird;<br>2. Umlagen an den Kommunalen Versorgungsverband;<br>3. Umlagen an Zusatzversorgungskassen.<br>Zahlungen aus eigenen Pensions- und Versorgungskassen ohne Sonderrechnung sind Versorgungsbezüge. | | |
| | | | 4021 | | | | Beiträge zu Versorgungskassen für Beamte | 430 | |
| | | | 4022 | | | | Beiträge zu Versorgungskassen für Arbeitnehmer | 434 | |
| | | | 4027 | | | | Beiträge zu Versorgungskassen für Beschäftigte mit Förderung nach § 16i SGB II | | |
| | | | 4028 | | | | Beiträge zu Versorgungskassen für Kommunal-Kombi-Beschäftigte | 449 | |
| | | | 4029 | | | | Beiträge zu Versorgungskassen für sonstige Beschäftigte | 436 | |
| | | 403 | | | | | Beiträge zur gesetzlichen Sozialversicherung | 44 | EH/ER 11 |
| | | | | | | | Zu erfassen sind:<br>1. Arbeitgeberanteile zur gesetzlichen Krankenversicherung einschließlich Ersatzkassen;<br>2. zur gesetzlichen Pflegeversicherung;<br>3. zur Rentenversicherung;<br>4. zur Arbeitslosenversicherung;<br>5. zur Ärzteversorgungskasse;<br>6. Arbeitgeberzuschuss zur freiwilligen Krankenversicherung;<br>7. Nachversicherung von Beamten;<br>8. Höherversicherung in der gesetzlichen Sozialversicherung;<br>9. Zuschüsse zur befreienden Lebensversicherung;<br>10. Umlage zur gesetzlichen Unfallversicherung;<br>11. Beiträge zur Berufsgenossenschaft. | | |
| | | | 4031 | | | | Beiträge zur gesetzlichen Sozialversicherung für Beamte | 440 | |
| | | | 4032 | | | | Beiträge zur gesetzlichen Sozialversicherung für Arbeitnehmer | 444 | |
| | | | 4037 | | | | Beiträge zur gesetzlichen Sozialversicherung für Beschäftigte mit Förderung nach § 16i SGB II | | |
| | | | 4038 | | | | Beiträge zur gesetzlichen Sozialversicherung für Kommunal-Kombi-Beschäftigte | | |
| | | | 4039 | | | | Beiträge zur gesetzlichen Sozialversicherung für sonstige Beschäftigte | 446 | |
| | | | | | | | Künstlersozialabgabe für eigenes Personal | | |
| | | 404 | | | | | Beihilfen und Unterstützungsleistungen für Beschäftigte | 45 | EH/ER 11 |
| | | | 4041 | | | | Beihilfen und Unterstützungsleistungen für Beschäftigte | | |
| | | | | | | | Zu erfassen sind:<br>1. Beihilfen nach den Beihilfevorschriften an Beamte und Arbeitnehmer, einschließlich Umlagen und Beiträge, die an Versorgungskassen und ähnliche Einrichtung zur Gewährung von Beihilfen gezahlt werden;<br>2. einmalige und laufende Unterstützungen nach den Unterstützungsgrundsätzen an Beamte und Arbeitnehmer;<br>3. Unfallfürsorge;<br>4. Aufwendungen für Reihenuntersuchungen, Untersuchungen vor lebenslänglicher Anstellung von Beamten und dergleichen;<br>5. Zuschüsse zum Mutterschaftsgeld;<br>6. Aufwendungen für Schutzimpfungen und Ähnliches. | | |
| | | 407 | | | | | Zuführungen zu Rückstellungen im Personalbereich | | EH/ER 11 |
| | | | 4071 | | | | Zuführungen zu Rückstellungen für Entgeltzahlungen für Zeiten der Freistellung von der Arbeit im Rahmen von Altersteilzeit | | |

| Kontenklasse | Kontengruppe | Kontenart | Konto | Unterkonto 1 | Unterkonto 2 | Bereichsabgrenzung | Bezeichnung und Zuordnung | Alte Gruppierung | Position in Bilanz, Ergebnishaushalt (EH) oder Ergebnisrechnung (ER), Finanzhaushalt (FH) oder Finanzrechnung (FR) |
|---|---|---|---|---|---|---|---|---|---|
| | | | 4079 | | | | Sonstige Zuführungen zu Rückstellungen im Personalbereich | | |
| | | | | | | | Zu erfassen sind hier beispielsweise Rückstellungen für Urlaub und Gleitzeitguthaben, Jubiläen und Ähnliches. | | |
| | 41 | | | | | | Versorgungsaufwendungen | | EH/ER 12 |
| | | 411 | | | | | Versorgungsaufwendungen | 42 | EH/ER 12 |
| | | | | | | | Zu erfassen sind:<br>1. Ruhegelder;<br>2. Unterhaltsbeiträge;<br>3. Hinterbliebenenbezüge;<br>4. Witwen- und Waisenbezüge;<br>5. Verschollenheitsbezüge;<br>6. Sterbegelder;<br>7. Unfallfürsorge (ohne Erstattung von Sachschäden);<br>8. Übergangsgelder nach BeamtVG;<br>9. Ausgleich bei besonderen Altersgrenzen;<br>10. Überbrückungshilfen bei Vorruhestandsregelungen. | | |
| | | | 4111 | | | | Versorgungsaufwendungen für Beamte | 420 | |
| | | | 4112 | | | | Versorgungsaufwendungen für Arbeitnehmer | 424 | |
| | | | 4119 | | | | Versorgungsaufwendungen für sonstige Beschäftigte | 426 | |
| | | 413 | | | | | Beiträge zur gesetzlichen Sozialversicherung für Versorgungsempfänger | 44 | EH/ER 12 |
| | | | | | | | Zu erfassen sind Beiträge für Versorgungsempfänger:<br>1. Arbeitgeberanteile zur gesetzlichen Krankenversicherung einschließlich Ersatzkassen;<br>2. zur Rentenversicherung;<br>3. zur Arbeitslosenversicherung;<br>4. zur Ärzteversorgungskasse;<br>5. Arbeitgeberzuschuss zur freiwilligen Krankenversicherung;<br>6. Nachversicherung von Beamten;<br>7. Höherversicherung in der gesetzlichen Sozialversicherung;<br>8. Zuschüsse zur befreienden Lebensversicherung;<br>9. Umlage zur gesetzlichen Unfallversicherung, sofern nicht in 4441;<br>10. Beiträge zur Berufsgenossenschaft;<br>11. Krankenversicherungsbeiträge während eventueller Sperr- und Ruhenszeiten bei Vorruhestandsregelungen. | | |
| | | | 4131 | | | | Beiträge zur gesetzlichen Sozialversicherung für Versorgungsempfänger für Beamte | 440 | |
| | | | 4132 | | | | Beiträge zur gesetzlichen Sozialversicherung für Versorgungsempfänger für Arbeitnehmer | 444 | |
| | | | 4139 | | | | Beiträge zur gesetzlichen Sozialversicherung für Versorgungsempfänger für sonstige Beschäftigte | 446 | |
| | | | | | | | Künstlersozialabgabe für eigenes Personal | | |
| | | 414 | | | | | Beihilfen und Unterstützungsleistungen für Versorgungsempfänger | 45 | EH/ER 12 |
| | | | 4141 | | | | Beihilfen und Unterstützungsleistungen für Versorgungsempfänger | | |
| | | | | | | | Zu erfassen sind:<br>1. Beihilfen nach den Beihilfevorschriften an Versorgungsempfänger und Hinterbliebene einschließlich Umlagen und Beiträge, die an Versorgungskassen und ähnliche Einrichtung zur Gewährung von Beihilfen geleistet werden;<br>2. einmalige und laufende Unterstützungen nach den Unterstützungsgrundsätzen für Versorgungsempfänger und Hinterbliebene;<br>3. Unterstützungen an Versorgungsempfänger und Hinterbliebene;<br>4. Kosten von Untersuchungen;<br>5. Mutterschaftsgeld und Zuschüsse zum Mutterschaftsgeld;<br>6. Kosten der Schutzimpfungen und dergleichen. | | |

| Kontenklasse | Kontengruppe | Kontenart | Konto | Unterkonto 1 | Unterkonto 2 | Bereichsabgrenzung | Bezeichnung und Zuordnung | Alte Gruppierung | Position in Bilanz, Ergebnishaushalt (EH) oder Ergebnisrechnung (ER), Finanzhaushalt (FH) oder Finanzrechnung (FR) |
|---|---|---|---|---|---|---|---|---|---|
| | 42 | | | | | | Sach- und Dienstleistungen | | EH/ER 13 |
| | | 421 | | | | | Unterhaltung der Grundstücke und baulichen Anlagen | 50 | EH/ER 13 |
| | | | 4211 | | | | Unterhaltung der Grundstücke und baulichen Anlagen | | |
| | | | | | | | Die laufende Unterhaltung dient der Erhaltung und hat keine erhebliche Veränderung oder Werterhöhung zur Folge. Zu erfassen sind Aufwendungen aufgrund von Werk- oder ähnlichen Verträgen zur Unterhaltung der Grundstücke und baulichen Anlagen. Hierunter fallen die laufende Unterhaltung einschließlich Materialausgaben:<br>1. eigener, gemieteter und gepachteter Grundstücke;<br>2. von Anlagen;<br>3. von Gebäuden und einzelner Räume;<br>4. der zu den Gebäuden gehörenden Gärten, Grün- und sonstigen Außenanlagen wie zum Beispiel Zufahrten, Wege, Treppen, Mauern, Pausen- und Spielplätze, Turnspielgeräte, Wallanlagen;<br>5. von Bestandteilen, die baulich oder fest mit dem Gebäude oder Grundstück verbunden sind, wie:<br>a) Heizungs- und Klimaanlagen;<br>b) Küchen- und Wäschereianlagen;<br>c) Leitungen für Wasser, Gas, Strom, Fernwärme, Abwasser;<br>d) Fernmeldeanlagen;<br>e) Trafostationen;<br>f) eingebaute Beleuchtungsanlagen und Verdunkelungseinrichtungen;<br>g) Aufzüge, Fahrstühle, Rolltreppen, Transportanlagen wie zum Beispiel Rohrpost, Seilpost und Ähnliches;<br>h) Uhren- und Klingelanlagen;<br>i) Sicherungs- und Alarmeinrichtungen;<br>j) Blitzableiter- und Brandschutzanlagen;<br>k) Antennen;<br>l) Einbauschränke;<br>6. von baulichen Anlagen auf land- oder forstwirtschaftlich oder in anderer Weise genutzten unbebauten Grundstücken wie zum Beispiel feste Umzäunungen und dergleichen;<br>7. die Aufwendungen für die Beseitigung von Unwetter-, Katastrophen-, Tumult-, Manöver-, Kriegs-, Einbruch-, Wasser-, Feuer- und Sturmschäden. Kosten für Abbruchmaßnahmen, soweit diese nicht im Rahmen von Neubaumaßnahmen entstehen. | | |
| | | 422 | | | | | Unterhaltung des sonstigen unbeweglichen Vermögens | | EH/ER 13 |
| | | | 4221 | | | | Unterhaltung des sonstigen unbeweglichen Vermögens | 51 | |
| | | | | | | | Hierunter fallen die laufende Unterhaltung, einschließlich der Materialausgaben insbesondere für:<br>1. Straßen, Wege, Brücken, Unterführungen, Parkplätze, einschließlich Straßenbeleuchtung, Verkehrssicherungs- und Signalanlagen (Lichtzeichenanlagen);<br>2. Parkuhren;<br>3. Wasserstraßen;<br>4. Flussbauten;<br>5. Meliorationen;<br>6. Ufermauern;<br>7. Dämme;<br>8. Deiche;<br>9. Hafenanlagen;<br>10. Gewässer;<br>11. Tiefbauten der Abwasserbeseitigung und -reinigung sowie der Wasserversorgung;<br>12. Sportanlagen;<br>13. Spielplätze;<br>14. Freibäder;<br>15. Spiel- und Liegewiesen;<br>16. Campingplätze;<br>17. Trimmpfade; | | |

| Kontenklasse | Kontengruppe | Kontenart | Konto | Unterkonto 1 | Unterkonto 2 | Bereichsabgrenzung | Bezeichnung und Zuordnung | Alte Gruppierung | Position in Bilanz, Ergebnishaushalt (EH) oder Ergebnisrechnung (ER), Finanzhaushalt (FH) oder Finanzrechnung (FR) |
|---|---|---|---|---|---|---|---|---|---|
| | | | | | | | 18. Wander- und Erholungswege;<br>19. Wald-, Park- und Gartenanlagen;<br>20. Friedhöfe;<br>21. Einrichtungen der Löschwasserentnahme;<br>22. Abfallverbrennungsanlagen;<br>23. Mülldeponien;<br>24. sonstige öffentliche Anlagen;<br>25. sonstige unbebaute Grundstücke. | | |
| | | 423 | | | | | Mieten und Pachten | | EH/ER 13 |
| | | | 4231 | | | | Mieten und Pachten | 53 | |
| | | | | | | | Hier sind zu erfassen:<br>1. Miet- und Pachtausgaben für Gebäude, einzelne Diensträume und Grundstücke;<br>2. Mieten für angemietete Dienst- und Werkdienstwohnungen, Dienstzimmerentschädigungen.Erbbauzinsen, Erbpachtzinsen;<br>3. Mieten für Maschinen, EDV-Anlagen, Fahrzeuge, Zeiterfassungs- und andere Geräte, Einrichtungsgegenstände. | | |
| | | | 4232 | | | | Leasing | 53 | |
| | | | | | | | Laufende Leistungen aufgrund von Leasing-Verträgen, wenn das Objekt nach Vertragsablauf nicht in das Eigentum der Gemeinde übergeht | | |
| | | 424 | | | | | Bewirtschaftung des unbeweglichen Vermögens | 54 | EH/ER 13 |
| | | | 4241 | | | | Bewirtschaftung des unbeweglichen Vermögens | | |
| | | | | | | | Zu erfassen sind Aufwendungen für die Bewirtschaftung eigener, gemieteter und gepachteter Grundstücke, Gebäude und einzelner Räume. Dies sind insbesondere:<br>1. Grundsteuern;<br>2. Gebühren, wie zum Beispiel:<br>a) Entwässerungsgebühren;<br>b) Müll- und Fäkalienabfuhr;<br>c) Straßenreinigung;<br>d) Kaminreinigung;<br>e) Heizung;<br>f) Strom;<br>g) Gas;<br>h) Reinigung;<br>i) Ungezieferbekämpfung;<br>j) Schneeberäumung und Streuen innerhalb der Grundstücke oder aufgrund von Anliegerverpflichtungen;<br>k) Beleuchtung;<br>l) Entgelte für Energie- und Wasserversorgung;<br>m) Glühlampen, Leuchtstäbe;<br>n) Versicherungen, zum Beispiel Gebäudebrand- und Elementarschadenversicherung, Diebstahl-, Einbruch-, Haushaftpflicht-, Feuer-, Glasbruch-, Hausrat- und Wasserleitungsversicherung;<br>o) sonstige Bewirtschaftungskosten, zum Beispiel Bewachung. | | |
| | | 425 | | | | | Unterhaltung, Bewirtschaftung und Erwerb des beweglichen und immateriellen Vermögens | | EH/ER 13 |
| | | | 4251 | | | | Haltung von Fahrzeugen | 55 | |
| | | | | | | | Zu erfassen sind die Aufwendungen für Fahrzeuge aller Art. Hierzu zählen Aufwendungen für:<br>1. Betriebsstoffe;<br>2. Schmierstoffe;<br>3. Reifenbedarf;<br>4. Werkstattbedarf;<br>5. Versicherung;<br>6. Pflege- und Inspektionskosten;<br>7. Unterhaltung und Instandsetzung;<br>8. Hauptuntersuchung und Abgasuntersuchung. | | |

| Kontenklasse | Kontengruppe | Kontenart | Konto | Unterkonto 1 | Unterkonto 2 | Bereichsabgrenzung | Bezeichnung und Zuordnung | Alte Gruppierung | Position in Bilanz, Ergebnishaushalt (EH) oder Ergebnisrechnung (ER), Finanzhaushalt (FH) oder Finanzrechnung (FR) |
|---|---|---|---|---|---|---|---|---|---|
| | | | 4253 | | | | Erwerb von beweglichen Gegenständen, deren Anschaffungs- oder Herstellungskosten, vermindert um einen darin enthaltenen abzugsfähigen Vorsteuerbetrag, den Betrag von 800 Euro nicht überschreiten | 52 | |
| | | | | | | | Zu erfassen sind derartige Aufwendungen nur dann in diesem Konto, wenn sie keinem spezielleren Konto (zum Beispiel Konto 4276) zugeordnet werden können. | | |
| | | | 4254 | | | | Unterhaltung des immateriellen Vermögens | | |
| | | | 4255 | | | | Unterhaltung des sonstigen beweglichen Vermögens | 52 | |
| | | 426 | | | | | Besondere Aufwendungen für Beschäftigte | 56 | EH/ER 13 |
| | | | 4261 | | | | Besondere Aufwendungen für Beschäftigte | | |
| | | | | | | | Hierzu gehören:<br>1. Dienst- und Schutzkleidung;<br>2. persönliche Ausrüstungsgegenstände zum Beispiel für Angehörige der Feuerwehr, der gemeindlichen Vollzugsbeamten, Fahrer, Pförtner, Amtsboten, Heizer, Müllwerke, Bedienungspersonal von Maschinen, Arbeiter in Werkstätten, Bauhöfen, Fuhrpark, Wirtschaftspersonal und Ähnliches;<br>3. Einkleidungshilfen;<br>4. Bekleidungszuschüsse;<br>5. Kleidergeld und Abnutzungsentschädigungen;<br>6. Aus- und Fortbildung;<br>7. Umschulung;<br>8. Kosten der Teilnahme von Bediensteten an Lehrgängen und Vorträgen zur Aus- und Fortbildung einschließlich Reisekosten;<br>9. Aus- und Fortbildungsbeihilfen an Bedienstete;<br>10. Honorare und Sachkosten für eigene Lehrgänge und Vorträge zur Fortbildung. | | |
| | | 427 | | | | | Besondere Verwaltungs- und Betriebsaufwendungen sowie Schülerbeförderung | 57-63 | EH/ER 13 |
| | | | 4271 | | | | Besondere Verwaltungs- und Betriebsaufwendungen | | |
| | | | | | | | Hierzu gehören Aufwendungen für:<br>1. Wasser-, Strom-, Gas- und sonstiger Energieverbrauch für Betriebszwecke wie zum Beispiel für Straßenbeleuchtung, Schwimmbäder;<br>2. Kunst- und wissenschaftliche Sammlungen;<br>3. Erwerb und Unterhaltung von:<br>a) Kunst- und Sammlungsgegenständen;<br>b) Büchern und Zeitschriften der Bibliotheken;<br>c) Schülerbüchereien;<br>4. statische Prüfungen;<br>5. Repräsentation und Ehrungen;<br>6. Pflege partnerschaftlicher Beziehungen;<br>7. Herstellung und Verkauf von Informationsmaterial;<br>8. sonstige Kosten der Unterrichtung der Öffentlichkeit;<br>9. Ausschmückung von Gebäuden, Straßen und Plätzen aus besonderen Anlässen;<br>10. Ortsbildverschönerungen;<br>11. Heimatfeste;<br>12. Ausstellungen und sonstige kulturelle Veranstaltungen;<br>13. Schwimmunterricht;<br>14. Benutzung von Bädern;<br>15. freiwillige Unterrichtszweige wie Kurse, Schülerarbeitsgemeinschaften, Förderung des musischen Unterrichts, Beschaffung von Instrumenten, Filmvorführungen, Vorträge, Theaterbesuche, Lehrbesichtigungen, Schullandaufenthalte, -wanderungen, Ausflüge, Fahrten, Schülerwettbewerbe, Sport, Spiele, Schülerpreise, Abschlussgaben;<br>16. Verbrauchsmittel und sonstige Betriebsausgaben kultureller Einrichtungen und Veranstaltungen;<br>17. Kosten für Gastspiele, Urheberanteile;<br>18. Werbung; | | |

| Kontenklasse | Kontengruppe | Kontenart | Konto | Unterkonto 1 | Unterkonto 2 | Bereichsabgrenzung | Bezeichnung und Zuordnung | Alte Gruppierung | Position in Bilanz, Ergebnishaushalt (EH) oder Ergebnisrechnung (ER), Finanzhaushalt (FH) oder Finanzrechnung (FR) |
|---|---|---|---|---|---|---|---|---|---|
| | | | | | | | 19. Kauf von Sachen zur Weiterveräußerung, zum Beispiel Müllsäcke, Hausnummernschilder, Familienstammbücher, Bücher und Bibliotheken einschließlich Einband- und Pflegekosten. | | |
| | | | 4272 | | | | Schülerbeförderung | 593 | |
| | | | | | | | Dieses Konto gilt nicht für Träger der Schülerbeförderung. | | |
| | | | 4273 | | | | Unterrichtswegekosten | 594 | |
| | | | 4274 | | | | Schülerbeförderung für den Träger der Schülerbeförderung | 639 | |
| | | | 4275 | | | | Lernmittel, die für die Hand des Schülers bestimmt sind und die der Ausstattungspflicht des Schulträgers unterliegen | 592 | |
| | | | | | | | Hierzu gehören insbesondere Aufwendungen für Sachmittel wie Schulbücher, Atlanten, Arbeitshefte, Ganzschriften und für den Schulgebrauch aufbereitete Textsammlungen, ein- und zweisprachige Wörterbücher, fremdsprachliche Grammatiken, Nachschlagewerke, Aufgabensammlungen, Gesetzessammlungen, Formelsammlungen und Tafelwerke. Zu den Aufwendungen gehören auch Kopien von Druckwerken, soweit sie für die schulische Ausbildung bestimmt sind. | | |
| | | | 4276 | | | | Lehrmittel, die im oder zur Vorbereitung auf den Unterricht verwendet werden | 591 | |
| | | | | | | | Hierzu gehören insbesondere Aufwendungen für Sachmittel wie Bücher und Fachzeitschriften für die Hand des Lehrers, auch für Lehrerbücherei, Landkarten, Filme, Dias, Tonbänder, Zeichnungen, sonstiges Anschauungsmaterial, Experimentiermaterial und Ähnliches, insbesondere für naturwissenschaftlichen Unterricht. Hierzu gehören ferner Kreide, Tinte, Farben, Zeichenmaterial, Papier, Schwämme usw. sowie Material für den Anbau und die Bearbeitung von Lehrgärten. | | |
| | | 428 | | | | | Verbrauch von Vorräten | 57-63 | EH/ER 13 |
| | | | 4281 | | | | Verbrauch von Vorräten | | |
| | | | | | | | Vorräte sind Waren und Güter, die nicht zum Geschäftsbedarf der Verwaltung, der Bewirtschaftung der Grundstücke oder der Haltung von Fahrzeugen gehören, sondern zum Verzehr und Verbrauch oder zur Verarbeitung in Betriebszweigen der Verwaltung, in Anstalten und Einrichtungen einschließlich ihrer Nebenbetriebe sowie in Wirtschaftsunternehmen bestimmt sind und zum späteren Verbrauch gelagert werden.<br>Dies sind zum Beispiel:<br>1. Lebensmittel;<br>2. Arzneimittel, Verbandstoffe, sonstiges Sanitätsverbrauchsmaterial;<br>3. Werkstättenbedarf;<br>4. Material für elektronische Datenverarbeitungsanlagen;<br>5. Baumaterial als Vorrat;<br>6. Futtermittel;<br>7. Saat- und Pflanzgut;<br>8. Düngemittel;<br>9. Streugut für den Straßenwinterdienst;<br>10. Laborbedarf.<br>Der Aufwand ist erst zu erfassen, wenn die Vorräte aus dem Lager entnommen werden (§ 35 Abs. 5 SächsKomHVO). | | |
| | | 429 | | | | | Sonstige Dienstleistungen | 57-63 | |
| | | | 4291 | | | | Sonstige Dienstleistungen | | |
| | 43 | | | | | | Transferaufwendungen | 71 | EH/ER 16 |
| | | 431 | | | | | Zuweisungen und Zuschüsse für laufende Zwecke | | EH/ER 16 |
| | | | 431- | | | A | Zuweisungen und Zuschüsse für laufende Zwecke | | |

| Kontenklasse | Kontengruppe | Kontenart | Konto | Unterkonto 1 | Unterkonto 2 | Bereichsabgrenzung | Bezeichnung und Zuordnung | Alte Gruppierung | Position in Bilanz, Ergebnishaushalt (EH) oder Ergebnisrechnung (ER), Finanzhaushalt (FH) oder Finanzrechnung (FR) |
|---|---|---|---|---|---|---|---|---|---|
| | | | | | | | Hierin werden auch Rückzahlungen, soweit sie nicht vom Ertrag abgesetzt werden, und darüber hinaus insbesondere folgende Aufwendungen erfasst:<br>1. Zuweisungen:<br>a) zur Förderung von Gemeinschaftsaufgaben;<br>b) zur Förderung von Landesmuseen, Theatern und sonstigen staatlichen Einrichtungen;<br>c) für Abwasserabgabe anstelle der Einleiter; | | |
| | | | | | | | d) für Kindergärten, Schulen, kulturelle und andere Bildungseinrichtungen wie zum Beispiel Büchereien, Sitzgemeindeanteil gemäß § 3 Absatz 2 SächsKRG;<br>e) für Einrichtungen und Maßnahmen der Sozial- und Jugendhilfe;<br>f) für Einrichtungen des Gesundheitswesens wie Krankenpflegestationen und Ähnliches;<br>g) zur Förderung des Wohnungsbaues an nicht öffentlich bestimmte Wohnungsbau- und Siedlungsgenossenschaften sowie Heimstätten und Siedlungsgesellschaften;<br>h) zur Deckung des Betriebsdefizits der von privaten Unternehmen betriebenen Tierkörperbeseitigungsanstalten;<br>i) zur Förderung von Einrichtungen der Sozialversicherungsträger;<br>j) an landwirtschaftliche Betriebe zum Ankauf von Zucht- und Nutzvieh, zur Durchführung von Bodenuntersuchungen;<br>k) für Prämien bei Krönungen und Wettbewerben;<br>l) zur Förderung von Handwerk, Handel, Industrie und Verkehr;<br>m) an Jagd- und Fischereigenossenschaften und -verbände, Waldgenossenschaften;<br>n) Geldleistungen an natürliche Personen, soweit sie nicht soziale Leistungen sind;<br>o) Zuschüsse für Dorf- und Stadtchroniken, zur Gemeinschaftspflege, an Büchereien, für Heimatfeste, an historische Vereine, Altertums-, Heimatvereine;<br>p) Zuschüsse an Obst- und Gartenbauvereine;<br>q) Zuschüsse für Denkmalpflege;<br>r) Zuschüsse für Ortverschönerungswettbewerbe und Förderungsbeiträge;<br>2. Umlagen:<br>a) an Schulverbände;<br>b) an Abwasserzweckverbände;<br>c) Wegebauverbände;<br>d) Abfallverbände;<br>e) Wasserversorgungsverbände;<br>f) andere Zweckverbände;<br>g) an Eigenbetriebe und an Eigengesellschaften;<br>h) an erfüllende Gemeinden einer Verwaltungsgemeinschaft;<br>3. Abführung des Anteils des Aufkommens aus der Ausgleichsabgabe nach SGB IX an den Ausgleichsfonds beim Bundesministerium für Arbeit und Soziales durch die Integrationsämter;<br>4. Betriebszuschüsse und Verlustabdeckung an öffentliche Krankenhäuser und Kliniken mit Sonderrechnung. | | |
| | | 432 | | | | | Schuldendiensthilfen | 72 | EH/ER 16 |
| | | | 432- | | | A | Schuldendiensthilfen | | |
| | | | | | | | Zu erfassen sind Schuldendiensthilfen:<br>1. für Schulbau;<br>2. für Straßenbau;<br>3. für Wohnungsbau;<br>4. zum Bau und zur Einrichtung von Jugendheimen; | | |

| Kontenklasse | Kontengruppe | Kontenart | Konto | Unterkonto 1 | Unterkonto 2 | Bereichsabgrenzung | Bezeichnung und Zuordnung | Alte Gruppierung | Position in Bilanz, Ergebnishaushalt (EH) oder Ergebnisrechnung (ER), Finanzhaushalt (FH) oder Finanzrechnung (FR) |
|---|---|---|---|---|---|---|---|---|---|
| | | | | | | | 5. zum Bau von Bädern;<br>6. zum Bau von Abwasserbeseitigungsanlagen;<br>7. für Erwerb und Erschließung von Industriegelände;<br>8. für den Bau von Einrichtungen der Zweckverbände. | | |
| | | 433 | | | | | Sozialtransferaufwendungen | | EH/ER 16 |
| | | | 4331 | | | | Soziale Leistungen an natürliche Personen außerhalb von Einrichtungen | 73, 76, 781 | |
| | | | | | | | Zu erfassen sind alle Leistungen außerhalb von Einrichtungen, die natürlichen Personen in Form von individuellen Hilfen nach den SGB II, SGB XII und SGB VIII gewährt werden, unabhängig davon, ob es sich um laufende oder einmalige Barleistungen oder um Sachleistungen, zum Beispiel Verpflegung, ärztliche Betreuung, handelt. Hierunter zählen auch rückzahlbare Hilfen (Darlehen). | | |
| | | | 4332 | | | | Soziale Leistungen an natürliche Personen in Einrichtungen | 74, 77, 782 | |
| | | | | | | | Zu erfassen sind:<br>1. Sozialhilfeleistungen wie bei 4331, soweit sie für die Unterbringung, Betreuung oder Behandlung von Hilfeempfängern in Anstalten, Heimen oder gleichartigen Einrichtungen entstehen, in denen Vollpflege für Tag und Nacht oder teilstationäre Betreuung gewährt wird;<br>2. Jugendhilfeleistungen wie bei 4331, soweit sie für die Unterbringung, Betreuung oder Behandlung von Hilfeempfängern in Anstalten, Heimen oder gleichartigen Einrichtungen entstehen, in denen Vollpflege für Tag und Nacht oder teilstationäre Betreuung gewährt wird. | | |
| | | | 4333 | | | | Leistungen für Unterkunft und Heizung an Leistungsberechtigte (nach § 22 SGB II) | 783 | |
| | | | | 43331 | | | Revisionsrelevante Leistungen für Unterkunft und Heizung nach § 22 SGB II | | |
| | | | | | | | Leistungen für Unterkunft und Heizung nach § 22 Abs. 1 SGB II | | |
| | | | | 43332 | | | Nicht revisionsrelevante Leistungen für Unterkunft und Heizung nach § 22 SGB II | | |
| | | | | | | | Sonstige Leistungen für Unterkunft und Heizung. | | |
| | | | 4334 | | | | Leistungen zur Eingliederung von erwerbsfähigen Leistungsberechtigten (nach § 16a SGB II) | 784 | |
| | | | 4335 | | | | Einmalige Leistungen an Leistungsberechtigte (nach § 24 Abs. 3 SGB II) | 785 | |
| | | | 4336 | | | | Arbeitslosengeld II ohne Leistungen für Unterkunft und Heizung (nach §§ 19 ff. SGB II) einschließlich Sozialgeld/ Options-kommunen | 786 | |
| | | | 4337 | | | | Leistungen zur Eingliederung von erwerbsfähigen Leistungsberechtigten (nach § 16 Abs. 1 und Abs. 3, §§ 16b bis 16f SGB II)/Optionskommunen | 787 | |
| | | | 4338 | | | | Bildungs- und Teilhabepaket | | |
| | | | | 43381 | | | Soziale Leistungen außerhalb von Einrichtungen – in Verbindung mit PUG 3118 | 738, 7812 | |
| | | | | | 433811 | | Schul- und Kita-Ausflüge | | |
| | | | | | 433812 | | Mehrtägige Klassenfahrten und mehrtägige Kita-Fahrten | | |
| | | | | | 433813 | | Schulbedarf | | |
| | | | | | 433814 | | Schülerbeförderung | | |
| | | | | | 433815 | | Lernförderung | | |
| | | | | | 433816 | | Mittagsverpflegung in Schule und Kita | | |
| | | | | | 433817 | | Mittagsverpflegung im Hort | | |
| | | | | | 433818 | | Soziale/kulturelle Teilhabe | | |
| | | | | | 433819 | | Sonstige soziale Leistungen | | |
| | | | | 43382 | | | Soziale Leistungen innerhalb von Einrichtungen – in Verbindung mit PUG 3118 | 748, 7822 | |
| | | | | | 433821 | | Schul- und Kita-Ausflüge | | |
| | | | | | 433822 | | Mehrtägige Klassenfahrten und mehrtägige Kita-Fahrten | | |
| | | | | | 433823 | | Schulbedarf | | |

| Kontenklasse | Kontengruppe | Kontenart | Konto | Unterkonto 1 | Unterkonto 2 | Bereichsabgrenzung | Bezeichnung und Zuordnung | Alte Gruppierung | Position in Bilanz, Ergebnishaushalt (EH) oder Ergebnisrechnung (ER), Finanzhaushalt (FH) oder Finanzrechnung (FR) |
|---|---|---|---|---|---|---|---|---|---|
| | | | | | 433824 | | Schülerbeförderung | | |
| | | | | | 433825 | | Lernförderung | | |
| | | | | | 433826 | | Mittagsverpflegung in Schule und Kita | | |
| | | | | | 433827 | | Mittagsverpflegung im Hort | | |
| | | | | | 433828 | | Soziale/kulturelle Teilhabe | | |
| | | | | | 433829 | | Sonstige soziale Leistungen | | |
| | | | | 43383 | | | Weitere soziale Leistungen in Verbindung mit PG 313, PUG 3126 (nur bei direkt von den Kommunen erbrachten Leistungen), 3451 und 3452 | 791, 793, 7886, 7887, 7888 | |
| | | | | | 433831 | | Schul- und Kita-Ausflüge | | |
| | | | | | 433832 | | Mehrtägige Klassenfahrten und mehrtägige Kita-Fahrten | | |
| | | | | | 433833 | | Schulbedarf | | |
| | | | | | 433834 | | Schülerbeförderung | | |
| | | | | | 433835 | | Lernförderung | | |
| | | | | | 433836 | | Mittagsverpflegung in Schule und Kita | | |
| | | | | | 433837 | | Mittagsverpflegung im Hort | | |
| | | | | | 433838 | | Soziale/kulturelle Teilhabe | | |
| | | | | | 433839 | | Sonstige weitere soziale Leistungen | | |
| | | | 4339 | | | | Sonstige soziale Leistungen | 75, 780, 7881, 79 | |
| | | | | | | | Zu erfassen sind hierunter insbesondere:<br>1. Leistungen nach § 276 LAG;<br>2. Leistungen an Kriegsopfer und ähnliche Anspruchsberechtigte;<br>3. Leistungen nach dem AsylbLG;<br>4. Eingliederungshilfen für Menschen mit Behinderung nach dem SGB IX. | | |
| | | | | 43391 | | | Sonstige soziale Leistungen nach dem AsylbLG an natürliche Personen außerhalb von Einrichtungen | | |
| | | | | 43392 | | | Sonstige soziale Leistungen nach dem AsylbLG an natürliche Personen in Einrichtungen | | |
| | | | | 43399 | | | Sonstige soziale Leistungen | | |
| | | 434 | | | | | Steuerbeteiligungen | 81 | EH/ER 16 |
| | | | 4341 | | | | Gewerbesteuerumlage | 810 | |
| | | | | | | | Gewerbesteuerumlage nach dem Gemeindefinanzreformgesetz | | |
| | | 435 | | | | | Allgemeine Zuweisungen | 82 | EH/ER 16 |
| | | | 435- | | | A | Allgemeine Zuweisungen | | |
| | | | | | | | Rückzahlungen von allgemeinen Zuweisungen, soweit diese nicht von dem Ertrag abgesetzt werden | | |
| | | 437 | | | | | Allgemeine Umlagen | 83 | EH/ER 16 |
| | | | 437- | | | A | Allgemeine Umlagen | | |
| | | | | | | | Umlagen an Gemeindeverbände zur Deckung ihres allgemeinen Finanzbedarfs wie zum Beispiel Umlage an Verwaltungsverbände und Zusatzumlagen; Umlagen, die unaufgeteilt der Deckung von Aufwendungen in mehreren Aufgabenbereichen dienen wie zum Beispiel Zinsumlagen. Umlagen an die erfüllende Gemeinde einer Verwaltungsgemeinschaft in 4312. | | |
| | | | | 43721 | | | Kreisumlage | 8320 | |
| | | | | 43722 | | | Finanzausgleichsumlage nach § 25a SächsFAG | 8321 | |
| | | | | | | | Aufwendungen der Gemeinde für die Finanzausgleichsumlage nach § 25a SächsFAG an den Landkreis | | |
| | | | | 43723 | | | Sozialumlage nach § 22 Abs. 2 SächsKomSozVG | 835 | |
| | | | | 43729 | | | Sonstige allgemeine Umlagen – Gemeinden und Gemeindeverbände | 8322 | |
| | | | | 43731 | | | Kulturumlage nach § 6 Abs. 3 SächsKRG | 834 | |
| | | | | 43739 | | | Sonstige allgemeine Umlagen – Zweckverbände und dergleichen | 833 | |
| | | 439 | | | | | Sonstige Transferaufwendungen | | EH/ER 16 |
| | | | 4391 | | | | Sonstige Transferaufwendungen | | |
| | | | | 43911 | | | Aufwendungen aus Grundsteuerausgleich | | |
| | | | | | | | Hier sind Aufwendungen aus Grundsteuerausgleichsleistungen im Sinne von § 8 Abs. 5 SächsFAG zu erfassen. | | |
| | | | | 43912 | | | Aufwendungen aus Gewerbesteuerausgleich | | |

| Kontenklasse | Kontengruppe | Kontenart | Konto | Unterkonto 1 | Unterkonto 2 | Bereichsabgrenzung | Bezeichnung und Zuordnung | Alte Gruppierung | Position in Bilanz, Ergebnishaushalt (EH) oder Ergebnisrechnung (ER), Finanzhaushalt (FH) oder Finanzrechnung (FR) |
|---|---|---|---|---|---|---|---|---|---|
| | | | | | | | Hier sind Aufwendungen aus Gewerbesteuerausgleichsleistungen im Sinne von § 8 Abs. 5 SächsFAG zu erfassen. | | |
| | | | | 43919 | | | Sonstige Transferaufwendungen | | |
| | 44 | | | | | | Sonstige ordentliche Aufwendungen aus laufender Verwaltungstätigkeit | | EH/ER 17 |
| | | 441 | | | | | Sonstige Personal- und Versorgungsaufwendungen | 46, 65 | EH/ER 17 |
| | | | 4411 | | | | Sonstige Personal- und Versorgungsaufwendungen | | |
| | | | | | | | Hierunter sind Aufwendungen zu erfassen für:<br>1. Personaleinstellungen;<br>2. Umzugskostenvergütung;<br>3. Zuschüsse zur Gemeinschaftsverpflegung; | | |
| | | | | | | | 4. Gemeinschaftsveranstaltungen;<br>5. soziale Einrichtungen;<br>6. Erholungsurlaub und dergleichen;<br>7. Beschäftigungs- und Trennungsgeld sowie sonstige Leistungen nach der Beschäftigungs- und Trennungsgeldverordnung;<br>8. funktionsbedingte Aufwandsentschädigungen wie zum Beispiel Entschädigungen an Bedienstete als pauschalierter Ersatz von Auslagen bei Funktionen oder für besondere Einsätze;<br>9. Prämien im Vorschlagswesen;<br>10. Vergütungen für Arbeitnehmerabfindungen;<br>11. die Deckung der dem Personalrat entstehenden Kosten nach dem SächsPersVG;<br>12. Fahrtkostenzuschüsse für Fahrten zwischen Wohnung und Arbeitsplatz. | | |
| | | 442 | | | | | Inanspruchnahme von Rechten und Diensten | | EH/ER 17 |
| | | | 4421 | | | | Ehrenamtliche und sonstige Tätigkeit | 40 | |
| | | | | | | | Hierunter sind Aufwendungen zu erfassen für:<br>1. Entschädigungen für ehrenamtliche Tätigkeiten nach den örtlichen Satzungen an Ehrenbeamte und sonstige ehrenamtlich Tätige wie zum Beispiel Sitzungsgelder, Reisekosten, Auslagenersatz, Ersatz für entgangene Arbeitsentgelte;<br>2. Aufwandsentschädigungen an Ehrenbeamte wie zum Beispiel Bürgermeister, Kassenverwalter, Beigeordnete, Beiräte, Gemeindevertreter, wenn sie ein bestimmtes Aufgabengebiet verwalten, das ihre Arbeitskraft und Zeit regelmäßig nicht unerheblich in Anspruch nimmt;<br>3. Entschädigungen für einzelne ehrenamtliche Tätigkeiten, zum Beispiel Mitwirkung bei Wahlen, statistischen Erhebungen;<br>4. Versicherungsbeiträge wie zum Beispiel Unfallversicherung für Gemeinderäte und Angehörige der freiwilligen Feuerwehr;<br>5. Zuwendungen;<br>6. Beihilfen. | | |
| | | | 4422 | | | | Leiharbeitskräfte | | |
| | | | 4423 | | | | Datenverarbeitung | | |
| | | | 4429 | | | | Sonstige Aufwendungen für die Inanspruchnahme von Rechten und Diensten | 660, 661 | |
| | | | | | | | Hierunter sind Aufwendungen zu erfassen für:<br>1. Verfügungsmittel;<br>2. vermischte Aufwendungen, die im Haushaltsplan ohne Angabe bestimmter Einzelzwecke veranschlagt werden, weil sich mehrere Planansätze wegen Geringfügigkeit nicht lohnen;<br>3. Mitgliedsbeiträge an Verbände, Vereine und dergleichen (einschließlich Mitgliedsumlage an den SSG und SLKT). | | |
| | | 443 | | | | | Geschäftsaufwendungen | 65 | EH/ER 17 |
| | | | 4431 | | | | Geschäftsaufwendungen | | |
| | | | | | | | Hierunter sind Aufwendungen zu erfassen für:<br>1. Bürobedarf; | | |

| Kontenklasse | Kontengruppe | Kontenart | Konto | Unterkonto 1 | Unterkonto 2 | Bereichsabgrenzung | Bezeichnung und Zuordnung | Alte Gruppierung | Position in Bilanz, Ergebnishaushalt (EH) oder Ergebnisrechnung (ER), Finanzhaushalt (FH) oder Finanzrechnung (FR) |
|---|---|---|---|---|---|---|---|---|---|
| | | | | | | | 2. Bücher und Zeitschriften;<br>3. Post- und Fernmeldegebühren;<br>4. öffentliche Bekanntmachungen;<br>5. Sachverständigen-, Gerichts- und ähnliche Kosten einschließlich Organisationsprüfungen;<br>6. Kosten von Fachbeiräten, Kommissionen und Ausschüssen, soweit diese außerhalb ehrenamtlicher Funktion tätig werden;<br>7. Gerichts-, Anwalts-, Notar-, Gerichtsvollzieher- und ähnliche Kosten einschließlich Nebenkosten;<br>8. Erstattung von Auslagen an Prozess- und Vertragsgegner;<br>9. Geschäftsführungskosten der Fraktionen;<br>10. sonstige Geschäftsaufwendungen wie zum Beispiel Transportkosten, soweit sie nicht als Nebenkosten von Unterhaltungs-, Anschaffungs- oder Herstellungskosten anfallen, Kranzspenden, Kosten für Nachrufe, Kontogebühren, Verwahrentgelte und Negativzinsen für Geldanlagen;<br>11. Reisekostenvergütungen, auch in Personalvertretungsangelegenheiten;<br>12. Fahrtkosten- und Auslagenersatz bei Dienstgängen und Stadtfahrten;<br>13. Entschädigung für die Benutzung anerkannter oder sonst zugelassener privateigener Kraftfahrzeuge, auch soweit pauschaliert.<br>Soweit Honorare als Beschäftigungsentgelte gezahlt werden, sind diese bei 4019 zu erfassen. Aufwendungen für ehrenamtlich Tätige werden unter 4421 erfasst. Soweit Auszahlungen aus Nummern 7 und 8 als Folge anderer Aufwendungen anfallen, sind sie zusammen mit diesen nachzuweisen. | | |
| | | 444 | | | | | Steuern, Versicherungen, Schadensfälle | 64 | EH/ER 17 |
| | | | 4441 | | | | Steuern, Versicherungen, Schadensfälle | | |
| | | | | | | | Hierunter sind Aufwendungen zu erfassen für:<br>1. Steuern;<br>2. Sonderabgaben;<br>3. Versicherungen;<br>4. Schadensfälle;<br>5. Körperschaftsteuer;<br>6. Gewerbesteuer;<br>7. Versicherungen wie zum Beispiel Haftpflicht, Vermögensschäden, Veruntreuung, Unfall, Rechtsschutz;<br>8. Umlagen an den Kommunalen Schadensausgleich;<br>9. Leistungen in nicht durch Versicherung gedeckten Schadensfällen;<br>10. Ersatz von Sachschäden, die im Dienst entstanden sind;<br>11. Ausgleichsabgabe nach dem SGB IX;<br>12. Abwasserabgabe;<br>13. Wasserentnahmeentgelt. | | |
| | | 445 | | | | | Erstattungen für Aufwendungen von Dritten aus laufender Verwaltungstätigkeit | 67 | EH/ER 17 |
| | | | 445- | | | A | Erstattungen für Aufwendungen von Dritten aus laufender Verwaltungstätigkeit | | |
| | | | | | | | Hierunter sind Aufwendungen zu erfassen für:<br>1. aufgrund gesetzlicher Vorschriften von Dritten geleistete Auszahlungen;<br>2. aufgrund öffentlich-rechtlicher Vereinbarungen von Dritten geleisteten Auszahlungen;<br>3. sonstige Verwaltungskostenerstattungen;<br>4. pauschalierte Verwaltungskostenbeiträge;<br>5. Gastschülerbeiträge;<br>6. Kostenanteile aufgrund Vertrag oder öffentlich-rechtlicher Vereinbarung;<br>7. Rückzahlungen, soweit nicht von den Erträgen abzusetzen; | | |

| Kontenklasse | Kontengruppe | Kontenart | Konto | Unterkonto 1 | Unterkonto 2 | Bereichsabgrenzung | Bezeichnung und Zuordnung | Alte Gruppierung | Position in Bilanz, Ergebnishaushalt (EH) oder Ergebnisrechnung (ER), Finanzhaushalt (FH) oder Finanzrechnung (FR) |
|---|---|---|---|---|---|---|---|---|---|
| | | | | | | | 8. Kostenbeiträge für Zivildienstleistende;<br>9. Gebührenanteil für Führungszeugnisse;<br>10. Erstattungen zwischen den örtlichen und überörtlichen Trägern der Sozialhilfe und der Kriegsopferfürsorge in Fällen der Heranziehung;<br>11. Beteiligung an den Versorgungslasten;<br>12. gemeinsame Unterhaltung oder Mitbenutzung von Schulen, Sportstätten, Straßen, Klärwerken, Feuerwehr, Friedhöfen;<br>13. Gastschulbeiträge;<br>14. Schulkostenersatz bei öffentlich-rechtlicher Vereinbarung;<br>15. Beiträge zur Kreisbildstelle;<br>16. Erstattung von Aufwendungen für die Straßenunterhaltung, die zum Beispiel ein Landkreis für eine Gemeinde übernommen hat;<br>17. pauschalierte, nicht auf Einzelleistungen bezogene, Entgelte für allgemeine Verwaltungs- und Betriebsausgaben gemeinsamer EDV-Anlagen wie zum Beispiel Anteile an Programmentwicklung;<br>18. Erstattungen nach SGB XII, KFürsV, SGB VIII und anderen Gesetzen. | | |
| | | 446 | | | | | Aufgabenbezogene Leistungsbeteiligungen | 69 | EH/ER 17 |
| | | | 4461 | | | | Aufgabenbezogene Leistungsbeteiligungen an Dritte (gemeinsame Einrichtung) | 691-695 | |
| | | | | | | | Leistungsbeteiligungen an gemeinsamen Einrichtungen im Sinne des § 44b SGB II.<br>Hierzu zählen Aufwendungen für:<br>1. die aufgabenbezogene Leistungsbeteiligung an gemeinsamen Einrichtungen bei Leistungen für Unterkunft und Heizung an Leistungsberechtigte nach § 22 SGB II;<br>2. die aufgabenbezogene Leistungsbeteiligung an gemeinsamen Einrichtungen bei Leistungen zur Eingliederung von erwerbsfähigen Leistungsberechtigten nach § 16a SGB II;<br>3. die aufgabenbezogene Leistungsbeteiligung an gemeinsamen Einrichtungen bei einmaligen Leistungen an Leistungsberechtigte nach § 24 Abs. 3 SGB II;<br>4. die Leistungsbeteiligung beim Arbeitslosengeld II einschließlich Sozialgeld nach §§ 19 ff. SGB II ohne Leistungen für Unterkunft und Heizung, wenn Optionskommunen die von der Agentur für Arbeit übernommenen Aufgaben an eine gemeinsame Einrichtung delegieren;<br>5. die Leistungsbeteiligung bei der Eingliederung von erwerbsfähigen Leistungsberechtigten nach § 16 Abs. 1 und Abs. 3 sowie §§ 16b bis 16f SGB II, wenn Optionskommunen die von der Agentur für Arbeit übernommenen Aufgaben an eine gemeinsame Einrichtung delegieren.<br>Leistungsbeteiligungen im Rahmen des Bildungs- und Teilhabepakets sind in Konto 4462 zu erfassen. | | |
| | | | | 44611 | | | Revisionsrelevante Leistungen für Unterkunft und Heizung nach § 22 SGB II | | |
| | | | | | | | Leistungen für Unterkunft und Heizung nach § 22 Abs. 1 SGB II | | |
| | | | | 44612 | | | Nicht revisionsrelevante Leistungen für Unterkunft und Heizung nach § 22 SGB II | | |
| | | | | | | | Sonstige Leistungen für Unterkunft und Heizung | | |
| | | | | 44619 | | | Sonstige aufgabenbezogene Leistungsbeteiligungen | | |
| | | | | | | | Leistungsbeteiligungen im Rahmen des Bildungs- und Teilhabepakets sind nicht hier, sondern in Konto 4462 zu erfassen. | | |

| Kontenklasse | Kontengruppe | Kontenart | Konto | Unterkonto 1 | Unterkonto 2 | Bereichsabgrenzung | Bezeichnung und Zuordnung | Alte Gruppierung | Position in Bilanz, Ergebnishaushalt (EH) oder Ergebnisrechnung (ER), Finanzhaushalt (FH) oder Finanzrechnung (FR) |
|---|---|---|---|---|---|---|---|---|---|
| | | | 4462 | | | | Aufgabenbezogene Leistungsbeteiligungen an Dritte (gemeinsame Einrichtung) im Rahmen des Bildungs- und Teilhabepakets, in Verbindung mit PUG 3126 | 696 | |
| | | | | | | | Leistungsbeteiligungen an gemeinsamen Einrichtungen im Sinne des § 44b SGB II. | | |
| | | | | 44621 | | | Schul- und Kita-Ausflüge | | |
| | | | | 44622 | | | Mehrtägige Klassenfahrten und mehrtägige Kita-Fahrten | | |
| | | | | 44623 | | | Schulbedarf | | |
| | | | | 44624 | | | Schülerbeförderung | | |
| | | | | 44625 | | | Lernförderung | | |
| | | | | 44626 | | | Mittagsverpflegung in Schule und Kita | | |
| | | | | 44627 | | | Mittagsverpflegung im Hort | | |
| | | | | 44628 | | | Soziale/kulturelle Teilhabe | | |
| | | | | 44629 | | | Sonstige soziale Leistungen | | |
| | | 447 | | | | | Wertveränderungen bei Vermögensgegenständen | | EH/ER 14 |
| | | | 4471 | | | | Wertveränderungen bei immateriellem Vermögen und Sachvermögen | | |
| | | | | | | | Hierunter sind Verluste aus dem Abgang von Vermögensgegenständen zu erfassen, soweit diese nicht außerordentlichen Aufwand darstellen. | | |
| | | | 4472 | | | | Wertveränderungen bei Finanzvermögen | | |
| | | | | | | | Hierunter sind auch Verluste aus dem Abgang von Wertpapieren zu erfassen, sofern diese nicht außerordentlichen Aufwand darstellen. Wertberichtigungen auf Forderungen durch Einzelwertberichtigung oder Pauschalwertberichtigung sind in Kontenart 472 zu erfassen. | | |
| | | 448 | | | | | Besondere Aufwendungen | | EH/ER 17 |
| | | | 4481 | | | | Bußgelder | 841 | |
| | | | | | | | Hierunter fallen insbesondere Verwarn- und Bußgelder, Zwangsgelder, Sühnegelder aus Schiedsverfahren, Disziplinarstrafen und Ordnungsstrafen. | | |
| | | | 4482 | | | | Säumniszuschläge | 841 | |
| | | | | | | | Hierunter fallen insbesondere Säumniszuschläge nach § 240 AO, Stundungs-, Verzugs- und Prozesszinsen, Beitreibungsgebühren und Nebenforderungen, soweit diese Aufwendungen nicht ausnahmsweise mit der Hauptforderung gebucht werden, sowie Nachzahlungszinsen, soweit nicht in 4592. | | |
| | | | 4483 | | | | Inanspruchnahme von Gewährverträgen und Bürgschaften | 840 | |
| | | 449 | | | | | Weitere sonstige Aufwendungen aus laufender Verwaltungstätigkeit | | EH/ER 17 |
| | | | 4491 | | | | Weitere sonstige Aufwendungen aus laufender Verwaltungstätigkeit | | |
| | 45 | | | | | | Zinsen und sonstige Finanzaufwendungen | | EH/ER 15 |
| | | 451 | | | | | Zinsaufwendungen | 80 | EH/ER 15 |
| | | | 451- | | | B | Zinsaufwendungen | | |
| | | | | | | | Zinsen für die in der Vermögensrechnung nachgewiesenen Verbindlichkeiten und aufgrund kreditähnlicher Geschäfte | | |
| | | 459 | | | | | Weitere sonstige Finanzaufwendungen | | EH/ER 15 |
| | | | 4591 | | | | Kreditbeschaffungskosten | 990 | |
| | | | | | | | Disagio, Abschlussgebühren bei Bausparverträgen | | |
| | | | 4592 | | | | Verzinsung von Steuernachzahlungen | | |
| | | | | | | | Verzinsung von Steuernachzahlungen oder Steuererstattungen nach § 233a AO | | |
| | | | 4599 | | | | Sonstige Finanzaufwendungen | | |
| | | | | | | | Zum Beispiel Nutzungsrechte, Zinsen für nicht fristgerecht verbrauchte oder zurückzuzahlende Zuwendungen, Abfindungen im Zusammenhang mit Gebietsänderungen | | |
| | 46 | | | | | | Zuschreibung von Sonderposten | | |
| | | 461 | | | | | Abführung von Gebührenüberschüssen an den Sonderposten für den Gebührenausgleich | | EH/ER 17 |

| Kontenklasse | Kontengruppe | Kontenart | Konto | Unterkonto 1 | Unterkonto 2 | Bereichsabgrenzung | Bezeichnung und Zuordnung | Alte Gruppierung | Position in Bilanz, Ergebnishaushalt (EH) oder Ergebnisrechnung (ER), Finanzhaushalt (FH) oder Finanzrechnung (FR) |
|---|---|---|---|---|---|---|---|---|---|
| | | | | | | | Nicht zahlungswirksame Aufwandsbuchung für die Zuführung von Gebührenüberschüssen an den Sonderposten für den Gebührenausgleich. | | |
| | | 462 | | | | | Zuschreibung des Sonderpostens für das Vorsorgevermögen | | EH/ER 17 |
| | | | | | | | Nicht zahlungswirksame Aufwandsbuchung für aus dem Vorsorgevermögen generierte Zinsen. Durch die Aufwandsbuchung werden die Zinserträge im Saldo des Gesamtergebnisses zunächst neutralisiert. Erst mit Auflösung des Vorsorgevermögens einschließlich der Zinsen werden die Zinsbeträge erneut ertragswirksam, aber nicht zahlungswirksam, als Allgemeine Schlüsselzuweisungen vereinnahmt. | | |
| | | 469 | | | | | Sonstige Zuschreibung von Sonderposten | | EH/ER 17 |
| | | | | | | | Zum Beispiel Zuschreibungen im Rahmen von Korrekturbuchungen. | | |
| | 47 | | | | | | Abschreibungen und Abschreibungen auf Sonderposten für geleistete Investitionszuwendungen im ordentlichen Ergebnis | | EH/ER 14, EH/ER 16 |
| | | | | | | | Zu erfassen sind planmäßige und außerplanmäßige Abschreibungen, soweit diese nicht gemäß § 2 Abs. 2 SächsKomHVO dem Sonderergebnis zuzuordnen sind. Die Abschreibungen können von den steuerlichen oder kalkulatorischen Abschreibungen abweichen. Es gelten die Bestimmungen des § 44 SächsKomHVO. | | |
| | | 471 | | | | | Abschreibungen auf immaterielles Vermögen, Sachvermögen und Sonderposten für geleistete Investitionszuwendungen | | EH/ER 14, EH/ER 16 |
| | | | 4711 | | | | Abschreibungen auf immaterielles Vermögen und Sachvermögen | | EH/ER 14 |
| | | | 4712 | | | | Abschreibungen auf Sonderposten für geleistete Investitionszuwendungen | | EH/ER 16 |
| | | 472 | | | | | Abschreibungen auf Finanzvermögen | | EH/ER 14 |
| | | | | | | | Hierunter sind auch Wertberichtigungen auf Forderungen durch Einzelwertberichtigung oder Pauschalwertberichtigung zu erfassen. | | |
| | | | 4721 | | | | Einzelwertberichtigung von Forderungen | | |
| | | | 4722 | | | | Pauschalwertberichtigung von Forderungen | | |
| | | | 4729 | | | | Abschreibungen auf sonstiges Finanzvermögen | | |
| | 48 | | | | | | Interne Leistungsbeziehungen | | |
| | | 481 | | | | | Interne Leistungsbeziehungen | | |
| | | | | | | | Erstattung von Kosten zwischen den Produkten. Diese Aufwendungen müssen mit den Erträgen in 381 übereinstimmen. | | |
| 5 | | | | | | | Außerordentliche Erträge oder Aufwendungen | | Ergebnishaushalt (EH) § 2 Abs. 1 SächsKomHVO, Ergebnisrechnung (ER) § 48 Abs. 1 SächsKomHVO |
| | | | | | | | Hier werden außergewöhnliche Erträge und Aufwendungen erfasst. Betriebsfremde Erträge und Aufwendungen, das heißt Erträge und Aufwendungen außerhalb des kommunalen Betätigungsfeldes, fallen bei Kommunen in der Regel nicht an. Abweichend vom Handelsgesetzbuch werden auch Erträge oder Aufwendungen aus der Veräußerung von Gegenständen des immateriellen Vermögens, des Sachvermögens oder des Finanzvermögens hier erfasst (§ 2 Abs. 2 SächsKomHVO). | | |
| | 50 | | | | | | Realisierte außerordentliche Erträge | | EH/ER 20 |
| | | 501 | | | | | Außergewöhnliche Erträge | | EH/ER 20 |
| | | | | | | | Außergewöhnliche Erträge sind solche, die aus unvorhergesehenen Ereignissen und Geschäftsvorfällen entstehen, welche sich klar von denen der gewöhnlichen Tätigkeit der Kommune unterscheiden und von denen daher nicht anzunehmen ist, dass sie häufig oder regelmäßig | | |

| Kontenklasse | Kontengruppe | Kontenart | Konto | Unterkonto 1 | Unterkonto 2 | Bereichsabgrenzung | Bezeichnung und Zuordnung | Alte Gruppierung | Position in Bilanz, Ergebnishaushalt (EH) oder Ergebnisrechnung (ER), Finanzhaushalt (FH) oder Finanzrechnung (FR) |
|---|---|---|---|---|---|---|---|---|---|
| | | | | | | | wiederkehren. Sie stehen somit außerhalb der gewöhnlichen Geschäftstätigkeit der Kommune.<br>Ob ein Ereignis oder Geschäftsvorfall klar von der gewöhnlichen Tätigkeit einer Kommune zu unterscheiden ist, wird durch die Art des Ereignisses oder Geschäftsvorfalls im Hinblick auf die gewöhnlich von der Kommune betriebenen Geschäfte und weniger durch die Häufigkeit, mit der solche Ereignisse erwartet werden oder auftreten können, bestimmt. | | |
| | | | 5011 | | | | Spenden | | |
| | | | | | | | Spenden ohne Zweckbindung und unregelmäßig eingehende Spenden mit Zweckbindung | | |
| | | | 5012 | | | | Empfangene Schadensersatzleistungen und Ähnliches | | |
| | | | 5013 | | | | Außerplanmäßige Auflösung von Sonderposten | | |
| | | | 5019 | | | | Sonstige außergewöhnliche Erträge | | |
| | | 503 | | | | | Wertaufholungen | | EH/ER 20 |
| | | 506 | | | | | Erträge aus der Veräußerung von immateriellem Vermögen und Sachvermögen | | EH/ER 20 |
| | | | 5061 | | | | Erträge aus der Veräußerung von unbeweglichen Vermögensgegenständen | | |
| | | | 5062 | | | | Erträge aus der Veräußerung von beweglichen Vermögensgegenständen | | |
| | | | 5063 | | | | Erträge aus der Veräußerung von immateriellen Vermögensgegenständen | | |
| | | 507 | | | | | Erträge aus der Veräußerung von Finanzanlagen | 33 | EH/ER 20 |
| | | | 5072 | | | | Börsennotierte Aktien | | |
| | | | | | | | Hierunter sind börsennotierte Aktien zu erfassen. Börsennotierte Aktien sind Aktien, deren Kurs an einer amtlichen Börse oder einem Sekundärmarkt notiert wird. Dies sind:<br>1. von Aktiengesellschaften ausgegebene Aktien;<br>2. von Aktiengesellschaften ausgegebene Genussscheine;<br>3. von Aktiengesellschaften begebene Dividendenaktien als Gründeranteile, Gewinnanteile, Gewinnschuldverschreibung, die nicht Bestandteile des im Handelsregister eingetragenen Kapitals sind, ihren Inhabern nicht die Rechte von eigentlichen Teilhabern gewähren und Anspruch auf einen Teil des nach Bedienung des Aktienkapitals verbleibenden ausschüttungsfähigen Gewinns und auf einen Anteil am Liquidationsüberschuss geben;<br>4. Vorzugsaktien, deren Inhaber am Liquidationserlös der betreffenden Kapitalgesellschaft beteiligt werden, unabhängig davon, ob diese Aktien an einer amtlichen Börse notiert werden oder nicht.<br>Zu den Aktien zählen nicht Aktien, die bei der Emission nicht platziert werden konnten, und in Aktien konvertierbare Wandelschuldverschreibungen. Börsennotierte Aktien umfassen nicht Bonusaktien, die durch Umwandlung von Rücklagen an die Aktionäre nach Maßgabe ihres bisherigen Beteiligungsverhältnisses ausgegeben werden. Das gleiche gilt für den Aktiensplit. | | |
| | | | 5073 | | | | Nichtbörsennotierte Aktien | | |
| | | | | | | | Aktien, deren Kurs nicht notiert wird. Zur Abgrenzung vergleiche Konto 5072. | | |
| | | | 5074 | | | | Sonstige Anteilsrechte | | |
| | | | | | | | Zuzuordnen sind alle Arten von Anteilsrechten an Unternehmen und Einrichtungen, ohne börsennotierte oder nichtbörsennotierte Aktien und ohne Investmentzertifikate. Hierzu zählen Beteiligungen an Unternehmen, die nicht in Form von Aktien bestehen als Geschäftsanteile an Unternehmen, bei denen für die Gemeinde eine beschränkte Haftung besteht, oder Beteiligungen an Genossenschaften mit eigener Rechtspersönlichkeit und Kapitaleinlagen in Einrichtungen. | | |

| Kontenklasse | Kontengruppe | Kontenart | Konto | Unterkonto 1 | Unterkonto 2 | Bereichsabgrenzung | Bezeichnung und Zuordnung | Alte Gruppierung | Position in Bilanz, Ergebnishaushalt (EH) oder Ergebnisrechnung (ER), Finanzhaushalt (FH) oder Finanzrechnung (FR) |
|---|---|---|---|---|---|---|---|---|---|
| | | | 5075 | | | | Investmentzertifikate | | |
| | | | | | | | Investmentzertifikate sind die Kapitalanteile, die von finanziellen Kapitalgesellschaften ausgegeben werden, die je nach Land als Investmentfonds, Investmenttrusts oder als Kapitalanlagegesellschaft bezeichnet werden, unabhängig davon, ob es sich um offene, halboffene oder geschlossene Fonds handelt. Die Anteile können börsennotiert oder nicht börsennotiert sein. Im letztgenannten Fall sind sie in der Regel jederzeit rückzahlbar, und zwar zu einem Wert, der ihrem Anteil an den Eigenmitteln der finanziellen Kapitalgesellschaft entspricht. Diese Eigenmittel werden anhand der Marktpreise ihrer verschiedenen Geldanlagen regelmäßig neu bewertet. | | |
| | | | 5076 | | | | Kapitalmarktpapiere und langfristige Geldanlagen | | |
| | | | | | | | Langfristige Wertpapiere ohne Anteilsrechte, deren ursprüngliche Laufzeit in der Regel mehr als ein Jahr beträgt. Hierzu zählen:<br>1. Inhaberschuldverschreibungen;<br>2. Anleihen;<br>3. durch die Umwandlung von Krediten entstandene Wertpapiere.<br>Zu den Kapitalmarktpapieren zählen ferner Forderungen, die im Rahmen der Verbriefung von Krediten, Hypotheken, Kreditkartenverbindlichkeiten, Forderungen aus Lieferungen und Leistungen und von sonstigen Forderungen gegeben werden. Langfristige Geldanlagen sind Geldanlagen mit einer ursprünglichen vertraglichen Laufzeit und einer zumindest beabsichtigten Mittelbindung von mehr als einem Jahr. Geldanlagen mit kürzerer Laufzeit und/oder Mittelbindung sind den liquiden Mitteln zuzuordnen.<br>Veräußerung im Sinne der Kontenart 507 umfasst auch die Rückzahlung bei Auflösung einer langfristigen Geldanlage. | | |
| | | | 5077 | | | | Geldmarktpapiere | | |
| | | | | | | | Kurzfristige Wertpapiere, deren ursprüngliche Laufzeit in der Regel bis zu einem Jahr beträgt. Dies können zum Beispiel Staatspapiere, Bundesschatzbriefe oder Wertpapiere sein. | | |
| | | | 5078 | | | | Finanzderivate | | |
| | | | | | | | Finanzierungsinstrumente wie Zinsswaps oder Forward Rate Agreements als Zinsswaps, die auf einer Kreditvereinbarung basieren. Nicht zu den Finanzderivaten zählt der dem Geschäft zugrunde liegende Kredit. | | |
| | 51 | | | | | | Realisierte außerordentliche Aufwendungen | | EH/ER 21 |
| | | 511 | | | | | Außergewöhnliche Aufwendungen | | EH/ER 21 |
| | | | | | | | Außergewöhnliche Aufwendungen sind solche, die aus unvorhergesehenen Ereignissen und Geschäftsvorfällen entstehen, welche sich klar von denen der gewöhnlichen Tätigkeit der Kommune unterscheiden und von denen daher nicht anzunehmen ist, dass sie häufig oder regelmäßig wiederkehren. Sie stehen außerhalb der gewöhnlichen Geschäftstätigkeit der Kommune. Ob ein Ereignis oder Geschäftsvorfall klar von der gewöhnlichen Tätigkeit einer Kommune zu unterscheiden ist, wird durch die Art des Ereignisses oder Geschäftsvorfalls im Hinblick auf die gewöhnlich von der Kommune betriebenen Geschäfte und weniger durch die Häufigkeit, mit der solche Ereignisse erwartet werden oder auftreten können, bestimmt. | | |
| | | | 5111 | | | | Aufwendungen im Zusammenhang mit Katastrophen und ähnlichen Ereignissen | | |
| | | | 5112 | | | | Spenden | | |
| | | | 5113 | | | | Geleisteter Schadensersatz und Ähnliches | | |
| | | | 5114 | | | | Inanspruchnahme von Gewährleistungen | | |
| | | | 5115 | | | | Verlustübernahme | | |

| Kontenklasse | Kontengruppe | Kontenart | Konto | Unterkonto 1 | Unterkonto 2 | Bereichsabgrenzung | Bezeichnung und Zuordnung | Alte Gruppierung | Position in Bilanz, Ergebnishaushalt (EH) oder Ergebnisrechnung (ER), Finanzhaushalt (FH) oder Finanzrechnung (FR) |
|---|---|---|---|---|---|---|---|---|---|
| | | | 5116 | | | | Zuschreibung von Sonderposten | | |
| | | | 5119 | | | | Sonstige außergewöhnliche Aufwendungen | | |
| | | 513 | | | | | Abschreibungen im Sonderergebnis | | EH/ER 21 |
| | | | | | | | Insbesondere Abschreibungen, die außergewöhnliche Wertminderungen von Vermögensgegenständen erfassen. Ursachen können erhöhte Inanspruchnahme, unterlassene Instandhaltung, der technische Fortschritt, Katastrophen und andere außergewöhnliche Ereignisse oder eine anderweitige mangelnde Verwendbarkeit des Vermögensgegenstands sein. Voraussetzung für die Abschreibung ist die voraussichtlich dauernde Wertminderung.<br>Ferner ist eine Abschreibung im Sonderergebnis bei Vermögensabgang vorzunehmen. Aufwendungen im Zusammenhang mit Veräußerungen (Abgang gegen Entgelt) sind nicht unter Kontenart 513 zu erfassen. | | |
| | | | 5131 | | | | Außerplanmäßige Abschreibungen durch erhöhte Inanspruchnahme | | |
| | | | 5132 | | | | Außerplanmäßige Abschreibungen aufgrund dauerhaft unterlassener Instandhaltung | | |
| | | | 5139 | | | | Sonstige außerplanmäßige Abschreibungen aufgrund dauerhafter Wertminderungen sowie aufgrund von Vermögensabgang | | |
| | | 516 | | | | | Aufwendungen aus der Veräußerung von immateriellem Vermögen und Sachvermögen | | EH/ER 21 |
| | | | 5161 | | | | Aufwendungen aus der Veräußerung von unbeweglichen Vermögensgegenständen | | |
| | | | 5162 | | | | Aufwendungen aus der Veräußerung von beweglichen Vermögensgegenständen | | |
| | | | 5163 | | | | Aufwendungen aus der Veräußerung von immateriellen Vermögensgegenständen | | |
| | | 517 | | | | | Aufwendungen aus der Veräußerung von Finanzanlagen | 33 | EH/ER 21 |
| | | | 5172 | | | | Börsennotierte Aktien | | |
| | | | | | | | Hierunter sind börsennotierte Aktien zu erfassen. Börsennotierte Aktien sind Aktien, deren Kurs an einer amtlichen Börse oder einem Sekundärmarkt notiert wird. Dies sind:<br>1. von Aktiengesellschaften ausgegebene Aktien;<br>2. von Aktiengesellschaften ausgegebene Genussscheine;<br>3. von Aktiengesellschaften begebene Dividendenaktien als Gründeranteile, Gewinnanteile, Gewinnschuldverschreibung, die nicht Bestandteile des im Handelsregister eingetragenen Kapitals sind, ihren Inhabern nicht die Rechte von eigentlichen Teilhabern gewähren und Anspruch auf einen Teil des nach Bedienung des Aktienkapitals verbleibenden ausschüttungsfähigen Gewinns und auf einen Anteil am Liquidationsüberschuss geben;<br>4. Vorzugsaktien, deren Inhaber am Liquidationserlös der betreffenden Kapitalgesellschaft beteiligt werden, unabhängig davon, ob diese Aktien an einer amtlichen Börse notiert werden oder nicht.<br>Zu den Aktien zählen nicht Aktien, die bei der Emission nicht platziert werden konnten, und in Aktien konvertierbare Wandelschuldverschreibungen. Börsennotierte Aktien umfassen nicht Bonusaktien, die durch Umwandlung von Rücklagen an die Aktionäre nach Maßgabe ihres bisherigen Beteiligungsverhältnisses ausgegeben werden. Das gleiche gilt für den Aktiensplit. | | |
| | | | 5173 | | | | Nichtbörsennotierte Aktien | | |
| | | | | | | | Aktien, deren Kurs nicht notiert wird. Zur Abgrenzung vergleiche Konto 5172. | | |

| Kontenklasse | Kontengruppe | Kontenart | Konto | Unterkonto 1 | Unterkonto 2 | Bereichsabgrenzung | Bezeichnung und Zuordnung | Alte Gruppierung | Position in Bilanz, Ergebnishaushalt (EH) oder Ergebnisrechnung (ER), Finanzhaushalt (FH) oder Finanzrechnung (FR) |
|---|---|---|---|---|---|---|---|---|---|
| | | | 5174 | | | | Sonstige Anteilsrechte | | |
| | | | | | | | Zuzuordnen sind alle Arten von Anteilsrechten an Unternehmen und Einrichtungen, ohne börsennotierte oder nichtbörsennotierte Aktien und ohne Investmentzertifikate. Hierzu zählen Beteiligungen an Unternehmen, die nicht in Form von Aktien bestehen als Geschäftsanteile an Unternehmen, bei denen für die Gemeinde eine beschränkte Haftung besteht, oder Beteiligungen an Genossenschaften mit eigener Rechtspersönlichkeit und Kapitaleinlagen in Einrichtungen. Der Wert dieser Beteiligungen entspricht dem anteiligen Eigenkapital. | | |
| | | | 5175 | | | | Investmentzertifikate | | |
| | | | | | | | Investmentzertifikate sind die Kapitalanteile, die von finanziellen Kapitalgesellschaften ausgegeben werden, die je nach Land als Investmentfonds, Investmenttrusts oder als Kapitalanlagegesellschaft bezeichnet werden, unabhängig davon, ob es sich um offene, halboffene oder geschlossene Fonds handelt. Die Anteile können börsennotiert oder nicht börsennotiert sein. Im letztgenannten Fall sind sie in der Regel jederzeit rückzahlbar, und zwar zu einem Wert, der ihrem Anteil an den Eigenmitteln der finanziellen Kapitalgesellschaft entspricht. Diese Eigenmittel werden anhand der Marktpreise ihrer verschiedenen Geldanlagen regelmäßig neu bewertet. | | |
| | | | 5176 | | | | Kapitalmarktpapiere und langfristige Geldanlagen | | |
| | | | | | | | Langfristige Wertpapiere ohne Anteilsrechte, deren ursprüngliche Laufzeit in der Regel mehr als ein Jahr beträgt. Hierzu zählen:<br>1. Inhaberschuldverschreibungen;<br>2. Anleihen;<br>3. durch die Umwandlung von Krediten entstandene Wertpapiere.<br>Zu den Kapitalmarktpapieren zählen ferner Forderungen, die im Rahmen der Verbriefung von Krediten, Hypotheken, Kreditkartenverbindlichkeiten, Forderungen aus Lieferungen und Leistungen und von sonstigen Forderungen gegeben werden. Langfristige Geldanlagen sind Geldanlagen mit einer ursprünglichen vertraglichen Laufzeit und einer zumindest beabsichtigten Mittelbindung von mehr als einem Jahr. Geldanlagen mit kürzerer Laufzeit und/oder Mittelbindung sind den liquiden Mitteln zuzuordnen.<br>Veräußerung im Sinne der Kontenart 517 umfasst auch die Rückzahlung bei Auflösung einer langfristigen Geldanlage. | | |
| | | | 5177 | | | | Geldmarktpapiere | | |
| | | | | | | | Kurzfristige Wertpapiere, deren ursprüngliche Laufzeit in der Regel bis zu einem Jahr beträgt. Dies können zum Beispiel Staatspapiere, Bundesschatzbriefe oder Wertpapiere sein. | | |
| | | | 5178 | | | | Finanzderivate | | |
| | | | | | | | Finanzierungsinstrumente wie Zinsswaps oder Forward Rate Agreements als Zinsswaps, die auf einer Kreditvereinbarung basieren. Nicht zu den Finanzderivaten zählt der dem Geschäft zugrunde liegende Kredit. | | |
| 6 | | | | | | | Einzahlungen | | Finanzhaushalt (FH) § 3 Abs. 1 SächsKomHVO, Finanzrechnung (FR) § 49 Abs. 2 SächsKomHVO |
| | 60 | | | | | | Steuern und ähnliche Abgaben | | FH/FR 1 |
| | | 601 | | | | | Realsteuern | 00 | FH/FR 1 |
| | | | 6011 | | | | Grundsteuer A | 000 | |
| | | | | | | | Land- und forstwirtschaftliche Betriebe | | |

| Kontenklasse | Kontengruppe | Kontenart | Konto | Unterkonto 1 | Unterkonto 2 | Bereichsabgrenzung | Bezeichnung und Zuordnung | Alte Gruppierung | Position in Bilanz, Ergebnishaushalt (EH) oder Ergebnisrechnung (ER), Finanzhaushalt (FH) oder Finanzrechnung (FR) |
|---|---|---|---|---|---|---|---|---|---|
| | | | 6012 | | | | Grundsteuer B | 001 | |
| | | | | | | | Sonstige Grundstücke | | |
| | | | 6013 | | | | Gewerbesteuer | 003 | |
| | | | 6014 | | | | Grundsteuer C | | |
| | | | | | | | Baureife Grundstücke | | |
| | | | 6015 | | | | Grundsteuer D | | |
| | | | | | | | Gebiete für Windenergieanlagen | | |
| | | 602 | | | | | Gemeindeanteile an den Gemeinschaftssteuern | 01 | FH/FR 1 |
| | | | 6021 | | | | Gemeindeanteil an der Einkommensteuer | 010 | |
| | | | | | | | Gemeindeanteil an der Lohn- und veranlagten Einkommensteuer nach dem GemFinRefG | | |
| | | | 6022 | | | | Gemeindeanteil an der Umsatzsteuer | 012 | |
| | | 603 | | | | | Sonstige Gemeindesteuern | 02 | FH/FR 1 |
| | | | 6031 | | | | Vergnügungssteuer | 020, 021 | |
| | | | 6032 | | | | Hundesteuer | 022 | |
| | | | 6033 | | | | Jagdsteuer | 026 | |
| | | | | | | | Jagd- und Fischereiabgabe, Jagdkartenabgabe als eigene Steuer | | |
| | | | 6034 | | | | Zweitwohnungsteuer | 027 | |
| | | | 6039 | | | | Sonstige örtliche Steuern | 029, 023 | |
| | | | | | | | Zum Beispiel Verpackungsteuer, Getränkesteuer | | |
| | | 604 | | | | | Steuerähnliche Einzahlungen | 03 | FH/FR 1 |
| | | | | | | | Soweit nicht zweckgebunden | | |
| | | | 6041 | | | | Tourismusabgabe | 030 | |
| | | | | | | | Von Personen und Unternehmen, denen aus dem Fremdenverkehr oder aus dem Kurbetrieb Vorteile erwachsen. Gäste- bzw. Kurtaxe, Tourismusabgabe, soweit zweckgebunden, und dergleichen in 6361. | | |
| | | | 6042 | | | | Abgabe von Spielbanken | 031 | |
| | | | | | | | Zuweisung des Gemeindeanteils in 613 | | |
| | | | 6049 | | | | Sonstige steuerähnliche Einzahlungen | 032 | |
| | | | | | | | Geldwerte der von den Steuerpflichtigen geleisteten Naturaldienste wie Hand- und Spanndienste, Ablösung der Naturaldienste durch Bezahlung, Einzahlungen aus der Befreiung vom Feuerlöschdienst bei allgemeiner Befreiung von Hand- und Spanndiensten, nicht verteilte Einzahlungen aus Jagdpacht, Fischereipacht und dergleichen | | |
| | | 605 | | | | | Ausgleichsleistungen | 09 | FH/FR 1 |
| | | | 6051 | | | | Leistungen nach dem Familienleistungsausgleich | 091 | |
| | | | 6052 | | | | Leistungen des Landes aus der Umsetzung des Vierten Gesetzes für moderne Dienstleistungen am Arbeitsmarkt | 092 | |
| | | | | | | | Die durch das Land an die Kommunen weiterzuleitenden Zahlungsleistungen aus der Umsetzung des Vierten Gesetzes für moderne Dienstleistungen am Arbeitsmarkt sind hier nachzuweisen. | | |
| | | | 6053 | | | | Leistungen des Landes aus dem Ausgleich von Sonderlasten bei der Zusammenführung von Arbeitslosen- und Sozialhilfe nach § 11 Abs. 3a FAG | 093 | |
| | 61 | | | | | | Zuweisungen und allgemeine Umlagen | | FH/FR 2 |
| | | 611 | | | | | Schlüsselzuweisungen | 04 | FH/FR 2 |
| | | | 6111 | | | | Allgemeine Schlüsselzuweisungen | 041 | |
| | | | 6112 | | | | Investive Schlüsselzuweisungen zur Verwendung für Instandsetzungen | | |
| | | 612 | | | | | Bedarfszuweisungen | 05 | FH/FR 2 |
| | | | 6121 | | | | Bedarfszuweisungen | | |
| | | | | | | | Bedarfszuweisungen nach Landesrecht | | |
| | | 613 | | | | | Sonstige allgemeine Zuweisungen | 06 | FH/FR 2 |
| | | | 613- | | | A | Sonstige allgemeine Zuweisungen | | |
| | | | | | | | Hier sind zu erfassen:<br>1. Zuweisungen ohne Zweckbindung, insbesondere Zuweisungen im Rahmen des Finanzausgleichs;<br>2. Ausgleichsleistungen gemäß Art. 106 Abs. 8 GG; | | |

| Kontenklasse | Kontengruppe | Kontenart | Konto | Unterkonto 1 | Unterkonto 2 | Bereichsabgrenzung | Bezeichnung und Zuordnung | Alte Gruppierung | Position in Bilanz, Ergebnishaushalt (EH) oder Ergebnisrechnung (ER), Finanzhaushalt (FH) oder Finanzrechnung (FR) |
|---|---|---|---|---|---|---|---|---|---|
| | | | | | | | 3. Zuweisungen als pauschalierte Entgelte für die Wahrnehmung bestimmter Aufgaben (Mehrbelastungsausgleich);<br>4. Zuweisung des Landes aus dem Aufkommen an der Grunderwerbsteuer;<br>5. Zuweisung für kommunale Zusammenschlüsse;<br>6. Zuweisungen des Aufkommens an der Spielbankabgabe. | | |
| | | | | 61311 | | | Zuweisungen zur Bildung des Sonderpostens für das Vorsorgevermögen | | |
| | | | | | | | Dieses Konto darf nicht mit einem Ertragskonto verknüpft werden. | | |
| | | | | 61319 | | | Sonstige allgemeine Zuweisungen – Land | | |
| | | 614 | | | | | Zuweisungen und Zuschüsse für laufende Zwecke | 17 | FH/FR 2 |
| | | | 614- | | | A | Zuweisungen und Zuschüsse für laufende Zwecke | | |
| | | | | | | | In diesen Konten werden auch Rückzahlungen, soweit sie nicht von der Auszahlung abgesetzt werden, und darüber hinaus insbesondere folgende Einzahlungen aus Zuweisungen erfasst:<br>1. für Förderung des Verkehrs, für Aufgaben der Jugendhilfe, für kulturelle Einrichtungen, zu den Kosten der Untersuchung zur Stadterneuerung und -entwicklung;<br>2. für Schulen und andere Bildungseinrichtungen;<br>3. zu den Kosten der Schülerbeförderung;<br>4. für Kindergärten;<br>5. für Krankenhäuser;<br>6. für den Betrieb von Theatern und anderen kulturellen Einrichtungen;<br>7. für Einrichtungen der Sozial- und Jugendhilfe;<br>8. für soziale Maßnahmen, zum Beispiel Maßnahmen der Erholungsfürsorge für Mütter, Kinder und Jugendliche und alte Menschen;<br>9. für Maßnahmen des Jugendschutzes;<br>10. für laufende Zwecke aus der Abwasserabgabe;<br>11. für die Straßenunterhaltung, für den öffentlichen Personennahverkehr, soweit nicht an Verkehrsunternehmen;<br>12. Personalkostenzuschüsse;<br>13. Betriebskostenzuschüsse;<br>14. Kindergartenzuschüsse an die Gemeinden;<br>15. für kulturelle Einrichtungen, soziale Leistungen, auch nach dem SGB IX, für Einrichtungen des Gesundheitswesens und dergleichen;<br>16. Verwaltungs- und Betriebskostenumlagen auch für erfüllende Gemeinden von Verwaltungsgemeinschaften;<br>17. Zuweisungen der Bundesagentur für Arbeit für die Beschäftigung von Arbeitslosen;<br>18. Förderungszuschüsse von Sparkassen;<br>19. Förderungszuschüsse;<br>20. von Kirchen für Kindergärten;<br>21. von Jagdgenossenschaften für die Unterhaltung von Feldwegen;<br>22. von rechtsfähigen Vereinen oder Berufsorganisationen für Schulen;<br>23. Spenden, auch aus Kontenklasse 5;<br>24. Schenkungen, Erbschaften;<br>25. Einzahlungen rechtlich selbständiger Stiftungen;<br>26. für Bundesfreiwilligendienst. | | |
| | | 618 | | | | | Allgemeine Umlagen | 07 | FH/FR 2 |

| Kontenklasse | Kontengruppe | Kontenart | Konto | Unterkonto 1 | Unterkonto 2 | Bereichsabgrenzung | Bezeichnung und Zuordnung | Alte Gruppierung | Position in Bilanz, Ergebnishaushalt (EH) oder Ergebnisrechnung (ER), Finanzhaushalt (FH) oder Finanzrechnung (FR) |
|---|---|---|---|---|---|---|---|---|---|
| | | | 618- | | | A | Allgemeine Umlagen | | |
| | | | | | | | Umlagen an Gemeindeverbände zur Deckung ihres allgemeinen Finanzbedarfs wie zum Beispiel Umlage an Verwaltungsverbände und Zusatzumlagen; Umlagen, die unaufgeteilt der Deckung von Aufwendungen in mehreren Aufgabenbereichen dienen wie zum Beispiel Zinsumlagen. Umlagen an die erfüllende Gemeinde einer Verwaltungsgemeinschaft in 6142. | | |
| | | | | 61821 | | | Kreisumlage | 0721 | |
| | | | | 61822 | | | Finanzausgleichsumlage nach § 25a SächsFAG | 0722 | |
| | | | | | | | Einzahlungen an den Landkreis aus der Finanzausgleichsumlage nach § 25a SächsFAG von den Gemeinden | | |
| | | | | 61823 | | | Sozialumlage nach § 22 Abs. 2 SächsKomSozVG | 0723 | |
| | | | | 61824 | | | Kulturumlage nach § 6 Abs. 3 SächsKRG | 0724 | |
| | | | | 61829 | | | Sonstige allgemeine Umlagen – Gemeinden und Gemeindeverbände | 0725 | |
| | | 619 | | | | | Aufgabenbezogene Leistungsbeteiligungen | | FH/FR 2 |
| | | | 6191 | | | | Aufgabenbezogene Leistungsbeteiligungen des Bundes | 191, 192, 193 | |
| | | | | | | | Hier sind zu erfassen:<br>1. Einzahlungen aus Ausgleichsleistungen des Bundes nach § 46 Abs. 5 bis 7 SGB II. Dabei sind zweckgebundene Leistungen zu den Kosten für Unterkunft und Heizung, welche über die Länder den Kommunen zugewiesen werden, als „Leistungsbeteiligungen bei Leistungen für Unterkunft und Heizung an Leistungsberechtigte" nachzuweisen. Statistisch wird dieser Sachverhalt in Kombination mit der Produktuntergruppe 3121 erhoben;<br>2. Zahlungsleistungen des Bundes nach § 6b Abs. 2 SGB II zu den von Optionskommunen übernommenen Leistungen für die „Leistungsbeteiligung beim Arbeitslosengeld II nach §§ 19 ff. SGB II ohne Leistungen für Unterkunft und Heizung"/Optionskommunen. Statistisch wird dieser Sachverhalt in Kombination mit der Produktuntergruppe 3124 erhoben;<br>3. Zahlungsleistungen des Bundes nach § 6b Abs. 2 SGB II zu den von Optionskommunen übernommenen Leistungen für die „Leistungsbeteiligungen bei der Eingliederung von erwerbsfähigen Leistungsberechtigten nach § 16 Abs. 1 und Abs. 3, §§ 16b bis 16f SGB II"/Optionskommunen. Statistisch wird dieser Sachverhalt in Kombination mit der Produktuntergruppe 3125 erhoben. | | |
| | 62 | | | | | | Sonstige Transfereinzahlungen | | FH/FR 3 |
| | | | | | | | Zu erfassen ist sämtlicher Kostenersatz einschließlich Kostenbeitrag, Aufwendungsersatz, Ersatzleistung, der in den Sozialleistungsgesetzen vorgesehen ist, soweit er den vollen oder teilweisen Ersatz einer sozialen Leistung darstellt und von privaten Personen stammt, also vom Hilfeempfänger selbst, von dessen unterhaltspflichtigen Angehörigen oder sonstigen Verpflichteten. Hierher gehört auch Kostenersatz von Sozialleistungsträgern, der rechtlich dem Versicherten zusteht, auch in solchen Fällen, in denen dieser Ersatz lediglich aus Zweckmäßigkeitsgründen als Kostenbeitrag direkt an den Sozialhilfeträger überwiesen wird, zum Beispiel als Renten von Heimbewohnern, Zuschüsse der Krankenkassen zu Erholungsmaßnahmen, Wohngeld. Darüber hinaus wird der Ersatz rückzahlbarer Hilfen wie Darlehen, die im Rahmen der Sozialhilfe und Kriegsopferfürsorge gewährt wurden, hier erfasst. | | |
| | | 621 | | | | | Ersatz von sozialen Leistungen außerhalb von Einrichtungen und von Eingliederungshilfen für Menschen mit Behinderung | 24 | FH/FR 3 |
| | | | 6211 | | | | Kostenbeiträge und Aufwendungsersatz, Kostenersatz | 241 | |

| Kontenklasse | Kontengruppe | Kontenart | Konto | Unterkonto 1 | Unterkonto 2 | Bereichsabgrenzung | Bezeichnung und Zuordnung | Alte Gruppierung | Position in Bilanz, Ergebnishaushalt (EH) oder Ergebnisrechnung (ER), Finanzhaushalt (FH) oder Finanzrechnung (FR) |
|---|---|---|---|---|---|---|---|---|---|
| | | | 6212 | | | | Übergeleitete Unterhaltsansprüche gegen bürgerlich-rechtlich Unterhaltsverpflichtete | 243 | |
| | | | 6213 | | | | Leistungen von Sozialleistungsträgern | 245 | |
| | | | 6214 | | | | Sonstige Ersatzleistungen | 247 | |
| | | | 6215 | | | | Rückzahlung gewährter Hilfen (Tilgung und Zinsen von Darlehen) | 249 | |
| | | 622 | | | | | Ersatz von sozialen Leistungen in Einrichtungen | 25 | FH/FR 3 |
| | | | 6221 | | | | Kostenbeiträge und Aufwendungsersatz, Kostenersatz | 251 | |
| | | | 6222 | | | | Übergeleitete Unterhaltsansprüche gegen bürgerlich-rechtlich Unterhaltsverpflichtete | 253 | |
| | | | 6223 | | | | Leistungen von Sozialleistungsträgern | 255 | |
| | | | 6224 | | | | Sonstige Ersatzleistungen | 257 | |
| | | | 6225 | | | | Rückzahlung gewährter Hilfen (Tilgung und Zinsen von Darlehen) | 259 | |
| | | 623 | | | | | Schuldendiensthilfen | 23 | FH/FR 3 |
| | | | 623- | | | A | Schuldendiensthilfen | | |
| | | 629 | | | | | Weitere sonstige Transfereinzahlungen | | FH/FR 3 |
| | | | 6291 | | | | Weitere sonstige Transfereinzahlungen | | |
| | | | | 62911 | | | Einzahlungen aus Grundsteuerausgleich | | |
| | | | | | | | Hier sind Einzahlungen aus Grundsteuerausgleichsleistungen im Sinne von § 8 Abs. 5 SächsFAG zu erfassen. | | |
| | | | | 62912 | | | Einzahlungen aus Gewerbesteuerausgleich | | |
| | | | | | | | Hier sind Einzahlungen aus Gewerbesteuerausgleichsleistungen im S inne von § 8 Abs. 5 SächsFAG zu erfassen. | | |
| | | | | 62919 | | | Weitere sonstige Transfereinzahlungen | | |
| | 63 | | | | | | Öffentlich-rechtliche Leistungsentgelte | | FH/FR 4 |
| | | 631 | | | | | Verwaltungsgebühren | 10 | FH/FR 4 |
| | | | 6311 | | | | Verwaltungsgebühren | | |
| | | | | | | | Zu erfassen sind insbesondere öffentlich-rechtliche Entgelte für die Inanspruchnahme von Verwaltungsleistungen im engeren Sinne (Amtshandlungen). Dies können insbesondere Passgebühren, Genehmigungsgebühren, Gebühren für die Bauüberwachung, Baugenehmigung, Brandverhütungsschau, Gebühren für Beglaubigungen, für Erlaubnisscheine, Ersatzvornahmen, Vermessungs- und Abmarkungsgebühren, Fischereigebühren sein. Der Ersatz von besonderen Auslagen kann hier ausgewiesen werden. | | |
| | | 632 | | | | | Benutzungsgebühren und ähnliche Entgelte | 11 | FH/FR 4 |
| | | | 6321 | | | | Benutzungsgebühren und ähnliche Entgelte | | |
| | | | | | | | Zu erfassen sind insbesondere Entgelte für:<br>1. die Benutzung von öffentlichen Einrichtungen und die Inanspruchnahme wirtschaftlicher Dienstleistungen, insbesondere:<br>a) die Lieferung von Gas, Wasser, Fernwärme, Strom, einschließlich Grundgebühren;<br>b) die Zählermiete;<br>2. die Benutzung von Verkehrsunternehmen;<br>3. EDV-Leistungen;<br>4. die Inanspruchnahme von Einrichtungen der Feuerwehr, des Fuhrparks, der Müllabfuhr, der Tierkörperbeseitigung, der Fleischbeschau, der Einrichtungen des Schlacht- und Viehhofs, der Straßenreinigung, des Bestattungswesens;<br>5. die Sondernutzung von Straßen;<br>6. die Abwasserbeseitigung einschließlich Einzahlungen aus der Abwälzung der anstelle von Einleitern zu entrichtenden Abwasserabgabe;<br>7. die Arbeiten zur Unterhaltung von Straßen, Anlagen und dergleichen;<br>8. die Pflege von Gräbern;<br>9. die Herstellung und Unterhaltung der Hausanschlüsse für Strom, Gas, Wasser, Abwasser;<br>10. bakteriologische Untersuchungen. | | FH/FR 4 |

| Kontenklasse | Kontengruppe | Kontenart | Konto | Unterkonto 1 | Unterkonto 2 | Bereichsabgrenzung | Bezeichnung und Zuordnung | Alte Gruppierung | Position in Bilanz, Ergebnishaushalt (EH) oder Ergebnisrechnung (ER), Finanzhaushalt (FH) oder Finanzrechnung (FR) |
|---|---|---|---|---|---|---|---|---|---|
| | | | | | | | Darüber hinaus fallen hierunter:<br>11. Parkgebühren;<br>12. Wiegegebühren;<br>13. Zuchttierumlagen;<br>14. Pflegegelder der Krankenhäuser ohne Sonderrechnungen, der Alten- und Pflegeheime und sonstiger Einrichtungen der Sozial- und Jugendhilfe, auch Einkaufsgelder;<br>15. Entgelte von Asylberechtigten und Kontingentflüchtlingen für die Gewährung von Leistungen in Gemeinschaftseinrichtungen;<br>16. Eintrittsgelder zu kulturellen oder sportlichen Veranstaltungen;<br>17. Kindergartengebühren oder -beiträge.<br>Entgelte für Veranstaltungsprogramme und dergleichen können zusammen mit den Benutzungsgebühren oder ähnlichen Entgelten ausgewiesen werden. Anschlussbeiträge werden in 6881 erfasst. | | |
| | | 634 | | | | | Schülerbeförderungsentgelt | | FH/FR 4 |
| | | 636 | | | | | Sonstige zweckgebundene Abgaben | 12 | FH/FR 4 |
| | | | 6361 | | | | Sonstige zweckgebundene Abgaben | | |
| | | | | | | | Hier sind insbesondere Gäste- bzw. Kurtaxe, Kurbeiträge oder ähnliche Entgelte zur Finanzierung öffentlicher Anlagen, Tourismusabgabe, soweit zweckgebunden, zu erfassen. | | |
| | 64 | | | | | | Privatrechtliche Leistungsentgelte, Kostenerstattungen und Kostenumlagen | | FH/FR 5FH/FR 6 |
| | | 641 | | | | | Mieten und Pachten | 14 | FH/FR 5 |
| | | | 6411 | | | | Mieten und Pachten | | |
| | | | | | | | Zu erfassen sind hierunter insbesondere Einzahlungen aus Vermietung und Verpachtung von Grundstücken, Wohn- und Geschäftsräumen, Schulräumen, Dienst- und Werkswohnungen, Altenwohnungen, von Betriebsanlagen, Garagen, Standplätzen auf Märkten und Messen, Reklameflächen. Darüber hinaus fallen hierunter Entgelte für die Überlassung von Inventar in vermieteten Räumen, besonderer Ersatz für Nebenleistungen im Rahmen von Miet- und Pachtverträgen, die Einzahlungen aus Erbbaurecht, Erbpacht und der Jagd- und Fischereipacht aus eigenen Grundstücken und der Mietwert der freien Wohnung des Anstalts- und Pflegepersonals sowie der auf die Dienstbezüge angerechneten Dienstwohnung. | | |
| | | 642 | | | | | Verkauf | 13 | FH/FR 5 |
| | | | 6421 | | | | Verkauf | | |
| | | | | | | | Hierunter fallen insbesondere Einzahlungen:<br>1. aus dem Verkauf beweglicher Sachen, die als Vorräte erfasst waren;<br>2. aus dem Verkauf von Drucksachen aller Art, wobei Entgelte für Veranstaltungsprogramme und dergleichen auch zusammen mit den anderen Entgelten für die Veranstaltung bei 6321 nachgewiesen werden können;<br>3. aus Erlösen für landwirtschaftliche, forstwirtschaftliche und gärtnerische Erzeugnisse sowie für Tiere;<br>4. aus Erlösen für Erzeugnisse und Leistungen von Werkstätten;<br>5. aus Erlösen für die Abgabe von Gegenständen von Materialbeschaffungsstellen wie Bauhof oder Zentralapotheke in Krankenhäusern;<br>6. aus Erlösen für Altmaterial;<br>7. aus Erlösen für die Abgabe von Verpflegung an Bedienstete und Gäste. | | |
| | | 643 | | | | | Privatrechtliche Entgelte für die Benutzung öffentlicher Einrichtungen | | FH/FR 5 |

| Kontenklasse | Kontengruppe | Kontenart | Konto | Unterkonto 1 | Unterkonto 2 | Bereichsabgrenzung | Bezeichnung und Zuordnung | Alte Gruppierung | Position in Bilanz, Ergebnishaushalt (EH) oder Ergebnisrechnung (ER), Finanzhaushalt (FH) oder Finanzrechnung (FR) |
|---|---|---|---|---|---|---|---|---|---|
| | | | 6431 | | | | Privatrechtliche Entgelte für die Benutzung öffentlicher Einrichtungen | | |
| | | | | | | | Hierunter sind privatrechtliche Entgelte für die Benutzung öffentlicher Einrichtungen zu erfassen, soweit diese aufgrund einer privatrechtlichen Ausgestaltung des Benutzungsverhältnisses mit der betroffenen öffentlichen Einrichtung anstelle öffentlich-rechtlicher Entgelte erhoben werden. | | |
| | | 646 | | | | | Sonstige privatrechtliche Leistungsentgelte | 150/157 | FH/FR 5 |
| | | | 6461 | | | | Sonstige privatrechtliche Leistungsentgelte | | |
| | | | | | | | Hierunter sind insbesondere folgende Einzahlungen zu erfassen:<br>1. für Ersatzleistungen auf Schadensfälle, auch aus Kontenklasse 5;<br>2. für Beratungen;<br>3. aus Werkverträgen;<br>4. aus Regressansprüchen;<br>5. aus der Ablieferung aus Nebentätigkeiten;<br>6. aus Tantiemen aus der Ausübung einer Aufsichtsratstätigkeit;<br>7. aus Ersatz für die private Nutzung öffentlicher Fernsprecheinrichtungen. | | |
| | | 648 | | | | | Kostenerstattungen und Kostenumlagen | 16 | FH/FR 6 |
| | | | 648- | | | A | Kostenerstattungen und Kostenumlagen | | |
| | | | | | | | Erstattungen sind Ersatz für Auszahlungen der laufenden Verwaltungstätigkeit, die eine Stelle für eine andere erbracht hat. Hierunter werden auch Rückzahlungen erfasst, soweit diese nicht von der Auszahlung abgesetzt werden. Hierunter fallen insbesondere Einzahlungen aus Kostenerstattungen:<br>1. für den Anteil des Bundes an den bzw. Erstattungen von Kosten der Krankenversorgung nach § 276 LAG und anderer abrechnungsfähiger Leistungen;<br>2. der Sozialhilfeträger;<br>3. der Kriegsfolgenhilfe;<br>4. für rückzahlbare Hilfen;<br>5. der Sozialhilfe für Deutsche im Ausland;<br>6. für Aufwand im Rahmen des Katastrophenschutzes;<br>7. für Aufwand für den Unterhalt von Ortsdurchfahrten im Zuge von Bundesstraßen in der Baulast des Bundes, soweit nicht für Rechnung des Bundes, und des Landes;<br>8. für Versorgungslasten;<br>9. für Wahlen, Zählungen, Volksentscheide und Ähnliches;<br>10. für Dienstbezüge;<br>11. Schülerbeförderungskosten;<br>12. Verwaltungsaufwand im Zusammenhang mit der Durchführung des AbwAG und der Erhebung der Fehlbelegungsabgabe;<br>13. von sozialen Leistungen, wie Erstattungen nach §§ 103 ff. SGB XII, Erstattungen für Kosten der Grundsicherung im Alter und bei Erwerbsminderung nach § 46a SGB XII, Erstattungen für die von den Fürsorgestellen im Auftrag der Hauptfürsorgestellen erbrachten Leistungen der Kriegsopferfürsorge (Erholungs- und Wohnungshilfe);<br>14. für Schulkosten aufgrund öffentlich-rechtlicher Vereinbarung oder Gesetze;<br>15. für die Pauschale für die Gräber der Opfer von Krieg und Gewaltherrschaft;<br>16. für Kosten für gemeinsame Verwaltungseinrichtungen und bei gemeinsamer Aufgabenerfüllung;<br>17. für Kosten von Feuerwehreinsätzen im Rahmen der Hilfeleistung;<br>18. zwischen den Trägern sozialer Leistungen; | | |

| Kontenklasse | Kontengruppe | Kontenart | Konto | Unterkonto 1 | Unterkonto 2 | Bereichsabgrenzung | Bezeichnung und Zuordnung | Alte Gruppierung | Position in Bilanz, Ergebnishaushalt (EH) oder Ergebnisrechnung (ER), Finanzhaushalt (FH) oder Finanzrechnung (FR) |
|---|---|---|---|---|---|---|---|---|---|
| | | | | | | | 19. für gemeinsame Unterhaltung und Mitbenutzung von Sportstätten, Kläranlagen, Friedhöfen und anderen Einrichtungen;<br>20. für Verwaltungskosten;<br>21. für Verwaltungskosten von Trägern der gesetzlichen Sozialversicherung und der öffentlichen Zusatzversorgung;<br>22. für Verwaltungsleistungen durch Eigenbetriebe, Eigengesellschaften, Krankenhäuser und Kliniken mit kaufmännischem Rechnungswesen;<br>23. für Verwaltungsleistungen von Sparkassen und Sparkassenzweckverbänden;<br>24. von Brandversicherungsanstalten, Genossenschaften, Versicherungen und dergleichen;<br>25. für die Einziehung von Beiträgen von Dritten;<br>26. für Verwaltungsleistungen durch Berufsvertretungen, Innungen, Industrie-, Handels- und Handwerkskammern, Stiftungen und Verbände. | | |
| | 65 | | | | | | Sonstige Einzahlungen aus laufender Verwaltungstätigkeit | | FH/FR 8 |
| | | 651 | | | | | Konzessionsabgaben | 22 | FH/FR 8 |
| | | | 6511 | | | | Konzessionsabgaben | | |
| | | | | | | | Konzessionsabgaben von wirtschaftlichen Unternehmen | | |
| | | 652 | | | | | Erstattung von Steuern | | FH/FR 8 |
| | | | 6521 | | | | Erstattung von Steuern | | |
| | | | | | | | Soweit die Kommune steuerpflichtig ist | | |
| | | 656 | | | | | Besondere Einzahlungen | 26 | FH/FR 8 |
| | | | 6561 | | | | Bußgelder | 260 | |
| | | | | | | | Hierunter fallen Verwarn- und Bußgelder, Zwangsgelder, Sühnegelder aus Schiedsverfahren, Disziplinarstrafen und Ordnungsstrafen. | | |
| | | | 6562 | | | | Säumniszuschläge | 261 | |
| | | | | | | | Hierunter fallen Säumniszuschläge, Stundungs-, Verzugs- und Prozesszinsen, Beitreibungsgebühren und Nebenforderungen, soweit diese Einzahlungen nicht ausnahmsweise mit der Hauptforderung gebucht werden, sowie Nachzahlungszinsen (Nachzahlungszinsen auf Steuerforderungen unter Kto. 6691). | | |
| | | | 6563 | | | | Inanspruchnahme von Gewährverträgen und Bürgschaften | 262 | |
| | | 659 | | | | | Weitere sonstige Einzahlungen aus laufender Verwaltungstätigkeit | 263 | FH/FR 8 |
| | | | 6591 | | | | Weitere sonstige Einzahlungen aus laufender Verwaltungstätigkeit | | |
| | | | | | | | Hierunter fallen Konventionalstrafen, Ausgleichsabgabe nach dem SGB IX, einbehaltenes Disagio bei Hingabe von Darlehen und Abfindungen im Zusammenhang mit Gebietsänderungen. | | |
| | 66 | | | | | | Zinsen und sonstige Finanzeinzahlungen | | FH/FR 7 |
| | | 661 | | | | | Zinseinzahlungen | 20 | FH/FR 7 |
| | | | 661- | | | B | Zinseinzahlungen | | |
| | | | | | | | Hierunter fallen insbesondere Einzahlungen für Zinsen:<br>1. aus Darlehen;<br>2. aus Geldanlagen;<br>3. aus Einlagen bei Kreditinstituten;<br>4. aus festverzinslichen Wertpapieren;<br>5. aus Bausparverträgen;<br>6. aus dem Giro- und Kontokorrentverkehr;<br>7. aus Restkaufgeldern und Kaufpreisresten;<br>8. aus Forderungen aus Umlegungsgeschäften wie zum Beispiel Ausgleichsabgabe bei Stadtsanierungsmaßnahmen;<br>9. aus Rentenzahlungen auf Erschließungsbeiträge;<br>10. aus der Anlage des Vermögens rechtlich unselbständiger Stiftungen. | | |

| Kontenklasse | Kontengruppe | Kontenart | Konto | Unterkonto 1 | Unterkonto 2 | Bereichsabgrenzung | Bezeichnung und Zuordnung | Alte Gruppierung | Position in Bilanz, Ergebnishaushalt (EH) oder Ergebnisrechnung (ER), Finanzhaushalt (FH) oder Finanzrechnung (FR) |
|---|---|---|---|---|---|---|---|---|---|
| | | 665 | | | | | Gewinnanteile aus verbundenen Unternehmen, Beteiligungen und Sondervermögen | 21 | FH/FR 7 |
| | | | 6651 | | | | Gewinnanteile aus verbundenen Unternehmen, Beteiligungen und Sondervermögen | | |
| | | | | | | | Hierunter fallen insbesondere Gewinnablieferungen der eigenen wirtschaftlichen Unternehmen ohne Rücksicht auf deren Rechtsform, Dividenden und Ausschüttungen aus Beteiligungen. | | |
| | | 669 | | | | | Sonstige Finanzeinzahlungen | | FH/FR 7 |
| | | | 6691 | | | | Sonstige Finanzeinzahlungen | | |
| | | | | | | | Hierunter fallen Einzahlungen aus der Verzinsung von Steuernachforderungen und Erstattungen, von Gewinnanteilen des Gesellschafters, aus Rückvergütungen und für Anteile am Bilanzgewinn der Sparkassen. | | |
| | 67 | | | | | | Haushaltsunwirksame Einzahlungen | | FR 44 |
| | | 671 | | | | | Haushaltsunwirksame Einzahlungen | | |
| | 68 | | | | | | Investitionstätigkeit | | |
| | | 681 | | | | | Investitionszuwendungen | 36 | FH/FR 18 |
| | | | 681- | | | A | Investitionszuwendungen | | |
| | | | | | | | Hierunter sind Einzahlungen aus Zuwendungen für Investitionen zu erfassen, die für Gegenstände des kommunalen Sachanlagevermögens gewährt werden. Hierzu gehören auch Mittel, die von übergeordneten Gebietskörperschaften zum Zwecke der Darlehensgewährung bereitgestellt werden wie Vorauszahlungen von Fördermitteln für den Städtebau. Ferner sind hier auch Beihilfen zur Schuldentilgung, Investitionszulagen, Umlagen für investive Zwecke, Kapitalzuschüsse nach § 13 Abs. 1 SächsKAG, Investitionszuweisungen aus der Abwasserabgabe, Investitionszuweisungen von der Bundesagentur für Arbeit für Arbeitsbeschaffungsmaßnahmen sowie Spenden mit besonderer Zweckbestimmung für investive Maßnahmen zu erfassen. | | |
| | | | | 68111 | | | Investive Schlüsselzuweisungen | 361 | |
| | | | | | | | Hierunter sind die investiven Schlüsselzuweisungen zu erfassen, soweit sie für Investitionen und die außerordentliche Tilgung von Krediten verwendet werden sollen. Investive Schlüsselzuweisungen zur Verwendung für Instandsetzungen sind in Konto 6112 zu erfassen. | | |
| | | | | 68119 | | | Sonstige Investitionszuwendungen – Land | 361 | |
| | | 682 | | | | | Veräußerung von unbeweglichen Vermögensgegenständen | 340 | FH/FR 21 |
| | | | 6821 | | | | Veräußerung von unbeweglichen Vermögensgegenständen | | |
| | | | | | | | Hierunter sind insbesondere die Einzahlungen aus dem Verkauf von Grundstücken, grundstücksgleichen Rechten und Anlagen zu erfassen. Hierzu gehören auch Einzahlungen aus der Erstattung von Überzahlungen bei Erwerb von Grundstücken, Nachzahlungen bei Veräußerungen von Grundstücken, Abfindungen aus Anlass von Gebietsänderungen der Gemeinde oder des Landkreises, für Abtretung eigener Grundstücke an eine andere Gemeinde, Ersatzleistungen für Vermögensschäden an Grundstücken und Ablösung von Rechten auf fremdem Grundbesitz. | | |
| | | 683 | | | | | Veräußerung von aktivierten immateriellen und beweglichen Vermögensgegenständen | 345 | FH/FR 20 und 22 |
| | | | 6831 | | | | Veräußerung von aktivierten immateriellen Vermögensgegenständen | | FH/FR 20 |
| | | | | | | | Hierunter fallen die Einzahlungen aus Verkaufserlösen von im Anlagevermögen erfasstem immateriellem Vermögen. | | |

| Kontenklasse | Kontengruppe | Kontenart | Konto | Unterkonto 1 | Unterkonto 2 | Bereichsabgrenzung | Bezeichnung und Zuordnung | Alte Gruppierung | Position in Bilanz, Ergebnishaushalt (EH) oder Ergebnisrechnung (ER), Finanzhaushalt (FH) oder Finanzrechnung (FR) |
|---|---|---|---|---|---|---|---|---|---|
| | | | 6832 | | | | Veräußerung von aktivierten beweglichen Vermögensgegenständen | | FH/FR 22 |
| | | | | | | | Hierunter fallen die Einzahlungen aus Verkaufserlösen von beweglichen Sachen, die mit ihren Anschaffungs- oder Herstellungskosten in der Anlagenbuchhaltung erfasst oder nachgewiesen sind oder wegen ihres unentgeltlichen Erwerbs mit einem Schätz- oder sonst bestimmten Wert als Anlagevermögen erfasst wurden. | | |
| | | 684 | | | | | Veräußerung von Finanzanlagen | 33 | FH/FR 23 |
| | | | 6842 | | | | Börsennotierte Aktien | | |
| | | | | | | | Hierunter sind börsennotierte Aktien zu erfassen. Börsennotierte Aktien sind Aktien, deren Kurs an einer amtlichen Börse oder einem Sekundärmarkt notiert wird. Dies sind:<br>1. von Aktiengesellschaften ausgegebene Aktien;<br>2. von Aktiengesellschaften ausgegebene Genussscheine;<br>3. von Aktiengesellschaften begebene Dividendenaktien als Gründeranteile, Gewinnanteile, Gewinnschuldverschreibung, die nicht Bestandteile des im Handelsregister eingetragenen Kapitals sind, ihren Inhabern nicht die Rechte von eigentlichen Teilhabern gewähren und Anspruch auf einen Teil des nach Bedienung des Aktienkapitals verbleibenden ausschüttungsfähigen Gewinns und auf einen Anteil am Liquidationsüberschuss geben;<br>4. Vorzugsaktien, deren Inhaber am Liquidationserlös der betreffenden Kapitalgesellschaft beteiligt werden, unabhängig davon, ob diese Aktien an einer amtlichen Börse notiert werden oder nicht.<br>Zu den Aktien zählen nicht Aktien, die bei der Emission nicht platziert werden konnten, und in Aktien konvertierbare Wandelschuldverschreibungen. Börsennotierte Aktien umfassen nicht Bonusaktien, die durch Umwandlung von Rücklagen an die Aktionäre nach Maßgabe ihres bisherigen Beteiligungsverhältnisses ausgegeben werden. Das gleiche gilt für den Aktiensplit. | | |
| | | | 6843 | | | | Nichtbörsennotierte Aktien | | |
| | | | | | | | Aktien, deren Kurs nicht notiert wird. Zur Abgrenzung vergleiche Konto 6842. | | |
| | | | 6844 | | | | Sonstige Anteilsrechte | | |
| | | | | | | | Zuzuordnen sind alle Arten von Anteilsrechten an Unternehmen und Einrichtungen, ohne börsennotierte oder nichtbörsennotierte Aktien und ohne Investmentzertifikate. Hierzu zählen Beteiligungen an Unternehmen, die nicht in Form von Aktien bestehen als Geschäftsanteile an Unternehmen, bei denen für die Gemeinde eine beschränkte Haftung besteht, oder Beteiligungen an Genossenschaften mit eigener Rechtspersönlichkeit und Kapitaleinlagen in Einrichtungen. Der Wert dieser Beteiligungen entspricht dem anteiligen Eigenkapital. | | |
| | | | 6845 | | | | Investmentzertifikate | | |
| | | | | | | | Investmentzertifikate sind die Kapitalanteile, die von finanziellen Kapitalgesellschaften ausgegeben werden, die je nach Land als Investmentfonds, Investmenttrusts oder als Kapitalanlagegesellschaft bezeichnet werden, unabhängig davon, ob es sich um offene, halboffene oder geschlossene Fonds handelt. Die Anteile können börsennotiert oder nicht börsennotiert sein. Im letztgenannten Fall sind sie in der Regel jederzeit rückzahlbar, und zwar zu einem Wert, der ihrem Anteil an den Eigenmitteln der finanziellen Kapitalgesellschaft entspricht. Diese Eigenmittel werden anhand der Marktpreise ihrer verschiedenen Geldanlagen regelmäßig neu bewertet. | | |

| Kontenklasse | Kontengruppe | Kontenart | Konto | Unterkonto 1 | Unterkonto 2 | Bereichsabgrenzung | Bezeichnung und Zuordnung | Alte Gruppierung | Position in Bilanz, Ergebnishaushalt (EH) oder Ergebnisrechnung (ER), Finanzhaushalt (FH) oder Finanzrechnung (FR) |
|---|---|---|---|---|---|---|---|---|---|
| | | | 6846 | | | | Kapitalmarktpapiere und langfristige Geldanlagen | | |
| | | | | 6846- | | B | Kapitalmarktpapiere und langfristige Geldanlagen | | |
| | | | | | | | Langfristige Wertpapiere ohne Anteilsrechte, deren ursprüngliche Laufzeit in der Regel mehr als ein Jahr beträgt. Hierzu zählen:<br>1. Inhaberschuldverschreibungen;<br>2. Anleihen;<br>3. durch die Umwandlung von Krediten entstandene Wertpapiere. | | |
| | | | | | | | Zu den Kapitalmarktpapieren zählen ferner Forderungen, die im Rahmen der Verbriefung von Krediten, Hypotheken, Kreditkartenverbindlichkeiten, Forderungen aus Lieferungen und Leistungen und von sonstigen Forderungen gegeben werden.<br>Langfristige Geldanlagen sind Geldanlagen mit einer ursprünglichen vertraglichen Laufzeit und einer zumindest beabsichtigten Mittelbindung von mehr als einem Jahr. Geldanlagen mit kürzerer Laufzeit und/oder Mittelbindung sind den liquiden Mitteln zuzuordnen.<br>Veräußerung im Sinne der Kontenart 684 umfasst auch die Rückzahlung bei Auflösung einer langfristigen Geldanlage. | | |
| | | | 6847 | | | | Geldmarktpapiere | | |
| | | | | 6847- | | B | Geldmarktpapiere | | |
| | | | | | | | Kurzfristige Wertpapiere, deren ursprüngliche Laufzeit in der Regel bis zu einem Jahr beträgt, sofern die in derartigen Wertpapieren angelegten Mittel länger als ein Jahr angelegt wurden bzw. werden sollten. Dies können zum Beispiel Staatspapiere, Bundesschatzbriefe oder Wertpapiere sein. | | |
| | | | 6848 | | | | Finanzderivate | | |
| | | | | | | | Finanzierungsinstrumente wie Zinsswaps oder Forward Rate Agreements als Zinsswaps, die auf einer Kreditvereinbarung basieren. Nicht zu den Finanzderivaten zählt der dem Geschäft zugrunde liegende Kredit. | | |
| | | 685 | | | | | Abwicklung von Baumaßnahmen | 347 | FH/FR 24 |
| | | | 6851 | | | | Abwicklung von Baumaßnahmen | | |
| | | 686 | | | | | Rückflüsse von Ausleihungen | 32 | FH/FR 42 |
| | | | 686- | | | B | Rückflüsse von Ausleihungen | | |
| | | | | | | | Einzahlungen, die die Forderungen aus Ausleihungen mindern. Ferner Einzahlungen im Rahmen von Cash-Pooling/Einheitskasse/Amtskasse (Liquiditätsverbund). | | |
| | | 688 | | | | | Beiträge und ähnliche Entgelte | 35 | FH/FR 19 |
| | | | 6881 | | | | Beiträge für öffentliche Einrichtungen gemäß §§ 17-25 SächsKAG | | |
| | | | 6889 | | | | Sonstige Beiträge und ähnliche Entgelte | | |
| | | | | | | | Hierunter sind Erschließungsbeiträge nach BauGB, Straßenbaubeiträge, sonstige Beiträge und andere Abgaben für Investitionen nach SächsKAG (ausgenommen Anschlussbeiträge nach §§ 17 bis 25 SächsKAG) und auf zivilrechtlicher Grundlage sowie Folgekostenbeiträge zur Schaffung kommunaler Einrichtungen zu erfassen. Die Einzahlungen aus Folgekostenvereinbarungen sind auf die betreffenden Aufgabenbereiche aufzuteilen. | | |
| | 69 | | | | | | Finanzierungstätigkeit | 37 | |
| | | 691 | | | | | Anleihen | | FH/FR 37 |
| | | | 6917 | | | | Anleihen | | |
| | | | | 6917- | | C | Anleihen | | |
| | | 692 | | | | | Kreditaufnahmen für Investitionen | | FH/FR 36 |
| | | | 692- | | | B + C | Kreditaufnahmen für Investitionen | | |
| | | 693 | | | | | Kreditaufnahmen zur Liquiditätssicherung | | FH/FR 51 |
| | | | 6937 | | | | Kreditaufnahmen zur Liquiditätssicherung | | |
| | | 694 | | | | | Sonstige Wertpapierverschuldung | | FH/FR 37 |
| | | | 6947 | | | | Sonstige Wertpapierverschuldung | | |
| | | | | 6947- | | C | Sonstige Wertpapierverschuldung | | |

| Kontenklasse | Kontengruppe | Kontenart | Konto | Unterkonto 1 | Unterkonto 2 | Bereichsabgrenzung | Bezeichnung und Zuordnung | Alte Gruppierung | Position in Bilanz, Ergebnishaushalt (EH) oder Ergebnisrechnung (ER), Finanzhaushalt (FH) oder Finanzrechnung (FR) |
|---|---|---|---|---|---|---|---|---|---|
| | | 695 | | | | | Rückflüsse von Darlehen (ohne Ausleihungen) | 32 | FH/FR 42 |
| | | | 695- | | | B | Rückflüsse von Darlehen (ohne Ausleihungen) | | |
| 7 | | | | | | | Auszahlungen | | Finanzhaushalt (FH) § 3 Abs. 1 SächsKomHVO, Finanzrechnung (FR) § 49 Abs. 2 SächsKomHVO |
| | 70 | | | | | | Personalauszahlungen | 4 | FH/FR 10 |
| | | | | | | | Nicht zu den Personalauszahlungen zählen Auszahlungen für die Inanspruchnahme von Dienstleistungen aufgrund von Werkverträgen oder ähnlichen Vertragsformen. Auszahlungen für Vertragsarchitekten, Vertragsingenieure und Ähnliches werden als Nebenkosten dem Unterhaltungsaufwand oder den Bauausgaben zugeordnet. | | |
| | | 701 | | | | | Dienstauszahlungen | 41 | FH/FR 10 |
| | | | | | | | Zu erfassen sind:<br>1. Dienstbezüge;<br>2. Stellenzulagen;<br>3. Amtszulagen;<br>4. Ausgleichszulagen;<br>5. Leistungen zur Vermögensbildung der Beschäftigten;<br>6. Urlaubsgeld;<br>7. andere Zulagen und Zuschläge;<br>8. Abgeltung für Überstunden;<br>9. Abfindungen;<br>10. Übergangsgelder ohne Übergangsgelder nach BeamtVG;<br>11. Aufwandsentschädigungen als besondere Zulagen für einen allgemeinen, mit der Stelle zusammenhängenden Aufwand (funktionsbedingte Aufwandsentschädigungen bei 7411);<br>12. Vergütungen und Löhne für Stellvertretung und Aushilfe;<br>13. Architektenleistungen, Ingenieurleistungen und Ähnliches für Baumaßnahmen, soweit es sich um Auszahlungen für eigenes Personal handelt;<br>14. Sachbezüge, die unter Berücksichtigung ihres wirtschaftlichen Werts auf die Dienstbezüge angerechnet werden wie zum Beispiel Holz, Dienstwohnung, Dienstgrundstücke;<br>15. Jubiläumszuwendungen;<br>16. Leistungen zur Vermögensbildung der Arbeitnehmer. | | |
| | | | 7011 | | | | Dienstauszahlungen für Beamte | 410 | |
| | | | | | | | Zu erfassen sind:<br>1. Bezüge der Beamten;<br>2. Grundgehälter einschließlich Zulagen und Zuschläge zum Grundgehalt;<br>3. Ortszuschlag;<br>4. Anwärterbezüge;<br>5. Unterhaltsbeihilfen für Dienstanfänger;<br>6. Unterhaltszuschüsse. | | |
| | | | 7012 | | | | Dienstauszahlungen für Arbeitnehmer | 414 | |
| | | | | | | | Tarifliche und frei vereinbarte Entgelte | | |
| | | | 7017 | | | | Dienstauszahlungen für Beschäftigte mit Förderung nach § 16i SGB II | | |
| | | | 7018 | | | | Dienstauszahlungen für Kommunal-Kombi-Beschäftigte | 419 | |
| | | | 7019 | | | | Dienstauszahlungen für sonstige Beschäftigte | 416 | |

| Kontenklasse | Kontengruppe | Kontenart | Konto | Unterkonto 1 | Unterkonto 2 | Bereichsabgrenzung | Bezeichnung und Zuordnung | Alte Gruppierung | Position in Bilanz, Ergebnishaushalt (EH) oder Ergebnisrechnung (ER), Finanzhaushalt (FH) oder Finanzrechnung (FR) |
|---|---|---|---|---|---|---|---|---|---|
| | | | | | | | Zu erfassen sind:<br>1. Entgelte für nebenamtlich oder nebenberuflich tätige Personen, die ihren Hauptberuf in einer anderen Verwaltung oder einem anderen Betrieb ausüben wie beispielsweise Kreisbildstellenleiter, Geistliche als Religionslehrer, nebenamtliche gemeinsame Fachbeamte; Auszahlungen für ehrenamtliche Tätigkeit sind bei 7421 zu erfassen; | | |
| | | | | | | | 2. Entgelte an Ruhestandsbeamte, die weiterbeschäftigt werden;<br>3. Entgelte für Stellvertretung und Aushilfen, soweit nicht auf 7011 oder 7012 aufteilbar;<br>4. Entgelte und Vergütungen an Praktikanten und Auszubildende, soweit nicht auf 7011 oder 7012 aufteilbar;<br>5. Entgelte für Dozenten, Lehrer und Prüfungskräfte, soweit nicht den sächlichen Geschäftsauszahlungen zuzuordnen;<br>6. Honorare für freie Mitarbeiter und Sachverständige;<br>7. Entgelte an nicht ständig oder nebenberuflich Beschäftigte in kulturellen Einrichtungen;<br>8. pauschalierte Lohnsteuer. | | |
| | | 702 | | | | | Beiträge zu Versorgungskassen | 43 | FH/FR 10 |
| | | | | | | | Zu erfassen sind:<br>1. Umlagen und Beiträge zu fremden Pensions-, Versorgungs- und Zusatzversorgungskassen sowie zu eigenen Pensions-, Versorgungs- und Zusatzversorgungskassen, für die eine Sonderrechnung geführt wird;<br>2. Umlagen an den Kommunalen Versorgungsverband;<br>3. Umlagen an Zusatzversorgungskassen.<br>Zahlungen aus eigenen Pensions- und Versorgungskassen ohne Sonderrechnung sind Versorgungsbezüge. | | |
| | | | 7021 | | | | Beiträge zu Versorgungskassen für Beamte | 430 | |
| | | | 7022 | | | | Beiträge zu Versorgungskassen für Arbeitnehmer | 434 | |
| | | | 7027 | | | | Beiträge zu Versorgungskassen für Beschäftigte mit Förderung nach § 16i SGB II | | |
| | | | 7028 | | | | Beiträge zu Versorgungskassen für Kommunal-Kombi-Beschäftigte | 439 | |
| | | | 7029 | | | | Beiträge zu Versorgungskassen für sonstige Beschäftigte | 436 | |
| | | 703 | | | | | Beiträge zur gesetzlichen Sozialversicherung | 44 | FH/FR 10 |
| | | | | | | | Zu erfassen sind:<br>1. Arbeitgeberanteile zur gesetzlichen Krankenversicherung einschließlich Ersatzkassen;<br>2. zur gesetzlichen Pflegeversicherung;<br>3. zur Rentenversicherung;<br>4. zur Arbeitslosenversicherung;<br>5. zur Ärzteversorgungskasse;<br>6. Arbeitgeberzuschuss zur freiwilligen Krankenversicherung;<br>7. Nachversicherung von Beamten;<br>8. Höherversicherung in der gesetzlichen Sozialversicherung;<br>9. Zuschüsse zur befreienden Lebensversicherung;<br>10. Umlage zur gesetzlichen Unfallversicherung;<br>11. Beiträge zur Berufsgenossenschaft. | | |
| | | | 7031 | | | | Beiträge zur gesetzlichen Sozialversicherung für Beamte | 440 | |
| | | | 7032 | | | | Beiträge zur gesetzlichen Sozialversicherung für Arbeitnehmer | 444 | |
| | | | 7037 | | | | Beiträge zur gesetzlichen Sozialversicherung für Beschäftigte mit Förderung nach § 16i SGB II | | |
| | | | 7038 | | | | Beiträge zur gesetzlichen Sozialversicherung für Kommunal-Kombi-Beschäftigte | 449 | |
| | | | 7039 | | | | Beiträge zur gesetzlichen Sozialversicherung für sonstige Beschäftigte | 446 | |
| | | | | | | | Künstlersozialabgabe für eigenes Personal | | |

| Kontenklasse | Kontengruppe | Kontenart | Konto | Unterkonto 1 | Unterkonto 2 | Bereichsabgrenzung | Bezeichnung und Zuordnung | Alte Gruppierung | Position in Bilanz, Ergebnishaushalt (EH) oder Ergebnisrechnung (ER), Finanzhaushalt (FH) oder Finanzrechnung (FR) |
|---|---|---|---|---|---|---|---|---|---|
| | | 704 | | | | | Beihilfen und Unterstützungsleistungen für Beschäftigte | 45 | FH/FR 10 |
| | | | 7041 | | | | Beihilfen und Unterstützungsleistungen für Beschäftigte | | |
| | | | | | | | Zu erfassen sind:<br>1. Beihilfen nach den Beihilfevorschriften an Beamte und Arbeitnehmer, einschließlich Umlagen und Beiträge, die an Versorgungskassen und ähnliche Einrichtung zur Gewährung von Beihilfen gezahlt werden; | | |
| | | | | | | | | | |
| | | | | | | | 2. einmalige und laufende Unterstützungen nach den Unterstützungsgrundsätzen an Beamte und Arbeitnehmer;<br>3. Unfallfürsorge;<br>4. Auszahlungen für Reihenuntersuchungen, Untersuchungen vor lebenslänglicher Anstellung von Beamten und dergleichen;<br>5. Zuschüsse zum Mutterschaftsgeld;<br>6. Auszahlungen für Schutzimpfungen und Ähnliches. | | |
| | 71 | | | | | | Versorgungsauszahlungen | | FH/FR 11 |
| | | 711 | | | | | Versorgungsauszahlungen | 42 | FH/FR 11 |
| | | | | | | | Zu erfassen sind<br>1. Ruhegelder;<br>2. Unterhaltsbeiträge;<br>3. Hinterbliebenenbezüge;<br>4. Witwen- und Waisenbezüge;<br>5. Verschollenheitsbezüge;<br>6. Sterbegelder;<br>7. Unfallfürsorge (ohne Erstattung von Sachschäden);<br>8. Übergangsgelder nach BeamtVG;<br>9. Ausgleich bei besonderen Altersgrenzen;<br>10. Überbrückungshilfen bei Vorruhestandsregelungen. | | |
| | | | 7111 | | | | Versorgungsauszahlungen für Beamte | 420 | |
| | | | 7112 | | | | Versorgungsauszahlungen für Arbeitnehmer | 424 | |
| | | | 7119 | | | | Versorgungsauszahlungen für sonstige Beschäftigte | 426 | |
| | | 713 | | | | | Beiträge zur gesetzlichen Sozialversicherung für Versorgungsempfänger | 44 | FH/FR 11 |
| | | | | | | | Zu erfassen sind Beiträge für Versorgungsempfänger:<br>1. Arbeitgeberanteile zur gesetzlichen Krankenversicherung einschließlich Ersatzkassen;<br>2. zur Rentenversicherung;<br>3. zur Arbeitslosenversicherung;<br>4. zur Ärzteversorgungskasse;<br>5. Arbeitgeberzuschuss zur freiwilligen Krankenversicherung;<br>6. Nachversicherung von Beamten;<br>7. Höherversicherung in der gesetzlichen Sozialversicherung;<br>8. Zuschüsse zur befreienden Lebensversicherung;<br>9. Umlage zur gesetzlichen Unfallversicherung, sofern nicht in 7441;<br>10. Beiträge zur Berufsgenossenschaft;<br>11. Krankenversicherungsbeiträge während eventueller Sperr- und Ruhenszeiten bei Vorruhestandsregelungen. | | |
| | | | 7131 | | | | Beiträge zur gesetzlichen Sozialversicherung für Versorgungsempfänger für Beamte | 440 | |
| | | | 7132 | | | | Beiträge zur gesetzlichen Sozialversicherung für Versorgungsempfänger für Arbeitnehmer | 444 | |
| | | | 7139 | | | | Beiträge zur gesetzlichen Sozialversicherung für Versorgungsempfänger für sonstige Beschäftigte | 446 | |
| | | | | | | | Künstlersozialabgabe für eigenes Personal | | |
| | | 714 | | | | | Beihilfen und Unterstützungsleistungen für Versorgungsempfänger | 45 | FH/FR 11 |
| | | | 7141 | | | | Beihilfen und Unterstützungsleistungen für Versorgungsempfänger | | |

| Kontenklasse | Kontengruppe | Kontenart | Konto | Unterkonto 1 | Unterkonto 2 | Bereichsabgrenzung | Bezeichnung und Zuordnung | Alte Gruppierung | Position in Bilanz, Ergebnishaushalt (EH) oder Ergebnisrechnung (ER), Finanzhaushalt (FH) oder Finanzrechnung (FR) |
|---|---|---|---|---|---|---|---|---|---|
| | | | | | | | Zu erfassen sind:<br>1. Beihilfen nach den Beihilfevorschriften an Versorgungsempfänger und Hinterbliebene einschließlich Umlagen und Beiträge, die an Versorgungskassen und ähnliche Einrichtung zur Gewährung von Beihilfen gezahlt werden; | | |
| | | | | | | | 2. einmalige und laufende Unterstützungen nach den Unterstützungsgrundsätzen für Versorgungsempfänger und Hinterbliebene;<br>3. Unterstützungen an Versorgungsempfänger und Hinterbliebene;<br>4. Kosten von Untersuchungen;<br>5. Mutterschaftsgeld und Zuschüsse zum Mutterschaftsgeld;<br>6. Kosten der Schutzimpfungen und dergleichen. | | |
| | 72 | | | | | | Sach- und Dienstleistungen | | FH/FR 12 |
| | | 721 | | | | | Unterhaltung der Grundstücke und baulichen Anlagen | | FH/FR 12 |
| | | | 7211 | | | | Unterhaltung der Grundstücke und baulichen Anlagen | 50 | |
| | | | | | | | Die laufende Unterhaltung dient der Erhaltung und hat keine erhebliche Veränderung oder Werterhöhung zur Folge. Zu erfassen sind Auszahlungen aufgrund von Werk- oder ähnlichen Verträgen zur Unterhaltung der Grundstücke und baulichen Anlagen. Hierunter fallen die laufende Unterhaltung einschließlich Materialausgaben:<br>1. eigener, gemieteter und gepachteter Grundstücke;<br>2. von Anlagen;<br>3. von Gebäuden und einzelner Räume;<br>4. der zu den Gebäuden gehörenden Gärten, Grün- und sonstigen Außenanlagen wie zum Beispiel Zufahrten, Wege, Treppen, Mauern, Pausen- und Spielplätze, Turnspielgeräte, Wallanlagen;<br>5. von Bestandteilen, die baulich oder fest mit dem Gebäude oder Grundstück verbunden sind, wie:<br>a) Heizungs- und Klimaanlagen;<br>b) Küchen und Wäschereianlagen;<br>c) Leitungen für Wasser, Gas, Strom, Fernwärme, Abwasser;<br>d) Fernmeldeanlagen;<br>e) Trafostationen;<br>f) eingebaute Beleuchtungsanlagen und Verdunkelungseinrichtungen;<br>g) Aufzüge, Fahrstühle, Rolltreppen, Transportanlagen wie Rohrpost, Seilpost und Ähnliches;<br>h) Uhren- und Klingelanlagen;<br>i) Sicherungs- und Alarmeinrichtungen;<br>j) Blitzableiter- und Brandschutzanlagen;<br>k) Antennen;<br>l) Einbauschränke;<br>6. von baulichen Anlagen auf land- oder forstwirtschaftlich oder in anderer Weise genutzten unbebauten Grundstücken wie feste Umzäunungen und dergleichen;<br>7. die Auszahlungen für die Beseitigung von Unwetter-, Katastrophen-, Tumult-, Manöver-, Kriegs-, Einbruch-, Wasser-, Feuer- und Sturmschäden. Kosten für Abbruchmaßnahmen, soweit diese nicht im Rahmen von Neubaumaßnahmen entstehen. | | |
| | | 722 | | | | | Unterhaltung des sonstigen unbeweglichen Vermögens | | FH/FR 12 |
| | | | 7221 | | | | Unterhaltung des sonstigen unbeweglichen Vermögens | 51 | |

| Kontenklasse | Kontengruppe | Kontenart | Konto | Unterkonto 1 | Unterkonto 2 | Bereichsabgrenzung | Bezeichnung und Zuordnung | Alte Gruppierung | Position in Bilanz, Ergebnishaushalt (EH) oder Ergebnisrechnung (ER), Finanzhaushalt (FH) oder Finanzrechnung (FR) |
|---|---|---|---|---|---|---|---|---|---|
| | | | | | | | Hierunter fallen die laufende Unterhaltung, einschließlich der Materialausgaben insbesondere für:<br>1. Straßen, Wege, Brücken, Unterführungen, Parkplätze, einschließlich Straßenbeleuchtung, Verkehrssicherungs- und Signalanlagen (Lichtzeichenanlagen);<br>2. Parkuhren;<br>3. Wasserstraßen;<br>4. Flussbauten;<br>5. Meliorationen;<br>6. Ufermauern;<br>7. Dämme;<br>8. Deiche;<br>9. Hafenanlagen; | | |
| | | | | | | | 10. Gewässer;<br>11. Tiefbauten der Abwasserbeseitigung und -reinigung sowie der Wasserversorgung;<br>12. Sportanlagen;<br>13. Spielplätze; | | |
| | | | | | | | 14. Freibäder;<br>15. Spiel- und Liegewiesen;<br>16. Campingplätze;<br>17. Trimmpfade;<br>18. Wander- und Erholungswege;<br>19. Wald-, Park- und Gartenanlagen;<br>20. Friedhöfe;<br>21. Einrichtungen der Löschwasserentnahme;<br>22. Abfallverbrennungsanlagen;<br>23. Mülldeponien;<br>24. sonstige öffentliche Anlagen;<br>25. sonstige unbebaute Grundstücke. | | |
| | | 723 | | | | | Mieten und Pachten | | FH/FR 12 |
| | | | 7231 | | | | Mieten und Pachten | 53 | |
| | | | | | | | Hierunter fallen Miet- und Pachtausgaben für Gebäude, einzelne Diensträume und Grundstücke, Mieten für angemietete Dienst- und Werkdienstwohnungen, Dienstzimmerentschädigungen, Erbbauzinsen, Erbpachtzinsen, Mieten für Maschinen, EDV-Anlagen, Fahrzeuge, Zeiterfassungs- und andere Geräte sowie Einrichtungsgegenstände. | | |
| | | | 7232 | | | | Leasing | 53 | |
| | | | | | | | Laufende Leistungen aufgrund von Leasingverträgen, wenn die Kommune nicht wirtschaftlicher Eigentümer des Leasinggegenstandes ist, ansonsten Buchung der Auszahlungen auf Kontenart 782/783 in Höhe des Tilgungsanteils der Leasingrate. | | |
| | | 724 | | | | | Bewirtschaftung des unbeweglichen Vermögens | 54 | FH/FR 12 |
| | | | 7241 | | | | Bewirtschaftung des unbeweglichen Vermögens | | |

| Kontenklasse | Kontengruppe | Kontenart | Konto | Unterkonto 1 | Unterkonto 2 | Bereichsabgrenzung | Bezeichnung und Zuordnung | Alte Gruppierung | Position in Bilanz, Ergebnishaushalt (EH) oder Ergebnisrechnung (ER), Finanzhaushalt (FH) oder Finanzrechnung (FR) |
|---|---|---|---|---|---|---|---|---|---|
| | | | | | | | Zu erfassen sind Auszahlungen für die Bewirtschaftung eigener, gemieteter und gepachteter Grundstücke, Gebäude und einzelner Räume. Dies sind insbesondere:<br>1. Grundsteuern;<br>2. Gebühren, wie zum Beispiel:<br>a) Entwässerungsgebühren;<br>b) Müll- und Fäkalienabfuhr;<br>c) Straßenreinigung;<br>d) Kaminreinigung;<br>e) Heizung;<br>f) Strom;<br>g) Gas;<br>h) Reinigung;<br>i) Ungezieferbekämpfung;<br>j) Schneeberäumung und Streuen innerhalb der Grundstücke oder aufgrund von Anliegerverpflichtungen;<br>k) Beleuchtung;<br>l) Entgelte für Energie- und Wasserversorgung;<br>m) Glühlampen, Leuchtstäbe;<br>n) Versicherungen, zum Beispiel Gebäudebrand- und Elementarschadenversicherung, Diebstahl-, Einbruch-, Haushaftpflicht-, Feuer-, Glasbruch-, Hausrat- und Wasserleitungsversicherung;<br>o) sonstige Bewirtschaftungskosten wie zum Beispiel Bewachung. | | |
| | | 725 | | | | | Unterhaltung, Bewirtschaftung und Erwerb des beweglichen und immateriellen Vermögens | | FH/FR 12 |
| | | | 7251 | | | | Haltung von Fahrzeugen | 55 | |
| | | | | | | | Zu erfassen sind die Auszahlungen für Fahrzeuge aller Art. Hierzu zählen Auszahlungen für:<br>1. Betriebsstoffe;<br>2. Schmierstoffe;<br>3. Reifenbedarf;<br>4. Werkstattbedarf;<br>5. Versicherung; | | |
| | | | | | | | 6. Pflege- und Inspektionskosten;<br>7. Unterhaltung und Instandsetzung;<br>8. Hauptuntersuchung und Abgasuntersuchung. | | |
| | | | 7253 | | | | Erwerb von beweglichen Gegenständen, deren Anschaffungs- oder Herstellungskosten, vermindert um einen darin enthaltenen abzugsfähigen Vorsteuerbetrag, den Betrag von 800 Euro nicht überschreiten | 52 | |
| | | | | | | | Zu erfassen sind derartige Aufwendungen nur dann in diesem Konto, wenn sie keinem spezielleren Konto (zum Beispiel Konto 7276) zugeordnet werden können. | | |
| | | | 7254 | | | | Unterhaltung des immateriellen Vermögens | | |
| | | | 7255 | | | | Unterhaltung des sonstigen beweglichen Vermögens | 52 | |
| | | 726 | | | | | Besondere Auszahlungen für Beschäftigte | 56 | FH/FR 12 |
| | | | 7261 | | | | Besondere Auszahlungen für Beschäftigte | | |
| | | | | | | | Hierzu gehören:<br>1. Dienst- und Schutzkleidung;<br>2. persönliche Ausrüstungsgegenstände, zum Beispiel für Angehörige der Feuerwehr, der gemeindlichen Vollzugsbeamten, Fahrer, Pförtner, Amtsboten, Heizer, Müllwerke, Bedienungspersonal von Maschinen, Arbeiter in Werkstätten, Bauhöfen, Fuhrpark, Wirtschaftspersonal und Ähnliches;<br>3. Einkleidungshilfen;<br>4. Bekleidungszuschüsse;<br>5. Kleidergeld und Abnutzungsentschädigungen;<br>6. Aus- und Fortbildung;<br>7. Umschulung; | | |

| Kontenklasse | Kontengruppe | Kontenart | Konto | Unterkonto 1 | Unterkonto 2 | Bereichsabgrenzung | Bezeichnung und Zuordnung | Alte Gruppierung | Position in Bilanz, Ergebnishaushalt (EH) oder Ergebnisrechnung (ER), Finanzhaushalt (FH) oder Finanzrechnung (FR) |
|---|---|---|---|---|---|---|---|---|---|
| | | | | | | | 8. Kosten der Teilnahme von Bediensteten an Lehrgängen und Vorträgen zur Aus- und Fortbildung (einschließlich Reisekosten);<br>9. Aus- und Fortbildungsbeihilfen an Bedienstete;<br>10. Honorare und Sachkosten für eigene Lehrgänge und Vorträge zur Fortbildung. | | |
| | | 727 | | | | | Besondere Verwaltungs- und Betriebsauszahlungen sowie Schülerbeförderung | 57-63 | FH/FR 12 |
| | | | 7271 | | | | Besondere Verwaltungs- und Betriebsauszahlungen | | |
| | | | | | | | Hierzu gehören Auszahlungen für:<br>1. Wasser-, Strom-, Gas- und sonstiger Energieverbrauch für Betriebszwecke wie zum Beispiel für Straßenbeleuchtung, Schwimmbäder;<br>2. Kunst- und wissenschaftliche Sammlungen;<br>3. Erwerb und Unterhaltung von:<br>a) Kunst- und Sammlungsgegenständen;<br>b) Büchern und Zeitschriften der Bibliotheken;<br>c) Schülerbüchereien;<br>4. statische Prüfungen;<br>5. Repräsentation und Ehrungen;<br>6. Pflege partnerschaftlicher Beziehungen;<br>7. Herstellung und Verkauf von Informationsmaterial;<br>8. sonstige Kosten der Unterrichtung der Öffentlichkeit;<br>9. Ausschmückung von Gebäuden, Straßen und Plätzen aus besonderen Anlässen;<br>10. Ortsbildverschönerungen;<br>11. Heimatfeste;<br>12. Ausstellungen und sonstige kulturelle Veranstaltungen; | | |
| | | | | | | | 13. Schwimmunterricht;<br>14. Benutzung von Bädern;<br>15. freiwillige Unterrichtszweige wie Kurse, Schülerarbeitsgemeinschaften, Förderung des musischen Unterrichts, Beschaffung von Instrumenten, Filmvorführungen, Vorträge, Theaterbesuche, Lehrbesichtigungen, Schullandaufenthalte, -wanderungen, Ausflüge, Fahrten, Schülerwettbewerbe, Sport, Spiele, Schülerpreise, Abschlussgaben;<br>16. Verbrauchsmittel und sonstige Betriebsausgaben kultureller Einrichtungen und Veranstaltungen;<br>17. Kosten für Gastspiele, Urheberanteile;<br>18. Werbung;<br>19. Kauf von Sachen zur Weiterveräußerung, zum Beispiel Müllsäcke, Hausnummernschilder, Familienstammbücher, Bücher und Bibliotheken einschließlich Einband- und Pflegekosten. | | |
| | | | 7272 | | | | Schülerbeförderung | 593 | |
| | | | | | | | Dieses Konto gilt nicht für Träger der Schülerbeförderung. | | |
| | | | 7273 | | | | Unterrichtswegekosten | 594 | |
| | | | 7274 | | | | Schülerbeförderung für den Träger der Schülerbeförderung | 639 | |
| | | | | | | | Dieses Konto gilt nur für Träger der Schülerbeförderung. | | |
| | | | 7275 | | | | Lernmittel, die für die Hand des Schülers bestimmt sind und die der Ausstattungspflicht des Schulträgers unterliegen | 592 | |
| | | | | | | | Hierzu gehören insbesondere Aufwendungen für Sachmittel wie Schulbücher, Atlanten, Arbeitshefte, Ganzschriften und für den Schulgebrauch aufbereitete Textsammlungen, ein- und zweisprachige Wörterbücher, fremdsprachliche Grammatiken, Nachschlagewerke, Aufgabensammlungen, Gesetzessammlungen, Formelsammlungen und Tafelwerke. Zu den Aufwendungen gehören auch Kopien von Druckwerken, soweit sie für die schulische Ausbildung bestimmt sind. | | |

| Kontenklasse | Kontengruppe | Kontenart | Konto | Unterkonto 1 | Unterkonto 2 | Bereichsabgrenzung | Bezeichnung und Zuordnung | Alte Gruppierung | Position in Bilanz, Ergebnishaushalt (EH) oder Ergebnisrechnung (ER), Finanzhaushalt (FH) oder Finanzrechnung (FR) |
|---|---|---|---|---|---|---|---|---|---|
| | | | 7276 | | | | Lehrmittel, die im oder zur Vorbereitung auf den Unterricht verwendet werden | 591 | |
| | | | | | | | Hierzu gehören insbesondere Aufwendungen für Sachmittel wie Bücher und Fachzeitschriften für die Hand des Lehrers, auch für Lehrerbücherei, Landkarten, Filme, Dias, Tonbänder, Zeichnungen, sonstiges Anschauungsmaterial, Experimentiermaterial und Ähnliches, insbesondere für naturwissenschaftlichen Unterricht. Hierzu gehören ferner Kreide, Tinte, Farben, Zeichenmaterial, Papier, Schwämme usw. sowie Material für den Anbau und die Bearbeitung von Lehrgärten. | | |
| | | 728 | | | | | Erwerb von Vorräten | 57-63 | FH/FR 12 |
| | | | 7281 | | | | Erwerb von Vorräten | | |
| | | | | | | | Vorräte sind Waren und Güter, die nicht zum Geschäftsbedarf der Verwaltung, der Bewirtschaftung der Grundstücke oder der Haltung von Fahrzeugen gehören, sondern zum Verzehr und Verbrauch oder zur Verarbeitung in Betriebszweigen der Verwaltung, in Anstalten und Einrichtungen einschließlich ihrer Nebenbetriebe sowie in Wirtschaftsunternehmen bestimmt sind und zum späteren Verbrauch gelagert werden. Dies sind zum Beispiel:<br>1. Lebensmittel;<br>2. Arzneimittel, Verbandstoffe, sonstiges Sanitätsverbrauchsmaterial;<br>3. Werkstättenbedarf;<br>4. Material für elektronische Datenverarbeitungsanlagen;<br>5. Baumaterial als Vorrat;<br>6. Futtermittel;<br>7. Saat- und Pflanzgut;<br>8. Düngemittel;<br>9. Streugut für den Straßenwinterdienst;<br>10. Laborbedarf. | | |
| | | 729 | | | | | Sonstige Dienstleistungen | 57-63 | FH/FR 12 |
| | | | 7291 | | | | Sonstige Dienstleistungen | | |
| | 73 | | | | | | Transferauszahlungen | | FH/FR 14 |
| | | 731 | | | | | Zuweisungen und Zuschüsse für laufende Zwecke | 71 | FH/FR 14 |
| | | | 731- | | | A | Zuweisungen und Zuschüsse für laufende Zwecke | | |

| Kontenklasse | Kontengruppe | Kontenart | Konto | Unterkonto 1 | Unterkonto 2 | Bereichsabgrenzung | Bezeichnung und Zuordnung | Alte Gruppierung | Position in Bilanz, Ergebnishaushalt (EH) oder Ergebnisrechnung (ER), Finanzhaushalt (FH) oder Finanzrechnung (FR) |
|---|---|---|---|---|---|---|---|---|---|
| | | | | | | | Hierin werden auch Rückzahlungen, soweit sie nicht von der Einzahlung abgesetzt werden, und darüber hinaus insbesondere folgende Auszahlungen erfasst:<br>1. Zuweisungen:<br>a) zur Förderung von Gemeinschaftsaufgaben;<br>b) zur Förderung von Landesmuseen, Theatern und sonstigen staatlichen Einrichtungen;<br>c) für Abwasserabgabe anstelle der Einleiter;<br>d) für Kindergärten, Schulen, kulturelle und andere Bildungseinrichtungen wie zum Beispiel Büchereien, Sitzgemeindeanteil gemäß § 3 Absatz 2 SächsKRG;<br>e) für Einrichtungen und Maßnahmen der Sozial- und Jugendhilfe;<br>f) für Einrichtungen des Gesundheitswesens wie Krankenpflegestationen und Ähnliches;<br>g) zur Förderung des Wohnungsbaus an nicht öffentlich bestimmte Wohnungsbau- und Siedlungsgenossenschaften sowie Heimstätten und Siedlungsgesellschaften;<br>h) zur Deckung des Betriebsdefizits der von privaten Unternehmen betriebenen Tierkörperbeseitigungsanstalten;<br>i) zur Förderung von Einrichtungen der Sozialversicherungsträger;<br>j) an landwirtschaftliche Betriebe zum Ankauf von Zucht- und Nutzvieh, zur Durchführung von Bodenuntersuchungen;<br>k) für Prämien bei Krönungen und Wettbewerben;<br>l) zur Förderung von Handwerk, Handel, Industrie und Verkehr;<br>m) an Jagd- und Fischereigenossenschaften und -verbände, Waldgenossenschaften;<br>n) Geldleistungen an natürliche Personen, soweit sie nicht soziale Leistungen sind;<br>o) Zuschüsse für Dorf- und Stadtchroniken, zur Gemeinschaftspflege, an Büchereien, für Heimatfeste, an historische Vereine, Altertums-, Heimatvereine;<br>p) Zuschüsse an Obst- und Gartenbauvereine;<br>q) Zuschüsse für Denkmalpflege;<br>r) Zuschüsse für Ortverschönerungswettbewerbe und Förderungsbeiträge;<br>2. Umlagen:<br>a) an Schulverbände;<br>b) an Abwasserzweckverbände;<br>c) Wegebauverbände;<br>d) Abfallverbände;<br>e) Wasserversorgungsverbände;<br>f) andere Zweckverbände;<br>g) an Eigenbetriebe und an Eigengesellschaften;<br>h) an erfüllende Gemeinden einer Verwaltungsgemeinschaft;<br>3. Abführung des Anteils des Aufkommens aus der Ausgleichsabgabe nach SGB IX an den Ausgleichsfonds beim Bundesministerium für Arbeit und Soziales durch die Hauptfürsorgestellen; | | |
| | | | | | | | 4. Betriebszuschüsse und Verlustabdeckung an öffentliche Krankenhäuser und Kliniken mit Sonderrechnung. | | |
| | | 732 | | | | | Schuldendiensthilfen | 72 | FH/FR 14 |

| Kontenklasse | Kontengruppe | Kontenart | Konto | Unterkonto 1 | Unterkonto 2 | Bereichsabgrenzung | Bezeichnung und Zuordnung | Alte Gruppierung | Position in Bilanz, Ergebnishaushalt (EH) oder Ergebnisrechnung (ER), Finanzhaushalt (FH) oder Finanzrechnung (FR) |
|---|---|---|---|---|---|---|---|---|---|
| | | | 732- | | | A | Schuldendiensthilfen | | |
| | | | | | | | Zu erfassen sind Schuldendiensthilfen:<br>1. für Schulbau;<br>2. für Straßenbau;<br>3. für Wohnungsbau;<br>4. zum Bau und zur Einrichtung von Jugendheimen;<br>5. zum Bau von Bädern;<br>6. zum Bau von Abwasserbeseitigungsanlagen;<br>7. für Erwerb und Erschließung von Industriegelände;<br>8. für den Bau von Einrichtungen der Zweckverbände. | | |
| | | 733 | | | | | Sozialtransferauszahlungen | | FH/FR 14 |
| | | | 7331 | | | | Soziale Leistungen an natürliche Personen außerhalb von Einrichtungen | 73, 76, 781 | |
| | | | | | | | Zu erfassen sind alle Leistungen außerhalb von Einrichtungen, die natürlichen Personen in Form von individuellen Hilfen nach den SGB II, SGB XII und SGB VIII gewährt werden, unabhängig davon, ob es sich um laufende oder einmalige Barleistungen oder um Sachleistungen, zum Beispiel Verpflegung, ärztliche Betreuung, handelt. Hierunter zählen auch rückzahlbare Hilfen (Darlehen). Statistisch wird dieses Konto in Kombination mit der Produktgruppe 311 und den Produktgruppen 361 bis 364 erhoben. | | |
| | | | 7332 | | | | Soziale Leistungen an natürliche Personen in Einrichtungen | 74, 77, 782 | |
| | | | | | | | Zu erfassen sind:<br>1. Sozialhilfeleistungen wie bei 7331, soweit sie für die Unterbringung, Betreuung oder Behandlung von Hilfeempfängern in Anstalten, Heimen oder gleichartigen Einrichtungen entstehen, in denen Vollpflege für Tag und Nacht oder teilstationäre Betreuung gewährt wird;<br>2. Jugendhilfeleistungen wie bei 7331, soweit sie für die Unterbringung, Betreuung oder Behandlung von Hilfeempfängern in Anstalten, Heimen oder gleichartigen Einrichtungen entstehen, in denen Vollpflege für Tag und Nacht oder teilstationäre Betreuung gewährt wird.<br>Statistisch wird dieses Konto in Kombination mit der Produktgruppe 311 und den Produktgruppen 361 bis 364 erhoben. | | |
| | | | 7333 | | | | Leistungen für Unterkunft und Heizung an Leistungsberechtigte (nach § 22 SGB II) | 783 | |
| | | | | 73331 | | | Revisionsrelevante Leistungen für Unterkunft und Heizung nach § 22 SGB II | 7831 | |
| | | | | | | | Leistungen für Unterkunft und Heizung nach § 22 Abs. 1 SGB II | | |
| | | | | 73332 | | | Nicht revisionsrelevante Leistungen für Unterkunft und Heizung nach § 22 SGB II | 7832 | |
| | | | | | | | Sonstige Leistungen für Unterkunft und Heizung | | |
| | | | 7334 | | | | Leistungen zur Eingliederung von erwerbsfähigen Leistungsberechtigten (nach § 16a SGB II) | 784 | |
| | | | 7335 | | | | Einmalige Leistungen an Leistungsberechtigte (nach § 24 Abs. 3 SGB II) | 785 | |
| | | | 7336 | | | | Arbeitslosengeld II ohne Leistungen für Unterkunft und Heizung (nach §§ 19 ff. SGB II) einschließlich Sozialgeld/ Options-kommunen | 786 | |
| | | | 7337 | | | | Leistungen zur Eingliederung von erwerbsfähigen Leistungsberechtigten (nach § 16 Abs. 1 und Abs. 3; §§ 16b bis 16 f SGB II)/Optionskommunen | 787 | |
| | | | 7338 | | | | Bildungs- und Teilhabepaket | | |

| Kontenklasse | Kontengruppe | Kontenart | Konto | Unterkonto 1 | Unterkonto 2 | Bereichsabgrenzung | Bezeichnung und Zuordnung | Alte Gruppierung | Position in Bilanz, Ergebnishaushalt (EH) oder Ergebnisrechnung (ER), Finanzhaushalt (FH) oder Finanzrechnung (FR) |
|---|---|---|---|---|---|---|---|---|---|
| | | | | 73381 | | | Soziale Leistungen außerhalb von Einrichtungen – in Verbindung mit PUG 3118 | 738, 7812 | |
| | | | | | 733811 | | Schul- und Kita-Ausflüge | | |
| | | | | | 733812 | | Mehrtägige Klassenfahrten und mehrtägige Kita-Fahrten | | |
| | | | | | 733813 | | Schulbedarf | | |
| | | | | | 733814 | | Schülerbeförderung | | |
| | | | | | 733815 | | Lernförderung | | |
| | | | | | 733816 | | Mittagsverpflegung in Schule und Kita | | |
| | | | | | 733817 | | Mittagsverpflegung im Hort | | |
| | | | | | 733818 | | Soziale/kulturelle Teilhabe | | |
| | | | | | 733819 | | Sonstige soziale Leistungen | | |
| | | | | 73382 | | | Soziale Leistungen innerhalb von Einrichtungen – in Verbindung mit PUG 3118 | 748, 7822 | |
| | | | | | 733821 | | Schul- und Kita-Ausflüge | | |
| | | | | | 733822 | | Mehrtägige Klassenfahrten und mehrtägige Kita-Fahrten | | |
| | | | | | 733823 | | Schulbedarf | | |
| | | | | | 733824 | | Schülerbeförderung | | |
| | | | | | 733825 | | Lernförderung | | |
| | | | | | 733826 | | Mittagsverpflegung in Schule und Kita | | |
| | | | | | 733827 | | Mittagsverpflegung im Hort | | |
| | | | | | 733828 | | Soziale/kulturelle Teilhabe | | |
| | | | | | 733829 | | Sonstige soziale Leistungen | | |
| | | | | 73383 | | | Weitere soziale Leistungen in Verbindung mit PG 313, PUG 3126 (nur bei direkt von den Kommunen erbrachten Leistungen), 3451 und 3452 | 791, 793, 7886, 7887, 7888 | |
| | | | | | 733831 | | Schul- und Kita-Ausflüge | | |
| | | | | | 733832 | | Mehrtägige Klassenfahrten und mehrtägige Kita-Fahrten | | |
| | | | | | 733833 | | Schulbedarf | | |
| | | | | | 733834 | | Schülerbeförderung | | |
| | | | | | 733835 | | Lernförderung | | |
| | | | | | 733836 | | Mittagsverpflegung in Schule und Kita | | |
| | | | | | 733837 | | Mittagsverpflegung im Hort | | |
| | | | | | 733838 | | Soziale/kulturelle Teilhabe | | |
| | | | | | 733839 | | Sonstige weitere soziale Leistungen | | |
| | | | 7339 | | | | Sonstige soziale Leistungen | 75, 780, 7881, 79 | |
| | | | | | | | Zu erfassen sind hierunter insbesondere:<br>1. Leistungen nach § 276 LAG;<br>2. Leistungen an Kriegsopfer und ähnliche Anspruchsberechtigte;<br>3. Leistungen nach AsylbLG;<br>4. Eingliederungshilfen für Menschen mit Behinderung nach dem SGB IX.<br>Statistisch wird dieses Konto in Kombination mit der Produktgruppe 313, 314 und 321 sowie der Summe der Produktgruppen 341, 343, 344 und 351 sowie der Produktuntergruppe 3122 erhoben. | | |
| | | | | 73391 | | | Sonstige soziale Leistungen nach dem AsylbLG an natürliche Personen außerhalb von Einrichtungen | | |
| | | | | 73392 | | | Sonstige soziale Leistungen nach dem AsylbLG an natürliche Personen in Einrichtungen | | |
| | | | | 73399 | | | Sonstige soziale Leistungen | | |
| | | 734 | | | | | Steuerbeteiligungen | 81 | FH/FR 14 |
| | | | 7341 | | | | Gewerbesteuerumlage | 810 | |
| | | | | | | | Gewerbesteuerumlage nach dem GemFinRefG | | |
| | | 735 | | | | | Allgemeine Zuweisungen | 82 | FH/FR 14 |
| | | | 735- | | | A | Allgemeine Zuweisungen | | |
| | | | | | | | Rückzahlungen von allgemeinen Zuweisungen, soweit diese nicht von der Einzahlung abgesetzt werden | | |
| | | 737 | | | | | Allgemeine Umlagen | 83 | FH/FR 14 |
| | | | 737- | | | A | Allgemeine Umlagen | | |

| Kontenklasse | Kontengruppe | Kontenart | Konto | Unterkonto 1 | Unterkonto 2 | Bereichsabgrenzung | Bezeichnung und Zuordnung | Alte Gruppierung | Position in Bilanz, Ergebnishaushalt (EH) oder Ergebnisrechnung (ER), Finanzhaushalt (FH) oder Finanzrechnung (FR) |
|---|---|---|---|---|---|---|---|---|---|
| | | | | | | | Umlagen an Gemeindeverbände zur Deckung ihres allgemeinen Finanzbedarfs wie zum Beispiel an Verwaltungsverbände und Zusatzumlagen, Umlagen, die unaufgeteilt der Deckung von Auszahlungen in mehreren Aufgabenbereichen dienen wie zum Beispiel Zinsumlagen. Umlagen an die erfüllende Gemeinde einer Verwaltungsgemeinschaft in 7312. | | |
| | | | | 73721 | | | Kreisumlage | 8320 | |
| | | | | 73722 | | | Finanzausgleichsumlage nach § 25a SächsFAG | 8321 | |
| | | | | | | | Auszahlungen der Gemeinde für die Finanzausgleichsumlage nach § 25a SächsFAG an den Landkreis | | |
| | | | | 73723 | | | Sozialumlage nach § 22 Abs. 2 SächsKomSozVG | 835 | |
| | | | | 73729 | | | Sonstige allgemeine Umlagen – Gemeinden und Gemeindeverbände | 8322 | |
| | | | | 73731 | | | Kulturumlage nach § 6 Abs. 3 SächsKRG | 834 | |
| | | | | 73739 | | | Sonstige allgemeine Umlagen – Zweckverbände und dergleichen | 833 | |
| | | 739 | | | | | Sonstige Transferauszahlungen | | FH/FR 14 |
| | | | 7391 | | | | Sonstige Transferauszahlungen | | |
| | | | | 73911 | | | Auszahlungen aus Grundsteuerausgleich | | |
| | | | | | | | Hier sind Auszahlungen aus Grundsteuerausgleichsleistungen im Sinne von § 8 Abs. 5 SächsFAG zu erfassen. | | |
| | | | | 73912 | | | Auszahlungen aus Gewerbesteuerausgleich | | |
| | | | | | | | Hier sind Auszahlungen aus Gewerbesteuerausgleichsleistungen im Sinne von § 8 Abs. 5 SächsFAG zu erfassen. | | |
| | | | | 73919 | | | Sonstige Transferauszahlungen | | |
| | 74 | | | | | | Sonstige Auszahlungen aus laufender Verwaltungstätigkeit | | FH/FR 15 |
| | | 741 | | | | | Sonstige Personal- und Versorgungsauszahlungen | 46, 65 | FH/FR 15 |
| | | | 7411 | | | | Sonstige Personal- und Versorgungsauszahlungen | | |
| | | | | | | | Hierunter sind Auszahlungen zu erfassen für:<br>1. Personaleinstellungen;<br>2. Umzugskostenvergütung;<br>3. Zuschüsse zur Gemeinschaftsverpflegung;<br>4. Gemeinschaftsveranstaltungen;<br>5. soziale Einrichtungen;<br>6. Erholungsurlaub und dergleichen;<br>7. Beschäftigungs- und Trennungsgeld sowie sonstige Leistungen nach der Beschäftigungs- und Trennungsgeldverordnung;<br>8. funktionsbedingte Aufwandsentschädigungen wie zum Beispiel Entschädigungen an Bedienstete als pauschalierter Ersatz von Auslagen bei Funktionen oder für besondere Einsätze;<br>9. Prämien im Vorschlagswesen;<br>10. Vergütungen für Arbeitnehmerabfindungen;<br>11. die Deckung der dem Personalrat entstehenden Kosten nach dem SächsPersVG;<br>12. Fahrtkostenzuschüsse für Fahrten zwischen Wohnung und Arbeitsplatz. | | |
| | | 742 | | | | | Inanspruchnahme von Rechten und Diensten | | FH/FR 15 |
| | | | 7421 | | | | Ehrenamtliche und sonstige Tätigkeit | 40 | |
| | | | | | | | Hierunter sind Auszahlungen zu erfassen für:<br>1. Entschädigungen für ehrenamtliche Tätigkeiten nach den örtlichen Satzungen an Ehrenbeamte und sonstige ehrenamtlich Tätige wie zum Beispiel Sitzungsgelder, Reisekosten, Auslagenersatz, Ersatz für entgangene Arbeitsentgelte;<br>2. Aufwandsentschädigungen an Ehrenbeamte wie zum Beispiel Bürgermeister, Kassenverwalter, Beigeordnete, Beiräte, Gemeindevertreter, wenn sie ein bestimmtes Aufgabengebiet verwalten, das ihre Arbeitskraft und Zeit regelmäßig nicht unerheblich in Anspruch nimmt;<br>3. Entschädigungen für einzelne ehrenamtliche Tätigkeiten wie zum Beispiel Mitwirkung bei Wahlen, statistischen Erhebungen; | | |

| Kontenklasse | Kontengruppe | Kontenart | Konto | Unterkonto 1 | Unterkonto 2 | Bereichsabgrenzung | Bezeichnung und Zuordnung | Alte Gruppierung | Position in Bilanz, Ergebnishaushalt (EH) oder Ergebnisrechnung (ER), Finanzhaushalt (FH) oder Finanzrechnung (FR) |
|---|---|---|---|---|---|---|---|---|---|
| | | | | | | | 4. Versicherungsbeiträge wie zum Beispiel Unfallversicherung für Gemeinderäte und Angehörige der freiwilligen Feuerwehr;<br>5. Zuwendungen;<br>6. Beihilfen. | | |
| | | | 7422 | | | | Leiharbeitskräfte | | |
| | | | 7423 | | | | Datenverarbeitung | | |
| | | | 7429 | | | | Sonstige Auszahlungen für die Inanspruchnahme von Rechten und Diensten | 660, 661 | |
| | | | | | | | Hierunter sind Auszahlungen zu erfassen für:<br>1. Verfügungsmittel;<br>2. vermischte Auszahlungen, die im Haushaltsplan ohne Angabe bestimmter Einzelzwecke veranschlagt werden, weil sich mehrere Planansätze wegen Geringfügigkeit nicht lohnen;<br>3. Mitgliedsbeiträge an Verbände, Vereine und dergleichen (einschließlich Mitgliedsumlage an den SSG und SLKT). | | |
| | | 743 | | | | | Geschäftsauszahlungen | 65 | FH/FR 15 |
| | | | 7431 | | | | Geschäftsauszahlungen | | |
| | | | | | | | Hierunter sind Auszahlungen zu erfassen für:<br>1. Bürobedarf;<br>2. Bücher und Zeitschriften;<br>3. Post- und Fernmeldegebühren;<br>4. öffentliche Bekanntmachungen;<br>5. Sachverständigen-, Gerichts- und ähnliche Kosten einschließlich Organisationsprüfungen;<br>6. Kosten von Fachbeiräten, Kommissionen und Ausschüssen, soweit diese außerhalb ehrenamtlicher Funktion tätig werden;<br>7. Gerichts-, Anwalts-, Notar-, Gerichtsvollzieher- und ähnliche Kosten einschließlich Nebenkosten;<br>8. Erstattung von Auslagen an Prozess- und Vertragsgegner;<br>9. Geschäftsführungskosten der Fraktionen;<br>10. sonstige Geschäftsauszahlungen wie zum Beispiel Transportkosten, soweit sie nicht als Nebenkosten von Unterhaltungs-, Anschaffungs- oder Herstellungskosten anfallen, Kranzspenden, Kosten für Nachrufe, Kontogebühren, Verwahrentgelte und Negativzinsen für Geldanlagen;<br>11. Reisekostenvergütungen, auch in Personalvertretungsangelegenheiten;<br>12. Fahrtkosten- und Auslagenersatz bei Dienstgängen und Stadtfahrten;<br>13. Entschädigung für die Benutzung anerkannter oder sonst zugelassener privateigener Kraftfahrzeuge, auch soweit pauschaliert.<br>Soweit Honorare als Beschäftigungsentgelte gezahlt werden, sind diese bei 7019 zu erfassen. Auszahlungen für ehrenamtlich Tätige werden unter 7421 erfasst. Soweit Auszahlungen aus Nummern 7 und 8 als Folge anderer Auszahlungen anfallen, sind sie zusammen mit diesen nachzuweisen. | | |
| | | 744 | | | | | Steuern, Versicherungen, Schadensfälle | 64 | FH/FR 15 |
| | | | 7441 | | | | Steuern, Versicherungen, Schadensfälle | | |
| | | | | | | | Hierunter sind Auszahlungen zu erfassen für:<br>1. Steuern;<br>2. Sonderabgaben;<br>3. Versicherungen;<br>4. Schadensfälle;<br>5. Körperschaftsteuer;<br>6. Gewerbesteuer;<br>7. Versicherungen wie zum Beispiel Haftpflicht, Vermögensschäden, Veruntreuung, Unfall, Rechtsschutz;<br>8. Umlagen an den Kommunalen Schadensausgleich; | | |

| Kontenklasse | Kontengruppe | Kontenart | Konto | Unterkonto 1 | Unterkonto 2 | Bereichsabgrenzung | Bezeichnung und Zuordnung | Alte Gruppierung | Position in Bilanz, Ergebnishaushalt (EH) oder Ergebnisrechnung (ER), Finanzhaushalt (FH) oder Finanzrechnung (FR) |
|---|---|---|---|---|---|---|---|---|---|
| | | | | | | | 9. Leistungen in nicht durch Versicherung gedeckten Schadensfällen;<br>10. Ersatz von Sachschäden, die im Dienst entstanden sind;<br>11. Ausgleichsabgabe nach dem SGB IX;<br>12. Abwasserabgabe;<br>13. Wasserentnahmeentgelt. | | |
| | | 745 | | | | | Erstattungen für Auszahlungen von Dritten aus laufender Verwaltungstätigkeit | 67 | FH/FR 15 |
| | | | 745- | | | A | Erstattungen für Auszahlungen von Dritten aus laufender Verwaltungstätigkeit | | |
| | | | | | | | Hierunter sind Auszahlungen zu erfassen für:<br>1. aufgrund gesetzlicher Vorschriften von Dritten geleistete Auszahlungen;<br>2. aufgrund öffentlich-rechtlicher Vereinbarungen von Dritten geleisteten Auszahlungen;<br>3. sonstige Verwaltungskostenerstattungen;<br>4. pauschalierte Verwaltungskostenbeiträge;<br>5. Gastschülerbeiträge;<br>6. Kostenanteile aufgrund Vertrag oder öffentlich-rechtlicher Vereinbarung;<br>7. Rückzahlungen, soweit nicht von den Einzahlungen abzusetzen;<br>8. Kostenbeiträge für Zivildienstleistende;<br>9. Gebührenanteil für Führungszeugnisse;<br>10. Erstattungen zwischen den örtlichen und überörtlichen Trägern der Sozialhilfe und der Kriegsopferfürsorge in Fällen der Heranziehung;<br>11. Beteiligung an den Versorgungslasten;<br>12. gemeinsame Unterhaltung oder Mitbenutzung von Schulen, Sportstätten, Straßen, Klärwerken, Feuerwehr, Friedhöfen;<br>13. Gastschulbeiträge;<br>14. Schulkostenersatz bei öffentlich-rechtlicher Vereinbarung;<br>15. Beiträge zur Kreisbildstelle;<br>16. Erstattung von Ausgaben für die Straßenunterhaltung, die zum Beispiel ein Landkreis für eine Gemeinde übernommen hat;<br>17. pauschalierte, nicht auf Einzelleistungen bezogene, Entgelte für allgemeine Verwaltungs- und Betriebsausgaben gemeinsamer EDV-Anlagen wie zum Beispiel Anteile an Programmentwicklung;<br>18. Erstattungen nach SGB XII, KFürsV, SGB VIII und anderen Gesetzen. | | |
| | | 746 | | | | | Aufgabenbezogene Leistungsbeteiligungen | 69 | FH/FR 15 |
| | | | 7461 | | | | Aufgabenbezogene Leistungsbeteiligungen an Dritte (gemeinsame Einrichtung) | 691-695 | |
| | | | | | | | Leistungsbeteiligungen an gemeinsamen Einrichtungen im Sinne des § 44b SGB II.<br>Hierzu zählen Auszahlungen für:<br>1. die aufgabenbezogene Leistungsbeteiligung an gemeinsamen Einrichtungen bei Leistungen für Unterkunft und Heizung an Leistungsberechtigte nach § 22 SGB II. Statistisch wird dieser Sachverhalt in Kombination mit der Produktuntergruppe 3121 erhoben;<br>2. die aufgabenbezogene Leistungsbeteiligung an gemeinsamen Einrichtungen bei Leistungen zur Eingliederung von erwerbsfähigen Leistungsberechtigten nach § 16a SGB II. Statistisch wird dieser Sachverhalt in Kombination mit der Produktuntergruppe 3122 erhoben; | | |

| Kontenklasse | Kontengruppe | Kontenart | Konto | Unterkonto 1 | Unterkonto 2 | Bereichsabgrenzung | Bezeichnung und Zuordnung | Alte Gruppierung | Position in Bilanz, Ergebnishaushalt (EH) oder Ergebnisrechnung (ER), Finanzhaushalt (FH) oder Finanzrechnung (FR) |
|---|---|---|---|---|---|---|---|---|---|
| | | | | | | | 3. die aufgabenbezogene Leistungsbeteiligung an gemeinsamen Einrichtungen bei einmaligen Leistungen an Leistungsberechtigte nach § 24 Abs. 3 SGB II. Statistisch wird dieser Sachverhalt in Kombination mit der Produktuntergruppe 3123 erhoben; | | |
| | | | | | | | 4. die Leistungsbeteiligung beim Arbeitslosengeld II einschließlich Sozialgeld nach §§ 19 ff. SGB II ohne Leistungen für Unterkunft und Heizung, wenn Optionskommunen die von der Agentur für Arbeit übernommenen Aufgaben an eine gemeinsame Einrichtung delegieren. Statistisch wird dieser Sachverhalt in Kombination mit der Produktuntergruppe 3124 erhoben;<br>5. die Leistungsbeteiligung bei der Eingliederung von erwerbsfähigen Leistungsberechtigten nach § 16 Abs. 1 und Abs. 3 sowie §§ 16b bis 16f SGB II, wenn Optionskommunen die von der Agentur für Arbeit übernommenen Aufgaben an eine gemeinsame Einrichtung delegieren. Statistisch wird dieser Sachverhalt in Kombination mit der Produktuntergruppe 3125 erhoben.<br>Leistungsbeteiligungen im Rahmen des Bildungs- und Teilhabepakets sind in Konto 7462 zu erfassen. | | |
| | | | | 74611 | | | Revisionsrelevante Leistungen für Unterkunft und Heizung nach § 22 SGB II | | |
| | | | | | | | Leistungen für Unterkunft und Heizung nach § 22 Abs. 1 SGB II | | |
| | | | | 74612 | | | Nicht revisionsrelevante Leistungen für Unterkunft und Heizung nach § 22 SGB II | | |
| | | | | | | | Sonstige Leistungen für Unterkunft und Heizung | | |
| | | | | 74619 | | | Sonstige aufgabenbezogene Leistungsbeteiligungen | | |
| | | | | | | | Leistungsbeteiligungen im Rahmen des Bildungs- und Teilhabepakets sind nicht hierunter, sondern in Konto 7462 zu erfassen. | | |
| | | | 7462 | | | | Aufgabenbezogene Leistungsbeteiligungen an Dritte (gemeinsame Einrichtung) im Rahmen des Bildungs- und Teilhabepakets, in Verbindung mit PUG 3126 | 696 | |
| | | | | | | | Leistungsbeteiligungen an gemeinsamen Einrichtungen im Sinne des § 44b SGB II. | | |
| | | | | 74621 | | | Schul- und Kita-Ausflüge | | |
| | | | | 74622 | | | Mehrtägige Klassenfahrten und mehrtägige Kita-Fahrten | | |
| | | | | 74623 | | | Schulbedarf | | |
| | | | | 74624 | | | Schülerbeförderung | | |
| | | | | 74625 | | | Lernförderung | | |
| | | | | 74626 | | | Mittagsverpflegung in Schule und Kita | | |
| | | | | 74627 | | | Mittagsverpflegung im Hort | | |
| | | | | 74628 | | | Soziale/kulturelle Teilhabe | | |
| | | | | 74629 | | | Sonstige soziale Leistungen | | |
| | | 748 | | | | | Besondere Auszahlungen | | FH/FR 15 |
| | | | 7481 | | | | Bußgelder | 841 | |
| | | | | | | | Hierunter fallen insbesondere Verwarn- und Bußgelder, Zwangsgelder, Sühnegelder aus Schiedsverfahren, Disziplinarstrafen und Ordnungsstrafen. | | |
| | | | 7482 | | | | Säumniszuschläge | 841 | |
| | | | | | | | Hierunter fallen insbesondere Säumniszuschläge nach § 240 AO, Stundungs-, Verzugs- und Prozesszinsen, Beitreibungsgebühren und Nebenforderungen, soweit diese Aufwendungen nicht ausnahmsweise mit der Hauptforderung gebucht werden, sowie Nachzahlungszinsen, soweit nicht in 7592. | | |
| | | | 7483 | | | | Inanspruchnahme von Gewährverträgen und Bürgschaften | 840 | |
| | | 749 | | | | | Weitere sonstige Auszahlungen aus laufender Verwaltungstätigkeit | | FH/FR 15 |

| Kontenklasse | Kontengruppe | Kontenart | Konto | Unterkonto 1 | Unterkonto 2 | Bereichsabgrenzung | Bezeichnung und Zuordnung | Alte Gruppierung | Position in Bilanz, Ergebnishaushalt (EH) oder Ergebnisrechnung (ER), Finanzhaushalt (FH) oder Finanzrechnung (FR) |
|---|---|---|---|---|---|---|---|---|---|
| | | | 7491 | | | | Weitere sonstige Auszahlungen aus laufender Verwaltungstätigkeit | | |
| | 75 | | | | | | Zinsen und sonstige Finanzauszahlungen | | FH/FR 13 |
| | | 751 | | | | | Zinsauszahlungen | 80 | FH/FR 13 |
| | | | 751- | | | B | Zinsauszahlungen | | |
| | | | | | | | Zinsen für die in der Vermögensrechnung nachgewiesenen Verbindlichkeiten und aufgrund kreditähnlicher Geschäfte | | |
| | | 759 | | | | | Sonstige Finanzauszahlungen | | FH/FR 13 |
| | | | 7591 | | | | Kreditbeschaffungskosten | 990 | |
| | | | | | | | Disagio, Abschlussgebühren bei Bausparverträgen | | |
| | | | 7592 | | | | Verzinsung von Steuernachzahlungen | 841 | |
| | | | | | | | Verzinsung von Steuernachzahlungen und Steuererstattungen nach § 233a AO | | |
| | | | 7593 | | | | Ablösung von Dauerlasten | 991 | |
| | | | 7599 | | | | Sonstige Finanzauszahlungen | 841 | |
| | | | | | | | Zum Beispiel Nutzungsrechte, Zinsen für nicht fristgerecht verbrauchte oder zurückzuzahlende Zuwendungen, Abfindungen im Zusammenhang mit Gebietsänderungen | | |
| | 77 | | | | | | Haushaltsunwirksame Auszahlungen | | FR 45 |
| | | 771 | | | | | Haushaltsunwirksame Auszahlungen | | |
| | 78 | | | | | | Investitionstätigkeit | | |
| | | 781 | | | | | Zuweisungen und Zuschüsse für Investitionen | 98 | FH/FR 31 |
| | | | 781- | | | A | Zuweisungen und Zuschüsse für Investitionen | | |
| | | | | | | | Hierin werden Auszahlungen für Investitionen, auch an Dritte und auch Rückzahlungen, soweit sie nicht von der Einzahlung abgesetzt werden, erfasst:<br>1. für die Errichtung von Verwaltungsgebäuden, Schulen, Altenheimen, Sportstätten, Abwasseranlagen, Straßen und sonstige öffentliche Einrichtungen geleistet werden. Hierzu gehören auch Mittel, die von übergeordneten Gebietskörperschaften für oben genannte Zwecke als Darlehen gewährt werden sowie die Rückzahlung von Mitteln, die von übergeordneten Gebietskörperschaften zum Zwecke der Darlehensgewährung bereitgestellt waren;<br>2. im Rahmen der Städtebauförderung und dergleichen;<br>3. für den Bau von Schulen, Kindergärten, Kläranlagen und sonstigen kommunalen Einrichtungen;<br>4. für den Bau und Ausbau von Straßen;<br>5. für Ausbaumaßnahmen an Gewässern II. Ordnung;<br>6. für die Anschaffung von Feuerwehrgeräten;<br>7. für Zwecke der Stadt- und Dorfsanierung;<br>8. für Zuweisungen und Zuschüsse für Investitionen. | | |
| | | 782 | | | | | Erwerb von unbeweglichen Vermögensgegenständen | 932 | FH/FR 27 |
| | | | 7821 | | | | Erwerb von unbeweglichen Vermögensgegenständen | | |
| | | | | | | | Hierunter sind Auszahlungen zu erfassen für:<br>1. den Kauf von Grundstücken, grundstücksgleichen Rechten und Anlagen, einschließlich der Erstattung von Überzahlung bei Erwerb von Grundstücken, Nachzahlungen bei Veräußerungen von Grundstücken;<br>2. Abfindungen aus Anlass von Gebietsänderungen der Gemeinde oder des Landkreises für Ein- oder Ausgliederungen;<br>3. Ersatzleistungen für Vermögensschäden an Grundstücken;<br>4. Ablösung von Rechten auf fremden Grundbesitz;<br>5. Auszahlungen für Vermessung, Grundstücksschätzung, Notarkosten, Kosten für Grundbucheintragungen, Auflassung, Planung, Entschädigungen, Maklerentschädigungen, Provisionen, Abfindungen, Grunderwerbssteuer und dergleichen; | | |

| Kontenklasse | Kontengruppe | Kontenart | Konto | Unterkonto 1 | Unterkonto 2 | Bereichsabgrenzung | Bezeichnung und Zuordnung | Alte Gruppierung | Position in Bilanz, Ergebnishaushalt (EH) oder Ergebnisrechnung (ER), Finanzhaushalt (FH) oder Finanzrechnung (FR) |
|---|---|---|---|---|---|---|---|---|---|
| | | | | | | | 6. Erschließungsbeiträge nach dem BauGB, soweit diese zu leisten sind;<br>7. Entschädigungen und Auskehrung oder Erstattung von Erlösen im Zusammenhang mit Grundstücksgeschäften nach EALG. | | |
| | | 783 | | | | | Erwerb von zu aktivierenden immateriellen und beweglichen Vermögensgegenständen | | FH/FR 26 und 29 |
| | | | 7831 | | | | Erwerb von zu aktivierenden immateriellen Vermögensgegenständen | 935 | FH/FR 26 |
| | | | | | | | Hierunter sind Auszahlungen für immaterielle Vermögensgegenstände, deren Anschaffungskosten bilanziert werden, zu erfassen. | | |
| | | | 7832 | | | | Erwerb von zu aktivierenden beweglichen Vermögensgegenständen | 935 | FH/FR 29 |
| | | | | | | | Hierunter sind Auszahlungen zu erfassen für:<br>1. den Kauf von beweglichen Sachen, die mit ihren Anschaffungs- oder Herstellungskosten als Anlagevermögen der Bilanz nachgewiesen werden;<br>2. Geräte, Maschinen, Fahrzeuge, Ausstattungs- und Ausrüstungsgegenstände, transportable Verkehrssicherungseinrichtungen, deren Anschaffungs- oder Herstellungskosten bilanziert werden. | | |
| | | 784 | | | | | Erwerb von Finanzanlagen | 930 | FH/FR 30 |
| | | | 7842 | | | | Börsennotierte Aktien | | |
| | | | | | | | Hierunter sind börsennotierte Aktien zu erfassen. Börsennotierte Aktien sind Aktien, deren Kurs an einer amtlichen Börse oder einem Sekundärmarkt notiert wird. Dies sind:<br>1. von Aktiengesellschaften ausgegebene Aktien;<br>2. von Aktiengesellschaften ausgegebene Genussscheine;<br>3. von Aktiengesellschaften begebene Dividendenaktien als Gründeranteile, Gewinnanteile, Gewinnschuldverschreibung, die nicht Bestandteile des im Handelsregister eingetragenen Kapitals sind, ihren Inhabern nicht die Rechte von eigentlichen Teilhabern gewähren und Anspruch auf einen Teil des nach Bedienung des Aktienkapitals verbleibenden ausschüttungsfähigen Gewinns und auf einen Anteil am Liquidationsüberschuss geben;<br>4. Vorzugsaktien, deren Inhaber am Liquidationserlös der betreffenden Kapitalgesellschaft beteiligt werden, unabhängig davon, ob diese Aktien an einer amtlichen Börse notiert werden oder nicht.<br>Zu den Aktien zählen nicht Aktien, die bei der Emission nicht platziert werden konnten, und in Aktien konvertierbare Wandelschuldverschreibungen. Börsennotierte Aktien umfassen nicht Bonusaktien, die durch Umwandlung von Rücklagen an die Aktionäre nach Maßgabe ihres bisherigen Beteiligungsverhältnisses ausgegeben werden. Das gleiche gilt für den Aktiensplit. | | |
| | | | 7843 | | | | Nichtbörsennotierte Aktien | | |
| | | | | | | | Aktien, deren Kurs nicht notiert wird. Zur Abgrenzung vergleiche Konto 7842. | | |
| | | | 7844 | | | | Sonstige Anteilsrechte | | |
| | | | | | | | Zuzuordnen sind alle Arten von Anteilsrechten an Unternehmen und Einrichtungen, ohne börsennotierte oder nichtbörsennotierte Aktien und ohne Investmentzertifikate. Hierzu zählen Beteiligungen an Unternehmen, die nicht in Form von Aktien bestehen als Geschäftsanteile an Unternehmen, bei denen für die Gemeinde eine beschränkte Haftung besteht, oder Beteiligungen an Genossenschaften mit eigener Rechtspersönlichkeit und Kapitaleinlagen in Einrichtungen. | | |

| Kontenklasse | Kontengruppe | Kontenart | Konto | Unterkonto 1 | Unterkonto 2 | Bereichsabgrenzung | Bezeichnung und Zuordnung | Alte Gruppierung | Position in Bilanz, Ergebnishaushalt (EH) oder Ergebnisrechnung (ER), Finanzhaushalt (FH) oder Finanzrechnung (FR) |
|---|---|---|---|---|---|---|---|---|---|
| | | | 7845 | | | | Investmentzertifikate | | |
| | | | | | | | Investmentzertifikate sind die Kapitalanteile, die von finanziellen Kapitalgesellschaften ausgegeben werden, die je nach Land als Investmentfonds, Investmenttrusts oder als Kapitalanlagegesellschaft bezeichnet werden, unabhängig davon, ob es sich um offene, halboffene oder geschlossene Fonds handelt. Die Anteile können börsennotiert oder nicht börsennotiert sein. Im letztgenannten Fall sind sie in der Regel jederzeit rückzahlbar, und zwar zu einem Wert, der ihrem Anteil an den Eigenmitteln der finanziellen Kapitalgesellschaft entspricht. Diese Eigenmittel werden anhand der Marktpreise ihrer verschiedenen Geldanlagen regelmäßig neu bewertet. | | |
| | | | 7846 | | | | Kapitalmarktpapiere und langfristige Geldanlagen | | |
| | | | | 7846- | | B | Kapitalmarktpapiere und langfristige Geldanlagen | | |
| | | | | | | | Langfristige Wertpapiere ohne Anteilsrechte, deren ursprüngliche Laufzeit in der Regel mehr als ein Jahr beträgt. Hierzu zählen:<br>1. Inhaberschuldverschreibungen;<br>2. Anleihen;<br>3. durch die Umwandlung von Krediten entstandene Wertpapiere.<br>Zu den Kapitalmarktpapieren zählen ferner Forderungen, die im Rahmen der Verbriefung von Krediten, Hypotheken, Kreditkartenverbindlichkeiten, Forderungen aus Lieferungen und Leistungen und von sonstigen Forderungen gegeben werden.<br>Langfristige Geldanlagen sind Geldanlagen mit einer ursprünglichen vertraglichen Laufzeit und einer zumindest beabsichtigten Mittelbindung von mehr als einem Jahr. Geldanlagen mit kürzerer Laufzeit und/oder Mittelbindung sind den liquiden Mitteln zuzuordnen.<br>Erwerb im Sinne der Kontenart 784 umfasst auch die Auszahlung zu einer langfristigen Geldanlage. | | |
| | | | 7847 | | | | Geldmarktpapiere | | |
| | | | | 7847- | | B | Geldmarktpapiere | | |
| | | | | | | | Kurzfristige Wertpapiere, deren ursprüngliche Laufzeit in der Regel bis zu einem Jahr beträgt, sofern die in derartigen Wertpapieren anzulegenden Mittel länger als ein Jahr angelegt werden sollen. Dies können zum Beispiel Staatspapiere, Bundesschatzbriefe oder Wertpapiere sein. | | |
| | | | 7848 | | | | Finanzderivate | | |
| | | | | | | | Finanzierungsinstrumente wie Zinsswaps oder Forward Rate Agreements als Zinsswaps, die auf einer Kreditvereinbarung basieren. Nicht zu den Finanzderivaten zählt der dem Geschäft zugrunde liegende Kredit. | | |
| | | 785 | | | | | Baumaßnahmen | | FH/FR 28 |
| | | | | | | | Hierunter sind Auszahlungen zu erfassen für:<br>1. Erweiterungs-, Neu-, Um- und Ausbauten;<br>2. Abbruch- und Aufschließungskosten, wenn sie zur Durchführung von Bauten erforderlich sind;<br>3. Hochbaumaßnahmen einschließlich der mit diesen Baumaßnahmen im sachlichen und baulichen Zusammenhang stehenden Tiefbauten und Anlagen wie Garagen, Versorgungs- und Heizungsanlagen, Alarm- und Schutzeinrichtungen, Entwässerungsanlagen und sonstige allgemeine oder technische Anlagen;<br>4. Ausstattungen, die wesentliche Bestandteile der Bauten sind;<br>5. Tiefbaumaßnahmen und andere Baumaßnahmen, wie Straßen, Wege, Plätze, Brücken, Unterführungen, Wasserstraßen, Wasserbauten, Hafenanlagen, Dämme, Deiche, Brunnen, Freibäder, Kanäle, Wasserversorgung, Entwässerung, Regenrückhaltebecken;<br>6. Sportplätze, Spielplätze, Campingplätze;<br>7. Einrichtungen der Löschwasserentnahme; | | |

| Kontenklasse | Kontengruppe | Kontenart | Konto | Unterkonto 1 | Unterkonto 2 | Bereichsabgrenzung | Bezeichnung und Zuordnung | Alte Gruppierung | Position in Bilanz, Ergebnishaushalt (EH) oder Ergebnisrechnung (ER), Finanzhaushalt (FH) oder Finanzrechnung (FR) |
|---|---|---|---|---|---|---|---|---|---|
| | | | | | | | 8. Betriebsanlagen und sonstige technische Anlagen wie Gleisanlagen, Roll- und Fahrtreppen im Zusammenhang mit Außenbauten, nicht transportable Röntgen- und Kühlanlagen, Betriebsaufzüge, Großküchenanlagen, Verkehrsfernseh-, Polizeiruf- sowie sonstige Verkehrssicherungsanlagen, Trafostationen, Fernsprechzentralen, Versorgungsnetzerweiterungen, Gemeinschaftsantennen und dergleichen;<br>9. Ausgaben für dauerhafte Einbauten und Ausstattungen, die normalerweise vor dem Bezug oder der Ingebrauchnahme installiert werden und wesentliche Bestandteile der Bauten sind.<br>Zu den Baumaßnahmen gehören auch alle Baunebenkosten wie Vergütungen für Vertragsarchitekten, Vertragsingenieurbüros, Leistungen an freischaffende Mitarbeiter, Auslagen für Werks- und ähnliche Verträge, Wettbewerbskosten, künstlerische Ausgestaltung, Entwurf, Bauleitung, Planung. | | |
| | | | 7851 | | | | Baumaßnahmen | | |
| | | | | 78511 | | | Hochbaumaßnahmen | | |
| | | | | 78512 | | | Tiefbaumaßnahmen | | |
| | | | | 78513 | | | Sonstige Baumaßnahmen | | |
| | | 786 | | | | | Gewährung von Ausleihungen | 92 | FH/FR 43 |
| | | | 786- | | | B | Gewährung von Ausleihungen | | |
| | | | | | | | Hierunter sind Auszahlungen zu erfassen, die die Forderungen auf Ausleihungen erhöhen. Hierzu gehören Wohnungsbau-, Arbeitgeber-, Personal- und sonstige Ausleihungen. Ferner Auszahlungen im Rahmen von Cash-Pooling/Einheitskasse/Amtskasse (Liquiditätsverbund). | | |
| | | 789 | | | | | Sonstige Investitionstätigkeit | | FH/FR 32 |
| | 79 | | | | | | Finanzierungstätigkeit | | |
| | | | | | | | Zahlungen, die die passivierten Schulden vermindern | | |
| | | 791 | | | | | Anleihen | | FH/FR 39 |
| | | | 7917 | | | | Anleihen | | |
| | | | | 7917- | | C | Anleihen | | |
| | | 792 | | | | | Tilgung von Krediten für Investitionen | 97 | FH/FR 38 |
| | | | 792- | | | B + C | Tilgung von Krediten für Investitionen | | |
| | | 793 | | | | | Tilgung von Krediten zur Liquiditätssicherung | | FH/FR 52 |
| | | | 7937 | | | | Tilgung von Krediten zur Liquiditätssicherung | | |
| | | 794 | | | | | Tilgung von sonstigen Wertpapierschulden | | FH/FR 39 |
| | | | 7947 | | | | Tilgung von sonstigen Wertpapierschulden | | |
| | | | | 7947- | | C | Tilgung von sonstigen Wertpapierschulden | | |
| | | 795 | | | | | Gewährung von Darlehen (ohne Ausleihungen) | | FH/FR 43 |
| | | | 795- | | | B | Gewährung von Darlehen (ohne Ausleihungen) | 92 | |
| 8 | | | | | | | Abschlusskonten | | |
| | 80 | | | | | | Eröffnungskonten/Abschlusskonten | | |
| | 81 | | | | | | Korrekturkonten | | |
| | 82 | | | | | | Kurzfristige Erfolgsrechnung | | |
| 9 | | | | | | | Kosten- und Leistungsrechnung | | |
| | | | | | | | Die Ausgestaltung der Kosten- und Leistungsrechnung ist von jeder Kommune selbst festzulegen. | | |

**Anlage 4**
(zu Ziffer IV)

# Bereichsabgrenzungen

Für den Nachweis des Zahlungsverkehrs sind bei bestimmten Konten Bereiche nach der Bereichsabgrenzung zu bilden, die nachfolgend verbindlich vorgegeben werden:

**Bereichsabgrenzung A**

...0 Bund:
Kernhaushalt Bund
Sondervermögen des Bundes sind unter „Sonstige öffentliche Sonderrechnungen" zuzuordnen.

...1 Land:
Kernhaushalte der Länder einschließlich Stadtstaaten
Sondervermögen der Länder sind unter „Sonstige öffentliche Sonderrechnungen" zuzuordnen.

...2 Gemeinden und Gemeindeverbände:
Kernhaushalte der Gemeinden (Kreisfreie Städte, kreisangehörige Gemeinden), Gemeindeverbände (Landkreise, Verwaltungsverbände), Kommunaler Sozialverband Sachsen.

...3 Zweckverbände und dergleichen:
Verbände und sonstige Organisationen in öffentlich-rechtlicher Form, die kommunale Aufgaben erfüllen und mindestens eine Gemeinde oder einen Gemeindeverband zum Mitglied haben.
Dazu gehören:
- Zweckverbände nach dem Sächsischen Gesetz über kommunale Zusammenarbeit, ausgenommen: Sparkassenverbände (Bereich 5 beziehungsweise 6);
- sondergesetzliche Verbände, zum Beispiel Kulturräume;
- wasserwirtschaftliche Verbände, Bodenverbände;
- Regionale Planungsverbände;
- Planungsverbände nach dem Baugesetzbuch;
- Wasserversorgungsverbände;
- Abwasserbeseitigungsverbände;
- grenzüberschreitende Zweckverbände mit Sitz in Deutschland;
- sonstige Verbände und Organisationen mit kommunaler Aufgabenerfüllung.

...4 Gesetzliche Sozialversicherung:
Träger der gesetzlichen
- Krankenversicherung;
- Pflegeversicherung;
- Unfallversicherung;
- Rentenversicherung der Arbeitnehmer;
- Altershilfe für Landwirte;
- Arbeitslosenversicherung (Bundesagentur für Arbeit).

Kommunale Versorgungskassen und -verbände sowie Träger der öffentlichen Zusatzversorgung sind unter „Sonstige öffentliche Sonderrechnungen" zuzuordnen.

...5 Verbundene Unternehmen, Beteiligungen und Sondervermögen:
Zahlungsbeziehungen mit öffentlichen Fonds, Einrichtungen und Unternehmen mit Sonderrechnung oder in rechtlich selbstständiger Form, bei denen die eigene kommunale Körperschaft Mitglied, Träger, unmittelbarer oder mittelbarer Anteilseigner ist. Hierunter sind alle Unternehmen zu erfassen, an denen die eigene kommunale Körperschaft überwiegend, das heißt mit mehr als 50 Prozent, am Nennkapital (Grund- oder Stammkapital) beteiligt ist beziehungsweise auf Grund der Satzung oder Ähnlichem beherrschenden Einfluss ausübt.

...6 Sonstige öffentliche Sonderrechnungen:
Zahlungsbeziehungen mit Sondervermögen des Bundes und des Landes, mit öffentlichen Fonds, Einrichtungen und Unternehmen mit Sonderrechnung oder in rechtlich selbstständiger Form, bei denen andere öffentliche Körperschaften (Bund, Länder oder andere kommunale Körperschaften) Mitglied, Träger, unmittelbare oder mittelbare Anteilseigner sind. Hierunter sind alle Unternehmen zu erfassen, an denen andere öffentliche Körperschaften überwiegend, das heißt mit mehr als 50 Prozent, am Nennkapital (Grund- oder Stammkapital) beteiligt sind oder auf Grund der Satzung oder Ähnlichem beherrschenden Einfluss ausüben.
Hierzu zählen auch Versorgungsfonds und -rücklagen sowie kommunale Versorgungskassen und –verbände, Träger der öffentlichen Zusatzversorgung sowie der Kommunale Schadensausgleich.
Einheiten, bei denen öffentliche Körperschaften weniger als 50 Prozent an Anteilen beziehungsweise Stimmrechten besitzen, Wirtschafts- und Berufsvertretungen sowie Kirchen werden nicht zum öffentlichen Bereich gezählt.

...7 Private Unternehmen:
Alle Unternehmen, die nicht öffentliche wirtschaftliche Unternehmen (im Sinne der Bereiche 5 und 6) sind. Dazu gehören insbesondere:
- Kapitalgesellschaften;
- Personengesellschaften;
- Erwerbs- und Wirtschaftsgenossenschaften;
- Versicherungsvereine auf Gegenseitigkeit;
- rechtsfähige wirtschaftliche Vereine, Stiftungen;
- nichtrechtsfähige Vereine, sonstige nichtrechtsfähige Personengemeinschaften;
- Arbeitsstätten der freien Berufe;
- landwirtschaftliche Betriebe;
- Handwerksbetriebe;
- Einkaufs- und Verkaufsvereinigungen.

...8 Übrige Bereiche:
Natürliche und juristische Personen, die nicht den Bereichen 0 bis 7 zuzuordnen sind, insbesondere Organisationen ohne Erwerbscharakter einschließlich deren Anstalten und Einrichtungen in öffentlich-rechtlicher (Körperschaften, Anstalten, Stiftungen des öffentlichen Rechts) oder privatrechtlicher (eingetragene Vereine, privatrechtliche Stiftungen, BGB-Gesellschaften) Rechtsform, soweit diese nicht als Unternehmen oder Teil eines Unternehmens zu betrachten sind.
Dazu gehören:
- Kirchen, Orden, religiöse und weltanschauliche Vereinigungen;
- Organisationen der Freien Wohlfahrtspflege (z. B. Arbeiterwohlfahrt, Deutscher Caritasverband, Deutscher Paritätischer Wohlfahrtsverband, Deutsches Rotes Kreuz, Diakonie Deutschland);
- Organisationen in den Bereichen Erziehung, Wissenschaft und Kultur, Sport- und Jugendpflege;
- Arbeitgeberverbände, Berufsorganisationen;
- Wirtschaftsverbände sowie öffentlich-rechtliche Wirtschafts- und Berufsvertretungen;
- Gewerkschaften;
- politische Parteien;
- Wasser- und Bodenverbände, soweit sie nicht dem Bereich 3 zugerechnet werden;
- Vereine, soweit sie nicht Bereich 7 zugerechnet werden.

Weiter gehören hierher:
- natürliche und juristische Personen des Auslandes, soweit sie nicht als Unternehmen anzusehen sind;
- europäische Gemeinden;
- internationale Organisationen;
- Einrichtungen der Europäischen Union.

**Bereichsabgrenzung B**

...0 Bund:
Siehe Anmerkungen bei Bereichsabgrenzung A.

...1 Land:
Siehe Anmerkungen bei Bereichsabgrenzung A.

...2 Gemeinden und Gemeindeverbände:
Siehe Anmerkungen bei Bereichsabgrenzung A.

...3 Zweckverbände und dergleichen:
Siehe Anmerkungen bei Bereichsabgrenzung A.
Nicht hierzu gehören Kreditinstitute (Sparkassenverbände in Bereich 7).

...4 Gesetzliche Sozialversicherung:
Siehe Anmerkungen bei Bereichsabgrenzung A.

...5 Verbundene Unternehmen, Beteiligungen und Sondervermögen:
Siehe Anmerkungen bei Bereichsabgrenzung A.
Nicht hierzu gehören Kreditinstitute (Sparkassen und weitere in Bereich 7).

...6 Sonstige öffentliche Sonderrechnungen:
Siehe Anmerkungen bei Bereichsabgrenzung A.
Nicht hierzu gehören Kreditinstitute (Sparkassen und weitere in Bereich 7).

...7 Kreditinstitute:
Kreditinstitute sind unabhängig von der Rechtsform alle Institutionen, die finanzielle Mittlertätigkeiten ausüben und deren Geschäftstätigkeit darin besteht, Einlagen und Ähnliches von juristischen und natürlichen Personen aufzunehmen und Kredite zu gewähren oder in Wertpapiere zu investieren.
Zu den Kreditinstituten zählen insbesondere:
- Sparkassen und Sparkassenverbände, Landesbanken;
- Kreditanstalt für Wiederaufbau (KfW);
- Banken mit Sonderaufgaben (zum Beispiel Sächsische Aufbaubank – Förderbank – );
- Geschäftsbanken, Universalbanken;
- Genossenschaftsbanken, Kreditgenossenschaften;
- Spezialbanken (zum Beispiel Merchant Banks, Emissionshäuser, Privatbanken);
- Bausparkassen;
- Wohnungsunternehmen mit Spareinrichtungen.

Das Verzeichnis der inländischen Kreditinstitute wird jährlich aktualisiert und ist auf der Internetseite der Deutschen Bundesbank verfügbar.

...8 Sonstiger inländischer Bereich:
Alle inländischen Unternehmen, die nicht öffentliche wirtschaftliche Unternehmen (im Sinne der Bereiche 5 und 6) oder Kreditinstitute (im Sinne des Bereichs 7) sind. Dazu gehören:
- Kapitalgesellschaften;
- Personengesellschaften;
- Erwerbs- und Wirtschaftsgenossenschaften;
- Versicherungsvereine auf Gegenseitigkeit;
- rechtsfähige wirtschaftliche Vereine, Stiftungen;
- nichtrechtsfähige Vereine, sonstige nichtrechtsfähige Personengemeinschaften;
- Arbeitsstätten der freien Berufe;
- landwirtschaftliche Betriebe;
- Handwerksbetriebe;
- Einkaufs- und Verkaufsvereinigungen.

Natürliche und juristische Personen, die nicht den Bereichen 0 bis 7 zuzuordnen sind, insbesondere Organisationen ohne Erwerbscharakter einschließlich deren Anstalten und Einrichtungen in öffentlich-rechtlicher (Körperschaften, Anstalten, Stiftungen des öffentlichen Rechts) oder privatrechtlicher (eingetragene Vereine, privatrechtliche Stiftungen, BGB-Gesellschaften) Rechtsform, soweit diese nicht als Unternehmen oder Teil eines Unternehmens zu betrachten sind. Dazu gehören:
- Kirchen, Orden, religiöse und weltanschauliche Vereinigungen;
- Organisationen der Freien Wohlfahrtspflege (z. B. Arbeiterwohlfahrt, Deutscher Caritasverband, Deutscher Paritätischer Wohlfahrtsverband, Deutsches Rotes Kreuz, Diakonie Deutschland);
- Organisationen in den Bereichen Erziehung, Wissenschaft und Kultur, Sport- und Jugendpflege;
- Arbeitgeberverbände, Berufsorganisationen;
- Wirtschaftsverbände sowie öffentlich-rechtliche Wirtschafts- und Berufsvertretungen;
- Gewerkschaften;
- politische Parteien;
- Wasser- und Bodenverbände, soweit sie nicht dem Bereich 3 zugerechnet werden.

...9 Sonstiger ausländischer Bereich:
Natürliche und juristische Personen des Auslandes, soweit sie nicht zu den Kreditinstituten zählen (Bereich 7). Dazu gehören:
- europäische Gemeinden;
- internationale Organisationen;
- Einrichtungen der Europäischen Union.

**Bereichsabgrenzung C**

...1 Laufzeit bis einschließlich einem Jahr,

...2 Laufzeit von mehr als einem Jahr bis einschließlich 5 Jahre,

...3 Laufzeit von mehr als 5 Jahren.

## Zusammenfassung der Bereichsabgrenzungen:

| **Bereichsabgrenzung A** | **Bereichsabgrenzung B** | **Bereichsabgrenzung C** |
|---|---|---|
| ...0 Bund<br>...1 Land<br>...2 Gemeinden und Gemeindeverbände<br>...3 Zweckverbände und dergleichen<br>...4 Gesetzliche Sozialversicherung<br>...5 Verbundene Unternehmen, Beteiligungen und Sondervermögen<br>...6 Sonstige öffentliche Sonderrechnungen<br>...7 Private Unternehmen<br>...8 Übrige Bereiche | ...0 Bund<br>...1 Land<br>...2 Gemeinden und Gemeindeverbände<br>...3 Zweckverbände und dergleichen<br>...4 Gesetzliche Sozialversicherung<br>...5 Verbundene Unternehmen, Beteiligungen und Sondervermögen<br>...6 Sonstige öffentliche Sonderrechnungen<br>...7 Kreditinstitute<br>...8 Sonstiger inländischer Bereich<br>...9 Sonstiger ausländischer Bereich | ...1 Laufzeit bis einschließlich einem Jahr<br>...2 Laufzeit von mehr als einem bis einschließlich 5 Jahre<br>...3 Laufzeit von mehr als 5 Jahren |
| | Vermögensrechnung:<br>Finanzaktiva:<br>131, 142, 143<br>Finanzpassiva:<br>231, 239 | Vermögensrechnung:<br>Finanzpassiva:<br>221, 231, 239, 271 |
| Ergebnisrechnung:<br>Ertragsarten:<br>313, 314, 318, 323, 348<br>Aufwandsarten:<br>431, 432, 435, 437, 445 | Ergebnisrechnung:<br>Ertragsarten: 361<br>Aufwandsarten: 451 | |
| Finanzrechnung:<br>Einzahlungsarten:<br>613, 614, 618, 623, 648, 681<br>Auszahlungsarten:<br>731, 732, 735, 737, 745, 781 | Finanzrechnung:<br>Einzahlungsarten:<br>661, 6846, 6847, 686, 692, 695<br>Auszahlungsarten:<br>751, 7846, 7847, 786, 792, 795 | Finanzrechnung:<br>Einzahlungsarten:<br>6917, 692, 6947<br>Auszahlungsarten:<br>7917, 792, 7947 |

**Anlage 5**
(zu Ziffer V Nummer 1)
Nachfolgende Muster werden verbindlich bekannt gemacht:

| | |
|---|---|
| Muster 1: | Haushaltssatzung; |
| Muster 2: | Nachtragssatzung; |
| Muster 3: | Haushaltsquerschnitt – Ergebnishaushalt; |
| Muster 4: | Haushaltsquerschnitt – Finanzhaushalt; |
| Muster 5: | Ergebnishaushalt; |
| Muster 6: | Produktbezogene Finanzdaten des Ergebnishaushalts; |
| Muster 7: | Finanzhaushalt; |
| Muster 8: | Teilergebnishaushalt; |
| Muster 9: | Übersicht über die im Ergebnishaushalt zu veranschlagenden Instandhaltungs- und Instandsetzungsmaßnahmen; |
| Muster 10: | Teilfinanzhaushalt; |
| Muster 11: | Ergebnisrechnung; |
| Muster 12: | Finanzrechnung; |
| Muster 13: | Vermögensrechnung; |
| Muster 14: | Anlagenübersicht; |
| Muster 15: | Forderungsübersicht; |
| Muster 16: | Verbindlichkeitenübersicht; |
| Muster 17: | Übersicht über die aus Verpflichtungsermächtigungen voraussichtlich fällig werdenden Auszahlungen; |
| Muster 18: | Übersicht über den voraussichtlichen Stand der Verbindlichkeiten aus Krediten für Investitionen und der ihnen wirtschaftlich gleichkommenden Rechtsgeschäfte sowie der Verpflichtungen aus Bürgschaften, Gewährverträgen und der ihnen wirtschaftlich gleichkommenden Rechtsgeschäfte; |
| Muster 19: | Übersicht über den voraussichtlichen Stand der Rücklagen; |
| Muster 20: | Übersicht über den voraussichtlichen Stand der Rückstellungen; |
| Muster 21: | Übersicht zu der Ermittlung der Fehlbeträge aus Abschreibungen und deren Verrechnung mit dem Basiskapital sowie zu der Entwicklung des Basiskapitals, der Rücklagen und der vorgetragenen Fehlbeträge; |
| Muster 22: | Stellenplan; |
| Muster 23: | Übersicht über die Fraktionszuwendungen. |

**Muster 1**
(zu § 74 Absatz 2 SächsGemO)

## Haushaltssatzung der Gemeinde ................................
## für das Haushaltsjahr ..........

Aufgrund von § 74 der Sächsischen Gemeindeordnung in der jeweils geltenden Fassung hat der Gemeinderat in der Sitzung am .............. folgende Haushaltssatzung beschlossen:

**§ 1**

Der Haushaltsplan für das Haushaltsjahr ......... , der die für die Erfüllung der Aufgaben der Gemeinden voraussichtlich anfallenden Erträge und entstehenden Aufwendungen sowie eingehenden Einzahlungen und zu leistenden Auszahlungen enthält, wird:

im Ergebnishaushalt mit dem

- Gesamtbetrag der ordentlichen Erträge auf ... Euro
- Gesamtbetrag der ordentlichen Aufwendungen auf ... Euro
- Saldo aus den ordentlichen Erträgen und Aufwendungen (ordentliches Ergebnis) auf ... Euro

- Gesamtbetrag der außerordentlichen Erträge auf ... Euro
- Gesamtbetrag der außerordentlichen Aufwendungen auf ... Euro
- Saldo aus den außerordentlichen Erträgen und Aufwendungen (Sonderergebnis) auf ... Euro

- Gesamtergebnis auf ... Euro

- Betrag der veranschlagten Abdeckung von Fehlbeträgen des ordentlichen Ergebnisses aus Vorjahren auf ... Euro
- Betrag der veranschlagten Abdeckung von Fehlbeträgen des Sonderergebnisses aus Vorjahren auf ... Euro
- Betrag der Verrechnung eines Fehlbetrages im ordentlichen Ergebnis mit dem Basiskapital gemäß § 72 Absatz 3 Satz 3 SächsGemO auf ... Euro
- Betrag der Verrechnung eines Fehlbetrages im Sonderergebnis mit dem Basiskapital gemäß § 72 Absatz 3 Satz 3 SächsGemO auf ... Euro

- veranschlagten Gesamtergebnis auf ... Euro

im Finanzhaushalt mit dem

- Gesamtbetrag der Einzahlungen aus laufender Verwaltungstätigkeit auf ... Euro
- Gesamtbetrag der Auszahlungen aus laufender Verwaltungstätigkeit auf ... Euro
- Zahlungsmittelüberschuss oder -bedarf aus laufender Verwaltungstätigkeit als Saldo der Gesamtbeträge der Einzahlungen und Auszahlungen aus laufender Verwaltungstätigkeit auf ... Euro

- Gesamtbetrag der Einzahlungen aus Investitionstätigkeit auf ... Euro
- Gesamtbetrag der Auszahlungen aus Investitionstätigkeit auf ... Euro
- Saldo der Einzahlungen und Auszahlungen aus Investitionstätigkeit auf ... Euro

- Finanzierungsmittelüberschuss oder -fehlbetrag als Saldo aus dem Zahlungsmittelüberschuss oder -fehlbetrag aus laufender Verwaltungstätigkeit und dem Saldo der Gesamtbeträge der Einzahlungen und Auszahlungen aus Investitionstätigkeit auf ... Euro

- Gesamtbetrag der Einzahlungen aus Finanzierungstätigkeit auf ... Euro
- Gesamtbetrag der Auszahlungen aus Finanzierungstätigkeit auf ... Euro
- Saldo der Einzahlungen und Auszahlungen aus Finanzierungstätigkeit auf ... Euro

- Veränderung des Bestandes an Zahlungsmitteln im Haushaltsjahr auf ... Euro

festgesetzt.

**§ 2**

Der Gesamtbetrag der vorgesehenen Kreditaufnahmen für Investitionen und Investitionsförderungsmaßnahmen wird auf ... Euro
festgesetzt.
(alternativ: Kredite für Investitionen und Investitionsförderungsmaßnahmen werden nicht veranschlagt.)

**§ 3**

Der Gesamtbetrag der vorgesehenen Ermächtigungen zum Eingehen von Verpflichtungen, die künftige Haushaltsjahre mit Auszahlungen für Investitionen und Investitionsförderungsmaßnahmen belasten (Verpflichtungsermächtigungen), wird auf ... Euro
festgesetzt.
(alternativ: Verpflichtungsermächtigungen werden nicht veranschlagt.)

**§ 4**

Der Höchstbetrag der Kassenkredite, der zur rechtzeitigen Leistung von Auszahlungen in Anspruch genommen werden darf, wird auf ... Euro
festgesetzt.
(alternativ: Kassenkredite werden nicht veranschlagt.)

**§ 5**

Die Hebesätze werden wie folgt festgesetzt:
für die land- und forstwirtschaftlichen Betriebe (Grundsteuer A) auf ... Prozent
für die Grundstücke (Grundsteuer B) auf ... Prozent
für die baureifen Grundstücke (Grundsteuer C) auf ... Prozent
für die Grundstücke in Gebieten für Windenergieanlagen (Grundsteuer D) auf ... Prozent
Gewerbesteuer auf ... Prozent
(alternativ: Die Hebesätze für die Realsteuern, die in einer gesonderten Satzung festgesetzt worden sind, betragen:)

**§ 6**

Weitere Festsetzungen

Hinweis:
Gemäß § 74 Absatz 2 Satz 2 der Sächsischen Gemeindeordnung können in die Haushaltssatzung weitere Regelungen aufgenommen werden, die sich auf Erträge, Aufwendungen, Einzahlungen und Auszahlungen sowie den Stellenplan beziehen.

........................., den ...

......................................

**Muster 2**
(zu § 77 Absatz 1 Satz 2 in Verbindung mit § 74 Absatz 2 SächsGemO)

## Nachtragssatzung der Gemeinde ..................................
## für das Haushaltsjahr ...........

Aufgrund von § 77 der Sächsischen Gemeindeordnung in der jeweils geltenden Fassung hat der Gemeinderat in der Sitzung am ............. folgende Nachtragssatzung beschlossen:

**§ 1**

Mit dem Nachtragshaushaltsplan für das Haushaltsjahr ........ werden die für die Erfüllung der Aufgaben der Gemeinden voraussichtlich anfallenden Erträge und entstehenden Aufwendungen sowie eingehenden Einzahlungen und zu leistenden Auszahlungen wie folgt festgesetzt:

| | bisher festgesetzte (Gesamt-) Beträge von | Erhöhung um | Verminderung um | Damit werden die (Gesamt-) Beträge des Haushaltsplans einschließlich der Nachträge festgesetzt auf |
|---|---|---|---|---|
| | Euro | | | |
| Ergebnishaushalt | | | | |
| - ordentliche Erträge | | | | |
| - ordentliche Aufwendungen | | | | |
| - Saldo der ordentlichen Erträge und Aufwendungen (ordentliches Ergebnis) | | | | |
| - außerordentliche Erträge | | | | |
| - außerordentliche Aufwendungen | | | | |
| - Saldo der außerordentlichen Erträge und Aufwendungen (Sonderergebnis) | | | | |
| - Gesamtergebnis | | | | |
| - veranschlagte Abdeckung von Fehlbeträgen des ordentlichen Ergebnisses aus Vorjahren | | | | |
| - veranschlagte Abdeckung von Fehlbeträgen des Sonderergebnisses aus Vorjahren | | | | |
| - Verrechnung eines Fehlbetrages im ordentlichen Ergebnis mit dem Basiskapital gemäß § 72 Absatz 3 Satz 3 SächsGemO | | | | |
| - Verrechnung eines Fehlbetrages im Sonderergebnis mit dem Basiskapital gemäß § 72 Absatz 3 Satz 3 SächsGemO | | | | |
| - veranschlagtes Gesamtergebnis | | | | |
| Finanzhaushalt | | | | |
| - Einzahlungen aus laufender Verwaltungstätigkeit | | | | |
| - Auszahlungen aus laufender Verwaltungstätigkeit | | | | |
| - Zahlungsmittelüberschuss oder -bedarf | | | | |
| - Einzahlungen aus Investitionstätigkeit | | | | |
| - Auszahlungen aus Investitionstätigkeit | | | | |
| - Saldo der Ein- und Auszahlungen aus Investitionstätigkeit | | | | |
| - Finanzierungsmittelüberschuss oder -fehlbetrag | | | | |
| - Einzahlungen aus Finanzierungstätigkeit | | | | |
| - Auszahlungen aus Finanzierungstätigkeit | | | | |
| - Saldo der Ein- und Auszahlungen aus Finanzierungstätigkeit | | | | |
| - Veränderung des Bestandes an Zahlungsmitteln im Haushaltsjahr | | | | |

(alternativ: Die Erträge, Aufwendungen, Einzahlungen und Auszahlungen des Ergebnishaushalts und des Finanzhaushalts werden nicht geändert.)

**§ 2**

Der Gesamtbetrag der vorgesehenen Kreditaufnahmen für Investitionen und Investitionsförderungsmaßnahmen wird von bisher ... Euro
auf ... Euro
erhöht/vermindert.
(alternativ: Der Gesamtbetrag der bisher vorgesehenen Kredite für Investitionen und Investitionsförderungsmaßnahmen wird nicht verändert.)
(alternativ: Kredite für Investitionen und Investitionsförderungsmaßnahmen werden nicht veranschlagt.)

**§ 3**

Der Gesamtbetrag der vorgesehenen Ermächtigungen zum Eingehen von Verpflichtungen, die künftige Haushaltsjahre mit Auszahlungen für Investitionen und Investitionsförderungsmaßnahmen belasten (Verpflichtungsermächtigungen), wird von bisher ... Euro
auf ... Euro
erhöht/vermindert.
(alternativ: Der Gesamtbetrag der bisher vorgesehenen Verpflichtungsermächtigungen wird nicht verändert.)
(alternativ: Verpflichtungsermächtigungen werden nicht veranschlagt.)

**§ 4**

Der Höchstbetrag der Kassenkredite, der zur rechtzeitigen Leistung von Auszahlungen in Anspruch genommen werden darf, wird von bisher ... Euro
auf ... Euro
erhöht/vermindert.
(alternativ: Der Höchstbetrag der bisher vorgesehenen Kassenkredite zur rechtzeitigen Leistung von Auszahlungen wird nicht verändert.)
(alternativ: Kassenkredite werden nicht veranschlagt.)

**§ 5**

Die Hebesätze für die Realsteuern werden wie folgt neu festgesetzt:
für die land- und forstwirtschaftlichen Betriebe (Grundsteuer A) von bisher ... Prozent auf ... Prozent
für die Grundstücke (Grundsteuer B) von bisher ... Prozent auf ... Prozent
für die baureifen Grundstücke (Grundsteuer C) von bisher ... Prozent auf ... Prozent
für die Grundstücke in Gebieten für Windenergieanlagen (Grundsteuer D) von bisher ... Prozent auf ... Prozent
Gewerbesteuer von bisher ... Prozent auf ... Prozent
(alternativ: Die Hebesätze für die Realsteuern, die in einer gesonderten Satzung festgesetzt worden sind, betragen:)
(alternativ: Die Hebesätze für die Realsteuern werden nicht geändert.)

**§ 6**

Weitere Festsetzungen

Hinweis:
Gemäß § 74 Absatz 2 Satz 2 der Sächsischen Gemeindeordnung können in die Haushaltssatzung weitere Regelungen aufgenommen werden, die sich auf Erträge, Aufwendungen, Einzahlungen und Auszahlungen sowie den Stellenplan beziehen.

Anmerkung:
Wird nur der Stellenplan geändert, ist § 1 wie folgt zu fassen:
„Der Stellenplan wird in der Fassung der Anlage neu festgesetzt."

........................., den ...

**Muster 3**
(zu § 1 Absatz 2 Nummer 3 SächsKomHVO)

## Haushaltsquerschnitt - Ergebnishaushalt

| | Bezeichnung Teilhaushalte | anteilige ordentliche Erträge | anteilige ordentliche Aufwendungen | ordentliches Ergebnis | veranschlagter Nettoressourcenbedarf |
|---|---|---|---|---|---|
| | | Euro | | | |
| | | 1 | 2 | 3 | 4 |
| 1 | | | | | |
| 2 | | | | | |
| 3 | | | | | |
| ... | | | | | |
| | | | | | |
| | | | | | |
| | | | | | |
| | | | | | |
| | | | | | |
| | | | | | |
| | | | | | |
| | | | | | |
| | | | | | |
| | | | | | |
| | | | | | |
| | | | | | |
| | | | | | |
| | | | | | |
| | | | | | |
| | | | | | |
| | | | | | |
| | | | | | |
| | | | | | |
| | | | | | |
| | | | | | |
| | | | | | |
| | | | | | |
| | | | | | |
| | **Gesamt** | | | | |

**Muster 4**
(zu § 1 Absatz 2 Nummer 3 SächsKomHVO)

# Haushaltsquerschnitt - Finanzhaushalt

| | Bezeichnung Teilhaushalte | Zahlungsmittelsaldo aus laufender Verwaltungstätigkeit | anteilige Einzahlungen aus Investitionstätigkeit | anteilige Auszahlungen aus Investitionstätigkeit | Zahlungsmittelsaldo aus Investitionstätigkeit | Finanzierungsmittelüberschuss/Finanzierungsmittelfehlbetrag | Verpflichtungsermächtigungen |
|---|---|---|---|---|---|---|---|
| | | Euro | | | | | |
| | | 1 | 2 | 3 | 4 | 5 | 6 |
| 1 | | | | | | | |
| 2 | | | | | | | |
| 3 | | | | | | | |
| ... | | | | | | | |
| | | | | | | | |
| | | | | | | | |
| | | | | | | | |
| | | | | | | | |
| | | | | | | | |
| | | | | | | | |
| | | | | | | | |
| | | | | | | | |
| | | | | | | | |
| | | | | | | | |
| | | | | | | | |
| | | | | | | | |
| | | | | | | | |
| | | | | | | | |
| | | | | | | | |
| | | | | | | | |
| | | | | | | | |
| | | | | | | | |
| | | | | | | | |
| | | | | | | | |
| | | | | | | | |
| | | | | | | | |
| | | | | | | | |
| | | | | | | | |
| | Gesamt | | | | | | |

**Muster 5**
(zu §§ 2 und 9 Absatz 1 SächsKomHVO)

# Ergebnishaushalt

| Nr. | | Ertrags- und Aufwandsarten | Ergebnis des Vorvorjahres | Ansatz des Vorjahres (laufendes Haushaltsjahr) | Ansatz des Haushaltsjahres (Planjahr) | das | das 2. | das 3. |
|---|---|---|---|---|---|---|---|---|
| | | | | | | auf das Haushaltsjahr folgende Jahr | | |
| | | | Euro | | | | | |
| | | | 1 | 2 | 3 | 4 | 5 | 6 |
| 1 | | Steuern und ähnliche Abgaben nach Arten | | | | | | |
| | | darunter: Grundsteuern A, B, C und D | | | | | | |
| | | Gewerbesteuer | | | | | | |
| | | Gemeindeanteil an der Einkommensteuer | | | | | | |
| | | Gemeindeanteil an der Umsatzsteuer | | | | | | |
| 2 | + | Zuweisungen und Umlagen nach Arten sowie aufgelöste Sonderposten | | | | | | |
| | | darunter: allgemeine Schlüsselzuweisungen | | | | | | |
| | | sonstige allgemeine Zuweisungen | | | | | | |
| | | allgemeine Umlagen | | | | | | |
| | | aufgelöste Sonderposten | | | | | | |
| 3 | + | sonstige Transfererträge | | | | | | |
| 4 | + | öffentlich-rechtliche Leistungsentgelte | | | | | | |
| 5 | + | privatrechtliche Leistungsentgelte | | | | | | |
| 6 | + | Kostenerstattungen und Kostenumlagen | | | | | | |
| 7 | + | Zinsen und sonstige Finanzerträge | | | | | | |
| 8 | +/- | aktivierte Eigenleistungen und Bestandsveränderungen | | | | | | |
| 9 | + | sonstige ordentliche Erträge | | | | | | |
| **10** | = | **ordentliche Erträge** (Nummern 1 bis 9) | | | | | | |
| 11 | | Personalaufwendungen | | | | | | |
| | | darunter: Zuführungen zu Rückstellungen für Entgeltzahlungen für Zeiten der Freistellung von der Arbeit im Rahmen der Altersteilzeit | | | | | | |
| 12 | + | Versorgungsaufwendungen | | | | | | |
| 13 | + | Aufwendungen für Sach- und Dienstleistungen | | | | | | |
| 14 | + | Abschreibungen im ordentlichen Ergebnis | | | | | | |
| 15 | + | Zinsen und sonstige Finanzaufwendungen | | | | | | |
| 16 | + | Transferaufwendungen und Abschreibungen auf Sonderposten für geleistete Investitionsförderungsmaßnahmen | | | | | | |
| | | darunter: Kreisumlage | | | | | | |
| | | Umlagen an Verwaltungsverbände und -gemeinschaften | | | | | | |
| | | Umlagen an Zweckverbände | | | | | | |
| | | Sozialumlage | | | | | | |
| | | Abschreibungen auf Sonderposten für geleistete Investitionsförderungsmaßnahmen | | | | | | |
| 17 | + | sonstige ordentliche Aufwendungen | | | | | | |
| **18** | = | **ordentliche Aufwendungen** (Nummern 11 bis 17) | | | | | | |
| **19** | = | **ordentliches Ergebnis** (Nummer 10 ./. Nummer 18) | | | | | | |
| 20 | | realisierbare außerordentliche Erträge | | | | | | |
| 21 | | realisierbare außerordentliche Aufwendungen | | | | | | |
| **22** | = | **Sonderergebnis** (Nummer 20 ./. Nummer 21) | | | | | | |
| **23** | = | **Gesamtergebnis als Überschuss oder Fehlbetrag** (Nummern 19 + 22) | | | | | | |
| 24 | - | veranschlagte Abdeckung von Fehlbeträgen des ordentlichen Ergebnisses aus Vorjahren | | | | | | |
| 25 | - | veranschlagte Abdeckung von Fehlbeträgen des Sonderergebnisses aus Vorjahren | | | | | | |
| 26 | + | Verrechnung eines Fehlbetrages im ordentlichen Ergebnis mit dem Basiskapital gemäß § 72 Absatz 3 Satz 3 SächsGemO | | | | | | |
| 27 | + | Verrechnung eines Fehlbetrages im Sonderergebnis mit dem Basiskapital gemäß § 72 Absatz 3 Satz 3 SächsGemO | | | | | | |
| **28** | = | **veranschlagtes Gesamtergebnis als Überschuss oder Fehlbetrag** (Nummern 23 bis 27) | | | | | | |

## Ergebnishaushalt - Blatt 2

| | Ertrags- und Aufwandsarten | Ergebnis des Vorvorjahres | Ansatz des Vorjahres (laufendes Haushaltsjahr) | Ansatz des Haushaltsjahres (Planjahr) | das | das 2. | das 3. |
|---|---|---|---|---|---|---|---|
| | | | | | auf das Haushaltsjahr folgende Jahr | | |
| | | Euro | | | | | |
| | | 1 | 2 | 3 | 4 | 5 | 6 |
| | **Fehlbetragsabdeckung** | | | | | | |
| 29 | Entnahme aus der Rücklage aus Überschüssen des ordentlichen Ergebnisses | | | | | | |
| 30 | Entnahme aus der Rücklage aus Überschüssen des Sonderergebnisses | | | | | | |
| 31 | Vortrag eines Fehlbetrages des ordentlichen Ergebnisses auf Folgejahre | | | | | | |
| 32 | Vortrag eines Fehlbetrages des Sonderergebnisses auf Folgejahre | | | | | | |

**Erläuterungen gemäß § 17 SächsKomHVO:**

**Muster 6**
(zu § 1 Absatz 3 Nummer 9 in Verbindung mit § 4 Absatz 5 SächsKomHVO)

## Produktbezogene Finanzdaten des Ergebnishaushalts

| Produktbereiche | | 11 Innere Verwaltung | | 12 Sicherheit und Ordnung | | | | | | |
|---|---|---|---|---|---|---|---|---|---|---|
| Produktgruppen | | | 111 Verwaltungs-steuerung und -service | | 121 Statistik und Wahlen | 122 Ordnungs-angelegenheiten | 125 Leitstellen für Brandschutz, Katastrophen-schutz und Rettungswesen | 126 Brandschutz | 127 Rettungsdienst | 128 Katastrophen-schutz |
| Produktuntergruppen | | | | | | | | | | |
| 1 | Steuern und ähnliche Abgaben | | | | | | | | | |
| 2 | Zuweisungen und Umlagen nach Arten sowie aufgelöste Sonderposten | | | | | | | | | |
| 3 | sonstige Transfererträge | | | | | | | | | |
| 4 | öffentlich-rechtliche Leistungsentgelte | | | | | | | | | |
| 5 | privatrechtliche Leistungsentgelte | | | | | | | | | |
| 6 | Kostenerstattungen und Kostenumlagen | | | | | | | | | |
| 7 | Zinsen und sonstige Finanzerträge | | | | | | | | | |
| 8 | aktivierte Eigenleistungen und Bestandsveränderungen | | | | | | | | | |
| 9 | sonstige ordentliche Erträge | | | | | | | | | |
| **10** | **= ordentliche Erträge** (Nummern 1 bis 9) | | | | | | | | | |
| 11 | Personalaufwendungen | | | | | | | | | |
| 12 | Versorgungsaufwendungen | | | | | | | | | |
| 13 | Aufwendungen für Sach- und Dienstleistungen | | | | | | | | | |
| 14 | Abschreibungen im ordentlichen Ergebnis | | | | | | | | | |
| 15 | Zinsen und sonstige Finanzaufwendungen | | | | | | | | | |
| 16 | Transferaufwendungen und Abschreibungen auf Sonderposten für geleistete Investitionsförderungsmaßnahmen | | | | | | | | | |
| 17 | sonstige ordentliche Aufwendungen | | | | | | | | | |
| **18** | **= ordentliche Aufwendungen** (Nummern 11 bis 17) | | | | | | | | | |
| **19** | **= ordentliches Ergebnis** (Nummer 10 ./. Nummer 18) | | | | | | | | | |

| Produktbereiche | | 21-24 Schulträgeraufgaben | | | | | | | |
|---|---|---|---|---|---|---|---|---|---|
| Produktgruppen | | | 211 Grundschulen | | | 215 Oberschulen | | | |
| Produktuntergruppen | | | | 2111 Grundschulen in öffentlicher Trägerschaft | 2112 Grundschulen in freier Trägerschaft | | 2151 Oberschulen in öffentlicher Trägerschaft | 2152 Oberschulen in freier Trägerschaft | 2153 Abendober-schulen |
| 1 | Steuern und ähnliche Abgaben | | | | | | | | |
| 2 | Zuweisungen und Umlagen nach Arten und aufgelöste Sonderposten | | | | | | | | |
| 3 | sonstige Transfererträge | | | | | | | | |
| 4 | öffentlich-rechtliche Leistungsentgelte | | | | | | | | |
| 5 | privatrechtliche Leistungsentgelte | | | | | | | | |
| 6 | Kostenerstattungen und Kostenumlagen | | | | | | | | |
| 7 | Zinsen und sonstige Finanzerträge | | | | | | | | |
| 8 | aktivierte Eigenleistungen und Bestandsveränderungen | | | | | | | | |
| 9 | sonstige ordentliche Erträge | | | | | | | | |
| **10** | **= ordentliche Erträge** (Nummern 1 bis 9) | | | | | | | | |
| 11 | Personalaufwendungen | | | | | | | | |
| 12 | Versorgungsaufwendungen | | | | | | | | |
| 13 | Aufwendungen für Sach- und Dienstleistungen | | | | | | | | |
| 14 | Abschreibungen im ordentlichen Ergebnis | | | | | | | | |
| 15 | Zinsen und sonstige Finanzaufwendungen | | | | | | | | |
| 16 | Transferaufwendungen und Abschreibungen auf Sonderposten für geleistete Investitionsförderungs-maßnahmen | | | | | | | | |
| 17 | sonstige ordentliche Aufwendungen | | | | | | | | |
| **18** | **= ordentliche Aufwendungen** (Nummern 11 bis 17) | | | | | | | | |
| **19** | **= ordentliches Ergebnis** (Nummer 10 ./. Nummer 18) | | | | | | | | |

| | | | | | | | | | | | | | |
|---|---|---|---|---|---|---|---|---|---|---|---|---|---|
| Produktbereiche | | noch 21-24 Schulträgeraufgaben | | | | | | | | | | | |
| Produktgruppen | | | 217 Gymnasien, Kollegs | | | | | 219 Gemeinschaftsschulen | | | 221 Förderschulen | | |
| Produktuntergruppen | | | | 2171 Gymnasien, Kollegs ohne berufliche Gymnasien in öffentlicher Trägerschaft | 2172 Gymnasien in freier Trägerschaft | 2173 Abendgymnasien | 2174 Sonstige | | 2191 Gemeinschaftsschulen in öffentlicher Trägerschaft | 2192 Gemeinschaftsschulen in freier Trägerschaft | | 2211 Förderschulen für Blinde und Sehbehinderte | 2212 Förderschulen für Hörgeschädigte |
| 1 | Steuern und ähnliche Abgaben | | | | | | | | | | | | |
| 2 | Zuweisungen und Umlagen nach Arten und aufgelöste Sonderposten | | | | | | | | | | | | |
| 3 | sonstige Transfererträge | | | | | | | | | | | | |
| 4 | öffentlich-rechtliche Leistungsentgelte | | | | | | | | | | | | |
| 5 | privatrechtliche Leistungsentgelte | | | | | | | | | | | | |
| 6 | Kostenerstattungen und Kostenumlagen | | | | | | | | | | | | |
| 7 | Zinsen und sonstige Finanzerträge | | | | | | | | | | | | |
| 8 | aktivierte Eigenleistungen und Bestandsveränderungen | | | | | | | | | | | | |
| 9 | sonstige ordentliche Erträge | | | | | | | | | | | | |
| **10** | **= ordentliche Erträge** (Nummern 1 bis 9) | | | | | | | | | | | | |
| 11 | Personalaufwendungen | | | | | | | | | | | | |
| 12 | Versorgungsaufwendungen | | | | | | | | | | | | |
| 13 | Aufwendungen für Sach- und Dienstleistungen | | | | | | | | | | | | |
| 14 | Abschreibungen im ordentlichen Ergebnis | | | | | | | | | | | | |
| 15 | Zinsen und sonstige Finanzaufwendungen | | | | | | | | | | | | |
| 16 | Transferaufwendungen und Abschreibungen auf Sonderposten für geleistete Investitionsförderungsmaßnahmen | | | | | | | | | | | | |
| 17 | sonstige ordentliche Aufwendungen | | | | | | | | | | | | |
| **18** | **= ordentliche Aufwendungen** (Nummern 11 bis 17) | | | | | | | | | | | | |
| **19** | **= ordentliches Ergebnis** (Nummer 10 ./. Nummer 18) | | | | | | | | | | | | |

| Produktbereiche | | noch 21-24 Schulträgeraufgaben | | | | | | | | |
|---|---|---|---|---|---|---|---|---|---|---|
| Produktgruppen | | | noch 221 Förderschulen | | | | | | | |
| Produktuntergruppen | | | | 2213 Förderschulen für geistig Behinderte | 2214 Förderschulen für Körperbehinderte | 2215 Förderschulen für Lernförderung | 2216 Sprachheilschulen | 2217 Förderschulen für Erziehungshilfe | 2218 Klinik- und Krankenhaus-schulen | 2219 Förderschulen in freier Trägerschaft |
| 1 | Steuern und ähnliche Abgaben | | | | | | | | | |
| 2 | Zuweisungen und Umlagen nach Arten und aufgelöste Sonderposten | | | | | | | | | |
| 3 | sonstige Transfererträge | | | | | | | | | |
| 4 | öffentlich-rechtliche Leistungsentgelte | | | | | | | | | |
| 5 | privatrechtliche Leistungsentgelte | | | | | | | | | |
| 6 | Kostenerstattungen und Kostenumlagen | | | | | | | | | |
| 7 | Zinsen und sonstige Finanzerträge | | | | | | | | | |
| 8 | aktivierte Eigenleistungen und Bestandsveränderungen | | | | | | | | | |
| 9 | sonstige ordentliche Erträge | | | | | | | | | |
| **10** | **= ordentliche Erträge** (Nummern 1 bis 9) | | | | | | | | | |
| 11 | Personalaufwendungen | | | | | | | | | |
| 12 | Versorgungsaufwendungen | | | | | | | | | |
| 13 | Aufwendungen für Sach- und Dienstleistungen | | | | | | | | | |
| 14 | Abschreibungen im ordentlichen Ergebnis | | | | | | | | | |
| 15 | Zinsen und sonstige Finanzaufwendungen | | | | | | | | | |
| 16 | Transferaufwendungen und Abschreibungen auf Sonderposten für geleistete Investitionsförderungs-maßnahmen | | | | | | | | | |
| 17 | sonstige ordentliche Aufwendungen | | | | | | | | | |
| **18** | **= ordentliche Aufwendungen** (Nummern 11 bis 17) | | | | | | | | | |
| **19** | **= ordentliches Ergebnis** (Nummer 10 ./. Nummer 18) | | | | | | | | | |

| Produktbereiche | | noch 21-24 Schulträgeraufgaben | | | | | | | | |
|---|---|---|---|---|---|---|---|---|---|---|
| Produktgruppen | | | 231 Berufliche Schulen | | | | | | 241 Schülerbeförde-rung | 242 Fördermaß-nahmen für Schüler |
| Produktuntergruppen | | | | 2311 Berufsschulen, Fachschulen, Berufsfach-schulen, berufliche Gymnasien, Fachoberschulen einschließlich Berufskollegs, Vorbereitungs- und Berufsgrund-bildungsjahr in öffentlicher Trägerschaft | 2312 Berufsschulen, Fachschulen, Berufsfach-schulen, berufliche Gymnasien, Fachoberschulen einschließlich Berufskollegs, Vorbereitungs- und Berufsgrund-bildungsjahr in freier Trägerschaft | 2313 Berufsbildende Förderschulen in öffentlicher Trägerschaft | 2314 Berufsbildende Förderschulen in freier Trägerschaft | 2315 Einjährige Fachschulen im Bereich Agrarwirtschaft | | |
| 1 | Steuern und ähnliche Abgaben | | | | | | | | | |
| 2 | Zuweisungen und Umlagen nach Arten und aufgelöste Sonderposten | | | | | | | | | |
| 3 | sonstige Transfererträge | | | | | | | | | |
| 4 | öffentlich-rechtliche Leistungsentgelte | | | | | | | | | |
| 5 | privatrechtliche Leistungsentgelte | | | | | | | | | |
| 6 | Kostenerstattungen und Kostenumlagen | | | | | | | | | |
| 7 | Zinsen und sonstige Finanzerträge | | | | | | | | | |
| 8 | aktivierte Eigenleistungen und Bestandsveränderungen | | | | | | | | | |
| 9 | sonstige ordentliche Erträge | | | | | | | | | |
| **10** | **= ordentliche Erträge** (Nummern 1 bis 9) | | | | | | | | | |
| 11 | Personalaufwendungen | | | | | | | | | |
| 12 | Versorgungsaufwendungen | | | | | | | | | |
| 13 | Aufwendungen für Sach- und Dienstleistungen | | | | | | | | | |
| 14 | Abschreibungen im ordentlichen Ergebnis | | | | | | | | | |
| 15 | Zinsen und sonstige Finanzaufwendungen | | | | | | | | | |
| 16 | Transferaufwendungen und Abschreibungen auf Sonderposten für geleistete Investitionsförderungs-maßnahmen | | | | | | | | | |
| 17 | sonstige ordentliche Aufwendungen | | | | | | | | | |
| **18** | **= ordentliche Aufwendungen** (Nummern 11 bis 17) | | | | | | | | | |
| **19** | **= ordentliches Ergebnis** (Nummer 10 ./. Nummer 18) | | | | | | | | | |

| Produktbereiche | | noch 21-24 Schulträgeraufgaben | | 25-29 Kultur und Wissenschaft | | | | | | |
|---|---|---|---|---|---|---|---|---|---|---|
| Produktgruppen | | | 243 Sonstige schulische Aufgaben | | 251 Wissenschaft und Forschung | 252 Nichtwissen-schaftliche Museen, Sammlungen | 253 Zoologische und Botanische Gärten | 254 Sonstige sparten- und regionsüber-greifende Förderung | 261 Theater | 262 Musikpflege |
| Produktuntergruppen | | | | | | | | | | |
| 1 | Steuern und ähnliche Abgaben | | | | | | | | | |
| 2 | Zuweisungen und Umlagen nach Arten und aufgelöste Sonderposten | | | | | | | | | |
| 3 | sonstige Transfererträge | | | | | | | | | |
| 4 | öffentlich-rechtliche Leistungsentgelte | | | | | | | | | |
| 5 | privatrechtliche Leistungsentgelte | | | | | | | | | |
| 6 | Kostenerstattungen und Kostenumlagen | | | | | | | | | |
| 7 | Zinsen und sonstige Finanzerträge | | | | | | | | | |
| 8 | aktivierte Eigenleistungen und Bestandsveränderungen | | | | | | | | | |
| 9 | sonstige ordentliche Erträge | | | | | | | | | |
| **10** | **= ordentliche Erträge** (Nummern 1 bis 9) | | | | | | | | | |
| 11 | Personalaufwendungen | | | | | | | | | |
| 12 | Versorgungsaufwendungen | | | | | | | | | |
| 13 | Aufwendungen für Sach- und Dienstleistungen | | | | | | | | | |
| 14 | Abschreibungen im ordentlichen Ergebnis | | | | | | | | | |
| 15 | Zinsen und sonstige Finanzaufwendungen | | | | | | | | | |
| 16 | Transferaufwendungen und Abschreibungen auf Sonderposten für geleistete Investitionsförderungs-maßnahmen | | | | | | | | | |
| 17 | sonstige ordentliche Aufwendungen | | | | | | | | | |
| **18** | **= ordentliche Aufwendungen** (Nummern 11 bis 17) | | | | | | | | | |
| **19** | **= ordentliches Ergebnis** (Nummer 10 ./. Nummer 18) | | | | | | | | | |

| Produktbereiche | | noch 25-29 Kultur und Wissenschaft | | | | | | |
|---|---|---|---|---|---|---|---|---|
| Produktgruppen | | | 263 Musikschulen | 271 Volkshochschulen | 272 Bibliotheken | 273 Sonstige Volksbildung | 281 Heimat- und sonstige Kulturpflege | 291 Förderung von Kirchengemeinden und sonstigen Religionsgemein-schaften |
| Produktuntergruppen | | | | | | | | |
| 1 | Steuern und ähnliche Abgaben | | | | | | | |
| 2 | Zuweisungen und Umlagen nach Arten und aufgelöste Sonderposten | | | | | | | |
| 3 | sonstige Transfererträge | | | | | | | |
| 4 | öffentlich-rechtliche Leistungsentgelte | | | | | | | |
| 5 | privatrechtliche Leistungsentgelte | | | | | | | |
| 6 | Kostenerstattungen und Kostenumlagen | | | | | | | |
| 7 | Zinsen und sonstige Finanzerträge | | | | | | | |
| 8 | aktivierte Eigenleistungen und Bestandsveränderungen | | | | | | | |
| 9 | sonstige ordentliche Erträge | | | | | | | |
| **10** | **= ordentliche Erträge** (Nummern 1 bis 9) | | | | | | | |
| 11 | Personalaufwendungen | | | | | | | |
| 12 | Versorgungsaufwendungen | | | | | | | |
| 13 | Aufwendungen für Sach- und Dienstleistungen | | | | | | | |
| 14 | Abschreibungen im ordentlichen Ergebnis | | | | | | | |
| 15 | Zinsen und sonstige Finanzaufwendungen | | | | | | | |
| 16 | Transferaufwendungen und Abschreibungen auf Sonderposten für geleistete Investitionsförderungs-maßnahmen | | | | | | | |
| 17 | sonstige ordentliche Aufwendungen | | | | | | | |
| **18** | **= ordentliche Aufwendungen** (Nummern 11 bis 17) | | | | | | | |
| **19** | **= ordentliches Ergebnis** (Nummer 10 ./. Nummer 18) | | | | | | | |

| Produktbereiche | | 31-35 Soziale Hilfen | | | | | | | | |
|---|---|---|---|---|---|---|---|---|---|---|
| Produktgruppen | | | 311 Grundversorgung und Hilfen nach SGB XII | | | | | | | |
| Produktuntergruppen | | | | 3111 Hilfen zum Lebensunterhalt | 3112 Hilfe zur Pflege | 3114 Hilfen zur Gesundheit | 3115 Hilfe zur Überwindung besonderer sozialer Schwierigkeiten | 3116 Hilfe in anderen Lebenslagen | 3117 Grundsicherung im Alter und bei Erwerbsminderung | 3118 Leistungen für Bildung und Teilhabe nach § 34 SGB XII |
| 1 | Steuern und ähnliche Abgaben | | | | | | | | | |
| 2 | Zuweisungen und Umlagen nach Arten und aufgelöste Sonderposten | | | | | | | | | |
| 3 | sonstige Transfererträge | | | | | | | | | |
| 4 | öffentlich-rechtliche Leistungsentgelte | | | | | | | | | |
| 5 | privatrechtliche Leistungsentgelte | | | | | | | | | |
| 6 | Kostenerstattungen und Kostenumlagen | | | | | | | | | |
| 7 | Zinsen und sonstige Finanzerträge | | | | | | | | | |
| 8 | aktivierte Eigenleistungen und Bestandsveränderungen | | | | | | | | | |
| 9 | sonstige ordentliche Erträge | | | | | | | | | |
| **10** | **= ordentliche Erträge** (Nummern 1 bis 9) | | | | | | | | | |
| 11 | Personalaufwendungen | | | | | | | | | |
| 12 | Versorgungsaufwendungen | | | | | | | | | |
| 13 | Aufwendungen für Sach- und Dienstleistungen | | | | | | | | | |
| 14 | Abschreibungen im ordentlichen Ergebnis | | | | | | | | | |
| 15 | Zinsen und sonstige Finanzaufwendungen | | | | | | | | | |
| 16 | Transferaufwendungen und Abschreibungen auf Sonderposten für geleistete Investitionsförderungs-maßnahmen | | | | | | | | | |
| 17 | sonstige ordentliche Aufwendungen | | | | | | | | | |
| **18** | **= ordentliche Aufwendungen** (Nummern 11 bis 17) | | | | | | | | | |
| **19** | **= ordentliches Ergebnis** (Nummer 10 ./. Nummer 18) | | | | | | | | | |

| Produktbereiche | | noch 31-35 Soziale Hilfen | | | | | | | | |
|---|---|---|---|---|---|---|---|---|---|---|
| Produktgruppen | | | 312<br>Grundsicherung für Arbeitssuchende nach SGB II | | | | | | | |
| Produktuntergruppen | | | | 3121<br>Leistungen für Unterkunft und Heizung | 3122<br>Eingliederungs-leistungen | 3123<br>Einmalige Leistungen | 3124<br>ALG II ohne Kosten der Unterkunft/ Options-kommunen | 3125<br>Eingliederungsleis-tungen/Options-kommunen | 3126<br>Leistungen für Bildung und Teilhabe nach § 28 SGB II | 3127<br>SGB II - Verwaltungs-kosten in Jobcentern |
| 1 | Steuern und ähnliche Abgaben | | | | | | | | | |
| 2 | Zuweisungen und Umlagen nach Arten und aufgelöste Sonderposten | | | | | | | | | |
| 3 | sonstige Transfererträge | | | | | | | | | |
| 4 | öffentlich-rechtliche Leistungsentgelte | | | | | | | | | |
| 5 | privatrechtliche Leistungsentgelte | | | | | | | | | |
| 6 | Kostenerstattungen und Kostenumlagen | | | | | | | | | |
| 7 | Zinsen und sonstige Finanzerträge | | | | | | | | | |
| 8 | aktivierte Eigenleistungen und Bestandsveränderungen | | | | | | | | | |
| 9 | sonstige ordentliche Erträge | | | | | | | | | |
| **10** | **= ordentliche Erträge**<br>(Nummern 1 bis 9) | | | | | | | | | |
| 11 | Personalaufwendungen | | | | | | | | | |
| 12 | Versorgungsaufwendungen | | | | | | | | | |
| 13 | Aufwendungen für Sach- und Dienstleistungen | | | | | | | | | |
| 14 | Abschreibungen im ordentlichen Ergebnis | | | | | | | | | |
| 15 | Zinsen und sonstige Finanzaufwendungen | | | | | | | | | |
| 16 | Transferaufwendungen und Abschreibungen auf Sonderposten für geleistete Investitionsförderungs-maßnahmen | | | | | | | | | |
| 17 | sonstige ordentliche Aufwendungen | | | | | | | | | |
| **18** | **= ordentliche Aufwendungen**<br>(Nummern 11 bis 17) | | | | | | | | | |
| **19** | **= ordentliches Ergebnis**<br>(Nummer 10 ./. Nummer 18) | | | | | | | | | |

| | | | | | | | | | | |
|---|---|---|---|---|---|---|---|---|---|---|
| Produktbereiche | | noch 31-35 Soziale Hilfen | | | | | | | | |
| Produktgruppen | | | 313 Hilfen für Asylbewerber | 314 Eingliederungs-hilfe nach SGB IX | 315 Soziale Einrichtungen ohne Einrichtungen der Jugendhilfe | | | | | |
| Produktuntergruppen | | | | | | 3151 Soziale Einrichtungen für Ältere (ohne Pflegeeinrich-tungen) | 3152 Soziale Einrichtungen für pflegebedürftige ältere Menschen | 3153 Soziale Einrichtungen für Menschen mit Behinderung | 3154 Soziale Einrichtungen für Wohnungslose | 3155 Soziale Einrichtungen für Spätaussiedler und Ausländer |
| 1 | Steuern und ähnliche Abgaben | | | | | | | | | |
| 2 | Zuweisungen und Umlagen nach Arten und aufgelöste Sonderposten | | | | | | | | | |
| 3 | sonstige Transfererträge | | | | | | | | | |
| 4 | öffentlich-rechtliche Leistungsentgelte | | | | | | | | | |
| 5 | privatrechtliche Leistungsentgelte | | | | | | | | | |
| 6 | Kostenerstattungen und Kostenumlagen | | | | | | | | | |
| 7 | Zinsen und sonstige Finanzerträge | | | | | | | | | |
| 8 | aktivierte Eigenleistungen und Bestandsveränderungen | | | | | | | | | |
| 9 | sonstige ordentliche Erträge | | | | | | | | | |
| **10** | **= ordentliche Erträge** (Nummern 1 bis 9) | | | | | | | | | |
| 11 | Personalaufwendungen | | | | | | | | | |
| 12 | Versorgungsaufwendungen | | | | | | | | | |
| 13 | Aufwendungen für Sach- und Dienstleistungen | | | | | | | | | |
| 14 | Abschreibungen im ordentlichen Ergebnis | | | | | | | | | |
| 15 | Zinsen und sonstige Finanzaufwendungen | | | | | | | | | |
| 16 | Transferaufwendungen und Abschreibungen auf Sonderposten für geleistete Investitionsförderungs-maßnahmen | | | | | | | | | |
| 17 | sonstige ordentliche Aufwendungen | | | | | | | | | |
| **18** | **= ordentliche Aufwendungen** (Nummern 11 bis 17) | | | | | | | | | |
| **19** | **= ordentliches Ergebnis** (Nummer 10 ./. Nummer 18) | | | | | | | | | |

| | | | | | | | | | |
|---|---|---|---|---|---|---|---|---|---|
| Produktbereiche | | noch 31-35 Soziale Hilfen | | | | | | | |
| Produktgruppen | | | noch 315 Soziale Einrichtungen ohne Einrichtungen der Jugendhilfe | | 321 Leistungen nach BVG | 331 Förderung von Trägern der Wohlfahrtspflege | 341 Unterhaltsvor-schussleistungen | 343 Betreuungs-leistungen | 344 Hilfen für Heimkehrer und politische Häftlinge |
| Produktuntergruppen | | | | 3156 Andere soziale Leistungen | | | | | |
| 1 | Steuern und ähnliche Abgaben | | | | | | | | |
| 2 | Zuweisungen und Umlagen nach Arten und aufgelöste Sonderposten | | | | | | | | |
| 3 | sonstige Transfererträge | | | | | | | | |
| 4 | öffentlich-rechtliche Leistungsentgelte | | | | | | | | |
| 5 | privatrechtliche Leistungsentgelte | | | | | | | | |
| 6 | Kostenerstattungen und Kostenumlagen | | | | | | | | |
| 7 | Zinsen und sonstige Finanzerträge | | | | | | | | |
| 8 | aktivierte Eigenleistungen und Bestandsveränderungen | | | | | | | | |
| 9 | sonstige ordentliche Erträge | | | | | | | | |
| **10** | **= ordentliche Erträge** (Nummern 1 bis 9) | | | | | | | | |
| 11 | Personalaufwendungen | | | | | | | | |
| 12 | Versorgungsaufwendungen | | | | | | | | |
| 13 | Aufwendungen für Sach- und Dienstleistungen | | | | | | | | |
| 14 | Abschreibungen im ordentlichen Ergebnis | | | | | | | | |
| 15 | Zinsen und sonstige Finanzaufwendungen | | | | | | | | |
| 16 | Transferaufwendungen und Abschreibungen auf Sonderposten für geleistete Investitionsförderungs-maßnahmen | | | | | | | | |
| 17 | sonstige ordentliche Aufwendungen | | | | | | | | |
| **18** | **= ordentliche Aufwendungen** (Nummern 11 bis 17) | | | | | | | | |
| **19** | **= ordentliches Ergebnis** (Nummer 10 ./. Nummer 18) | | | | | | | | |

| Produktbereiche | | noch 31-35 Soziale Hilfen | | | | | 36 Kinder-, Jugend-, und Familienhilfe (SGB VIII) | | | |
|---|---|---|---|---|---|---|---|---|---|---|
| Produktgruppen | | | 345 Bildung und Teilhabe nach § 6b BKGG | | | 351 Sonstige soziale Hilfen und Leistungen | | 361 Förderung von Kindern in Tages-einrichtungen und in Tagespflege und Übernahme des Elternanteils durch die Kommune | 362 Jugendarbeit | 363 Sonstige Leistungen der Kinder-, Jugend- und Familienhilfe |
| Produktuntergruppen | | | | 3451 Bildung und Teilhabe für Kinder von Kinderzuschlags-empfängern | 3452 Bildung und Teilhabe für Kinder von Wohngeld-empfängern | | | | | |
| 1 | Steuern und ähnliche Abgaben | | | | | | | | | |
| 2 | Zuweisungen und Umlagen nach Arten und aufgelöste Sonderposten | | | | | | | | | |
| 3 | sonstige Transfererträge | | | | | | | | | |
| 4 | öffentlich-rechtliche Leistungsentgelte | | | | | | | | | |
| 5 | privatrechtliche Leistungsentgelte | | | | | | | | | |
| 6 | Kostenerstattungen und Kostenumlagen | | | | | | | | | |
| 7 | Zinsen und sonstige Finanzerträge | | | | | | | | | |
| 8 | aktivierte Eigenleistungen und Bestandsveränderungen | | | | | | | | | |
| 9 | sonstige ordentliche Erträge | | | | | | | | | |
| **10** | **= ordentliche Erträge** (Nummern 1 bis 9) | | | | | | | | | |
| 11 | Personalaufwendungen | | | | | | | | | |
| 12 | Versorgungsaufwendungen | | | | | | | | | |
| 13 | Aufwendungen für Sach- und Dienstleistungen | | | | | | | | | |
| 14 | Abschreibungen im ordentlichen Ergebnis | | | | | | | | | |
| 15 | Zinsen und sonstige Finanzaufwendungen | | | | | | | | | |
| 16 | Transferaufwendungen und Abschreibungen auf Sonderposten für geleistete Investitionsförderungs-maßnahmen | | | | | | | | | |
| 17 | sonstige ordentliche Aufwendungen | | | | | | | | | |
| **18** | **= ordentliche Aufwendungen** (Nummern 11 bis 17) | | | | | | | | | |
| **19** | **= ordentliches Ergebnis** (Nummer 10 ./. Nummer 18) | | | | | | | | | |

| Produktbereiche | | noch 36 Kinder-, Jugend- und Familienhilfe (SGB VIII) | | | | | 41 Gesundheitsdienste | | | |
|---|---|---|---|---|---|---|---|---|---|---|
| Produktgruppen | | | 364<br>Hilfen für unbegleitete minderjährige Ausländer | 365<br>Tageseinrichtungen für Kinder | 366<br>Einrichtungen der Jugendarbeit | 367<br>Sonstige Einrichtungen der Kinder-, Jugend- und Familienhilfe | | 411<br>Krankenhäuser | 412<br>Gesundheitseinrichtungen | 414<br>Gesundheitspflege |
| Produktuntergrupp | | | | | | | | | | |
| 1 | Steuern und ähnliche Abgaben | | | | | | | | | |
| 2 | Zuweisungen und Umlagen nach Arten und aufgelöste Sonderposten | | | | | | | | | |
| 3 | sonstige Transfererträge | | | | | | | | | |
| 4 | öffentlich-rechtliche Leistungsentgelte | | | | | | | | | |
| 5 | privatrechtliche Leistungsentgelte | | | | | | | | | |
| 6 | Kostenerstattungen und Kostenumlagen | | | | | | | | | |
| 7 | Zinsen und sonstige Finanzerträge | | | | | | | | | |
| 8 | aktivierte Eigenleistungen und Bestandsveränderungen | | | | | | | | | |
| 9 | sonstige ordentliche Erträge | | | | | | | | | |
| **10** | **= ordentliche Erträge**<br>(Nummern 1 bis 9) | | | | | | | | | |
| 11 | Personalaufwendungen | | | | | | | | | |
| 12 | Versorgungsaufwendungen | | | | | | | | | |
| 13 | Aufwendungen für Sach- und Dienstleistungen | | | | | | | | | |
| 14 | Abschreibungen im ordentlichen Ergebnis | | | | | | | | | |
| 15 | Zinsen und sonstige Finanzaufwendungen | | | | | | | | | |
| 16 | Transferaufwendungen und Abschreibungen auf Sonderposten für geleistete Investitionsförderungs-maßnahmen | | | | | | | | | |
| 17 | sonstige ordentliche Aufwendungen | | | | | | | | | |
| **18** | **= ordentliche Aufwendungen**<br>(Nummern 11 bis 17) | | | | | | | | | |
| **19** | **= ordentliches Ergebnis**<br>(Nummer 10 ./. Nummer 18) | | | | | | | | | |

| Produktbereiche | | noch 41 Gesundheitsdienste | | 42 Sportförderung | | | 51 Räumliche Planung und Entwicklung | | |
|---|---|---|---|---|---|---|---|---|---|
| Produktgruppen | | | 418 Kur- und Badeeinrichtungen | | 421 Förderung des Sports | 424 Sportstätten und Bäder | | 511 Räumliche Planungs- und Entwicklungsmaßnahmen und Flurneuordnung | 512 Flächen- und grundstücksbezogene Daten und Grundlagen |
| Produktuntergruppen | | | | | | | | | |
| 1 | Steuern und ähnliche Abgaben | | | | | | | | |
| 2 | Zuweisungen und Umlagen nach Arten und aufgelöste Sonderposten | | | | | | | | |
| 3 | sonstige Transfererträge | | | | | | | | |
| 4 | öffentlich-rechtliche Leistungsentgelte | | | | | | | | |
| 5 | privatrechtliche Leistungsentgelte | | | | | | | | |
| 6 | Kostenerstattungen und Kostenumlagen | | | | | | | | |
| 7 | Zinsen und sonstige Finanzerträge | | | | | | | | |
| 8 | aktivierte Eigenleistungen und Bestandsveränderungen | | | | | | | | |
| 9 | sonstige ordentliche Erträge | | | | | | | | |
| **10** | **= ordentliche Erträge** (Nummern 1 bis 9) | | | | | | | | |
| 11 | Personalaufwendungen | | | | | | | | |
| 12 | Versorgungsaufwendungen | | | | | | | | |
| 13 | Aufwendungen für Sach- und Dienstleistungen | | | | | | | | |
| 14 | Abschreibungen im ordentlichen Ergebnis | | | | | | | | |
| 15 | Zinsen und sonstige Finanzaufwendungen | | | | | | | | |
| 16 | Transferaufwendungen und Abschreibungen auf Sonderposten für geleistete Investitionsförderungs-maßnahmen | | | | | | | | |
| 17 | sonstige ordentliche Aufwendungen | | | | | | | | |
| **18** | **= ordentliche Aufwendungen** (Nummern 11 bis 17) | | | | | | | | |
| **19** | **= ordentliches Ergebnis** (Nummer 10 ./. Nummer 18) | | | | | | | | |

| Produktbereiche | | 52 Bau- und Grundstücksordnung | | | | 53 Ver- und Entsorgung | | |
|---|---|---|---|---|---|---|---|---|
| Produktgruppen | | | 521 Bau- und Grundstücks-ordnung | 522 Wohnungsbau-förderung | 523 Denkmalschutz und -pflege | | 531 Elektrizitäts-versorgung | 532 Gasversorgung |
| Produktuntergruppen | | | | | | | | |
| 1 | Steuern und ähnliche Abgaben | | | | | | | |
| 2 | Zuweisungen und Umlagen nach Arten und aufgelöste Sonderposten | | | | | | | |
| 3 | sonstige Transfererträge | | | | | | | |
| 4 | öffentlich-rechtliche Leistungsentgelte | | | | | | | |
| 5 | privatrechtliche Leistungsentgelte | | | | | | | |
| 6 | Kostenerstattungen und Kostenumlagen | | | | | | | |
| 7 | Zinsen und sonstige Finanzerträge | | | | | | | |
| 8 | aktivierte Eigenleistungen und Bestandsveränderungen | | | | | | | |
| 9 | sonstige ordentliche Erträge | | | | | | | |
| **10** | **= ordentliche Erträge** (Nummern 1 bis 9) | | | | | | | |
| 11 | Personalaufwendungen | | | | | | | |
| 12 | Versorgungsaufwendungen | | | | | | | |
| 13 | Aufwendungen für Sach- und Dienstleistungen | | | | | | | |
| 14 | Abschreibungen im ordentlichen Ergebnis | | | | | | | |
| 15 | Zinsen und sonstige Finanzaufwendungen | | | | | | | |
| 16 | Transferaufwendungen und Abschreibungen auf Sonderposten für geleistete Investitionsförderungs-maßnahmen | | | | | | | |
| 17 | sonstige ordentliche Aufwendungen | | | | | | | |
| **18** | **= ordentliche Aufwendungen** (Nummern 11 bis 17) | | | | | | | |
| **19** | **= ordentliches Ergebnis** (Nummer 10 ./. Nummer 18) | | | | | | | |

| Produktbereiche | | noch 53 Ver- und Entsorgung | | | | | | | 54 Verkehrsflächen und -anlagen, Öffentlicher Personennahverkehr | |
|---|---|---|---|---|---|---|---|---|---|---|
| Produktgruppen | | | 533 Wasserversorgung | 534 Fernwärmeversorgung | 535 Kombinierte Versorgung | 536 Versorgung mit technischer Informations- und Telekommunikationsinfrastruktur | 537 Abfallwirtschaft | 538 Abwasserbeseitigung | | 541 Gemeindestraßen |
| Produktuntergruppen | | | | | | | | | | |
| 1 | Steuern und ähnliche Abgaben | | | | | | | | | |
| 2 | Zuweisungen und Umlagen nach Arten und aufgelöste Sonderposten | | | | | | | | | |
| 3 | sonstige Transfererträge | | | | | | | | | |
| 4 | öffentlich-rechtliche Leistungsentgelte | | | | | | | | | |
| 5 | privatrechtliche Leistungsentgelte | | | | | | | | | |
| 6 | Kostenerstattungen und Kostenumlagen | | | | | | | | | |
| 7 | Zinsen und sonstige Finanzerträge | | | | | | | | | |
| 8 | aktivierte Eigenleistungen und Bestandsveränderungen | | | | | | | | | |
| 9 | sonstige ordentliche Erträge | | | | | | | | | |
| **10** | **= ordentliche Erträge** (Nummern 1 bis 9) | | | | | | | | | |
| 11 | Personalaufwendungen | | | | | | | | | |
| 12 | Versorgungsaufwendungen | | | | | | | | | |
| 13 | Aufwendungen für Sach- und Dienstleistungen | | | | | | | | | |
| 14 | Abschreibungen im ordentlichen Ergebnis | | | | | | | | | |
| 15 | Zinsen und sonstige Finanzaufwendungen | | | | | | | | | |
| 16 | Transferaufwendungen und Abschreibungen auf Sonderposten für geleistete Investitionsförderungs-maßnahmen | | | | | | | | | |
| 17 | sonstige ordentliche Aufwendungen | | | | | | | | | |
| **18** | **= ordentliche Aufwendungen** (Nummern 11 bis 17) | | | | | | | | | |
| **19** | **= ordentliches Ergebnis** (Nummer 10 ./. Nummer 18) | | | | | | | | | |

| Produktbereiche | | noch 54 Verkehrsflächen und -anlagen, Öffentlicher Personennahverkehr | | | | | | | | |
|---|---|---|---|---|---|---|---|---|---|---|
| Produktgruppen | | | 542 Kreisstraßen | 543 Staatsstraßen | 544 Bundesstraßen | 545 Straßenreinigung und Winterdienst | | | | |
| Produktuntergruppen | | | | | | | 5451 Straßenreinigung | 5452 Winterdienst an Gemeindestraßen, Wegen und Plätzen | 5453 Winterdienst an Kreisstraßen | 5454 Winterdienst an Staatsstraßen |
| 1 | Steuern und ähnliche Abgaben | | | | | | | | | |
| 2 | Zuweisungen und Umlagen nach Arten und aufgelöste Sonderposten | | | | | | | | | |
| 3 | sonstige Transfererträge | | | | | | | | | |
| 4 | öffentlich-rechtliche Leistungsentgelte | | | | | | | | | |
| 5 | privatrechtliche Leistungsentgelte | | | | | | | | | |
| 6 | Kostenerstattungen und Kostenumlagen | | | | | | | | | |
| 7 | Zinsen und sonstige Finanzerträge | | | | | | | | | |
| 8 | aktivierte Eigenleistungen und Bestandsveränderungen | | | | | | | | | |
| 9 | sonstige ordentliche Erträge | | | | | | | | | |
| **10** | **= ordentliche Erträge** (Nummern 1 bis 9) | | | | | | | | | |
| 11 | Personalaufwendungen | | | | | | | | | |
| 12 | Versorgungsaufwendungen | | | | | | | | | |
| 13 | Aufwendungen für Sach- und Dienstleistungen | | | | | | | | | |
| 14 | Abschreibungen im ordentlichen Ergebnis | | | | | | | | | |
| 15 | Zinsen und sonstige Finanzaufwendungen | | | | | | | | | |
| 16 | Transferaufwendungen und Abschreibungen auf Sonderposten für geleistete Investitionsförderungs-maßnahmen | | | | | | | | | |
| 17 | sonstige ordentliche Aufwendungen | | | | | | | | | |
| **18** | **= ordentliche Aufwendungen** (Nummern 11 bis 17) | | | | | | | | | |
| **19** | **= ordentliches Ergebnis** (Nummer 10 ./. Nummer 18) | | | | | | | | | |

| Produktbereiche | | noch 54 Verkehrsflächen und -anlagen, Öffentlicher Personennahverkehr | | | | | | | 55 Naturschutz und Landschaftspflege | |
|---|---|---|---|---|---|---|---|---|---|---|
| Produktgruppen | | | noch 545 Straßenreinigung und Winterdienst | | 546 Parkeinrichtungen | 547 Öffentlicher Personenennah-verkehr | 548 Sonstiger Personen- und Güterverkehr | 549 Sonstige Leistungen der Straßenbaulast-träger | | 551 Öffentliches Grün, Landschaftsbau |
| Produktuntergruppen | | | | 5455 Winterdienst an Bundesstraßen | | | | | | |
| 1 | Steuern und ähnliche Abgaben | | | | | | | | | |
| 2 | Zuweisungen und Umlagen nach Arten und aufgelöste Sonderposten | | | | | | | | | |
| 3 | sonstige Transfererträge | | | | | | | | | |
| 4 | öffentlich-rechtliche Leistungsentgelte | | | | | | | | | |
| 5 | privatrechtliche Leistungsentgelte | | | | | | | | | |
| 6 | Kostenerstattungen und Kostenumlagen | | | | | | | | | |
| 7 | Zinsen und sonstige Finanzerträge | | | | | | | | | |
| 8 | aktivierte Eigenleistungen und Bestandsveränderungen | | | | | | | | | |
| 9 | sonstige ordentliche Erträge | | | | | | | | | |
| **10** | **= ordentliche Erträge** (Nummern 1 bis 9) | | | | | | | | | |
| 11 | Personalaufwendungen | | | | | | | | | |
| 12 | Versorgungsaufwendungen | | | | | | | | | |
| 13 | Aufwendungen für Sach- und Dienstleistungen | | | | | | | | | |
| 14 | Abschreibungen im ordentlichen Ergebnis | | | | | | | | | |
| 15 | Zinsen und sonstige Finanzaufwendungen | | | | | | | | | |
| 16 | Transferaufwendungen und Abschreibungen auf Sonderposten für geleistete Investitionsförderungs-maßnahmen | | | | | | | | | |
| 17 | sonstige ordentliche Aufwendungen | | | | | | | | | |
| **18** | **= ordentliche Aufwendungen** (Nummern 11 bis 17) | | | | | | | | | |
| **19** | **= ordentliches Ergebnis** (Nummer 10 ./. Nummer 18) | | | | | | | | | |

| Produktbereiche | | noch 55 Naturschutz und Landschaftspflege | | | | | 56 Umweltschutz | | 57 Wirtschaft und Tourismus | |
|---|---|---|---|---|---|---|---|---|---|---|
| Produktgruppen | | | 552 Öffentliche Gewässer und wasserbauliche Anlagen | 553 Friedhofs- und Bestattungswesen | 554 Naturschutz und Landschaftspflege | 555 Land- und Forstwirtschaft | | 561 Umweltschutzmaßnahmen | | 571 Wirtschaftsförderung |
| Produktuntergruppen | | | | | | | | | | |
| 1 | Steuern und ähnliche Abgaben | | | | | | | | | |
| 2 | Zuweisungen und Umlagen nach Arten und aufgelöste Sonderposten | | | | | | | | | |
| 3 | sonstige Transfererträge | | | | | | | | | |
| 4 | öffentlich-rechtliche Leistungsentgelte | | | | | | | | | |
| 5 | privatrechtliche Leistungsentgelte | | | | | | | | | |
| 6 | Kostenerstattungen und Kostenumlagen | | | | | | | | | |
| 7 | Zinsen und sonstige Finanzerträge | | | | | | | | | |
| 8 | aktivierte Eigenleistungen und Bestandsveränderungen | | | | | | | | | |
| 9 | sonstige ordentliche Erträge | | | | | | | | | |
| **10** | **= ordentliche Erträge** (Nummern 1 bis 9) | | | | | | | | | |
| 11 | Personalaufwendungen | | | | | | | | | |
| 12 | Versorgungsaufwendungen | | | | | | | | | |
| 13 | Aufwendungen für Sach- und Dienstleistungen | | | | | | | | | |
| 14 | Abschreibungen im ordentlichen Ergebnis | | | | | | | | | |
| 15 | Zinsen und sonstige Finanzaufwendungen | | | | | | | | | |
| 16 | Transferaufwendungen und Abschreibungen auf Sonderposten für geleistete Investitionsförderungs-maßnahmen | | | | | | | | | |
| 17 | sonstige ordentliche Aufwendungen | | | | | | | | | |
| **18** | **= ordentliche Aufwendungen** (Nummern 11 bis 17) | | | | | | | | | |
| **19** | **= ordentliches Ergebnis** (Nummer 10 ./. Nummer 18) | | | | | | | | | |

| Produktbereiche | | noch 57 Wirtschaft und Tourismus | | | 61 Allgemeine Finanzwirtschaft | | | 71[1] Besondere Schadensereignisse im Bereich "Zentrale Verwaltung" | | |
|---|---|---|---|---|---|---|---|---|---|---|
| Produktgruppen | | | 573 Allgemeine Einrichtungen und Unternehmen | 575 Tourismus | | 611 Steuern, allgemeine Zuweisungen, allgemeine Umlagen | 612 Sonstige allgemeine Finanzwirtschaft | | 711 Innere Verwaltung | 712 Sicherheit und Ordnung |
| Produktuntergruppen | | | | | | | | | | |
| 1 | Steuern und ähnliche Abgaben | | | | | | | | | |
| 2 | Zuweisungen und Umlagen nach Arten und aufgelöste Sonderposten | | | | | | | | | |
| 3 | sonstige Transfererträge | | | | | | | | | |
| 4 | öffentlich-rechtliche Leistungsentgelte | | | | | | | | | |
| 5 | privatrechtliche Leistungsentgelte | | | | | | | | | |
| 6 | Kostenerstattungen und Kostenumlagen | | | | | | | | | |
| 7 | Zinsen und sonstige Finanzerträge | | | | | | | | | |
| 8 | aktivierte Eigenleistungen und Bestandsveränderungen | | | | | | | | | |
| 9 | sonstige ordentliche Erträge | | | | | | | | | |
| **10** | **= ordentliche Erträge** (Nummern 1 bis 9) | | | | | | | | | |
| 11 | Personalaufwendungen | | | | | | | | | |
| 12 | Versorgungsaufwendungen | | | | | | | | | |
| 13 | Aufwendungen für Sach- und Dienstleistungen | | | | | | | | | |
| 14 | Abschreibungen im ordentlichen Ergebnis | | | | | | | | | |
| 15 | Zinsen und sonstige Finanzaufwendungen | | | | | | | | | |
| 16 | Transferaufwendungen und Abschreibungen auf Sonderposten für geleistete Investitionsförderungs-maßnahmen | | | | | | | | | |
| 17 | sonstige ordentliche Aufwendungen | | | | | | | | | |
| **18** | **= ordentliche Aufwendungen** (Nummern 11 bis 17) | | | | | | | | | |
| **19** | **= ordentliches Ergebnis** (Nummer 10 ./. Nummer 18) | | | | | | | | | |

| Produktbereiche | | 72[1] Besondere Schadensereignisse im Bereich "Schule und Kultur" | | | 73[1] Besondere Schadensereignisse im Bereich "Soziales und Jugend" | | | 74[1] Besondere Schadensereignisse im Bereich "Gesundheit und Sport" | | |
|---|---|---|---|---|---|---|---|---|---|---|
| Produktgruppen | | | 721 Schulen | 725 Kultur und Wissenschaft | | 731 Soziale Hilfen | 736 Kinder-, Jugend- und Familienhilfe | | 741 Gesundheits-dienste | 742 Sportförderung |
| Produktuntergruppen | | | | | | | | | | |
| 1 | Steuern und ähnliche Abgaben | | | | | | | | | |
| 2 | Zuweisungen und Umlagen nach Arten und aufgelöste Sonderposten | | | | | | | | | |
| 3 | sonstige Transfererträge | | | | | | | | | |
| 4 | öffentlich-rechtliche Leistungsentgelte | | | | | | | | | |
| 5 | privatrechtliche Leistungsentgelte | | | | | | | | | |
| 6 | Kostenerstattungen und Kostenumlagen | | | | | | | | | |
| 7 | Zinsen und sonstige Finanzerträge | | | | | | | | | |
| 8 | aktivierte Eigenleistungen und Bestandsveränderungen | | | | | | | | | |
| 9 | sonstige ordentliche Erträge | | | | | | | | | |
| **10** | **= ordentliche Erträge** (Nummern 1 bis 9) | | | | | | | | | |
| 11 | Personalaufwendungen | | | | | | | | | |
| 12 | Versorgungsaufwendungen | | | | | | | | | |
| 13 | Aufwendungen für Sach- und Dienstleistungen | | | | | | | | | |
| 14 | Abschreibungen im ordentlichen Ergebnis | | | | | | | | | |
| 15 | Zinsen und sonstige Finanzaufwendungen | | | | | | | | | |
| 16 | Transferaufwendungen und Abschreibungen auf Sonderposten für geleistete Investitionsförderungs-maßnahmen | | | | | | | | | |
| 17 | sonstige ordentliche Aufwendungen | | | | | | | | | |
| **18** | **= ordentliche Aufwendungen** (Nummern 11 bis 17) | | | | | | | | | |
| **19** | **= ordentliches Ergebnis** (Nummer 10 ./. Nummer 18) | | | | | | | | | |

| Produktbereiche | | 75[1] Besondere Schadensereignisse im Bereich "Gestaltung der Umwelt" | | | | | | | |
|---|---|---|---|---|---|---|---|---|---|
| Produktgruppen | | | 751 Räumliche Planung und Entwicklung | 752 Bau- und Grundstücks-ordnung | 753 Ver- und Entsorgung | 754 Verkehrsflächen und -anlagen, Öffentlicher Personennah-verkehr | 755 Naturschutz und Landschafts-pflege | 756 Umweltschutz | 757 Wirtschaft und Tourismus |
| Produktuntergruppen | | | | | | | | | |
| 1 | Steuern und ähnliche Abgaben | | | | | | | | |
| 2 | Zuweisungen und Umlagen nach Arten und aufgelöste Sonderposten | | | | | | | | |
| 3 | sonstige Transfererträge | | | | | | | | |
| 4 | öffentlich-rechtliche Leistungsentgelte | | | | | | | | |
| 5 | privatrechtliche Leistungsentgelte | | | | | | | | |
| 6 | Kostenerstattungen und Kostenumlagen | | | | | | | | |
| 7 | Zinsen und sonstige Finanzerträge | | | | | | | | |
| 8 | aktivierte Eigenleistungen und Bestandsveränderungen | | | | | | | | |
| 9 | sonstige ordentliche Erträge | | | | | | | | |
| **10** | **= ordentliche Erträge** (Nummern 1 bis 9) | | | | | | | | |
| 11 | Personalaufwendungen | | | | | | | | |
| 12 | Versorgungsaufwendungen | | | | | | | | |
| 13 | Aufwendungen für Sach- und Dienstleistungen | | | | | | | | |
| 14 | Abschreibungen im ordentlichen Ergebnis | | | | | | | | |
| 15 | Zinsen und sonstige Finanzaufwendungen | | | | | | | | |
| 16 | Transferaufwendungen und Abschreibungen auf Sonderposten für geleistete Investitionsförderungs-maßnahmen | | | | | | | | |
| 17 | sonstige ordentliche Aufwendungen | | | | | | | | |
| **18** | **= ordentliche Aufwendungen** (Nummern 11 bis 17) | | | | | | | | |
| **19** | **= ordentliches Ergebnis** (Nummer 10 ./. Nummer 18) | | | | | | | | |

| Produktbereiche | | 76[1] Besondere Schadensereignisse im Bereich "Zentrale Finanzleistungen" | |
|---|---|---|---|
| Produktgruppen | | | 761 Allgemeine Finanzwirtschaft |
| Produktuntergruppen | | | |
| 1 | Steuern und ähnliche Abgaben | | |
| 2 | Zuweisungen und Umlagen nach Arten und aufgelöste Sonderposten | | |
| 3 | sonstige Transfererträge | | |
| 4 | öffentlich-rechtliche Leistungsentgelte | | |
| 5 | privatrechtliche Leistungsentgelte | | |
| 6 | Kostenerstattungen und Kostenumlagen | | |
| 7 | Zinsen und sonstige Finanzerträge | | |
| 8 | aktivierte Eigenleistungen und Bestandsveränderungen | | |
| 9 | sonstige ordentliche Erträge | | |
| **10** | **= ordentliche Erträge** (Nummern 1 bis 9) | | |
| 11 | Personalaufwendungen | | |
| 12 | Versorgungsaufwendungen | | |
| 13 | Aufwendungen für Sach- und Dienstleistungen | | |
| 14 | Abschreibungen im ordentlichen Ergebnis | | |
| 15 | Zinsen und sonstige Finanzaufwendungen | | |
| 16 | Transferaufwendungen und Abschreibungen auf Sonderposten für geleistete Investitionsförderungs-maßnahmen | | |
| 17 | sonstige ordentliche Aufwendungen | | |
| **18** | **= ordentliche Aufwendungen** (Nummern 11 bis 17) | | |
| **19** | **= ordentliches Ergebnis** (Nummer 10 ./. Nummer 18) | | |

[1] Die Produktbereiche 71 bis 76 mit den entsprechenden Produktgruppen sind ausschließlich außergewöhnlichen Schadensereignissen vorbehalten. Sie dürfen nur auf der Grundlage eines Erlasses des Sächsischen Staatsministeriums des Innern verwendet werden.

**Muster 7**
(zu §§ 3 und 9 Absatz 1 SächsKomHVO)

## Finanzhaushalt

| Nr. | | | Ergebnis des Vorvorjahres | Ansatz des Vorjahres (laufendes Haushaltsjahr) | Ansatz des Haushaltsjahres (Planjahr) | das | das 2. | das 3. |
|---|---|---|---|---|---|---|---|---|
| | | | | | | auf das Haushaltsjahr folgende Jahr | | |
| | | | Euro | | | | | |
| | | | 1 | 2 | 3 | 4 | 5 | 6 |
| 1 | | Steuern und ähnliche Abgaben | | | | | | |
| | | darunter: Grundsteuern A, B, C und D | | | | | | |
| | | Gewerbesteuer | | | | | | |
| | | Gemeindeanteil an der Einkommenssteuer | | | | | | |
| | | Gemeindeanteil an der Umsatzssteuer | | | | | | |
| 2 | + | Zuweisungen und Umlagen für laufende Verwaltungstätigkeit | | | | | | |
| | | darunter: allgemeine Schlüsselzuweisungen | | | | | | |
| | | sonstige allgemeine Zuweisungen | | | | | | |
| | | allgemeine Umlagen | | | | | | |
| 3 | + | sonstige Transfereinzahlungen | | | | | | |
| 4 | + | öffentlich-rechtliche Leistungsentgelte, ausgenommen Investitionsbeiträge | | | | | | |
| 5 | + | privatrechtliche Leistungsentgelte | | | | | | |
| 6 | + | Kostenerstattungen und Kostenumlagen | | | | | | |
| 7 | + | Zinsen und sonstige Finanzeinzahlungen | | | | | | |
| 8 | + | sonstige haushaltswirksame Einzahlungen aus laufender Verwaltungstätigkeit | | | | | | |
| **9** | = | **Einzahlungen aus laufender Verwaltungstätigkeit** (Nummern 1 bis 8) | | | | | | |
| 10 | | Personalauszahlungen | | | | | | |
| 11 | + | Versorgungsauszahlungen | | | | | | |
| 12 | + | Auszahlungen für Sach- und Dienstleistungen | | | | | | |
| 13 | + | Zinsen und sonstige Finanzauszahlungen | | | | | | |
| 14 | + | Transferauszahlungen aus laufender Verwaltungstätigkeit | | | | | | |
| 15 | + | sonstige haushaltswirksame Auszahlungen aus laufender Verwaltungstätigkeit | | | | | | |
| **16** | = | **Auszahlungen aus laufender Verwaltungstätigkeit** (Nummern 10 bis 15) | | | | | | |
| **17** | = | **Zahlungsmittelsaldo aus laufender Verwaltungstätigkeit** (Nummer 9 ./. Nummer 16) | | | | | | |
| 18 | | Einzahlungen aus Investitionszuwendungen | | | | | | |
| 19 | + | Einzahlungen aus Investitionsbeiträgen und ähnlichen Entgelten für Investitionstätigkeit | | | | | | |
| 20 | + | Einzahlungen aus der Veräußerung von immateriellen Vermögensgegenständen | | | | | | |
| 21 | + | Einzahlungen aus der Veräußerung von Grundstücken, Gebäuden und sonstigen unbeweglichen Vermögensgegenständen | | | | | | |
| 22 | + | Einzahlungen aus der Veräußerung von übrigem Sachanlagevermögen | | | | | | |
| 23 | + | Einzahlungen aus der Veräußerung von Finanzanlagevermögen und von Wertpapieren des Umlaufvermögens | | | | | | |
| 24 | + | Einzahlungen für sonstige Investitionstätigkeit | | | | | | |
| **25** | = | **Einzahlungen für Investitionstätigkeit** (Nummern 18 bis 24) | | | | | | |
| 26 | | Auszahlungen für den Erwerb von immateriellen Vermögensgegenständer | | | | | | |
| 27 | + | Auszahlungen für den Erwerb von Grundstücken, Gebäuden und sonstigen unbeweglichen Vermögensgegenständen | | | | | | |
| 28 | + | Auszahlungen für Baumaßnahmen | | | | | | |
| 29 | + | Auszahlungen für den Erwerb von übrigem Sachanlagevermögen | | | | | | |
| 30 | + | Auszahlungen für den Erwerb von Finanzanlagevermögen und von Wertpapieren des Umlaufvermögens | | | | | | |
| 31 | + | Auszahlungen für Investitionsförderungsmaßnahmen | | | | | | |
| 32 | + | Auszahlungen für sonstige Investitionstätigkeit | | | | | | |
| **33** | = | **Auszahlungen für Investitionstätigkeit** (Nummern 26 bis 32) | | | | | | |
| | | darunter: Auszahlungen für als Investitionsauszahlungen veranschlagte Tilgungsanteile der Zahlungsverpflichtungen aus kreditähnlichen Rechtsgeschäften (Tilgungszahlungen, die nicht in Position 38 enthalten sind) | | | | | | |
| **34** | = | **Zahlungsmittelsaldo aus Investitionstätigkeit** (Nummer 25 ./. Nummer 33) | | | | | | |
| **35** | = | **veranschlagter Finanzierungsmittelüberschuss/-fehlbetrag** (Nummern 17 + 34) | | | | | | |

## Finanzhaushalt - Blatt 2

| | | | Ergebnis des Vorvorjahres | Ansatz des Vorjahres (laufendes Haushaltsjahr) | Ansatz des Haushaltsjahres (Planjahr) | das | das 2. | das 3. |
|---|---|---|---|---|---|---|---|---|
| | | | | | | auf das Haushaltsjahr folgende Jahr | | |
| | | | Euro | | | | | |
| | | | 1 | 2 | 3 | 4 | 5 | 6 |
| 36 | | Einzahlungen aus der Aufnahme von Krediten und diesen wirtschaftlich gleichkommenden Rechtsgeschäften für Investitionen | | | | | | |
| | | darunter: Einzahlungen im Rahmen von Umschuldungen | | | | | | |
| 37 | | Einzahlungen aus sonstiger Wertpapierverschuldung | | | | | | |
| 38 | | Auszahlungen für die Tilgung von Krediten und diesen wirtschaftlich gleichkommenden Rechtsgeschäften für Investitionen | | | | | | |
| | | darunter: Auszahlungen im Rahmen von Umschuldungen | | | | | | |
| | | Auszahlungen für außerordentliche Tilgung | | | | | | |
| 39 | | Auszahlungen für die Tilgung sonstiger Wertpapierverschuldung | | | | | | |
| **40** | = | **Zahlungsmittelsaldo aus Finanzierungstätigkeit** [(Nummern 36 + 37) ./. (Nummern 38 + 39)] | | | | | | |
| **41** | = | **Änderung des Finanzmittelbestands im Haushaltsjahr** (Nummern 35 + 40) | | | | | | |
| 42 | | Einzahlungen aus Darlehensrückflüssen | | | | | | |
| 43 | | Auszahlungen für die Gewährung von Darlehen | | | | | | |
| 44 | | Einzahlungen aus durchlaufenden Geldern | | | | | | |
| 45 | | Auszahlungen aus durchlaufenden Geldern | | | | | | |
| 46 | = | haushaltsunwirksame Vorgänge [(Nummern 42 + 44) ./. (Nummern 43 + 45)] | | | | | | |
| 47 | | **Überschuss oder Bedarf an Zahlungsmitteln aus Veranschlagungen im Haushaltsjahr** [(Nummern 41 + 42) ./. (Nummer 43) bzw. (Nummern 41 + 46)] | | | | | | |
| 48 | | Einzahlungen aus übertragenen Ermächtigungen der Vorjahre | | | | | | |
| | | darunter: Betrag der Einzahlungen aus der Aufnahme von Krediten für Investitionen, der sich auf übertragene Kreditermächtigungen bezieht | | | | | | |
| | | Einzahlungen aus Investitionstätigkeit | | | | | | |
| 49 | | Auszahlungen aus übertragenen Ermächtigungen der Vorjahre | | | | | | |
| | | darunter: Auszahlungen für Investitionstätigkeit | | | | | | |
| **50** | = | **Überschuss oder Bedarf an Zahlungsmitteln im Haushaltsjahr** [(Nummern 47 + 48) ./. (Nummer 49)] | | | | | | |
| 51 | | Einzahlungen aus der Aufnahme von Kassenkrediten | | | | | | |
| 52 | | Auszahlungen für die Tilgung von Kassenkrediten | | | | | | |
| **53** | = | **Veränderung des Bestandes an Zahlungsmitteln im Haushaltsjahr** [(Nummern 50 + 51) ./. (Nummer 52)] bzw. [(Nummern 47 + 51) ./. (Nummer 52)] | | | | | | |
| 54 | | voraussichtlicher Bestand an liquiden Mitteln zu Beginn des Haushaltsjahres (ohne Kassenkredite und Kontokorrentverbindlichkeiten) | | | | | | |
| | | darunter: Bestand an fremden Finanzmitteln | | | | | | |
| **55** | = | **voraussichtlicher Bestand an liquiden Mitteln am Ende des Haushaltsjahres** (Nummern 53 + 54) | | | | | | |
| | | darunter: Bestand an fremden Finanzmitteln | | | | | | |
| | | nachrichtlich: Saldo aus den Einzahlungen und Auszahlungen aus fremden Finanzmitteln (§ 15) | | | | | | |
| | | nachrichtlich: Betrag der Auszahlungen für die ordentliche Kredittilgung und des Tilgungsanteils der Zahlungsverpflichtungen aus kreditähnlichen Rechtsgeschäften einschließlich der als Investitionsauszahlungen veranschlagten Tilgungsanteile der Zahlungsverpflichtungen aus kreditähnlichen Rechtsgeschäften | | | | | | |
| | | nachrichtlich: Betrag der verfügbaren Mittel gemäß § 72 Absatz 4 Satz 2 der Sächsischen Gemeindeordnung | | | | | | |

**Erläuterungen gemäß § 17 SächsKomHVO:**

**Muster 8**
(zu § 4 Absatz 3 SächsKomHVO)

## Teilergebnishaushalt

| Nr. | | Ertrags- und Aufwandsarten (anteilig bezogen auf den Teilergebnishaushalt) | Ergebnis des Vorvorjahres | Ansatz des Vorjahres (laufendes Haushaltsjahr) | Ansatz des Haushaltsjahres (Planjahr) | das | das 2. | das 3. |
|---|---|---|---|---|---|---|---|---|
| | | | | | | auf das Haushaltsjahr folgende Jahr | | |
| | | | Euro | | | | | |
| | | | 1 | 2 | 3 | 4 | 5 | 6 |
| 1 | | anteilige Steuern und ähnliche Abgaben | | | | | | |
| | + | anteilige Zuweisungen und Umlagen nach Arten sowie aufgelöste Sonderposten | | | | | | |
| | | darunter: Umlagen | | | | | | |
| | | aufgelöste Sonderposten | | | | | | |
| | + | anteilige sonstige Transfererträge | | | | | | |
| | + | anteilige öffentlich-rechtliche Leistungsentgelte | | | | | | |
| | + | anteilige privatrechtliche Leistungsentgelte | | | | | | |
| | + | anteilige Kostenerstattungen und Kostenumlagen | | | | | | |
| | + | anteilige Zinsen und sonstige Finanzerträge | | | | | | |
| | +/- | anteilige aktivierte Eigenleistungen und Bestandsveränderungen | | | | | | |
| | + | anteilige sonstige ordentliche Erträge | | | | | | |
| **2** | = | **anteilige ordentliche Erträge** | | | | | | |
| 3 | | anteilige Personalaufwendungen | | | | | | |
| | + | anteilige Versorgungsaufwendungen | | | | | | |
| | + | anteilige Aufwendungen für Sach- und Dienstleistungen | | | | | | |
| | + | anteilige Abschreibungen im ordentlichen Ergebnis | | | | | | |
| | + | anteilige Zinsen und sonstige Finanzaufwendungen | | | | | | |
| | + | anteilige Transferaufwendungen und Abschreibungen auf Sonderposten für geleistete Investitionsförderungsmaßnahmen | | | | | | |
| | + | anteilige sonstige ordentliche Aufwendungen | | | | | | |
| **4** | = | **anteilige ordentliche Aufwendungen** | | | | | | |
| **5** | = | **anteiliges ordentliches Ergebnis** (veranschlagter Aufwands-/Ertragsüberschuss, Nummer 2 ./. Nummer 4) | | | | | | |
| 6 | | anteilige Erträge aus interner Leistungsverrechnung | | | | | | |
| 7 | + | anteilige Aufwendungen für interne Leistungsverrechnung | | | | | | |
| 8 | + | anteilige kalkulatorische Kosten | | | | | | |
| **9** | = | **anteiliges veranschlagtes kalkulatorisches Ergebnis** (Nummer 6 ./. Nummern 7 + 8) | | | | | | |
| **10** | = | **anteiliger veranschlagter Nettoressourcenbedarf/-überschuss** (Nummern 5 + 9) | | | | | | |

**Erläuterungen gemäß § 17 SächsKomHVO:**

**Muster 9**
(zu § 1 Absatz 3 Nummer 6 SächsKomHVO)

# Übersicht über die im Ergebnishaushalt zu veranschlagenden Instandhaltungs- und Instandsetzungsmaßnahmen[1]

| nachrichtlich: Produktnummer | Bezeichnung der Instandhaltungs- und Instandsetzungsmaßnahme | Aufwendungen Ansatz des Haushaltsjahres | Erträge Ansatz des Haushaltsjahres |
|---|---|---|---|
| | | Euro | |
| 1 | 2 | 3 | 4 |
| | | | |
| | | | |
| | | | |
| | | | |
| | | | |
| | | | |
| | | | |
| | | | |
| | | | |
| | | | |
| | | | |
| | | | |
| | | | |
| | | | |
| | | | |
| | | | |
| | | | |
| | | | |
| | | | |
| | | | |
| | | | |
| | | | |
| | | | |
| | | | |
| | | | |
| | | | |
| | | | |
| | | | |
| | | | |
| | | | |
| | | | |
| **Gesamt:** | | | |

[1] In diese Übersicht sind nur solche Maßnahmen aufzunehmen, die von erheblichem Umfang sind oder für die Zuwendungen beantragt werden.

**Muster 10**
(zu § 4 Absatz 4 und § 9 Absatz 1 und 2 SächsKomHVO)

# Teilfinanzhaushalt

**A. Zahlungsübersicht**

| Nr. | | Ein- und Auszahlungsarten (anteilig bezogen auf den Teilfinanzhaushalt) | Ergebnis des Vorvorjahres | Ansatz des Vorjahres (laufendes Haushaltsjahr) | Ansatz des Haushaltsjahres (Planjahr) | das | das 2. | das 3. |
|---|---|---|---|---|---|---|---|---|
| | | | | | | auf das Haushaltsjahr folgende Jahr | | |
| | | | Euro | | | | | |
| | | | 1 | 2 | 3 | 4 | 5 | 6 |
| 1 | | anteilige Steuern und ähnliche Abgaben | | | | | | |
| | + | anteilige Zuweisungen und Umlagen für laufende Verwaltungstätigkeit | | | | | | |
| | + | anteilige sonstige Transfereinzahlungen | | | | | | |
| | + | anteilige öffentlich-rechtliche Leistungsentgelte, ausgenommen Investitionsbeiträge | | | | | | |
| | + | anteilige privatrechtliche Leistungsentgelte | | | | | | |
| | + | anteilige Kostenerstattungen und Kostenumlagen | | | | | | |
| | + | anteilige Zinsen und sonstige Finanzeinzahlungen | | | | | | |
| | + | anteilige sonstige haushaltswirksame Einzahlungen aus laufender Verwaltungstätigkeit | | | | | | |
| **2** | = | **anteilige Einzahlungen aus laufender Verwaltungstätigkeit** | | | | | | |
| 3 | | anteilige Personalauszahlungen | | | | | | |
| | + | anteilige Versorgungsauszahlungen | | | | | | |
| | + | anteilige Auszahlungen für Sach- und Dienstleistungen | | | | | | |
| | + | anteilige Zinsen und sonstige Finanzauszahlungen | | | | | | |
| | + | anteilige Transferauszahlungen aus laufender Verwaltungstätigkeit | | | | | | |
| | + | sonstige haushaltswirksame Auszahlungen aus laufender Verwaltungstätigkeit | | | | | | |
| **4** | = | **anteilige Auszahlungen aus laufender Verwaltungstätigkeit** | | | | | | |
| **5** | = | **anteiliger Zahlungsmittelsaldo aus laufender Verwaltungstätigkeit** (Nummer 2 ./. Nummer 4) | | | | | | |
| 6 | | anteilige Einzahlungen aus Investitionszuwendungen | | | | | | |
| | | darunter: investive Schlüsselzuweisungen | | | | | | |
| | + | anteilige Einzahlungen aus Investitionsbeiträgen und ähnlichen Entgelten für Investitionstätigkeit | | | | | | |
| | + | anteilige Einzahlungen aus der Veräußerung von immateriellen Vermögensgegenständen | | | | | | |
| | + | anteilige Einzahlungen aus der Veräußerung von Grundstücken, Gebäuden und sonstigen unbeweglichen Vermögensgegenständen | | | | | | |
| | + | anteilige Einzahlungen aus der Veräußerung von übrigem Sachanlagevermögen | | | | | | |
| | + | anteilige Einzahlungen aus der Veräußerung von Finanzanlagevermögen und von Wertpapieren des Umlaufvermögens | | | | | | |
| | + | anteilige Einzahlungen für sonstige Investitionstätigkeit | | | | | | |
| | = | **anteilige Einzahlungen für Investitionstätigkeit** | | | | | | |
| 7 | | anteilige Auszahlungen für den Erwerb von immateriellen Vermögensgegenständer | | | | | | |
| | + | anteilige Auszahlungen für den Erwerb von Grundstücken, Gebäuden und sonstigen unbeweglichen Vermögensgegenständen | | | | | | |
| | + | anteilige Auszahlungen für Baumaßnahmen | | | | | | |
| | + | anteilige Auszahlungen für den Erwerb von übrigem Sachanlagevermögen | | | | | | |
| | + | anteilige Auszahlungen für den Erwerb von Finanzanlagevermögen und von Wertpapieren des Umlaufvermögens | | | | | | |
| | + | anteilige Auszahlungen für Investitionsförderungsmaßnahmen | | | | | | |
| | + | anteilige Auszahlungen für sonstige Investitionstätigkeit | | | | | | |
| | = | **anteilige Auszahlungen für Investitionstätigkeit** | | | | | | |
| | = | **anteiliger Zahlungsmittelsaldo aus Investitionstätigkeit** (Nummer 6 ./. Nummer 7) | | | | | | |
| **8** | = | **anteilig veranschlagter Finanzierungsmittelüberschuss/-bedarf** (Nummern 5 + 6 ./. Nummer 7 ) | | | | | | |
| | + | anteilige Einzahlungen aus übertragenen Ermächtigungen (ohne Einzahlungen aus übertragenen Kreditermächtigungen) | | | | | | |
| | - | anteilige Auszahlungen aus übertragenen Ermächtigungen | | | | | | |

# Teilfinanzhaushalt - Blatt 2

| Ein- und Auszahlungsarten (anteilig bezogen auf den Teilfinanzhaushalt) | Ergebnis des Vorvorjahres | Ansatz des Vorjahres (laufendes Haushaltsjahr) | Ansatz des Haushaltsjahres (Planjahr) | das | das 2. | das 3. |
|---|---|---|---|---|---|---|
| | | | | auf das Haushaltsjahr folgende Jahr | | |
| | Euro | | | | | |
| | 1 | 2 | 3 | 4 | 5 | 6 |
| **Investitionsmaßnahmen von geringer finanzieller Bedeutung, bei denen keine Verpflichtungsermächtigungen veranschlagt sind** | | | | | | |
| Summe der investiven Einzahlungen | | | | | | |
| Summe der investiven Auszahlungen | | | | | | |
| **Saldo (Summe der investiven Einzahlungen ./. Summe der investiven Auszahlungen)** | | | | | | |

Der Teilfinanzhaushalt kann abweichend auf die Darstellung der Investitionstätigkeit (Nummern 6 und 7) beschränkt werden.

**Erläuterungen gemäß § 17 SächsKomHVO:**

**B. Investitionsprogramm - Planung einzelner Investitionsvorhaben**

| Ein- und Auszahlungsarten (anteilig bezogen auf den Teilfinanzhaushalt) | Ergebnis des Vorvorjahres | übertragene Ermächtigungen | Ansatz des Vorjahres | Ansatz des Haushaltsjahres | Verpflichtungsermächtigungen | das | das 2. | das 3. | weitere | bisher bereitgestellt (einschließlich Spalten 2 + 3) | Gesamtein-/Gesamtauszahlungen |
|---|---|---|---|---|---|---|---|---|---|---|---|
| | | | | | | auf das Haushaltsjahr folgende Jahr | | | | | |
| | Euro | | | | | | | | | | |
| | 1 | 2 | 3 | 4 | 5 | 6 | 7 | 8 | 9 | 10 | 11 |
| Maßnahme: ........................................ | | | | | | | | | | | |
| Einzahlungen aus Investitionszuwendungen | | | | | | | | | | | |
| darunter: investive Schlüsselzuweisungen | | | | | | | | | | | |
| Einzahlungen aus Investitionsbeiträgen und ähnlichen Entgelten für Investitionstätigkeit | | | | | | | | | | | |
| Einzahlungen aus der Veräußerung von immateriellen Vermögensgegenständen | | | | | | | | | | | |
| Einzahlungen aus der Veräußerung von Grundstücken, Gebäuden und sonstigen unbeweglichen Vermögensgegenständen | | | | | | | | | | | |
| Einzahlungen aus der Veräußerung von übrigem Sachanlagevermögen | | | | | | | | | | | |
| Einzahlungen aus der Veräußerung von Finanzanlagevermögen und von Wertpapieren des Umlaufvermögens | | | | | | | | | | | |
| Einzahlungen für sonstige Investitionstätigkeit | | | | | | | | | | | |
| **Einzahlungen für Investitionstätigkeit** | | | | | | | | | | | |
| Auszahlungen für den Erwerb von immateriellen Vermögensgegenständen | | | | | | | | | | | |
| Auszahlungen für den Erwerb von Grundstücken, Gebäuden und sonstigen unbeweglichen Vermögensgegenständen | | | | | | | | | | | |
| Auszahlungen für Baumaßnahmen | | | | | | | | | | | |
| Auszahlungen für den Erwerb von übrigem Sachanlagevermögen | | | | | | | | | | | |
| Auszahlungen für den Erwerb von Finanzanlagevermögen und von Wertpapieren des Umlaufvermögens | | | | | | | | | | | |
| Auszahlungen für Investitionsförderungsmaßnahmen | | | | | | | | | | | |
| Auszahlungen für sonstige Investitionstätigkeit | | | | | | | | | | | |
| **Auszahlungen für Investitionstätigkeit** | | | | | | | | | | | |
| **Saldo (Einzahlungen aus Investitionstätigkeit ./. Auszahlungen für Investitionstätigkeit)** | | | | | | | | | | | |
| aus Vorjahren fortgeltende Verpflichtungsermächtigungen für die Maßnahme | | | | | | | | | | | |
| vorgesehene Verpflichtungsermächtigungen des Haushaltsjahres für die Maßnahme | | | | | | | | | | | |
| Summe der Verpflichtungsermächtigungen für die Maßnahme | | | | | | | | | | | |
| davon voraussichtlich kreditfinanziert | | | | | | | | | | | |

Investitionen, die von geringer finanzieller Bedeutung sind, können zusammengefasst dargestellt werden.

**Erläuterungen gemäß § 17 SächsKomHVO:**

**Muster 11**
(zu § 48 SächsKomHVO)

## Ergebnisrechnung

| | | Ertrags- und Aufwandsarten | Ergebnis des Vorjahres | Planansatz[1] des Haushaltsjahres | Fortgeschriebener Ansatz des Haushaltsjahres | Ist-Ergebnis des Haushaltsjahres | Vergleich Ist/ fortgeschriebener Ansatz (Spalte 4 ./. Spalte 3) |
|---|---|---|---|---|---|---|---|
| | | | Euro | | | | |
| | | | 1 | 2 | 3 | 4 | 5 |
| 1 | | Steuern und ähnliche Abgaben | | | | | |
| | | darunter: Grundsteuern A, B, C und D | | | | | |
| | | Gewerbesteuer | | | | | |
| | | Gemeindeanteil an der Einkommenssteuer | | | | | |
| | | Gemeindeanteil an der Umsatzsteuer | | | | | |
| 2 | + | Zuweisungen und Umlagen nach Arten sowie aufgelöste Sonderposten | | | | | |
| | | darunter: allgemeine Schlüsselzuweisungen | | | | | |
| | | sonstige allgemeine Zuweisungen | | | | | |
| | | allgemeine Umlagen | | | | | |
| | | aufgelöste Sonderposten | | | | | |
| 3 | + | sonstige Transfererträge | | | | | |
| 4 | + | öffentlich-rechtliche Leistungsentgelte | | | | | |
| 5 | + | privatrechtliche Leistungsentgelte | | | | | |
| 6 | + | Kostenerstattungen und Kostenumlagen | | | | | |
| 7 | + | Zinsen und sonstige Finanzerträge | | | | | |
| 8 | +/- | aktivierte Eigenleistungen und Bestandsveränderungen | | | | | |
| 9 | + | sonstige ordentliche Erträge | | | | | |
| **10** | = | **ordentliche Erträge** (Nummern 1 bis 9) | | | | | |
| 11 | | Personalaufwendungen | | | | | |
| | | darunter: Zuführungen zu Rückstellungen für Entgeltzahlungen für Zeiten der Freistellung von der Arbeit | | | | | |
| 12 | + | Versorgungsaufwendungen | | | | | |
| 13 | + | Aufwendungen für Sach- und Dienstleistungen | | | | | |
| 14 | + | Abschreibungen im ordentlichen Ergebnis | | | | | |
| 15 | + | Zinsen und sonstige Finanzaufwendungen | | | | | |
| 16 | + | Transferaufwendungen und Abschreibungen auf Sonderposten für geleistete Investitionsförderungsmaßnahmen | | | | | |
| | | darunter: Abschreibungen auf Sonderposten für geleistete Investitionsförderungsmaßnahmen | | | | | |
| 17 | + | sonstige ordentliche Aufwendungen | | | | | |
| **18** | = | **ordentliche Aufwendungen** (Nummern 11 bis 17) | | | | | |
| **19** | = | **ordentliches Ergebnis** (Nummer 10 ./. Nummer 18) | | | | | |
| 20 | | außerordentliche Erträge | | | | | |
| 21 | | außerordentliche Aufwendungen | | | | | |
| **22** | = | **Sonderergebnis** (Nummer 20 ./. Nummer 21) | | | | | |
| **23** | = | **Gesamtergebnis als Überschuss oder Fehlbetrag** (Nummern 19 + 22) | | | | | |
| 24 | | Abdeckung von Fehlbeträgen des ordentlichen Ergebnisses aus Vorjahren | | | | | |
| 25 | | Abdeckung von Fehlbeträgen des Sonderergebnisses aus Vorjahren | | | | | |
| 26 | | Verrechnung eines Fehlbetrages im ordentlichen Ergebnis mit dem Basiskapital gemäß § 72 Absatz 3 Satz 3 SächsGemO | | | | | |
| 27 | | Verrechnung eines Fehlbetrages im Sonderergebnis mit dem Basiskapital gemäß § 72 Absatz 3 Satz 3 SächsGemO | | | | | |
| **28** | = | **verbleibendes Gesamtergebnis** [(Nummern 23 + 26 + 27) ./. (Nummern 24 + 25)] | | | | | |

## Ergebnisrechnung - Blatt 2

nachrichtlich: **Verwendung des Jahresergebnisses**

| | | Betrag in Euro |
|---|---|---|
| 1 | Überschuss des ordentlichen Ergebnisses, der in die Rücklage aus Überschüssen des ordentlichen Ergebnisses eingestellt wird | |
| | darunter: Zuführung zur Rücklage aus Überschüssen des ordentlichen Ergebnisses aus Verrechnungen gemäß § 72 Absatz 3 Satz 3 SächsGemO | |
| 2 | Überschuss des Sonderergebnisses, der in die Rücklage aus Überschüssen des Sonderergebnisses eingestellt wird | |
| | darunter: Zuführung zur Rücklage aus Überschüssen des Sonderergebnisses aus Verrechnungen gemäß § 72 Absatz 3 Satz 3 SächsGemO | |
| 3 | Fehlbetrag des Gesamtergebnisses, der mit der Rücklage aus Überschüssen des ordentlichen Ergebnisses verrechnet wird | |
| 4 | Fehlbetrag des Gesamtergebnisses, der mit der Rücklage aus Überschüssen des Sonderergebnisses verrechnet wird | |
| 5 | Fehlbetrag des ordentlichen Ergebnisses, der auf die Folgejahre vorzutragen ist | |
| 6 | Fehlbetrag des Sonderergebnisses, der auf die Folgejahre vorzutragen ist | |

[1] ursprünglicher Planansatz, ggf. in der Fassung eines Nachtragshaushaltes

**Muster 12**
(zu § 49 SächsKomHVO)

## Finanzrechnung

| | | Ein- und Auszahlungsarten | Ergebnis des Vorjahres | Planansatz[1] des Haushaltsjahres | Fortgeschriebener Ansatz des Haushaltsjahres | Ist-Ergebnis des Haushaltsjahres | Vergleich Ist/ fortgeschriebenerAnsatz (Spalte 4 ./. Spalte 3) |
|---|---|---|---|---|---|---|---|
| | | | Euro | | | | |
| | | | 1 | 2 | 3 | 4 | 5 |
| 1 | | Steuern und ähnliche Abgaben | | | | | |
| | | darunter: Grundsteuern A, B, C und D | | | | | |
| | | Gewerbesteuer | | | | | |
| | | Gemeindeanteil an der Einkommenssteuer | | | | | |
| | | Gemeindeanteil an der Umsatzsteuer | | | | | |
| 2 | + | Zuweisungen und Umlagen für laufende Verwaltungstätigkeit | | | | | |
| | | darunter: allgemeine Schlüsselzuweisungen | | | | | |
| | | sonstige allgemeine Zuweisungen | | | | | |
| | | allgemeine Umlagen | | | | | |
| 3 | + | sonstige Transfereinzahlungen | | | | | |
| 4 | + | öffentlich-rechtliche Leistungsentgelte, ausgenommen Investitionsbeiträge | | | | | |
| 5 | + | privatrechtliche Leistungsentgelte | | | | | |
| 6 | + | Kostenerstattungen und Kostenumlagen | | | | | |
| 7 | + | Zinsen und sonstige Finanzeinzahlungen | | | | | |
| 8 | + | sonstige haushaltswirksame Einzahlungen aus laufender Verwaltungstätigkeit | | | | | |
| **9** | = | **Einzahlungen aus laufender Verwaltungstätigkeit** (Nummern 1 bis 8) | | | | | |
| 10 | | Personalauszahlungen | | | | | |
| 11 | + | Versorgungsauszahlungen | | | | | |
| 12 | + | Auszahlungen für Sach- und Dienstleistungen | | | | | |
| 13 | + | Zinsen und sonstige Finanzauszahlungen | | | | | |
| 14 | + | Transferauszahlungen aus laufender Verwaltungstätigkeit | | | | | |
| 15 | + | sonstige haushaltswirksame Auszahlungen aus laufender Verwaltungstätigkeit | | | | | |
| **16** | = | **Auszahlungen aus laufender Verwaltungstätigkeit** (Nummern 10 bis 15) | | | | | |
| **17** | = | **Zahlungsmittelsaldo aus laufender Verwaltungstätigkeit als Zahlungsmittelüberschuss/-bedarf** (Nummer 9 ./. Nummer 16) | | | | | |
| 18 | | Einzahlungen aus Investitionszuwendungen | | | | | |
| 19 | + | Einzahlungen aus Investitionsbeiträgen und ähnlichen Entgelten für Investitionstätigkeit | | | | | |
| 20 | + | Einzahlungen aus der Veräußerung von immateriellen Vermögensgegenständen | | | | | |
| 21 | + | Einzahlungen aus der Veräußerung von Grundstücken, Gebäuden und sonstigen unbeweglichen Vermögensgegenständen | | | | | |
| 22 | + | Einzahlungen aus der Veräußerung von übrigem Sachanlagevermögen | | | | | |
| 23 | + | Einzahlungen aus der Veräußerung von Finanzanlagevermögen und von Wertpapieren des Umlaufvermögens | | | | | |
| 24 | + | Einzahlungen für sonstige Investitionstätigkeit | | | | | |
| **25** | = | **Einzahlungen für Investitionstätigkeit** (Nummern 18 bis 24) | | | | | |
| 26 | | Auszahlungen für den Erwerb von immateriellen Vermögensgegenständen | | | | | |
| 27 | + | Auszahlungen für den Erwerb von Grundstücken, Gebäuden und sonstigen unbeweglichen Vermögensgegenständen | | | | | |
| 28 | + | Auszahlungen für Baumaßnahmen | | | | | |
| 29 | + | Auszahlungen für den Erwerb von übrigem Sachanlagevermögen | | | | | |
| 30 | + | Auszahlungen für den Erwerb von Finanzanlagevermögen und von Wertpapieren des Umlaufvermögens | | | | | |
| 31 | + | Auszahlungen für Investitionsförderungsmaßnahmen | | | | | |
| 32 | + | Auszahlungen für sonstige Investitionstätigkeit | | | | | |
| 33 | = | **Auszahlungen für Investitionstätigkeit** (Nummern 26 bis 32) | | | | | |
| | | nachrichtlich: Auszahlungen für den Tilgungsanteil der Zahlungsverpflichtungen aus kreditähnlichen Rechtsgeschäften (Tilgungszahlungen, die nicht in Position 38 enthalten sind) | | | | | |
| **34** | = | **Zahlungsmittelsaldo aus Investitionstätigkeit** (Nummer 25 ./. Nummer 33) | | | | | |
| **35** | = | **Finanzierungsmittelüberschuss/-bedarf** (Nummern 17 + 34) | | | | | |

## Finanzrechnung - Blatt 2

| Nr. | | Ein- und Auszahlungsarten | Ergebnis des Vorjahres | Planansatz[1] des Haushaltsjahres | Fortgeschriebener Ansatz des Haushaltsjahres | Ist-Ergebnis des Haushaltsjahres | Vergleich Ist/ fortgeschriebener Ansatz (Spalte 4 ./. Spalte 3) |
|---|---|---|---|---|---|---|---|
| | | | Euro | | | | |
| | | | 1 | 2 | 3 | 4 | 5 |
| 36 | | Einzahlungen aus der Aufnahme von Krediten und diesen wirtschaftlich gleichkommenden Rechtsgeschäften für Investitionen | | | | | |
| 37 | | Einzahlungen aus sonstiger Wertpapierverschuldung | | | | | |
| 38 | | Auszahlungen für die Tilgung von Krediten und diesen wirtschaftlich gleichkommenden Rechtsgeschäften für Investitionen | | | | | |
| | | darunter: Auszahlungen im Rahmen von Umschuldungen | | | | | |
| | | Auszahlungen für außerordentliche Tilgung | | | | | |
| 39 | | Auszahlungen für die Tilgung sonstiger Wertpapierverschuldung | | | | | |
| **40** | = | **Zahlungsmittelsaldo aus Finanzierungstätigkeit** [(Nummern 36 + 37) ./. (Nummern 38 + 39)] | | | | | |
| **41** | = | **Änderung des Finanzmittelbestands im Haushaltsjahr** (Nummern 35 + 40) | | | | | |
| 42 | | Einzahlungen aus Darlehensrückflüssen | | | | | |
| 43 | | Auszahlungen für die Gewährung von Darlehen | | | | | |
| 44 | | Einzahlungen aus durchlaufenden Geldern | | | | | |
| 45 | | Auszahlungen aus durchlaufenden Geldern | | | | | |
| **46** | = | **Saldo aus haushaltsunwirksamen Vorgängen** [(Nummern 42 + 44) ./. (Nummern 43 + 45)] | | | | | |
| **47** | = | **Überschuss oder Bedarf an Zahlungsmitteln im Haushaltsjahr** (Nummern 41 + 46) | | | | | |
| 48 | | Einzahlungen aus übertragenen Ermächtigungen der Vorjahre | | | | | |
| 49 | | Auszahlungen aus übertragenen Ermächtigungen der Vorjahre | | | | | |
| **50** | = | **Überschuss oder Bedarf an Zahlungsmitteln im Haushaltsjahr** [(Nummern 41 + 42) ./. (Nummer 43) + (Nummern 48) ./. (Nummer 49)] | | | | | |
| 51 | | Einzahlungen aus der Aufnahme von Kassenkrediten | | | | | |
| 52 | | Auszahlungen für die Tilgung von Kassenkrediten | | | | | |
| **53** | = | **Veränderung des Bestandes an Zahlungsmitteln im Haushaltsjahr** [(Nummern 47 + 51) ./. (Nummer 52) bzw. (Nummern 50 + 51) ./. (Nummer 52)] | | | | | |
| 54 | | Bestand an liquiden Mitteln zu Beginn des Haushaltsjahres (ohne Kassenkredite und Kontokorrentverbindlichkeiten) | | | | | |
| | | darunter: Bestand an fremden Finanzmitteln | | | | | |
| **55** | = | **Bestand an liquiden Mitteln am Ende des Haushaltsjahres** (Nummer 53 + 54) | | | | | |
| | | darunter: Bestand an fremden Finanzmitteln | | | | | |
| | | nachrichtlich: Betrag der Auszahlungen für die ordentliche Kredittilgung und des Tilgungsanteils der Zahlungsverpflichtungen aus kreditähnlichen Rechtsgeschäften einschließlich der als Investitionsauszahlungen veranschlagten Tilgungsanteile der Zahlungsverpflichtungen aus kreditähnlichen Rechtsgeschäften | | | | | |
| | | nachrichtlich: Betrag der verfügbaren Mittel gemäß § 72 Absatz 4 Satz 2 der Sächsischen Gemeindeordnung | | | | | |

[1] ursprünglicher Planansatz, ggf. in der Fassung eines Nachtragshaushaltes

**Muster 13**
(zu § 51 SächsKomHVO)

# Vermögensrechnung (Bilanz)

| Aktivseite | Haushaltsjahr | Vorjahr |
|---|---|---|
| | in Euro | |
| 1. Anlagevermögen | | |
| a) Immaterielle Vermögensgegenstände | | |
| b) Sonderposten für geleistete Investitionszuwendungen | | |
| c) Sachanlagevermögen | | |
| aa) Unbebaute Grundstücke und grundstücksgleiche Rechte an solchen | | |
| bb) Bebaute Grundstücke und grundstücksgleiche Rechte an solchen | | |
| cc) Infrastrukturvermögen | | |
| dd) Bauten auf fremdem Grund und Boden | | |
| ee) Kunstgegenstände und Kulturdenkmäler | | |
| ff) Maschinen, technische Anlagen, Fahrzeuge | | |
| gg) Betriebs- und Geschäftsausstattung, Tiere | | |
| hh) Geleistete Anzahlungen und Anlagen im Bau | | |
| d) Finanzanlagevermögen | | |
| aa) Anteile an verbundenen Unternehmen | | |
| bb) Beteiligungen | | |
| cc) Sondervermögen | | |
| dd) Ausleihungen | | |
| ee) Wertpapiere | | |
| 2. Umlaufvermögen | | |
| a) Vorräte | | |
| b) Öffentlich-rechtliche Forderungen und Forderungen aus Transferleistungen | | |
| c) Privatrechtliche Forderungen, Wertpapiere des Umlaufvermögens | | |
| d) Liquide Mittel | | |
| 3. Aktive Rechnungsabgrenzungsposten | | |
| 4. Nicht durch Kapitalposition gedeckter Fehlbetrag | | |
| **Summe Aktiva** | | |

| Passivseite | Haushaltsjahr | Vorjahr |
|---|---|---|
| | in Euro | |
| 1. Kapitalposition | | |
| a) Basiskapital | | |
| darunter: Betrag des Basiskapitals, der gemäß § 72 Absatz 3 Satz 4 der Sächsischen Gemeindeordnung nicht zur Verrechnung herangezogen werden darf | | |
| b) Rücklagen | | |
| aa) Rücklage aus Überschüssen des ordentlichen Ergebnisses | | |
| darunter: Betrag der Rücklage aus der Verrechnung gemäß § 72 Absatz 3 Satz 3 SächsGemO | | |
| bb) Rücklage aus Überschüssen des Sonderergebnisses | | |
| darunter: Betrag der Rücklage aus der Verrechnung gemäß § 72 Absatz 3 Satz 3 SächsGemO einschließlich der Übertragung gemäß § 24 Absatz 3 Satz 2 SächsKomHVO | | |
| cc) Rücklagen aus nicht ertragswirksam aufzulösenden Zuwendungen | | |
| dd) Zweckgebundene und sonstige Rücklagen | | |
| c) Fehlbeträge | | |
| aa) Jahresfehlbetrag des ordentlichen Ergebnisses und Vortrag von Fehlbeträgen des ordentlichen Ergebnisses aus den Vorjahren | | |
| bb) Jahresfehlbetrag des Sonderergebnisses und Vortrag von Fehlbeträgen des Sonderergebnisses aus den Vorjahren | | |
| 2. Sonderposten | | |
| a) Sonderposten für empfangene Investitionszuwendungen | | |
| b) Sonderposten für Investitionsbeiträge | | |
| c) Sonderposten für den Gebührenausgleich | | |
| d) Sonstige Sonderposten | | |
| 3. Rückstellungen | | |
| a) Rückstellungen für Entgeltzahlungen für Zeiten der Freistellung von der Arbeit im Rahmen von Altersteilzeit | | |
| b) Rückstellungen für Rekultivierung und Nachsorge von Deponien | | |
| c) Rückstellungen für die Sanierung von Altlasten und sonstige Umweltschutzmaßnahmen | | |
| d) Rückstellungen für ungewisse Verbindlichkeiten aus der steuerkraftabhängigen Umlage nach § 25a des Sächsischen Finanzausgleichsgesetzes | | |
| e) Rückstellungen für ungewisse Verbindlichkeiten aufgrund von Steuerschuldverhältnissen | | |
| f) Rückstellungen für drohende Verpflichtungen aus anhängigen Gerichts- und Verwaltungsverfahren sowie aus Bürgschaften, Gewährverträgen und wirtschaftlich gleichkommenden Rechtsgeschäften | | |
| g) Rückstellungen für unterlassene Aufwendungen für Instandhaltung im Haushaltsjahr | | |
| h) Rückstellungen für sonstige vertragliche oder gesetzliche Verpflichtungen zur Gegenleistung gegenüber Dritten, die im laufenden Haushaltsjahr wirtschaftlich begründet wurden und die der Höhe nach noch nicht genau bekannt sind, sofern sie erheblich sind | | |
| i) Rückstellungen für drohende Verluste aus schwebenden Geschäften und aus laufenden Verfahren | | |
| j) Sonstige Rückstellungen | | |
| 4. Verbindlichkeiten | | |
| a) Verbindlichkeiten in Form von Anleihen | | |
| b) Verbindlichkeiten aus Kreditaufnahmen | | |
| c) Verbindlichkeiten aus Kreditaufnahmen wirtschaftlich gleichkommenden Rechtsgeschäften | | |
| d) Verbindlichkeiten aus Lieferungen und Leistungen | | |
| e) Verbindlichkeiten aus Transferleistungen | | |
| f) Sonstige Verbindlichkeiten | | |
| 5. Passive Rechnungsabgrenzungsposten | | |
| **Summe Passiva** | | |

Die Vorbelastungen künftiger Haushaltsjahre (insbesondere Verpflichtungen aus kreditähnlichen Rechtsgeschäften, Bürgschaften, Gewährverträge und in Anspruch genommene Verpflichtungsermächtigungen sowie übertragene Ansätze für Auszahlungen und Aufwendungen) sind, sofern sie nicht auf der Passivseite auszuweisen sind, gemäß § 46 SächsKomHVO unter der Vermögensrechnung anzugeben.

**Muster 14**
(zu § 54 Abs. 1 SächsKomHVO)

## Anlagenübersicht

| Anlagevermögen | Entwicklung der Anschaffungs- oder Herstellungskosten | | | | | Entwicklung der Abschreibungen | | | | | | Buchwerte | |
|---|---|---|---|---|---|---|---|---|---|---|---|---|---|
| | Stand am 31. Dezember des Vorjahres | Zugänge im Haushaltsjahr | Abgänge im Haushaltsjahr | Umbuchungen im Haushaltsjahr | Stand am 31. Dezember des Haushaltsjahres | Stand am 31. Dezember des Vorjahres | Abschreibungen im Haushaltsjahr[1] | Auflösungen im Haushaltsjahr[2] | Umbuchungen im Haushaltsjahr | Zuschreibungen im Haushaltsjahr | Stand am 31. Dezember des Haushaltsjahres[3] | am 31. Dezember des Vorjahres | am 31. Dezember des Haushaltsjahres |
| | Euro | | | | | | | | | | | | |
| | 1 | 2 | 3 | 4 | 5 | 6 | 7 | 8 | 9 | 10 | 11 | 12 | 13 |
| **1.1 Immaterielle Vermögensgegenstände** | | | | | | | | | | | | | |
| **1.2 Sonderposten für geleistete Investitionszuwendungen** | | | | | | | | | | | | | |
| **1.3 Sachanlagevermögen** | | | | | | | | | | | | | |
| 1.3.1 Unbebaute Grundstücke und grundstücksgleiche Rechte an solchen | | | | | | | | | | | | | |
| 1.3.1.1 Grünflächen | | | | | | | | | | | | | |
| 1.3.1.2 Ackerland | | | | | | | | | | | | | |
| 1.3.1.3 Wald und Forsten | | | | | | | | | | | | | |
| 1.3.1.4 Schutz- und Ausgleichsflächen | | | | | | | | | | | | | |
| 1.3.1.5 Gewässer | | | | | | | | | | | | | |
| 1.3.1.6 Sonstige unbebaute Grundstücke | | | | | | | | | | | | | |
| 1.3.2 Bebaute Grundstücke und grundstücksgleiche Rechte an solchen | | | | | | | | | | | | | |
| 1.3.2.1 Wohnbauten | | | | | | | | | | | | | |
| 1.3.2.2 Soziale Einrichtungen | | | | | | | | | | | | | |
| 1.3.2.3 Schulen | | | | | | | | | | | | | |
| 1.3.2.4 Kulturanlagen | | | | | | | | | | | | | |
| 1.3.2.5 Sportanlagen | | | | | | | | | | | | | |
| 1.3.2.6 Gartenanlagen | | | | | | | | | | | | | |
| 1.3.2.7 Verwaltungsgebäude | | | | | | | | | | | | | |
| 1.3.2.8 Sonstige Gebäude | | | | | | | | | | | | | |
| 1.3.3 Infrastrukturvermögen einschließlich Grundstücke und grundstücksgleiche Rechte | | | | | | | | | | | | | |
| 1.3.3.1 Brücken, Tunnel und ingenieurtechnische Anlagen | | | | | | | | | | | | | |
| 1.3.3.2 Gleisanlagen mit Streckenausrüstung und Sicherheitsanlagen | | | | | | | | | | | | | |
| 1.3.3.3 Stromversorgungsanlagen | | | | | | | | | | | | | |
| 1.3.3.4 Gasversorgungsanlagen | | | | | | | | | | | | | |
| 1.3.3.5 Wasserversorgungsanlagen | | | | | | | | | | | | | |
| 1.3.3.6 Abfallbeseitigungsanlagen | | | | | | | | | | | | | |
| 1.3.3.7 Entwässerungs- und Abwasserbeseitigungsanlagen | | | | | | | | | | | | | |
| 1.3.3.8 Straßen, Wege, Plätze und Verkehrslenkungsanlagen | | | | | | | | | | | | | |
| 1.3.3.9 Sonstiges Infrastrukturvermögen | | | | | | | | | | | | | |
| 1.3.4 Bauten auf fremdem Grund und Boden | | | | | | | | | | | | | |
| 1.3.5 Kunstgegenstände und Kulturdenkmäler | | | | | | | | | | | | | |
| 1.3.6 Maschinen, technische Anlagen, Fahrzeuge | | | | | | | | | | | | | |
| 1.3.7 Betriebs- und Geschäftsausstattung, Tiere | | | | | | | | | | | | | |
| 1.3.8 Geleistete Anzahlungen, Anlagen im Bau | | | | | | | | | | | | | |
| **1.4 Finanzanlagevermögen** | | | | | | | | | | | | | |
| 1.4.1 Anteile an verbundenen Unternehmen | | | | | | | | | | | | | |
| 1.4.2 Beteiligungen | | | | | | | | | | | | | |
| 1.4.3 Sondervermögen | | | | | | | | | | | | | |
| 1.4.4 Ausleihungen | | | | | | | | | | | | | |
| 1.4.5 Wertpapiere | | | | | | | | | | | | | |
| **Summe** | | | | | | | | | | | | | |

[1] Planmäßige und außerplanmäßige Abschreibungen, nicht jedoch Aufwand aus Vermögensabgang.
[2] Kumulierte Abschreibungen im Zeitpunkt des Vermögensabgangs.
[3] Vermögensabgänge im Haushaltsjahr sind in den Spalten 7 und 8 zu berücksichtigen; der Saldo aus Abschreibungen (Spalten 6 und 7) und Auflösungen (Spalte 8) beträgt bei Vermögensabgang 0 Euro; folglich sind in der Spalte 11 keine Beträge für Vermögensabgänge auszuweisen.

**Muster 15**
(zu § 54 Absatz 2 SächsKomHVO)

# Forderungsübersicht

| Arten der Forderungen | Stand zu Beginn des Haushaltsjahres | Forderungen zum Ende des Haushaltsjahres mit einer Restlaufzeit | | | Stand zum Ende des Haushaltsjahres |
|---|---|---|---|---|---|
| | | bis zu einem Jahr | von mehr als einem bis zu fünf Jahren | von mehr als fünf Jahren | |
| | Euro | | | | |
| | 1 | 2 | 3 | 4 | 5 |
| **1. Öffentlich-rechtliche Forderungen und Forderungen aus Transferleistungen** | | | | | |
| 1.1 Öffentlich-rechtliche Forderungen aus Dienstleistungen | | | | | |
| 1.2 Steuerforderungen | | | | | |
| 1.3 Forderungen aus Transferleistungen | | | | | |
| 1.4 Sonstige öffentlich-rechtliche Forderungen | | | | | |
| **2. Privatrechtliche Forderungen** | | | | | |
| davon gegen verbundene Unternehmen, Beteiligungen und Sondervermögen | | | | | |
| **3. Summe aller Forderungen** | | | | | |

**Muster 16**
(zu § 54 Absatz 3 SächsKomHVO)

# Verbindlichkeitenübersicht

| Arten der Verbindlichkeiten | Stand zu Beginn des Haushaltsjahres | Verbindlichkeiten zum Ende des Haushaltsjahres mit einer Restlaufzeit | | | Stand zum Ende des Haushaltsjahres |
|---|---|---|---|---|---|
| | | bis zu einem Jahr | von mehr als einem bis zu fünf Jahren | von mehr als fünf Jahren | |
| | Euro | | | | |
| | 1 | 2 | 3 | 4 | 5 |
| **1. Anleihen** | | | | | |
| **2. Verbindlichkeiten aus Krediten für Investitionen** | | | | | |
| 2.1 von verbundenen Unternehmen | | | | | |
| 2.2 von Beteiligungen | | | | | |
| 2.3 von Sondervermögen | | | | | |
| 2.4 vom öffentlichen Bereich | | | | | |
| 2.4.1 vom Bund | | | | | |
| 2.4.2 vom Land | | | | | |
| 2.4.3 von Gemeinden und Gemeindeverbänden | | | | | |
| 2.4.4 von Zweckverbänden | | | | | |
| 2.4.5 vom sonstigen öffentlichen Bereich | | | | | |
| 2.4.6 von sonstigen öffentlichen Sonderrechnungen | | | | | |
| 2.5 vom privaten Kreditmarkt | | | | | |
| 2.5.1 von Banken und Kreditinstituten | | | | | |
| 2.5.2 von übrigen Kreditgebern | | | | | |
| **3. Verbindlichkeiten aus Krediten zur Liquiditätssicherung** | | | | | |
| 3.1 vom öffentlichen Bereich | | | | | |
| 3.2 vom privaten Kreditmarkt | | | | | |
| **4. Verbindlichkeiten aus Vorgängen, die Kreditaufnahmen wirtschaftlich gleichkommen** | | | | | |
| **5. Verbindlichkeiten aus Lieferungen und Leistungen** | | | | | |
| **6. Verbindlichkeiten aus Transferleistungen** | | | | | |
| **7. Sonstige Verbindlichkeiten** | | | | | |
| **8. Summe aller Verbindlichkeiten** | | | | | |

**Muster 17**
(zu § 1 Absatz 3 Nummer 4 SächsKomHVO)

## Übersicht über die aus Verpflichtungsermächtigungen voraussichtlich fällig werdenden Auszahlungen

| Verpflichtungsermächtigungen im Haushaltsplan des Jahres: [1] | davon voraussichtlich fällige Auszahlungen | | | | | |
|---|---|---|---|---|---|---|
| | 2... | 2... | 2... | 2... | 2... | 2... |
| | Euro | | | | | |
| 2... | | | | | | |
| 2... | | | | | | |
| 2... | | | | | | |
| 2... | | | | | | |
| 2... | | | | | | |
| 2... | | | | | | |
| Summe: | | | | | | |
| nachrichtlich:<br>im Finanzplan vorgesehene Kreditaufnahmen: | | | | | | |

[1] In Spalte 1 sind das Haushaltsjahr und alle früheren Jahre aufzuführen, in denen Verpflichtungsermächtigungen veranschlagt waren, aus deren Inanspruchnahme noch Auszahlungen in den kommenden Jahren fällig werden.

**Muster 18**
(zu § 1 Absatz 3 Nummer 5 SächsKomHVO)

## Übersicht über den voraussichtlichen Stand der Verbindlichkeiten aus Krediten für Investitionen und der ihnen wirtschaftlich gleichkommenden Rechtsgeschäfte sowie der Verpflichtungen aus Bürgschaften, Gewährverträgen und der ihnen wirtschaftlich gleichkommenden Rechtsgeschäfte

| Art der Verbindlichkeiten | | Stand zu Beginn des Vorjahres | voraussichtlicher Stand zu Beginn des Haushaltsjahres | voraussichtlicher Stand zum Ende des Haushaltsjahres | Umschuldungen im Haushaltsjahr |
|---|---|---|---|---|---|
| | | Euro | | | |
| 1. | Verbindlichkeiten aus Kassenkrediten | | | | |
| 2. | Wertpapierschulden | | | | |
| 3. | Verbindlichkeiten aus Kreditaufnahmen | | | | |
| 4. | Verbindlichkeiten aus Lieferungen und Leistungen | | | | |
| 5. | Verbindlichkeiten aus kreditähnlichen Rechtsgeschäften und Vorgängen, die Kreditaufnahmen wirtschaftlich gleichkommen (nur Hypotheken-, Grund- und Rentenschulden sowie Restkaufgelder und Finanzierungsleasing) | | | | |
| **Summe der Verbindlichkeiten nach Nummern 1 bis 5** | | | | | |
| 6. | Verschuldung der rechtlich unselbstständigen und selbstständigen Einrichtungen und Unternehmen (Eigenbetriebe, unmittelbare und mittelbare Eigengesellschaften) der Gemeinde (ohne Schulden, die bei der Gemeinde bestehen) | | | | |
| **Summe der Verbindlichkeiten nach Nummern 1 bis 6** | | | | | |
| 7. | Verpflichtungen aus Bürgschaften, Gewährverträgen und diesen wirtschaftlich gleichkommenden Rechtsgeschäften | | | | |

**Muster 19**
(zu § 1 Absatz 3 Nummer 5 SächsKomHVO)

## Übersicht über den voraussichtlichen Stand der Rücklagen

| Art der Rücklagen | Stand zum 1. Januar des Vorjahres | voraussichtlicher Stand zum 1. Januar des Haushaltsjahres | voraussichtlicher Stand zum 31. Dezember des Haushaltsjahres |
|---|---|---|---|
| | | Euro | |
| 1 | 2 | 3 | 4 |
| Rücklage aus Überschüssen des ordentlichen Ergebnisses | | | |
| Rücklage aus Überschüssen des Sonderergebnisses | | | |
| Rücklagen aus nicht ertragswirksam aufzulösenden Zuwendungen | | | |
| zweckgebundene und sonstige Rücklagen | | | |
| **Gesamtsumme** | | | |

**Muster 20**
(zu § 1 Absatz 3 Nummer 5 SächsKomHVO)

## Übersicht über den voraussichtlichen Stand der Rückstellungen

| Art der Rückstellungen | Stand zum 1. Januar des Vorjahres | voraussichtlicher Stand zum 1. Januar des Haushaltsjahres | voraussichtlicher Stand zum 31. Dezember des Haushaltsjahres |
|---|---|---|---|
| | Euro | | |
| 1 | 2 | 3 | 4 |
| Rückstellungen für Entgeltzahlungen für Zeiten der Freistellung von der Arbeit im Rahmen von Altersteilzeit | | | |
| Rückstellungen für Rekultivierung und Nachsorge von Deponien | | | |
| Rückstellungen für Sanierung von Altlasten und sonstige Umweltschutzmaßnahmen | | | |
| Rückstellungen für ungewisse Verbindlichkeiten aus der steuerkraftabhängigen Umlage nach § 25a SächsFAG | | | |
| Rückstellungen für ungewisse Verbindlichkeiten aufgrund von Steuerschuldverhältnissen | | | |
| Rückstellungen für drohende Verpflichtungen aus anhängigen Gerichts- und Verwaltungsverfahren sowie aus Bürgschaften, Gewährverträgen und wirtschaftlich gleichkommenden Rechtsgeschäften | | | |
| Rückstellungen für unterlassene Aufwendungen für Instandhaltung im Haushaltsjahr | | | |
| Rückstellungen für sonstige vertragliche oder gesetzliche Verpflichtungen zur Gegenleistung gegenüber Dritten, die im laufenden Haushaltsjahr wirtschaftlich begründet wurden und die der Höhe nach noch nicht genau bekannt sind, sofern sie erheblich sind | | | |
| Rückstellungen für drohende Verluste aus schwebenden Geschäften und aus laufenden Verfahren | | | |
| Sonstige Rückstellungen | | | |
| **Gesamtsumme** | | | |

**Muster 21**
(zu § 1 Absatz 3 Nummer 3 SächsKomHVO)

# Übersicht zu der Ermittlung der Fehlbeträge aus Abschreibungen und deren Verrechnung mit dem Basiskapital sowie zu der Entwicklung des Basiskapitals, der Rücklagen und der vorgetragenen Fehlbeträge

| | | Position | Ergebnis des Vorvorjahres | Ansatz des Vorjahres (laufendes Haushaltsjahr) | Ansatz des Haushaltsjahres (Planjahr) | das | das 2. | das 3. |
|---|---|---|---|---|---|---|---|---|
| | | | | | | auf das Haushaltsjahr folgende Jahr | | |
| | | | Euro | | | | | |
| | | | 1 | 2 | 3 | 4 | 5 | 6 |
| 1 | | Abschreibungen auf Alt-Investitionen[1] | | | | | | |
| 2 | + | Aufwendungen aus der Veräußerung oder dem Abgang von Alt-Investitionen | | | | | | |
| 3 | + | Aufwendungen aus Zuschreibungen aus den Alt-Investitionen zugeordneten passiven Sonderposten | | | | | | |
| 4 | = | Aufwand aus Alt-Investitionen (Nummern 1 bis 3) | | | | | | |
| 5 | | Erträge aus Zuschreibungen auf Alt-Investitionen | | | | | | |
| 6 | + | Erträge aus der Veräußerung oder dem Abgang von Alt-Investitionen | | | | | | |
| 7 | + | Erträge aus der Auflösung der den Alt-Investitionen zugeordneten passiven Sonderposten | | | | | | |
| 8 | = | Erträge aus Alt-Investitionen (Nummern 5 bis 7) | | | | | | |
| 9 | = | **Fehlbetrag aus Abschreibungen gemäß § 72 Absatz 3 Satz 3 SächsGemO** (Nummer 8 ./. Nummer 4) | | | | | | |
| | | davon: Fehlbetrag aus Abschreibungen im ordentlichen Ergebnis | | | | | | |
| | | Fehlbetrag aus Abschreibungen im Sonderergebnis | | | | | | |
| 10 | = | **zur Verrechnung veranschlagter Fehlbetrag aus Abschreibungen gemäß § 72 Absatz 3 Satz 3 SächsGemO** | | | | | | |
| | | davon: Fehlbetrag aus Abschreibungen im ordentlichen Ergebnis | | | | | | |
| | | Fehlbetrag aus Abschreibungen im Sonderergebnis | | | | | | |
| 11 | | **Übertragung gemäß § 24 Absatz 3 Satz 2 SächsKomHVO** | | | | | | |

In den Zeilen 1 bis 11 sind jeweils nur für die Haushaltsjahre Beträge anzugeben, in denen eine Verrechnung gemäß § 72 Absatz 3 Satz 3 SächsGemO oder eine Umbuchung gemäß § 24 Absatz 3 Satz 2 SächsKomHVO vorgenommen wurde bzw. geplant ist.

[1] Das zum 31. Dezember 2017 festgestellte Anlagevermögen wird als Alt-Investitionen bezeichnet.

| | Position | Stand am 31.12. des Vorvorjahres | voraussichtlicher Stand 31.12. des Vorjahres (laufendes Haushaltsjahr) | voraussichtlicher Stand am 31.12. des Haushaltsjahres (Planjahr) | das | das 2. | das 3. |
|---|---|---|---|---|---|---|---|
| | | | | | auf das Haushaltsjahr folgende Jahr | | |
| | | Euro | | | | | |
| | | 1 | 2 | 3 | 4 | 5 | 6 |
| 12 | **Basiskapital** | | | | | | |
| | darunter: Betrag des Basiskapitals, der gemäß § 72 Absatz 3 Satz 4 der Sächsischen Gemeindeordnung nicht zur Verrechnung herangezogen werden darf | | | | | | |
| 13 | **Rücklage aus Überschüssen des ordentlichen Ergebnisses** | | | | | | |
| | darunter: Betrag der Rücklage aus der Verrechnung gemäß § 72 Absatz 3 Satz 3 SächsGemO | | | | | | |
| 14 | **Rücklage aus Überschüssen des Sonderergebnisses** | | | | | | |
| | darunter: Betrag der Rücklage aus der Verrechnung gemäß § 72 Absatz 3 Satz 3 SächsGemO einschließlich der Übertragung gemäß § 24 Absatz 3 Satz 2 SächsKomHVO | | | | | | |
| 15 | **Fehlbeträge** | | | | | | |
| | davon: Jahresfehlbetrag des ordentlichen Ergebnisses und Vortrag von Fehlbeträgen des ordentlichen Ergebnisses aus Vorjahren | | | | | | |
| | Jahresfehlbetrag des Sonderergebnisses und Vortrag von Fehlbeträgen des Sonderergebnisses aus Vorjahren | | | | | | |
| 16 | **Nicht durch Kapitalposition gedeckter Fehlbetrag** | | | | | | |

**Muster 22**
(zu § 5 SächsKomHVO)

# Stellenplan

## Teil A: Beamte

| Laufbahngruppe und Amtsbezeichnung | Besoldungsgruppe | Zahl der Stellen | | | | | | Vermerke, Erläuterungen (zum Beispiel Aufwandsentschädigungen)[4, 8] |
|---|---|---|---|---|---|---|---|---|
| | | | darunter | | nachrichtlich | | | |
| | | insgesamt[1] | mit Zulage[2] | Leerstellen | Zahl der Stellen 20..[3] | Zahl der tatsächlich besetzten Stellen am 30. Juni 20..[3] | davon Kernverwaltung, bezogen auf Spalte 3 - Zahl der Stellen insgesamt | |
| 1 | 2 | 3 | 4 | 5 | 6 | 7 | 8 | 9 |
| **I. Gemeindeverwaltung - ohne Sondervermögen mit Sonderrechnung** | | | | | | | | |
| Bürgermeister | | | | | | | | |
| Beigeordneter | | | | | | | | |
| Laufbahngruppe 2 | … | | | | | | | |
| | … | | | | | | | |
| | … | | | | | | | |
| | … | | | | | | | |
| Laufbahngruppe 1 | … | | | | | | | |
| | … | | | | | | | |
| | … | | | | | | | |
| | … | | | | | | | |
| **Ingesamt:** | | | | | | | | |
| **II. Sondervermögen mit Sonderrechnung[5]** | | | | | | | | |
| **Ingesamt:** | | | | | | | | |

[1 bis 5, 8] siehe Blatt 5

## Stellenplan - Blatt 2

### Teil B: Arbeitnehmer

**(umfasst sowohl die tariflich Beschäftigten als auch die vergleichbaren Beschäftigten der nicht dem TVöD beigetretenen kommunalen Körperschaften)**

| | Entgeltgruppe | Zahl der Stellen | | | | | | Vermerke, Erläuterungen (zum Beispiel Aufwandsentschädigungen)[4, 8] |
|---|---|---|---|---|---|---|---|---|
| | | insgesamt[1] | darunter | | nachrichtlich | | | |
| | | | mit Zulage[2] | Leerstellen | Zahl der Stellen 20..[3] | Zahl der tatsächlich besetzten Stellen am 30. Juni 20..[3] | davon Kernverwaltung, bezogen auf Spalte 3 - Zahl der Stellen insgesamt | |
| 1 | 2 | 3 | 4 | 5 | 6 | 7 | 8 | 9 |
| **I. Gemeindeverwaltung - ohne Sondervermögen mit Sonderrechnung** | | | | | | | | |
| | ... | | | | | | | |
| | ... | | | | | | | |
| | ... | | | | | | | |
| | ... | | | | | | | |
| | ... | | | | | | | |
| | ... | | | | | | | |
| | ... | | | | | | | |
| | ... | | | | | | | |
| | ... | | | | | | | |
| | ... | | | | | | | |
| | ... | | | | | | | |
| | ... | | | | | | | |
| | ... | | | | | | | |
| | ... | | | | | | | |
| | ... | | | | | | | |
| | ... | | | | | | | |
| **Ingesamt:** | | | | | | | | |
| **II. Sondervermögen mit Sonderrechnung**[5] | | | | | | | | |
| **Ingesamt:** | | | | | | | | |
| **Beschäftigte ingesamt (A + B)** | | | | | | | | |
| **ohne A II + B II** | | | | | | | | |
| **mit A II + B II** | | | | | | | | |

[1 bis 5, 8] siehe Blatt 5

# Stellenplan - Blatt 3

## Teil C: - nachrichtlich - Aufteilung der Stellen nach den Gliederung des Haushaltsplanes

**I. Beamte**

| Produkt-gruppen | Bezeichnung | Bürgermeister, Beigeordnete | Laufbahngruppe 2 | | | | | Laufbahngruppe 1[6] | | | | nachrichtlich: davon Kernverwaltung, bezogen auf Zahl der Stellen insgesamt | Erläuterungen (zum Beispiel Aufwandsent-schädigungen)[4] |
|---|---|---|---|---|---|---|---|---|---|---|---|---|---|
| | | | B 2 | A 16 | A 15 | A 14 | A 13 | A 13 | A 12 | A 9 > | A 5 > | | |
| | … | | | | | | | | | | | | |
| | … | | | | | | | | | | | | |
| | … | | | | | | | | | | | | |
| | … | | | | | | | | | | | | |

**II. Arbeitnehmer[7]**
**(umfasst sowohl die tariflich Beschäftigten als auch die vergleichbaren Beschäftigten der nicht dem TVöD beigetretenen kommunalen Körperschaften)**

| Produkt-gruppen | Bezeichnung | | | | | | | | | | | nachrichtlich: davon Kernverwaltung, bezogen auf Zahl der Stellen insgesamt | Erläuterungen (zum Beispiel Aufwandsent-schädigungen)[4] |
|---|---|---|---|---|---|---|---|---|---|---|---|---|---|
| | | | | | | | | | | | | | |
| | | | | | | | | | | | | | |
| | | | | | | | | | | | | | |
| | | | | | | | | | | | | | |

[4, 6 und 7] siehe Blatt 5

## Stellenplan - Blatt 4

### Teil D: - nachrichtlich - Ehrenbeamte, Beschäftigte in der Probe- oder Ausbildungszeit

**I. Ehrenbeamte**

| Bezeichnung | Aufwandsentschädigung | Zahl | vorgesehen im Jahr ...[3] | beschäftigt am 30. Juni ...[3] | Erläuterungen |
|---|---|---|---|---|---|
| Bürgermeister | | | | | |
| Ortsvorsteher | | | | | |
| ... | | | | | |
| **Insgesamt:** | | | | | |

**II. Beamte auf Probe**

| Bezeichnung | Besoldungsgruppe | Zahl | vorgesehen im Jahr ...[3] | beschäftigt am 30. Juni ...[3] | Erläuterungen |
|---|---|---|---|---|---|
| Assessoren | A 13 | | | | |
| Inspektoren | A 9 | | | | |
| Assistenten | A 6 | | | | |
| **Insgesamt:** | | | | | |

**III. Nachwuchskräfte und informatorisch Beschäftigte**

| Bezeichnung | Art der Verfügung | Zahl | vorgesehen im Jahr ...[3] | beschäftigt am 30. Juni ...[3] | Erläuterungen |
|---|---|---|---|---|---|
| Referendare | Anwärterbezüge | | | | |
| Inspektoranwärter | Anwärterbezüge | | | | |
| Assistentenanwärter | Anwärterbezüge | | | | |
| Dienstanfänger | Unterhaltsbeihilfe | | | | |
| Auszubildende | Ausbildungsvergütung | | | | |
| Praktikanten | Fester Satz | | | | |
| **Insgesamt:** | | | | | |

[3] siehe Blatt 5

# Stellenplan - Blatt 5

**Anmerkungen:**

1. Bei Gemeinden, die Träger eines Krankenhauses sind, sind die Stellen der Beschäftigten des Krankenhauses in Teil A Abschnitt I, Teil B, C, und D gesondert von den Stellen der übrigen Gemeindeverwaltung nachzuweisen.
2. Wenn die Verwendung technischer Hilfsmittel es erfordert, können
   - Amtsbezeichnungen,
   - kw- und ku-Vermerke,
   - nicht sondergesetzlich geregelte Aufwandsentschädigungen und
   - abweichende Stellenbesetzungen

   abweichend vom Stellenplanmuster in Anlagen geführt werden. Entsprechendes gilt für die Aufgliederung des Teils D nach Verwaltungsarten und des Teils D Abschnitt I auf die einzelnen Ehrenbeamten.
3. Stellen, deren Inhaber an Altersteilzeit teilnehmen, werden (unverändert) mit 1,0 ausgewiesen. Die Teilnahme von Beschäftigten an Altersteilzeit bleibt somit ohne Auswirkungen auf den Stellenplan.
4. Stellen, deren Inhaber sich in Elternzeit befinden, werden auch während der Elternzeit in den Stellenplänen ausgewiesen.
5. Stellen sind im Stellenplan stets nach ihrer Wertigkeit auszuweisen. Bei Aufstieg des Stelleninhabers in eine höhere Entgeltgruppe ist die betreffende Stelle nach der ursprünglichen (niedrigeren) Entgeltgruppe auszuweisen. Daneben ist im Stellenplan die Anzahl der Stellen der jeweiligen (niedrigeren) Entgeltgruppe, bei der aufgrund des Aufstiegs des Stelleninhabers in eine höhere Entgeltgruppe ein höheres Entgelt zu zahlen ist, gesondert anzugeben.
6. Stellen sind in Vollzeitstellen (Vollzeitäquivalenten) und nicht nach der Anzahl der beschäftigten Personen auszuweisen.

---

[1] Kw- und ku-Stellen sind unter Angabe des entsprechenden Vermerks gesondert aufzuführen. In den Erläuterungen ist die Besoldungs- bzw. Entgeltgruppe zu vermerken, der die Stelle nach der Umwandlung angehören wird. Bei der Teilzeitbeschäftigung ist de Prozent-Satz anzugeben.

[2] Zahl der Stellen, die nach den Vermerken oder Fußnoten zur Besoldungs- bzw. Entgeltgruppe mit einer Zulage ausgestattet sind

[3] Einzusetzen ist das Vorjahr.

[4] Die Höhe der mit einer Stelle verbundenen Aufwandsentschädigung ist anzugeben, sofern die Aufwandsentschädigung nicht sondergesetzlich geregelt ist.

[5] Jedes Sondervermögen ist für sich aufzuführen. Aufteilung der Vorspalte jeweils wie zu Abschnitt I.

[6] Die Besoldungsgruppen A 5 und A 6 sowie A 9 und A 10 der Laufbahngruppe 1 können zusammengefasst werden.

[7] Auf den Abschnitt II im Teil C kann verzichtet werden, wenn die Kopfspalten für die Beschäftigten in den Abschnitt I aufgenommen werden.

[8] Es ist die Anzahl der in Spalte 3 enthaltenen Stellen anzugeben, die auf die bei den Arbeitsgemeinschaften gemäß § 44b SGB II Beschäftigten der Kommunen entfällt.

**Muster 23**
(zu § 35a Absatz 3 SächsGemO)

# Übersicht über die Fraktionszuwendungen

## Teil A: Geldleistungen[1]

| Nr. | Fraktion | Im Haushaltsplan enthalten | | Ergebnis aus Jahresabschluss (Vorvorjahr) | Erläuterungen |
|---|---|---|---|---|---|
| | | Haushaltsjahr (Planjahr) | Vorjahr (laufendes Haushaltsjahr) | | |
| | | Euro | | | |
| | | | | | |
| | | | | | |
| | | | | | |
| | | | | | |
| | | | | | |
| | | | | | |
| | | | | | |
| | | | | | |
| | | | | | |
| | | | | | |
| | | | | | |
| | | | | | |
| | | | | | |
| | | | | | |
| | | | | | |
| | | | | | |
| | | | | | |
| | | | | | |
| | | | | | |
| | | | | | |

[1] Anzugeben sind die Ansätze/Rechnungsergebnisse für Auszahlungen im Finanzhaushalt.

## Übersicht über die Fraktionszuwendungen - Blatt 2

### Teil B: Geldwerte Leistungen[2]

| Fraktion: | | | | |
|---|---|---|---|---|
| Zweckbestimmung | Geldwert | | | Erläuterungen |
| | Haushaltsjahr (Planjahr) | Vorjahr (laufendes Haushaltsjahr) | mehr (+) weniger (-) | |
| | Euro | | | |
| 1. Gestellung von Personal der kommunalen Körperschaft für die Fraktionsarbeit | | | | |
| 1.1 für die Sicherung des Informationsaustauschs, organisatorische Aufgaben und sonstige Dienste (Geschäftsstellenbetrieb) | | | | |
| 1.2 für Sachgebiete der Fraktionsarbeit (Fraktionsassistenten) | | | | |
| 1.3 für Fahrer von Dienstfahrzeugen | | | | |
| 2. Bereitstellung von Fahrzeugen | | | | |
| 3. Bereitstellung von Räumen | | | | |
| 3.1 für die Fraktionsgeschäftsstelle | | | | |
| 3.2 dauernd oder bedarfsweise für die Durchführung von Fraktionssitzungen | | | | |
| 4. Bereitstellung von Büroausstattung | | | | |
| 4.1 Büromöbel oder -maschinen | | | | |
| 4.2 sonstiges Büromaterial | | | | |
| 5. Übernahme laufender oder einmaliger Kosten für | | | | |
| 5.1 bereitgestellte Räume (Heizung, Reinigung, Beleuchtung) | | | | |
| 5.2 Fachliteratur und -zeitschriften | | | | |
| 5.3 Telefon, Telefax, Datenübertragungsleitungen | | | | |
| 5.4 Rechnerzeiten auf zentraler EDV-Anlage | | | | |
| 6. Sonstiges | | | | |

[2] Die Werte sind auf der Grundlage der Ansätze des Ergebnishaushaltes zu ermitteln.

# Verwaltungsvorschrift
## des Sächsischen Staatsministeriums des Innern über die Grundsätze der kommunalen Haushalts- und Wirtschaftsführung und die rechtsaufsichtliche Beurteilung der kommunalen Haushalte zur dauerhaften Sicherung der kommunalen Aufgabenerledigung (VwV Kommunale Haushaltswirtschaft – VwV KomHWi)

**Vom 14. Juni 2024 (SächsABl. S. 698)**

**– in Kraft seit 5. Juli 2024 –**

Auf Grund von
- § 128 Satz 1 und § 129 Absatz 1 Satz 1 in Verbindung mit § 127 Absatz 2 der Sächsischen Gemeindeordnung in der Fassung der Bekanntmachung vom 9. März 2018 (SächsGVBl. S. 62),
- § 69 Satz 1 und § 70 Absatz 1 Satz 1 in Verbindung mit § 68 Absatz 2 der Sächsischen Landkreisordnung in der Fassung der Bekanntmachung vom 9. März 2018 (SächsGVBl. S. 99) und
- § 5 Absatz 3 Satz 1 und § 47 Absatz 2 Satz 1 des Sächsischen Gesetzes über kommunale Zusammenarbeit in der Fassung der Bekanntmachung vom 15. April 2019 (SächsGVBl. S. 270) in Verbindung mit § 128 Satz 1 und § 129 Absatz 1 Satz 1 der Sächsischen Gemeindeordnung

erlässt das Staatsministerium des Innern im Benehmen mit dem Staatsministerium der Finanzen folgende Verwaltungsvorschrift:

### Inhaltsübersicht

## A.
## Erläuterungen zu den Vorschriften für die gemeindliche Haushaltswirtschaft

### I.
### Zu § 72 der Sächsischen Gemeindeordnung: Allgemeine Haushaltsgrundsätze

1. Sicherung der dauernden Leistungsfähigkeit (§ 72 Absatz 1 der Sächsischen Gemeindeordnung)

a) Begriff
Die dauernde Leistungsfähigkeit ist ein unbestimmter Rechtsbegriff, der sowohl der Gemeinde als auch der Rechtsaufsichtsbehörde einen weiten Beurteilungsspielraum einräumt und gerichtlich in vollem Umfang überprüfbar ist. Seine wesentliche Bedeutung liegt darin, dass die Gemeinde ihre Haushaltswirtschaft in eigener Verantwortung und unter Berücksichtigung des kommunalen Haushaltsrechts sowie der lokalen Gegebenheiten wirtschaftlich, effizient und sparsam zu führen hat, damit die stetige Erfüllung ihrer Pflichtaufgaben sowie eines angemessenen Bestandes an freiwilligen Aufgaben gesichert bleiben. Sie darf insbesondere freiwillige und weisungsfreie Pflichtaufgaben nur in einem solchen Umfang übernehmen, wie sie auch in der Lage ist, die sich hieraus ergebenden finanziellen Folgen dauerhaft zu bewältigen. Das bedeutet, die Gemeinde muss die notwendigen Aufwendungen und Auszahlungen für Investitionsmaßnahmen sowie die Auszahlungen für fällige Kredittilgungen bei Fälligkeit gewährleisten können, damit die stetige Aufgabenerfüllung nicht gefährdet ist.

b) Beurteilungskriterien
Die Bewertung der finanziellen Leistungsfähigkeit beruht auf einer prognostischen Betrachtung des Haushaltsplans sowie des Finanzplans. Dabei verlangt der Grundsatz der Generationengerechtigkeit, dass die Gemeinden bei ihrer Prognose, ob die künftige Aufgabenerfüllung unter Beachtung der verfügbaren Ressourcen noch sichergestellt werden kann, einen weitaus längeren Zeitraum in den Blick nehmen müssen. Die Prüfung der für die Beurteilung der dauernden Leistungsfähigkeit relevanten Kriterien darf sich nicht auf die schematische Einhaltung bestimmter Richtwerte oder Warngrenzen beschränken, sondern erfordert eine ganzheitliche Bewertung der Haushaltssituation, wie sie sich aus den tatsächlich vorhandenen und verfügbaren Unterlagen und Informationen objektiv darstellt. Zu den relevanten Kriterien gehören insbesondere die bestehenden Schuldendienstbelastungen des Kernhaushalts einschließlich der finanziellen Verpflichtungen, die sich aus Eigengesellschaften, Beteiligungen sowie Mitgliedschaften in Zweckverbänden ergeben können, ferner die Einhaltung des Überschuldungsverbots, die Sicherstellung der Liquidität sowie die Fähigkeit zur Finanzierung künftiger Investitionen.
Die dauernde Leistungsfähigkeit der Gemeinde kann im Regelfall dann als gesichert angesehen werden, wenn die im Ergebnishaushalt veranschlagten Aufwendungen auch mittelfristig durch Erträge gedeckt werden und sie darüber hinaus in der Lage ist, einen Zahlungsmittelsaldo aus laufender Verwaltungstätigkeit zu erwirtschaften, der der ordentlichen Tilgung und dem Tilgungsanteil der Zahlungsverpflichtungen aus kreditähnlichen Rechtsgeschäften entspricht. Dabei muss dieser Betrag so bemessen sein, dass die durchschnittliche rechnerische Tilgungsdauer nicht höher ausfällt als die durchschnittliche Abschreibungsdauer des gesamten abnutzbaren Anlagevermögens. Eine Gemeinde ist ferner dann finanziell leistungsfähig, wenn sie in der Lage ist, im Finanzhaushalt Mittel zur Deckung des Auszahlungsbedarfs künftiger Jahre zu kumulieren. Soweit eine Gemeinde ihren Finanzhaushalt nur über Ersatzdeckungsmittel ausgleicht, können bereits Anhaltspunkte für eine eingeschränkte Leistungsfähigkeit vorliegen.
Eine Aussetzung der Tilgung oder eine Streckung des Tilgungszeitraumes können bereits erste Warnindikatoren für eine unzureichende finanzielle Leistungsfähigkeit sein. Das gilt in gleicher Weise für das Vorliegen eines negativen Zahlungsmittelsaldos aus laufender Verwaltungstätigkeit. Die dauerhafte Inanspruchnahme von Kassenkrediten ist im Regelfall als Ausdruck einer kritischen Haushaltslage zu werten. Dient der Kassenkredit allein der Vor- oder Zwischenfinanzierung sicher erwarteter Fördermittel, ist auch eine andere Betrachtung vertretbar.

c) Verschuldung
Das Erreichen oder Überschreiten der Richtwerte für die Verschuldung der Gebietskörperschaft oder für die Gesamtverschuldung ist Anlass, die dauernde finanzielle Leistungsfähigkeit einer Gemeinde eingehend zu überprüfen.

aa) Verschuldung der Gemeinde
Bei der Ermittlung der Verschuldung der Gemeinde sind die Kassenkredite, die Wertpapierschulden, die Schulden aus Krediten und die Verbindlichkeiten aus Lieferungen und Leistungen sowie die kreditähnlichen Rechtsgeschäfte (hier nur Hypotheken-, Grund- und Rentenschulden, Restkaufgelder und Finanzierungsleasing) der Gemeinde zu berücksichtigen.

Die Verschuldung der Gemeinde hat eine kritische Grenze erreicht, wenn folgender Richtwert erreicht oder überschritten ist:

| Körperschaft | Richtwert |
|---|---|
| Kreisfreie Städte | 1 100 Euro je Einwohner |
| Kreisangehörige Städte und Gemeinden | 850 Euro je Einwohner |
| Landkreise | 250 Euro je Einwohner |

bb) Gesamtverschuldung
Die Gesamtverschuldung setzt sich zusammen aus der Verschuldung der Gemeinde sowie ihrer rechtlich unselbstständigen und selbstständigen Einrichtungen und Unternehmen (Eigenbetriebe, unmittelbare und mittelbare Eigengesellschaften).
Schulden der Eigenbetriebe und der Eigengesellschaften, die bei der Gemeinde bestehen, sind nicht zu berücksichtigen.
Die Gesamtverschuldung hat eine kritische Grenze erreicht, wenn folgender Richtwert erreicht oder überschritten ist:

| Körperschaft | Richtwert |
|---|---|
| Kreisfreie Städte | 3 100 Euro je Einwohner |
| Kreisangehörige Städte und Gemeinden | |
| – mit über 50 000 Einwohnern | 2 700 Euro je Einwohner |
| – mit über 10 000 bis 50 000 Einwohnern | 2 650 Euro je Einwohner |
| – mit über 5 000 bis 10 000 Einwohnern | 1 200 Euro je Einwohner |
| – mit über 3 000 bis 5 000 Einwohnern | 1 000 Euro je Einwohner |
| – mit über 1 000 bis 3 000 Einwohnern | 850 Euro je Einwohner |
| Landkreise | 310 Euro je Einwohner |

Bei Gemeinden mit weniger als 1 000 Einwohnern gelten aufgrund der besonderen Gegebenheiten keine bestimmten Verschuldungswerte.

cc) Konsequenzen bei Überschreiten der Richtwerte
Werden die Richtwerte für die Verschuldung erreicht oder überschritten, beurteilt sich die dauernde Leistungsfähigkeit der Gemeinde nicht schematisch, sondern unter summarischer Bewertung insbesondere folgender Gesichtspunkte:

- der Finanz- und Liquiditätssituation,
- dem Stand der Aufgabenerfüllung,
- dem Umfang des geschaffenen Anlagevermögens unter Berücksichtigung der Vermögensbestände, die nicht für kommunale Aufgaben genutzt werden und gegebenenfalls veräußert werden können,
- der Höhe der liquiden Mittel und Forderungen,
- dem Zahlungsmittelsaldo aus laufender Verwaltungstätigkeit nach § 3 Absatz 1 Nummer 17 der Sächsischen Kommunalhaushaltsverordnung vom 10. Dezember 2013 (SächsGVBl. S. 910), die zuletzt mit Verordnung vom 18. März 2022 (SächsGVBl. S. 259) geändert worden ist, in der jeweils geltenden Fassung, im Finanzplanungszeitraum,
- der Situation der Zweckverbände, an denen die Gemeinde beteiligt ist, insbesondere der Umfang des Anlagevermögens,
- der Situation der Beteiligungsgesellschaften, an denen die Gemeinde beteiligt ist, entsprechend ihrer Bedeutung für die kommunale Daseinsvorsorge und der Höhe der Beteiligung,
- der Wirtschaftlichkeit der Investitionen,
- dem Refinanzierungsmodell,
- dem Risiko der Inanspruchnahme aus Bürgschaften, Gewährverträgen und diesen wirtschaftlich gleichkommenden Rechtsgeschäften sowie aus gesellschaftsvertraglich begründeten Nachschusspflichten,
- den Verpflichtungen aus ÖPP-Projekten,
- den sonstigen latenten Risiken im Sinne des Frühwarnsystems,
- dem Umfang der Verbindlichkeiten aus Lieferungen und Leistungen,
- der Dauer und dem Umfang der Inanspruchnahme von Kassenkrediten.

Die Bewertung der Haushaltslage kann im Einzelnen zu folgenden Ergebnissen führen:
Im Interesse einer generationengerechten Haushaltwirtschaft ist eine weitere Nettoneuverschuldung bei Gemeinden, die bereits eine hohe Verschuldung der Gebietskörperschaft aufweisen und bei denen zu befürchten ist, dass der künftige Kapitaldienst nicht oder nur mit Inanspruchnahme von Kassenkrediten finanziert werden kann, grundsätzlich zu versagen. Etwas anderes kann allenfalls für Investitionen der infrastrukturellen Grundversorgung gemäß Anlage 1 gelten. Hier ist unter Berücksichtigung der gesamten Haushaltssituation sowie des Zustands der örtlichen Infrastruktur jeweils zu prüfen, ob die Finanzierung einer solchen Investition im Wege einer Kreditaufnahme ausnahmsweise genehmigt werden kann. Unverzichtbare Voraussetzung hierfür ist jedoch, dass die Gesetzmäßigkeit des Haushaltes hierdurch nicht gefährdet wird. Die Gemeinde muss also künftig in der Lage sein, die erforderlichen Abschreibungsbeträge zu erwirtschaften und bei Fälligkeit ihre Zahlungsverpflichtungen zu erfüllen. Dies ist durch die Vorlage eines maßnahmekonkreten Gemeinderatsbeschlusses glaubhaft zu machen, sofern sich die erforderlichen Angaben nicht schon aus dem aktuellen Finanzplan ergeben.
In den Fällen, in denen die Gemeinde aufgrund bestellter Sicherheiten für Verbindlichkeiten der kommunalen Gesellschaften oder aufgrund satzungsrechtlicher Verpflichtungen für Verbindlichkeiten der Zweckverbände haftet, hat sie, sobald und soweit Anhaltspunkte für eine bevorstehende Inanspruchnahme gegeben sind, eine angemessene bilanzielle Risikovorsorge durch die Bildung von Rückstellungen zu treffen. Den Rückstellungsbeträgen müssen im Zeitpunkt der Auszahlung entsprechende liquide Mittel gegenüberstehen.
Die Gemeinden sind überdies gehalten, ein geeignetes Beteiligungsmanagement zu führen (siehe auch Leitfaden Beteiligungsmanagement im kommunalen Bereich vom November 2014; Hrsg.: Sächsischer Städte- und Gemeindetag, Sächsischer Landkreistag und Sächsisches Staatsministerium des Innern, verfügbar unter https://www.kommunale-verwaltung.sachsen.de/kommunale-wirtschaft-3975.html).

d) Zins- und Schuldenmanagement
Die Aufwendungen aus Schulden sollen – unter Beachtung der durch das gesetzliche Spekulationsverbot gesetzten Grenzen – mithilfe eines geeigneten Schulden- und Zinsmanagements begrenzt werden. Basis des Schulden- und Zinsmanagements sind die in Haushaltsplan und mittelfristiger Finanzplanung vorgesehenen Zins- und Tilgungszahlungen. Oberstes Ziel ist es, die Zinsaufwandsplanung einzuhalten. Dazu sind sicherzustellen: eine hinreichende und angemessene Finanzverwaltungsstruktur, insbesondere geordnete Haushaltsführung, fachliche Kenntnis im Umgang mit den eingesetzten und geplanten Instrumenten einschließlich regelmäßiger Fortbildung der Beschäftigten des mit dem Abschluss und der Verwaltung derartiger Geschäfte befassten Organisationsbereichs der Gemeinde, ferner eine Information des Gemeinderates über laufende Zinssicherungsgeschäfte im Rahmen der Berichtspflicht gemäß § 75 Absatz 5 Satz 1 der Sächsischen Gemeindeordnung in der Fassung der Bekanntmachung vom 9. März 2018 (SächsGVBl. S. 62), die zuletzt durch Artikel 5 des Gesetzes vom 28. November 2023 (SächsGVBl. S. 870) geändert worden ist, in der jeweils geltenden Fassung. Die Übertragung einzelner Aufgaben des Finanzmanagements ist keine zulässige Aufgabenübertragung im Sinne von § 71 des Sächsischen Gesetzes über kommunale Zusammenarbeit in der Fassung der Bekanntmachung vom 15. April 2019 (SächsGVBl. S. 270), das durch Artikel 3 des Gesetzes vom 9. Februar 2022 (SächsGVBl. S. 134) geändert worden ist, in der jeweils geltenden Fassung. Auf die Erlaubnispflicht gemäß § 32 des Kreditwesengesetzes in der Fassung der Bekanntmachung vom 9. September 1998 (BGBl. I S. 2776), das zuletzt durch Artikel 6 des Gesetzes vom 22. Dezember 2023 (BGBl.

2023 I Nr. 411) geändert worden ist, in der jeweils geltenden Fassung, wird hingewiesen.

Unzulässig sind weiterhin Finanzgeschäfte, bei denen die Bank ein einseitiges kostenloses Kündigungsrecht hat, während die Gemeinde nur gegen Leistung einer Ausgleichszahlung kündigen kann.

aa) Dokumentationspflichten

Bei Entscheidungen im Zins- und Schuldenmanagement ist Folgendes zu dokumentieren: das aktuelle Marktumfeld einschließlich einer aktuellen Analyse der Geld- und Kapitalmärkte (Marktrückblick) sowie einer Prognose der Entwicklung dieser Märkte (Marktausblick); ferner die Zinsmeinung, die Einholung und Auswertung der Vergleichsangebote einschließlich der Erstellung von Chancen- und Risikoprofilen der Angebote, der Zinssatz und der sich hieraus ergebende Zinsaufwand im Finanzplanungszeitraum unter Berücksichtigung der geplanten Auszahlungen für die Tilgung sowie gegebenenfalls zu leistende Einmal- oder Prämienzahlungen und dergleichen, die sich aus dem Abschluss des geplanten Geschäftes ergeben, Eckpunkte der Beratung durch beteiligte Kreditinstitute, die Auswirkung der beabsichtigten Abschlüsse auf das Gesamtrisiko und auf die zu erwartenden Zinsaufwendungen. Die Gemeinde hat ihren Vertragspartner vor Abschluss eines zulässigen derivativen Zinsgeschäfts über Nummer 3 in Kenntnis zu setzen. Dies ist in geeigneter Weise zu dokumentieren.

bb) Anzeigepflicht

Soweit durch die vorgesehenen Zinsaufwendungen die Gesetzmäßigkeit des Haushaltes gefährdet erscheint, ist dies der Rechtsaufsichtsbehörde unverzüglich anzuzeigen.

2. Wirtschaftlichkeit und Sparsamkeit (§ 72 Absatz 2 Satz 1 der Sächsischen Gemeindeordnung)

a) Begriff

Die Haushaltswirtschaft entspricht dem Grundsatz der Sparsamkeit, wenn unnötige Ausgaben vermieden werden. Der Grundsatz der Wirtschaftlichkeit wird beachtet, wenn entweder das angestrebte Ergebnis mit einem möglichst geringen Ressourceneinsatz (Minimalprinzip), mit einem bestimmten Einsatz an Ressourcen das bestmögliche Ergebnis (Maximalprinzip) oder mit einem möglichst geringen Ressourceneinsatz das bestmögliche Ergebnis (Optimumprinzip) erreicht werden kann. Den Gemeinden steht bei der Auslegung dieses unbestimmten Rechtsbegriffs ein weitreichender Beurteilungsspielraum im Rahmen ihrer Selbstverwaltung zu, der von den Rechtsaufsichtsbehörden und den Verwaltungsgerichten in vollem Umfang überprüft werden kann. Die gesetzliche Verpflichtung zur Wirtschaftlichkeit und Sparsamkeit wird im Regelfall dann verletzt, wenn der Aufwand oder die Auszahlung unter keinem denkbaren Gesichtspunkt zu rechtfertigen sind. Bei einer solchen Konstellation hätte die Gemeinde den ihr zustehenden Entscheidungsspielraum in nicht mehr zu vertretender Weise überschritten.

b) Anwendungsbereich

Der Grundsatz der Wirtschaftlichkeit bedeutet nicht, dass das niedrigste Angebot anzunehmen und umzusetzen ist. In einer Gesamtbetrachtung soll die Gemeinde unter Berücksichtigung der gemeindlichen Aufgabenerfüllung jeweils prüfen und beurteilen, welche Maßnahmen wirtschaftlich und angemessen sind. Dazu gehört, bei investiven Maßnahmen die Wirtschaftlichkeit anhand des gesamten Lebenszyklus des Objekts zu betrachten und die voraussichtlichen Kosten in diesem Zeitraum in die Gesamtbetrachtung einzubeziehen, also auch die Folgekosten (siehe auch Großbuchstabe C Ziffer III der Gemeinsamen Verwaltungsvorschrift des Sächsischen Staatsministeriums der Finanzen und des Sächsischen Staatsministeriums des Innern zur kommunal- und haushaltsrechtlichen Beurteilung von Investorenvorhaben im kommunalen Bereich vom 4. Juli 2005 [SächsABl. S. 725], zuletzt enthalten in der Verwaltungsvorschrift vom 1. Dezember 2023 [SächsABl. SDr. S. S 253], in der jeweils geltenden Fassung).

Der Sparsamkeitsgrundsatz soll die Gemeinde dazu anhalten, sämtliche Ertrags- und Einzahlungsmöglichkeiten zu nutzen und auch bestehende Ansprüche rechtzeitig und vollständig geltend zu machen und einzuziehen, soweit dies zumutbar ist. Die Anwendung dieses Grundsatzes darf nicht dazu führen, dass die erforderliche Aufgabenerledigung beeinträchtigt wird.

c) Personalausstattung

Die Einhaltung der nachstehend aufgeführten Personalstandsrichtwerte ist als Ausdruck einer wirtschaftlichen und sparsamen Haushaltsführung zu bewerten. Diese Richtwerte dienen auch weiterhin zur Orientierung bei der Bestimmung des örtlichen Personalbedarfs. Sie eignen sich allerdings nicht für eine schematische Betrachtung. Es muss vielmehr in jedem Einzelfall geprüft werden, ob die Richtwerte die inzwischen eingetretenen Veränderungen in der Aufgabenentwicklung und die sich hieraus ergebenden Personalbedarfe noch angemessen abbilden. Bei der Beurteilung der Personalausstattung einer Gemeinde sind zum Beispiel auch Art und Umfang der Aufgabenerfüllung zu berücksichtigen. Andererseits stellen die Auswirkungen des demografischen Wandels auf das gegenwärtige und künftige Angebot von Fachkräften die Gemeinden schon jetzt vor große Herausforderungen. Sie sind daher umso mehr gehalten, die im Sächsischen Gesetz über kommunale Zusammenarbeit vorgesehenen Formen der interkommunalen Zusammenarbeit (zum Beispiel gemeinsame Dienststellen, Mandatierung von Aufgaben, Einrichtung kommunaler Arbeitsgemeinschaften) zu nutzen, damit die eigene Verwaltungskraft und bestehende Qualitätsstandards erhalten bleiben und das vorhandene Fachpersonal noch effizienter eingesetzt werden kann.

aa) Personalstandsrichtwerte

Für den Personalbestand können die folgenden Richtwerte, bezogen auf die Summe der Beschäftigten im Kernhaushalt (vergleiche § 59 Nummer 27 der Sächsischen Kommunalhaushaltsverordnung), so genannter Beschäftigungsbereich 21, und in den mit Sonderrechnung geführten rechtlich unselbstständigen Einrichtungen und Unternehmen mit Ausnahme der Krankenhäuser, so genannter Beschäftigungsbereich 22, auch weiterhin zur Orientierung bei der Personalbemessung herangezogen werden:

| **Körperschaft** | **Richtwert** |
|---|---|
| Kreisfreie Städte | 14,3 VZÄ[1]/1 000 Einwohner |
| Ehemalige Kreisfreie Städte[2] | 9,6 VZÄ/1 000 Einwohner |
| Kreisangehörige Städte und Gemeinden, die keiner Verwaltungsgemeinschaft und keinem Verwaltungsverband angehören | |
| – mit 20 000 und mehr Einwohnern | 6,6 VZÄ/1 000 Einwohner |
| – mit 10 000 bis unter 20 000 Einwohnern | 5,6 VZÄ/1 000 Einwohner |
| – mit 5 000 bis unter 10 000 Einwohnern | 5,0 VZÄ/1 000 Einwohner |
| – mit bis unter 5 000 Einwohnern | 5,1 VZÄ/1 000 Einwohner |
| Landkreise | 4,6 VZÄ/1 000 Einwohner |

1 VZÄ (Vollzeitäquivalent) wird errechnet, indem die tatsächlichen Arbeitszeiten der Beschäftigten zur üblichen vollen Wochenarbeitszeit ins Verhältnis gesetzt werden.

2 Große Kreisstädte, die aufgrund von § 2 Absatz 2 des Sächsischen Kreisgebietsneugliederungsgesetzes vom 29. Januar 2008 (SächsGVBl. S. 102), das durch Artikel 7 des Gesetzes vom 18. Dezember 2013 (SächsGVBl. S. 970) geändert worden ist, die Kreisfreiheit verloren haben.

Bei der Ermittlung des Personalbestandes bleibt das für die Kinderbetreuung in Kindertageseinrichtungen erforderliche Personal angesichts der in § 12 Absatz 2 des Gesetzes über Kindertagesbetreuung in der Fassung der Bekanntmachung vom 15. Mai 2009 (SächsGVBl. S. 225), das zuletzt durch Artikel 7 des Gesetzes vom 31. Januar 2024 (SächsGVBl. S. 83) geändert worden ist, in der jeweils geltenden Fassung, vorgegebenen Personalschlüssel sowie der unterschiedlichen Organisationsstrukturen im Bereich der Kinderbetreuung mit Einrichtungen in kommunaler oder freier Trägerschaft außer Betracht.

Soweit in der Gemeinde sonstige Aufgaben, die den Beschäftigungsbereichen 21 oder 22 zugeordnet sind, durch Dritte, insbesondere andere Gemeinden, Zweckverbände oder Private

wahrgenommen werden, sind die Richtwerte für den Personalbestand angemessen abzusenken.
Bei der Ermittlung des Personalbestandes sind nicht einzubeziehen: die Beschäftigten, die sich in der Freistellungsphase der Altersteilzeit befinden, das für die Übernahme der Optionsaufgaben nach § 6a des Zweiten Buchs Sozialgesetzbuch – Bürgergeld, Grundsicherung für Arbeitsuchende – in der Fassung der Bekanntmachung vom 13. Mai 2011 (BGBl. I S. 850, 2094), das zuletzt durch Artikel 5 des Gesetzes vom 27. März 2024 (BGBl. 2024 I Nr. 107) geändert worden ist, in der jeweils geltenden Fassung, eingesetzte Personal und die Stelle des Hauptverwaltungsbeamten (Bürgermeister, Landrat).

bb) Beratende Äußerung des Sächsischen Rechnungshofs
Der Sächsische Rechnungshof hat in seiner Beratenden Äußerung „Organisationsempfehlungen für sächsische Gemeinden mit 5.000 bis 10.000 Einwohnern" (Landtagsdrucksache 7/4241 vom 12. Oktober 2020) empfohlen, den jeweiligen Stellenbedarf entsprechend den in der Beratenden Äußerung aufgeführten Aufgabenblöcken und mithilfe der benannten Kennzahlen zu ermitteln. Der Sächsische Rechnungshof stellt hierzu unter www.rechnungshof.sachsen.de/beratende-ausserungen ein entsprechendes EXCEL-Tool zur Verfügung. In seiner Beratenden Äußerung „Organisationsmodell für Städte und Gemeinden mit 10.000 bis unter 20.000 Einwohnern" (Landtagsdrucksache 4/12792 vom 4. Juli 2008) empfiehlt der Sächsische Rechnungshof für Gemeinden dieser Größenklasse einen Personalrichtwert für die Kernverwaltung (vergleiche § 59 Nummer 28 der Sächsischen Kommunalhaushaltsverordnung) von 2,4 VZÄ je 1 000 Einwohner. Bei nachgewiesenem Mehrbedarf sollten 2,6 VZÄ je 1 000 Einwohner nicht überschritten werden.
Die vorgenannten Richtwerte dienen ebenso wie die Beratende Äußerung „Organisationsempfehlungen für sächsische Landkreise zur mittelfristigen Umsetzung bis zum Jahr 2020" (Landtagsdrucksache 5/8894 vom 8. Juni 2012) zur Orientierung bei der Prüfung der örtlichen Personalbedarfe.

cc) Personalstandsrichtwerte für Verwaltungsgemeinschaften und Verwaltungsverbände
Die Einwohnerzahlen aller an der Verwaltungsgemeinschaft beteiligten Gemeinden werden zusammengezählt. Als Maßstab für die erfüllende Gemeinde wird der jeweilige oben genannte Richtwert für kreisangehörige Gemeinden der entsprechenden Einwohnerzahl herangezogen. Bei Gemeinden, die keine erfüllende Gemeinde sind, prüft die Rechtsaufsichtsbehörde unter Berücksichtigung der Besonderheiten des Einzelfalls, insbesondere nach dem Umfang der Aufgabenübertragung von den Mitgliedsgemeinden auf die erfüllende Gemeinde, ob und gegebenenfalls welche der an der Verwaltungsgemeinschaft beteiligten Gemeinden einen zu hohen Personalbestand aufweisen.
Für Verwaltungsverbände gilt dies entsprechend. Auf § 8 Absatz 3 des Sächsischen Gesetzes über kommunale Zusammenarbeit wird hingewiesen.

d) Erwerb von Liegenschaften
Der Erwerb kontaminierter (mit Schadstoffen belasteter) Grundstücke ohne nachvollziehbare Abschätzung der Sanierungskosten stellt wegen der ansonsten bestehenden Finanzierungsrisiken in der Regel einen Verstoß gegen die Grundsätze der sparsamen und wirtschaftlichen Haushaltsführung dar. Besteht der Verdacht einer Kontamination, der auch noch nach der Sanierung der Grundstücksflächen vorliegen kann, und liegt eine Sanierungs- und Folgekostenschätzung nicht vor, ist der Erwerb dieser Grundstücksflächen durch geeignete rechtsaufsichtliche Maßnahmen zu unterbinden.
Vor einem Erwerb solcher Flächen ist stets die fachliche Stellungnahme der zuständigen Umweltfachbehörde einzuholen. Bei Grundstücken, die dem Sanierungsauftrag der Wismut GmbH unterfallen beziehungsweise unterfielen oder die radiologisch belastet sind, ist eine Stellungnahme des Landesamtes für Umwelt, Landwirtschaft und Geologie einzuholen. Dies gilt auch für so genannte mischkontaminierte Flächen, die radiologische und chemische Kontaminationen aufweisen. Aufgrund dieser Stellungnahme ist dann zu entscheiden, ob der Erwerb der Flächen unter Berücksichtigung der Sanierungskosten vertretbar ist.
Die Gemeinde soll die zuständige Rechtsaufsichtsbehörde über den beabsichtigten Grundstückskauf der möglicherweise kontaminierten Fläche rechtzeitig unterrichten.
Diese Verfahrensweise ist auch dann zu beachten, wenn Grundstücksflächen der Gemeinde unentgeltlich übereignet werden sollen oder der Verkäufer die möglichen Sanierungskosten zu tragen beabsichtigt. Im letzteren Fall sind die Form der Absicherung, die Solvenz des Verkäufers und ein mögliches Prozessrisiko in die Prüfung einzubeziehen.

3. Spekulative Finanzgeschäfte (§ 72 Absatz 2 Satz 2 der Sächsischen Gemeindeordnung)

a) Begriff
Die Gemeinden dürfen gemäß § 72 Absatz 2 Satz 2 der Sächsischen Gemeindeordnung keine spekulativen Finanzgeschäfte abschließen. Spekulativ sind solche Finanzgeschäfte, die, ohne Geldanlagen im Sinne des § 89 Absatz 3 der Sächsischen Gemeindeordnung zu sein, objektiv auf Gewinnerzielung ausgerichtet sind. Daher sind derivative Zinsgeschäfte, die abgeschlossen werden, um sich gegen das Zinsänderungsrisiko aus Kreditgeschäften abzusichern (Zinssicherungsgeschäfte), zulässig, soweit sich eine Unzulässigkeit nicht aus anderen Rechtsgründen ergibt. Alle anderen derivativen Zinsgeschäfte (Zinsoptimierungsgeschäfte) verstoßen gegen das Spekulationsverbot und sind daher unzulässig. Ein Zinssicherungsgeschäft liegt dann vor, wenn zwischen Grundgeschäft und Derivatgeschäft Konnexität besteht, das heißt, wenn sich aus einem oder mehreren Darlehensverträgen der Gemeinde deshalb ein Zinsänderungsrisiko ergibt, weil entweder variable Zinsen vereinbart wurden oder kurzfristige Darlehen aufgenommen werden, obwohl ein längerfristiger Finanzierungsbedarf besteht, und das Derivatgeschäft die Gemeinde gegen das sich daraus ergebende Zinsänderungsrisiko, zumindest teilweise, absichert. Eine Genehmigungspflicht für derivative Zinsgeschäfte besteht nicht.
Für vor dem 1. März 2012 abgeschlossene derivative Zinsgeschäfte gilt die VwV Kommunale Haushaltswirtschaft-Doppik in der bis zum 1. März 2012 geltenden Fassung.
Die Gemeinden haben die Nutzung derivativer Zinsgeschäfte eigenverantwortlich zu prüfen und hierüber zu entscheiden. Die Abwägung der hierbei zu berücksichtigenden wirtschaftlichen Folgen und prozessualen Risiken sowie die sich hieraus ergebende Entscheidung sollten nicht ohne die Beiziehung unabhängiger juristischer und wirtschaftlicher Sachverständiger getroffen werden, die die für die Beurteilung derartiger, häufig hochkomplexer Produkte und eventuell angebotener Alternativen erforderliche finanzwirtschaftliche Expertise besitzen. Soweit Verhandlungen geführt werden, bedürfen auch diese einer sorgfältigen und fachkundigen Begleitung.
Die unter Nummer 1 Buchstabe d Doppelbuchstabe aa und bb aufgeführten Dokumentations- und Anzeigepflichten gelten entsprechend.

b) Außerhalb ihrer gewöhnlichen Geschäftstätigkeit liegende spekulative Finanzgeschäfte kommunaler Unternehmen
Die Vertreter der Gemeinden in der Gesellschafterversammlung oder dem entsprechenden Organ oder, soweit vorhanden, im Aufsichtsrat oder einem entsprechenden Überwachungsorgan eines Unternehmens in einer Rechtsform des privaten Rechts, an dem der Gemeinde allein oder zusammen mit anderen kommunalen Trägern der Selbstverwaltung, die der Aufsicht des Freistaates Sachsen unterstehen, eine zur Änderung des Gesellschaftsvertrages oder der Satzung berechtigende Mehrheit der Anteile zusteht, haben dafür Sorge zu tragen, dass der Abschluss außerhalb ihrer gewöhnlichen Geschäftstätigkeit liegender spekulativer Finanzgeschäfte durch das Unternehmen ausgeschlossen wird.
Bei einer geringeren Beteiligung hat die Gemeinde darauf hinzuwirken, dass der Abschluss derartiger spekulativer Finanzgeschäfte unterbleibt.

4. Ausgleich des Ergebnishaushalts (§ 72 Absatz 3 der Sächsischen Gemeindeordnung)

a) Allgemein
Der Ergebnishaushalt ist dann ausgeglichen, wenn das veranschlagte Gesamtergebnis gemäß § 2 Absatz 1 Nummer 28 der Sächsischen Kommunalhaushaltsverordnung, welches unter Berücksichtigung der Überschüsse oder Fehlbeträge im ordentlichen

Ergebnis und im Sonderergebnis des Haushaltsjahres, der veranschlagten Abdeckung von Fehlbeträgen aus Vorjahren und der Verrechnung gemäß § 72 Absatz 3 Satz 3 der Sächsischen Gemeindeordnung ermittelt wird, keinen Fehlbetrag ausweist. Der Ergebnishaushalt ist darüber hinaus auch dann ausgeglichen, wenn ein Fehlbetrag im veranschlagten Gesamtergebnis durch Entnahme aus der Rücklage aus Überschüssen des ordentlichen Ergebnisses oder durch Entnahme aus der Rücklage aus Überschüssen des Sonderergebnisses gedeckt werden kann. Dabei liegt es im Ermessen der Gemeinde, ob und in welcher Höhe sie die zur Deckung eines Fehlbetrages im veranschlagten Gesamtergebnis erforderlichen Beträge jeweils der Rücklage aus Überschüssen des ordentlichen Ergebnisses oder der Rücklage aus Überschüssen des Sonderergebnisses entnimmt. Die Entnahmen aus Überschussrücklagen sind insoweit keiner bestimmten Rang- oder Reihenfolge unterworfen. Gelingt der Ausgleich auch durch Entnahmen aus den Rücklagen nicht und ist somit im Ergebnishaushalt unter den Positionen gemäß § 2 Absatz 1 Nummer 31 und 32 der Sächsischen Kommunalhaushaltsverordnung der Vortrag eines Fehlbetrages auf Folgejahre zu veranschlagen, ist die Aufstellung eines Haushaltsstrukturkonzeptes verpflichtend.

b) Ermittlung des verrechnungsfähigen Fehlbetrages
Sofern eine Verrechnung gemäß § 72 Absatz 3 Satz 3 der Sächsischen Gemeindeordnung geplant ist, ist für das jeweilige Haushaltsjahr der für eine Verrechnung in Betracht kommende Fehlbetrag zu bestimmen. Dieser errechnet sich als Saldo aus den im Haushaltsjahr veranschlagten
- Aufwendungen für die Abschreibungen, aus der Veräußerung und dem Abgang der Vermögensgegenstände, die am 31. Dezember 2017 im Anlagevermögensbestand ausgewiesen wurden,
- den Erträgen aus Zuschreibungen zu und der Veräußerung von Vermögensgegenständen, die zum 31. Dezember 2017 im Anlagevermögensbestand ausgewiesen wurden,
- den Erträgen aus der Auflösung der diesen Vermögensgegenständen zugeordneten passiven Sonderposten (das heißt ohne Sammel-Sonderposten) sowie
- den Aufwendungen aus der Zuschreibung der diesen Vermögensgegenständen zugeordneten passiven Sonderposten; Sammel-Sonderposten können nicht berücksichtigt werden.

Bei der Ermittlung des Fehlbetrages ist zwischen Fehlbeträgen im ordentlichen Ergebnis und Fehlbeträgen im Sonderergebnis zu unterscheiden.

c) Verrechnung des Fehlbetrages
Die Gemeinde darf Fehlbeträge gemäß Buchstabe b im Jahr ihrer Entstehung jeweils bis zu ihrem vollen Betrag zur Verrechnung mit dem Basiskapital veranschlagen. Es liegt grundsätzlich im Ermessen der Gemeinde, ob und in welcher Höhe die Verrechnung eines Fehlbetrages im ordentlichen Ergebnis oder im Sonderergebnis mit dem Basiskapital gemäß § 72 Absatz 3 Satz 3 der Sächsischen Gemeindeordnung sowie Entnahmen aus der Rücklage aus Überschüssen des ordentlichen Ergebnisses oder des Sonderergebnisses veranschlagt werden. Die Höhe des Verrechnungsbetrages ist unabhängig von dem im Haushaltsjahr erzielten Gesamtergebnis sowie gegebenenfalls vorhandener Rücklagen aus Vorjahren. Er ist der Höhe nach nicht auf einen zum Ausgleich des Gesamtergebnisses notwendigen Betrag begrenzt, wenngleich es im wohlverstandenen Interesse der Gemeinden liegt, das Basiskapital nach Möglichkeit zu schonen und die Verrechnung auf den Bedarfsfall zu beschränken. Anderenfalls läuft die Gemeinde Gefahr, dass sie ihren Vermögensbestand zu Lasten nachfolgender Generationen verzehrt. Sie ist daher in jedem Einzelfall gehalten, sorgfältig unter Abwägung zumutbarer Alternativen zu prüfen, ob sie von der Verrechnungsmöglichkeit Gebrauch macht. Soweit diese Entscheidung im Zusammenhang mit der Festsetzung der Kreisumlage steht, gilt für die Landkreise die Besonderheit, dass sie bei der Festsetzungsentscheidung die Haushaltssituation der kreisangehörigen Gemeinden angemessen zu berücksichtigen haben. Aufgrund der verfassungsrechtlich geschützten Finanzhoheit gibt es keinen Wertungsunterschied zwischen dem Finanzbedarf der Landkreise und dem der Gemeinden. Die Garantie des Kerngehalts der kommunalen Selbstverwaltung zieht der Kreisumlageerhebung eine absolute Grenze dort, wo sie zu einer strukturell und dauerhaft unzureichenden Finanzausstattung der kreisangehörigen Gemeinden führen und ihnen dadurch die Möglichkeit zu einem eigenständigen und eigenverantwortlichen Handeln nehmen würde. In einem solchen Fall kann sich das bei der Ausübung des Verrechnungswahlrechts bestehende Ermessen auf eine Pflicht zur Verrechnung reduzieren. Die Anforderungen an die Gesetzmäßigkeit des Finanzhaushaltes sind ungeachtet möglicher Verrechnungen im Ergebnishaushalt einzuhalten. Ergibt sich nach der Verrechnung ein positives Gesamtergebnis, sind die Überschüsse den jeweiligen Rücklagen zuzuführen. Die so entstandenen Rücklagenbeträge sind separat darzustellen. Durch die Verrechnung darf der Betrag von einem Drittel des zum 31. Dezember 2017 festgestellten Basiskapitals nicht unterschritten werden. Der im Haushaltsplan zur Verrechnung mit dem Basiskapital veranschlagte Fehlbetrag darf mit der Aufstellung des Jahresabschlusses den tatsächlichen Verhältnissen entsprechend angepasst werden. Die Gemeinde entscheidet mit der Feststellung des Jahresabschlusses über den tatsächlichen Verrechnungsbetrag.

d) Abgrenzung zwischen „Alt-Investitionen“ und „Neu-Investitionen“
Verrechnungsfähig sind Fehlbeträge, die im Zusammenhang mit Vermögensgegenständen entstehen, die zum 31. Dezember 2017 im Anlagevermögensbestand nachgewiesen sind. Für Fehlbeträge aus Vermögensgegenständen, die nach dem 31. Dezember 2017 aktiviert werden, besteht die Verrechnungsmöglichkeit somit nicht. Daher ist die Abgrenzung dieser Vermögensgegenstände in geeigneter Weise, vorzugsweise durch entsprechende Merkmale in den Bestandsverzeichnissen, sicherzustellen. Jeder einzelne Vermögensgegenstand ist in seiner Gesamtheit entweder als „Alt-Investition“ oder als „Neu-Investition“ zu behandeln. Unterliegt ein Vermögensgegenstand, der zum 31. Dezember 2017 im Anlagevermögensbestand nachgewiesen wurde, Veränderungen, die eine Hinzuaktivierung im Sinne eines Zugangs bedingen, ist der jeweilige Vermögensgegenstand ab dem Zeitpunkt der Hinzuaktivierung mit seinem gesamten Wert als „Neu-Investition“ zu behandeln. Im Fall der Hinzuaktivierung darf der zu diesem Zeitpunkt bestehende Saldo aus dem Buchwert des Vermögensgegenstandes und dem Buchwert eines diesem Vermögensgegenstand zugeordneten Sonderpostens (das heißt ohne Sammel-Sonderposten) dem Basiskapital entnommen und in die Rücklage aus Überschüssen des Sonderergebnisses übertragen werden. Dies ist bei der Aufstellung des Jahresabschlusses durch einen Passivtausch zu vollziehen, der die Ergebnisrechnung nicht berührt. Die so gebildeten Rücklagen dürfen bereits im Jahr der Bildung zum Ausgleich von Fehlbeträgen in Anspruch genommen werden. Auf diese Weise bleibt einerseits das Ausgleichspotenzial erhalten und andererseits werden sowohl der Vermögensgegenstand als auch etwaige passive Sonderposten in der Vermögensrechnung weiterhin mit dem wirklichkeitsgetreuen Wert ausgewiesen.
Nicht zur Behandlung als „Neu-Investitionen“ führen Zuschreibungen auf „Alt-Investitionen“ (zum Beispiel Wertaufholungen oder Zuschreibungen auf Finanzanlagevermögen aufgrund der Bewertung nach der Eigenkapitalspiegelmethode), Berichtigungen sowie wertneutrale Umbuchungen von „Alt-Investitionen“ innerhalb des Anlagevermögens. Dies gilt für Umbuchungen von Anlagen im Bau entsprechend.
Bei der Umbuchung von „Alt-Investitionen“ vom Anlagevermögen in das Umlaufvermögen entfällt für diese Vermögensgegenstände die Möglichkeit zur Verrechnung von Fehlbeträgen. Eine Basiskapitalentnahme und Übertragung in die Rücklage ist in diesen Fällen nicht zulässig.

e) Veranschlagung von Fehlbeträgen
Nach Ausnutzung aller Verrechnungs- und Deckungsmöglichkeiten verbleibende Fehlbeträge sind – getrennt nach Fehlbeträgen im ordentlichen Ergebnis und Fehlbeträgen im Sonderergebnis – vorzutragen und unmittelbar im Folgejahr in voller Höhe zur Deckung zu veranschlagen. Da in der Regel im Zeitpunkt der Haushaltsaufstellung der Jahresabschluss noch nicht vorliegt, ist das gemäß Haushaltssatzung des laufenden Haushaltsjahres, einer Nachtragshaushaltssatzung oder aus anderem Anlass (bspw. dem Zwischenbericht gemäß § 75 Absatz 5 Sächsische Gemeindeordnung) für das Ende des Haushaltsjahres zuletzt prognostizierte Jahresergebnis im Rahmen der Haushaltsaufstellung durch

sorgfältige Schätzung fortzuschreiben. Etwaige Fehlbeträge sind jeweils in voller Höhe unter den Positionen gemäß § 2 Absatz 1 Nummer 24 und 25 der Sächsischen Kommunalhaushaltsverordnung zu veranschlagen.

5. Gesetzmäßigkeit des Finanzhaushalts (§ 72 Absatz 4 der Sächsischen Gemeindeordnung)

a) Gesetzmäßigkeitsvoraussetzungen und Anforderungen an die ordentliche Tilgung
Die Gesetzmäßigkeit des Finanzhaushalts ist gewährleistet, wenn der Betrag der Nettoinvestitionsmittel nicht negativ ist. Das ist dann der Fall, wenn der Zahlungsmittelsaldo aus laufender Verwaltungstätigkeit dem Betrag der ordentlichen Kredittilgung und des Tilgungsanteils der Zahlungsverpflichtungen aus kreditähnlichen Rechtsgeschäften entspricht oder diesen übersteigt.
Der Finanzhaushalt ist darüber hinaus auch dann gesetzmäßig, wenn der Betrag der Nettoinvestitionsmittel zwar negativ ist, der Betrag der ordentlichen Kredittilgung und des Tilgungsanteils der Zahlungsverpflichtungen aus kreditähnlichen Rechtsgeschäften aber durch verfügbare Mittel (Ersatzdeckungsmittel) gedeckt werden kann.
Gleichzeitig ist die kontinuierliche und betraglich angemessene Rückführung der Kreditverbindlichkeiten sicherzustellen. Diese Voraussetzung ist dann erfüllt, wenn die durchschnittliche rechnerische Tilgungsdauer nicht länger als die durchschnittliche Abschreibungsdauer des gesamten abnutzbaren Anlagevermögens ist (Fristenkongruenz).
Die durchschnittliche Tilgungsdauer wird errechnet als Quotient aus
- der Summe der zum 1. Januar des Haushaltsjahres veranschlagten Beträge der Verbindlichkeiten aus Anleihen, Kreditaufnahmen und kreditähnlichen Rechtsgeschäften sowie
- der im Haushaltsjahr veranschlagten Auszahlungen für die ordentliche Tilgung von Krediten und kreditähnlichen Rechtsgeschäften einschließlich der als Investitionsauszahlungen veranschlagten Tilgungsanteile für Zahlungsverpflichtungen aus kreditähnlichen Rechtsgeschäften.

Die durchschnittliche Abschreibungsdauer des abnutzbaren Anlagevermögens wird errechnet als Quotient aus
- der Summe der ursprünglichen Anschaffungs- und Herstellungskosten aller am 1. Januar des Haushaltsjahres im Anlagevermögen erfassten abnutzbaren Vermögensgegenstände und
- der im Haushaltsjahr veranschlagten Aufwendungen für Abschreibungen im ordentlichen Ergebnis.

Wenn die durchschnittliche rechnerische Tilgungsdauer die durchschnittliche Abschreibungsdauer überschreitet, ist zu prüfen, ob der Zahlungsmittelsaldo aus laufender Verwaltungstätigkeit mindestens dem Betrag der ordentlichen Tilgung bei Ansatz einer (fiktiven) fristenkongruenten Tilgungsdauer entspricht. Ist dies nicht der Fall und stehen keine ausreichenden Ersatzdeckungsmittel zur Verfügung, ist die Gemeinde grundsätzlich zur Aufstellung eines Haushaltsstrukturkonzepts verpflichtet. Damit wird sichergestellt, dass die Anforderungen an einen gesetzmäßigen Finanzhaushalt nicht durch Tilgungsaussetzung oder -streckung ins Leere laufen.
Überschreitet die durchschnittliche rechnerische Tilgungsdauer die durchschnittliche Abschreibungsdauer, obwohl der Zahlungsmittelsaldo aus laufender Verwaltungstätigkeit dem Betrag der ordentlichen Tilgung bei Ansatz einer (fiktiven) fristenkongruenten Tilgungsdauer noch entspricht, hat die Rechtsaufsichtsbehörde die Gemeinde aufzufordern, Fristenkongruenz durch Anhebung der Auszahlungen für die ordentliche Tilgung herzustellen. Auf eine entsprechende rechtsaufsichtliche Anordnung kann nur dann verzichtet werden, wenn die Gemeinde glaubhaft macht, dass eine Anpassung der bei Inkrafttreten dieser Vorschrift bestehenden Verträge mit wirtschaftlichen Nachteilen für die Gemeinde verbunden wäre.
Eine Aussetzung der Tilgung oder eine Streckung des Tilgungszeitraumes sind der Rechtsaufsichtsbehörde – unabhängig von der Fristenkongruenz – spätestens zwei Wochen vor Vertragsabschluss anzuzeigen. Dabei hat die Gemeinde die Wirtschaftlichkeit der Tilgungsaussetzung oder der Streckung des Tilgungszeitraumes nachzuweisen und die Unabdingbarkeit der Tilgungsaussetzung oder der Streckung des Tilgungszeitraumes darzulegen. Die Rechtsaufsichtsbehörde prüft die Anzeige und erklärt die gegebenenfalls erforderlichen Maßnahmen.

b) Ersatzdeckungsmittel
Verfügbare Mittel im Sinne des § 72 Absatz 4 Satz 2 der Sächsischen Gemeindeordnung sind liquide Mittel, die tatsächlich zur Auszahlung bereitstehen, die also im Haushaltsjahr nicht durch veranschlagte Auszahlungen im Finanzhaushalt oder gesetzlich, vertraglich oder in sonstiger Weise gebunden sind, und deren Auszahlung im Haushaltsjahr nicht aus anderen Gründen unzulässig ist.
Einzahlungen und Auszahlungen aus übertragenen Ermächtigungen sind bei der Ermittlung der verfügbaren Mittel immer dann zu berücksichtigen, wenn sie im Finanzhaushalt des Haushaltsjahres veranschlagt werden.
Mit der Bildung von Rückstellungen wird Aufwand im Ergebnishaushalt dem Jahr der wirtschaftlichen Verursachung zugeordnet. Rückstellungen erfüllen in der Regel keine Liquiditätssicherungsfunktion. Daher führen allein die Bildung von Rückstellungen und deren Bilanzierung regelmäßig nicht zu einer Bindung liquider Mittel. Die Mittelbindung ergibt sich erst in dem Haushaltsjahr, in dem die Rückstellung voraussichtlich in Anspruch genommen wird und eine dementsprechende Auszahlung im Finanzhaushalt zu veranschlagen ist.
Zweckgebundene Einzahlungen und bereits vereinnahmte Mittel mit Zweckbindung, für die im Haushaltsjahr keine Auszahlungen veranschlagt werden, sind bei der Ermittlung des Betrages der verfügbaren Mittel nur dann in Abzug zu bringen, wenn sie bis zum Haushaltjahr der Auszahlung nicht zum Beispiel im Rahmen des Liquiditätsmanagements vorübergehend für andere Zwecke verwendet werden dürfen.
Einzahlungen aus der Aufnahme von Kassenkrediten bleiben bei der Ermittlung der verfügbaren Mittel unberücksichtigt. Kassenkreditbestände und Kontokorrentverbindlichkeiten erhöhen nicht den Bestand an verfügbaren Mitteln.
Es liegt im Ermessen der Gemeinde, darüber hinaus weitere Beträge bei der Ermittlung der verfügbaren Mittel in Abzug zu bringen, die als Liquiditätsreserve dienen sollen.
Die verfügbaren Mittel sind im Rahmen der Haushaltsplanung wie folgt zu ermitteln:

Voraussichtlicher Bestand an liquiden Mitteln zu Beginn des Haushaltsjahres (ohne Kassenkredite und Kontokorrentverbindlichkeiten; der Bestand kann daher auch negativ sein) (§ 3 Absatz 1 Nummer 54 der Sächsischen Kommunalhaushaltsverordnung)
+/- Überschuss/Bedarf an Zahlungsmitteln im Haushaltsjahr (§ 3 Absatz 1 Nummer 50 der Sächsischen Kommunalhaushaltsverordnung)
– Auszahlungen für die Tilgung von Kassenkrediten (§ 3 Absatz 1 Nummer 52 der Sächsischen Kommunalhaushaltsverordnung)
– Mittel, die gesetzlich, vertraglich oder in sonstiger Weise gebunden sind und für die im Haushaltsjahr keine Auszahlungen im Finanzhaushalt veranschlagt worden sind, sowie Mittel, deren Auszahlung im Haushaltsjahr (zum Beispiel aufgrund einer gesetzlichen Regelung) unzulässig ist; ferner gegebenenfalls Mittel, die als Liquiditätsreserve dienen sollen
+ Auszahlungen für die ordentliche Kredittilgung und den Tilgungsanteil der Zahlungsverpflichtungen aus kreditähnlichen Rechtsgeschäften (nachrichtliche Position gemäß § 3 Absatz 2 der Sächsischen Kommunalhaushaltsverordnung)
= Verfügbare Mittel.

c) Ausnahmeregelung
Gelingt es der Gemeinde auch unter Beiziehung von Ersatzdeckungsmitteln nicht, die Gesetzmäßigkeit des Finanzhaushaltes sicherzustellen, ist sie regelmäßig zur Aufstellung eines Haushaltsstrukturkonzepts verpflichtet. Sofern die Gemeinde glaubhaft machen kann, dass eine Unterdeckung spätestens im Finanzplanungszeitraum durch entsprechende Einzahlungen ausgeglichen werden kann (zum Beispiel bei der Vorfinanzierung von Fördermitteln oder bei Entschädigungsleistungen, um Maßnahmen der Wiederherstellung zeitnah durchführen zu können), ist ein Haushaltsstrukturkonzept ausnahmsweise verzichtbar. Die Gemeinde muss die Endfinanzierung der Maßnahme gegenüber der Rechtsaufsichtsbehörde in jedem Fall in geeigneter Weise plausibilisieren.

d) Nettoinvestitionsmittel
Zur Sicherstellung ihrer dauernden Leistungsfähigkeit sollen die Gemeinden Nettoinvestitionsmittel in angemessener Höhe erwirtschaften. Nettoinvestitionsmittel errechnen sich als positiver Saldo aus
- dem Zahlungsmittelsaldo aus laufender Verwaltungstätigkeit und
- dem Betrag der ordentlichen Kredittilgung und des Tilgungsanteils der Zahlungsverpflichtungen aus kreditähnlichen Rechtsgeschäften.

Die Angemessenheit der Nettoinvestitionsmittel ist nicht pauschal, sondern im Einzelfall anhand des Auszahlungsbedarfs der Folgejahre, insbesondere unter Berücksichtigung des Investitionsbedarfs, unter Beachtung der demografischen Entwicklung sowie der finanziellen Gesamtsituation der Gemeinde, zu beurteilen. Verbindliche Vorgaben für einen Mindestbetrag der Nettoinvestitionsmittel bestehen nicht. Dies gilt entsprechend für einen Mindest- oder Höchstbetrag des Bestandes an liquiden Mitteln. Bei Gemeinden, die auf die Bildung angemessener Nettoinvestitionsmittel verzichten oder die hierzu objektiv nicht in der Lage sind, ist eine besonders sorgfältige Prüfung der Anforderungen an eine hinreichende dauernde Leistungsfähigkeit angezeigt.

6. Überschuldungsverbot (§ 72 Absatz 5 der Sächsischen Gemeindeordnung)

Die Gemeinde darf sich nicht überschulden. Sie ist überschuldet, wenn in der Vermögensrechnung ein nicht durch die Kapitalposition gedeckter Fehlbetrag gemäß § 51 Absatz 2 Nummer 4 der Sächsischen Kommunalhaushaltsverordnung ausgewiesen wird. Eine drohende Überschuldung gilt als hinreichend sicher, wenn bei Realisierung der im mittelfristigen Finanzplanungszeitraum veranschlagten Beträge ein nicht durch die Kapitalposition gedeckter Fehlbetrag entstehen würde. In beiden Fällen ist die Gemeinde zur Aufstellung eines Haushaltsstrukturkonzepts verpflichtet.

7. Haushaltsstrukturkonzept (§ 72 Absatz 6 und 7 der Sächsischen Gemeindeordnung)

a) Allgemein
aa) Soweit eine Haushaltslage besteht oder sich abzeichnet, die die Gemeinde zur Aufstellung eines Haushaltsstrukturkonzepts gemäß § 72 Absatz 3 bis 5 der Sächsischen Gemeindeordnung verpflichtet, ist sie gehalten, die notwendigen Konsolidierungsmaßnahmen zu ergreifen und mit den ihr zumutbaren Möglichkeiten auf die Erhaltung oder Wiederherstellung ihrer dauernden Leistungsfähigkeit hinzuwirken. Das Haushaltsstrukturkonzept verleiht der gesamten Konsolidierungsphase eine konzeptionelle Grundlage sowie einen verbindlichen Rahmen. Es enthält die konkret vorgesehenen Maßnahmen mit ihren voraussichtlichen haushaltsbezogenen Wirkungen zur Erreichung der gesetzlichen und sonstigen Ziele. Insoweit besteht auch ein direkter Zusammenhang zur mittelfristigen Ergebnis- und Finanzplanung. Im Hinblick auf den Konsolidierungszeitraum muss ein Korridor für Veränderungen oder Anpassungen eingeplant werden. Außerdem muss Raum sein für Alternativmaßnahmen im Rahmen der Umsetzung. In dem Haushaltsstrukturkonzept sind die Ausgangslage, die Ursachen für die entstandene Fehlentwicklung sowie die vorgesehenen Maßnahmen zu deren Beseitigung zu beschreiben. Es enthält überdies den nächstmöglichen Zeitpunkt, zu dem die Voraussetzungen für einen gesetzmäßigen Haushalt wieder erreicht werden können und zeigt auf, wie nach der Realisierung der Konsolidierungsmaßnahmen die gemeindliche Haushaltswirtschaft geführt werden soll, damit die dauernde Leistungsfähigkeit der Gemeinde gewährleistet bleibt.

bb) Die Pflicht zur Aufstellung eines Haushaltsstrukturkonzepts beginnt regelmäßig mit dem Haushaltsjahr, in dem die Voraussetzungen für einen gesetzmäßigen Haushalt nicht (mehr) vorliegen. Die Gemeinde hat daher im Rahmen der Aufstellung der Haushaltssatzung zu prüfen, ob zu diesem Zeitpunkt bereits ein Sachverhalt gegeben ist, der die Pflicht zur Konsolidierung begründen könnte. Die Gemeinde ist gehalten, unmittelbar nach Kenntnis der Konsolidierungspflicht die erforderlichen Maßnahmen zu ergreifen. Realisierbare und zumutbare Maßnahmen dürfen nicht in künftige Haushaltsjahre verschoben werden. Allgemein gilt der Grundsatz, je stärker die dauernde Leistungsfähigkeit der Gemeinde gefährdet ist, desto geringer sind ihre Handlungs- und Gestaltungsspielräume im Hinblick auf die Intensität der zu ergreifenden Konsolidierungsmaßnahmen.

b) Inhalt
aa) Die Gemeinde hat die Finanzierungsfähigkeit sämtlicher Bereiche der gemeindlichen Aufgabenerfüllung anhand der örtlich festgelegten produktorientierten Ziele unter Berücksichtigung des einsetzbaren Ressourcenaufkommens und des voraussichtlichen Ressourcenverbrauchs sowie der Leistungskennzahlen und Finanzziele zu prüfen und neu zu bewerten. Mit auf die Sicherstellung der gemeindlichen Aufgabenerfüllung ausgerichteten Konsolidierungsmaßnahmen soll die Gemeinde die notwendigen strategischen und operativen Ziele für eine nachhaltige und generationengerechte Haushaltswirtschaft bestimmen.

bb) Im Haushaltsstrukturkonzept sind die geplanten Maßnahmen so konkret wie möglich, mindestens aber auf Produkte oder Konten bezogen, darzustellen. Im Übrigen besteht für das Haushaltsstrukturkonzept im Rahmen des § 26 der Sächsischen Kommunalhaushaltsverordnung Formfreiheit. Für die Erstellung der Übersicht zur Gesamtwirkung der Maßnahmen gemäß § 26 Absatz 1 Satz 3 der Sächsischen Kommunalhaushaltsverordnung ist die Anlage 2 zu verwenden.

cc) Die Gemeinde ist verpflichtet, diejenigen Konsolidierungsmaßnahmen zu beschließen, die geeignet sind, die Gesetzmäßigkeit der Haushaltswirtschaft bis zum vierten Folgejahr wiederherzustellen. Dieser Zeitraum umfasst die drei dem Haushaltsjahr folgenden Planungsjahre, bei denen sich die haushaltsmäßigen Wirkungen der vorgesehenen Konsolidierungsmaßnahmen unmittelbar aus den Jahresspalten dieser drei Planungsjahre im Finanzplan ablesen lassen. Für das weitere vierte Planjahr müssen vergleichbare Konkretisierungen vorgelegt werden, damit die Umsetzung der jeweiligen Maßnahmen sowie die Zielerreichung nachvollzogen werden kann.

dd) Die Gemeinde hat über den aktuellen Stand der Umsetzung des beschlossenen Haushaltsstrukturkonzepts jeweils jahresbezogen zu berichten. Aus dem Bericht muss sich zweifelsfrei ergeben, ob und inwieweit die beschlossenen Konsolidierungsmaßnahmen im aktuellen Haushaltsplan verwirklicht werden konnten (Soll-/Ist-Vergleich) und wie sich deren Umsetzung auf die Finanzsituation der Gemeinde auswirkt. Soweit einzelne Konsolidierungsmaßnahmen nicht realisiert werden konnten, ist anzugeben, durch welche Alternativmaßnahmen sie ersetzt worden sind oder werden sollen. Im Bericht sind die einzelnen Konsolidierungsmaßnahmen so konkret wie möglich, mindestens aber auf Produkte oder Konten bezogen, darzustellen. Der Bericht ist zusammen mit dem Haushaltsplan der Rechtsaufsichtsbehörde vorzulegen, soweit diese keinen anderen Zeitpunkt bestimmt hat.

c) Genehmigungsverfahren
aa) Die Rechtsaufsichtsbehörde muss bei der Erteilung der Genehmigung den ihr zustehenden Ermessensspielraum unter Berücksichtigung der haushaltsrechtlichen Zielbestimmungen und der örtlichen Gegebenheiten nutzen. Sie hat dabei abzuwägen, ob Nebenbestimmungen zur Wiederherstellung der Gesetzmäßigkeit der Haushaltswirtschaft erforderlich sind.

bb) Es dürfen nur solche Nebenstimmungen verfügt werden, bei denen der Gemeinde noch Raum für eigenverantwortliches Handeln verbleibt. Die Rechtsaufsichtsbehörde darf daher nicht einzelne Konsolidierungsmaßnahmen ersetzen oder einschränken, sie darf aber geeignete Vorgaben für das Erreichen der Konsolidierungsziele machen.

cc) Die Nebenbestimmungen können verfahrensrechtlich als Auflagen oder Bedingungen erlassen werden, sofern dies für die Wiederherstellung der Gesetzmäßigkeit der Haushaltswirtschaft erforderlich ist. Die Nebenbestimmungen haben den Zweck, mögliche rechtliche oder tatsächliche Hindernisse, die einer uneingeschränkten Genehmigungserteilung entgegenstehen, zu beseitigen. Die Rechtsaufsichtsbehörde hat im Rahmen ihres Ermessens die erforderlichen Nebenbestimmungen zu verfügen. Sie soll dabei berücksichtigen, dass die Haushaltskonsolidierung für die Gemeinde im Regelfall einen dynamischen Prozess darstellt, der nicht in einem Schritt zu bewältigen ist.

dd) Entsprechend den umsetzbaren Möglichkeiten können zeitlich bestimmte Zwischenziele zum Inhalt von Nebenbestimmungen gemacht werden, um die Entwicklung sowie die Zielerreichung bewerten zu können.

ee) Ist die Gemeinde gesetzlich verpflichtet, ein Haushaltsstrukturkonzept zu erstellen, können die genehmigungspflichtigen Bestandteile der Haushaltssatzung nur dann genehmigt oder die Gesetzmäßigkeit bestätigt werden, wenn mit der Haushaltssatzung ein genehmigungsfähiges Haushaltsstrukturkonzept (vergleiche § 26 der Sächsischen Kommunalhaushaltsverordnung) vorgelegt worden ist.

ff) Liegt mit der Haushaltssatzung noch kein Haushaltsstrukturkonzept oder nur ein Haushaltsstrukturkonzept vor, das noch nicht oder nur teilweise genehmigungsfähig ist, kann gleichwohl eine Genehmigung oder eine Bestätigung der Gesetzmäßigkeit der Haushaltssatzung erteilt werden, wenn durch die verfügten Nebenbestimmungen zum Haushaltsbescheid die Aufstellung oder Anpassung des Haushaltsstrukturkonzepts und damit dessen Genehmigungsfähigkeit sichergestellt ist.

gg) Für den Zeitraum bis zur Genehmigung des Haushaltsstrukturkonzepts kann die Rechtsaufsichtsbehörde die erforderlichen haushaltswirtschaftlichen Regelungen gemäß § 26 Absatz 4 der Sächsischen Kommunalhaushaltsverordnung treffen.

hh) Kann der in einem genehmigten Haushaltsstrukturkonzept bestimmte Zeitraum zur Erreichung des Haushaltsausgleichs, der Gesetzmäßigkeit des Finanzhaushalts, des Abbaus oder der Abwendung der bilanziellen Überschuldung aufgrund unvorhersehbarer und unabweisbarer Ereignisse nicht eingehalten werden, ist die Laufzeit des Haushaltsstrukturkonzepts nach den vorgenannten Maßgaben anzupassen.

ii) Ist die Haushaltssituation einer Gemeinde derart problematisch, dass sie auch unter zumutbarer Ausschöpfung des gesamten verfügbaren Konsolidierungspotenzials die Wiederherstellung der Gesetzmäßigkeit der Haushaltswirtschaft nicht bis zum vierten Folgejahr erreichen kann, darf die Rechtsaufsichtsbehörde den Konsolidierungszeitraum angemessen verlängern. Hierbei hat sie nicht nur das Endziel in zeitlicher Hinsicht zu definieren, sondern sie hat der Gemeinde zugleich nachprüfbare Zwischenziele aufzugeben, die auf eine schrittweise Umsetzung der notwendigen Konsolidierungsmaßnahmen gerichtet sind und die rechtsaufsichtlich überwacht werden können.

d) Anzeigepflicht
Die Pflicht zur Information der Rechtsaufsichtsbehörde gemäß § 72 Absatz 7 der Sächsischen Gemeindeordnung besteht für die Gemeinde unabhängig von der Höhe des festgestellten Fehlbetrages und unabhängig von der Höhe des Saldos zwischen dem in der Haushaltssatzung oder dem Haushaltsstrukturkonzept veranschlagten Fehlbetrag und dem im Jahresabschluss festgestellten Fehlbetrag. Entsprechendes gilt bei Abweichungen in der Finanzrechnung.

## II.
## Zu § 73 der Sächsischen Gemeindeordnung: Grundsätze der Einnahmebeschaffung

1. Rangfolge der Einnahmebeschaffung
Bei dem Grundsatz der Einnahmebeschaffung handelt es sich um zwingendes Recht und nicht nur um einen Programmsatz. Die sich bereits aus dem Gesetz ergebende Rangfolge der Deckungsmittel erfordert, dass die Gemeinde vor einer Steuererhebung und einer Kreditaufnahme zunächst die speziellen Entgelte (Verwaltungs- und Benutzungsgebühren, privatrechtliche Benutzungsentgelte und Beiträge) erhebt. Gleichwohl hat die Gemeinde im Rahmen des ihr insoweit zustehenden weiten Beurteilungsspielraums und pflichtgemäßen Ermessens eigenverantwortlich darüber zu entscheiden, in welcher Höhe sie die speziellen Entgelte unter Berücksichtigung des wirtschaftlich Gebotenen und Vertretbaren erhebt. Für Einrichtungen mit typischerweise voller Kostendeckung, zum Beispiel der Abwasserbeseitigung, Abfallbeseitigung, Wasserversorgung, den Schlachthöfen und Märkten, ist die Erhebung kostendeckender Entgelte unter Beachtung des Vertretbarkeitsgrundsatzes verpflichtend (Kostendeckungsgebot). Die Erhebung von Trink- und Abwasserbeiträgen oder Baukostenzuschüssen ist immer dann geboten, wenn die Kosten aus vertretbaren Benutzungsgebühren oder privatrechtlichen Entgelten nicht gedeckt werden oder die Refinanzierung anderweitig nicht sichergestellt werden kann.

2. Abweichung vom Grundsatz der vollen Kostendeckung
Soweit es die Leistungsfähigkeit der Gemeinde zulässt, kann für die Nutzung entsprechender Einrichtungen, beispielsweise des Öffentlichen Personennahverkehrs oder kommunaler Sportstätten, aus Gründen des Gemeinwohls, insbesondere der Belange des Umweltschutzes, der Kultur, der Gesundheit sowie sozialer Belange, eine nicht in vollem Umfang am Kostendeckungsgrundsatz orientierte Entgelterhebung in Betracht kommen.

3. Straßenbaubeiträge
Nicht von der Rangfolge der Einnahmenbeschaffung gemäß § 73 Absatz 2 der Sächsischen Gemeindeordnung umfasst sind die Straßenbaubeiträge gemäß den §§ 26 bis 31 des Sächsischen Kommunalabgabengesetzes in der Fassung der Bekanntmachung vom 9. März 2018 (SächsGVBl. S. 116), das zuletzt durch Artikel 2 des Gesetzes vom 13. Dezember 2023 (SächsGVBl. S. 876) geändert worden ist, in der jeweils geltenden Fassung. Die Gemeinden sind grundsätzlich nicht zur Erhebung derartiger Beiträge verpflichtet. Die Entscheidung hierüber obliegt ihnen als örtlichem Satzungsgeber nach eigenem kommunalpolitischen Ermessen.

## III.
## Zu § 76 der Sächsischen Gemeindeordnung: Erlass der Haushaltssatzung

1. Formelle Anforderungen

a) Ein Verstoß gegen zwingende Verfahrensvorschriften, wozu insbesondere das Auslegungsverfahren sowie das Verfahren der öffentlichen Bekanntmachung zählen, führt regelmäßig zur Nichtigkeit der Haushaltssatzung. In diesen Fällen ist die Haushaltssatzung neu zu erlassen.

b) Sofern eine Haushaltssatzung die Bestandteile und Anlagen gemäß § 1 der Sächsischen Kommunalhaushaltsverordnung nicht oder nicht vollständig enthält, fordert die Rechtsaufsichtsbehörde die Gemeinde unverzüglich auf, die fehlenden Unterlagen zu ergänzen, oder sie gibt die komplette Haushaltssatzung mit dem Haushaltsplan zur Ergänzung zurück. Der Lauf der Monatsfrist gemäß § 119 Absatz 1 der Sächsischen Gemeindeordnung beginnt erst mit dem Tag der Vorlage der vollständigen Unterlagen bei der zuständigen Rechtsaufsichtsbehörde.

2. Pflichten der Aufsichtsbehörde
Es liegt im wohlverstandenen Eigeninteresse der Gemeinde, der zuständigen Rechtsaufsichtsbehörde bis zum 30. November den neuen Haushaltsplan zur Prüfung vorzulegen. Je weiter die Beschlussfassung über den Haushaltsplan in das neue Haushaltsjahr verschoben wird, desto weniger kann der Gemeinderat von seinem Recht auf Gestaltung der gemeindlichen Haushaltswirtschaft unter Berücksichtigung seiner politischen Zielsetzungen Gebrauch machen. Überdies gelten während der vorläufigen Haushaltsführung für die Finanzierung neuer Investitionen zahlreiche Restriktionen, die zwar das Budgetrecht des Gemeinderates sichern helfen, das Investitionsgeschehen jedoch hemmen. Mit der Vorlage des Haushaltsplans erhält die Rechtsaufsichtsbehörde Gelegenheit, die Einhaltung des kommunalen Haushaltsrechts zu überprüfen. Soweit die Haushaltssatzung keine genehmigungspflichtigen Bestandteile enthält, kann die Gemeinde nach Ablauf der Monatsfrist die Haushaltssatzung vollziehen, wenn nicht die Rechtsaufsichtsbehörde den der Satzung zugrunde liegenden Gemeinderatsbeschluss zwischenzeitlich beanstandet hat. Zur Vermeidung von Missverständnissen sollte die Rechtsaufsichtsbehörde in jedem beanstandungsfreien Vorlageverfahren der Gemeinde die Gesetzmäßigkeit der Haushaltssatzung auch förmlich bestätigen und in dem Bescheid überdies ihre wesentlichen rechtlichen Überlegungen transparent machen.

3. Veranschlagungsgrundsätze

a) Bei der Entwicklung der Erträge und Einzahlungen aus Steuern sowie aus regelgebundenen Zuweisungen nach dem Sächsischen Finanzausgleichsgesetz in der Fassung der Bekanntmachung vom 23. April 2021 (SächsGVBl. S. 487), das zuletzt durch Artikel 2 des Gesetzes vom 20. September 2023 (SächsGVBl. S. 778) geändert worden ist, in der jeweils geltenden Fassung, sind die regelmäßig bis Ende September bekannt gegebenen Orientierungsdaten für die Finanzplanung unter Berücksichtigung der konkreten örtlichen Gegebenheiten zugrunde zu legen. Die Bekanntgabe dieser Orientierungsdaten ist keine zwingende Voraussetzung für eine rechtzeitige Haushaltsplanung. Hat die Gemeinde darüber hinaus Kenntnis über sonstige haushaltsrelevante Entwicklungen, sind die Prognosen entsprechend zu konkretisieren.

b) Nicht zahlungswirksame Erträge und Aufwendungen, insbesondere der Aufwand für Abschreibungen und die Zuführung an Rückstellungen sowie die Erträge aus der Auflösung von Sonderposten oder Rückstellungen, sind sorgfältig zu schätzen.

c) Grundlage für die veranschlagten Abschreibungen und Auflösungsbeträge sind das in der Bilanz ausgewiesene abnutzbare Anlagevermögen, die aufzulösenden Sonderposten und die im Haushaltsjahr geplanten Investitionen, die in der Umsetzung befindlichen Investitionen (Anlagen im Bau), sofern deren Abschluss im Haushaltjahr geplant ist, die Investitionen auf der Grundlage von Ermächtigungsübertragungen sowie die zu erwartenden Zuwendungen. Die Beträge sind für die Finanzplanung fortzuschreiben.

d) Im Planjahr vorgesehene Einzahlungen aus Kreditaufnahmen und diesen wirtschaftlich gleichkommenden Rechtsgeschäften für Investitionen sind gemäß § 3 Absatz 1 Nummer 36 der Sächsischen Kommunalhaushaltsverordnung im Finanzhaushalt zu veranschlagen. Der Betrag der im Planjahr vorgesehenen Einzahlungen aus übertragenen Kreditermächtigungen ist gemäß § 3 Absatz 1 Nummer 48 der Sächsischen Kommunalhaushaltsverordnung im Finanzhaushalt auszuweisen. Gemäß § 3 Absatz 2 der Sächsischen Kommunalhaushaltsverordnung ist in der Übersicht nach Muster 7 der VwV Kommunale Haushaltssystematik vom 11. Dezember 2019 (SächsABl. SDr. 2020 S. S 82), die durch die Verwaltungsvorschrift vom 7. Dezember 2020 (SächsABl. S. 1451) geändert worden ist, zuletzt enthalten in der Verwaltungsvorschrift vom 24. November 2023 (SächsABl. SDr. S. S 243), in der jeweils geltenden Fassung, nachrichtlich für das Planjahr der Betrag der Einzahlungen aus der Aufnahme von Krediten für Investitionen anzugeben, der sich auf übertragene Kreditermächtigungen bezieht.

e) Der voraussichtliche Stand der kurzfristigen Verbindlichkeiten (insbesondere Kassenkredite und Verbindlichkeiten aus Lieferungen und Leistungen) ist sorgfältig zu schätzen. Hilfsweise kann der durchschnittliche Betrag der an den jeweiligen Stichtagen der letzten 3 Jahre ausgewiesenen Verbindlichkeiten veranschlagt werden.

f) Die Bildung von Teilhaushalten ist so vorzunehmen, dass Budgets im Sinne von § 4 Absatz 2 der Sächsischen Kommunalhaushaltsverordnung innerhalb der Teilhaushalte gebildet werden können.

g) Die Bildung teilhaushaltsübergreifender Budgets ist zulässig. Darüber hinaus können durch Deckungsvermerke nach § 20 Absatz 2 und 3 der Sächsischen Kommunalhaushaltsverordnung über Teilhaushalte hinweg budgetähnliche Bewirtschaftungsmöglichkeiten erreicht werden.

h) Das Investitionsprogramm ist nach Teilhaushalten zu gliedern, so dass die einzelnen Investitionsmaßnahmen den sie betreffenden Teilhaushalten zuzuordnen sind. Sofern die Gemeinde ein zentrales Liegenschaftsmanagement eingerichtet hat, in dem alle Grundstücke und Gebäude verwaltet und die Investitionsmaßnahmen abgewickelt werden, dürfen die diesbezüglichen Investitionsmaßnahmen in dem Teilhaushalt, dem das zentrale Liegenschaftsmanagement zugeordnet ist, veranschlagt und dort im Investitionsprogramm dargestellt werden.

i) Schlüsselprodukte sind Produkte, die für die Gemeinde von besonderer Bedeutung sind und Steuerungsrelevanz haben. Für Schlüsselprodukte sollen neben den Erträgen und Aufwendungen Kennzahlen und Ziele angegeben werden.

j) Die gemäß § 37 Absatz 1 Satz 2 Nummer 4 der Sächsischen Kommunalhaushaltsverordnung erforderliche periodengerechte Ergebnisermittlung wird unter anderem durch den Ausweis von Rückstellungen, Verbindlichkeiten und Forderungen sowie durch die Bildung von Rechnungsabgrenzungsposten nach § 39 der Sächsischen Kommunalhaushaltsverordnung sichergestellt.

k) Darüber hinaus sollen Erträge und Aufwendungen in entsprechender Anwendung des Wertaufhellungsprinzips nach § 37 Absatz 1 Satz 2 Nummer 3 der Sächsischen Kommunalhaushaltsverordnung in der Periode, in der sie verursacht wurden, berücksichtigt werden.

l) Ist eine periodengerechte Erfassung durch die Maßnahme der Rechnungsabgrenzung und Wertaufhellung im Jahresabschluss nicht möglich, sind die entsprechenden, so genannten periodenfremden Erträge oder Aufwendungen den ordentlichen Erträgen und Aufwendungen zuzuordnen, wenn es sich um Erträge und Aufwendungen aus der gewöhnlichen Geschäfts- und Verwaltungstätigkeit handelt. Außerhalb der gewöhnlichen Geschäfts- und Verwaltungstätigkeit angefallene periodenfremde Erträge und Aufwendungen sind den außerordentlichen Erträgen und Aufwendungen zuzuordnen.

m) Liegen keine wertaufhellenden Erkenntnisse vor, die die Berücksichtigung in der Eröffnungsbilanz gemäß § 88a Absatz 1 Satz 1 der Sächsischen Gemeindeordnung rechtfertigen, sind diese Zahlungen in Abweichung vom Periodenprinzip im ersten doppischen Haushaltsjahr ertragswirksam zu vereinnahmen.

n) Erträge und Aufwendungen aus Vermögensveräußerungen sind grundsätzlich den außerordentlichen Erträgen und Aufwendungen zuzurechnen, unabhängig davon, ob diese Gewinne oder Verluste regelmäßig anfallen oder eine bestimmte Höhe aufweisen. Unter den Posten „außerordentliche Erträge" und „außerordentliche Aufwendungen" sind darüber hinaus Erträge und Aufwendungen auszuweisen, die nicht im Zusammenhang mit der kommunalen Aufgabenerfüllung stehen oder sonst außerhalb der gewöhnlichen Geschäfts- und Verwaltungstätigkeit anfallen.

o) In der Eröffnungsbilanz gemäß § 88a Absatz 1 Satz 1 der Sächsischen Gemeindeordnung dürfen keine Ergebnisrücklagen ausgewiesen werden. Soweit Teile der kameralen Rücklage für bestimmte Investitionsmaßnahmen oder für die Sondertilgung von Krediten gebildet wurden, dürfen diese in der Eröffnungsbilanz unter „Zweckgebundene und sonstige Rücklagen" nach § 51 Absatz 3 Nummer 1 Buchstabe b Doppelbuchstabe dd der Sächsischen Kommunalhaushaltsverordnung ausgewiesen werden. Bei zweckgerechter Verwendung ist der entsprechende Rücklagenbetrag ergebnisunwirksam in das Basiskapital umzubuchen.

p) Für die statistischen Meldungen nach dem Finanz- und Personalstatistikgesetz in der Fassung der Bekanntmachung vom 22. Februar 2006 (BGBl. I S. 438), das zuletzt durch Artikel 1 des Gesetzes vom 3. Juni 2021 (BGBl. I S. 1401) geändert worden ist, in der jeweils geltenden Fassung, sind die finanzstatistischen Zuordnungsregelungen nach der VwV Kommunale Haushaltssystematik zwingend einzuhalten. Dies gilt insbesondere im Hinblick auf die Gestaltungsmöglichkeiten nach § 4 Absatz 1 der Sächsischen Kommunalhaushaltsverordnung bezüglich des Zuschnitts der Teilhaushalte und der Zuordnung von Produkten zu den Teilhaushalten sowie für die Einrichtung des Kontenplanes.

q) Es ist sicherzustellen, dass die Investitionen bei Einrichtung eines zentralen Liegenschaftsmanagements nach den finanzstatistischen Zuordnungsvorschriften des Produktrahmens ausgewiesen werden. Es ist darüber hinaus sicherzustellen, dass für die statistischen Meldungen eine eindeutige Zuordnung und Aggregation auf der Ebene der verbindlich vorgeschriebenen Konten möglich ist.

4. Plausibilität und Bewertung der Haushaltsansätze

a) Die Ansätze sind vor allem unter Berücksichtigung des jüngsten Jahresabschlusses und der Ansätze des Vorjahres zu bewerten.

b) Erträge und Einzahlungen aus regelgebundenen Zuweisungen nach dem Sächsischen Finanzausgleichsgesetz sind durch Vergleich mit den Ansätzen des Vorjahres, unter Heranziehung der Gesetzesbegründung zum Sächsischen Finanzausgleichsgesetz und der Orientierungsdaten sowie ergangener Festsetzungsbescheide der nach dem Sächsischen Finanzausgleichsgesetz zuständigen Bewilligungsbehörden zu prüfen.

c) Die Rechtsaufsichtsbehörde prüft die Plausibilität der veranschlagten Erträge aus Steuern und Entgelten sowie die sonstigen Erträge und Einzahlungen unter Berücksichtigung der Orientierungsdaten. Sie hat insbesondere einzuschätzen, ob die von der Gemeinde veranschlagten Gebühren und Beiträge unter Berücksichtigung der der Rechtsaufsichtsbehörde vorliegenden Erkenntnisse, insbesondere zur Rechtmäßigkeit der Satzungen und Kalkulationen, im Haushaltsjahr als plausibel beurteilt werden können.

d) Die Höhe der veranschlagten nicht zahlungswirksamen Aufwendungen und Erträge ist auf der Grundlage der in der Eröffnungsbilanz oder dem jüngsten Jahresabschluss ausgewiesenen Werte für das Sachanlagevermögen auf Plausibilität zu prüfen. Hierzu ist insbesondere die der Bilanz beizufügende Anlagenübersicht heranzuziehen.

e) In die Plausibilitätsprüfung hinsichtlich der Ansätze im Finanzplanungszeitraum sind die geplanten Investitionen einzubeziehen.

f) Sofern sich aus Sicht der Rechtsaufsichtsbehörde Zweifel an der Höhe der veranschlagten außerordentlichen Erträge und Einzahlungen aus Vermögensveräußerungen ergeben, soll die Gemeinde aufgefordert werden, die Veräußerbarkeit der Vermögensgegenstände und die Höhe der Veranschlagungen zu begründen.

g) Die Rechtsaufsichtsbehörde prüft, ob Erträge und Einzahlungen aus Zuwendungen im Haushaltsplan bei bereits beantragten Zuwendungen unter Berücksichtigung der in den einschlägigen Fachförderrichtlinien festgelegten und voraussichtlich zu erwartenden Fördersätze sowie nach Bewilligung in tatsächlicher Höhe veranschlagt worden sind und ob im Finanzplan und dem zugrunde liegenden Investitionsprogramm in den betreffenden Haushaltsjahren geplante oder bereits beantragte Zuwendungen in zu erwartender Höhe und bereits bewilligte Zuwendungen in tatsächlicher Höhe dargestellt sind.

h) Bedarfszuweisungen nach Abschnitt 7 des Sächsischen Finanzausgleichsgesetzes dürfen, soweit sie nicht dem Grunde und der Höhe nach bereits gesetzlich bestimmt sind, im Haushaltsplan erst nach bestandskräftiger Bewilligung veranschlagt werden.

i) Soweit Anzeichen dafür bestehen, dass Einstufung und Eingruppierung von Bediensteten nicht der jeweils tatsächlich ausgeübten Tätigkeit entsprechen, hat die Rechtsaufsichtsbehörde darauf hinzuwirken, dass die Gemeinde dies überprüft und gegebenenfalls korrigiert. Die darüber hinaus in Großbuchstabe A Ziffer I Nummer 2 Buchstabe c genannten Kriterien sind zu beachten.

j) Die Ansätze der im Finanzhaushalt zu veranschlagenden Auszahlungen für Investitionen sind daraufhin zu prüfen, ob die der Rechtsaufsichtsbehörde bekannten Fortsetzungsinvestitionen veranschlagt wurden.

k) Die Gemeinde soll gegebenenfalls aufgefordert werden, die Folgekosten- und Wirtschaftlichkeitsberechnungen vorzulegen.

l) Sofern die Gemeinde für veranschlagte Einzahlungen aus Zuwendungen den Eigenfinanzierungsanteil offensichtlich nicht aufbringen oder eine Bewilligung der veranschlagten Zuwendungen ganz oder in dieser Höhe nicht erwarten kann, hat die Rechtsaufsichtsbehörde in geeigneter Weise darauf hinzuwirken, dass diese Maßnahme so lange unterbleibt, bis die Finanzierung gesichert ist.

m) Die Auszahlungen für Investitionen sollen gemäß § 9 Absatz 4 der Sächsischen Kommunalhaushaltsverordnung unter Berücksichtigung der Einzahlungen aus Zuwendungen durch Zahlungsmittel gedeckt sein.

n) Die auf den Verpflichtungsermächtigungen beruhenden Auszahlungen müssen in der kommunalen Finanzplanung berücksichtigt sein.

o) Die Rechtsaufsichtsbehörde hat zu prüfen, ob die Kreisumlage, die Finanzausgleichsumlage, die Umlagen für den Kommunalen Sozialverband Sachsen und den Kommunalen Versorgungsverband Sachsen sowie die Umlagen an Zweckverbände und Verwaltungsgemeinschaften in der erforderlichen Höhe veranschlagt wurden.

p) Die Rechtsaufsichtsbehörde prüft, ob Zuschüsse an kommunale Eigen- und Beteiligungsgesellschaften ausgewiesen wurden. Dies gilt insbesondere für ausgelagerte Aufgabenbereiche.

q) Werden Einrichtungen, freie Träger, Vereine und dergleichen bereits über Jahre regelmäßig aus Haushaltsmitteln bezuschusst und ist die Gemeinde entschlossen, diese im Rahmen ihrer finanziellen Leistungsfähigkeit weiter zu fördern, soll die Rechtsaufsichtsbehörde dies im Rahmen der Bewertung der Veranschlagung von Aufwendungen und Auszahlungen angemessen berücksichtigen, um das Fortbestehen dieser Einrichtungen einschließlich der Weiterbeschäftigung der Mitarbeiter zu ermöglichen.

r) Die Rechtsaufsichtbehörde prüft die entlastende Wirkung der beschlossenen Konsolidierungsmaßnahmen auf den laufenden Haushalt sowie den Finanzplan.

5. Maßnahmen der Rechtsaufsichtsbehörde

a) Führt eine dem Grunde oder der Höhe nach nicht sachgerechte Veranschlagung von Erträgen und Einzahlungen sowie Aufwendungen und Auszahlungen dazu, dass die Haushaltssatzung und der Haushaltsplan nicht gesetzmäßig sind, hat die Rechtsaufsichtsbehörde zu prüfen, ob sie von ihrem Beanstandungsrecht Gebrauch macht oder ob durch andere geeignete rechtsaufsichtliche Maßnahmen, zum Beispiel die Anordnung eines Haushaltsstrukturkonzepts, ein gesetzmäßiger Haushaltsvollzug erreicht werden kann.

b) Sofern die Rechtsaufsichtsbehörde beabsichtigt, die Haushaltssatzung zu beanstanden, die Genehmigung mit Nebenbestimmungen zu versehen oder Genehmigungen ganz oder teilweise zu versagen, soll der Gemeinde zuvor Gelegenheit zur Stellungnahme gegeben werden.

c) Ist im Finanzplan erkennbar, dass der Ergebnishaushalt oder der Finanzhaushalt mittelfristig nicht mehr gesetzmäßig sind, hat die Rechtsaufsichtsbehörde in geeigneter Weise darauf hinzuwirken, dass die Gemeinde präventiv die erforderlichen Maßnahmen ergreift.

d) Ist im Finanzhaushalt unter der Position nach § 3 Absatz 1 Nummer 47 der Sächsischen Kommunalhaushaltsverordnung ein Bedarf an Zahlungsmitteln ausgewiesen, hat die Gemeinde darzulegen, wie sie die Zahlungsfähigkeit nach § 84 Absatz 1 der Sächsischen Gemeindeordnung im Haushaltsjahr sicherstellen will. Sofern aufgrund der Höhe des Fehlbetrages zu erwarten ist, dass die Gemeinde auch bei Verwendung verfügbarer liquider Mittel aus Vorjahren ihren Zahlungsverpflichtungen nicht mehr nachkommen kann, soll die Rechtsaufsichtsbehörde hierzu geeignete Hinweise in den Haushaltsbescheid aufnehmen.

e) Sofern im Finanzplanungszeitraum in den einzelnen Jahren das Gesamtergebnis nach § 2 Absatz 1 Nummer 23 der Sächsischen Kommunalhaushaltsverordnung unter Berücksichtigung der Rücklagen, der Verrechnung gemäß § 72 Absatz 3 Satz 3 der Sächsischen Gemeindeordnung und der Fehlbeträge aus Vorjahren sowie bei den Auszahlungen für die ordentliche Kredittilgung, dem Tilgungsanteil der Zahlungsverpflichtungen aus kreditähnlichen Rechtsgeschäften und deren Deckungsmöglichkeiten nicht ausgeglichen ist oder ein negativer voraussichtlicher Bestand an liquiden Mitteln gemäß § 3 Absatz 1 Nummer 55 der Sächsischen Kommunalhaushaltsverordnung ausgewiesen wird, ist durch geeignete rechtsaufsichtliche Maßnahmen auf eine Fortschreibung des Finanzplanes hinzuwirken.

## IV.
## Zu § 77 der Sächsischen Gemeindeordnung: Nachtragssatzung

Bei der Bestimmung der Erheblichkeit eines Fehlbetrages im Sinne des § 77 Absatz 2 Nummer 1 der Sächsischen Gemeindeordnung steht der Gemeinde ein weiter Beurteilungsspielraum zu. Insoweit existieren auch keine verbindlichen Vorgaben. Es ist vielmehr auf die jeweiligen Umstände des konkreten Einzelfalls, insbesondere die dauernde Leistungsfähigkeit der Gemeinde, abzustellen. Ein Fehlbetrag kann im Einzelfall bereits dann erheblich sein, wenn er in der Summe 3 bis 5 Prozent der gesamten ordentlichen Aufwendungen überschreitet.

## V.
## Zu § 78 der Sächsischen Gemeindeordnung: Vorläufige Haushaltsführung

1. Grundsatz

Es liegt im wohlverstandenen Interesse einer Gemeinde, wenn sie dem Grundsatz der Vorherigkeit Rechnung trägt und innerhalb der gesetzlichen Frist gemäß § 76 Absatz 2 Satz 2 Halbsatz 2 der Sächsischen Gemeindeordnung die Haushaltssatzung beschließt. Nach dem Grundsatz der Jährlichkeit gelten die Haushaltssatzung sowie die in ihr enthaltenen haushaltsrechtlichen Ermächtigungen nur für das laufende Haushaltsjahr. Hiervon gibt es für die Zeit bis zum Inkrafttreten der neuen Haushaltssatzung folgende Ausnahmen: § 21 Absatz 1 der Sächsischen Kommunalhaushaltsverordnung, § 81 Absatz 3, § 82 Absatz 3 und § 84 Absatz 2 Satz 2 der Sächsischen Gemeindeordnung sowie der Stellenplan des Vorjahres. Die Weitergeltung dieser Festsetzungen des Vorjahres verhindert einen Stillstand bei der gemeindlichen Aufgabenerfüllung.
In der haushaltslosen Zeit gelten die Regelungen der vorläufigen Haushaltsführung als spezielleres Recht gegenüber dem allgemeinen Haushaltsrecht.
Bei Gemeinden, die sich über mehrere Jahre in der vorläufigen Haushaltsführung befinden, ist das Kriterium der geordneten Haushaltswirtschaft regelmäßig nicht mehr gegeben.

2. Umfang der Aufgabenweiterführung

Die Gemeinde darf Aufwendungen oder Auszahlungen tätigen, zu denen sie privat- oder öffentlich-rechtlich verpflichtet ist. Derartige Verpflichtungen müssen entweder vor Beginn des Haushaltsjahres entstanden sein oder auf einer gesetzlichen Grundlage beruhen. Die Gemeinde darf neue rechtliche Verpflichtungen nur zur Weiterführung notwendiger Aufgaben eingehen.
Aufwendungen oder Auszahlungen dürfen auch für die Weiterführung notwendiger Aufgaben getätigt werden, wenn sie unaufschiebbar sind. Unaufschiebbar bedeutet im Regelfall eilbedürftig, so dass mit einer Verschiebung entweder gegen Haushaltsgrundsätze verstoßen würde oder für die Gemeinde ein materieller Schaden entstehen würde. Eine für die Weiterführung notwendiger Aufgaben unaufschiebbare Aufwendung oder Auszahlung kann zum Beispiel in Betracht kommen bei Investitionen für Maßnahmen der Wiederherstellung, Erneuerung und Erstellung von Einrichtungen und Anlagen der infrastrukturellen Grundversorgung (vergleiche Anlage 1). In diesem Fall muss das Vorhaben im Finanzplan und im Investitionsprogramm enthalten sein.
Die Fortsetzung von Maßnahmen bedeutet allgemein, dass mit ihnen bereits vor der haushaltslosen Zeit begonnen worden ist. Bei Baumaßnahmen müssen also zumindest die Aufträge vergeben, bei Beschaffungen erste Teilleistungen erbracht worden sein.
Freiwillige Aufwendungen und Auszahlungen dürfen grundsätzlich nur dann begründet werden, wenn sie für die Weiterführung einer notwendigen Aufgabe unaufschiebbar sind; neue freiwillige Aufgaben, auch wenn sie unaufschiebbar sind, dürfen dagegen nicht übernommen werden.
Vereinen, Verbänden oder sonstigen Trägern, die Aufgaben im freiwilligen Bereich erfüllen und bereits seit mehreren Jahren mit Haushaltsmitteln der Gemeinde subventioniert werden, kann während der vorläufigen Haushaltsführung ausnahmsweise ein Zuschuss gewährt werden, wenn die Zeit der vorläufigen Haushaltsführung absehbar von kurzer Dauer ist und durch den Haushaltsentwurf oder einen anderen Akt der gemeindlichen Willensbildung hinreichend glaubhaft gemacht ist, dass die Subventionierung fortgesetzt werden soll.

3. Kredite

Im Rahmen der vorläufigen Haushaltsführung ist es zulässig, Kredite für Investitionen aufzunehmen, sofern die bestehende Kreditermächtigung im abgelaufenen Haushaltsjahr noch nicht vollständig verbraucht worden ist. Unter den Voraussetzungen des § 78 Absatz 2 der Sächsischen Gemeindeordnung dürfen auch während der haushaltslosen Zeit Kreditaufnahmen nur zur Fortsetzung von Investitionen und Investitionsfördermaßnahmen als Einzelkredite genehmigt werden, sofern das Vorhaben im Finanzplan des Vorjahres ausgewiesen ist. Dabei besteht ein Vorrang der Inanspruchnahme bestehender Kreditermächtigungen vor der Genehmigung der neuen Kreditaufnahme.

4. Kassenkredite

Die Möglichkeit, nach Einsatz der ihr zur Verfügung stehenden Deckungsmittel und aller Möglichkeiten, Zahlungen hinauszuschieben, für Auszahlungen im Sinne des § 78 Absatz 1 Nummer 1 Halbsatz 1 der Sächsischen Gemeindeordnung Kassenkredite aufnehmen, ist auf das der Haushaltssatzung unmittelbar folgende Jahr beschränkt. Die hierfür erforderliche Ermächtigung liegt in dem satzungsrechtlich festgesetzten Höchstbetrag des abgelaufenen Haushaltsjahres begründet, soweit dieser noch nicht vollständig in Anspruch genommen worden ist.

## VI.
## Zu § 80 der Sächsischen Gemeindeordnung: Finanzplanung

Der Finanzplan ist integrativer Bestandteil des Haushaltsplanes sowohl für den Gesamtergebnishaushalt und die Teilergebnishaushalte als auch den Gesamtfinanzhaushalt und die Teilfinanzhaushalte. Während der Haushaltsplan für die Führung der Haushaltswirtschaft verbindlich ist und als Bestandteil der Haushaltssatzung selbst Satzungsqualität besitzt, entfaltet der Finanzplan keine Satzungsqualität. Er bildet für einen mittelfristigen Zeitraum die geplante Aufgabenerfüllung und den hierfür zur Verfügung stehenden finanziellen Handlungsspielraum einer Gemeinde ab. Der Finanzplan ist unentbehrliches Instrument für die Beurteilung der Prioritäten bei der kommunalen Aufgabenerfüllung und der daraus resultierenden mittelfristigen Entwicklung der haushaltswirtschaftlichen Lage einer Gemeinde.
Haushaltsplan und Finanzplan beeinflussen sich wechselseitig. Die Veranschlagungsgrundsätze sowie die Grundsätze zur Plausibilität und Bewertung der Haushaltsansätze gelten für die Finanzplanung entsprechend.

## VII.
## Zu § 81 der Sächsischen Gemeindeordnung: Verpflichtungsermächtigungen

Wenn gemeindliche Investitionen nur mehrjährig umsetzbar sind, soll die Jährlichkeit des Haushaltes nicht zu Einschränkungen im Zeitablauf der Anschaffung oder Herstellung von gemeindlichen Vermögensgegenständen führen. Zu diesem Zweck können im Teilfinanzplan der produktorientierten Teilpläne Verpflichtungsermächtigungen in Bezug auf die einzelnen Investitionen zulasten der drei dem Haushaltsjahr folgenden Haushaltsjahre veranschlagt werden. In Ausnahmefällen können die Verpflichtungsermächtigungen in zeitlicher Hinsicht auch bis zum Abschluss der Investitionsmaßnahme jahresbezogen veranschlagt werden. Soweit derartige Verpflichtungsermächtigungen in den Jahresspalten des Haushaltsplans nicht abgebildet werden können, sind diese im Haushaltsplan verbal zu erläutern, damit die notwendige Haushaltskontrolle gewährleistet bleibt. Die Gemeinde ist damit ermächtigt, im Rahmen ihrer Investitionstätigkeit bereits im Haushaltsjahr finanzielle Zusagen zulasten künftiger Haushaltsjahre zu machen. Verpflichtungsermächtigungen für die Geschäfte der laufenden Verwaltung sind nicht erforderlich.
Überplanmäßige oder außerplanmäßige Verpflichtungsermächtigungen sind nur dann zulässig, wenn ein dringender Bedarf besteht. Das ist der Fall, wenn die Investition zum Beispiel aus Gründen der Eilbedürftigkeit unabweisbar ist und für die Gemeinde aufgrund faktischer oder rechtlicher Zwänge keine Alternativen (mehr) bestehen.

Die dauernde Leistungsfähigkeit darf durch die Verpflichtungsermächtigungen nicht gefährdet werden. Die Genehmigungsvoraussetzungen entsprechen denen einer Kreditaufnahme.

## VIII. Zu § 82 der Sächsischen Gemeindeordnung: Kreditaufnahmen

1. Begriff
Als Kredit wird allgemein das unter der Verpflichtung zur Rückzahlung von Dritten oder von Sondervermögen mit Sonderrechnung aufgenommene Geldkapital als endgültiges Deckungsmittel verstanden. Kassenkredite und innere Darlehen zählen nicht dazu. Kredite dürfen nicht für die Tilgung von Krediten (außer bei der Umschuldung), nicht für Kreditbeschaffungskosten, nicht für die Ansammlung liquider Mittel, nicht für Aufwendungen im Ergebnishaushalt und auch nicht für Geldanlagen aufgenommen werden.

2. Genehmigungsvoraussetzungen

a) Voraussetzung für eine Kreditgenehmigung ist die Wahrung der Grundsätze einer geordneten Haushaltswirtschaft und die Gewährleistung der dauernden Leistungsfähigkeit. Insoweit wird auf Ziffer I Nummer 1 verwiesen. Sind die Kreditverpflichtungen mit der dauernden Leistungsfähigkeit der Gemeinde nicht vereinbar, ist die Genehmigung regelmäßig zu versagen.

b) Bestehen Bedenken an der erforderlichen dauernden Leistungsfähigkeit der Gemeinde, kann eine Genehmigung nur nach Maßgabe geeigneter rechtsaufsichtlicher Maßnahmen, wie zum Beispiel der Anordnung eines Haushaltsstrukturkonzepts, erteilt werden, wenn die beantragte Kreditaufnahme
   - Maßnahmen, die zur Erfüllung der den Gemeinden übertragenen Aufgaben (§ 2 Absatz 2 der Sächsischen Gemeindeordnung) unerlässlich sind,
   - Maßnahmen der Wiederherstellung, Erneuerung und Erstellung von Einrichtungen und Anlagen, die für die infrastrukturelle Grundversorgung erforderlich sind (vergleiche Anlage 1),
   - sonstigen unabweisbaren Ersatz-, Fortsetzungs- und Sanierungsmaßnahmen,
   - der Zwischenfinanzierung einer zugesagten Zuwendung oder der Finanzierung eines Vorhabens mit einem besonders hohen Fördersatz, wenn zu erwarten ist, dass die Folgekosten, insbesondere die Abschreibungen, gedeckt werden können,

   dient.

c) Die Aufnahme von Krediten oder der Abschluss kreditähnlicher Rechtsgeschäfte in Fremdwährungen, der Abschluss von Verträgen über Kreditderivate, das heißt Finanzprodukte, durch die mit Krediten, Darlehen, Anleihen und vergleichbaren Aktiva verbundene Ausfallrisiken abgesichert werden, sowie spekulative Finanzgeschäfte sind generell unzulässig.

d) Eine Kreditgenehmigung darf nicht allein aufgrund einer im Zeitpunkt der Beantragung der Kreditaufnahme bei der antragstellenden Gemeinde vorhandenen Liquiditätsreserve versagt werden. Der Subsidiaritätsgrundsatz des § 73 Absatz 4 der Sächsischen Gemeindeordnung steht einer Kreditgenehmigung in diesen Fällen nicht grundsätzlich entgegen. Bei der Prüfung der Möglichkeit einer alternativen Finanzierung gegenüber einer Kreditaufnahme im Rahmen der Genehmigungsvoraussetzungen des § 82 der Sächsischen Gemeindeordnung ist zu berücksichtigen, dass die Gemeinden gemäß § 84 Absatz 1 der Sächsischen Gemeindeordnung gehalten sind, einen angemessenen Bestand an liquiden Mitteln vorzuhalten. Die Höhe der Liquiditätsreserve wird durch die Gemeinden eigenverantwortlich bestimmt. Soweit sie sich insoweit an der langfristigen Schwankungsbreite des Liquiditätsbestandes orientieren, ist dies sachgerecht. Schließlich können auch Wirtschaftlichkeitsaspekte vorliegen, die einer Kreditfinanzierung den Vorrang vor einer Finanzierung aus einer vorhandenen Liquiditätsreserve geben.

3. Investitionsbegriff
Das unter der Verpflichtung zur Rückzahlung von Dritten aufgenommene Kapital darf nur zur Finanzierung von Investitionen, Investitionsförderungsmaßnahmen und zur Umschuldung eingesetzt werden. Für die Zuordnung von Einzahlungen und Auszahlungen zur Investitionstätigkeit kommt es darauf an, ob die Zahlungsströme bei der Gemeinde vermögenswirksam sind, also der Veränderung des gemeindlichen Vermögens durch Anschaffung oder Veräußerung von Vermögenswerten dienen. Hierunter fallen der Erwerb und die Veräußerung von Gegenständen des Anlagevermögens und von sonstigen finanziellen Vermögenswerten, zum Beispiel die Anlage vorhandener Finanzmittelbestände in Wertpapieren oder der Erwerb von Grundstücken. Haushaltsrechtlich entscheidend ist, dass Auszahlungen als Anschaffungs- oder Herstellungskosten bewertet werden und zu einem in der Bilanz aktivierbaren Vermögensgegenstand führen. Das bedeutet, nur in den Fällen eines bilanziellen Ansatzes können die von der Gemeinde zu leistenden Auszahlungen einer Investition zugeordnet werden. Wird dagegen kein neues gemeindliches Sachvermögen geschaffen, sind die von der Gemeinde geleisteten Zahlungen als Erhaltungs- oder Instandhaltungsaufwand zu qualifizieren. Dieser ist im Ergebnishaushalt zu veranschlagen und darf nicht mit Krediten finanziert werden.
Zu den gemeindlichen Investitionen zählt auch die Gewährung langfristiger Darlehen an gemeindliche Betriebe im Rahmen der gesetzlichen Aufgabenerfüllung, sofern die Kapitalhingabe der Stärkung des Eigenkapitals und nicht dem Verlustausgleich zu dienen bestimmt ist.

4. Zinsverbilligte Darlehen
Zinsverbilligte Darlehen im Rahmen von Förderprogrammen des Freistaates Sachsen und der Kreditanstalt für Wiederaufbau (KfW) zur Hochwasserschadensbeseitigung, zur energetischen oder energieeffizienten Sanierung, zur Reduzierung oder Beseitigung von Barrieren sowie zum Kita-Ausbau dürfen ausnahmsweise auch dann aufgenommen werden, wenn die Maßnahme als Erhaltungs- oder Instandhaltungsmaßnahme zu qualifizieren ist. Die Darstellung der Maßnahme im Haushalt ist unabhängig von der Kreditfinanzierung nach den allgemein geltenden Grundsätzen vorzunehmen. Die Kreditaufnahme ist auch dann im Finanzhaushalt zu veranschlagen, wenn diese zur Finanzierung einer Instandsetzungsmaßnahme dient.

5. Umschuldung
Die Gemeinde kann im Rahmen einer Umschuldung entweder einen neuen Kreditvertrag mit dem bisherigen Kreditgeber abschließen, sie kann aber auch den Kreditgeber wechseln. Umschuldung bedeutet, dass die noch bestehende Verbindlichkeit eines Kredites abgelöst wird, indem ein neuer Kredit in Höhe des Restbetrages der noch bestehenden Kreditverbindlichkeit abgeschlossen wird. Es können auch mehrere Einzelkredite zu einem Gesamtkredit zusammengefasst werden. Bei einer Umschuldung kommt keine Verlängerung der Laufzeit des ursprünglichen Kredites in Betracht. In der Regel dient eine Umschuldung der Optimierung von Kreditkonditionen.
Keine Umschuldung liegt vor, wenn das bestehende Vertragsverhältnis mit einer Zinsanpassung oder der Vereinbarung neuer Kündigungsrechte fortgesetzt wird. Unerhebliche Verlängerungen der Vertragslaufzeit sind gleichfalls nicht als Umschuldung zu werten.
Eine Umschuldung bei den typischen Fallkonstellationen (Wechsel des Kreditgebers bei einem noch laufenden Kreditvertrag gegen einen Ablösebetrag oder Änderung der Kreditkonditionen bei einem noch laufenden Kreditvertrag mit dem bisherigen Kreditgeber) ist dann zulässig, wenn in einer Gesamtschau die Gemeinde als Kreditnehmer einen Vorteil erhält. Bei der atypischen Fallkonstellation (Abschluss eines neuen Kreditvertrages nach Ablauf des ursprünglichen Kreditvertrages) ist die Umschuldung dann zulässig, wenn in einer Gesamtschau das wirtschaftlich günstigste Angebot ausgewählt wird.

6. Kreditähnliche Rechtsgeschäfte
Das kreditähnliche Rechtsgeschäft begründet eine Zahlungsverpflichtung der Gemeinde, die wirtschaftlich einer Kreditaufnahme gleichkommt. Das Rechtsgeschäft muss also mit der Investitionstätigkeit der Gemeinde in Verbindung stehen. Insoweit kommt es auf die Prüfung des Einzelfalles an. Entscheidend sind nicht die formale Bezeichnung, sondern die wirtschaftlichen Auswirkungen des Rechtsgeschäfts. Diesen ist im Regelfall gemein, dass eine Gemeinde langfristige Leistungsverpflichtungen mit erheblichen wirtschaftlichen Belastungen für künftige Haushaltsjahre eingeht. Daher können insbesondere folgende Rechtsgeschäfte als kreditähnlich angesehen werden: Leasinggeschäfte, atypische langfristige Mietverträge ohne Kündigungsmöglichkeiten, wenn die Gemeinde ein eigentumsähnliches Recht erwirbt,

Nutzungsüberlassungsverträge für Gebäude auf gemeindeeigenen Grundstücken, periodenübergreifende Stundungsabreden, Leibrentenverträge, Ratenkaufmodelle, ÖPP- Projekte.
Die Rechtsaufsichtsbehörden haben die Genehmigungsfähigkeit solcher Rechtsgeschäfte anhand des für die Genehmigung von Kreditaufnahmen anzulegenden Maßstabes zu beurteilen und bei bereits genehmigten Rechtsgeschäften gegebenenfalls darauf hinzuwirken, dass bestehende Verpflichtungen in die Haushalte eingestellt und durch liquide Mittel abgesichert werden. Bei der Haushaltsanalyse sind Risiken aus früher geschlossenen Verträgen zu berücksichtigen. Die nach Ablauf der Vertragslaufzeit anfallenden Belastungen müssen ebenfalls betragsmäßig erfasst und dargestellt werden, da ansonsten die Finanzlage einer Gemeinde nicht zutreffend bewertet werden kann. Die Gemeinsame Verwaltungsvorschrift des Sächsischen Staatsministeriums der Finanzen und des Sächsischen Staatsministeriums des Innern zur kommunal- und haushaltsrechtlichen Beurteilung von Investorenvorhaben im kommunalen Bereich sowie die Kommunalfreistellungsverordnung vom 12. Dezember 1996 (SächsGVBl. S. 499), die zuletzt durch die Verordnung vom 19. April 2015 (SächsGVBl. S. 375) geändert worden ist, sind zu beachten.
Hinsichtlich der Gemeinden, deren Unternehmen Cross-Border-Leasing-Verträge abgeschlossen haben, wird auf die VwV CBL-Vertragscontrolling vom 19. Februar 2010 (SächsABl. S. 534), zuletzt enthalten in der Verwaltungsvorschrift vom 24. November 2023 (SächsABl. SDr. S. S 243), in der jeweils geltenden Fassung, verwiesen.

## IX.
## Zu § 83 der Sächsischen Gemeindeordnung: Sicherheiten und Gewährleistung für Dritte

1. Grundsatz
Mit der Bestellung von Sicherheiten zugunsten Dritter übernimmt die Gemeinde ein wirtschaftliches Risiko für fremde Interessen, ohne dass einer derartigen Bestellung eine entsprechende Gegenleistung oder ein Vermögenszuwachs bei der Gemeinde gegenübersteht. Daher enthält die Sächsische Gemeindeordnung aus Wirtschaftlichkeitsgesichtspunkten und zur Sicherung der künftigen Haushaltswirtschaft ein Verbot der Bestellung von Sicherheiten zugunsten Dritter.

2. Ausnahmen
Dieses Verbot wird gemäß § 83 Absatz 1 Satz 2 der Sächsischen Gemeindeordnung dahingehend modifiziert, dass die Rechtsaufsichtsbehörde hiervon im Einzelfall Ausnahmen zulassen kann. Insoweit liegt ein Verbot mit Erlaubnisvorbehalt vor. Voraussetzung für eine Erlaubnis ist jedoch, dass für die Bestellung der Sicherheiten ein dringendes Interesse der Gemeinde vorliegen muss und diese der kommunalen Aufgabenerfüllung dient. Außerdem muss das Risiko für die Gemeinde kalkulierbar sein. Eine Ausnahme von dem gesetzlichen Verbot der Bestellung von Sicherheiten zugunsten Dritter stellt die Übernahme einer Bürgschaft oder eines Gewährvertrages dar, die gemäß § 83 Absatz 2 und 3 der Sächsischen Gemeindeordnung einer besonderen Genehmigung bedarf.

3. Übernahme von Bürgschaften und Gewährverträgen
Wegen des Risikos für den Gemeindehaushalt dürfen derartige Rechtsgeschäfte nur abgeschlossen werden, wenn das Risiko wirtschaftlich tragbar ist und die Übernahme unmittelbar der gemeindlichen Aufgabenerfüllung dient. Die Gemeinde darf daher keine selbstschuldnerische Bürgschaft (§ 773 Absatz 1 Nummer 1 des Bürgerlichen Gesetzbuchs) übernehmen, weil bei einem Ausfall des Schuldners die Gemeinde durch den Gläubiger des Dritten unmittelbar zur Forderungsbefriedigung herangezogen werden kann. Die Gemeinde darf daher regelmäßig nicht auf die Einrede der Vorausklage verzichten und sich nicht als Selbstschuldner verbürgen. Die Gemeinde hat grundsätzlich die Bürgschaftsform zu wählen, die für sie nur ein geringes Risiko beinhaltet. In Betracht kommen könnte zum Beispiel eine sogenannte modifizierte Ausfallbürgschaft, durch die der Bürge nach Ablauf einer bestimmten Zeit für den bis dahin nicht ausgeglichenen Ausfall einzutreten hat. Die haushaltsmäßigen Auswirkungen sind gleichwohl stets sorgfältig zu prüfen und abzuwägen. Je höher das Risiko der Inanspruchnahme ist, desto gründlicher müssen die finanzielle Leistungsfähigkeit der Gemeinde sowie deren Fähigkeit zu dauerhaften Aufgabenerfüllung analysiert werden. Ein gegebenenfalls erforderlicher Beschluss des Gemeinderates muss die beabsichtigte Bürgschaft auch hinsichtlich einer etwaigen Modifikation abdecken. Bürgschaften dürfen nicht übernommen werden, wenn mit hoher Wahrscheinlichkeit mit der Inanspruchnahme aus der Bürgschaft gerechnet werden muss. Soweit sich auch unter Berücksichtigung der wirtschaftlichen Lage der Gemeinde eine Bürgschaftsübernahme aufgrund des Risikos haushaltsmäßig nicht darstellen lässt, ist die Genehmigung zu versagen. Die Gemeinde hat ferner in eigener Verantwortung, gegebenenfalls unter Hinzuziehung fachlich versierter Berater, zu prüfen, ob durch die Bürgschaftsübernahme das europäische Beihilferecht tangiert wird.
Bei der Übernahme von Bürgschaften zugunsten ihrer kommunalen Betriebe soll eine Gemeinde darauf achten, dass die Bürgschaftssumme die gemeindliche Beteiligung an dem Betrieb nicht überschreitet. Soweit eine Bürgschaftsübernahme allein dazu dient, den Betrieb vor der Insolvenz zu bewahren, ist sie regelmäßig nicht Teil der kommunalen Aufgabenerfüllung.

4. Übernahme von Verpflichtungen aus Gewährverträgen
Bei einer Gewährleistung ist der Schuldner verpflichtet, den Gläubiger so zu stellen, als wäre der mögliche Erfolg eingetreten oder ein Schaden nicht entstanden. Hierzu gehören Rechtsgeschäfte wie zum Beispiel die Haftungsübernahme, die Patronatserklärung, die Erwerbsverpflichtung und das Garantieversprechen. Derartige Rechtsgeschäfte sind genehmigungsfähig, wenn die Gemeinde finanziell in der Lage ist, die hieraus übernommenen Risiken zu tragen, ohne die stetige Aufgabenerfüllung zu gefährden. Schließlich muss der Abschluss eines solchen Vertrages der kommunalen Aufgabenerfüllung dienen.

5. Übernahme von sonstigen Rechtsgeschäften
Erfüllungsübernahmen, Schuldübernahmen, Schuldbeitritte, Patronatserklärungen mit Rechtsbindungswillen, Wechselbürgschaften und Ausbietungsgarantien sind Rechtsgeschäfte, die Gewähr- oder Bürgschaftsverträgen wirtschaftlich gleichkommen. Für deren Genehmigungsfähigkeit gelten die unter den Nummern 3 und 4 genannten Grundsätze.

## X.
## Zu § 84 der Sächsischen Gemeindeordnung: Kassenkredite

1. Begriff
Die gesetzliche Verpflichtung, die rechtzeitige Leistung der Auszahlungen sicherzustellen, bringt es mit sich, dass eine Gemeinde berechtigt ist, bei Bedarf und zur rechtzeitigen Leistung ihrer Auszahlungen im notwendigen Umfang ihre Zahlungsmittel durch Kredite temporär zu verstärken. Diese unterliegen als kassenmäßige Verstärkungsmittel einer gesonderten Festsetzung in Form eines Höchstbetrages in der gemeindlichen Haushaltssatzung. Kredite zur Liquiditätssicherung sind keine Einnahmen aus Krediten. Die Gemeinde nimmt die Kredite zur Liquiditätssicherung eigenverantwortlich als Darlehen im Sinne des Privatrechts auf, um vorübergehend bestehende Zahlungsengpässe zu überbrücken. Bei diesen kurzfristigen Krediten wird regelmäßig zwischen Festbetragskrediten und Kontokorrentkrediten unterschieden. Der kurzfristige Liquiditätsbedarf einer Gemeinde kann aber auch über Tagesgeldaufnahmen befriedigt werden. Kredite zur Liquiditätssicherung werden von der Gemeinde wegen ihrer mangelnden Zahlungsfähigkeit und nicht wegen eines Fehlbetrages in der gemeindlichen Ergebnisrechnung aufgenommen. Es besteht daher kein unmittelbarer Zusammenhang zwischen der Sicherung der Zahlungsfähigkeit durch einen Kassenkredit und den im Haushaltsjahr veranschlagten Erträgen und Aufwendungen. Ein negativer Saldo aus laufender Verwaltungstätigkeit im Finanzplan macht jedoch deutlich, dass die Gemeinde im Haushaltsjahr kassenmäßige Verstärkungsmittel temporär zur Aufrechterhaltung ihrer Zahlungsfähigkeit benötigt, was als Einschränkung ihrer dauernden Leistungsfähigkeit gewertet werden kann.

2. Zulässigkeitsvoraussetzungen
a) Bei der Gemeinde muss zum Zahlungszeitpunkt ein konkreter Bedarf zur Leistung von Auszahlungen bestehen, für die vorübergehend keine alternativen Finanzmittel zur Verfügung stehen. Ob bestehende Geldanlagen oder andere Liquiditätsreserven vorrangig in Anspruch zu nehmen sind, ist unter Wirtschaftlichkeitsgesichtspunkten zu entscheiden. Eine vorhandene Liquiditätsreserve steht der Kassenkreditaufnahme grundsätzlich nicht entgegen.

Der in der Haushaltssatzung festgesetzte Höchstbetrag darf im Zahlungszeitpunkt noch nicht ausgeschöpft sein.

b) Die Aufnahme von Kassenkrediten im Rahmen des Höchstbetrages ist ein Geschäft der laufenden Verwaltung, für das der Bürgermeister zuständig ist. Da strikt zwischen temporären Krediten im Kassenbereich und solchen im Deckungsbereich unterschieden wird, können bestehende Kassenkredite auch nicht in langfristige Darlehen umgewandelt werden. Sofern die Rechtsaufsichtsbehörde davon Kenntnis hat, dass der vorübergehende Kreditbedarf ganz oder teilweise auf nicht rechtzeitig eingeleiteten Einzugsmaßnahmen beruht, kann die Genehmigung des Höchstbetrages versagt oder nur teilweise oder unter Nebenbestimmungen erteilt werden. Die Genehmigung ist im Regelfall zu versagen, wenn die Kassenkreditaufnahme dazu führen würde, Haushaltskonsolidierungsmaßnahmen zu verzögern oder eine Beitreibung zum Beispiel von Kommunalabgaben ohne sachlichen Grund hinauszuschieben. Kassenkredite, mit denen nicht nur vorübergehend bestehende Zahlungsengpässe überbrückt werden sollen, sind nur nach Maßgabe rechtsaufsichtlich verfügter Maßnahmen zulässig.

c) Unter Beachtung der Grundsätze der Wirtschaftlichkeit und Sparsamkeit kann auch bei Kassenkrediten eine Umschuldung nach Maßgabe der Regelungen unter Ziffer VIII Nummer 4 in Betracht kommen, wenn trotz kurzfristiger Laufzeiten die neuen Konditionen für die Gemeinde günstiger sind als die des abzulösenden Kredites. Die Gemeinde kann im Rahmen einer Umschuldung einen neuen Vertrag mit dem Kreditgeber abschließen, sie kann aber auch den Kreditgeber wechseln. Im Zuge einer solchen Umschuldung kann also eine neue Kassenkreditverpflichtung zur Begleichung einer bereits bestehenden Kassenkreditverpflichtung eingegangen werden. Demgemäß wird auch das Volumen der Verbindlichkeiten nicht verändert, sondern es werden lediglich die Kassenkreditkonditionen angepasst.

## XI.
## Zu § 85 der Sächsischen Gemeindeordnung: Rücklagen

1. Allgemein

a) Die in § 51 Absatz 3 Nummer 1 Buchstabe b der Sächsischen Kommunalhaushaltsverordnung abschließend genannten Rücklagen sind Teil der Kapitalposition in der Vermögensrechnung. Doppische Rücklagen haben keine Liquiditätssicherungsfunktion, sondern werden im Rahmen der Ergebnisrechnung gebildet oder aufgelöst.

b) Die Deckung eines Fehlbetrages im Ergebnishaushalt oder in der Ergebnisrechnung hat stets Vorrang vor der Rücklagenzuführung. Soweit Überschüsse des ordentlichen Ergebnisses oder des Sonderergebnisses nicht zur Fehlbetragsdeckung benötigt werden, sind diese zwingend Rücklagen aus Überschüssen des ordentlichen Ergebnisses oder des Sonderergebnisses zuzuführen.

2. Sonderfälle

Kapitalzuschüsse sind im Unterschied zu Ertragszuschüssen gemäß § 36 Absatz 7 der Sächsischen Kommunalhaushaltsverordnung direkt dem Basiskapital zuzuführen oder bis zu ihrer zweckgerechten Verwendung als Rücklage aus nicht ertragswirksam aufzulösenden Zuwendungen zu verbuchen. Für investive Schlüsselzuweisungen sind hingegen Sonderposten für erhaltene investive Zuwendungen zu bilden und ertragswirksam aufzulösen.

## XII.
## Zu § 85a der Sächsischen Gemeindeordnung: Rückstellungen

1. Bedeutung

Die Bildung von Rückstellungen für Verpflichtungen, deren Eintritt dem Grunde nach zu erwarten ist, deren Höhe und Fälligkeit jedoch ungewiss, aber dennoch hinreichend sicher sind, und deren wirtschaftliche Ursache bereits vor dem Abschlussstichtag eingetreten ist, gehört zur periodengerechten Erfassung des vollständigen Ressourcenverbrauchs. Die Rückstellungsbildung wird im Rahmen des Jahresabschlusses in der Ergebnisrechnung als Aufwand erfasst; die Rückstellungen selbst werden in der Bilanz passiviert. Sie sind Teil des Fremdkapitals.

2. Rechtspflicht

Die Gemeinde ist grundsätzlich zur Bildung von Rückstellungen für die in § 41 Absatz 1 Satz 1 der Sächsischen Kommunalhaushaltsverordnung aufgezählten Sachverhalte verpflichtet. Rückstellungen können zu bilden sein, wenn die Gemeinde gegenüber einem Dritten eine rechtliche oder faktische Verbindlichkeit zu erfüllen hat (Verbindlichkeitsrückstellung) oder wenn eine solche Verpflichtung im Innenverhältnis, also gegenüber der Gemeinde selbst, besteht (Aufwandsrückstellung).

3. Berechnung

Die Ermittlung des Rückstellungsbetrages ist auf die künftige Erfüllung der bestehenden Verpflichtung auszurichten. Mögliche allgemeine Entwicklungen und Ereignisse, die sich auf den Verpflichtungsbetrag auswirken könnten (zum Beispiel Preis- und Kostensteigerungen), sind bereits zum Abschlussstichtag bei der Rückstellungsbildung zu berücksichtigen.

## XIII.
## Zu § 88a der Sächsischen Gemeindeordnung: Eröffnungsbilanz

An die Eröffnungsbilanz, die aus Anlass der Umstellung auf die kommunale Doppik aufzustellen ist (§ 88a Absatz 1 Satz 1 der Sächsischen Gemeindeordnung), und die Eröffnungsbilanzen aus Anlass einer Änderung des Gemeindegebiets (§ 88a Absatz 1 Satz 3 der Sächsischen Gemeindeordnung) werden unterschiedliche Anforderungen gestellt. Dabei dürfen für die Eröffnungsbilanzen aus Anlass einer Änderung des Gemeindegebiets weitreichende Erleichterungsmöglichkeiten in Anspruch genommen werden. Eine Neubewertung des kommunalen Vermögens und der Schulden ist in diesen Fällen ausdrücklich nicht erforderlich. Vielmehr dürfen die im letzten Jahresabschluss ausgewiesenen Buchwerte übernommen und dann auf Basis einer einheitlichen Bewertungsrichtlinie fortgeschrieben werden. Ferner erfolgt die überörtliche Prüfung dieser Eröffnungsbilanzen nicht unmittelbar im Anschluss an deren Feststellung, sondern im Rahmen der turnusmäßigen Prüfung gemäß § 109 Absatz 3 der Sächsischen Gemeindeordnung.

## XIV.
## Zu § 88b der Sächsischen Gemeindeordnung: Gesamtabschluss

1. Bedeutung

Der Gesamtabschluss dient dazu, Risiken und negative Folgen für die gemeindliche Haushaltswirtschaft, die sich aus einer Verlagerung kommunaler Aufgaben in die öffentlich-rechtlichen oder privatrechtlichen Betriebe einer Gemeinde ergeben können, transparent zu machen. Nur deren vollständige Einbeziehung in den Gesamtabschluss ermöglicht und sichert eine zutreffende Darstellung der wirtschaftlichen Gesamtlage der Gemeinde. Der Gesamtabschluss stellt damit die aussagekräftige und steuerungsrelevante Informationsbasis dar, um als Gemeinde zukunftsorientiert und wirtschaftlich handeln zu können.

2. Befreiungen

a) Die Gemeinde kann bei der Aufstellung des Gesamtabschlusses auf die Konsolidierung einzelner Aufgabenträger verzichten, wenn diese für das den tatsächlichen Verhältnissen entsprechende Bild der Vermögens-, Ertrags- und Finanzlage von untergeordneter Bedeutung sind. Dies ist in der Regel dann der Fall, wenn die folgenden Voraussetzungen kumulativ erfüllt sind:
   - Der auf die Gemeinde entfallende Anteil der ordentlichen Erträge des einzelnen Aufgabenträgers beträgt nicht mehr als 5 Prozent der Summe der (nicht konsolidierten) ordentlichen Erträge sämtlicher Aufgabenträger und der Gemeinde.
   - Der auf die Gemeinde entfallende Anteil der Bilanzsumme des einzelnen Aufgabenträgers beträgt nicht mehr als 5 Prozent der Summe der (nicht konsolidierten) Bilanzsummen sämtlicher Aufgabenträger und der Gemeinde.

   Maßgeblich sind jeweils die Verhältnisse am Abschlussstichtag.

b) Die Gemeinde hat die Voraussetzungen für den Verzicht auf die Konsolidierung einzelner Aufgabenträger zu jedem Abschlussstichtag neu zu prüfen.

3. Verfahren
a) Es ist der Gemeinde freigestellt, auf die Aufstellung eines Gesamtabschlusses zu verzichten. Für den Verzicht ist ein Beschluss des Gemeinderats erforderlich. Der Beschluss soll im Zusammenhang mit dem Beschluss über die Haushaltssatzung gefasst werden und sich auf den Gesamtabschluss des jeweiligen Haushaltsjahres beziehen. Der Beschluss ist der Rechtsaufsichtsbehörde anzuzeigen. Die Aufstellung des Gesamtabschlusses und seine Bestätigung durch den Gemeinderat sind gesetzlich bestimmten Fristen unterworfen. Diese bilden nicht nur eine Grenze für den Abschluss der örtlichen Arbeiten, sondern sie bezwecken zugleich, dass im Rahmen des jährlich wiederkehrenden Haushaltskreislaufs der Gemeinderat frühzeitig durch einen aktuellen Gesamtabschluss über die haushaltswirtschaftliche Entwicklung der Gemeinde informiert wird.

b) In den Fällen, in denen ein Gesamtabschluss nicht fristgerecht festgestellt worden ist, hat die Gemeinde ihre Rechtsaufsichtsbehörde unverzüglich zu unterrichten. In dem Bericht hat sie die Gründe für das Versäumnis anzugeben und aufzuzeigen, welchen Verfahrensstand die Aufstellung des Gesamtabschlusses hat. Gleichzeitig hat die Gemeinde zu berichten, wann die Feststellung durch den Gemeinderat vorgesehen ist und bis zu welchem Zeitpunkt die Anzeige bei der Rechtsaufsichtsbehörde nachgeholt wird. Die Rechtsaufsichtsbehörde sollte in jedem Anzeigeverfahren eine Rückäußerung an die Gemeinde geben.

## XV.
## Zu § 88c der Sächsischen Gemeindeordnung: Aufstellung und ortsübliche Bekanntgabe des Abschlusses

Die in § 88a Absatz 1 Satz 1 und § 88c Absatz 1 der Sächsischen Gemeindeordnung geregelten Fristen zur Auf- und Feststellung von Eröffnungsbilanzen sowie Jahresabschlüssen und Gesamtabschlüssen begründen für die Gemeinden eine Rechtspflicht, deren Einhaltung von den Rechtsaufsichtsbehörden sicherzustellen ist. Sie wirken daher darauf hin, dass die Gemeinden die insoweit noch ausstehenden Auf- und Feststellungen in einem angemessenen Zeitraum nachholen. Hierzu sollen die konkreten Termine zwischen der Gemeinde und der zuständigen Rechtsaufsichtsbehörde (zum Beispiel durch Zielvereinbarung oder Ähnliches) individuell schriftlich vereinbart werden.

## XVI.
## Zu § 89 der Sächsischen Gemeindeordnung: Erwerb und Verwaltung von Vermögen, Wertansätze

1. Allgemein
Die Gemeinden haben eigenverantwortlich zu prüfen und zu entscheiden, wie sie ihr Geld anlegen. Die Abwägung der hierbei zu berücksichtigenden wirtschaftlichen Folgen und die sich hieraus ergebende Entscheidung sollten bei komplexeren Produkten keinesfalls ohne die Beiziehung juristischer und wirtschaftlicher Sachverständiger getroffen werden, die die erforderliche finanzwirtschaftliche Expertise besitzen. Die Gemeinden treffen die Entscheidungen über die Anlage von Kapital im Rahmen der zur kommunalen Selbstverwaltung gehörenden Finanzhoheit in eigener Verantwortung. So können sie beispielsweise nach eigenem Ermessen Finanzanlagen im Sinne einer nachhaltigen Wirtschaftsweise abschließen, sofern dies mit den Regelungen der Sächsischen Gemeindeordnung und ihrer untergesetzlichen Vorschriften vereinbar ist. Der konkreten Auswahlentscheidung liegen im Regelfall Zweckmäßigkeitserwägungen zugrunde, die einer weiteren rechtsaufsichtlichen Reglementierung nicht zugänglich sind.

2. Grundsätzliche Hinweise
a) Bei Geldanlagen ist der hinreichenden Sicherheit Vorrang gegenüber der Ertragserzielung einzuräumen. Hinreichende Sicherheit erfordert, dass der Substanzwert der Anlage erhalten wird und am Ende der Anlagezeit ungeschmälert zur Verfügung stehen muss. Es werden Geldanlagen gemäß § 1807 des Bürgerlichen Gesetzbuchs empfohlen. Die Möglichkeiten der Ertragserzielung am Geldmarkt sind sorgfältig zu prüfen. Bei der grundsätzlich im Ermessen der Gemeinde stehenden Entscheidung, ob nicht benötigte liquide Mittel zur vorzeitigen Kredittilgung verwendet oder angelegt werden sollen, sind neben dem Renditeunterschied zwischen Anlagezins und ersparten Zinsaufwendungen auch zu erbringende Vorfälligkeitsentschädigungen sowie sonstige Möglichkeiten der Aufwandsreduzierung und Ertragssteigerung gegeneinander abzuwägen und zu dokumentieren.

b) Unabhängig von der gegenwärtigen Zinsentwicklung ist auf eine hinreichende Sicherheit der Geldanlage auch dann zu achten, wenn kein angemessener Ertrag erzielt werden kann. Substanzschmälernde Zahlungen (Negativzinsen, Verwahrentgelte und ähnliches) stellen keinen Verstoß gegen § 89 der Sächsischen Gemeindeordnung dar, wenn sie auch durch ein entsprechendes Finanzmanagement (Verhinderungsstrategie) nicht hätten vermieden werden können.

c) Bei Sichteinlagen (Girokonten, Tagesgeldkonten) ist aufgrund der fehlenden Einlagensicherung für Gemeinden die Bonität der Kreditinstitute regelmäßig zu überprüfen.

d) Geldanlagen in Fremdwährungen sowie der Einsatz von Finanzderivaten im Zusammenhang mit Geldanlagen sind nicht zulässig.

3. Zulässigkeit interkommunaler Darlehen
Interkommunale Darlehen sind im Regelfall Darlehen im Sinne des § 82 der Sächsischen Gemeindeordnung, bei denen sowohl der Darlehensgeber als auch der Darlehensnehmer jeweils eine Kommune ist. § 2 Absatz 1 des Sächsischen Gesetzes über kommunale Zusammenarbeit gilt entsprechend.
Die Zulässigkeit dieser Darlehen richtet sich nach folgenden Kriterien: Eine Kreditvergabe muss im Rahmen der Aufgabenerfüllung der Gemeinde notwendig sein und darf nicht deren dauernde Leistungsfähigkeit gefährden. Insbesondere in folgenden Fallkonstellationen ist davon auszugehen, dass die Kreditvergabe einer öffentlichen Aufgabe dient:
- Darlehen zwischen Zweckverbänden,
- Darlehen zwischen einem Zweckverband und seinen Mitgliedsgemeinden,
- Darlehen zwischen einer Gemeinde und einer Nachbargemeinde,
- Darlehen eines Landkreises an eine Gemeinde innerhalb des Kreisgebiets.

Soweit die Kreditvergabe der öffentlichen Aufgabenerfüllung dient, handelt es sich nicht um ein Bankgeschäft im Sinne des Kreditwesengesetzes.
Andere Fallkonstellationen (zum Beispiel Darlehen einer Gemeinde an ihre Sondervermögen und von ihr beherrschte Unternehmen) bedürfen grundsätzlich einer Erlaubnis nach § 32 Absatz 1 Satz 1 des Kreditwesengesetzes, sofern das Darlehen gewerbsmäßig abgeschlossen wird. Gewerbsmäßigkeit setzt eine gewisse Dauer und die Absicht der Gewinnerzielung voraus. Eine Gewinnerzielungsabsicht liegt auch bei einem zinslos gewährten Darlehen vor, wenn es der kreditvergebenden Gemeinde lediglich darum geht, Aufwendungen für Verwahrentgelte beziehungsweise Negativzinsen zu vermeiden.
Erlaubnisfreiheit besteht auch dann, wenn das Konzernprivileg (§ 2 Absatz 1 Nummer 7 des Kreditwesengesetzes) anwendbar ist. Das ist der Fall, wenn die Gemeinde auf das Mutter- oder Tochterunternehmen einen beherrschenden Einfluss im Sinne von § 290 des Handelsgesetzbuchs ausübt. In diesem Fall liegt kein erlaubnispflichtiges Bankgeschäft im Sinne des § 32 des Kreditwesengesetzes vor.
Anders verhält es sich, wenn der beherrschende Einfluss der Gemeinde auf das Unternehmen fehlt. In diesen Fällen ist jeweils zu prüfen, ob eine bankrechtliche Erlaubnis nach § 32 Absatz 1 Satz 1 des Kreditwesengesetzes erteilt werden kann. Wird sie versagt, ist das Bankgeschäft gemäß § 94a Absatz 6 der Sächsischen Gemeindeordnung verboten.
Die haushaltsrechtlichen Bestimmungen bleiben hiervon unberührt.

## XVII.
## Zu § 92 der Sächsischen Gemeindeordnung: Treuhandvermögen

Die Ausführungen zum Zins- und Schuldenmanagement gemäß Großbuchstabe A Ziffer I Nummer 1 Buchstabe d und zu spekulativen Finanzgeschäften gemäß Großbuchstabe A Ziffer I Nummer 3 gelten für Treuhandvermögen im Sinne des § 92 der Sächsischen Gemeindeordnung entsprechend.

## B.
## Hinweise zur Erteilung gemeindewirtschaftlicher Stellungnahmen bei Zuwendungsanträgen

### I.
### Grundsatz

1. Soweit dies im jeweiligen Förderverfahren vorgesehen ist, erstellen die Rechtsaufsichtsbehörden auf Antrag innerhalb von vier Wochen nach Eingang der vollständigen Unterlagen eine gemeindewirtschaftliche Stellungnahme. Die Vollständigkeit der eingereichten Antragsunterlagen ist innerhalb von zwei Wochen nach deren Eingang zu prüfen. Unvollständige Unterlagen sind unverzüglich zurückzugeben. In diesem Fall ist der Fristlauf nach Satz 1 gehemmt.

2. Gemeindewirtschaftliche Stellungnahmen beinhalten lediglich eine fachliche Einschätzung/Bewertung mit prognostischen Elementen durch die Rechtsaufsichtsbehörde. Sie sind keine Verwaltungsakte, sondern Mitwirkungsakte im Förderverfahren ohne unmittelbare Außenwirkung. Sie sind deshalb durch die Rechtsaufsichtsbehörde unwiderruflich, unbefristet und unbedingt auszustellen.

3. Die Rechtsaufsichtsbehörden bewerten im Wege einer Plausibilitäts- und Prognoseprüfung, inwieweit die Gemeinde unter Berücksichtigung der aktuellen haushaltswirtschaftlichen Situation, des Investitionsprogramms, der mittelfristigen Entwicklung ihrer Erträge und Einzahlungen sowie ihrer Verschuldungsfähigkeit in der Lage ist, die erforderlichen Eigenmittel für die Finanzierung der beantragten Maßnahme aufzubringen und unter Berücksichtigung der Folgekosten den Haushalt auszugleichen.

4. Bei dieser Prüfung sollen auch die Auswirkungen der mittel- und langfristig prognostizierten Bevölkerungsentwicklung auf die beantragte Maßnahme summarisch geprüft werden, soweit dies relevant ist.

### II.
### Verfahren

1. Dem Antrag sind insbesondere folgende Unterlagen beizufügen:
   - der Zuwendungsantrag,
   - zusätzliche Angaben nach Maßgabe der jeweiligen Fachförderrichtlinie,
   - eine Übersicht zur beantragten Fördermaßnahme nach Anlage 3,
   - ein Nachweis der Prüfung anderer Realisierungsvarianten,
   - Wirtschaftlichkeitsberechnungen,
   - die Angabe, ob die Maßnahme der freiwilligen oder pflichtigen Aufgabenerfüllung dient,
   - Folgekostenberechnungen.

2. Die Rechtsaufsichtsbehörden können bei Bedarf weitere geeignete Unterlagen wie zum Beispiel Gutachten, Grundsatzbeschlüsse des Beschlussorgans, Berichte zur Erforderlichkeit der Maßnahme, Bauzeitpläne oder Angaben zum Realisierungszeitpunkt sowie Berichte über die Auswirkungen auf Nachbargemeinden vom Antragsteller anfordern.

3. Der Nachweis für die Prüfung anderer Realisierungsvarianten sowie die erforderlichen Wirtschaftlichkeitsberechnungen sind auf das Notwendigste zu beschränken.

### III.
### Beurteilungskriterien

1. Eine positive gemeindewirtschaftliche Stellungnahme kann unter den Voraussetzungen einer geordneten Haushaltswirtschaft erteilt werden, wenn die beantragte Maßnahme nach den Grundsätzen einer leistungsfähigen, sparsamen und wirtschaftlichen Verwaltung geplant ist und ihre Finanzierung und die zu erwartenden Folgekosten die Leistungskraft der Gemeinde und ihrer Abgabenpflichtigen nicht übersteigen. Die Rechtsaufsichtsbehörden prüfen in diesem Kontext die Plausibilität der vorgelegten Unterlagen unter Zugrundelegung des Haushaltsplanes und seiner Bestandteile sowie des Finanzplanes und des Investitionsprogramms, ferner der Angaben zu den finanziellen Verhältnissen.

2. Aus den vorzulegenden Unterlagen muss sich insbesondere ergeben, wie hoch die Gesamtauszahlungen sind und welche Auszahlungen im laufenden Haushaltsjahr und in den folgenden Haushaltsjahren voraussichtlich anfallen werden. Das geplante Vorhaben muss daher Bestandteil des Haushaltsplanes, des Finanzplanes und des maßnahmenbezogenen Investitionsprogramms oder der Übersicht über die im Ergebnishaushalt zu veranschlagenden Instandhaltungs- und Instandsetzungsmaßnahmen gemäß § 1 Absatz 3 Nummer 6 der Sächsischen Kommunalhaushaltsverordnung sein, soweit nicht seine Finanzierung durch über- oder außerplanmäßige Erträge oder Einzahlungen, übertragene Haushaltsermächtigungen oder andere Deckungsmittel sichergestellt werden kann. Die voraussichtlich anfallenden Folgekosten (zum Beispiel Unterhaltungs- und Instandsetzungskosten, Personalkosten, Kapitaldienst) sind sorgfältig zu ermitteln und gegebenenfalls zu schätzen.

3. Ist das Vorhaben nicht im Haushaltsplan, im Finanzplan oder in einem maßnahmenbezogenen Investitionsprogramm berücksichtigt oder kann seine Finanzierung nicht durch über- oder außerplanmäßige Erträge oder Einzahlungen, übertragene Haushaltsermächtigungen oder andere Deckungsmittel sichergestellt werden, darf eine positive gemeindewirtschaftliche Stellungnahme nur erteilt werden, wenn die Gemeinde nachweist, dass sie in der Lage ist, den Eigenanteil anderweitig zu erbringen, und wenn die Finanzierung der Folgeaufwendungen gesichert ist. Als Nachweis der Finanzierung ist zumindest ein Grundsatzbeschluss des zuständigen Organs der Gemeinde vorzulegen, mit dem die fehlenden Angaben zweifelsfrei bestätigt werden. In begründeten Ausnahmefällen, zum Beispiel bei besonderer Eilbedürftigkeit einer Investition, reicht zunächst die Verpflichtungserklärung des Bürgermeisters aus, dass der Gemeinderatsbeschluss unverzüglich nachgeholt und vorgelegt wird.

4. Weitere Konkretisierungen können sich aus den jeweiligen Förderrichtlinien ergeben.

## C.
## Berichtswesen

### I.
### Frühwarnsystem

Das Staatsministerium des Innern betreibt ein Frühwarnsystem, um die dauernde Leistungsfähigkeit der kommunalen Haushalte und Zweckverbände anhand entsprechender Kennziffern zu bewerten und finanziellen Schieflagen frühzeitig begegnen zu können. Die Gemeinden, Landkreise und Zweckverbände sowie die Rechtsaufsichtsbehörden sind gemäß § 113 der Sächsischen Gemeindeordnung verpflichtet, an der Erfassung und Bewertung der Daten mitzuwirken. Unmittelbar nach Inkrafttreten der jeweiligen Haushaltspläne der Gemeinden, Landkreise und Zweckverbände sind die Daten durch die Gemeinden, Landkreise und Zweckverbände einzupflegen und durch die Rechtsaufsichtsbehörden zu bestätigen. Die Daten sind anlassbezogen (zum Beispiel aufgrund einer Nachtragssatzung) zu aktualisieren. Mit dem technischen Betrieb des Frühwarnsystems ist der Staatsbetrieb Sächsische Informatik Dienste beauftragt.

### II.
### Dienstbesprechungen zu rechtsaufsichtlichen Problemfällen

1. Die Landesdirektion Sachsen führt unter Beteiligung des Staatsministeriums des Innern mit den Landratsämtern im Regelfall einmal jährlich eine Dienstbesprechung zur aktuellen Haushaltssituation der kreisangehörigen Gemeinden und Zweckverbände auf der Basis der Daten des Frühwarnsystems durch. Bei dieser Gelegenheit soll die Haushaltslage insbesondere der Gemeinden erörtert werden, die nach dem Frühwarnsystem der Bewertungskategorie D zugeordnet sind. Zur Vorbereitung der Dienstbesprechung legt das Landratsamt zwei Wochen vor dem Besprechungstermin auf der Basis aktueller Zahlen und Daten einen vorläufigen Bericht

nach den Vorgaben eines Musterberichts, den das Staatsministerium des Innern per Rundschreiben veröffentlicht, der Landesdirektion Sachsen sowie dem Staatsministerium des Innern vor. Dieser beschränkt sich auf diejenigen Gemeinden und Zweckverbände, die Gesprächsgegenstand sein sollen. Im Verlauf der Besprechung entscheidet es sich dann, welche Kommunen in den Bericht tatsächlich aufgenommen werden. Die Landesdirektion dokumentiert die wesentlichen Besprechungsergebnisse im Hinblick auf relevante Sachverhaltsfeststellungen, rechtliche Bewertungen und weitere Agenden und legt den insoweit überarbeiteten Bericht vier Wochen nach dem Besprechungstermin dem Landratsamt sowie dem Staatsministerium des Innern vor. Soweit sich im weiteren Verlauf bei festgestellten Problemlagen wesentliche Änderungen ergeben, sind diese der obersten Rechtsaufsichtsbehörde unverzüglich auf dem Dienstweg anzuzeigen. Zusätzliche Berichtsanforderungen der oberen oder obersten Rechtsaufsichtsbehörde gemäß § 113 der Sächsischen Gemeindeordnung bleiben unberührt.

2. Das Staatsministerium des Innern führt mit der Landesdirektion Sachsen im Regelfall einmal jährlich eine Dienstbesprechung zur aktuellen Haushaltssituation der Landkreise, kreisfreien Städte sowie der kreisübergreifenden und kreisangehörigen Zweckverbände auf der Basis der Daten des Frühwarnsystems durch. Bei dieser Gelegenheit soll die Haushaltssituation insbesondere der Landkreise, der Kreisfreien Städte und der kreisübergreifenden sowie kreisangehörigen Zweckverbände erörtert werden, die nach dem Frühwarnsystem der Bewertungskategorie D zugeordnet sind. Zur Vorbereitung der Dienstbesprechung legt die Landesdirektion Sachsen zwei Wochen vor dem Besprechungstermin auf der Basis aktueller Zahlen und Daten einen vorläufigen Bericht nach den Vorgaben eines Musterberichts, den das Staatsministerium des Innern per Rundschreiben veröffentlicht, dem Staatsministerium des Innern vor. Dieser beschränkt sich auf diejenigen in der unmittelbaren Rechtsaufsicht der Landesdirektion Sachsen liegenden Kommunen, die Gesprächsgegenstand sein sollen. Im Verlauf der Besprechung entscheidet es sich dann, welche Kommunen in den Bericht tatsächlich aufgenommen werden. Das Staatsministerium des Innern dokumentiert die wesentlichen Besprechungsergebnisse im Hinblick auf relevante Sachverhaltsfeststellungen, rechtliche Bewertungen und weitere Agenden und sendet den insoweit überarbeiteten Bericht vier Wochen nach dem Besprechungstermin der Landesdirektion Sachsen zu. Soweit sich im weiteren Verlauf bei festgestellten Problemlagen wesentliche Änderungen ergeben, sind diese der obersten Rechtsaufsichtsbehörde unverzüglich anzuzeigen. Zusätzliche Berichtsanforderungen der obersten Rechtsaufsichtsbehörde gemäß § 113 der Sächsischen Gemeindeordnung bleiben unberührt.

## D.
## Geltungsbereich

Diese Verwaltungsvorschrift ist von den Städten, Gemeinden und Landkreisen (Kommunen), den sonstigen kommunalen Körperschaften, für die kommunales Haushaltsrecht kraft Verweisung gilt, sowie von den Rechtsaufsichtsbehörden anzuwenden. Die Verwendung der Bezeichnung „kommunales Beschlussorgan" bezieht sich auf den Gemeinderat, den Stadtrat, den Kreistag, die Verbandsversammlung sowie, soweit vorhanden, auf die entsprechenden Organe der anderen juristischen Personen des öffentlichen Rechts, auf die diese Verwaltungsvorschrift auf Grund einer Verweisung anzuwenden ist.

## E.
## Inkrafttreten und Außerkrafttreten

Diese Verwaltungsvorschrift tritt am Tag nach der Veröffentlichung in Kraft. Gleichzeitig tritt die VwV Kommunale Haushaltswirtschaft vom 31. Juli 2019 (SächsABl. S. 1179) außer Kraft.

**Anlage 1**
(zu Großbuchstabe A Ziffer I Nummer 1 Buchstabe c Doppelbuchstabe cc, Ziffer V Nummer 2 und Ziffer VIII Nummer 2 Buchstabe b)

## Übersicht zu Maßnahmen der infrastrukturellen Grundversorgung

**I. Maßnahmen der infrastrukturellen Grundversorgung sind:**

1. Maßnahmen an Einrichtungen der kommunalen Verwaltung und deren sachlicher und technischer Ausstattung sowie deren Umnutzungen und Rückbauten, um die Leistungsfähigkeit der Verwaltung zu erhalten oder zu erhöhen; davon umfasst ist auch die Beschaffung oder Lizensierung von Softwareverfahren im Rahmen der Digitalisierung von Verwaltungsprozessen,

2. Maßnahmen des Brand- und Katastrophenschutzes, der Rettungsdienste und der Leitstellen,

3. Maßnahmen des Schulhaus- und Schulturnhallenbaus sowie die Errichtung oder der Ausbau von Einrichtungen der beruflichen Bildung, Fortbildung und Umschulung, sofern der fortdauernde Bestand der Einrichtung durch das Landesamt für Schule und Bildung bestätigt ist, sowie Maßnahmen zur Ausstattung der Schulen. Dazu gehören nicht: Sportstätten, die nicht für den Schulsport genutzt werden,

4. Bau, Sanierung und Ausstattung von Kindertagesstätten, sofern diese der Deckung des örtlichen Bedarfs an Betreuungsplätzen dienen,

5. Maßnahmen an bestehenden Frei- und Hallenschwimmbädern außer Spaßbädern, Saunen und Wellnessbereiche und gastronomische Einrichtungen, sofern diese Bäder nachweisbar zum überwiegenden Teil der Betriebszeit für den Schulschwimmsport genutzt werden,

6. Maßnahmen des Umweltschutzes, soweit sie nach den einschlägigen Richtlinien förderfähig sind; außer Aufforstungen,

7. Maßnahmen des Städtebaus und der Dorferneuerung, soweit sie nach den einschlägigen Richtlinien förderfähig sind, insbesondere Ordnungsmaßnahmen zur Gefahrenabwehr einschließlich Hochwasserschutzmaßnahmen,

8. Maßnahmen der Wasserversorgung und Abwasserentsorgung einschließlich Umlagen an Wasser- und Abwasserverbände und kommunaler Anschlussbeiträge nach dem Sächsischen Kommunalabgabengesetz gemäß entsprechender Satzungen,

9. Alle Maßnahmen, die im Zusammenhang mit der Straßenbaulast gemäß § 9 Absatz 1 des Sächsischen Straßengesetzes vom 21. Januar 1993 (SächsGVBl. S. 93), das zuletzt durch Artikel 1 des Gesetzes vom 20. August 2019 (SächsGVBl. S. 762; 2020 S. 29) geändert worden ist, in der jeweils geltenden Fassung, stehen sowie Investitionen im Zusammenhang mit der Erfüllung der Aufgaben gemäß § 9 Absatz 2 des Sächsischen Straßengesetzes,

10. Beseitigung von Altlasten, sofern die davon betroffenen Grundstücke in kommunalem Eigentum sind,

11. Maßnahmen der Abfallwirtschaft,

12. Maßnahmen an öffentlichen Einrichtungen des Fremdenverkehrs als Basiseinrichtungen der Fremdenverkehrsinfrastruktur, ohne personale Folgekosten, die für die Entwicklung des Fremdenverkehrs unmittelbare Bedeutung haben und nach den einschlägigen Richtlinien förderfähig sind, zum Beispiel Rad- und Wanderwege, öffentliche Toiletten, jedoch nicht Häuser des Gastes,

13. investive Leistungen kommunaler Bauhöfe in Ausnahmefällen, wenn diese Leistungen als Eigenmittelnachweis im Rahmen einer Maßnahme gemäß Nummern 1 bis 12 zählen und von der Bewilligungsbehörde im Bescheid als solche anerkannt wurden,

14. Maßnahmen des Baus, der Sanierung und Modernisierung von Krankenhäusern,

15. Investitionen im Bereich von Alten- und Pflegeheimen sowie Behinderteneinrichtungen,

16. Investitionen im Bereich der Aufnahme und Unterbringung von Geflüchteten,

17. Erschließung von Gewerbegebieten bei nachgewiesener Auslastung,

18. Maßnahmen des Ausbaus von Hochgeschwindigkeitsbreitbandnetzen,

19. Vermessungskosten, Verkehrswert- und andere Gutachten, Planungsleistungen sowie der Erwerb von Grund und Boden, sofern diese Kosten in direktem Zusammenhang mit einer Maßnahme gemäß Nummer 1 bis 18 stehen.

**II. Zu den Maßnahmen der infrastrukturellen Grundversorgung gehören nicht:**

1. der Bau und die Sanierung von Wohnraum,

2. der Bau und die Sanierung von Kultureinrichtungen,

3. der Bau und die Sanierung von nachgeordneten kommunalen Einrichtungen im freiwilligen Aufgabenbereich, sofern diese nicht gemäß Nummer 10 förderfähig sind,

4. der Erwerb von Fahrzeugen aller Art mit Ausnahme von Fahrzeugen, die für den Brand- und Katastrophenschutz, die Rettungsdienste und die Leitstellen sowie für die Straßenunterhaltung, die Straßenreinigung und den Winterdienst bestimmt sind.

**Anlage 2**
(zu Großbuchstabe A Ziffer I Nummer 7 Buchstabe b Doppelbuchstabe bb)

## Übersicht zur Haushaltslage vor und nach Konsolidierung

| **Antrag der Gemeinde / der Stadt / des Landkreises / des Verbandes** | Kontenklasse/-gruppe/-art/Konto oder Position im Ergebnis-/Finanzhaushalt bzw. in der Vermögensrechnung | Jahresabschluss | HH-Plan/JA | HH-Plan | Konsolidierung | | | | | | | |
|---|---|---|---|---|---|---|---|---|---|---|---|---|
| | | | | | vor | nach | vor | nach | vor | nach | vor | nach |
| | | vorvergangenes Jahr | lfd./verg. Jahr | Planjahr | 1. Folgejahr | | 2. Folgejahr | | 3. Folgejahr | | 4. Folgejahr | |
| | | TEuro | TEuro | TEuro | TEuro | TEuro | TEuro | TEuro | TEuro | TEuro | TEuro | TEuro |
| **Ergebnishaushalt** | | | | | | | | | | | | |
| Steuern und ähnliche Abgaben | 30 | | | | | | | | | | | |
| Zuweisungen und Umlagen sowie aufgelöste Sonderposten | 31 | | | | | | | | | | | |
| sonstige Transfererträge | 32 | | | | | | | | | | | |
| öffentlich-rechtliche Leistungsentgelte | 33 | | | | | | | | | | | |
| privatrechtliche Leistungsentgelte | 341, 342, 343, 346 | | | | | | | | | | | |
| Kostenerstattungen und Kostenumlagen | 348 | | | | | | | | | | | |
| Zinsen und sonstige Finanzerträge | 36 | | | | | | | | | | | |
| aktivierte Eigenleistungen und Bestandsveränderungen | 37 | | | | | | | | | | | |
| sonstige ordentliche Erträge aus laufender Verwaltungstätigkeit | 35 | | | | | | | | | | | |
| **Summe der ordentlichen Erträge des Ergebnishaushalts** | 3 | | | | | | | | | | | |
| Personalaufwendungen | 40 | | | | | | | | | | | |
| Versorgungsaufwendungen | 41 | | | | | | | | | | | |
| Aufwendungen für Sach- und Dienstleistungen | 42 | | | | | | | | | | | |
| Abschreibungen im ordentlichen Ergebnis | 47 (ohne 4712) | | | | | | | | | | | |
| Zinsen und sonstige Finanzaufwendungen | 45 | | | | | | | | | | | |
| Transferaufwendungen und Abschreibungen auf geleistete Investitionsförderungsmaßnahmen | 43, 4712 | | | | | | | | | | | |
| Sonstige ordentliche Aufwendungen aus laufender Verwaltungstätigkeit | 44 | | | | | | | | | | | |
| **Summe der ordentlichen Aufwendungen des Ergebnishaushalts** | 4 | | | | | | | | | | | |
| **Ordentliches Ergebnis (Überschuss oder Fehlbetrag)** | 3 ./. 4 | | | | | | | | | | | |
| realisierbare außerordentliche Erträge | 50 | | | | | | | | | | | |
| realisierbare außerordentliche Aufwendungen | 51 | | | | | | | | | | | |
| **Sonderergebnis (Überschuss oder Fehlbetrag)** | 50 ./. 51 | | | | | | | | | | | |
| **Gesamtergebnis (Überschuss oder Fehlbetrag)** | § 2 Abs. 1 Nr. 23 SächsKomHVO | | | | | | | | | | | |
| veranschlagte Abdeckung von Fehlbeträgen des ordentlichen Ergebnisses aus Vorjahren | § 2 Abs. 1 Nr. 24 SächsKomHVO | | | | | | | | | | | |
| veranschlagte Abdeckung von Fehlbeträgen des Sonderergebnisses aus Vorjahren | § 2 Abs. 1 Nr. 25 SächsKomHVO | | | | | | | | | | | |
| Verrechnung eines Fehlbetrages im ordentlichen Ergebnis mit dem Basiskapital gemäß § 72 Abs. 3 Satz 3 SächsGemO | § 2 Abs. 1 Nr. 26 SächsKomHVO | | | | | | | | | | | |
| Verrechnung eines Fehlbetrages im Sonderergebnis mit dem Basiskapital gemäß § 72 Abs. 3 Satz 3 SächsGemO | § 2 Abs. 1 Nr. 27 SächsKomHVO | | | | | | | | | | | |
| **veranschlagtes Gesamtergebnis (Überschuss oder Fehlbetrag)** | § 2 Abs. 1 Nr. 28 SächsKomHVO | | | | | | | | | | | |
| Entnahme aus der Rücklage aus Überschüssen des ordentlichen Ergebnisses | § 2 Abs. 1 Nr. 29 SächsKomHVO | | | | | | | | | | | |
| Entnahme aus der Rücklage aus Überschüssen des Sonderergebnisses | § 2 Abs. 1 Nr. 30 SächsKomHVO | | | | | | | | | | | |
| Vortrag eines Fehlbetrages des ordentlichen Ergebnisses auf Folgejahre | § 2 Abs. 1 Nr. 31 SächsKomHVO | | | | | | | | | | | |
| Vortrag eines Fehlbetrages des Sonderergebnisses auf Folgejahre | § 2 Abs. 1 Nr. 32 SächsKomHVO | | | | | | | | | | | |
| **Finanzhaushalt** | | | | | | | | | | | | |
| Steuern und ähnliche Abgaben | 60 | | | | | | | | | | | |
| darunter: Grundsteuer A und B | 6011, 6012 | | | | | | | | | | | |
| Gewerbesteuer | 6013 | | | | | | | | | | | |
| Ausgleichsleistungen | 605 | | | | | | | | | | | |
| Zuwendungen und Umlagen für laufende Verwaltungstätigkeit | 61 | | | | | | | | | | | |
| darunter: allgemeine Schlüsselzuweisungen | 6111 | | | | | | | | | | | |
| investive Schlüsselzuweisungen für Instandsetzungen | 6112 | | | | | | | | | | | |
| sonstige allgemeine Zuweisungen und Zuweisungen für laufende Zwecke | 613, 614 | | | | | | | | | | | |
| allgemeine Umlagen | 618 | | | | | | | | | | | |
| Aufgabenbezogene Leistungsbeteiligungen | 619 | | | | | | | | | | | |
| sonstige Transfereinzahlungen | 62 | | | | | | | | | | | |
| öffentlich-rechtliche Leistungsentgelte | 63 | | | | | | | | | | | |
| privatrechtliche Leistungsentgelte | 641, 642, 643, 646 | | | | | | | | | | | |
| Kostenerstattungen und Kostenumlagen | 648 | | | | | | | | | | | |
| Zinsen und sonstige Finanzeinzahlungen | 66 | | | | | | | | | | | |
| Sonstige haushaltswirksame Einzahlungen aus laufender Verwaltungstätigkeit | 65 | | | | | | | | | | | |

| | | | | | | | | | | | | |
|---|---|---|---|---|---|---|---|---|---|---|---|---|
| **Einzahlungen aus laufender Verwaltungstätigkeit** | § 3 Abs. 1 Nr. 9 SächsKomHVO | | | | | | | | | | | |
| Personalauszahlungen | 70 | | | | | | | | | | | |
| Versorgungsauszahlungen | 71 | | | | | | | | | | | |
| Auszahlungen für Sach- und Dienstleistungen | 72 | | | | | | | | | | | |
| Zinsen und sonstige Finanzauszahlungen | 75 | | | | | | | | | | | |
| darunter: Zinsauszahlungen | 751 | | | | | | | | | | | |
| Transferauszahlungen aus laufender Verwaltungstätigkeit | 73 | | | | | | | | | | | |
| darunter: Kreisumlage | 73721 | | | | | | | | | | | |
| Finanzausgleichsumlage nach § 25a SächsFAG | 73722 | | | | | | | | | | | |
| Sonstige haushaltswirksame Auszahlungen aus laufender Verwaltungstätigkeit | 74 | | | | | | | | | | | |
| **Auszahlungen aus laufender Verwaltungstätigkeit** | § 3 Abs. 1 Nr. 16 SächsKomHVO | | | | | | | | | | | |
| **Zahlungsmittelsaldo aus laufender Verwaltungstätigkeit** | § 3 Abs. 1 Nr. 17 SächsKomHVO | | | | | | | | | | | |
| Einzahlungen aus Investitionszuwendungen | 681 | | | | | | | | | | | |
| darunter: investive Schlüsselzuweisungen | 68111 | | | | | | | | | | | |
| Einzahlungen aus Investitionsbeiträgen und ähnlichen Entgelten für Investitionstätigkeit | 688 | | | | | | | | | | | |
| Einzahlungen aus der Veräußerung von immateriellen Vermögensgegenständen | 6831 | | | | | | | | | | | |
| Einzahlungen aus der Veräußerung von Grundstücken, Gebäuden und sonstigen unbeweglichen Vermögensgegenständen | 682 | | | | | | | | | | | |
| Einzahlungen aus der Veräußerung von übrigem Sachanlagevermögen | 6832 | | | | | | | | | | | |
| Einzahlungen aus der Veräußerung von Finanzanlagevermögen und von Wertpapieren des Umlaufvermögens | 684 | | | | | | | | | | | |
| Einzahlungen für sonstige Investitionstätigkeit | 685 | | | | | | | | | | | |
| **Summe der Einzahlungen für Investitionstätigkeit** | 68 | | | | | | | | | | | |
| Auszahlungen für den Erwerb von immateriellen Vermögensgegenständen | 7831 | | | | | | | | | | | |
| Auszahlungen für den Erwerb von Grundstücken, Gebäuden und sonstigen unbeweglichen Vermögensgegenständen | 782 | | | | | | | | | | | |
| Auszahlungen für Baumaßnahmen | 785 | | | | | | | | | | | |
| Auszahlungen für den Erwerb von übrigem Sachanlagevermögen | 7832 | | | | | | | | | | | |
| Auszahlungen für den Erwerb von Finanzanlagevermögen und von Wertpapieren des Umlaufvermögens | 784 | | | | | | | | | | | |
| Auszahlungen für Investitionsförderungsmaßnahmen | 781 | | | | | | | | | | | |
| Auszahlungen für sonstige Investitionstätigkeit | 789 | | | | | | | | | | | |
| **Summe der Auszahlungen für Investitionstätigkeit** | 78 | | | | | | | | | | | |
| **Zahlungsmittelsaldo aus Investitionstätigkeit** | § 3 Abs. 1 Nr. 34 SächsKomHVO | | | | | | | | | | | |
| **Finanzierungsmittelüberschuss oder -fehlbetrag** | § 3 Abs. 1 Nr. 35 SächsKomHVO | | | | | | | | | | | |
| Einzahlungen aus der Aufnahme von Krediten und diesen wirtschaftlich gleichkommenden Rechtsgeschäften für Investitionen | 692 | | | | | | | | | | | |
| darunter: Einzahlungen im Rahmen von Umschuldungen | | | | | | | | | | | | |
| Einzahlungen aus sonstiger Wertpapierverschuldung | 691, 694 | | | | | | | | | | | |
| Auszahlung für die Tilgung von Krediten und diesen wirtschaftlich gleichkommenden Rechtsgeschäften für Investitionen | 792 | | | | | | | | | | | |
| darunter: Auszahlungen im Rahmen von Umschuldungen und für außerordentliche Tilgung | | | | | | | | | | | | |
| Auszahlungen für die Tilgung sonstiger Wertpapierverschuldung | 791, 794 | | | | | | | | | | | |
| **Zahlungsmittelsaldo aus Finanzierungstätigkeit** | § 3 Abs. 1 Satz 1 Nr. 40 SächsKomHVO | | | | | | | | | | | |
| **Änderung des Finanzmittelbestandes im Haushaltsjahr** | § 3 Abs. 1 Satz 1 Nr. 41 SächsKomHVO | | | | | | | | | | | |
| Einzahlungen aus Darlehensrückflüssen | 686, 695 | | | | | | | | | | | |
| Auszahlungen für die Gewährung von Darlehen | 786, 795 | | | | | | | | | | | |
| **Überschuss oder Bedarf an Zahlungsmitteln aus Veranschlagungen des Haushaltsjahres** | § 3 Abs. 1 Satz 1 Nr. 47 SächsKomHVO | | | | | | | | | | | |
| **Überschuss oder Bedarf an Zahlungsmitteln im Haushaltsjahr** | § 3 Abs. 1 Satz 1 Nr. 50 SächsKomHVO | | | | | | | | | | | |
| Einzahlungen aus Kreditaufnahmen zur Liquiditätssicherung[1] | 693 | | | | | | | | | | | |
| Auszahlungen für die Tilgung von Krediten zur Liquiditätssicherung[1] | 793 | | | | | | | | | | | |
| **Veränderung des Bestandes an Zahlungsmitteln im Haushaltsjahr** | § 3 Abs. 1 Satz 1 Nr. 53 SächsKomHVO | | | | | | | | | | | |
| voraussichtlicher Bestand an liquiden Mitteln zu Beginn des Haushaltsjahres (ohne Kassenkredite und Kontokorrentverbindlichkeiten) | § 3 Abs. 1 Satz 1 Nr. 54 SächsKomHVO | | | | | | | | | | | |
| voraussichtlicher Bestand an liquiden Mitteln am Ende des Haushaltsjahres | § 3 Abs. 1 Satz 1 Nr. 55 SächsKomHVO | | | | | | | | | | | |
| **Auszahlungen für die ordentliche Kredittilgung und des Tilgungsanteils der Zahlungsverpflichtungen aus kreditähnlichen Rechtsgeschäften**[2] | | | | | | | | | | | | |
| **verfügbare Mittel**[3] | | | | | | | | | | | | |
| **Nettoinvestitionsmittel**[4] | | | | | | | | | | | | |
| **Fristenkonkruenz**[5] | | | | | | | | | | | | |

| 'ermögensrechnung | | | | | | | | | | | | |
|---|---|---|---|---|---|---|---|---|---|---|---|---|
| **apitalposition** | § 51 Abs. 3 Nr. 1 SächsKomHVO | | | | | | | | | | | |
| darunter: Basiskapital | § 51 Abs. 3 Nr. 1 Buchst. a SächsKomHVO | | | | | | | | | | | |
| darunter: 1/3 des am 31.12.2017 festgestellten Basiskapitals | | | | | | | | | | | | |
| **icht durch Kapitalposition gedeckter Fehlbetrag** | § 51 Abs. 2 Nr. 4 SächsKomHVO | | | | | | | | | | | |

:rfasst nicht die Inanspruchnahme von Kontokorrentkrediten und die Rückführungen von Kontokorrentkrediten, denn sie sind nicht mit tatsächlichen Einzahlungen/Auszahlungen verbunden (lediglich Überziehung); erfasst werden hier nur Festbetragskassenkredite, deren Aufnahme bzw. Tilgung mit tatsächlichen inzahlungen/Auszahlungen für die Gemeinde verbunden ist.

}etrag einschließlich der als Investitionsauszahlungen veranschlagten Tilgungsanteile der Zahlungsverpflichtungen aus kreditähnlichen Rechtsgeschäften; nicht enthalten sind Auszahlungen für die Tilgung von Krediten zur Liquiditätssicherung.

}etrag der verfügbaren Mittel gemäß § 24 Abs. 5 SächsKomHVO

:ormel zur Berechnung der Nettoinvestitionsmittel: Zahlungsmittelsaldo aus laufender Verwaltungstätigkeit (§ 3 Abs. 1 Satz 1 Nr. 17 SächsKomHVO) ./. Ordentliche Tilgung

:ormel zur Berechnung der Fristenkongruenz: Durchschnittliche rechnerische Tilgungsdauer / durchschnittliche Abschreibungsdauer des gesamten abnutzbaren Anlagevermögens. Fristenkongruenz gemäß § 24 Abs. 6 SächsKomHVO ist gegeben bei einem Wert von nicht mehr als "1".

**Anlage 3**
(zu Großbuchstabe B Ziffer II Nummer 1)

## Übersicht zur beantragten Fördermaßnahme (Beträge in Euro)

| | |
|---|---|
| Gemeinde/Stadt/Landkreis/Verband | |
| Förderprogramm | |
| Maßnahme | |
| Antrag/Änderungsantrag vom | |
| Haushaltsjahr | |

### I. Daten zur beantragten Maßnahme

1. a) Umfang der Investitionsmaßnahme insgesamt

| | gesamt | Vorjahre[1] | | Haushaltsjahr | 1. Folgejahr | 2. Folgejahr | 3. Folgejahr | weitere Folgejahre |
|---|---|---|---|---|---|---|---|---|
| Gesamtauszahlungen | | | X | | | | | |
| davon Fördermittel | | | X | | | | | |
| davon Eigenmittel | | | X | | | | | |
| nachrichtlich: Einzahlungen aus Beiträgen/Kostenbeteiligungen Dritter | | | X | | | | | |

b) Umfang der Instandsetzungsmaßnahme insgesamt

| | gesamt | Vorjahre[1] | | Haushaltsjahr | 1. Folgejahr | 2. Folgejahr | 3. Folgejahr | weitere Folgejahre |
|---|---|---|---|---|---|---|---|---|
| Gesamtaufwand | | | X | | | | | |
| davon Fördermittel | | | X | | | | | |
| davon Eigenmittel | | | X | | | | | |
| nachrichtlich: Erträge aus Beiträgen/Kostenbeteiligungen Ditter | | | X | | | | | |

2. a) Veranschlagung im Haushaltsjahr im Teilfinanzhaushalt/Investitionsprogramm

b) Veranschlagung im Haushaltsjahr im Teilergebnishaushalt

3. a) Veranschlagung der Ein- und Auszahlungen für die Investition im Haushaltsjahr und in der Finanzplanung

| | gesamt | Vorjahre[1] | Übertrag Haushaltsreste | Haushaltsjahr | 1. Folgejahr | 2. Folgejahr | 3. Folgejahr | weitere Folgejahre |
|---|---|---|---|---|---|---|---|---|
| Auszahlungen | | | | | | | | |
| Einzahlungen | | | | | | | | |
| Eigenmittel | | | | | | | | |

b) Veranschlagung der Erträge und Aufwendungen für die Instandsetzungsmaßnahme im Haushaltsjahr und in der Finanzplanung

| | gesamt | Vorjahre[1] | Budgetreste/ Rück-stellungen[2] | Haushaltsjahr | 1. Folgejahr | 2. Folgejahr | 3. Folgejahr | weitere Folgejahre |
|---|---|---|---|---|---|---|---|---|
| Aufwendungen | | | | | | | | |
| Erträge | | | | | | | | |
| Eigenmittel | | | | | | | | |

[1]In dieser Spalte sind alle im Zusammenhang mit der beantragten Maßnahme angefallenen Erträge/Aufwendungen und Einzahlungen/Auszahlungen anzugeben, die in den Gesamtsummen enthalten und vor dem aktuellen Haushaltsjahr angefallen sind.
[2]In dieser Spalte sind alle im Zusammenhang mit der beantragten Maßnahme gebildeten Rückstellungen im Ergebnishaushalt anzugeben.

### II. Folgekosten der beantragten Maßnahme

Veranschlagung im Teilfinanzhaushalt/Teilergebnishaushalt

| | Haushaltsjahr | 1. Folgejahr | 2. Folgejahr | 3. Folgejahr | weitere Folgejahre |
|---|---|---|---|---|---|
| 1. Personalaufwendungen | | | | | |
| 2. Aufwendungen für Sach- und Dienstleistungen | | | | | |
| 3. Abschreibungen | | | | | |
| 4. Kosten der Finanzierung | | | | | |
| darunter Tilgung[3] | | | | | |
| darunter Zinsen[3] | | | | | |

[3]Ausgehend vom Gesamtdeckungsprinzip ist anzugeben, inwieweit sich die Tilgungs- und Zinsausgaben infolge der Maßnahme erhöhen.

Nähere Angaben zu den Sach- und Dienstleistungsaufwendungen
Kostenart (z. B. Energie, Wasser, Abwasser etc.)

| Kostenart | Betrag der Kosten |
|---|---|
| | |
| | |
| | |
| | |
| Gesamt: | |

### III. Auswirkung auf Entgeltbelastung

1. Wird die Maßnahme durch Entgelte refinanziert?
2. Werden kostendeckende Entgelte erhoben?
3. In welcher Höhe werden Auswirkungen auf die Höhe der Entgelte erwartet?

Ort: ____________ Datum: ____________

______________________________
Unterschrift des Bürgermeisters/Landrates/Verbandsvorsitzenden

# Verordnung
## des Sächsischen Staatsministeriums des Innern über kommunale Eigenbetriebe im Freistaat Sachsen (Sächsische Eigenbetriebsverordnung – SächsEigBVO)

**in der Fassung der Bekanntmachung vom 10. Dezember 2018 (SächsGVBl. S. 816)**

**– Fassung ab 22. September 2018 –**

### Inhaltsübersicht



## ERSTER ABSCHNITT
## Verfassung und Verwaltung

### § 1
### Geltungsbereich, Rechtsgrundlagen

(1) Für gemeindliche Unternehmen ohne eigene Rechtspersönlichkeit, die als Eigenbetriebe geführt werden (§ 95a der Sächsischen Gemeindeordnung), gelten die Vorschriften dieser Verordnung und die ergänzenden Bestimmungen der Betriebssatzung des Eigenbetriebs.

(2) Die Bestimmungen dieser Verordnung gelten entsprechend für die Eigenbetriebe von Landkreisen, Verwaltungsverbänden und Zweckverbänden.

(3) Für Eigenbetriebe der Landkreise gelten die Vorschriften dieser Verordnung mit der Maßgabe, dass
1. an die Stelle der Gemeinde der Landkreis tritt,
2. an die Stelle des Gemeinderats der Kreistag tritt,
3. an die Stelle des Bürgermeisters der Landrat tritt,
4. bei Verweisungen auf Vorschriften der Sächsischen Gemeindeordnung an deren Stelle die entsprechenden Vorschriften der Sächsischen Landkreisordnung Anwendung finden.

(4) [1]Der Beschluss über die Betriebssatzung oder ihre Änderung bedarf der Mehrheit der Stimmen aller Mitglieder des Gemeinderats. [2]In ihr sind auch solche Angelegenheiten des Eigenbetriebs zu regeln, die nach der Sächsischen Gemeindeordnung der Hauptsatzung vorbehalten sind; dies gilt nicht für die Regelung von Zuständigkeiten in beamtenrechtlichen Angelegenheiten.

### § 2
### Zusammenfassung von Unternehmen

Mehrere Unternehmen können zu einem Eigenbetrieb zusammengefasst werden; sie sollen zusammengefasst werden, wenn sie denselben oder ähnlichen Zwecken dienen.

### § 3
### Betriebsleitung

(1) [1]Die Betriebsleitung besteht aus einem oder mehreren vom Gemeinderat gewählten Betriebsleitern (§ 95a Absatz 2 Satz 1 der Sächsischen Gemeindeordnung). [2]Wenn die Betriebsleitung aus mehreren Betriebsleitern besteht, soll der Gemeinderat einen Ersten Betriebsleiter bestellen. [3]§ 28 Absatz 4 Satz 1 und 2 der Sächsischen Gemeindeordnung ist bei der Beschlussfassung über die Wahl der Betriebsleitung und die Bestellung eines Ersten Betriebsleiters anzuwenden. [4]Betriebsleiter können in ein Beamtenverhältnis auf Zeit berufen werden.

(2) [1]Bei Meinungsverschiedenheiten innerhalb der Betriebsleitung entscheidet der Erste Betriebsleiter. [2]Ist kein Erster Betriebsleiter bestellt, bestimmt die Betriebssatzung, wie bei Meinungsverschiedenheiten zu verfahren ist. [3]Der Bürgermeister regelt die Geschäftsführung innerhalb der Betriebsleitung durch eine Geschäftsordnung, die der Zustimmung des Betriebsausschusses und, wenn kein Betriebsausschuss gebildet wurde, des Gemeinderats bedarf.

### § 4
### Aufgaben der Betriebsleitung

(1) [1]Die Betriebsleitung leitet den Eigenbetrieb, soweit in dieser Verordnung nichts anderes bestimmt ist. [2]Ihr obliegt insbesondere die laufende Betriebsführung. [3]Im Rahmen ihrer Zuständigkeit ist die Betriebsleitung für die wirtschaftliche Führung des Eigenbetriebs verantwortlich.

(2) Die Betriebsleitung vollzieht die Beschlüsse des Gemeinderats, seiner Ausschüsse und die Entscheidungen des Bürgermeisters in Angelegenheiten des Eigenbetriebs.

(3) [1]Durch die Betriebssatzung können der Betriebsleitung weitere Aufgaben des Eigenbetriebs zur Erledigung übertragen werden. [2]Aufgaben, deren Erledigung nicht auf den beschließenden Betriebsausschuss übertragen werden kann (§ 7 Absatz 2 Satz 3), können auch nicht auf die Betriebsleitung übertragen werden.

(4) [1]Die Betriebsleitung hat den Bürgermeister über alle wichtigen Angelegenheiten des Eigenbetriebs rechtzeitig zu unterrichten. [2]Sie

hat ferner dem Fachbediensteten für das Finanzwesen (§ 62 der Sächsischen Gemeindeordnung) alle Maßnahmen mitzuteilen, welche die Finanzwirtschaft der Gemeinde berühren. [3]Näheres kann durch die Betriebssatzung geregelt werden.

## § 5
## Vertretungsberechtigung der Betriebsleitung

(1) [1]Die Betriebsleitung vertritt die Gemeinde im Rahmen ihrer Aufgaben (§ 95a Absatz 2 Satz 4 der Sächsischen Gemeindeordnung). [2]Besteht die Betriebsleitung aus mehreren Betriebsleitern, sind zwei von ihnen gemeinschaftlich vertretungsberechtigt, soweit die Betriebssatzung nichts anderes bestimmt. [3]Ist ein Erster Betriebsleiter bestellt (§ 3 Absatz 1 Satz 2), so ist dieser allein vertretungsberechtigt.
(2) [1]Die Betriebsleitung kann Bedienstete, die beim Eigenbetrieb beschäftigt sind, in bestimmtem Umfang mit ihrer Vertretung beauftragen; in einzelnen Angelegenheiten des Eigenbetriebs kann sie rechtsgeschäftliche Vollmacht erteilen. [2]Durch die Betriebssatzung kann bestimmt werden, dass die Beauftragung und die Erteilung rechtsgeschäftlicher Vollmacht der Zustimmung des Bürgermeisters bedürfen.
(3) [1]Die Vertretungsberechtigten zeichnen unter dem Namen des Eigenbetriebs. [2]Die Verpflichtungserklärungen (§ 60 der Sächsischen Gemeindeordnung) müssen handschriftlich unterzeichnet werden, sofern es sich nicht um ein Geschäft der laufenden Betriebsführung handelt.
(4) Sind in Angelegenheiten des Eigenbetriebs Erklärungen Dritter gegenüber der Gemeinde abzugeben, genügt die Abgabe gegenüber einem Betriebsleiter.

## § 6
## Betriebsausschuss

[1]Die Betriebsleitung nimmt an den Sitzungen des Betriebsausschusses mit beratender Stimme teil. [2]Sie ist auf Verlangen verpflichtet, zu den Beratungsgegenständen Stellung zu nehmen und Auskünfte zu erteilen.

## § 7
## Aufgaben des Betriebsausschusses

(1) Der beratende oder beschließende Betriebsausschuss berät alle Angelegenheiten des Eigenbetriebs vor, die der Entscheidung des Gemeinderats vorbehalten sind.
(2) [1]Dem beschließenden Betriebsausschuss sind durch die Betriebssatzung bestimmte Aufgabengebiete des Eigenbetriebs zur dauernden Erledigung zu übertragen. [2]Durch Beschluss kann der Gemeinderat einzelne Angelegenheiten des Eigenbetriebs auf den beschließenden Betriebsausschuss übertragen. [3]Eine Übertragung nach Satz 1 oder Satz 2 ist nicht möglich, soweit Aufgabengebiete oder Angelegenheiten des Eigenbetriebs dem Gemeinderat zur Beschlussfassung vorbehalten sind.
(3) Die Betriebssatzung kann bestimmen, dass der Betriebsausschuss in bestimmten Angelegenheiten andere Ausschüsse zu beteiligen hat.
(4) [1]Ist kein Betriebsausschuss gebildet, können Zuständigkeiten nach Maßgabe der Absätze 1 bis 3 auf andere Ausschüsse des Gemeinderats übertragen werden. [2]§ 6 gilt entsprechend.

## § 8
## Aufgaben des Gemeinderats

(1) Der Gemeinderat entscheidet über alle Angelegenheiten des Eigenbetriebs, soweit nicht der Bürgermeister, der beschließende Betriebsausschuss, ein anderer beschließender Ausschuss des Gemeinderats oder die Betriebsleitung zuständig ist.
(2) Seine Zuständigkeit für die Beschlussfassung über
1. die Gewährung von Darlehen der Gemeinde an den Eigenbetrieb oder des Eigenbetriebs an die Gemeinde,
2. die Entlastung der Betriebsleitung,
3. die Verwendung des Jahresgewinns oder die Behandlung des Jahresverlusts des Eigenbetriebs,
4. die Bestimmung eines Abschlussprüfers für den Jahresabschluss,
5. die Wahl der Betriebsleiter und die Bestellung eines Ersten Betriebsleiters

kann der Gemeinderat nicht übertragen.

## § 9
## Stellung des Bürgermeisters

(1) Der Bürgermeister kann der Betriebsleitung Weisungen erteilen, um die ordnungsgemäße Führung des Eigenbetriebs sicherzustellen.
(2) [1]Durch die Betriebssatzung können dem Bürgermeister bestimmte Aufgaben des Eigenbetriebs zur Erledigung übertragen werden. [2]§ 4 Absatz 3 Satz 2 gilt entsprechend.

## § 10
## Bedienstete beim Eigenbetrieb

(1) Der Bürgermeister ist Dienstvorgesetzter und oberste Dienstbehörde der beim Eigenbetrieb beschäftigten Bediensteten.
(2) [1]Die Betriebsleitung ist vor der Ernennung, Einstellung, Versetzung, Abordnung, Umsetzung und Entlassung von Bediensteten, die beim Eigenbetrieb beschäftigt sind oder beschäftigt werden sollen, zu hören, soweit sie nicht selbst zuständig ist. [2]§ 28 Absatz 4 Satz 1 und 2 der Sächsischen Gemeindeordnung ist anzuwenden.
(3) [1]Die Befugnis zur Einstellung, Anstellung, Ein- oder Höhergruppierung und Entlassung von beim Eigenbetrieb beschäftigten Bediensteten kann, mit Ausnahme der Betriebsleiter und der Beamten, durch die Betriebssatzung ganz oder teilweise auf die Betriebsleitung übertragen werden. [2]§ 4 Absatz 1 bleibt unberührt.

# ZWEITER ABSCHNITT
# Wirtschaftsführung

## § 11
## Vermögen

(1) [1]Eigenbetriebe werden finanzwirtschaftlich als Sondervermögen der Gemeinde verwaltet und nachgewiesen (§ 95a Absatz 1 Satz 2 der Sächsischen Gemeindeordnung). [2]Dabei sind die Belange der gesamten Gemeinde zu berücksichtigen. [3]Der Eigenbetrieb führt seine Rechnungen nach den Regeln der doppelten Buchführung. [4]Auf die Buchführung und das Inventar finden die §§ 238 bis 241 des Handelsgesetzbuchs in der im Bundesgesetzblatt Teil III, Gliederungsnummer 4100-1, veröffentlichten bereinigten Fassung, das zuletzt durch Artikel 3 des Gesetzes vom 10. Juli 2018 (BGBl. I S. 1102) geändert worden ist, in der jeweils geltenden Fassung, entsprechend Anwendung, soweit sich aus dieser Verordnung nichts anderes ergibt.
(2) [1]Der Eigenbetrieb kann mit Stammkapital ausgestattet werden. [2]Wirtschaftsgüter der Gemeinde, die eine wesentliche Grundlage für die Arbeit des Eigenbetriebs bilden, sollen diesem auch wirtschaftlich zugeordnet werden.
(3) [1]Bei der Errichtung ist eine Eröffnungsbilanz zu erstellen und vom Gemeinderat zu beschließen. [2]Die Eröffnungsbilanz ist spätestens mit dem ersten darauf folgenden Jahresabschluss zu prüfen und der Rechtsaufsichtsbehörde anzuzeigen.

## § 12
## Erhaltung des Vermögens

(1) [1]Für die technische und wirtschaftliche Fortentwicklung des Eigenbetriebs sollen rechtzeitig und in ausreichender Höhe Rücklagen gebildet werden. [2]Dies gilt auch, soweit die Abschreibungen für die Erneuerungen nicht ausreichen. [3]Instandhaltungsarbeiten sind rechtzeitig durchzuführen.
(2) [1]Eigenkapital darf dem Eigenbetrieb nur dann entnommen werden, wenn dadurch seine dauerhafte Aufgabenerfüllung nicht gefährdet wird. [2]Über die Entnahme von Eigenkapital entscheidet der Gemeinderat nach Anhörung der Betriebsleitung. [3]Der Gemeinderat kann in der Betriebssatzung eine Geringfügigkeitsschwelle festlegen, bis zu der der Bürgermeister mit Zustimmung der Betriebsleitung über die Entnahme von Eigenkapital entscheiden kann.
(3) [1]Ein im Jahresabschluss festgestellter Jahresverlust kann bis zu drei Jahre vorgetragen werden. [2]Gewinne sind während dieser Zeit vollständig zur Verlusttilgung zu verwenden. [3]Danach kann der Verlust mit Genehmigung der Rechtsaufsichtsbehörde noch um weitere Jahre vorgetragen werden, wenn zu erwarten ist, dass der Verlust durch Gewinne in den folgenden Jahren ausgeglichen wird.
(4) [1]Der nicht oder nicht weiter vorgetragene Verlust ist aus dem Eigenkapital auszugleichen, wenn dies die Eigenkapitalausstattung des

Eigenbetriebs gemäß Absatz 2 Satz 1 zulässt. [2]Andernfalls ist der Ausgleich aus Haushaltsmitteln der Gemeinde vorzunehmen.

## § 13
## Vergütung von Leistungen

(1) [1]Die Lieferungen, Leistungen und Kredite im Verhältnis des Eigenbetriebs zu der Gemeinde, einem anderen Eigenbetrieb der Gemeinde oder einer Gesellschaft, an der die Gemeinde beteiligt ist, sind angemessen zu vergüten. [2]Der Eigenbetrieb kann abweichend von Satz 1
1. Wasser für den Brandschutz, für die Reinigung von Straßen und Abwasseranlagen sowie für öffentliche Zier- und Straßenbrunnen unentgeltlich oder verbilligt liefern,
2. Anlagen für die Löschwasserversorgung unentgeltlich oder verbilligt zur Verfügung stellen,
3. auf die Tarifpreise für Leistungen von Elektrizität, Gas, Wasser und Wärme einen Preisnachlass gewähren, soweit dieser steuerrechtlich anerkannt ist.

(2) Die §§ 32 und 33 der Sächsischen Kommunalhaushaltsverordnung vom 10. Dezember 2013 (SächsGVBl. S. 910), die durch Artikel 1 der Verordnung vom 4. September 2017 (SächsGVBl. S. 504) geändert worden ist, in der jeweils geltenden Fassung, gelten entsprechend.

## § 14
## Kassenwirtschaft

(1) [1]Für den Eigenbetrieb ist eine Sonderkasse einzurichten. [2]Sie soll mit der Gemeindekasse verbunden werden.
(2) [1]Vorübergehend nicht benötigte Geldmittel des Eigenbetriebs sollen in Abstimmung mit der Liquiditätsplanung der Gemeinde angelegt werden. [2]Werden die Mittel von der Gemeinde bewirtschaftet, ist sicherzustellen, dass sie dem Eigenbetrieb bei Bedarf zur Verfügung stehen.

## § 15
## Wirtschaftsjahr

[1]Wirtschaftsjahr des Eigenbetriebs ist das Haushaltsjahr der Gemeinde. [2]Wenn die Art des Betriebs es erfordert, kann die Betriebssatzung ein hiervon abweichendes Wirtschaftsjahr bestimmen.

## § 16
## Wirtschaftsplan

(1) [1]Für jedes Wirtschaftsjahr ist vor dessen Beginn ein Wirtschaftsplan aufzustellen und vom Gemeinderat zu beschließen. [2]Er besteht aus dem Erfolgsplan, dem Liquiditätsplan, der Finanzplanung und der Stellenübersicht und ist dem Haushaltsplan der Gemeinde als Anlage beizufügen.
(2) Der an den Haushalt der Gemeinde abzuführende Jahresgewinn oder der aus dem Haushalt der Gemeinde zu deckende Jahresverlust ist in den Haushaltsplan der Gemeinde aufzunehmen.
(3) Der Entwurf des Wirtschaftsplans ist von der Betriebsleitung im Benehmen mit dem Fachbediensteten für das Finanzwesen der Gemeinde rechtzeitig zu erstellen.

## § 17
## Vorbericht

[1]Dem Wirtschaftsplan wird ein Vorbericht beigefügt. [2]Der Vorbericht legt den Stand und die voraussichtliche Entwicklung der Aufgaben, die durch den Eigenbetrieb wahrgenommen werden, und die zu ihrer Erfüllung eingesetzten Mittel und Strategien dar. [3]Außerdem erläutert er die in den einzelnen Plänen (§§ 18 bis 21) dargestellte voraussichtliche Entwicklung.

## § 18
## Erfolgsplan

(1) [1]Der Erfolgsplan muss alle voraussichtlichen Erträge und Aufwendungen des Wirtschaftsjahres enthalten. [2]Er ist entsprechend der Gewinn- und Verlustrechnung (§ 28 Absatz 1) zu gliedern.
(2) [1]Die veranschlagten wesentlichen Erträge und Aufwendungen sind zu begründen. [2]Zum Vergleich sind die Zahlen des Erfolgsplans für das laufende Jahr und die abgerundeten Zahlen der Gewinn- und Verlustrechnung des Vorjahres anzugeben. [3]Erhebliche Abweichungen gegenüber den Vorjahreszahlen sind zu erläutern.
(3) Wenn der Eigenbetrieb aus mehreren Betriebszweigen besteht, sind nachrichtlich die einzelnen Betriebszweige entsprechend der Erfolgsübersicht (§ 28 Absatz 3) in einer Anlage darzustellen.

## § 19
## Liquiditätsplan

(1) [1]Im Liquiditätsplan ist der Mittelzu- und Mittelabfluss aus laufender Geschäftstätigkeit, aus Investitionstätigkeit und aus Finanzierungstätigkeit darzustellen. [2]Zum Vergleich sind die Zahlen des Liquiditätsplans für das laufende Jahr, gegebenenfalls in einer aktualisierten Form, und die abgerundeten Zahlen der Liquiditätsrechnung (§ 25) des Vorjahres anzugeben. [3]Erhebliche Abweichungen gegenüber den Vorjahreszahlen sind zu erläutern.
(2) [1]Die Liquidität ist so zu planen, dass der Finanzmittelbestand am Ende des Planungszeitraums nicht negativ und die Zahlungsfähigkeit jederzeit gesichert ist. [2]Im Liquiditätsplan darf über Ansätze für Auszahlungen nur verfügt werden, soweit Finanzierungsmittel rechtzeitig bereitgestellt werden können. [3]Dabei darf die Finanzierung anderer, bereits begonnener Maßnahmen nicht beeinträchtigt werden.
(3) Der Liquiditätsplan ist unter entsprechender Anwendung des Deutschen Rechnungslegungs Standards Nr. 21 (DRS 21) Kapitalflussrechnung vom 4. Februar 2014 (BAnz AT 08.04.2014 B2) zu gliedern.

## § 20
## Finanzplanung

(1) [1]Die Finanzplanung besteht aus einer Übersicht über die voraussichtliche Entwicklung
1. der Erträge und Aufwendungen des Eigenbetriebs in der für den Erfolgsplan (§ 18) vorgeschriebenen Ordnung,
2. des Mittelzu- und Mittelabflusses in der für den Liquiditätsplan (§ 19) vorgeschriebenen Ordnung.

[2]Der Erfolgsplan und der Liquiditätsplan sollen dazu um Spalten für die drei folgenden Jahre ergänzt werden.
(2) Zur Finanzplanung gehört außerdem eine Darstellung
1. der Finanzbeziehungen zur Gemeinde unter Angabe der Gewinnabführungen, der Eigenkapitalzuführungen und -entnahmen, der Kredite und Kreditrückzahlungen sowie der Zuweisungen im Sinne von § 27,
2. der Verpflichtungsermächtigungen und der daraus fällig werdenden Zahlungen. [2]Dabei ist den Zahlungen die für das Jahr vorgesehene Kreditaufnahme gegenüberzustellen. [3]Sofern die Verpflichtungsermächtigungen für während des Finanzplanungszeitraums fällig werdende Zahlungen vor Beginn des Finanzplanungszeitraums begründet worden sind, ist die Darstellung um diese Jahre zu erweitern. [4]Dies gilt auch, wenn Zahlungen aus Verpflichtungsermächtigungen, die während des Finanzplanungszeitraums eingegangen wurden oder werden sollen, erst nach dessen Ende fällig werden.

(3) [1]Der Finanzplanung ist ein Investitionsprogramm zugrunde zu legen. [2]Darin sind die im Planungszeitraum vorgesehenen Investitionen nach Jahresabschnitten aufzunehmen. [3]Jeder Jahresabschnitt soll die fortzuführenden und die neuen Maßnahmen mit den auf das betreffende Jahr entfallenden Teilbeträgen wiedergeben. [4]§ 12 Absatz 2 bis 5 der Sächsischen Kommunalhaushaltsverordnung gilt entsprechend.
(4) Die Finanzplanung ist jährlich der Entwicklung anzupassen.

## § 21
## Stellenübersicht

(1) [1]Die Stellenübersicht muss die im Wirtschaftsjahr erforderlichen Stellen für Beschäftigte enthalten. [2]Beamte, die beim Eigenbetrieb beschäftigt werden, sind im Stellenplan der Gemeinde zu führen und in der Stellenübersicht nachrichtlich anzugeben.
(2) [1]Die Stellenübersicht soll nach Betriebszweigen gegliedert werden. [2]Zum Vergleich sind die Zahlen der zum 30. Juni im laufenden Wirtschaftsjahr vorgesehenen und der tatsächlich besetzten Stellen anzugeben. [3]Erhebliche Abweichungen von der Stellenübersicht des laufenden Wirtschaftsjahres sind zu begründen.

### § 22
### Zwischenbericht

(1) Die Betriebsleitung hat den Bürgermeister und, wenn ein solcher gebildet wurde, auch den Betriebsausschuss in der Mitte des Wirtschaftsjahres über die Umsetzung des Erfolgs- und Liquiditätsplans schriftlich zu unterrichten (Zwischenbericht).
(2) 1Der Zwischenbericht wird von der Gemeinde der Rechtsaufsichtsbehörde vorgelegt. 2Sofern Wirtschaftsjahr und Haushaltsjahr übereinstimmen, geschieht dies mit dem Haushaltsvollzugsbericht nach § 75 Absatz 5 der Sächsischen Gemeindeordnung.

### § 23
### Änderung des Wirtschaftsplans, Risikofrüherkennung

(1) Der Wirtschaftsplan ist zu ändern, wenn sich im Laufe des Wirtschaftsjahres zeigt, dass trotz Ausnutzung von Sparmöglichkeiten
1. das Jahresergebnis sich gegenüber dem Erfolgsplan erheblich verschlechtern wird,
2. zum Ausgleich des Liquiditätsplans höhere Zuführungen der Gemeinde oder höhere Kredite erforderlich werden,
3. in der Finanzplanung weitere Verpflichtungsermächtigungen vorgesehen werden sollen oder
4. eine erhebliche Vermehrung oder Hebung der in der Stellenübersicht vorgesehenen Stellen erforderlich wird; dies gilt nicht für eine vorübergehende Einstellung von Aushilfskräften.

(2) 1Erfolgsgefährdende Mehraufwendungen des Erfolgsplans sind nur zulässig, wenn ein dringendes Bedürfnis besteht; sie bedürfen der Zustimmung des Betriebsausschusses, sofern sie nicht unabweisbar sind. 2Das Gleiche gilt für Mehrauszahlungen des Liquiditätsplans, die für das einzelne Vorhaben erheblich sind.
(3) 1Es ist ein angemessenes System zur Erkennung von Risiken einzurichten, das es ermöglicht, etwaige den Bestand gefährdende Entwicklungen frühzeitig zu erkennen. 2Zur Früherkennung gehören insbesondere die Identifikation, Bewertung, Dokumentation, Mitteilung und Überwachung von Risiken.

## DRITTER ABSCHNITT
## Rechnungswesen

### § 24
### Buchführung, Kosten- und Leistungsrechnung

(1) Auf die Buchführung und das Inventar finden die §§ 238 bis 241 des Handelsgesetzbuchs entsprechend Anwendung, soweit sie nicht unmittelbar gelten.
(2) 1Der Eigenbetrieb hat zu seiner Steuerung und zur Beurteilung seiner Wirtschaftlichkeit und Leistungsfähigkeit eine den jeweiligen Bedürfnissen entsprechende Kosten- und Leistungsrechnung zu führen. 2Die Kosten sind aus der Buchführung nachvollziehbar herzuleiten.

### § 25
### Liquiditätsrechnung

1In einer Liquiditätsrechnung ist der Mittelzu- und Mittelabfluss aus laufender Geschäftstätigkeit, aus Investitionstätigkeit und aus Finanzierungstätigkeit im abgelaufenen Wirtschaftsjahr darzustellen. 2Die Liquiditätsrechnung ist wie der Liquiditätsplan zu gliedern (§ 19 Absatz 3).

### § 26
### Bilanz

(1) 1Die Bilanz ist entsprechend der §§ 266 bis 274 des Handelsgesetzbuchs aufzustellen. 2§ 268 Absatz 1 und § 270 Absatz 2 des Handelsgesetzbuchs finden keine Anwendung. 3Von der Gliederung nach § 266 des Handelsgesetzbuchs kann abgewichen werden, wenn der Gegenstand des Betriebs dies erfordert und die abweichende Gliederung gleichwertig ist.
(2) Das Stammkapital ist mit dem in der Betriebssatzung festgesetzten Betrag anzusetzen.

### § 27
### Behandlung von Beiträgen und Zuweisungen

(1) 1Beiträge, die nach den §§ 17 bis 25 des Sächsischen Kommunalabgabengesetzes in der Fassung der Bekanntmachung vom 9. März 2018 (SächsGVBl. S. 116), in der jeweils geltenden Fassung, erhoben werden, sind der Kapitalrücklage zuzuführen. 2Zuweisungen der Gemeinde und Zuweisungen der öffentlichen Hand, die die Gemeinde für den Eigenbetrieb erhält, sind der Kapitalrücklage zuzuführen, wenn sie zur Stärkung des Eigenkapitals bestimmt sind. 3Dies gilt auch für Zuweisungen aus Haushaltsmitteln der Gemeinde, die zum Verlustausgleich nach § 12 Absatz 4 Satz 2 bestimmt sind. 4Die Gemeinde kann dem Eigenbetrieb anstelle von Zuweisungen im Sinne von Absatz 3 unterjährig Liquiditätshilfen leisten; der Gemeinderat beschließt in diesem Fall bei der Feststellung des Jahresergebnisses, ob diese Liquiditätshilfen als Eigenkapitalzuführungen behandelt werden.
(2) 1Zuweisungen für Investitionen und Investitionsförderungsmaßnahmen sowie Baukostenzuschüsse, die aufgrund von Satzungen und allgemeinen Lieferbedingungen erhoben werden, sind als Sonderposten auf der Passivseite zwischen Eigenkapital und Rückstellungen auszuweisen. 2Für ihre ertragswirksame Auflösung gelten § 36 Absatz 6 und § 40 der Sächsischen Kommunalhaushaltsverordnung entsprechend.
(3) Zuweisungen der Gemeinde für die laufende Betriebsführung sind in der Gewinn- und Verlustrechnung als sonstige betriebliche Erträge auszuweisen.

### § 28
### Gewinn- und Verlustrechnung

(1) Die Gewinn- und Verlustrechnung ist entsprechend der §§ 275, 277 und 278 des Handelsgesetzbuchs nach dem Gesamtkostenverfahren aufzustellen, sofern der Gegenstand des Betriebs keine abweichende gleichwertige Gliederung erfordert.
(2) Bei Ver- und Entsorgungsbetrieben muss der Ertrag aus Energie- und Wasserlieferungen sowie der Durchführung der Abwasserbeseitigung in jedem Wirtschaftsjahr 365, in Schaltjahren 366 Tage umfassen und auf den Bilanzstichtag abgegrenzt sein.
(3) 1Eigenbetriebe mit mehr als einem Betriebszweig haben außerdem eine Erfolgsübersicht zu erstellen, in der die Gewinn- und Verlustrechnung gemäß Absatz 1 nach Betriebszweigen getrennt dargestellt wird. 2Gemeinsame Aufwendungen und Erträge sind sachgerecht auf die Betriebszweige aufzuteilen, soweit Lieferungen und Leistungen nicht gesondert verrechnet werden. 3Die Erfolgsübersicht ist in den Anhang (§ 29) aufzunehmen.

### § 29
### Anhang, Anlagennachweis

(1) Für die Mitglieder der Betriebsleitung und des Betriebsausschusses gilt für die Darstellung im Anhang § 285 Nummer 9 und 10 des Handelsgesetzbuchs entsprechend; für sonstige in leitender Funktion tätige Personen gilt nur § 285 Nummer 9 des Handelsgesetzbuchs entsprechend.
(2) Die Entwicklung der einzelnen Posten des Anlagevermögens einschließlich der Finanzanlagen ist in einem Anlagennachweis als Bestandteil des Anhangs darzustellen.

### § 30
### Lagebericht

1Für den Lagebericht gilt § 289 des Handelsgesetzbuchs entsprechend mit der Maßgabe, dass auf die dort in Absatz 2 genannten Sachverhalte einzugehen ist. 2Im Lagebericht ist auch auf die Finanzbeziehungen zur Gemeinde, insbesondere unter Berücksichtigung der in § 20 Absatz 2 Nummer 1 genannten Vorgänge, einzugehen.

# VIERTER ABSCHNITT
# Jahresabschluss

## § 31
## Jahresabschluss und Lagebericht

(1) [1]Die Betriebsleitung hat für den Schluss eines jeden Wirtschaftsjahres einen Jahresabschluss, bestehend aus der Bilanz, der Gewinn- und Verlustrechnung und dem Anhang, sowie einen Lagebericht aufzustellen. [2]Auf den Jahresabschluss finden die §§ 242 bis 287 und 289 des Handelsgesetzbuchs sinngemäß Anwendung, soweit sich aus dieser Verordnung nichts anderes ergibt. [3]Im Lagebericht ist auch darzustellen, wie das Unternehmen die von ihm wahrzunehmende gemeindliche Aufgabe erfüllt hat.
(2) [1]Der Jahresabschluss und der Lagebericht sind innerhalb von vier Monaten nach Ende des Wirtschaftsjahres aufzustellen und dem Bürgermeister vorzulegen. [2]Der Bürgermeister leitet diese Unterlagen unverzüglich zur Jahresabschlussprüfung und zur örtlichen Prüfung (§ 105 der Sächsischen Gemeindeordnung) weiter.
(3) Der Bürgermeister hat den Jahresabschluss und den Lagebericht zusammen mit den Berichten über die Jahresabschlussprüfung und die örtliche Prüfung zunächst dem Betriebsausschuss zur Vorberatung, anschließend mit dem Ergebnis dieser Vorberatung dem Gemeinderat zur Feststellung zuzuleiten.

## § 32
## Prüfung des Jahresabschlusses

(1) [1]Die Prüfung von Jahresabschluss und Lagebericht wird durch Wirtschaftsprüfer oder Wirtschaftsprüfungsgesellschaften durchgeführt, die von der Gemeinde bestellt werden. [2]Gemeinderäte und Beschäftigte der Gemeinde dürfen nicht Abschlussprüfer sein; im Übrigen gilt § 319 Absatz 2 und 3 des Handelsgesetzbuchs entsprechend. [3]Bei der Jahresabschlussprüfung ist das Ergebnis der örtlichen Prüfung (§§ 105 und 106 der Sächsischen Gemeindeordnung) zu berücksichtigen.
(2) [1]In die Prüfung des Jahresabschlusses ist die Buchführung einzubeziehen. [2]Die Prüfung des Jahresabschlusses erstreckt sich auf die Beachtung der gesetzlichen Vorschriften und die ergänzenden Bestimmungen der Betriebssatzung sowie auf die Ordnungsgemäßheit der Geschäftsführung. [3]Der Lagebericht ist darauf zu prüfen, ob er mit dem Jahresabschluss in Einklang steht und ob die sonstigen Angaben im Lagebericht nicht falsche Vorstellungen von der Lage des Unternehmens erwecken. [4]Im Prüfungsbericht sind die wirtschaftlich bedeutsamen Sachverhalte im Sinne von § 53 Absatz 1 Nummer 2 des Haushaltsgrundsätzegesetzes vom 19. August 1969 (BGBl. I S. 1273), das zuletzt durch Artikel 10 des Gesetzes vom 14. August 2017 (BGBl. I S. 3122) geändert worden ist, in der jeweils geltenden Fassung, darzustellen.
(3) Der Gemeinderat kann mit der Prüfung der Jahresabschlüsse von Eigenbetrieben, die bei entsprechender Anwendung von § 267 Absatz 1 des Handelsgesetzbuchs kleine Unternehmen sind, auch die örtliche Prüfungseinrichtung (§ 103 der Sächsischen Gemeindeordnung) beauftragen, wenn in der Gemeinde das neue Haushalts- und Rechnungswesen eingeführt worden ist.

## § 33
## Prüfungsbericht und Bestätigungsvermerk

(1) [1]Der Abschlussprüfer hat über Art und Umfang sowie über das Ergebnis der Prüfung schriftlich zu berichten; das Ergebnis der Prüfung ist in einem Bestätigungsvermerk zusammenzufassen. [2]Die §§ 321 und 322 des Handelsgesetzbuchs sind dabei entsprechend anzuwenden. [3]Prüfungszeichen sind unverwechselbar anzubringen.
(2) [1]Werden der Jahresabschluss oder der Lagebericht nach Vorlage des Prüfungsberichts geändert, hat der Abschlussprüfer diese Unterlagen erneut zu prüfen, soweit es die Änderung erfordert. [2]Über das Ergebnis der Prüfung ist schriftlich zu berichten; der Bestätigungsvermerk ist entsprechend zu ergänzen.

## § 34
## Feststellung des Jahresabschlusses

(1) Der Gemeinderat stellt den Jahresabschluss innerhalb von neun Monaten nach Ende des Wirtschaftsjahres auf der Grundlage des Berichts über die Jahresabschlussprüfung und der örtlichen Prüfung (§ 105 der Sächsischen Gemeindeordnung) fest und beschließt dabei über
1. die Verwendung des Jahresgewinns oder die Behandlung des Jahresverlusts des Eigenbetriebs,
2. die Entlastung der Betriebsleitung; versagt er die Entlastung, hat er dafür die Gründe anzugeben.

(2) [1]Der Feststellungsbeschluss des Jahresabschlusses ist ortsüblich bekannt zu geben. [2]In der ortsüblichen Bekanntgabe ist der Bestätigungsvermerk des Abschlussprüfers wiederzugeben; ferner ist die nach Absatz 1 Nummer 1 beschlossene Verwendung des Jahresgewinns oder die Behandlung des Jahresverlusts anzugeben. [3]Gleichzeitig sind der Jahresabschluss und der Lagebericht an sieben Arbeitstagen öffentlich auszulegen; in der Bekanntgabe nach Satz 1 ist auf die Auslegung hinzuweisen.

# FÜNFTER ABSCHNITT
# Schlussbestimmungen

## § 35
## (Inkrafttreten, Außerkrafttreten)

## § 36
## Übergangsbestimmung

[1]Eigenbetriebe, die die Voraussetzungen des § 95a Absatz 1 Satz 1 der Sächsischen Gemeindeordnung nicht erfüllen, sind nach den Vorschriften über die Haushaltswirtschaft der Gemeinde zu führen, es sei denn, die Gemeinde hat noch nicht das neue Haushalts- und Rechnungswesen eingeführt. [2]In diesem Fall sind diese Eigenbetriebe erst ab dem Zeitpunkt der Einführung des neuen Haushalts- und Rechnungswesens nach den Vorschriften über die Haushaltswirtschaft der Gemeinde zu führen.

# Broschüren und Arbeitshilfen des SMI

Auf der Internetseite des Sächsischen Staatsministerium des Innern stehen Broschüren und Hinweise zum Download bereit, die die Kommunen in der Praxis unterstützen sollen.

Link: https://www.kommunale-verwaltung.sachsen.de/kommunale-finanzen-kommunale-haushalte-kommunalabgaben-4006.html

Zum Zeitpunkt des Redaktionsschlusses standen folgende Downloads zur Verfügung:

- SMI-Broschüre „Doppik für Mandatsträger – Doppelte Buchführung in den sächsischen Kommunen"
- SMI-Broschüre „Kommunalabgaben in Sachsen"
- Hinweise zur Anwendung des Sächsischen Kommunalabgabengesetzes
- Hinweise zur Erstellung der Eröffnungsbilanz (Stand: 11.09.2013)
    - Anlage 1: Gemeinbedarfsflächen
    - Anlage 2: Waldbewertung
    - Anlage 3: Verkehrsflächen
    - Anlage 3a: Erfassungsbogen Straßenzustand
    - Anlage 4: Zoo- und Nutztiere
    - Anlage 5: Kunstbewertung
- Erlass des BMF zur Abgrenzung von Anschaffungskosten, Herstellungskosten und Erhaltungsaufwendungen bei der Instandsetzung und Modernisierung von Gebäuden vom 18. Juli 2003
- Arbeitshilfe zum Kommunalen Produktrahmen
- Erlass des Sächsischen Staatsministeriums des Innern vom 19. Oktober 2007 zum Sachwertverfahren
- Ermittlungsschema zum Sachwertverfahren
- Erlass der obersten Finanzbehörden der Länder zur Abgrenzung des Grundvermögens von den Betriebsvorrichtungen vom 5. Juni 2013

Desweiteren stehen Arbeitshilfen des Sächsischen Staatsministeriums des Innern bereit, die die Kommunen in der Praxis unterstützen sollen.

Link: https://www.kommunale-verwaltung.sachsen.de/allgemeines-kommunales-haushaltsrecht-4016.html

Zum Zeitpunkt des Redaktionsschlusses standen folgende Arbeitshilfen zur Verfügung:

- Aufstellung der Jahresabschlüsse
- Hinweise zur Erstellung der Eröffnungsbilanz
- Abgrenzung von Anschaffungskosten, Herstellungskosten und Erhaltungsaufwendungen
- Kommunaler Produktrahmen
- Sachwertverfahren
- Abgrenzung des Grundvermögens von Betriebsvorrichtungen

# Prüfhandbücher der SAKD

- VwV Prüfhandbuch AP.Doppik vom 8. August 2014 (SächsABl. S. 1442)
  Link: https://www.revosax.sachsen.de/vorschrift/14190
- VwV Prüfhandbuch HKR.Doppik vom 10. Juni 2020 (SächsABl. S. 845)
  Link: https://www.revosax.sachsen.de/vorschrift/18776
- VwV Prüfhandbuch USt.Doppik vom 24. Mai 2022 (SächsABl. S. 1273)
  Link: https://www.revosax.sachsen.de/vorschrift/19738